通知でわかる
消防用設備の設置免除・緩和措置
―消防法施行令第32条の特例―

編集　消防設備設置基準研究会

新日本法規

は　し　が　き

　防火対象物に対する消防用設備等の設置及び維持に関する技術上の基準は、消防法17条1項において全国的に統一された、人命の安全を確保することのできる必要最小限のものとして規定されています。

　また、地方の気候又は風土の特殊性により、全国的に統一された基準のみでは目的が達成できないと認めるときは、市町村の条例により、設置の義務付けを強化することができるとされています。

　消防用設備等に係る技術上の基準は、人命の安全の確保を達成するために要件を明確にし、かつ、具体的に規定されています。これらの技術上の基準は、義務付けられる者、設計・施工する者、審査・検査する者や設備機器の開発・改良・製造等をする者などが、具体的に、かつ、誤解等が生じないようにされています。このため、一般的に普及している基準水準を基本に、多くの者が達成可能なものとして、仕様書的（材料、構造、性能等を具体的に規定）に規定されています。

　また、法令で想定していない特殊な用途、形態、構造（高層、大規模、大空間など）に対しては、既存の消防用設備等のみでは対応が困難な場合があることから、特殊消防用設備等の認定制度が設けられています。

　一方、法令に規定する技術上の基準によりがたい特別な事情がある（既存防火対象物に対する遡及）場合や、個々の防火対象物の利用形態、構造等の状況から、極めて出火危険性や延焼拡大危険性が少ない場合には、消防用設備等の設置の免除や緩和が認められています。これらの判断は、個々の防火対象物を管轄し、当該防火対象物の形態を十分に把握することができ、かつ、火災発生時に消防活動を行う消防長又は消防署長が令32条の規定に基づき行うこととなります。

　この場合の令32条を適用する場合の要件等については、その判断の指標となるべきものが個々の事案に応じ消防庁から通知等により示されています。

　本書は、消防庁から示された令32条の適用に係る通知等を取りまとめたものであり、令32条の適用を受ける場合、適用を認める場合等において、その判断を行う場合に重要なものであり、座右の書として、活用していただければ幸甚です。

　平成30年10月

消防設備設置基準研究会

凡　　例

<本書の趣旨>

　消防用設備等の緩和措置である令32条特例については、膨大な通知の中から適用可能な特例を把握することが重要となります。本書は、令32条特例の適用基準となる通知・行政実例を体系的に分類し解説することにより、関係者の利便に供しようとするものです。

　なお、本書には、令32条特例の適用に関する通知のほか、消防用設備等の技術基準の解釈を示した通知も登載しました。法令解釈は令32条の適用を要しないものであることから、これらの通知は令32条の適用判断において重要となります（これらの通知はタイトルの末尾に〔解釈〕と付けています。）。

<本書の構成>

　本書は、序章で消防用設備等に係る技術基準と令32条特例について解説し、第1章から第5章で、適用基準となる通知・行政実例を消防法施行令の体系により分類し解説しています。

　各項目は、設置基準、法令による緩和措置、令32条特例についての解説、細目次、通知・行政実例を基本として構成されており、通知・行政実例の後には、読者の理解に供するため、適宜 memo を登載しました。

　なお、検索の便を図るために、巻末に通知年次索引を掲げました。

<法令の表記>

　本文中の法令名については、次の略称を用いました。

　　消防法　　　　　　法
　　消防法施行令　　　令
　　消防法施行規則　　規則

　根拠法令等では次の略称を用い、条数等を含め次の要領で略記しました。

　・消防法第17条第1項　＝　（法17①）
　・消防法施行令第11条第3項第2号　＝　（令11③二）
　・消防法施行規則第8条　＝　（規8）

目 次

	ページ
序　章　一般的事項	1
1　消防用設備等に係る技術基準の体系	3
［早見表］消防用設備等設置基準早見表	9
2　令32条特例とは	23
3　令32条特例の適用申請手続	26
第1章　消火設備	31
1　消火器具	33
・消火器具設置基準（令10条1項）	35
・消火器具技術基準（令10条2項）	37
2　屋内消火栓設備	42
・屋内消火栓設備設置基準（令11条1項）	46
・延べ面積・床面積の倍読み規定関係（令11条2項）	51
・屋内消火栓設備技術基準（令11条3項）	52
・他消火設備による有効範囲内の部分の設置省略（令11条4項）	68
3　スプリンクラー設備	70
・スプリンクラー設備設置基準（令12条1項）	75
・スプリンクラー設備技術基準（令12条2項）	133
4　水噴霧消火設備等	146
・水噴霧消火設備等設置基準（令13条1項）	148
・水噴霧消火設備技術基準（令14条）	157
・泡消火設備技術基準（令15条）	161
・不活性ガス消火設備技術基準（令16条）	164
・ハロゲン化物消火設備技術基準（令17条）	166
・粉末消火設備技術基準（令18条）	178
5　屋外消火栓設備	180
・屋外消火栓設備設置基準（令19条1項）	181
・同一敷地内の建築物を一の建築物とみなす基準（令19条2項）	181
・屋外消火栓設備技術基準（令19条3項）	182
6　動力消防ポンプ設備	185
・動力消防ポンプ設備技術基準（令20条4項）	186

第2章　警報設備 …… 189

1　自動火災報知設備 …… 191
- 自動火災報知設備設置基準（令21条1項） …… 194
- 自動火災報知設備技術基準（令21条2項） …… 212

2　ガス漏れ火災警報設備 …… 245
- ガス漏れ火災警報設備設置基準（令21条の2第1項） …… 246
- ガス漏れ火災警報設備技術基準（令21条の2第2項） …… 253

3　漏電火災警報器 …… 265
- 漏電火災警報器設置基準（令22条1項） …… 266
- 漏電火災警報器技術基準（令22条2項） …… 270

4　消防機関へ通報する火災報知設備 …… 276
- 消防機関へ通報する火災報知設備設置基準（令23条1項） …… 278
- 消防機関へ通報する火災報知設備技術基準（令23条2項） …… 289

5　非常警報器具・非常警報設備 …… 298
- 非常警報器具・非常警報設備設置基準（令24条1項から3項） …… 300
- 非常警報器具・非常警報設備技術基準（令24条4項） …… 307

第3章　避難設備 …… 339

1　避難器具 …… 341
- 避難器具設置基準（令25条1項） …… 346
- 避難器具技術基準（令25条2項） …… 357

2　誘導灯・誘導標識 …… 369
- 誘導灯・誘導標識設置基準（令26条1項） …… 370
- 誘導灯・誘導標識技術基準（令26条2項） …… 371

第4章　消防用水・消火活動上必要な施設 …… 385

1　消防用水 …… 387
- 消防用水設置基準（令27条1項） …… 388
- 消防用水技術基準（令27条2項） …… 389

2　排煙設備 …… 391
- 排煙設備設置基準（令28条1項） …… 393
- 排煙設備技術基準（令28条2項） …… 397

3　連結散水設備 …… 400
- 連結散水設備設置基準（令28条の2第1項） …… 402

・連結散水設備技術基準（令28条の2第2項）……………………………… 404
 4　連結送水管……………………………………………………………………… 405
　　　・連結送水管設置基準（令29条1項）………………………………………… 406
　　　・連結送水管技術基準（令29条2項）………………………………………… 411
 5　非常コンセント設備…………………………………………………………… 413
　　　・非常コンセント設備技術基準（令29条の2第2項）……………………… 414
 6　無線通信補助設備……………………………………………………………… 415
　　　・無線通信補助設備技術基準（令29条の3第2項）………………………… 416
 7　総合操作盤……………………………………………………………………… 422
　　　・総合操作盤技術基準…………………………………………………………… 425

第5章　防火対象物に係る特例 …………………………………………………… 433

通知年次索引 …………………………………………………………………………… 509

序　章

一般的事項

消防用設備等に係る技術上の基準は、制定消防法（昭和23年7月24日公布、同年8月1日施行）によって地方自治体の条例に委ねられていましたが、昭和36年に消防法17条の改正が施行され、それに基づいて消防法施行令及び消防法施行規則が制定され全国統一的な基準となっています。現行、消防法17条は、①防火対象物の用途規模等に応じ消防用設備等を設置すべき防火対象物の関係者に対する義務付け、②地方の気候、風土等の特殊性を考慮した条例による規制の強化、③特殊消防用設備等の認定制度により構成されています。

ここでは、消防用設備等に係る技術基準の体系を解説します。

1 消防用設備等に係る技術基準の体系

消防用設備等に係る技術上の基準の体系については、平成16年に施行された消防法、消防法施行令等の改正により、ルートA、ルートB及びルートCとして整備され、その概念は次の通りです。

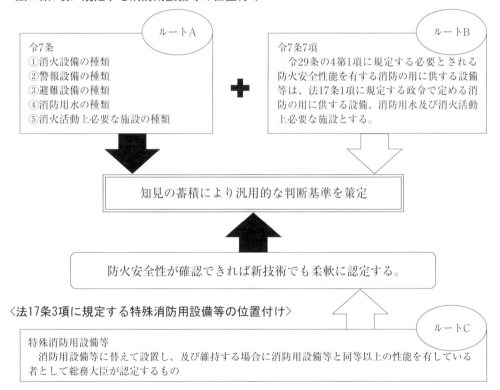

(1) ルートA（法17条1項、2項）

ルートAは、一般的に仕様書的規定といわれています。消防法令には、全国一律に適用する基準（法17①）と市町村の気候風土等の状況により規制の強化を行うことができる旨の規定（法17②）があります。

　　ア　法17条1項の規定に基づく規定　⇒　全国一律に適用

この規定は、防火対象物の用途、規模等に応じて設置することが必要な消防用設備等に係る技術上の基準であり、全国統一的に適用されるものです。

ここで規定されている消防用設備等は、消防の用に供する設備（消火設備、警報設備及び避難設備）、消防用水及び消火活動上必要な施設であり、それぞれの設備等に係る技術上の基準が消防法施行令、消防法施行規則及び消防庁告示により、具体的に規定されています。

これらの技術上の基準は、消防用設備等の設置が義務付けられた防火対象物の関係者がその内容を正確にわかるものであるとともに、消防用設備等の設計・施工等に携わる者が具体的に設計・施工等ができ、さらに消防行政機関が審査、検査等に使用することができるように、仕様書的に、かつ、画一的に規定されています。

　　イ　法17条2項の規定　⇒　市町村の状況による規制の強化

この規定は、「市町村は、その地方の気候又は風土の特殊性により、法17条1項の消防用設備等の技術上の基準に関する政令又はこれに基づく命令の規定のみによっては防火の目的を充分に達し難いと認めるときは、条例で、法17条1項の消防用設備等の技術上の基準に関して、当該政令又はこれに基づく命令の規定と異なる規定を設けることができる」とされているものです。

したがって、具体的に規定されている基準は、一般的に消防法令の規定に準拠した仕様書的規定となっています。

　(2)　ルートB（法17条1項、令7条7項、令29条の4）

ルートBは、「通常用いられる消防用設備等」に代えて「必要とされる防火安全性能を有する消防の用に供する設備等」を用いるものであり、実験、計算等を用いた客観的検証法に基づき同等性を評価する場合と、仕様規定的に評価する場合があります。

防火対象物の関係者は、消防法施行令の規定により設置維持することとされている「通常用いられる消防用設備等」に代えて、総務省令で定めるところにより消防長又は消防署長が、「通常用いられる消防用設備等」の防火安全性能と同等以上の防火安全性能を有すると認める「必要とされる防火安全性能を有する消防の用に供する設備等」を用いることができ、この場合、「必要とされる防火安全性能を有する消防の用に供する設備等」は、「通常用いられる消防用設備等」と同等以上の防火安全性を有するように設置維持する義務を負う代わりに、当該「通常用いられる消防用設備等」の設置義務を免れる旨の内容となっています。

令29条の4（必要とされる防火安全性能を有する消防の用に供する設備等に関する基準）

1項：ルートA設備に代えてルートB設備を用いることができます。

　法第17条第1項の関係者は、この節の第2款から前款までの規定により設置し、及び維持しなければならない同項に規定する消防用設備等（以下この条において「通常用いられる消防用設備等」という。）に代えて、総務省令で定めるところにより消防長又は消防署長が、その防火安全性能（火災の拡大を初期に抑制する性能、火災時に安全に避難することを支援する性能又は消防隊による活動を支援する性能をいう。以下この条において同じ。）が当該通常用いられる消防用設備等の防火安全性能と同等以上であると認める消防の用に供する設備、消防用水又は消火活動上必要な施設（以下この条、第34条第7号及び第36条の2において「必要とされる防火安全性能を有する消防の用に供する設備等」という。）を用いることができる。

2項：ルートB設備を用いる場合はルートA設備と同等以上の防火安全性能を有するように設置し、維持しなければなりません。
前項の場合においては、同項の関係者は、必要とされる防火安全性能を有する消防の用に供する設備等について、通常用いられる消防用設備等と同等以上の防火安全性能を有するように設置し、及び維持しなければならない。
3項：ルートB設備によって防火安全性能が担保された場合は、防火安全性能が担保されたルートA設備の設置維持義務を免れます。
通常用いられる消防用設備等（それに代えて必要とされる防火安全性能を有する消防の用に供する設備等が用いられるものに限る。）については、この節の第2款から前款までの規定は、適用しない。

（令29条の4は、客観的検証法の根拠条文として位置付けるとともに、一定の知見の蓄積が構築された消防用設備等の根拠規定としても位置付けます（例：パッケージ型消火設備等…客観的検証法ではありません。））

(3) ルートC（法17条3項）

　消防法17条1項の防火対象物の関係者が、同項の政令若しくはこれに基づく命令又は同条2項の規定に基づく条例で定める技術上の基準に従って設置し、及び維持しなければならない消防用設備等に代えて、特殊の消防用設備等その他の設備等（以下「特殊消防用設備等」といいます。）であって、当該消防用設備等と同等以上の性能を有し、かつ、当該関係者が総務省令で定めるところにより作成する特殊消防用設備等の設置及び維持に関する計画（以下「設備等設置維持計画」といいます。）に従って設置し、及び維持するものとして、総務大臣の認定を受けたものを用いる場合には、当該消防用設備等（それに代えて当該認定を受けた特殊消防用設備等が用いられるものに限ります。）については、消防法17条1項及び2項の規定は、適用しないとするものです。

　これは、既定の客観的検証法のみでは同等性の評価ができない設備等（特殊消防用設備等）を対象として、総務大臣による認定制度を設けたものです。また、一般的な審査基準が確立されていない「特殊消防用設備等」について、防火対象物ごとに申請を行い、性能評価機関（日本消防検定協会又は登録検定機関（日本消防設備安全センター））の評価結果に基づき総務大臣が審査を行って、必要な性能を有するものの設置が可能となるものです。

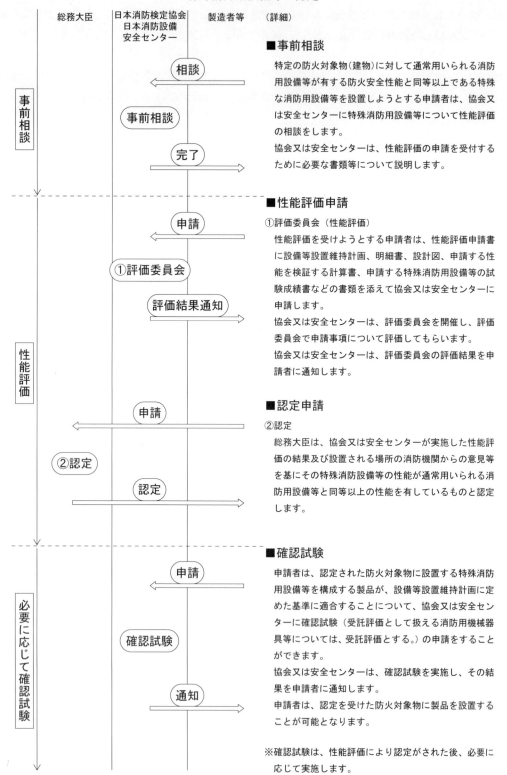

(4) 防火対象物用途区分表（令別表1）

　消防用設備等の設置が義務付けられることとなる防火対象物の用途については、消防法施行令別表1に規定されています。この防火対象物には、もっぱら住宅の用途に供されるもの（寄宿舎、下宿及び共同住宅に使用されるものを除きます。）が含まれていないことに留意が必要です。

項番号	用途区分
(1)	イ　劇場、映画館、演芸場又は観覧場 ロ　公会堂又は集会場
(2)	イ　キャバレー、カフェー、ナイトクラブその他これらに類するもの ロ　遊技場又はダンスホール ハ　風俗営業等の規制及び業務の適正化等に関する法律（昭和23年法律第122号）第2条第5項に規定する性風俗関連特殊営業を営む店舗（ニ並びに(1)項イ、(4)項、(5)項イ及び(9)項イに掲げる防火対象物の用途に供されているものを除く。）その他これに類するものとして総務省令で定めるもの ニ　カラオケボックスその他遊興のための設備又は物品を個室（これに類する施設を含む。）において客に利用させる役務を提供する業務を営む店舗で総務省令で定めるもの
(3)	イ　待合、料理店その他これらに類するもの ロ　飲食店
(4)	百貨店、マーケットその他の物品販売業を営む店舗又は展示場
(5)	イ　旅館、ホテル、宿泊所その他これらに類するもの ロ　寄宿舎、下宿又は共同住宅
(6)	イ　次に掲げる防火対象物 　(1)　次のいずれにも該当する病院（火災発生時の延焼を抑制するための消火活動を適切に実施することができる体制を有するものとして総務省令で定めるものを除く。） 　　（ⅰ）　診療科名中に特定診療科名（内科、整形外科、リハビリテーション科その他の総務省令で定める診療科名をいう。(2)（ⅰ）において同じ。）を有すること。 　　（ⅱ）　医療法（昭和23年法律第205号）第7条第2項第4号に規定する療養病床又は同項第5号に規定する一般病床を有すること。 　(2)　次のいずれにも該当する診療所 　　（ⅰ）　診療科名中に特定診療科名を有すること。 　　（ⅱ）　4人以上の患者を入院させるための施設を有すること。 　(3)　病院（(1)に掲げるものを除く。）、患者を入院させるための施設を有する診療所（(2)に掲げるものを除く。）又は入所施設を有する助産所 　(4)　患者を入院させるための施設を有しない診療所又は入所施設を有しない助産所 ロ　次に掲げる防火対象物 　(1)　老人短期入所施設、養護老人ホーム、特別養護老人ホーム、軽費老人ホーム（介護保険法（平成9年法律第123号）第7条第1項に規定する要介護状態区分が避難が

困難な状態を示すものとして総務省令で定める区分に該当する者(以下「避難が困難な要介護者」という。)を主として入居させるものに限る。)、有料老人ホーム(避難が困難な要介護者を主として入居させるものに限る。)、介護老人保健施設、老人福祉法(昭和38年法律第133号)第5条の2第4項に規定する老人短期入所事業を行う施設、同条第5項に規定する小規模多機能型居宅介護事業を行う施設(避難が困難な要介護者を主として宿泊させるものに限る。)、同条第6項に規定する認知症対応型老人共同生活援助事業を行う施設その他これらに類するものとして総務省令で定めるもの
- (2) 救護施設
- (3) 乳児院
- (4) 障害児入所施設
- (5) 障害者支援施設(障害者の日常生活及び社会生活を総合的に支援するための法律(平成17年法律第123号)第4条第1項に規定する障害者又は同条第2項に規定する障害児であつて、同条第4項に規定する障害支援区分が避難が困難な状態を示すものとして総務省令で定める区分に該当する者(以下「避難が困難な障害者等」という。)を主として入所させるものに限る。)又は同法第5条第8項に規定する短期入所若しくは同条第17項に規定する共同生活援助を行う施設(避難が困難な障害者等を主として入所させるものに限る。ハ(5)において「短期入所等施設」という。)

ハ 次に掲げる防火対象物
- (1) 老人デイサービスセンター、軽費老人ホーム(ロ(1)に掲げるものを除く。)、老人福祉センター、老人介護支援センター、有料老人ホーム(ロ(1)に掲げるものを除く。)、老人福祉法第5条の2第3項に規定する老人デイサービス事業を行う施設、同条第5項に規定する小規模多機能型居宅介護事業を行う施設(ロ(1)に掲げるものを除く。)その他これらに類するものとして総務省令で定めるもの
- (2) 更生施設
- (3) 助産施設、保育所、幼保連携型認定こども園、児童養護施設、児童自立支援施設、児童家庭支援センター、児童福祉法(昭和22年法律第164号)第6条の3第7項に規定する一時預かり事業又は同条第9項に規定する家庭的保育事業を行う施設その他これらに類するものとして総務省令で定めるもの
- (4) 児童発達支援センター、児童心理治療施設又は児童福祉法第6条の2の2第2項に規定する児童発達支援若しくは同条第4項に規定する放課後等デイサービスを行う施設(児童発達支援センターを除く。)
- (5) 身体障害者福祉センター、障害者支援施設(ロ(5)に掲げるものを除く。)、地域活動支援センター、福祉ホーム又は障害者の日常生活及び社会生活を総合的に支援するための法律第5条第7項に規定する生活介護、同条第8項に規定する短期入所、同条第12項に規定する自立訓練、同条第13項に規定する就労移行支援、同条第14項に規定する就労継続支援若しくは同条第15項に規定する共同生活援助を行う施設(短期入所等施設を除く。)

ニ 幼稚園又は特別支援学校

(7)	小学校、中学校、義務教育学校、高等学校、中等教育学校、高等専門学校、大学、専修学校、各種学校その他これらに類するもの
(8)	図書館、博物館、美術館その他これらに類するもの
(9)	イ　公衆浴場のうち、蒸気浴場、熱気浴場その他これらに類するもの ロ　イに掲げる公衆浴場以外の公衆浴場
(10)	車両の停車場又は船舶若しくは航空機の発着場（旅客の乗降又は待合いの用に供する建築物に限る。）
(11)	神社、寺院、教会その他これらに類するもの
(12)	イ　工場又は作業場 ロ　映画スタジオ又はテレビスタジオ
(13)	イ　自動車車庫又は駐車場 ロ　飛行機又は回転翼航空機の格納庫
(14)	倉庫
(15)	前各項に該当しない事業場
(16)	イ　複合用途防火対象物のうち、その一部が(1)項から(4)項まで、(5)項イ、(6)項又は(9)項イに掲げる防火対象物の用途に供されているもの ロ　イに掲げる複合用途防火対象物以外の複合用途防火対象物
(16の2)	地下街
(16の3)	建築物の地階（(16の2)項に掲げるものの各階を除く。）で連続して地下道に面して設けられたものと当該地下道とを合わせたもの（(1)項から(4)項まで、(5)項イ、(6)項又は(9)項イに掲げる防火対象物の用途に供される部分が存するものに限る。）
(17)	文化財保護法（昭和25年法律第214号）の規定によつて重要文化財、重要有形民俗文化財、史跡若しくは重要な文化財として指定され、又は旧重要美術品等の保存に関する法律（昭和8年法律第43号）の規定によつて重要美術品として認定された建造物
(18)	延長50メートル以上のアーケード
(19)	市町村長の指定する山林
(20)	総務省令で定める舟車

(5)　消防用設備等設置基準早見表

　消防用設備等の技術上の基準のうち、防火対象物の関係者に対し当該消防用設備等の設置の義務付けに係る基準は、消防用設備等の種類ごとに防火対象物の用途、規模（延べ面積、床面積等）、高さ、収容人員等に応じて規定されており、用途が特定された防火対象物に設置が義務付けられることとなる消防用設備等の全体像を把握することが困難となっています。

　ここに掲げた「消防用設備等設置基準早見表」は、用途ごとに設置が必要となる消防用設備等の種類を把握することができるように作成しています。

　しかしながら、個々の防火対象物の構造等に応じて規定された緩和措置、特定の条件を設定しているものなどについては、早見表が複雑となることから省略をしている部分があります。

　したがって、この「消防用設備等設置基準早見表」で当該防火対象物の用途に応じて設置が必要となる消防用設備等の種類を把握し、具体的な設置上の要件については、消防法施行令等により確認をしていただくことが必要となります。

1 消火設備

項番号		用途区分	消火器具 ※1	屋内消火栓設備 ※2	
				一般 ※3	地階・無窓階・4階以上の階 ※3
(1)	イ	劇場、映画館、演芸場、観覧場	全部	延べ面積500㎡以上	床面積100㎡以上
	ロ	公会堂、集会場	延べ面積150㎡以上		
(2)	イ	キャバレー、カフェー、ナイトクラブ等	全部		
	ロ	遊技場、ダンスホール			
	ハ	性風俗営業店舗等			
	ニ	カラオケボックス等			
(3)	イ	待合、料理店等			
	ロ	飲食店			
(4)		百貨店、マーケット、物品販売店舗、展示場	延べ面積150㎡以上		
(5)	イ	旅館、ホテル、宿泊所等			
	ロ	寄宿舎、下宿、共同住宅			
(6)	イ	(1)特定病院	全部	延べ面積700㎡以上	床面積150㎡以上
		(2)特定診療所			
		(3)非特定医療機関（有床系）			
		(4)非特定医療機関（無床系）	延べ面積150㎡以上		
	ロ	特定社会福祉施設等	全部		
	ハ	社会福祉施設等	延べ面積150㎡以上		
	ニ	幼稚園、特別支援学校			
(7)		小・中・高等学校、大学、各種学校等	延べ面積300㎡以上		
(8)		図書館、博物館、美術館等			
(9)	イ	蒸気浴場、熱気浴場等	延べ面積150㎡以上		
	ロ	イ以外の公衆浴場			

スプリンクラー設備 ※4					水噴霧消火設備等	屋外消火栓設備	動力消防ポンプ設備
一般		地階・無窓階	4階以上10階以下の階	11階以上のもの			
	舞台部	床面積300㎡以上	その他の階床面積500㎡以上	床面積300㎡以上			
床面積の合計6000㎡以上（平屋建てを除く。）			床面積1000㎡以上	床面積1500㎡以上	全ての階に設置	◆後掲① 水噴霧消火設備設置基準（22頁）参照	★平屋は1階、地階を除く階数が2以上のものは1階及び2階の床面積の合計 ① 耐火建築物9000㎡以上 ② 準耐火建築物6000㎡以上 ③ その他の建築物3000㎡以上 ※8	◆後掲② 動力消防ポンプ設備設置基準（22頁）参照
		床面積1000㎡以上					
		床面積1500㎡以上					
床面積の合計3000㎡以上（平屋建てを除く。）			床面積1000㎡以上				
床面積の合計6000㎡以上（平屋建てを除く。）			床面積1500㎡以上				
				11階以上の階			
全部 ※5							
床面積の合計3000㎡以上（平屋建てを除く。）			床面積1000㎡以上	床面積1500㎡以上	全ての階に設置		
床面積の合計6000㎡以上（平屋建てを除く。）		床面積1000㎡以上	床面積1500㎡以上			
全部 ※6 ※7							
床面積の合計6000㎡以上（平屋建てを除く。）							
				11階以上の階			
床面積の合計6000㎡以上（平屋建てを除く。）		床面積1000㎡以上	床面積1500㎡以上	全ての階に設置		

項番号		用途区分	消火器具 ※1	屋内消火栓設備 ※2	
				一般 ※3	地階・無窓階・4階以上の階 ※3
(10)		車両の停車場・船舶・航空機の発着場	延べ面積300㎡以上		
(11)		神社、寺院、教会等		延べ面積1000㎡以上	床面積200㎡以上
(12)	イ	工場、作業場		延べ面積700㎡以上	床面積150㎡以上
	ロ	映画スタジオ、テレビスタジオ			
(13)	イ	自動車車庫、駐車場	延べ面積150㎡以上		
	ロ	航空機の格納庫			
(14)		倉庫		延べ面積700㎡以上	床面積150㎡以上
(15)		前各項に該当しない事業場	延べ面積300㎡以上	延べ面積1000㎡以上	床面積200㎡以上
(16)	イ	特定複合用途防火対象物			
	ロ	非特定複合用途防火対象物			
(16の2)		地下街	全部	延べ面積150㎡以上	
(16の3)		準地下街	全部		
(17)		重要文化財等の建造物	全部		
(18)		延長50m以上のアーケード			
(19)		市町村長の指定する山林			
(20)		舟車	全部		

※1 消火器の部分用途による義務付け有り・大型消火器は指定可燃物（可燃性液体を除く。）500倍以上貯蔵・取扱いに設置。
※2 指定可燃物（可燃性液体を除く。）750倍以上貯蔵・取扱いに設置。
※3 面積は①耐火構造で内装制限をしたものは3倍、②耐火構造又は準耐火構造で内装制限をしたものは2倍となる。
　　ただし、(6)項イ(1)(2)及びロは、1000㎡に防火上有効な措置を講じた構造を有するものとして総務省令で定める部分の床
※4 指定可燃物（可燃性液体を除く。）1000倍以上貯蔵・取扱いに設置。
※5 火災発生時の延焼を抑制する機能を備える構造として総務省令に適合するものは、平屋建て以外で床面積の合計が3000㎡
※6 火災発生時の延焼を抑制する機能を備える構造として総務省令に適合するものは、平屋建て以外で床面積の合計が6000㎡
※7 (6)項ロ(2)(4)(5)（介助がなければ避難できない者として総務省令で定める者を主として入所させるもの以外のものに限
※8 同一敷地内にある2以上の建築物（耐火建築物・準耐火建築物を除く。）で当該建築物相互の1階の外壁間の中心線からの水
　　■印　設置が義務付けられない。
　　⊠印　各用途部分の設置基準による。

スプリンクラー設備　※4				水噴霧消火設備等	屋外消火栓設備	動力消防ポンプ設備
一般	地階・無窓階	4階以上10階以下の階	11階以上のもの		
			11階以上の階			
ラック式高さ10m超・延べ面積700㎡以上						
特定用途部分の床面積の合計3000㎡以上	特定用途部分の床面積の合計1000㎡以上	特定用途部分の床面積の合計1500㎡以上 (2)・(4)項用途床面積の合計1000㎡以上	全ての階に設置			
			11階以上の階			
延べ面積1000㎡以上						
延べ面積1000㎡以上・特定用途床面積の合計500㎡以上						
			11階以上の階		★11頁「★」印と同様	

面積の合計を加えた数値の方が小である場合その数値が適用される。

以上。
以上。
る。）は、延べ面積275㎡以上。
平距離が、1階にあっては3m以下、2階にあっては5m以下であるものにあっては、1の建築物と見なす。

2 警報設備

項番号		用途区分	自動火災報知設備 ※1		ガス漏れ火災警報設備	
			一般	特定1階段等防火対象物 ※3	一般	温泉採取設備が設けられているもの
(1)	イ	劇場、映画館、演芸場、観覧場	延べ面積300㎡以上	全部	地階の床面積の合計1000㎡以上	全部
	ロ	公会堂、集会場				
(2)	イ	キャバレー、カフェー、ナイトクラブ等				
	ロ	遊技場、ダンスホール				
	ハ	性風俗営業店舗等				
	ニ	カラオケボックス等	全部			
(3)	イ	待合、料理店等	延べ面積300㎡以上			
	ロ	飲食店				
(4)		百貨店、マーケット、物品販売店舗、展示場				
(5)	イ	旅館、ホテル、宿泊所等	全部			
	ロ	寄宿舎、下宿、共同住宅	延べ面積500㎡以上			
(6)	イ	(1)特定病院	全部	全部	地階の床面積の合計1000㎡以上	
		(2)特定診療所				
		(3)非特定医療機関（有床系）				
		(4)非特定医療機関（無床系）	延べ面積300㎡以上			
	ロ	特定社会福祉施設等	全部			
	ハ	社会福祉施設等	延べ面積300㎡以上（全部 ※2）			
	ニ	幼稚園、特別支援学校	延べ面積300㎡以上			
(7)		小・中・高等学校、大学、各種学校等	延べ面積500㎡以上			
(8)		図書館、博物館、美術館等				
(9)	イ	蒸気浴場、熱気浴場等	延べ面積200㎡以上	全部	地階の床面積の合計1000㎡以上	
	ロ	イ以外の公衆浴場	延べ面積500㎡以上			
(10)		車両の停車場・船舶・航空機の発着場				
(11)		神社、寺院、教会等	延べ面積1000㎡以上			

序章　一般的事項　　　　15

漏電火災警報器 ※4		消防機関へ通報する火災報知設備 ※5	非常警報設備		
一般	契約電流容量	一般	非常ベル・放送設備又は自動式サイレン・放送設備 ※7	非常ベル、自動式サイレン又は放送設備	非常警報器具
延べ面積300㎡以上	50A超	延べ面積500㎡以上	収容人員300人以上	収容人員50人以上 地階及び無窓階の収容人員20人以上	
		延べ面積1000㎡以上			
		延べ面積500㎡以上			収容人員20人以上50人未満
延べ面積150㎡以上		延べ面積500㎡以上 ※6		収容人員20人以上	
		延べ面積1000㎡以上	収容人員800人以上	収容人員50人以上 地階及び無窓階の収容人員20人以上	
延べ面積300㎡以上		全部 ※6	収容人員300人以上	収容人員20人以上	
		延べ面積500㎡以上 ※6			
		全部 ※6			収容人員20人以上50人未満
		延べ面積500㎡以上 ※6		収容人員50人以上 地階及び無窓階の収容人員20人以上	
		延べ面積500㎡以上			
延べ面積500㎡以上			収容人員800人以上		
延べ面積150㎡以上		延べ面積1000㎡以上	収容人員300人以上	収容人員20人以上	
					収容人員20人以上50人未満
延べ面積500㎡以上					

項番号		用途区分	自動火災報知設備 ※1		ガス漏れ火災警報設備	
			一般	特定1階段等防火対象物 ※3	一般	温泉採取設備が設けられているもの
(12)	イ	工場、作業場	延べ面積500㎡以上			
	ロ	映画スタジオ、テレビスタジオ				
(13)	イ	自動車車庫、駐車場	延べ面積500㎡以上			
	ロ	航空機の格納庫	全部			
(14)		倉庫	延べ面積500㎡以上			
(15)		前各項に該当しない事業場	延べ面積1000㎡以上			
(16)	イ	特定複合用途防火対象物	延べ面積300㎡以上	全部	地階の床面積の合計1000㎡以上で特定用途部分の床面積の合計500㎡以上	
	ロ	非特定複合用途防火対象物	✕✕✕			
(16の2)		地下街	延べ面積300㎡以上		延べ面積1000㎡以上	
(16の3)		準地下街	延べ面積500㎡以上かつ特定用途部分の床面積の合計300㎡以上		延べ面積1000㎡以上かつ特定用途部分の床面積の合計500㎡以上	
(17)		重要文化財等の建造物	全部			
(18)		延長50m以上のアーケード				
(19)		市町村長の指定する山林				
(20)		舟車				

※1 後掲③ 自動火災報知設備の設置基準（22頁）による。
※2 利用者を入居させ、又は宿泊させるものに限る。
※3 特定用途に供される部分が避難階以外の階に存する防火対象物で、当該避難階以外の階から避難階又は地上に直通する階もの
※4 建物が、間柱若しくは下地を準不燃材料以外の材料で造った鉄網入りの壁、根太若しくは下地を準不燃材料以外の材料で
※5 消防機関から著しく離れた場所又は消防機関が存する建物内若しくは消防機関からの歩行距離が500m以内にあるものを
※6 消防機関へ常時通報することができる電話を設置した場合でも設置の省略は認められない。
※7 令別表に掲げる防火対象物で、地階を除く階数が11以上のもの又は地階の階数が3以上のもの
▨ 印　設置が義務付けられない。
✕✕✕ 印　各用途部分の設置基準による。

漏電火災警報器 ※4		消防機関へ通報する火災報知設備 ※5		非常警報設備		
一般	契約電流容量	一般	非常ベル・放送設備又は自動式サイレン・放送設備 ※7	非常ベル、自動式サイレン又は放送設備		非常警報器具
延べ面積300㎡以上		延べ面積500㎡以上				収容人員20人以上50人未満
		延べ面積1000㎡以上		収容人員50人以上地階及び無窓階の収容人員20人以上		
延べ面積1000㎡以上						
床面積の合計500㎡以上で特定用途部分の床面積の合計300㎡以上	50A超		収容人員500人以上			
延べ面積300㎡以上						
		全部	全部			
全部		延べ面積500㎡以上		収容人員50人以上地階及び無窓階の収容人員20人以上		

段が2（当該階段が屋外に設けられ、又は総務省令で定める避難上有効な構造を有する場合にあっては、1）以上設けられていない

造った鉄網入りの床又は天井野縁若しくは下地を準不燃材料以外の材料で造った鉄網入りの天井を有するものに設置する。
除く。

3 避難設備

項番号		用途区分	避難器具 2階以上の階又は地階	避難器具 3階以上の階又は地階	避難器具 直通階段1の階 ※1	誘導灯・誘導標識 避難口誘導灯	誘導灯・誘導標識 通路誘導灯	誘導灯・誘導標識 客席誘導灯	誘導標識
(1)	イ	劇場、映画館、演芸場、観覧場			3階以上の階 収容人員10名以上			全部	
	ロ	公会堂、集会場							
(2)	イ	キャバレー、カフェー、ナイトクラブ等	収容人員50人以上（主要構造部を耐火構造とした2階を除く。）		2階以上の階 収容人員10人以上	全部	全部		
	ロ	遊技場、ダンスホール							
	ハ	性風俗営業店舗等							
	ニ	カラオケボックス等							
(3)	イ	待合、料理店等							
	ロ	飲食店							
(4)		百貨店、マーケット、物品販売店舗、展示場							
(5)	イ	旅館、ホテル、宿泊所等	収容人員30人（下階に特定用途があるとき10人）以上			地階・無窓階・11階以上の階	地階・無窓階・11階以上の階		全部
	ロ	寄宿舎、下宿、共同住宅							
(6)	イ	(1)特定病院 (2)特定診療所 (3)非特定医療機関（有床系） (4)非特定医療機関（無床系）	収容人員20人（下階に特定用途があるとき10人）以上		3階以上の階 収容人員10名以上	全部	全部		
	ロ	特定社会福祉施設等							
	ハ	社会福祉施設等							
	ニ	幼稚園、特別支援学校							
(7)		小・中・高等学校、大学、各種学校等				地階・無窓階・11階以上の階	地階・無窓階・11階以上の階		
(8)		図書館、博物館、美術館等	収容人員50人以上（主要構造部を耐火構造とした2階を除く。）						
(9)	イ	蒸気浴場、熱気浴場等				全部	全部		
	ロ	イ以外の公衆浴場							
(10)		車両の停車場・船舶・航空機の発着場							
(11)		神社、寺院、教会等							

序章　一般的事項

項番号		用途区分	避難器具 2階以上の階又は地階	避難器具 3階以上の階又は地階	避難器具 直通階段1の階 ※1	誘導灯 避難口誘導灯	誘導灯 通路誘導灯	誘導灯 客席誘導灯	誘導標識
(12)	イ	工場、作業場		収容人員150名以上（※2）					
	ロ	映画スタジオ、テレビスタジオ							
(13)	イ	自動車車庫、駐車場				地階・無窓階・11階以上の階	地階・無窓階・11階以上の階		
	ロ	航空機の格納庫							
(14)		倉庫							
(15)		前各項に該当しない事業場		収容人員150名以上（※2）					
(16)	イ	特定複合用途防火対象物			(2)項・(3)項が2階に存する場合2階以上の階 その他3階以上の階 収容人員10名以上	全部	全部	(1)項に掲げる用途部分	
	ロ	非特定複合用途防火対象物			3階以上の階 収容人員10名以上	地階・無窓階・11階以上の階	地階・無窓階・11階以上の階		
(16の2)		地下街				全部	全部	(1)項に掲げる用途部分	
(16の3)		準地下街							
(17)		重要文化財等の建造物			3階以上の階 収容人員10名以上				
(18)		延長50m以上のアーケード							
(19)		市町村長の指定する山林							
(20)		舟車							

※1　当該階から避難階又は地上に直通する階段が2以上設けられていない階
※2　地階又は無窓階の場合100名以上
　■印　設置が義務付けられない。

4 消防活動上必要な施設・消防用水

項番号		用途区分	排煙設備	連結散水設備	連結送水管 ※1	非常コンセント設備	無線通信補助設備	消防用水
(1)	イ	劇場、映画館、演芸場、観覧場	舞台部床面積500㎡以上					
	ロ	公会堂、集会場						
(2)	イ	キャバレー、カフェー、ナイトクラブ等	地階・無窓階 床面積1000㎡以上					
	ロ	遊技場、ダンスホール						
	ハ	性風俗営業店舗等						
	ニ	カラオケボックス等						
(3)	イ	待合、料理店等						
	ロ	飲食店						
(4)		百貨店、マーケット、物品販売店舗、展示場	地階・無窓階 床面積1000㎡以上					※※ 敷地面積20000㎡以上かつ ①耐火建築物床面積15000㎡以上 ②準耐火建築物床面積10000㎡以上 ③その他床面積5000㎡以上 高さ31m超かつ延べ面積（地階を除く）25000㎡以上
(5)	イ	旅館、ホテル、宿泊所等		地階の床面積の合計700㎡以上	地階を除く階数7以上 地階を除く階数が5以上かつ延べ面積が6000㎡以上	地階を除く階数11以上		
	ロ	寄宿舎、下宿、共同住宅						
(6)	イ	(1)特定病院 (2)特定診療所 (3)非特定医療機関（有床系） (4)非特定医療機関（無床系）						
	ロ	特定社会福祉施設等						
	ハ	社会福祉施設等						
	ニ	幼稚園、特別支援学校						
(7)		小・中・高等学校、大学、各種学校等						
(8)		図書館、博物館、美術館等						
(9)	イ	蒸気浴場、熱気浴場等						
	ロ	イ以外の公衆浴場						
(10)		車両の停車場・船舶・航空機の発着場	地階・無窓階 床面積1000㎡以上					
(11)		神社、寺院、教会等						
(12)	イ	工場、作業場						
	ロ	映画スタジオ、テレビスタジオ						

項番号		用途区分	排煙設備	連結散水設備	連結送水管 ※1	非常コンセント設備	無線通信補助設備	消防用水
(13)	イ	自動車車庫、駐車場	地階・無窓階 床面積1000㎡以上					
	ロ	航空機の格納庫						
(14)		倉庫						
(15)		前各項に該当しない事業場						
(16)	イ	特定複合用途防火対象物	✕✕✕	✕✕✕	✕✕✕			高さ31m超かつ延べ面積（地階を除く）25000㎡以上
	ロ	非特定複合用途防火対象物	✕✕✕	✕✕✕	✕✕✕			
(16の2)		地下街	延べ面積1000㎡以上	延べ面積700㎡以上	延べ面積1000㎡以上	延べ面積1000㎡以上	延べ面積1000㎡以上	
(16の3)		準地下街						
(17)		重要文化財等の建造物		地階の床面積の合計700㎡以上	地階を除く階数7以上 地階を除く階数が5以上かつ延べ面積が6000㎡以上	地階を除く階数11以上		※※ 同じ
(18)		延長50m以上のアーケード			全部			※※ 同じ
(19)		市町村長の指定する山林						
(20)		舟車						

※1 道路の用に供される部分については、全部。

▨ 印　設置が義務付けられない。

✕✕✕ 印　各用途部分の設置基準による。

① 水噴霧消火設備設置基準
1 屋上部分の回転翼航空機又は垂直離着陸航空機発着場　全部
2 道路の用に供される部分で床面積が、屋上部分600㎡以上、それ以外の部分400㎡以上
3 自動車の修理又は整備の用に供する部分の床面積が、地階又は2階以上で200㎡以上、1階で500㎡以上
4 駐車の用に供する部分の床面積が、地階又は2階以上で200㎡以上、1階で500㎡以上、屋上部分で300㎡以上
5 昇降機等の機械装置による駐車場で車両の収容台数が10台以上
6 電気室又はボイラー室等で床面積200㎡以上
7 通信機器室で床面積500㎡以上

② 動力消防ポンプ設備設置基準
1 地下街を除く屋内消火栓設備の設置を要する防火対象物又はその部分　全部
2 屋外消火栓設備の設置を要する建築物　全部
3 1の延べ面積又は床面積は、耐火（内装制限をされているもの）は3倍、耐火、準耐火（内装制限されているもの）は2倍の数値とする。
4 3について、令別表第1（6）項イ(1)・(2)及びロは、1,000㎡に防火上有効な措置が講じられた構造を有するものとして総務省令で定める部分の床面積の合計を加えた数値の方が小である場合は、その数値が適用される。

③ 自動火災報知設備の設置基準
1 指定可燃物を指定数量の500倍以上貯蔵し又は取り扱う部分　全部
2 地階、無窓階、3階以上の階で床面積300㎡以上
3 道路の用に供される部分の床面積が、屋上部分600㎡以上、それ以外の部分400㎡以上
4 駐車の用に供する階のうち、地階又は2階以上で床面積が200㎡以上
5 11階以上の階　全部
6 通信機器室で床面積500㎡以上

2 令32条特例とは ⇒ 個別状況に応じた規制の緩和、代替措置等の許容

(1) 規定の趣旨

法17条1項の規定に基づく令2章3節（8条から33条の2まで）の規定は、消防用設備等を設置し、及び維持しなければならない防火対象物のうち、一般的なものの火災危険を想定して定められた技術上の基準と言われています。

また、令2章3節に規定する技術基準は、あらゆる防火対象物の実態に即して定められていることが理想的といえますが、個々の防火対象物の具体的な態様に応じて、それぞれ適応する基準を定めておくことは事実上不可能と考えられます。

これらの状況を踏まえ、個々の防火対象物に対し技術上の基準を適用するに際し、法令で規定する技術上の基準によりがたい部分について、令32条において「消防長又は消防署長が技術上の基準の特例を認めることができる」旨の規定を設け、消防長又は消防署長の判断と責任において、法17条の趣旨を損なうことなく実態に応じた運用が行えるようにされています。

(2) 令32条の特例の適用

消防法令における技術上の基準には、①消防設備設置基準及び②消防設備技術基準があります。具体的には、次の表のようになっています。

①消防設備設置基準	防火対象物の用途、規模（床面積、延べ面積、高さなど）、収容人員等に応じて、設置が義務付けられる消防用設備等に係る基準
②消防設備技術基準	消防用設備等を設置する場合における位置、構造、設備等に係る基準

消防設備設置基準は、法17条1項の規定に基づき、消防用設備等の種別ごとに一般的に令10条から29条の3までの1項に規定されています。

また、消防設備技術基準は、法17条1項の規定に基づき、一般的に令10条から29条の3までの2項以降の項に規定されています。

令32条の規定に基づく特例は、原則として、①消防設備設置基準及び②消防設備技術基準の両方に適用できるとされています。この場合の原則的な考え方は、次の通りとされています。

　ア　消防設備設置基準関係

消防設備設置基準は、防火対象物の用途、規模（床面積、延べ面積、高さなど）、収容人員等に応じて、共通する一般的な火災危険、さらには設置の義務付けに係る経費や世論の理解などを考慮し、一定以上の防火対象物に対し、人命、財産等を守るために最低限設置をしなければならない消防用設備等が義務付けられています。

一方、消防設備設置基準に該当しない防火対象物については、必ずしも火災安全性が確保されていると認められたものではなく、火災発生時におけるリスクは内在されていることに留意する必要があります。

消防設備設置基準に係る令32条の特例の適用に当たっては、消防長又は消防署長が「防火対象物の位置、構造及び設備の状況から判断して、この節の規定による消防用設備等の基準によらなくとも、火災の発生又は延焼のおそれが著しく少なく、かつ、火災等の災害による被害を最小限度に止めることができると認めるとき」とされています。

イ　消防設備技術基準関係

　消防設備技術基準には、消用用設備等の構造、性能、機能等に係る基準と当該消防用設備等を防火対象物に設置する場合の位置、配置などの設置方法に関する基準があります。

　消防用設備等を個々の防火対象物に設置する場合において、当該防火対象物又はその部分の外形・形状、使用形態等により、消防技術基準によりがたいと認める場合には、当該部分の状況に応じた代替措置等を講ずることにより、特例が認められることとなります。

　この場合の取扱いとしては、①当該部分に対し消防用設備等の設置が免除される又は②当該部分における消防用設備等の設置方法の変更が認められる場合等があります。

(3)　令32条の規定の変遷

　ア　制定時の規定

　令32条の規定は、制定時の消防法施行令（昭36・3・25政37）において、次のように規定されています。

　この規定は、次のような趣旨で規定されたものです（消防基本法制研究会編著『消防法施行令解説』（近代消防社、第2版、2011））。

① 　令2章3節の規定は、消防用設備等を設置し、及び維持しなければならない防火対象物のうち一般的なものの火災危険を想定して定められた技術上の基準であること。
② 　令2章3節に規定する技術基準は、あらゆる防火対象物の実態に即して定められることが理想的ではあるが、個々の防火対象物の具体的な態様に応じて、それぞれ適応する基準を定めておくことは事実上不可能であること。
③ 　このため、技術上の基準の適用に際して消防長等が技術上の基準の特例を認めることができる旨の規定を設け、消防長等の判断と責任において、法17条の趣旨を損なうことなく実態に応じた運用が行えるようにしているものであること。

参考（基準の特例）　⇒　平成16年の改正前の規定
　第32条　この節の規定は、消防用設備等について、消防長（消防本部を置かない市町村においては、市町村長）又は消防署長が、防火対象物の位置、構造及び設備の状況から判断して、この節の規定による消防用設備等の基準によらなくとも、火災の発生及び延焼のおそれが著しく少なく、かつ、火炎等の災害による被害を最少限度に止めることができると認めるとき、又は予想しない特殊の消防用設備等その他の設備を用いることにより、この節の規定による消防用設備等の基準による場合と同等以上の効力があると認めるときにおいては、適用しない。

　この規定は、前段「防火対象物の位置、構造及び設備の状況から判断して、この節の規定による消防用設備等の基準によらなくとも、火災の発生及び延焼のおそれが著しく少なく、かつ、火炎等の災害による被害を最少限度に止めることができると認めるとき」の規定と後段「予想しない特殊の消防用設備等その他の設備を用いることにより、この節の規定による消防用設備等の基準による場合と同等以上の効力があると認めるとき」の規定に分けることができます。

　前段の規定は、防火対象物の設置される周辺の状況、用途等の状況から、火災発生危険が少ない、火災による延焼危険性など周辺に与える被害が少ない、常時無人であるなど火災による人命危険性が少ない等の状況が考慮されることとなります。

　後段の規定は、新たに開発、設計等された機器等であって、法令において想定している消防用設備等の性能機能等に係る技術基準に適合させることはできないが、当該消防用設備と同等以上の効

力があると認められるものに対して適用されます。
　イ　平成16年の改正後の令32条の規定
　平成16年に消防法令の改正により、消防用設備等の技術基準の体系は、次のようにされています。

消防法	規定の内容
法17条1項	通常用いられる消防用設備等（ルートA） 必要とされる防火安全性能を有する消防の用に供する設備等（ルートB）
法17条2項	市町村条例による消防用設備等に係る強化
法17条3項	特殊消防用設備等（ルートC）

　これにより特殊の消防用機械機具等その他の設備等（特殊消防用設備等。新たに開発等された消防の用に供する機械機具等も当然含まれます。）に係る性能評価制度及び総務大臣の認定制度が創設されたことにより、従来の令32条後段の規定「予想しない特殊の消防用設備等その他の設備を用いることにより、この節の規定による消防用設備等の基準による場合と同等以上の効力があると認めるとき」が削除されています。
　また、令32条の改正の趣旨は、次のとおりです（平16・5・31消防予90）。
① 　近年、防火性能の高い建築部材を造る技術、高性能な設備等の開発、火災現象の科学的解明等が進んでおり、防火対象物の不燃化の促進、消防力の向上等も図られていることから、焼損面積が小さくなる傾向にあります。一方、近年、防火対象物の活用用途の多様化や規制改革の要請に対する柔軟な対応も求められています。
② 　従前の消防法施行令（以下「旧令」といいます。）32条の規定に基づき基準の特例を適用するためには、「火災の発生のおそれが著しく少ないこと」、「延焼のおそれが著しく少ないこと」及び「火災等の災害による被害を最少限度に止めることができること」の3つの要件を満たすことが必要でしたが、建物の防火安全性が高まっている状況や防火対象物の実態に即した柔軟な対応が求められている状況を踏まえると、「火災等の災害による被害を最少限度に止めることができること」が満たされる場合は、「火災の発生のおそれが著しく少ないこと」又は「延焼のおそれが著しく少ないこと」のいずれかが満たされていれば、十分な防火安全性が確保できるものと考え、旧令32条の「火災の発生及び延焼のおそれが著しく少な」いという要件は「火災の発生又は延焼のおそれが著しく少な」いという要件に改められています。
③ 　今回の改正に伴い、「防火対象物の位置、構造及び設備の状況から判断して」という部分も「防火対象物の位置、構造又は設備の状況から判断して」に改正されていますが、これは運用の実態を踏まえつつ、他の規定との整合を図るための改正であり、基準の特例を適用するか否かは、前述のとおりであることに留意することとされています。

参考　消防法施行令32条
　この節の規定〔＝消防用設備等の技術基準〕は、消防用設備等について、消防長又は消防署

> 長が、防火対象物の位置、構造又は設備の状況から判断して、この節の規定による消防用設備等の基準によらなくとも、火災の発生又は延焼のおそれが著しく少なく、かつ、火災等の災害による被害を最小限度に止めることができると認めるときにおいては、適用しない。

3　令32条特例の適用申請手続

　令32条の規定に基づく特例の適用を受ける場合には、消防長又は消防署長に対し、予め申請を出す必要があります。具体的な手続きは、市町村において定めています。

　この場合の申請者は、原則として防火対象物の関係者とされていますが、その委任を受けた者（消防設備士、建築士等）も可能とされています。

基準の特例等適用申請書

　申請書の様式については、市町村の条例等において定められています。

① 内容

　消防法施行令32条又は火災予防条例○○条の規定の適用により、消防用設備等の設置の特例又は消防用設備等の除外を願い出るときに使用します。

② 根拠法令

　消防用設備等特例等適用申請書については、消防法施行令32条及び火災予防条例○○条、消防用設備等除外願出書については法令の除外規定によります。

③ 届出時期

　一般的に建築確認（消防同意）後に行うこととされています。

④ 窓口

　防火対象物を管轄する消防署（場所によっては消防本部）

⑤ 提出書類

　消防用設備等特例等適用申請書　2通

　添付書類（付近見取図、敷地内配置図、平面図及び願出理由が明確に判断できる図面等）

> 参考　東京都火災予防条例（抄）
> （基準の特例）
> 第47条　この章の規定は、消防用設備等について消防署長が、防火対象物の位置、構造若しくは設備の状況から判断して、この章の規定による消防用設備等の技術上の基準によらなくとも、火災の発生若しくは延焼のおそれが著しく少なく、かつ、火災等の災害による被害を最小限に止めることができると認めるとき、又は予想しない特殊の消防用設備等その他の設備を用いることにより、この章の規定による消防用設備等の技術上の基準による場合と同等以上の効力があると認めるときにおいては、適用しない。
> （基準の特例等に関する規定の適用申請等）
> 第64条　次の各号に掲げる規定の適用を受けようとする者は、規則で定めるところにより、消防署長に申請しなければならない。ただし、軽微なものはこの限りでない。
> 　一　〔省略〕
> 　二　〔前略〕、令第32条又は第47条

三　〔省略〕
2　消防署長は、前項の規定による申請があつたときは、当該申請に係る審査を行い、規則で定めるところにより、その審査の結果を同項の申請をした者に通知するものとする。
3　消防総監は、前項の申請に係る審査を行うため必要と認める場合は、第1項各号に掲げる規定の適用を判断するための技術基準を定めることができる。

参考　東京都火災予防条例施行規則（抄）
（基準の特例等に関する規定の適用申請の様式等）
第25条　条例第64条第1項の各号に掲げる規定の適用申請は、別記第25号様式の申請書によりしなければならない。
2　前項の申請書には、次の各号に掲げる区分に応じて、当該各号に定める図書を添付しなければならない。
一　〔省略〕
二　条例第64条第1項第2号の申請　第14条の2第2項の表の下欄〔右欄〕に掲げる図書及び次の表に掲げる区分に応じて、それぞれ同表の下欄〔右欄〕に定める図書

区分	図書
条例第47条の規定の適用を受ける場合	条例第47条の規定に基づき消防用設備等が設置される防火対象物の位置、構造若しくは設備の状況から判断して、条例第5章の規定による消防用設備等の技術上の基準によらなくとも、火災の発生若しくは延焼のおそれが著しく少なく、かつ、火災等の災害による被害を最小限に止めることができることについて記載した図書又は予想しない特殊の消防用設備等その他の設備を用いることにより、条例同章の規定による消防用設備等の技術上の基準による場合と同等以上の効力があることについて記載した図書
令第32条の規定の適用を受ける場合	令第32条の規定に基づき消防用設備等が設置される防火対象物の位置、構造又は設備の状況から判断して、令第2章第3節の規定による消防用設備等の技術上の基準によらなくとも、火災の発生又は延焼のおそれが著しく少なく、かつ、火災等の災害による被害を最小限に止めることができることについて記載した図書

三　〔省略〕
3　〔省略〕

東京都火災予防条例施行規則第25号様式（第25条関係）

基準の特例等適用申請書

年　月　日

東京消防庁
　　消防署長　殿

申請者
　住　所
　　　　　　電　話　（　）
　氏　名　　　　　　　　㊞

消防法施行令第　　条
火災予防条例第　　条　　　　の規定の適用を下記のとおり受けたいので、火災予防条例第64条第1項の規定に基づき申請します。

記

防火対象物の概要	名　　称			
	所　在　地			
	防　火　地　域		用途地域	
	敷　地　面　積		延べ面積	
	用　　途		構造・階層	

特例等適用対象等	

設　計　者	住　所	電話　（　）
	氏　名	

施　工　者	住　所	電話　（　）
	氏　名	

防火安全技術講習修了者	住　所	電話　（　）
	氏　名	
	修了証番号	修了年月日
	修了課程	

申請事項及び理由等	

※受付欄	※経過欄

備考　1　申請者が法人の場合、氏名欄には、その名称及び代表者氏名を記入すること。
　　　2　特例等適用対象等欄には、特例等の規定の適用を受けようとする消防用設備等の種類、火気使用設備若しくは器具の種類又は客席、避難通路等の別を記入すること。
　　　3　防火安全技術講習修了者欄は、当該講習修了者が本届出書の内容について消防関係法令に適合しているかどうかを調査した場合に記載すること。
　　　4　※欄には、記入しないこと。

（日本工業規格Ａ列4番）

東京都火災予防条例施行規則第26号様式（第25条関係）

基準の特例等適用通知書

第　　　　号
年　　月　　日

宛

東京消防庁

消防署長　　　　印

　　年　　月　　日（受付番号：第　　号）付けで申請のあつた基準の特例等の適用について、火災予防条例第64条第2項の規定に基づき下記のとおり通知します。

記

防火対象物	名　　　　称			
	所　在　地			
	敷　地　面　積		延べ面積	
	用　　　途		構造・階層	
特例等適用対象等				
特例等適用の可否				
条　件　又　は　理　由				
備　　　　考				

(注)法令の略称　　法：消防法　　政令：消防法施行令　　省令：消防法施行規則
　　　　　　　　条例：火災予防条例　　条則：火災予防条例施行規則
　　　　　　　　建基法：建築基準法　　建基令：建築基準法施行令
　　　　　　　　都安例：東京都建築安全条例

※教示
1　この処分に不服がある場合には、この処分があつたことを知つた日の翌日から起算して3月以内に、東京都知事に対して審査請求をすることができます（なお、この処分があつたことを知つた日の翌日から起算して3月以内であつても、この処分の日の翌日から起算して1年を経過すると審査請求をすることができなくなります。）。
2　この処分については、この処分があつたことを知つた日の翌日から起算して6月以内に、東京都を被告として（訴訟において東京都を代表する者は東京都知事となります。）、処分の取消しの訴えを提起することができます（なお、この処分があつたことを知つた日の翌日から起算して6月以内であつても、この処分の日の翌日から起算して1年を経過すると処分の取消しの訴えを提起することができなくなります。）。ただし、上記1の審査請求をした場合には、当該審査請求に対する裁決があつたことを知つた日の翌日から起算して6月以内に、処分の取消しの訴えを提起することができます（なお、当該審査請求に対する裁決があつたことを知つた日の翌日から起算して6月以内であつても、当該裁決の日の翌日から起算して1年を経過すると処分の取消しの訴えを提起することができなくなります。）。

（日本工業規格A列4番）

第 1 章

消火設備

1　消火器具

(1)　設置基準

　消火器具の設置を要する防火対象物又はその部分については、令10条1項に規定されています（⇒序章　1(5)　消防用設備等設置基準早見表（10頁）参照）。

(2)　法令による緩和措置

　消火器具は、令10条1項各号に掲げる防火対象物又はその部分に屋内消火栓設備、スプリンクラー設備、水噴霧消火設備、泡消火設備、不活性ガス消火設備、ハロゲン化物消火設備又は粉末消火設備をそれぞれの技術上の基準に従い、又は当該技術上の基準の例により設置したときは、令10条1項の規定にかかわらず、設置個数を減少することができるとされています（令10③、規8）。

> ①　屋内消火栓設備又はスプリンクラー設備
> （令11条若しくは12条に定める技術上の基準に従い、又は当該技術上の基準の例により設置した場合）
> 　→　消火設備の対象物に対する適応性が規則6条1項、2項、3項、4項又は5項の規定により設置すべき消火器具の適応性と同一であるときは、当該消火器具の能力単位の数値の合計数は、当該消火設備の有効範囲内の部分について当該各項に定める能力単位の数値の合計数の3分の1までを減少した数値となります。
> ②　水噴霧消火設備、泡消火設備、不活性ガス消火設備、ハロゲン化物消火設備又は粉末消火設備
> （令13条、14条、15条、16条、17条若しくは18条に定める技術上の基準に従い、又は当該技術上の基準の例により設置した場合）
> 　→　消火設備の対象物に対する適応性が規則6条3項、4項又は5項の規定により設置すべき消火器具の適応性と同一であるときは、当該消火器具の能力単位の数値の合計数は、当該消火設備の有効範囲内の部分について当該各項に定める能力単位の数値の合計数の3分の1までを減少した数値となります。
> ③　前①及び②の場合において、当該消火設備の対象物に対する適応性が規則7条1項の規定により設置すべき大型消火器の適応性と同一であるときは、当該消火設備の有効範囲内の部分について当該大型消火器が設置免除されます。
> ④　前①及び②の規定は、消火器具で防火対象物の11階以上の部分に設置するものには適用しないとされています。

(3)　令32条特例

　消火器具に係る令32条の特例については、防火対象物の用途、建物の構造等から出火危険性が極めて少ないと考えられる場合に、設置の免除や設置数の減免が認められています。

　また、消火器具と同様な消火効果が期待できる消火の用に供することのできる器具については、消火器具の代替として認められることがあります。

消火器具は、火災発生時の初期の段階において、安全に、かつ、余裕を持って消火できることが期待されているものであり、火災発生危険性のある場所に容易に設置できるとともに、迅速、円滑に使用できることが不可欠です。したがって、代替として認める場合には、これらを総合的に判断しているものです。

令32条特例関係　通知・行政実例

消火器具設置基準（令10条1項）

◆消防法施行令第32条の特例基準等について【部分の用途に着目した消火器具の設置免除】（昭38・9・30自消丙予発59） ……… 35

◆特殊可燃物の処理上の疑義について【特殊可燃物を貯蔵し、又は取り扱う場所における消防用設備等】〔解釈〕（昭41・4・19自消丙予発46） ……… 35

◆消防法施行令第32条の特例について【通信機械室等に設置する消火器具】（昭41・11・17自消丙予148） ……… 36

（令別表1(6)項ハ　非特定社会福祉施設等）

◆精神薄弱者更生施設における消防用設備等の設置にかかる消防法施行令第32条の特例について（昭53・1・26消防予15） ……… 37

消火器具技術基準（令10条2項）

（消火器具の代替器具（規則6条1項））

◆セパレート消火バケツに係る消防法施行令第32条の規定の適用について（昭48・6・25消防予99） ……… 38

◆投てき用消火弾等の設置による簡易消火用具の代替（昭51・3・26消防安49、昭51・6・24消防予19、昭54・12・28消防予258、昭57・11・13消防予229、昭57・11・13消防予230、昭57・12・6消防予249、昭59・1・17消防予5） ……… 39

（消火器具の設置場所の標識（規則9条4項））

◆消防用設備等に係る執務資料の送付について【消火器のピクトグラムを設置した場合の標識について】（平29・11・20消防予355） ……… 39

（型式失効した消火器（法21条の5第2項、令30条））

◆型式承認の失効に伴う消火器の取扱いについて〔解釈〕（平23・12・7消防予450・消防危276） ……… 40

◆消防用設備等に係る執務資料の送付について【型式失効する消火器の取扱い】〔解釈〕（平23・12・28消防庁予防課事務連絡） ……… 41

消火器具設置基準（令10条1項）

　消火器具は、初期消火を行う場合に必要不可欠なものであり、基本的には、全ての防火対象物に設置することが望ましいものです。ここで取り上げた通知は、出火危険性が極めて少なく、かつ、延焼拡大危険性が少ない防火対象物又はその部分であり、さらに常時人がいないなど人命危険性がない場合に、その設置の免除又は減免が認められたものです。

◆消防法施行令第32条の特例基準等について【部分の用途に着目した消火器具の設置免除】
第1
　1　不燃材料で造られている防火対象物又はその部分で出火の危険がないと認められるか、又は出火源となる設備、物件が原動機、電動機等にして出火のおそれが著しく少なく、延焼拡大のおそれがないと認められるもので、かつ、次の各号のいずれかに該当するものについては、消火器具、屋内消火栓設備、屋外消火栓設備、動力消防ポンプ設備、自動火災報知設備及び連結送水管を設置しないことができるものとする。ただし、消防法施行規則（昭和36年自治省令第6号）第6条第1項に掲げる防火対象物又はその部分に、変圧器、配電盤その他これらに類する電気設備があるときは、令別表第4において電気設備の消火に適応するものとされる消火器を、当該電気設備がある場所に床面積100㎡以下ごとに1個設けなければならない。
　　(1)　倉庫、塔屋部分等にして、不燃性の物件のみを収納するもの
　　(2)　浄水場、汚水処理場等の用途に供する建築物で、内部の設備が水管、貯水池又は貯水槽のみであるもの
　　(3)　プール又はスケートリンク（滑走部分に限る。）
　　(4)　抄紙工場、サイダー、ジュース工場
　　(5)　不燃性の金属、石材等の加工工場で、可燃性のものを収納又は取り扱わないもの
　　　　　　　　　　　　　　　　　　　　　　　　　　　　（昭38・9・30自消内予発59）

> **memo**　この事例は、当該部分において、出火源となるものがなく、かつ、着火物や延焼拡大の要因となる可燃物がない場合の特例として示されています。ただし、当該部分に、出火源となる変圧器、配電盤その他これらに類する電気設備がある場合には、当該電気設備に対する消火器の設置が必要とされているものです。

◆特殊可燃物の処理上の疑義について【特殊可燃物を貯蔵し、又は取り扱う場所における消防用設備等】〔解釈〕
　問2　消防法施行規則（以下「規則」という。）第7条第1項の規定によって、大型消火器を設置した場合は、同条第2項の規定において消火器具の能力単位の数値の合計数の2分の1までを減少した数値とすることができる。と規定され、第8条第1項では屋内消火栓又はスプリンクラー設備を設置した場合は消火器具の能力単位の数値の合計数の3分の1までを減少した数値とすることができることが規定されている。
　　いま、特殊可燃物を貯蔵し又は取扱う倉庫において規則第7条第1項の規定による大型消火器と、規則第8条第1項の規定によるスプリンクラー設備の両方とも設置した場合にその有効範囲

内については次のいずれの減少方法によるのが正しいか。
(1) $\frac{1}{2}+\frac{1}{3}=\frac{5}{6}$

つまり能力単位の合計数の6分の5までを減少した数値とすることができる。
(2) 2分の1までを減少した場合は、それ以上を減少することができない。

つまり、規則第7条、第8条の規定を通じて減少することのできる数値は2分の1までが限度である。

答2　(2)お見込みのとおり。

(昭41・4・19自消丙予発46)

memo　消火器具の能力単位の数値の合計数の減免については、それぞれの規定により減免されたものを合計するのではなく、減免できる最大のものを適用するとしたものです。

◆消防法施行令第32条の特例について【通信機械室等に設置する消火器具】

問　通信機械室等（自動機械室、搬送試験室、手動交換室、試験室）に設置する消火設備は消防法施行令の規定により、消火器（建築物その他工作物用）を設置するよう規定されていますが、万一消火液を噴射しますと(1)で述べた支障が起きることが予想されますので、令第32条の規定による特例措置を講じてよろしいか。この場合Ａ消火器に代え、ＢＣ消火器を設置する。

なお、上記の特例の適用を設けるにあたり次の措置を講じました。
(1)　電池電力及び通信機械関係室は、鉄筋コンクリートの防火区画により、他室と独立させ開口部は甲種防火戸とする。
(2)　各室の内装は総じて不燃材料とする。
(3)　各室は禁煙、空気調整を行い火気は一切ない。

答　お見込みのとおり。なお、通信機器室に設置する消火器具については、昭和39年7月23日付自消丙予発第73号「電話局等における危険物の取扱い及び消火設備について」を参照されたい。

(昭41・11・17自消丙予発148)

参考「電話局等における危険物の取扱い及び消火設備について」(昭39・7・23自消丙予発73)
問2　ボイラ室について電話局等に設置されるボイラは、精密な通信機器の機能を常に最良の状態に保持し、確実に動作せしめるために必要な室内の温湿度調整用および暖房用として設置するものであり、主として鋳鉄ボイラを使用しているが、このボイラ用燃料の取扱数量の算出方法については、(イ)ボイラ用燃料の1日の取扱数量は、当該ボイラの1日の運転に必要な燃料使用量と、そのサービスタンクの危険物容量とを比較して、そのいずれか多い方とするか。または、1日の燃料使用量と、サービスタンクの危険物容量の和をもって、ボイラ用燃料の1日の取扱数量とするのか。
答2　(イ)前段お見込みのとおり。

memo　通信機械室では、通信機器や電気設備等が設置されていることから、これらの機器等に影響を与える恐れのある消火液を充填した消火器の設置について、令別表2において掲げ

られている建築物その他工作物に対して適用する消火器に代えて、ガス系の消火器の設置を認めたものです。

（令別表1(6)項ハ　非特定社会福祉施設等）

◆精神薄弱者更生施設における消防用設備等の設置にかかる消防法施行令第32条の特例について

問　このことについて、峡西消防本部消防長より別添のとおり照会がありましたのでご教示願います。

別添

このことについて、当消防本部管内にある精神薄弱者更生施設県立育精福祉センターの立入検査を行つたところ、当センター内の消防用設備については適法に設置されているにもかかわらず、精神薄弱者のいたずらによる使用、損壊、撤去等が著しく有効に機能を達しえない状況である。関係者の話しによると、自動火災報知設備の発信機のいたずらによる誤報の連発は日常茶飯事であり、発信機や感知器、誘導灯さえも修理してもすぐに破壊又は撤去されてしまうのが現状であり保守管理が出来ない状態にあります。

つきましては、当センター重度棟（別紙図面参照）に対する消防用設備について下記事項について特例を認めてよろしいか至急回答をお願いいたします。

記

1　消火器具に関する事項

消火器具は、消防法施行規則（以下「規則」という。）第6条第6項の規定にかかわらず規則第6条第1項及び第2項により算定した能力単位のものを各職員常駐の部屋に集中して設置することができるか。

資料・別紙図面〔省略〕

答　お見込みのとおり

（昭53・1・26消防予15）

memo　入所者のいたずらによる使用、損傷、撤去などにより使用できないことが考えられるため、十分な監視等が行え、かつ、火災発生時に迅速に対応することのできる職員の常駐する部屋等にまとめて設置することが認められたものです。

消火器具技術基準（令10条2項）

防火対象物又はその部分に設置することが義務付けられた消火器具は、設置及び維持に関する技術上の基準に基づいて設置することが必要とされています。

この場合の基準としては、次の通りとされています。

① 防火対象物又はその部分には、防火対象物の用途、構造若しくは規模又は消火器具の種類若しくは性能に応じ、総務省令で定めるところにより、令別表2においてその消火に適応するものとされる消火器具を設置すること。

ただし、二酸化炭素又はハロゲン化物（総務省令で定めるものを除きます。）を放射する消火器は、令別表1（16の2）項及び（16の3）項に掲げる防火対象物並びに総務省令で定める地階、無窓

階その他の場所に設置してはなりません。
② 消火器具は、通行又は避難に支障がなく、かつ、使用に際して容易に持ち出すことができる箇所に設置すること。

　ここでは、消火器具の設置及び維持に関する技術上の基準に関する令32条の特例を適用したものを掲げています。

（消火器具の代替器具（規則6条1項））

◆セパレート消火バケツに係る消防法施行令第32条の規定の適用について

問 別添の実験結果書に記載のとおりの消火性能等を有すると認められるセパレート消火バケツについて、下記条件を満たす場合は、当該バケツ2個を1単位の消火能力を有するものとして、消防法施行令第32条の規定を適用して支障ないものと思料されるが、貴職の見解を示されたい。

記

1　セパレート消火バケツの構造
　（1）　当該バケツの形状は、直角二等辺三角柱とし、積み重ねが可能で、設置・維持が容易であること。
　（2）　当該バケツの有効内容積は、7ℓ以上であること。
2　セパレート消火バケツの性能
　（1）　当該バケツは、直角二等辺三角形の底辺方向に転倒したときの投水口から流出する水量を測定した場合、その水量は、当該バケツの有効内容積の35％以下であること。
　（2）　当該バケツは、投水回数ごとに投水量を測定した場合、次の表の投水回数の区分に応じ、それぞれ当該許容範囲内であること。

投水回数（回）	1	2	3	4	5
投水量許容範囲（ℓ）	$7(0.3 \pm \frac{5}{100})$	$7(0.25 \pm \frac{5}{100})$	$7(0.2 \pm \frac{5}{100})$	$7(0.15 \pm \frac{5}{100})$	$7(0.05 \pm \frac{5}{100})$

　（3）　当該バケツは、健康正常な男子が投水した場合、投水到達距離は、それぞれ次の距離以上であること。
　　ア　水平到達距離　6m
　　イ　到達高さ　　水平3mの距離で投水して、3.5m

答 設問のバケツについては、添付された資料から判断すれば、消防法施行令第32条の規定を適用してさしつかえない。

（昭48・6・25消防予99）

memo　水バケツは、容量8ℓ以上のもの3個を1単位としていますが、セパレート消火バケツについては、有効内容積は、7ℓ以上のもの2個を1単位と評価したものであり、セパレート消火バケツが5回の投水を行うことができることが評価されたものです。

◆投てき用消火弾等の設置による簡易消火用具の代替
（昭51・3・26消防安49、昭51・6・24消防予19、昭54・12・28消防予258、昭57・11・13消防予229、昭57・11・13消防予230、昭57・12・6消防予249、昭59・1・17消防予5）

> **memo** 投てき用消火弾等については、過去において多数質疑応答が示され、水バケツとの消火能力が評価され、令32条の特例を適用し簡易消火用具に代えて設置することが認められているものがあります。
> 　消火器具は、消火器及び簡易消火用具（水バケツ、水槽、乾燥砂、膨張ひる石、膨張真珠岩）であり、いずれも、人が直接操作することにより、消火に用いられるものです。これらは、消火剤に期待される消火効果により、所用の能力単位が定められています。実例では、投てき用消火弾等の消火能力を考慮し、簡易消火用具の代替として認められているものですが、安全にかつ確実に消火することのできるものとしては、消火器が最も適しています。
> 　なお、投てき用消火弾等については、現在、個別に性能評価等が行われ、その評価により簡易消火用具として、代替が認められるものがあります。

（消火器具の設置場所の標識（規則9条4項））

◆消防用設備等に係る執務資料の送付について【消火器のピクトグラムを設置した場合の標識について】

問3 消火器を直接視認することができる状態で設置した場合にあっては、令第32条の規定を適用し、日本工業規格（工業標準化法（昭和24年法律第185号）第17条第1項の日本工業規格をいう。）Z8210に定める消火器のピクトグラム（下図参照）を設けることにより、規則第9条第4号に規定する標識を設けないこととして良いか。なお、当該ピクトグラムの大きさは、9cm角以上とする。

（例）

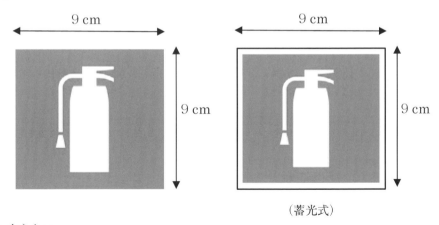

答 差し支えない。
　なお、近年、外国人来訪者が増加傾向にあることから、令別表1(1)項イ、(5)項イ及び(10)項に掲げる用途に供される防火対象物等、多数の外国人来訪者の利用が想定される施設に対し、当該ピクトグラムを設置するよう指導することが望ましい。

（平29・11・20消防予355）

> **memo** 消火器を設置した場合の標識は、「消火器」とされていますが、この標識に替えて消火器がイメージできるピクトグラムを設けることを認めたものです。特に、外国人来訪者が利用する劇場、ホテルや交通機関の駅、空港のビル等には、積極的に設置するとされています。

(型式失効した消火器（法21条の5第2項、令30条))

◆型式承認の失効に伴う消火器の取扱いについて〔解釈〕

　消防法（昭和23年法律第186号。以下「法」という。）第21条の5第1項の規定及び消火器の技術上の規格を定める省令の一部を改正する省令（平成22年総務省令第111号。以下「改正規格省令」という。）附則第2条第2項の規定に基づき、別紙のとおり平成23年12月7日総務省告示第503号が告示され、平成24年1月1日をもって、該当する消火器の型式承認の効力が失われることとなりました。

　このことに伴い、各都道府県消防防災主管部長におかれましては、貴都道府県内の市町村（消防の事務を処理する一部事務組合及び広域連合を含む。）に対し、下記について速やかに周知していただきますようお願いします。

記

1　型式承認の効力の存続

　　型式承認の効力が失われることとした消火器については、平成23年12月31日までの間は、法第21条の5第1項の規定に基づき、型式承認の効力が存続するものであること。

　　したがって、同日までは、当該消火器の販売、請負に係る工事への使用等（以下「販売等」という。）はできるものであるが、平成24年1月1日以後においては、当該消火器の型式承認の効力が失われることから、法第21条の10の規定に基づき、当該型式承認に係る個別検定の合格の効力についても失われることとなるので、当該消火器の販売等はできないものであること。

2　設置に係る経過措置

　　型式承認の効力が失われることとした消火器については、「消火器の技術上の規格を定める省令の一部を改正する省令（平成22年総務省令第111号）の施行に伴う消防法施行令第30条第2項及び危険物の規制に関する政令第22条第2項の技術上の基準に関する特例を定める省令」（平成22年総務省令第112号）の適用があること。

　　したがって、次の(1)から(3)までの防火対象物又は製造所、貯蔵所若しくは取扱所（以下「製造所等」という。）において、法第17条第1項又は法第10条第4項の規定に基づき、消火器の設置が義務づけられている場合であって、その設置されている消火器が、型式承認の効力が失われることとした消火器である場合にあっては、平成33年12月31日までの間に、改正規格省令による改正後の消火器の技術上の規格に適合した消火器に取り替える必要があること。

(1)　改正規格省令の施行（平成23年1月1日）の際、現に存する防火対象物又は現に新築、増築、改築、移転、修繕若しくは模様替えの工事中の防火対象物

(2)　改正規格省令の施行の際、現に存する製造所等又は現に法第11条第1項の規定による許可に係る設置若しくは変更の工事中の製造所等

(3)　改正規格省令の施行後1年の間に工事を開始する防火対象物又は法第11条第1項の規定による許可に係る設置若しくは変更の工事を開始する製造所等

3　任意設置の消火器の取扱い
　　型式承認の効力が失われることとした消火器が、消火器の設置義務のない一般家庭等に任意に設置されている場合にあっては、改正規格省令による改正後の技術上の規格に適合する消火器と取り替える等の措置を講じる法令上の義務はないものであること。
　　ただし、この場合であっても、販売業者等が、型式承認の効力が失われることとした消火器を、一般家庭用等として販売等はできないものであることに留意すること。
4　型式承認の効力が失われた消火器の販売等の情報提供について
　　型式承認の効力が失われることとした消火器については、平成24年1月1日以後、販売等はできないものであるため、当該消火器については、法第21条の12及び第21条の13の規定に基づき、販売業者等に対し、総務大臣が必要に応じて立入検査を行い、検定合格の表示の除去等の指示をすることがあるので、消防法令に抵触するおそれのある販売等がなされていることを覚知した場合には、当課まで情報提供願いたい。

(平23・12・7消防予450・消防危276)

memo　型式失効処分に係る法令の解釈と、対象消火器に対する取扱いを示したものです。型式失効とは、規格省令の改正に伴い、大臣承認を受けた型式の効力（製造販売等）が失われることであり、所定の期日以降については、製造販売等が禁止されます。また、型式失効した消火器を法令の義務により設置している場合には、所定の期間（経過期間）内に、新基準に適合するものに交換する必要があります。
　　当然、型式失効し、所定の期間（経過期間）を経過したものは、消防用設備等の設置維持基準に適合せず法令違反となることから、令32条の特例を適用して代替等で認めた消火器も対象となることに注意が必要です。

◆消防用設備等に係る執務資料の送付について【型式失効する消火器の取扱い】〔解釈〕
問　「消火器の技術上の規格を定める省令の一部を改正する省令」（平成22年総務省令第111号）の施行に伴い、型式失効する消火器を平成24年1月1日以降にリースとして貸し出すことは可能か。
答　リースは販売に該当し、消防法第21条の2第4項に抵触するため、平成24年1月1日以降に新たに貸し出すことはできない。
　　ただし、既にリース契約により平成23年12月31日までに防火対象物に設置された消火器については、リース契約期間中に限り、経過措置により消防用設備等として当該防火対象物に設置し続けることができる。
　　なお、「販売」とは、「対価を得て他人にある財産権（金銭的価値のある権利）を移転すること」をいい、リース契約は一定の対価と引き換えにその物の使用収益権を一定期間譲渡する賃貸借契約であることを踏まえると、有償による財産権の移転すなわち「販売」に該当するものである。

(平23・12・28消防庁予防課事務連絡)

memo　リース契約についても販売に該当する旨の解釈を示したものです。
　　この場合、リース契約により防火対象物に既に設置されている消火器は、特例期間の適用がされますが、販売等が禁止された期日以降については、新たにリースすることができないこととされたものです。当然、これらの取扱いについては、令32条の適用もすることはできません。

2　屋内消火栓設備

(1)　設置基準

屋内消火栓設備の設置を要する防火対象物又はその部分については、令11条1項に規定されています（⇒序章　1(5)　消防用設備等設置基準早見表（10頁）参照）。

(2)　法令による緩和措置

屋内消火栓設備は、令11条1項各号に掲げる防火対象物又はその部分に設置することとされています。この場合において、当該防火対象物又は部分の構造により、設置が義務付けられる延べ面積又は床面積の数値についての緩和措置や消火設備を設置した場合の緩和措置が規定されています。

　ア　防火対象物又はその部分の構造による緩和措置

令11条1項各号（5号を除きます。）に掲げる防火対象物又はその部分の延べ面積又は床面積の数値は、次によることとされています。

基準面積に対する倍数	防火対象物又はその部分の構造	適用が制限される場合
3倍	主要構造部（建築基準法2条5号に規定する主要構造部）を耐火構造とし、かつ、壁及び天井（天井のない場合にあっては、屋根。）の室内に面する部分（回り縁、窓台その他これらに類する部分を除きます。）の仕上げを難燃材料（建築基準法施行令1条6号に規定する難燃材料をいいます。）でしたもの	令12条1項1号に掲げる防火対象物について令11条1項2号の規定を適用する場合にあっては、当該3倍の数値又は1,000㎡に令12条2項3号の2の総務省令で定める部分の床面積の合計を加えた数値のうち、いずれか小さい数値
2倍	主要構造部を耐火構造としたその他の防火対象物又は建築基準法2条9号の3イ若しくはロのいずれかに該当し、かつ、壁及び天井の室内に面する部分の仕上げを難燃材料でしたもの	令12条1項1号に掲げる防火対象物について令11条1項2号の規定を適用する場合にあっては、当該2倍の数値又は1,000㎡に令12条2項3号の2の総務省令で定める部分の床面積の合計を加えた数値のうち、いずれか小さい数値

　イ　他の消火設備を設置した場合の設置免除

令11条1項各号に掲げる防火対象物又はその部分にスプリンクラー設備、水噴霧消火設備、泡消火設備、不活性ガス消火設備、ハロゲン化物消火設備、粉末消火設備、屋外消火栓設備又は動力消防ポンプ設備をそれぞれの技術上の基準に従い、又は当該技術上の基準の例により設置したときは、令11条1項の規定にかかわらず、当該設備の有効範囲内の部分（屋外消火栓設備及び動力消防ポンプ設備にあっては、1階及び2階の部分に限ります。）について屋内消火栓設備を設置しないことができるとされています。

(3)　令32条特例

屋内消火栓設備に係る令32条の特例については、防火対象物の用途、建物の構造等から出火危険

性が極めて少ないと考えられる場合に、設置の免除が認められています。

また、屋内消火栓設備の代替設備についても、屋内消火栓設備と同等以上の消火性能を有すると認められるものにあっては、その設置が認められている例があります。

令32条特例関係　通知・行政実例

屋内消火栓設備設置基準（令11条1項）

（令別表1(6)項　社会福祉施設等）

◆既存の社会福祉施設に対する消防用設備等の技術上の特例基準の適用について（昭62・10・27消防予189） …………………………………………………………… 46

（防火対象物の部分の用途）

◆消防法施行令第32条の特例基準等について【部分の用途に着目した屋内消火栓設備の設置免除】（昭38・9・30自消丙予発59） ……………………………………… 47

◆消防法施行令第32条の特例基準等について【通信機器室のうち、電力室以外の部分の特例】（昭38・9・30自消丙予発59） ……………………………………………… 47

◆消防法施行令第32条の特例基準等について【発電設備、変電設備等の電気設備又は金属溶解設備等の部分の特例】（昭38・9・30自消丙予発59） ………………… 47

◆屋内消火栓設備のプール部分の設置免除について（昭59・10・17消防予146）……… 48

（既存の防火対象物）

◆既存防火対象物に対する消防用設備等の技術上の特例基準の適用について【屋内消火栓設備】（昭50・7・10消防安77） ……………………………………………… 48

◆既存防火対象物に設置する屋内消火栓設備の代替について（昭52・8・23消防予158）…… 50

◆屋内消火栓の設置に係る質疑について（平4・6・10消防予120） …………………… 50

延べ面積・床面積の倍読み規定関係（令11条2項）

◆消防用設備等の設置について【耐火構造の建築物に小規模木造建築物が接続されている場合の消防用設備等】（昭57・6・2消防予128） ………………………………… 51

屋内消火栓設備技術基準（令11条3項）

◆屋内消火栓設備の乾式の取り扱いについて（昭62・7・30消防予132） ……………… 52

（非常電源に関する事項（令11条3項1号ヘ、2号イ(7)、ロ(7)、規則12条1項4号））

◆屋内消火栓設備の非常電源に使用する内燃機関の消防法施行令第32条適用について（昭50・3・6消防安27） ………………………………………………………………… 53

◆消防法の一部を改正する法律（昭和49年6月1日法律第64号）等に関する質疑応答について【屋内消火栓設備等に附置する非常電源に関する疑義について】（昭50・6・16消防安65） ……………………………………………………………………………… 54

◆消防法の一部を改正する法律（昭和49年6月1日法律第64号）等に関する質疑応答について【非常電源の附置義務が生ずるのは、特定防火対象物のみか】〔解釈〕（昭50・6・16消防安65） ……………………………………………………………………… 54

◆屋内消火栓設備に係る自家発電設備の共同利用方式について（昭52・5・18消防予99） ………………………………………………………………………………… 55

◆消防法、同施行令及び同施行規則に関する執務資料について【屋内消火栓設備の非常電源として非常電源専用受電設備を認めることについて】（昭53・2・21消防予32） ……………………………………………………………………………………… 56

◆屋内消火栓設備の加圧送水装置及び非常電源に関する技術上の基準の特例について（昭53・7・14消防予133） ………………………………………………………… 56

◆消防法、同施行令及び同施行規則に関する執務資料について【非常電源の共用について】（昭54・6・22消防予118） …………………………………………………… 57

◆消防用設備等技術基準に関する疑義等について【令別表第1(16)項イに掲げる防火対象物の屋内消火栓設備の非常電源について】（昭54・9・11消防予173） ………… 57

◆消防法、同施行令及び同施行規則に関する執務資料について【非常電源設備の代替として非常動力装置を設けることの可否】（昭55・3・12消防予37） ……………… 58

◆消防用設備等の設置に係る疑義について【非常電源の選択】（昭55・4・7消防予60） ………………………………………………………………………………………… 58

◆非常電源として設置する自家発電設備の常用使用等について（昭58・10・25消防予201） ……………………………………………………………………………………… 59

◆消防用設備等に係る執務資料の送付について【非常動力装置の取扱いについて】（平7・2・21消防予26） ……………………………………………………………… 60

（水源（令11条3項1号ハ、2号イ(4)、ロ(4)、規則12条））
◆消防用設備等の水源等について（昭53・11・1消防予202） ……………………… 61
◆屋内消火栓設備の水源に係る質義について（平4・3・18消防予64） …………… 62

（加圧送水装置の設置箇所（令11条3項1号ホ、2号イ(6)、ロ(6)））
◆消防用設備等に係る執務資料の送付について【屋内消火栓設備の加圧送水装置の制御盤の設置場所について】〔解釈〕（平10・5・1消防予67） ……………………… 62

（1号消火栓（令11条3項1号））
◆消防用設備等に係る執務資料の送付について【屋内消火栓設備の表示灯について】（平19・9・3消防予317） ……………………………………………………………… 63

（2号消火栓（令11条3項1号））
◆社会福祉施設等に係る防火安全対策に関する消防法令の運用について【2号消火栓の水平距離について】（昭62・10・26消防予187） ……………………………… 63
◆屋内消火栓設備の2号消火栓及びスプリンクラー設備の補助散水栓に係る質疑応答について（平元・10・3消防予110） …………………………………………………… 64

(起動表示灯（規則12条1項2号・3号））

◆消防用設備等に係る執務資料の送付について【消防用設備等の表示灯について】〔解釈〕（平19・9・3消防予317） ………………………………………………… 65

(配管（規則12条1項6号））

◆屋内消火栓の配管にポリエチレン管を使用することについて（昭54・6・15消防予117） ……… 65

◆消防用設備等に係る執務資料の送付について【金属製管継手及びバルブ類の基準第3第3号に規定する標準耐熱性試験及び軽易耐熱性試験について】（平22・2・5消防庁予防課事務連絡） ………………………………………………………………… 68

他消火設備による有効範囲内の部分の設置省略（令11条4項）

◆消防法の一部を改正する法律（昭和49年6月1日法律第64号）等に関する質疑応答について【屋内消火栓設備の設置対象物にスプリンクラー設備を設置した場合、スプリンクラーの非有効範囲については屋内消火栓設備を設けなければならないか】（昭50・6・16消防安65） ……………………………………………………………… 68

◆消防用設備等の設置基準等について【屋内消火栓設備の代替設備としての動力消防ポンプ設備の設置について】（昭52・3・31消防予59） ………………………………… 69

◆消防用設備等の設置基準等について【屋内消火栓設備の設置基準について】〔解釈〕（昭52・3・31消防予59） ……………………………………………………………… 69

屋内消火栓設備設置基準（令11条1項）

屋内消火栓設備は、防火対象物又はその部分の用途、規模（延べ面積、床面積など）、構造等に応じて、設置が義務付けられています。当該防火対象物又はその部分の用途、規模、構造によっては、著しく火災の発生や延焼拡大の危険性が少ないなど、屋内消火栓設備を設置しなくてもよいと認められるものがあります。

ここでは、防火対象物又はその部分の用途等に着目した、令32条の特例に関する通知を紹介します。

（令別表1(6)項　社会福祉施設等）

◆既存の社会福祉施設に対する消防用設備等の技術上の特例基準の適用について

　昭和62年10月2日に消防法施行令の一部が、また昭和62年10月23日に消防法施行規則の一部がそれぞれ改正され同施行令別表第1(六)項ロに掲げる防火対象物のうち、同規則において、身体上又は精神上の理由により自ら避難することが困難な者が入所する社会福祉施設として指定された15施設にあつては、スプリンクラー設備の設置の義務付けを従来の床面積の合計が6,000㎡以上から、1,000㎡以上とし、また、屋内消火栓設備の設置の義務付けを、主要構造部を耐火構造としたもの等についての延べ面積の倍読み規定の適用を廃し、一律に延べ面積が1,000㎡以上のものとされ昭和63年4月1日から施行することとされたところである。これに伴い既存の社会福祉施設についても昭和71年3月31日までに現行の基準に従つてスプリンクラー設備又は屋内消火栓設備の設置が義務付けられたところであるが、既存の社会福祉施設のなかにはスプリンクラー設備等を現行の基準に従つて設置することが困難であるものが見受けられること等特殊な状況にあること等を勘案して、既存の社会福祉施設に対し、消防法施行令第32条の規定を適用する場合の特例基準を下記のとおり定めたので、その運用について格段の配慮をされるとともに貴管下市町村にも旨示達の上よろしく御指導願いたい。

記

1　消防用設備等の種類に応じた特例措置
　(1)　屋内消火栓設備
　　ア　新たに設置義務が生じた社会福祉施設で、屋内消火栓設備が既に設置されており、現行の基準に適合していないものにあつては、「既存防火対象物に対する消防用設備等の技術上の特例基準の適用について」（昭和50年7月10日付け消防安第77号（以下「77号通知」という。））第二1の屋内消火栓設備の特例措置によることができるものであること。
　　　　また、屋内消火栓設備を新たに設置する場合における非常電源については、77号通知第二1、(1)ア、イ、ウ又はオの特例措置によることができるものであること。
　　イ　新たに設置義務が生じた社会福祉施設で、屋内消火栓設備に代えて、パッケージ型消火設備を設置した場合は、屋内消火栓設備を設置したものとする。
　　　　なお、この場合のパッケージ型消火設備の取扱いについては、次によること。
　　　(ア)　パッケージ型消火設備は、階ごとに、その階の各部分から一のホース接続口までの水平距離が20m以下であるか、又は、ホースが各居室の入口に達するように設置すること。
　　　(イ)　〔削除〕

（昭62・10・27消防予189）

> **memo** 昭和62年6月6日に発生した特別養護老人ホーム「松寿園」火災を踏まえ、特定社会福祉施設に対して、スプリンクラー設備の設置強化が行われ、それに伴い既存の社会福祉施設についても遡及されました。この特例は、スプリンクラー設備等を技術上の基準により設置しがたい場合の特例として示されたものです。

（防火対象物の部分の用途）

◆消防法施行令第32条の特例基準等について【部分の用途に着目した屋内消火栓設備の設置免除】
　　本文：第1章　1（35頁）参照

(昭38・9・30自消丙予発59)

> **memo** この特例は、防火対象物の部分において、出火源となるものがなく、かつ、着火物や延焼拡大の要因となる可燃物がない場合については、屋内消火栓設備の設置を要しない旨を明確にしたものです。

◆消防法施行令第32条の特例基準等について【通信機器室のうち、電力室以外の部分の特例】
第1
3　通信機器室のうち、電力室以外の部分で、次の各号に該当するものについては、屋内消火栓設備及び水噴霧消火設備等を設置しないことができるものとする。
　(1)　主要構造部を耐火構造とし、かつ、壁及び天井の室内に面する部分の仕上げを不燃材料、準不燃材料又は難燃材料でしてあること。
　(2)　通信機器室と通信機器室以外の部分とを耐火構造の壁及び床で区画し、かつ、当該壁及び床の開口部等（火焔の伝送を防ぐ構造又は設備をした部分で、束配線が壁又は床を貫通するものを除く。）には甲種防火戸、乙種防火戸又はこれと同等以上のものを設けてあること。
　(3)　室内に設け、又は収容する通信機器の配線の絶縁材料に自然性を有するものを使用していないこと。

(昭38・9・30自消丙予発59)

> **memo** この特例は、当該部分において、出火源となるものがなく、かつ、着火物や延焼拡大の要因となる可燃物がない場合においては、消火設備の設置を要しない旨を示したものです。

◆消防法施行令第32条の特例基準等について【発電設備、変電設備等の電気設備又は金属溶解設備等の部分の特例】
第2
1　不燃材料で造られている構造の令第11条第1項各号に掲げる防火対象物又はその部分に存する場所で、発電設備、変電設備等の電気設備又は金属溶解設備等屋内消火栓設備による注水によっては消火不能又は消火困難と認められる設備のあるものについては、屋内消火栓設備を設置しないことができるものとする。

(昭38・9・30自消丙予発59)

> **memo** 通電状態にある電気設備に注水すると感電の恐れがあったり、溶融している金属に水をかけると急激に水蒸気が発生するなどの危険性があることから、当該部分について、これ

◆屋内消火栓設備のプール部分の設置免除について

問 屋内消火栓及び屋外消火栓設備の設置の義務が生じた場合、プールについては、昭和38年9月30日自消丙予発第59号により令32条の特例を適用し免除できると思われますが、プール西側に付属されている空調機械室2カ所部分（床面積53.3㎡、構造簡易耐火建築物、内装不燃材使用、平屋建）もプールと解釈し免除して差し支えないか。

※別図　面斜線部分が機械室

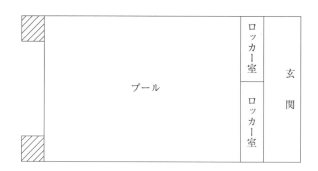

答 プールの一部とみなすことはできない。
　なお、機械室が著しく出火、延焼危険が少ないと認められる場合は、令32条の規定を適用し、屋内消火栓設備及び屋外消火栓設備を設置しないことができる。

(昭59・10・17消防予146)

memo プールに付帯する機械室をプールと同様に出火、延焼危険性が少ない部分に含めることはできないが、当該機械室の部分が著しく出火、延焼危険が少ないと認められる場合には特例が適用できるとしたものです。

（既存の防火対象物）

◆既存防火対象物に対する消防用設備等の技術上の特例基準の適用について【屋内消火栓設備】

第2　消防用設備等の種類に応じた特例措置
　1　屋内消火栓設備
　　(1)　非常電源
　　　ア　特定防火対象物で延べ面積3,000㎡以下のものにあつては、ループ方式配電、地中配電等信頼性の高い方式により受電されており、かつ、規則第12条第4号に規定する非常電源専用受電設備が設置されている場合は、当分の間、自家発電設備又は蓄電池設備によらないことができるものであること。
　　　イ　自家発電設備は、次の(ア)から(オ)までに該当する場合は、当分の間、自家発電設備の基準（昭和48年消防庁告示第1号）に適合するものとみなしてさしつかえないものであること。

第1章　2　屋内消火栓設備　　　　　　　　　　　　　　　　　　　　　　　　49

　　　(ア)　同告示第2、1 ((5)及び(6)を除く。)、2 ((3)、(4)及び(6)ホを除く。)及び4 ((2)ロ (自動停止装置に限る。)を除く。)並びに第3に適合するものであること。
　　　(イ)　常用電源が停電してから電圧確立までの所要時間が、1分以内であること。
　　　(ウ)　セルモーターに使用する蓄電池設備は、ウに掲げる蓄電池設備の基準に適合するものであること。
　　　(エ)　燃料タンクの容量は、消防用設備等を有効に1時間以上連続して運転できるものであること。
　　　(オ)　起動試験を行つた場合、機能に異常を生じないものであること。
　　ウ　蓄電池設備は、次の(ア)から(オ)までに該当する場合は、当分の間、蓄電池設備の基準 (昭和48年消防庁告示第2号)に適合するものとみなしてさしつかえないものであること。
　　　(ア)　次に掲げる蓄電池以外の蓄電池であること。
　　　　　a　鉛蓄電池にあつては、自動車用のもの、可搬式のもの、ガラス電槽のもの又は液面が容易に視認できないエボナイト電槽のもの。
　　　　　b　アルカリ蓄電池にあつては、補液が必要な鉄製電槽のもの。
　　　(イ)　自動的に充電するものであること。
　　　(ウ)　出力電圧又は出力電流を監視できる電圧計又は電流計が設けられていること。
　　　(エ)　補液が必要な蓄電池にあつては、減液警報装置が設けられていること。
　　　(オ)　蓄電池設備の容量は、消防用設備等ごとに定められた時間以上放電できるものであること。
　　エ　非常電源回路の配線の耐熱保護については、当該配線を金属管工事又は合成樹脂管工事として耐火構造とした主要構造部に埋設している場合その他これと同等以上の耐熱措置を講じた場合は、規則第12条第4号ニに適合するものとみなしてさしつかえないものであること。
　　オ　加圧送水装置に自家発電設備に基準に適合する内燃機関が設けられている場合で、当該内燃機関が常用電源の停電時に自動的に起動するものであるか又は常時人がいて停電時において直ちに繰作することができる場所に設けられているときは、当該内燃機関を加圧送水装置の非常電源とみなしてさしつかえないものであること。
(2)　加圧送水装置
　　加圧送水装置及び配管は、屋内消火栓のノズル先端における放水圧力及び放水量をそれぞれ1.7kg／cm²以上で、130ℓ／min以上とする性能を有するものであり、かつ、規則第12条第7号イ(ロ)、ロ(ハ)又はハ(ホ)の規定に適合する場合は、さしつかえないものであること。
(3)　呼水装置
　　ア　専用の呼水槽を設けない呼水装置であつても当該呼水槽が加圧送水装置を有効に作動することができる容量のものであればさしつかえないものであること。
　　イ　減水警報装置のない呼水装置であつても自動給水装置を有し、目視により水量を確認できる措置が講じられているものであればさしつかえないものであること。
(4)　操作回路の配線
　　ビニル絶縁電線又は導電性、絶縁性等電気特性がこれと同等以上の性能を有する電線を使用した配線にあつては、耐火構造とした主要構造部に埋設している場合、下地を不燃材料

で造り、かつ、仕上げを不燃材料として天井の裏面に金属管工事により行つた場合その他これらと同等以上の耐熱措置を講じた場合は、規則第12条第5号の規定に適合しているものとみなしてさしつかえないものであること。

(昭50・7・10消防安77)

memo この特例は、屋内消火栓設備に係る非常電源を附置することや屋内消火栓設備の基準の整備に伴う、特例基準として示されたものです。

◆既存防火対象物に設置する屋内消火栓設備の代替について

問 改正消防法附則第4項の規定による既存特定防火対象物で、屋内消火栓設備の設置義務があるが、代替として動力消防ポンプ設置を認める場合の当該設備(軽可搬消防ポンプ)に関する次の事項について
(1) 有効範囲は令第20条第4項第1号の範囲でよいか。
(2) 下図のような密集市街地では、2階部分に有効注水できない部分が生ずるが、この部分も令第11条第4項の有効範囲内として認められるか。認められない場合の措置はどうするか。また、有効注水範囲はどのくらいか。

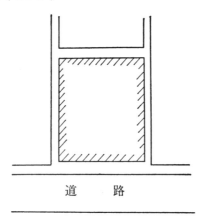

(3) 操作人員等の範囲はどのくらいか。

答(1) お見込みのとおり。
(2) 動力消防ポンプ設備の場合であっても、火災の状況等によっては、屋内に進入して消火活動を行うこともできることから、設置した動力消防ポンプの規格放水量に応じ、消防法施行令第20条第4項第1号に規定する数値により判断してさしつかえない。
(3) 設問のポンプを操作する場合の操作人員は少なくとも2人必要である。

(昭52・8・23消防予158)

memo 昭和49年の消防法の改正により、特定防火対象物等に遡及制度が導入されたことに伴うものであり、屋内消火栓設備の代替として動力消防ポンプ設備の設置を認める場合の要件を明確にしたものです。

◆屋内消火栓の設置に係る質疑について

問 消防法の改正(昭和49年法律第64号)による付則第4項の適用を受けた令別表第1(5)項イの屋内

消火栓設備について、当該設備の設置にあたつて「屋内消火栓設備に係る高架水槽の共同利用方式について」（昭和52年10月4日消防予第187号）を適用した防火対象物が近年老朽化が進み、これを解体して、現在地に新築・増築する計画が数件予定されております。

　この場合、屋内消火栓設備を次により判断して設置させてよいかご教示願います。
1　上記通達によると「既存防火対象物に限り、消防法施行令第32条の規定を適用し・・・。」と条件が付されていることから、その後に新築・増築等が行なわれた対象物にあつては、当該通達は適用されない。

　　したがつて、現行の法令に適合する屋内消火栓設備を設置させる。
2　加圧送水装置に、消防法施行規則（以下「規則」という。）第12条第1項第7号イで規定する高架水槽を用いたものを選定する場合の条件として、設置対象物の立地条件が山間傾斜地（規則第12条第1項第7号イ（イ）の必要な落差が確保される）も含まれるか。

答1　お見込みのとおり。
2　十分に維持管理がなされる場合に設置されるものにあつては、お見込みのとおり。

（平4・6・10消防予120）

memo　既存の防火対象物に対して適用された特例については、その後に新築、増築等が行われた場合に、原則として特例の適用はできないとしたものです。

延べ面積・床面積の倍読み規定関係（令11条2項）

　屋内消火栓設備は、令11条1項の規定において設置が義務付けられる延べ面積又は床面積（以下「基準面積」といいます。）の適用に当たっては、当該防火対象物の構造・内装制限等に応じて、基準面積を2倍又は3倍と読み替えることができます。この場合において、防火対象物を構造の異なる方法で増改築等した場合の取り扱いについて示された通知を紹介します。

◆消防用設備等の設置について【耐火構造の建築物に小規模木造建築物が接続されている場合の消防用設備等】

　標記のことについて、管下黒磯那須消防組合消防本部消防長から下記のとおり照会がありましたので、早急に御教示くださるようお願いいたします。

記

　耐火構造の建築物に小規模木造建築物が接続されている場合の消防用設備等について、昭和43年4月3日付消防予97号及び昭和48年10月23日付消防予第140号・消防安第42号を参考にいたしましたが、次の事項について疑義が生じましたので御教示願いたい。

問1　耐火建築物に接続されている木造建築物が小規模であるため防火対象物全体を耐火建築物として取り扱つてよろしいか。
2　1として取り扱う場合、小規模とは耐火建築物に対してどの位の割合をいうのか。
3　面積に関係なく第8条の区画に該当しなければ防火対象物全体を木造建築物として取り扱うのか。
4　3として取り扱う場合は、屋内消火栓設備が義務設置となるが、令第32条の規定を適用し、代替措置として固定式水浸潤剤入消火設備又は第4種消火設備の設置を認めて差し支えないか。

○防火対象物の概要
　1　用　途　　保養所　(5)項イ
　2　構　造　　鉄筋コンクリート造2階建て
　　　　　　　　一部木造及びCB造
　3　規　模　　1階　536.89㎡（うち木造28㎡）
　　　　　　　　2階　318.62㎡
　　　　　　　　合計　855.51㎡
　4　その他　　別紙添付図参照（別紙添付図は省略）

答 1　木造建築物として取り扱われたい。
　2　1により承知されたい。
　3　お見込みとおり。
　4　認められない。

(昭57・6・2消防予128)

memo　耐火構造の建築物に小規模木造建築物が接続されている場合は、その規模にかかわらず木造建築物として取り扱うとしたものです。

屋内消火栓設備技術基準（令11条3項）

　防火対象物又はその部分に設置することが義務付けられた屋内消火栓設備は、設置及び維持に関する技術上の基準に従って設置することが必要とされています。ここでは、技術上の基準について、当該設置する部分の状況や基準で規定されている設備機器等と同等以上の性能機能を有するものとして、令32条の特例を適用した事例を紹介します。

◆屋内消火栓設備の乾式の取り扱いについて

問　このことについて、管下消防長より下記のとおり照会がありましたので御教示くださるようお願いいたします。

記

　屋内消火栓設備の乾式の取扱いについては、法令上特段の規定がないものでありますが、屋内消火栓設備は、スプリンクラー設備のように乾式又は予作動式についての規定がないこと及び初期消火における初動体制の重要性の観点から鑑みて、原則的には湿式にすべきものと思われますが、当市のように厳寒期において屋内消火栓設備が凍結するおそれのある地域においては、屋内消火栓設備の有効な維持管理と有効な活用等の観点から、別添「屋内消火栓設備（乾式）の設置について」により設置した場合は、屋内消火栓設備を乾式としてよろしいか。

別添
　　　　屋内消火栓設備（乾式）の設置について
　乾式の屋内消火栓設備に係る設置及び維持の技術上の基準は、消防法施行令（以下「令」という。）第11条第3項（第2号を除く）及び同施行規則第12条（第1項第3号イを除く。）の規定によるほか、次によるものとする。

第1　設置条件
　　寒冷地の防火対象物又は冷凍倉庫に屋内消火栓設備を設置する場合であつて、十分な保温措置を講じることが困難な場合等、凍結により配管の破裂又は放水障害が生ずるおそれがあると認められたときに、乾式とすることができるものであること。
第2　性能
　　消火栓箱の開閉弁を開け、加圧送水装置の起動スイッチを押した時から、1分以内に令第11条第3項第3号に定める性能が得られるものであること。
第3　構造
　（1）　加圧送水装置の吐出側の配管には当該配管内の水を有効に排出できる措置を講ずること。
　（2）　加圧送水装置を起動した場合における水撃に耐える構造であること。
第4　水源
　　水源は、その水量が令第11条第3項第2号に規定する量に乾式配管部分の水量を加えた量となるように設けること。
第5　その他
　（1）　屋内消火栓箱には、その表面に「消火栓（乾式）」と表示すること。
　（2）　制御盤の付近に、水抜き栓、呼気弁、排気弁等の位置を示した図及び水抜きの方法を明示すること。

答　認めて差し支えない。
　なお、屋外消火栓設備についても、当該基準に準じて取扱つても差し支えないものであるので念の為申し添える。

(昭62・7・30消防予132)

memo　屋内消火栓設備に係る技術基準は、迅速に消火活動が行えるように湿式（常時配管等の内部に水が満たされているもの）を前提に規定されていますが、基準上明確に規定しているものはありません。この質疑は、乾式（常時、配管等の内部に水を満たしていないもの）とする場合における要件を提示することにより、技術基準上想定していない乾式とすることを認めたものです。

（非常電源に関する事項（令11条3項1号ヘ、2号イ(7)、ロ(7)、規則12条1項4号））

◆屋内消火栓設備の非常電源に使用する内燃機関の消防法施行令第32条適用について

問　このことについて、特定防火対象物で延面積1,000㎡以上の対象物に設置する屋内消火栓設備に非常電源として、別添の性能を有する内燃機関（電動機とクラッチにより連動し、電動機が停止した場合には15秒〜20秒で全負荷で立上るもの）を自家発電設備と同等の性能を有するものとみなして、消防法施行令第32条の規定を適用してよろしいかよろしく御教示ください。

記

1　条　　件　昭和48年告示第1号、自家発電設備の基準に適合する機種
2　蓄電池容量　蓄電池の容量は24時間以上警戒したのち始動できる能力（容量）を有するものとする。

3　仕　　　様　別添のとおり。
別添　〔省略〕

答　設問の内燃機関が自家発電設備の基準（昭和48年2月10日消防庁告示第1号）に適合する場合は、消防法施行令第32条の規定を適用し、当該内燃機関を非常電源とみなしてさしつかえない。

(昭50・3・6消防安27)

memo　非常電源は、常用電源が停電した場合に使用するために附置するものであり、原則として、電気を供給できるものとなっています。設問は、原動機（内燃機関）を消防ポンプに直結できるようにして、電動機が稼働時に常用電源が定点した場合に直ちに起動できるものであり、非常電源としての使用が認められたものです。

◆消防法の一部を改正する法律（昭和49年6月1日法律第64号）等に関する質疑応答について
　【屋内消火栓設備等に附置する非常電源に関する疑義について】

問　屋内消火栓設備、スプリンクラー設備、特殊消火設備には非常電源を附置することとなり、今回規則で示されたが、次の事項について教示されたい。
　(1)　規則の一部を改正する省令の施行について（昭和44・3・29消防予第65号）第3項第3号により内燃機関によって、加圧送水装置を発電機を経ないで直接駆動させるものは、従来どおり令第32条の規定を適用してもさしつかえないか。なお、本通達は廃止になる予定かどうか。
　(2)　屋外消火栓設備のみ非常電源の義務が除かれている理由はなにか。
　(3)　屋外消火栓、屋内消火栓併用の加圧送水ポンプを建物外で専用の加圧送水装置室とした場合、非常電源が必要か。

答(1)　当該内燃機関が自家発電設備の基準に適合するものが設置されている場合、令第32条の規定を適用し、非常電源設備を省略してさしつかえない。なお、「消防法施行規則の一部を改正する省令の施行について」（昭和44年消防予第65号消防庁予防課長通達）の当該部分は、失効するものである。
　(2)　屋外消火栓設備は、火災が相当に進んだ段階で使用することを目的とした設備であり、当該設備を使用する時点とあまり違わない時間に消防隊が火災現場に到着し、消火作業が行われることが期待できることを考慮し、法令上当該設備に非常電源の附置の義務づけを除外したものである。
　(3)　お見込みのとおり。

(昭50・6・16消防安65)

memo　屋内消火栓設備等に非常電源を附置することが義務付けられたことに伴う質疑です。なお、屋外消火栓設備については、平成2年に改正が行われ、非常電源を附置することとされています。

◆消防法の一部を改正する法律（昭和49年6月1日法律第64号）等に関する質疑応答について
　【非常電源の附置義務が生ずるのは、特定防火対象物のみか】〔解釈〕

問　令改正で屋内消火栓設備には非常電源を附置することとなったが、既存の当該設備について附置義務が生ずるのは、特定防火対象物だけで良いのか、学校などで既存の屋内消火栓設備にも非常電源をつけるのか。

答　前段　お見込みのとおり。

後段　既存の学校等特定防火対象物以外の防火対象物についての非常電源に関する基準等は遡つて適用されない。

(昭50・6・16消防安65)

memo　法17条の2の5第2項の規定において、既存防火対象物に対し遡及の対象となるものは原則として特定防火対象物であり、非特定防火対象物は原則として遡及されないとしたものです。

◆屋内消火栓設備に係る自家発電設備の共同利用方式について

問　当市管下のある温泉地においては、消防法施行令別表第1(5)項イの防火対象物が20件あり、このうち屋内消火栓設備が設置されている対象物は15件、また当該設備の非常電源として自家発電設備の設置が必要とされる延べ面積3,000㎡以上の対象物は10件となつています。

これらの防火対象物に対し昭和54年3月31日を期限とする消防用設備の既存遡及について鋭意指導を重ねておりますが、自家発電設備の設置について各対象物とも適当な設置場所が無いこと、多額の経費を要すること等を理由に、別添えの計画による当該設備の共同利用方式を認められたい旨の切実な陳情があつた次第であります。

本職としては、これが取扱いについて種々検討の結果、技術的並びに維持管理的にも非常電源としての効果は充分期待できるものと認められ、かつ経費面の問題は消防用設備の設置指導を行なううえに著しい障害となつているのが実情で現場消防機関として避けて通れない問題であり、経済情勢の好転が必らずしも期待できない現状下においては止むを得ないものと考えますので、本件、自家発電設備を共同利用する特例を認めることについて貴職の見解をお伺い申し上げます。

なお、本計画について通産当局では一定の条件のもとに設置が可能である旨の非公式見解を示されているので念のため申し添えます。

　　　　自家発電設備共同利用計画
1　計画の場所
　　石川県小松市粟津町（粟津温泉）
2　共同利用を行なう防火対象物
　　延べ面積3,000㎡以上の旅館、ホテル計10施設（別図省略）
3　共同利用の目的
　　消防法施行令第11条第3項第5号の規定に基づく屋内消火栓設備の非常電源としてのみ使用する。
4　自家発電設備の設置者
　　次のいずれかによる。
(1)　旅館組合（既法人）
(2)　上記10施設が共同で設立する団体（法人）
5　自家発電設備の維持管理
　　自家発電設備の設置者が消防法第17条、同法第17条の3の3及び電気事業法の規定に基づく維持管理を実施する。
6　自家発電設備の施設計画
(1)　電気室
　　温泉街の一定の場所に不燃構造の電気室を設置する。

(2) 発電機の容量
　ア　電力容量　300KVA（負荷出力合計134KW）
　イ　時間容量　5時間以上
(3) 発電機の構造及び性能
　　消防庁長官告示適合品を使用する。
(4) 電気配線の方法
　　次のいずれかの方法によるもので、公共用送電施設（電力会社の電柱等）は利用しない。
　ア　専用架空線式
　イ　地下埋設式
(5) 電気配線の材料
　　電源供給回路及びコントロール回路ともに消防耐火電線を使用する。
(6) 電気回路の方式
　　電源供給回路及びコントロール回路は各対象物ごとにいずれも専用とする。
(7) 制御方式
　　いずれか一の対象物の屋内消火栓設備に係る常用電源が停電した場合自動的に発電機が起動し、当該対象物のみに非常電源を供給する。発電機の停止は常用電源が復旧した場合一定時間後に自動的に停止する。
(8) 付属装置
　　各対象物に操作函を設置し試験装置、起動表示装置、通電表示装置等を設ける。
(9) その他
　　消防法令及び電気事業法令に定められた技術基準により施工する。

答　設問の自家発電設備の共同利用計画に基づいて設置する場合においては、当該自家発電設備を屋内消火栓設備の非常電源として認めてさしつかえない。

(昭52・5・18消防予99)

memo　同一地区内にある複数防火対象物の消防用設備等に係る非常電源の共同利用を認めたものであり、一定の要件を満たすことを前提に特例として認められています。

◆消防法、同施行令及び同施行規則に関する執務資料について【屋内消火栓設備の非常電源として非常電源専用受電設備を認めることについて】

問　小学校併設の幼稚園において、当該幼稚園の入園資格は5歳児のみで、幼稚園部分は1階にあり、その床面積は817㎡で、屋内消火栓設備の設置基準面積未満である。
　　小学校部分は、屋内消火栓設備の設置基準面積以上で4,860㎡である。当該防火対象物に設置される屋内消火栓設備の非常電源として非常電源専用受電設備を認めることはできないか。

答　設問の場合、非常電源専用受電設備の設置を認めてさしつかえない。

(昭53・2・21消防予32)

◆屋内消火栓設備の加圧送水装置及び非常電源に関する技術上の基準の特例について

問　昭和49年の消防法の一部改正に伴い、消防用設備等の設置に関する技術上の基準がそ及適用されることとなつた特定防火対象物（木造3階建延べ面積3,146㎡、用途ホテル、現在加圧送水装置は町水道直結）に屋内消火栓設備の加圧送水装置及びその非常電源として、下記のエンジンポン

プ（自動操作盤及び始動用電源装置を含む）を設置したい旨の申請が県下の消防機関に出されています。
　この場合に、消防法施行令第32条の規定を適用してその設置を認めてよろしいか、至急御教示願います。

記

1　設置計画ポンプ　　TRC－Ⅱ型
2　設置消火栓　　　　各階最大3か所　130ℓ×3＝390ℓ／min
3　仕様　　　　　　　別添資料のとおり

別添資料　〔省略〕

答　「消防法施行令及び同施行規則に関する執務資料について　13屋内消火栓設備の設置に関する技術上の基準の特例について」（昭和52年3月26日付消防予第54号）によられたい。

(昭53・7・14消防予133)

◆消防法、同施行令及び同施行規則に関する執務資料について【非常電源の共用について】

問　同一敷地内に福祉施設（保育所、福祉センター等）としての防火対象物が3棟あり、相互に80～100mの距離を有する。これらの防火対象物に屋内消火栓設備を設置する場合、水源、ポンプ等は防火対象物ごとに設置するが、非常電源は容量が最大となる棟の容量をもって共用してさしつかえないか。

答　令32条の規定を適用し、共用を認めてさしつかえないものと解する。

(昭54・6・22消防予118)

memo　消防用設備等は、原則として、1棟ごとに設置する必要がありますが、同一敷地内にある防火対象物について、非常電源の共用が認められたものです。

◆消防用設備等技術基準に関する疑義等について【令別表第1(16)項イに掲げる防火対象物の屋内消火栓設備の非常電源について】

このことについて、次のとおり疑義がありますのでご教示ください。

記

問　令別表第1(16)項イに掲げる防火対象物の屋内消火栓設備の非常電源について

　屋内消火栓設備の設置を義務づけている令第11条第1項各号の規定では、(16)項としての設置を義務づける規定（令第21条第1項第5号に相当する規定）がない。

　したがつて、(16)項の防火対象物については、令第9条の規定によつて、それぞれの項（用途）ごとに令第11条第1項各号の規定が適用され屋内消火栓設備の設置が義務づけられている。

　上記の規定によつて設置する(16)項イの防火対象物の屋内消火栓設備の非常電源は、省令第12条第4号の規定のカッコ書きに該当するものは非常電源のうち自家発電設備又は蓄電池設備としなければならないとされている。この解釈は、次のいずれによりますか。

(1)　左図の(16)項イの防火対象物の場合、省令第12条第4号の規定のカッコ書きの「延べ面積1,000㎡以上」の判断は、屋内消火栓設備の設置が義務づけられる(4)項部分の延べ面積を指すものと解される。

　　（木造、普通階）　〔省略〕

(2) (1)の解釈が成り立つとすれば、省令第12条第4号の規定のカッコ書きから(16)項イが除かれていなければならない。あえて(16)項イが加えられていることは、同規定のカッコ書きについては令第9条の規定の適用を否定したものと解される。
(3) 昭和53年2月21日消防予第32号都道府県主管部長あて
　「消防法、同施行令及び同施行規則に関する執務資料について」の問3に対する回答は、上記(1)の見解によるものであれば、省令第12条第4号の規定のカッコ書き中に(16)項イを入れておく意味がない。(16)項イが除かれていることによつて上記(1)の解釈が明確にされる。当該回答は、カッコ書き中に(16)項イがないもの又はあつても意味のないものとして解釈したものである、として運用する。

答 (1) お見込みのとおり。

(昭54・9・11消防予173)

◆消防法、同施行令及び同施行規則に関する執務資料について【非常電源設備の代替として非常動力装置を設けることの可否】

問 非常電源設備の代替として非常動力装置を設けることができる場合については、従前質疑回答が一部なされているが、当該設備を既存防火対象物以外の対象物にも設置することができないか。

答 非常動力装置を次により設ける場合は、令第32条の規定を適用し、新築の防火対象物（床面積の合計が2,000㎡以下のものに限る。）に設置する屋内消火栓設備の加圧送水装置の非常電源の代替として認めてさしつかえない。

(1) 非常動力装置は、自家発電設備の基準（昭和48年消防庁告示第1号）に適合するものであること。
(2) 非常動力装置は、停電を確認したら自動的に起動するものであること。ただし、運転及び保守の管理を行うことができる者がいて、かつ、停電時において直ちに操作することができる場所に設けるものにあつては、手動式とすることができる。
(3) 非常動力装置は、規則第12条第4号ロの規定に準じて設けること。
(4) 非常動力装置を1時間以上駆動できるための換気設備及び操作のための照明装置を設けた室に設けること。
(5) 非常動力装置は、床面積の合計が2,000㎡以下の屋内消火栓設備の加圧送水装置の非常電源の代替として認められるが、屋内消火栓設備の起動装置及び表示灯に対しては別途非常電源が必要であること。
(6) 屋内消火栓設備の加圧送水装置の原動機は、電動機によるものとする。

(昭55・3・12消防予37)

◆消防用設備等の設置に係る疑義について【非常電源の選択】

問 屋内消火栓設備について
(1) 令第11条第1項第6号の適用を受ける例図1のような防火対象物において設置する非常電源は、自家発電設備又は蓄電池設備としなければならないと解してよいか。
(2) (1)において自家発電設備又は蓄電池設備としなければならないとした場合、令第32条により非常電源専用受電設備とすることは適当ではないか。

例図1

(注) 建築物概要
　　構　造　簡易耐火建築物（内装制限有）
　　規　模　地上2階
　　　　　　延べ面積　1,200㎡
　　用　途　令別表第1(4)項
　　その他　令第8条の区画なし

答(1)　お見込みのとおり。
　(2)　お見込みのとおり。

(昭55・4・7消防予60)

memo　1000㎡以上の特定防火対象物に設置する非常電源として、非常電源専用受電設備の設置について、特例を適用することは適切でない旨を示したものです。

◆非常電源として設置する自家発電設備の常用使用等について

問　このことについて、別添え（省略）のとおり非常電源として設置する自家発電設備の常用使用及び気体燃料の使用などについて申請があり、下記の条件を講じた場合は消防法施行令第32条の規定を適用し、これを認めて支障ないと思料されますが、貴職の見解を伺いたく照会します。

記

1　常用使用について
　(1)　商用電源の停電時には、消防用設備等へ優先的に電力供給する回路方式であり、常に消防用設備等の電源が確保されること。
　(2)　前(1)の回路方式の制御電源は、昭和48年消防庁告示第2号に準ずる蓄電池設備とし、制御回路は消防法施行規則第12条第5号に準じた配線であること。
　(3)　常用使用に伴う保守頻度及び保守時間の増加を考慮し、2台の自家発電設備が設置され保守時には他の1台で消防用設備等の電源確保ができるものであること。
　(4)　自家発電設備の運転及び保守の管理を行うことができる者が常駐し、万全の管理体制がとられること。
2　構造及び性能について
　(1)　都市ガス使用に伴うガス漏れ等の安全対策が図られ、ガス配管等は十分な耐震性を有していること。
　(2)　都市ガスの供給が断たれた場合の予備燃料は液体燃料とし、貯蔵量は1日の最大使用量に2時間分を加えた量以上であること。

(3)　待機中及び運転中であつても、都市ガスの供給が断たれた場合は速やかにかつ安全に液体燃料への切換えができるデュアルフューエルエンジンであること。
　(4)　前(3)の切換えのための制御電源等は、前1、(2)によるものであること。
　(5)　当該自家発電設備の構造及び性能は、都市ガス使用に伴う装置等の付加部分を除き、昭和48年消防庁告示第1号に適合するものであること。
3　廃熱の利用について
　廃熱利用に伴う付帯設備の保守・点検及び故障により自家発電設備の運転に支障を生じないものであること。

答　設問の場合は、そのように取扱つてさしつかえない。
　なお、ガスを使用することにより、通常の自家発電設備に附加されることとなる設備についても、自家発電設備の一部として消防法第17条の3の3の点検及び報告が必要であるので念のため申し添える。

(昭58・10・25消防予201)

memo　非常電源として設置する自家発電設備の常用使用及び都市ガスを燃料とする場合の要件を示したものであり、専用とすること、燃料の供給が安定していること等に対する要件が明確にされているものです。

◆消防用設備等に係る執務資料の送付について【非常動力装置の取扱いについて】

問　屋内消火栓設備の非常電源の代替として非常動力装置を設けることができる場合については、従前質疑回答がなされているが、当該装置を屋内消火栓設備の加圧送水装置の原動機（電動機）の代替として設置することはできないか。

答　非常動力装置を次により設ける場合は、消防法施行令第32条の規定を適用し、床面積の合計が2,000㎡以下の新築及び既存の防火対象物に設置する屋内消火栓設備の加圧送水装置の電動機の代替として認めてさしつかえない。
　なお、この場合、バックアップ用の非常動力装置の設置は必要ないものであること。
①　非常動力装置の内燃機関は、自家発電設備の基準（昭和48年消防庁告示第1号）における原動機に係る規定に適合すること。
②　非常動力装置は、消防法施行規則第12条第1項第4号ロ（(ロ)を除く。）の規定に準じて設けること。
③　屋内消火栓設備の起動装置及び表示灯については、別途非常電源を確保することが必要であること。
④　当該非常動力装置の維持管理については、「可搬消防ポンプ等の維持管理の推進について」（平成5年10月12日付け消防消第161号、消防予第275号、消防災第230号、消防危第78号）による可搬消防ポンプ等整備資格者を活用して行うこと。

(平7・2・21消防予26)

memo　非常電源として非常動力装置の設置を認める場合の要件が明確にされたものです。

（水源（令11条3項1号ハ、2号イ(4)、ロ(4)、規則12条））

◆消防用設備等の水源等について

問1 有効水量が貯えられたプール、大浴場浴槽、池等の消防用設備等の水源としての取り扱いについて
　(1)　水源として認められるか。
　(2)　有効水量を常時確保できる措置を講じた場合に水源として認められるか。
　(3)　(2)において認められるとした場合、どのような措置を必要とするか。
　(4)　水源として認められない場合、当県下の温泉地等における旅館・ホテル等は一定区域内に集中しており、これらの各防火対象物は敷地いっぱいに建築されている例が多く、これらの防火対象物に水源を確保させるためには建物の取りこわし等の事態を生じますが遡及適用防火対象物にかぎり(2)の措置を講じた場合、消防法施行令（以下「令」という。）第32条の規定を適用し、水源として認められるか。
　(5)　(4)の建築状況の場合、隣接防火対象物が水源を共同利用することができるか。
　　　できるとした場合、水源の水量は共同利用する防火対象物のうちいずれか大なる量を確保すればよろしいか。
　(6)　消防用水については令第27条第3項第1号において流水を利用する場合の規定が示されているが、この規定は令第20条第4項第2号に定める動力消防ポンプ設備の水源にも準用できるか。
2 1(5)の状況の時、共同利用防火対象物のうちの最大放水量をみたす屋内消火栓設備のポンプを1基設けた場合、これら防火対象物は、このポンプを共同利用することができるか。
3 〔省略〕
　別添　〔省略〕

答1 ア　設問のプール、大浴場浴槽、池等が、消防法施行令（以下「令」という。）第11条第3項第2号の規定により算出して得た水量を常時有効に確保できるものである場合は、既存防火対象物に限り、令第32条の規定を適用し屋内消火栓設備等の水源として認めてさしつかえないものと解する。なお、温泉を利用する場合にあつては、湯温及び泉質が消防用設備等に悪影響を及ぼさないものであること。
　　イ　水源の共同利用は、屋内消火栓設備にあつては、その水量が各防火対象物ごとに令第11条第3項第2号の規定により算出して得た量を合算したものの2分の1以上の量となるように設けること。ただし、一の防火対象物において、令第11条第3項第2号の規定により算出して得た量を下まわらないものであること。
　　ウ　流水が0.8㎥／minの流量を有するもので、かつ、令第20条第4項の規定に適合するものである場合は、当該流水を動力消防ポンプ設備の水源として取り扱つてさしつかえない。
2 設問のポンプを設置することで、各防火対象物に令第11条の規定により各防火対象物に屋内消火栓設備を設置したものとして取り扱うことはできない。
3 〔省略〕

（昭53・11・1消防予202）

memo　水源は、原則として貯水槽等により、常時必要となる水量以上を保有しておく必要があります。ここでは、貯水槽等以外であって有効水量が貯えられているプール、大浴場浴槽、池等を水源とする場合の要件が明確にされています。

◆屋内消火栓設備の水源に係る質義について

[問]1 消防法施行令別表第1(4)項の防火対象物に設置する屋内消火栓設備に係る水源として、次の積載式タンクローリーのタンクの使用を認めて差し支えないか。
　(1) タンクの諸元等
　　　ア 材質　　　厚さ4mmのステンレス製
　　　イ 大きさ　　長さ6.00m、幅2.06m、高さ1.19mの楕円形
　　　ウ 内容積　　12.76㎥
　　　エ 有効水量　約9㎥
　　　オ その他　　腐蝕、破損等による水漏れはない
　(2) タンクの従前の用途等
　　　製造直後から屋外に設置し、飲料水用の貯水槽として使用していたもので、危険物を貯蔵したことはない。
2 前1のタンクを次により設置する場合、消防法施行規則第12条第1項第8号に規定する地震による震動等に耐えるための有効な措置をしたものとして認めて差し支えないか。
　(1) 設置場所
　　　防火対象物（簡易耐火造）の敷地内の屋外に設置する。
　(2) 設置方法
　　ア タンクの固定方法
　　　アスファルト舗装の地盤面の上に、コンクリート基礎台4基を置き、その上に鋼板製架台（さび止め塗装仕上げ）を設け、前1のタンクを据え置く。さらに、金属製固定バンド（幅10cm、厚さ4mm）により、当該タンク及び架台をそれぞれ4ヶ所づつコンクリート基礎台に固定する。
　　イ 配管の接続方法
　　　加圧送水装置の吸込管側に至る配管（50A）は、フレキシブルメタルホース（長さ30cm）を用いて接続する。

[答]1 認めて差し支えない。
　2 コンクリート基礎台を地盤面に堅固に固定した場合は、認めて差し支えない。

(平4・3・18消防予64)

[memo] 積載式タンクローリーのタンクを水源の水槽として使用する場合には、水量、設置方法等が技術基準を満たしていれば認められるとしたものです。

(加圧送水装置の設置箇所（令11条3項1号ホ、2号イ(6)、ロ(6)))

◆消防用設備等に係る執務資料の送付について【屋内消火栓設備の加圧送水装置の制御盤の設置場所について】〔解釈〕

[問]1 屋内消火栓設備の加圧送水装置は、消防法施行令（以下「令」という。）第11条第3項第1号ニ及び第2号ニにおいて「火災等の災害による被害を受けるおそれが少ない箇所に設けること」とされているが、加圧送水装置の基準（平成9年消防庁告示第8号）第6に規定する制御盤については、次により設置することとしてよいか。

制御盤の区分	設置場所
第1種制御盤	特に制限なし
第2種制御盤	不燃室
その他	不燃室（電気室、機械室、中央管理室、ポンプ専用室その他これらに類する室に限る。）

*　不燃室：不燃材料で造られた壁、柱、床及び天井（天井のない場合にあっては屋根）で区画され、かつ、窓及び出入口に甲種防火戸又は乙種防火戸を設けた室

答　お見込みのとおり。

(平10・5・1消防予67)

memo　制御盤は、加圧送水装置の一部であることから、原則として「火災等の災害による被害を受けるおそれが少ない箇所に設けること」が必要であり、この具体的な例として示されているものです。

(1号消火栓（令11条3項1号）)

◆消防用設備等に係る執務資料の送付について【屋内消火栓設備の表示灯について】

問8　屋内消火栓設備及び自動火災報知設備の表示灯に平面型の表示灯を設置してもよいか。

答8　屋内消火栓設備及び自動火災報知設備については、それぞれ規則の基準を満たせば、表示灯に平面型の表示灯を認めても差し支えない。

(平19・9・3消防予317)

(2号消火栓（令11条3項1号）)

◆社会福祉施設等に係る防火安全対策に関する消防法令の運用について【2号消火栓の水平距離について】

第1　屋内消火栓設備に関する事項

3　2号消火栓は、防火対象物の階ごとに、その階の各部分から1のホース接続口までの水平距離が、15m以下となるように設置することとされているが、ロビー、ホール、ダンスフロア、リハビリ室、体育館、講堂、その他これらに類する部分であつて、可燃物の集積量が少なく、放水障害となるような間仕切、壁等がなく、かつ、ホースを直線的に延長することができるなど、消火活動上支障がないと認められる場合にあつては、その水平距離を令第32条を適用して最長25mまで緩和することとしても差し支えないものであること。

4　2号消火栓を令第11条第3項第2号イの規定により設置する場合において、設置階の一部に未警戒部分が生じる場合にあつては、原則として当該未警戒部分を生じないように屋内消火栓を設置するなどの措置が必要であるが、当該未警戒部分が直近の屋内消火栓からホースを延長して消火活動を行う場合に支障ないと認められる場合にあつては、その水平距離を令第32条を適用

し、最長20mまで緩和することとしても差し支えないものであること。

(昭62・10・26消防予187)

memo　2号消火栓は、その階の各部分から一のホース接続口までの水平距離が15m以下となるように設置することとされていますが、見通しがよく可燃物等の量が少ない場合等にあっては、ホースの長さを延長等することにより、水平距離を緩和することができます。

◆屋内消火栓設備の2号消火栓及びスプリンクラー設備の補助散水栓に係る質疑応答について

問1　2号消火栓は、設置階の各部分から1のホース接続口までの水平距離が15m以下となるように設けることとされ、ホースの長さは20mが一般的であるが、このホースの長さを長くし、水平距離15mを超えるように設置することができるか。

答1　2号消火栓は、その操作性が重要であることから、「2号消火栓及び補助散水栓の操作性等に係る評価基準」(昭和63年3月18日付け消防予第46号) により、操作性等を含む2号消火栓全般について鑑定を行っている。従つて、当該基準に適合している旨の表示の付されているもののホースの長さを変更することは、操作性等が損なわれることから行うべきではない。
　なお、水平距離の緩和については、「社会福祉施設等に係る防火安全対策に関する消防法令の運用について」(昭和62年10月26日付け消防予第187号) 第1、3及び4を参照されたい。

問2　2号消火栓のノズルとして、噴霧ノズルを使用することができるか。

答2　2号消火栓の放水性能は、棒状ノズルを想定して定められており、ノズル先端において2.5kgf／cm²以上、かつ、60ℓ／min以上であり、放水射程は10m以上となっている。
　従って、噴霧専用のノズルは使用できないものであるが、棒状・噴霧切換ノズルであって棒状の時に前記性能を満足するものにあっては使用することができるものである。
　この場合において、棒状・噴霧切換ノズルとしては、切換操作が容易であること、噴霧放水において適切な放水距離があること等の性能が要求される。

問3　2号消火栓には、圧力損失値が表示されているが、消防法施行規則第12条第2項第4号から第6号までにおける消防用ホース及び配管の摩擦損失水頭を計算する場合においてどのように扱えばよいか。

答3　2号消火栓に表示されている圧力損失値は、ノズルにおいて2.5kgf／cm²以上、かつ、60ℓ／min以上の性能とする場合における配管への接続口からノズルまでの摩擦損失水頭を圧力 (kgf／cm²) で示している。
　従って、2号消火栓を使用する場合の消防用ホース及び配管の摩擦損失水頭については、次によることが必要である。
① 　消防用ホースの摩擦損失水頭；2号消火栓に表示されている圧力損失値とする。
② 　配管の摩擦損失水頭　　　　：2号消火栓の接続口が接続される部分までの配管についての摩擦損失水頭とする。

問4　2号消火栓の操作方法については、各社各様であるが、統一すべきではないか。

答4　2号消火栓については、操作性を重視しており、一人で円滑に操作できる方法であることが必要であると考えている。従って、その操作方法については、限定していない。

第1章　2　屋内消火栓設備

　　従つて、ホースの収納方式、起動方法等の相違により、各社各様の操作方法となつている。
　　また、操作方法の統一は重要であるが、現状において実施することには技術開発等を阻害するおそれがあるので、当面、操作方法の統一は考えていない。

問5　2号消火栓の加圧送水装置を自動起動させるための信号線を自動火災報知設備の感知器の信号回路と共用することが認められているが、この場合における接続方法等はどうすべきか。
答5　自動火災報知設備の感知器の信号回路に2号消火栓の起動装置の信号線を接続する場合には、次による。
　　発信機からの回路を使用する場合において、信号線（L）と共通線（C）に接続するとともに蓄積機能の解除、感知器の作動では起動しない等のために、L及びCのほかに、1級受信機にあつては応答確認線（A）を、2級受信機にあつては発信機線（H）にも接続すること。（図－1及び図－2）
　　この場合において、起動装置が当該受信機の信号回路の末端となる場合には、受信機に適合した終端器を設けることが必要である。
　　また、起動装置は、2極スイッチであることが必要である。
　　なお、接続に当たつては、事前に自動火災報知設備に係る工事担当者等との調整を行うことが望ましい。
　　また、この場合において、2号消火栓の操作をすると、自動火災報知設備の地区ベルが鳴動することとなるので、その旨をあらかじめ関係者に周知しておくことが必要である。
図1、図2　〔省略〕

(平元・10・3消防予110)

memo　2号消火栓は、1人で容易に操作することができるように、①ホースの展張操作等により加圧送水装置が起動する、②ホースは、ホースリール等で収納されており、任意の長さに展張できる、③保形ホースで放水できる、④ノズルに開閉バルブがついており手元で開閉し放水できる等となっています。

（起動表示灯（規則12条1項2号・3号））

◆消防用設備等に係る執務資料の送付について【消防用設備等の表示灯について】〔解釈〕
問　屋内消火栓設備及び自動火災報知設備の表示灯に平面型の表示灯を設置してもよいか。
答　屋内消火栓設備及び自動火災報知設備については、それぞれ規則の基準を満たせば、表示灯に平面型の表示灯を認めても差し支えない。

(平19・9・3消防予317)

memo　屋内消火栓設備の表示灯に平面型の表示灯を設置する場合にあっては、規則12条1項2号及び3号に規定する基準を満たせば、表示灯に平面型の表示灯を認めても差し支えないとされています。

（配管（規則12条1項6号））

◆屋内消火栓の配管にポリエチレン管を使用することについて
問　このことについて、別添資料による水道用ポリエチレン管及び鉱山用ポリエチレン管は、消防法施行規則第12条第1項第6号ニに定める配管の規定中「……又はこれらと同等以上の強度・耐食

性及び耐熱性を有する管」として認められるか。

また、この管を、消防法及び水道施設基準等に基づき別図のように地下埋設利用してよいか伺います。

なお、防火対象物の概要は下記のとおりです。

記

1　用　途

　　令別表第1(5)項(イ)の旅館

2　建築物の概要

　　木造平家一部2階建

　　延面積　825㎡

3　消火栓概要

　　貯水槽を山の中腹（30m高）に設けた落差方式である。

　　配管は貯水槽から防火対象物2〜3m離れた部分までの約70mをポリエチレン管を使用し地下（一部岩石部分露出）に埋設し、その先と室内部分は鋼管とする。

　　配管口径は消火栓容量計算による量以上の量が得られる口径とする。

屋内消火栓配管状況図

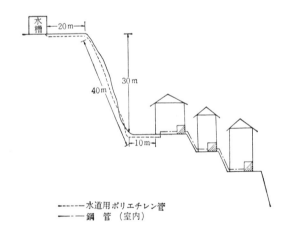

鉱山用ポリエチレン管

呼　称 (吋)	外径 (mm)	肉厚 (mm)	近似内径 (mm)	定尺 (m)	重量 (kg／m)	最高使用圧 (kg／c㎡、20℃)	破　壊　圧 (kg／c㎡、20℃)
7キロ管　2	60	3.7	52.6	60	0.625	7	35
2½	76	4.7	66.6	40	1.006		
3	89	5.5	78.0	30	1.378		
4	114	7.0	100.0	4	2.247		
5	140	8.5	123.0	4	3.354		
6	165	10.0	145.0	4	4.650		
8	216	13.0	190.0	4	7.917		

第1章　2　屋内消火栓設備　　　　　　　　　　　　　　　　　　　　67

10キロ管	2	60	5.2	49.6	60	0.855	10	50
	2½	76	6.5	63.0	40	1.355		
	3	89	7.7	73.6	30	1.878		
	4	114	9.8	94.4	4	3.064		
	5	140	12.0	116.0	4	4.608		
	6	165	14.5	136.0	4	6.546		
	8	216	18.5	179.0	4	10.961		

・管の許容差はJIS K 6761－Ⅱに準じます。
・色は黒色、但し注文量により希望の着色が可能です。
・当規格は受注生産を原則とし、常時在庫はしていません。
・輸送状況により、定尺延長致します。（注　4吋以上－10mまで）

水道用ポリエチレン管

ポリパー水協Ⅰ種（軟質）JIS K 6762－Ⅰ

呼称(mm)	外径(mm)	肉厚(mm)	近似内径(mm)	定尺(m)	巻外径(cm)	重量(kg／m)	最高使用圧(kg／c㎡、20℃)
10	17.0	3.0	11.0	120	107	0.123	14
13	21.5	3.5	14.5	120	110	0.184	13
20	27.0	4.0	19.0	120	116	0.269	12
25	34.0	5.0	24.0	90	148	0.423	11
30	42.0	5.5	31.0	90	150	0.586	10
40	48.0	6.5	35.0	60	150	0.788	10
50	60.0	8.0	44.0	40	200	1.210	10

※破壊圧は最高使用圧の約3倍です。

ポリパー水協Ⅱ種（硬質）JIS K 6762－Ⅱ

呼称(mm)	外径(mm)	肉厚(mm)	近似内径(mm)	定尺(m)	巻外径(cm)	重量(kg／m)	最高使用圧(kg／c㎡、20℃)
10	17.0	2.5	12.0	120	107	0.108	18
13	21.5	2.5	16.5	120	110	0.142	14
20	27.0	3.0	21.0	120	145	0.215	13
25	34.0	3.5	27.0	90	148	0.318	12
30	42.0	4.0	34.0	90	200	0.453	11
40	48.0	4.5	39.0	60	200	0.584	11
50	60.0	5.0	50.0	40	200	0.820	10

※破壊圧は最高使用圧の約5倍です。
・管の許容差は外径±1.5%、管の厚さ±10%、長さ+2%－0%

答 設問の場合、消防法施行令第32条を適用して、埋設して施工する場合に限り水道用ポリエチレン管を使用してよいものと解する。なお、使用にあたつては、呼称50以上のものを使用することとし、水道用ポリエチレン管及び水道用ポリエチレン管継手は日本工業規格（以下「JIS」という。）K6762（水道用ポリエチレン管）及びJIS K 6763（水道用ポリエチレン管継手）に適合するもの又はこれと同等以上の性能を有するものであること。

(昭54・6・15消防予117)

memo 屋内消火栓設備の配管に鋼管に代えて水道用ポリエチレン管を使用することが認められたものです。

◆消防用設備等に係る執務資料の送付について【金属製管継手及びバルブ類の基準第3第3号に規定する標準耐熱性試験及び軽易耐熱性試験について】

問4 金属製管継手及びバルブ類の基準（平成20年消防庁告示第31号）第3第3号に規定する標準耐熱性試験及び軽易耐熱性試験について、自動式の消火設備に用いられる管継手及びバルブ類であって、鋳鉄製、黄銅製、ステンレス鋼製、ダクタイル鋳鉄製のもの等、その材質や寸法により、規則第12条第1項第6号ホ(イ)又は同号ト(イ)及び(ロ)において使用が認められているものと同等以上の耐熱性を有していると認められる場合は、「火災時に熱による著しい損傷を受けるおそれがある部分」には該当しないと解してよいか。

答4 お見込みのとおり。

(平22・2・5消防庁予防課事務連絡)

他消火設備による有効範囲内の部分の設置省略（令11条4項）

令11条4項では、屋内消火栓設備以外の消火設備により有効に包含されている部分については、当該部分については屋内消火栓設備の設置を要しないとされていますが、法令で規定されている消火設備以外の設備により包含されている場合の特例の適用の可否に係る例として示されています。

◆消防法の一部を改正する法律（昭和49年6月1日法律第64号）等に関する質疑応答について【屋内消火栓設備の設置対象物にスプリンクラー設備を設置した場合、スプリンクラーの非有効範囲については屋内消火栓設備を設けなければならないか】

問9 屋内消火栓設備の設置対象物にスプリンクラー設備を技術上の基準どおり設置した場合、その有効範囲内の部分は、屋内消火栓設備の設置が免除されるが、規則第13条第2項第1号～第12号に該当する部分でスプリンクラーヘッドを設けていない部分については、有効範囲内とは認められないので、屋内消火栓設備を設置させなければならないと思われるがどうか。

答 お見込みのとおり。ただし、規則第13条第2項第6号及び第8号に定める部分については、令第32条の規定を適用し、屋内消火栓設備の設置を省略してさしつかえない。なお、同項第8号に定める部分については、ハロゲン化物消火設備等を設置するよう指導されたい。

(昭50・6・16消防安65)

memo 屋内消火栓設備に代えてスプリンクラー設備を設置した場合であっても、原則として、スプリンクラーヘッドの設置が適切でない部分（規13③）については、屋内消火栓設備を設

置する必要があります。また、規則13条3項6号及び8号に規定する部分については、屋内消火栓設備の設置の省略を、同8号に規定する部分についてはハロゲン化物消火設備等の設置を必要としているものです。

◆消防用設備等の設置基準等について【屋内消火栓設備の代替設備としての動力消防ポンプ設備の設置について】

問2　屋内消火栓設備の代替設備としての動力消防ポンプ設備の設置について
　消防法施行令（以下「令」という。）第11条第1項第2号に該当する防火対象物（別添図面（省略）のとおり）に屋内消火栓設備の設置を指導したところ、当該防火対象物より令第20条の動力消防ポンプ設備を屋内消火栓設備の代替として設置したいとの申出が防府市消防長あてあつたが、次の何れの指導によるべきか。
(1)　令第11条第4項のみなし規定は、動力消防ポンプ設備を令第20条の技術上の基準により設置したときは、無条件に屋内消火栓設備の設置免除を認めるべきであり、消防機関の裁量の余地はない。
(2)　従業員が少数で、しかもその大半を女子職員が占める小規模防火対象物等については、取扱が煩雑でエンジンの始動等技術的知識を必要とする動力消防ポンプ設備を設置させたときは、火災発生時有効に使用することは困難と考えられるので、防火対象物の使用形態によつて令第11条第4項のみなし規定を排除し、消防機関の裁量により屋内消火栓設備の設置を義務づけることができる。

答2　(1)お見込みのとおり。ただし、設問の場合、屋内消火栓設備を設置するよう指導することを制約するものではない。

（昭52・3・31消防予59）

memo　令11条4項の規定の適用については、基準上設置免除が認められるものであり、原則として、裁量の余地のないことを示しています。ただし、義務付けとなる屋内消火栓設備の設置を指導することまで、制約しているものではないとしています。

◆消防用設備等の設置基準等について【屋内消火栓設備の設置基準について】〔解釈〕

問1　消防法施行令（以下「令」という。）第11条の規定による屋内消火栓設備の設置基準は、令第9条の規定の適用を受けるため単一用途防火対象物と複合用途防火対象物との設置基準面積を対比した場合非常に矛盾を生じるものがあるが、自動火災報知設備の設置基準のように是正する考えはないか。是正する考えがないとすれば、指導上支障があるので消防法第17条第2項の規定による附加条例によつて複合用途防火対象物の屋内消火栓設備の設置基準を定めることとしてよろしいか。

答1　前段　現在のところ消防法施行令の改正は予定していない。
　　　後段　気候又は風土の特殊性により、法令の定める規定のみによつては防火の目的を充分に達し難いと認めるときは、さしつかえない。

（昭52・3・31消防予59）

memo　複合用途防火対象物は、令9条の規定により、屋内消火栓設備は、用途ごとに一の防火対象物として、消防用設備等の設置が義務付けられます。このことから、複合用途防火対象物の場合、全体として義務付けされないことから、単一の用途の防火対象物に比し、義務付けが緩やかになることについての取扱いを示したものです。

3　スプリンクラー設備

(1)　設置基準

スプリンクラー設備の設置を要する防火対象物又はその部分については、令12条1項に規定されています（⇒序章　1(5)　消防用設備等設置基準早見表（10頁）参照）。

(2)　法令による緩和措置

スプリンクラー設備は、令12条1項各号に掲げる防火対象物又はその部分に設置することとされています。この場合において、当該防火対象物又は部分の構造により、設置が義務付けられる延べ面積又は床面積の数値についての緩和措置や消火設備を設置した場合の緩和措置が規定されています。

ア　他の消火設備を設置した場合の設置免除

令12条1項各号に掲げる防火対象物又はその部分に水噴霧消火設備、泡消火設備、不活性ガス消火設備、ハロゲン化物消火設備又は粉末消火設備をそれぞれの技術上の基準に従い、又は当該技術上の基準の例により設置したときは、令12条1項の規定にかかわらず、当該設備の有効範囲内の部分についてスプリンクラー設備を設置しないことができるとされています。

イ　ラック式倉庫の構造による緩和措置

令12条1項5号（ラック式倉庫）の延べ面積の数値は、次によることとされています。

基準面積に対する倍数	防火対象物又はその部分の構造	適用が制限される場合
3倍	主要構造部（建築基準法2条5号に規定する主要構造部）を耐火構造とし、かつ、壁及び天井（天井のない場合にあっては、屋根）の室内に面する部分（回り縁、窓台その他これらに類する部分を除きます。）の仕上げを難燃材料（建築基準法施行令1条6号に規定する難燃材料をいいます。）でしたもの	令12条1項1号に掲げる防火対象物について令11条1項2号の規定を適用する場合にあっては、当該3倍の数値又は1,000㎡に令12条2項3号の2の総務省令で定める部分の床面積の合計を加えた数値のうち、いずれか小さい数値
2倍	主要構造部を耐火構造としたその他の防火対象物又は建築基準法2条9号の3イ若しくはロのいずれかに該当し、かつ、壁及び天井の室内に面する部分の仕上げを難燃材料でしたもの	令12条1項1号に掲げる防火対象物について令11条1項2号の規定を適用する場合にあっては、当該2倍の数値又は1,000㎡に令12条2項3号の2の総務省令で定める部分の床面積の合計を加えた数値のうち、いずれか小さい数値

(3)　令32条特例

過去における防火対象物の火災で多数の死傷者等が発生し、社会的に重大な影響を与えたことか

ら、これら防火対象物における火災の発生による人的被害を防止するためにハード面及びソフト面において、消防法令で規制の強化が図られています。

一方、スプリンクラー設備は、火災が発生したときに確実に火災を感知し、かつ、自動的に消火することができる設備として、評価されていますが、設置に係る経費の負担が多いことなどから、特定防火対象物のうち、特に火災発生時の人的被害が甚大になる恐れがあるなど、大規模、高層等の建築物や特殊な用途等に着目して、設置を義務付けています。

今までに、重大な火災が発生した場合には、火災の発生した防火対象物の用途や規模等が考慮され、スプリンクラー設備の設置の強化が図られています。

このように法令が強化された場合、既存の防火対象物に対しても遡及されますが、個々の防火対象物の状況において、スプリンクラー設備によらなくても火災安全性が確保できると認められる要件を明示し、個々の防火対象物の状況に応じ令32条の特例を適用し、スプリンクラー設備の設置を免除することとしています。

また、スプリンクラー設備の代替設備についても、スプリンクラー設備と同等以上の消火性能を有すると認められるものにあっては、その設置が認められている例があります。

令32条特例関係　通知・行政実例

スプリンクラー設備設置基準（令12条1項）

（スプリンクラー設備を設置することを要しない構造）

◆消防法、同施行令及び同施行規則に関する執務資料について【階数が11以上の特定防火対象物における令12条1項2号の適用について】（昭53・2・21消防予32）……………75

◆消防用設備等に係る執務資料の送付について【スプリンクラー設備の特例　延べ面積275㎡以下の特例】（平29・11・20消防予355）……………75

（令別表1(1)項　劇場等）

◆消防法の一部を改正する法律（昭和49年6月1日法律第64号）等に関する質疑応答について【スプリンクラーヘッドの設置に関する疑義について】（昭50・6・16消防安65）……………76

◆消防法、同施行令及び同施行規則に関する執務資料について【スプリンクラーヘッドの設置の省略について】（昭53・2・21消防予32）……………77

◆消防法、同施行令及び同施行規則に関する執務資料について【観覧場におけるスプリンクラー設備の設置基準に係る質疑について】〔解釈〕（平5・11・29消防予320）………77

（令別表1(2)項　カラオケボックス等）

◆スプリンクラーヘッドのカラオケボックス内の設置について（平3・8・12消防予164）………78

（令別表1(4)項　百貨店・店舗・物販店等）

◆既存の卸売専業店舗に対する消防用設備等の技術上の基準の特例について（昭51・9・27消防予73）……………80

◆既存の物品販売店舗等に対する消防用設備等の技術上の基準の特例について（平2・8・1消防予106）……………81

（令別表1(5)項　旅館、ホテル等）
◆スプリンクラー設備を設置することを要する旅館の増築部分にかかわる設置基準について【旅館の増築部分に係るスプリンクラー設備設置基準について】（昭51・3・9消防安32） ……………………………………………………………………………… 83
◆消防法施行規則第13条のスプリンクラー設備について【別棟区画の適用の可否】（昭54・4・3消防予61） ……………………………………………………………… 83
◆消防用設備等に係る執務資料の送付について【スプリンクラー設備を設置することを要しない階の部分等について】（平8・9・2消防予172） ……………………… 84

（令別表1(6)項イ　病院・診療所等）
◆既存の病院、診療所等の病室等に対する消防用設備等の技術上の特例基準の適用について（昭52・1・10消防予5） ………………………………………………… 84
◆予防事務処理上の問題について【精神病院の消防用設備等の設置について】（昭52・5・18消防予97） ……………………………………………………………… 85
◆既存の病院に対する消防用設備等の設置について（昭52・11・16消防予217） …… 86
◆既存の病院に対する消防用設備等の技術上の特例基準の適用について（昭62・10・27消防予188） ………………………………………………………………………… 89

（令別表1(6)項ロ　特定社会福祉施設等）
◆既存の社会福祉施設に対する消防用設備等の技術上の特例基準の適用について（昭62・10・27消防予189） ………………………………………………………… 93
◆既存の社会福祉施設等において、屋内消火栓設備をスプリンクラー設備に改造し設置する場合等における留意事項について（昭62・12・4消防予205） ………… 95
◆既存の有料老人ホームに対する消防用設備等の技術上の特例基準の適用について（平11・5・28消防予123） ………………………………………………………… 100
◆小規模社会福祉施設に対する消防用設備等の技術上の基準の特例の適用について（平19・6・13消防予231） ………………………………………………………… 102
◆執務資料の送付について（社会福祉施設等のスプリンクラー設備の消防法上の取扱い）（平20・12・2消防予314） ……………………………………………………… 108
◆小規模社会福祉施設等に対する消防用設備等の技術上の基準の特例の適用について（平26・3・28消防予105） ……………………………………………………… 108

（令別表1(11)項　神社、寺院等）
◆消防法、同施行令及び同施行規則に関する執務資料について【慈母観音像における法17条1項の取扱いについて】（昭60・2・18消防予39） ……………………… 110

（令別表1(14)項　倉庫）
◆消防法の一部を改正する法律（昭和49年6月1日法律第64号）等に関する質疑応答について【ラック式倉庫の天井の高さについて】〔解釈〕（昭50・6・16消防安65） ………… 111

◆ラック式倉庫に接続する普通倉庫に対するスプリンクラー設備の令第32条適用について（昭51・3・27消防安51） …………………………………………………… 112
◆消防法、同施行令及び同施行規則に関する執務資料について【ラック式倉庫の取扱いについて】（昭54・6・22消防予118） ………………………………………… 113
◆ラック式倉庫の床面積の算定について〔解釈〕（平3・9・27消防予194） …………… 113
◆消防用設備等に係る執務資料の送付について【ラック式倉庫に係るスプリンクラー設備について】（平8・9・2消防予172） ………………………………………… 113
◆ラック式倉庫の防火安全対策ガイドラインについて（平10・7・24消防予119） ……… 114

（令別表1(15)項　その他の事業所）
◆消防用設備等の消防法施行令第32条の取扱いについて【特例　スプリンクラー設備】（昭55・5・22消防予102） ……………………………………………………… 130

（令別表1(16)項　小規模特定用途複合防火対象物）
◆消防用設備等に係る執務資料の送付について【特例　自動火災報知設備・スプリンクラー設備】（平27・3・27消防予129） ……………………………………… 131
◆消防用設備等に係る執務資料の送付について【特例　スプリンクラー設備】（平27・10・20消防予434） ……………………………………………………………… 131

（令別表1(16)項　複合用途防火対象物）
◆住宅部分が存する防火対象物におけるスプリンクラー設備の技術上の基準の特例の適用について（平27・9・4消防予349） ……………………………………… 131

（部分の用途）
◆消防法の一部を改正する法律（昭和49年6月1日法律第64号）等に関する質疑応答について【エスカレーター部分のスプリンクラーヘッドの取付けについて】（昭50・6・16消防安65） …………………………………………………………………… 132
◆消防法の一部を改正する法律（昭和49年6月1日法律第64号）等に関する質疑応答について【スプリンクラー設備が設置されている場合は階段室部分の散水設備のヘッドは省略してよいか】（昭50・6・16消防安65） ………………………………… 133
◆消防法の一部を改正する法律（昭和49年6月1日法律第64号）等に関する質疑応答について【スプリンクラー設備を要する場合であって当該部分に階段等が存するときは屋内消火栓設備が必要か】（昭50・6・16消防安65） ……………………… 133

スプリンクラー設備技術基準　（令12条2項）
◆スプリンクラー設備の設置及び維持に関する技術上の基準に係る運用について（平8・6・11消防予115） ………………………………………………………………… 133

（スプリンクラーヘッドの設置が免除されている部分）
- ◆消防法、同施行令及び同施行規則に関する執務資料について【スプリンクラーヘッドの設置が免除された部分に屋内消火栓設備の設置の可否について】（昭52・1・27消防予12） ……………………………………………………………………………… 137
- ◆消防法、同施行令及び同施行規則に関する執務資料について【スプリンクラーヘッドの設置が免除されている場合の適合基準について】（昭52・1・27消防予12） ………… 138

（規則13条の区画）
- ◆消防法、同施行令及び同施行規則に関する執務資料について【防火戸の閉鎖機構について】（昭54・6・22消防予118） ……………………………………………………… 138

（放水型ヘッド等を用いるスプリンクラー設備）
- ◆放水型ヘッド等を用いるスプリンクラー設備の設置及び維持に関する技術上の基準の運用について（平8・9・10消防予175） …………………………………………… 139

（補助散水栓（令12条2項8号））
- ◆屋内消火栓設備の2号消火栓及びスプリンクラー設備の補助散水栓に係る質疑応答について（平元・10・3消防予110） ……………………………………………………… 143
- ◆消防用設備等に係る執務資料の送付について【補助散水栓の代替について】（平10・5・1消防予67） ……………………………………………………………………… 144

（特定施設水道連結型スプリンクラー設備）
- ◆消防用設備等に係る執務資料の送付について【特定施設水道連結型スプリンクラー設備と同等以上の性能を有するものについて】（平21・3・31消防庁予防課事務連絡） ……………………………………………………………………………………………… 144

（流水検知装置）
- ◆消防用設備等に係る執務資料の送付について【負圧式の予作動式流水検知装置の取扱い】（平25・3・18消防庁予防課事務連絡） ……………………………………… 145

第1章　3　スプリンクラー設備

スプリンクラー設備設置基準（令12条1項）

　スプリンクラー設備は、防火対象物又はその部分の用途、規模（延べ面積、床面積など）、構造等に応じて、設置が義務付けられています。当該防火対象物又はその部分の用途、規模、構造等によって、火災の発生や延焼拡大の危険性が極めて少ないなどと認められる場合には、スプリンクラー設備の設置が免除されるものがあります。
　ここでは、防火対象物又はその部分の用途等に着目した、令32条の特例に関する通知を紹介します。

（スプリンクラー設備を設置することを要しない構造）

◆消防法、同施行令及び同施行規則に関する執務資料について【階数が11以上の特定防火対象物における令12条1項2号の適用について】

問　地階を除く階数が11以上の特定防火対象物で、11階以上が空室の場合、又は中間階が、空室の場合、令第12条第1項第2号が適用されるか。又第9号はどうか。

答　中間階が空室の場合は、令第12条第1項第2号及び第9号の規定が適用される。なお、この場合空室部分の実状に応じて令第32条の規定を適用し、設備の設置の緩和を行うことはさしつかえない。
　また、11階以上のすべての階が空室の場合、当該空室部分において、構造及び設備の管理上等出火危険及び延焼の危険がまったくない状態にされている場合においては、令第32条の規定を適用し、令第12条第1項第2号及び第9号の規定を適用しないものと取り扱ってさしつかえない。

(昭53・2・21消防予32)

memo　防火対象物の階のうち、当該階のすべてが空き室であり、かつ、構造及び設備の管理上等出火危険及び延焼の危険がまったくない状態と認められる場合には、当該部分にスプリンクラー設備の設置を要しないとしたものです。

◆消防用設備等に係る執務資料の送付について【スプリンクラー設備の特例　延べ面積275㎡以下の特例】

問　1　消防法施行規則（昭和36年自治省令第6号。以下「規則」という。）第12条の2第3項本文に規定されている防火対象物において、次のいずれかに該当する場合は、消防法施行令（昭和36年政令第37号。以下「令」という。）第32条の規定を適用し、スプリンクラー設備の設置を要しないこととしてよいか。
　1　特定住戸部分（規則第12条の2第3項に規定されているものをいう。以下同じ。）が次の要件のすべてに該当する場合
　　(1)　規則第12条の2第3項第1号から第3号及び第7号に適合すること。
　　(2)　3以下の階に存すること。
　　(3)　全ての寝室（入居者の寝室に限る。）において、地上又は一時避難場所（外気に開放されたバルコニー又はこれに類するものをいう。以下同じ。）への経路が次のア又はイの要件を満たすこと。
　　　ア　地上又は一時避難場所に直接出ることができる次の(ア)及び(イ)の構造要件を満たす開口部を有すること。

　　　　(ア)　避難階にあっては規則第12条の2第2項第2号ロ、ハ及びニに規定する構造
　　　　(イ)　避難階以外の階にあっては同号ニに規定する構造
　　　イ　どの居室から出火しても、入居者居室から火災室及び火災室に設けられた開口部(防火設備であるものを除く。)に面する通路を通過せずに、避難階にあっては地上、避難階以外の階にあっては当該階の一時避難場所に至ることができるものであること。
　(4)　一時避難場所は、一定の広さを有し、救出まで火災の影響を受けずに留まることができる構造のものであること。
　(5)　地上に直接出ることができる開口部及び一時避難場所は、救出のために必要な広さを有する空地等に面すること。
　(6)　内装は、規則第12条の2第3項第4号の規定の例により仕上げたものであること。
2　特定住戸部分が、次の要件のすべてに該当する場合
　(1)　上記1の(1)、(2)、(3)ア、(4)及び(5)を満たすものであること。
　(2)　規則第12条の2第2項第2号本文により居室を区画したものであること。
　(3)　規則第12条の2第2項第2号イ及びホを満たすものであること。この場合において、避難階以外の階における一時避難場所への避難経路は同号ホの避難経路の1つとして取り扱うこと。
　(4)　入居者等の避難に要する時間の算定方法等を定める件(平成26年消防庁告示第4号。以下「4号告示」という。)により算定した時間が、火災発生時に確保すべき避難時間として消防庁長官が定める時間を超えないこと。この場合において、避難階以外の階に存する住戸で、4号告示第2の「屋外」とあるのは、「屋外又は一時避難場所」と読み替えること。

答　差し支えない。

(平29・11・20消防予355)

memo　特定複合用途防火対象物のうち、規則12条の2第3項に係る規定の特例として示されたものです。

(令別表1(1)項　劇場等)

◆消防法の一部を改正する法律(昭和49年6月1日法律第64号)等に関する質疑応答について
【スプリンクラーヘッドの設置に関する疑義について】

問　スプリンクラー設備について
　(1)　規則第13条第2項の規定によりヘッドを設けなくてもよい部分が大巾に増加されたが、これらの部分に対しては屋内消火栓が必要か。
　(2)　地階部分が令別表第1(6)項(病院)の用途で床面積が1,000㎡以上ある場合について、スプリンクラーヘッドを設けなくてもよい部分は令第28条の2の規定による連結散水設備も緩和の対象となるか。
　(3)　スプリンクラーヘッドの水平距離及び個数の算出方法等の改正規定は、旧法の基準により設備された既存の防火対象物も改善(遡及)をしなければならないか。
　(4)　令別表第1(1)項に掲げる防火対象物の部分でヘッドを設けないことができる部分は、固定式のいす席を設けるものに限定されているが、移動式のいす席等を設ける部分は含まれないか。

(5) 一部に客席等がある体育館、観覧場等は、客席以外のほとんどが8m以上の高さとなるが、この部分は緩和の対象とならないか。

答(1) 屋内消火栓設備問9を参照されたい。(⇒第1章　2　屋内消火栓設備（68頁）参照)
(2) 連結散水設備の設置を免除することはできない。
(3) 特定防火対象物については遡及する。なお、既存の防火対象物に対する消防用設備等に関する基準の適用の特例については、別途通知する予定であるので、念のため。
(4)及び(5)　原則としてスプリンクラーヘッドを設置しなければならない対象となる。ただし、当該体育館等に可燃物を多量に設置したり、火気を使用することが予想されない場合にあつては、令第32条の規定を適用しスプリンクラーヘッドの設置を免除してさしつかえない。

(昭50・6・16消防安65)

memo　劇場等の観客席には、原則スプリンクラーヘッドの設置が必要（ヘッドの取付け面が8m以上である部分を除きます。）とされていますが、観客席にヘッドを設けなくてもよい要件が示されています。

◆消防法、同施行令及び同施行規則に関する執務資料について【スプリンクラーヘッドの設置の省略について】

問　令別表第1(1)項に掲げる防火対象物及び同表(16)項イに掲げる防火対象物のうち同表(1)項の用途に供される部分（舞台部及びスクリーンの部分を除く。）でその使用実態が主として体育館として使用されるもののスプリンクラーヘッドの取付け面の高さが8m以上となる箇所ではスプリンクラーヘッドの設置を省略してさしつかえないか。

答　設問の天井面の仕上げを不燃材料又は準不燃材料とし、当該防火対象物において多量の可燃物を貯蔵し又は取扱つたりするおそれのない場合にあつては、令第32条の規定を適用し、スプリンクラーヘッドの取付け面の高さが8m以上となる箇所のスプリンクラーヘッドの設置は省略してさしつかえない。

(昭53・2・21消防予32)

◆消防法、同施行令及び同施行規則に関する執務資料について【観覧場におけるスプリンクラー設備の設置基準に係る質疑について】〔解釈〕

問　消防法施行令別表第1(1)項イに掲げる屋外の観覧場で、屋外の客席部分が建築基準法上の床面積として算入され、当該観覧場の床面積の合計が6,000㎡以上の場合、スプリンクラー設備の設置が義務となるか。
　また、義務となる場合、スプリンクラー設備のヘッドを免除できない部分の面積が少ない場合でも同設備を設置しなければならないか。

答　前段、後段ともお見込みのとおり。
　なお、消火設備の設置に当たっては、建築物の構造、利用形態、消火設備の維持管理等に十分配慮すること。

(平5・11・29消防予320)

> **memo** 防火対象物の床面積の算定は、原則として建築基準法の算定方法を準用しており、当該面積により消防用設備等の設置が義務付けられることとなりますが、建築物の構造、利用形態、消火設備の維持管理等の状況によっては、令32条の特例の適用の余地があることを示しています。

（令別表1(2)項　カラオケボックス等）

◆スプリンクラーヘッドのカラオケボックス内の設置について

問 今般、管内平塚市から別添図に示す16項(イ)の防火対象物の地階に標記のヘッドを設置する可否について照会がありましたので、御教示願います。

　　建物及び施設の概要
1　地階ボックス設置部分の面積　　1,099.94㎡
2　ボックス26箇所の合計面積　　334.83㎡
3　ボックスの材質は、エリオ鋼板（アクリル不燃（個）第1238号）
4　その他、地階の天井には、基準どおりスプリンクラーヘッドが設置されている。

　　対象物の概要
　　　名称　　サニープラザ平塚
　　　住所　　平塚市紅谷町8－2
　　　　ＳＲＣ造
　　　14階建
　　　　16項イ──店舗共同住宅
　　　延べ面積　　10881.50㎡
　　　　内訳
　　　　　Ｂ１──今回カラオケボックス設置予定　　1099.94㎡
　　　　　１Ｆ──店舗　　　　　　　　　　　　　　1026.46㎡
　　　　　２Ｆ──店舗　　　　　　　　　　　　　　1154.01㎡
　　　　　３Ｆ──共同住宅　　　　　　　　　　　　 865.08㎡
　　　　　　　　　　　　｜
　　　　　14Ｆ──共同住宅
　　　Ｂ１の内訳
　　　　　Ｂ１──今回カラオケボックス設置予定　　1099.94㎡
　　　　　　　　　カラオケボックス設置予定　　　　 732.90㎡
　　　　　　　　　機械室　　　　　　　　　　　　　 367.04㎡
　　　　　　　　　　　　　　　　　　　　　　　　──────
　　　　　　　　　　　　　　　　　　　　　　　　　1099.94㎡

　　カラオケボックスの材質
　エリオ鋼板……新日本製鉄㈱と大日本印刷㈱の共同開発による、高級化粧鋼板　建築基準法第2条第9号に規定する不燃材料として認定を受けています。

（アクリル不燃（個）第1238号）

第1章　3　スプリンクラー設備

カラオケボックス　サイズと面積

図　面　No.	サ　イ　ズ	小　計
1、2、3	5.8×4.8×3＝83.52	83.52
4	3.5×4.9＝17.15	17.15
5	2.7×3.5＝9.45	9.45
6	3.9×3.5＝13.65	13.65
7	3.5×4.2＝14.7	14.7
8	2.6×3.5＝9.1	9.1
26、25	2.7×3.5×2＝18.9	18.9
14	2.7×4.8＝12.96	12.96
9、10、11、12、13、19、18、17、16、15、20、21、22、23、24	2.8×3.7×15＝155.4	155.4

合　計　334.83㎡

カラオケボックス　延べ面積　334.83㎡

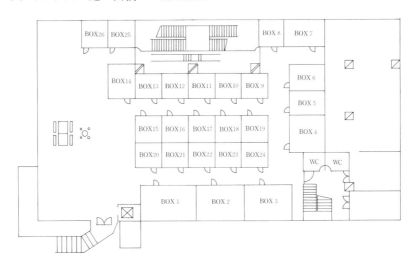

答　当件については、カラオケボックス内にスプリンクラー設備のスプリンクラーヘッドの設置を要する。

（平3・8・12消防予164）

memo　原則として、11階以上の特定防火対象物は、当該防火対象物の全部の階（地下階を含みます。）にスプリンクラー設備の設置が必要となります。また、カラオケボックスは、区画等により個々に独立していることから、区画されたカラオケボックスごとにヘッドの設置が必要とされたものです。

（令別表1(4)項　百貨店・店舗・物販店等）

◆既存の卸売専業店舗に対する消防用設備等の技術上の基準の特例について

　昭和49年6月の消防法の一部改正に伴い昭和52年3月31日又は昭和54年3月31日までに現行の基準に従つて消防用設備等の設置を義務づけられた既存の特定防火対象物については「既存防火対象物に対する消防用設備等の技術上の基準の特例について」（昭和50年7月10日付消防安第77号）等で取扱いの基準を定め全国においてはこれらに基づき既に改善指導されているところであるが、消防法施行令（以下「令」という。）別表第1(4)項に掲げる既存の防火対象物で百貨店（延べ面積が1,000㎡以上の小売店舗を含む。）以外の物品販売業を営む店舗のうち物品の卸販売を専業とする店舗（以下「卸売専業店舗」という。）については、防火対象物の利用形態その他が一般の店舗と異なる特殊な状況にあること、スプリンクラー設備等を現行の基準に従つて設置することが構造上困難となるものが見受けられること等を勘案して令第32条の運用基準を下記のとおり定めたので、その運用について格段の配慮をされるとともに管下市町村にもこの旨示達のうえよろしくご指導願いたい。

記

第1　特例基準の適用範囲
　1　卸売専業店舗とは、利用者が卸売業、小売業等を営む特定の者に限られ、かつ、取扱い商品が限定されているものでもつぱら商品の卸販売のみを営む店舗をいい、一般消費者を対象とした販売を兼ねているものは含まないものであること。
　2　卸売専業店舗の主たる用途に供される部分としては、「令別表第1に掲げる防火対象物の取り扱いについて」（昭和50年4月15日付消防予第41号、消防安第41号各都道府県消防主管部長あて消防庁予防課長、消防庁安全救急課長通達）（以下「令別表第1通達」という。）の別表中(4)項の(イ)欄に掲げられる用途の部分その他これらに類するものが該当し、一般的には売場、商品陳列場、荷さばき場、検品場、商品堆積場、商談室、事務室等がこれに含まれる。防火対象物内に存するこれらの部分がもつぱら卸売専業店舗の主たる用途に供される部分として使用される場合については、当該防火対象物は令別表第1(16)項イに掲げる防火対象物としてではなく令別表第1(4)項に掲げる防火対象物（商談室及び事務室のみによつて構成される場合等、令別表第1(15)項に掲げる防火対象物等に該当するものは除く。）として取り扱うものであること。
　3　「令別表第1通達」により令別表第1(4)項に掲げる防火対象物（卸売専業店舗に限る。）に該当するものと判定されたものに存する卸売専業店舗の主たる用途に供される部分以外の部分についても本通達を適用してさしつかえないものであること。

第2　判例基準
　令第12条第1項第2号、第3号又は第8号の規定に基づきスプリンクラー設備を設置しなければならない卸売専業店舗（主要構造部が耐火構造でないもの及び11階以上の階の部分を除く。）については、次の各号に該当する場合は当該部分にスプリンクラー設備を設置しないことができるものであること。
　1　800㎡以内ごとに耐火構造の壁、床又は防火戸で区画されていること。
　2　壁及び天井の室内に面する部分の仕上げは、消防法施行規則（以下「規則」という。）第13条第1項第1号イの規定に適合するもの（防炎液、防炎壁紙等で表面処理する等の難燃措置を施したものを含む。）であること。ただし、1の区画面積を200㎡以内とした場合にあつてはこの限りでない。

3 区画する壁及び床の開口部は、規則第13条第1項第1号ロの規定に適合するものであり、当該開口部には規則第13条第1項第1号ハの規定に適合する甲種防火戸（廊下と階段とを区画する部分以外の部分の開口部についても当該規定にかかわらず防火シャッターを除かないものとする。）又は乙種防火戸が設けられていること。ただし、避難経路となる部分の開口部の上記の甲種防火戸（防火シヤッターにあつては、当該シヤッターに近接して規則第13条第1項第1号ハ(ロ)の規定に適合する甲種防火戸を付置しているものに限る。）が設けられる場合にあつては、当該開口部の面積の合計を20㎡以下とし、かつ、1の開口部の面積を10㎡以下とすることができる。
4 建築基準法施行令第120条及び第121条の規定に適合する避難階段等が設けられていること。
5 避難階における屋外への出入口については建築基準法施行令第125条の規定に適合するものであること。
6 売場又は商品陳列場が存する階のうち、当該売場又は商品陳列場の床面積が150㎡以上のものにあつては、1.2m（売場又は商品陳列場の床面積が600㎡以上のものにあつては1.8m）以上の幅員の主要避難通路が屋外へ通ずる避難口又は階段に直通して避難上有効に1以上確保されていること。
7 当該部分の存する階における廊下、階段その他避難上有効な通路の床面積の合計が、地階又は無窓階にあつては当該階の床面積の50％以上、その他の階にあつては40％以上であること。
8 当該卸売専業店舗に設ける消火器の能力単位の数値は、規則第6条に定める数値の1.5倍とするほか各階に設ける消火器の能力単位の数値の合計数の2分の1以上は水系の消火器（水消火器、酸アルカリ消火器、強化液消火器又は泡消火器）とすること。
9 建築基準法施行令第112条第9項及び第15項の規定による区画がなされていること。
10 露出配線は、不燃材料で被覆されていること等延焼防止上有効な措置が講じられていること。
11 当該卸売専業店舗内に使用されているカーテン、幕、展示用合板等の防炎対象物品の防炎性能及び防炎表示は適正であること。
12 当該卸売専業店舗内には、プロパンガスボンベや裸火の持込み及び使用が禁止されている等防火管理体制が徹底していること。

(昭51・9・27消防予73)

memo 卸売専業店舗は、令別表1(4)項に該当しますが、利用者が特定されるなど、百貨店など不特定多数の者が利用するものと異なることから、一定の防火安全性が確保されている場合には、令32条の特例を適用し、スプリンクラー設備の設置を要しないとしたものです。

◆既存の物品販売店舗等に対する消防用設備等の技術上の基準の特例について

平成2年6月19日に消防法施行令の一部を改正する政令が公布され、同法施行令別表第1(4)項に掲げる百貨店、マーケットその他の物品販売業を営む店舗又は展示場（以下「物品販売店舗等」という。）にあつては、スプリンクラー設備の設置の義務付けを床面積の合計が6,000㎡以上のものから3,000㎡以上のものとし、平成2年12月1日から施行することとされたところである。これに伴い、既存の物品販売店舗等についても、平成6年11月30日までに、現行の基準に従ってスプリンクラー設備の設置が義務付けられたところであるが、既存の物品販売店舗等のなかにはスプリンクラー設備を現行の基準に従って設置することがきわめて困難であるものが見受けられること等を勘案して、既存の物品販売店舗等に対し、同法施行令（以下「令」という。）第32条の規定を適用する場合の基準を下記のとおり定めたので、その運用について格段の配慮をされるとともに、貴管下市町村にもこ

の旨示達の上よろしく御指導願いたい。

記

1　既存の物品販売店舗等に設置するスプリンクラー設備は、次によることができるものであること。

　また、既にスプリンクラー設備が設置されており、現行の基準に適合していないものにあっても、同様の取り扱いができるものであること。

(1)　水源水量は、消防法施行規則（以下「規則」という。）第14条第5項の規定にかかわらず、消防ポンプ自動車が容易に接近することができる位置に双口形の送水口が付置されているときは、スプリンクラーヘッドの算出個数は10個（スプリンクラー設備の設置個数が10個に満たないときにあっては当該設置個数）として差し支えないものであること。

(2)　(1)の場合における加圧送水装置の送水性能は、規則第14条第6項第1号の規定にかかわらず、(1)に規定する個数のスプリンクラーヘッドを、同時に、先端における放水圧力及び放水量についてそれぞれ1kgf／c㎡以上及び80ℓ／min以上放水できる性能を有するもので足りるものであること。

(3)　側壁型の閉鎖型スプリンクラーヘッド（以下「側壁型ヘッド」という。）を用いるスプリンクラー設備を次の①から④までに定めるところにより設置したときは、当該側壁型ヘッドの有効範囲内の部分にあっては、令第12条の技術上の基準に従って、スプリンクラー設備を設置したものとして差し支えないものであること。

　①　側壁型ヘッドは、その相互の設置間隔を、水平距離で3.6m以下とし、かつ、当該側壁型ヘッドを取りつける壁と交わる両側の壁の接続部分から当該側壁型ヘッドまでの水平距離が1.8m以下となるように設けること。

　　なお、側壁型ヘッドの有効防護範囲は、当該ヘッドを中心に半径3.6m以内の範囲とすること。

　②　側壁型ヘッドは、当該側壁型ヘッドを取りつける壁面から15cm以内の位置に設けること。

　③　側壁型ヘッドのデフレクターは、天井面から15cm以内の位置に設けること。

　④　その他規則第14条第1項の規定に準じて設けること。

2　物品販売店舗等のうち物品の卸販売を専業とする店舗（以下「卸売専業店舗」という。）にあっては、利用形態その他が一般の店舗と異なる特殊な状況にあること等を勘案し、「既存の卸売専業店舗に対する消防用設備等の技術上の基準の特例について」（昭和51年9月27日付け消防予第73号）により、令第32条を適用して、スプリンクラー設備の設置に関し、特例を認めているところであるが、今回の改正により、新たにスプリンクラー設備の設置が義務付けられることとなる既存の卸売専業店舗についても、従前同様特例を認めて差し支えないものであること。

3　上記以外の場合であっても、物品販売店舗等の建物構造、販売品目の種類、利用者の状況等によっては、令第32条の規定を適用できる場合がありうるが、適用の適否及びその内容に関して判断が困難なものについては、当庁に連絡されたいこと。

（平2・8・1消防予106）

memo　平成2年3月18日に発生した百貨店火災を教訓にスプリンクラー設備の設置強化が行われたことに伴い、既存の物品販売店舗等にも遡及されたことに伴う措置として示されたものです。

（令別表1(5)項　旅館、ホテル等）

◆スプリンクラー設備を設置することを要する旅館の増築部分にかかわる設置基準について【旅館の増築部分に係るスプリンクラー設備設置基準について】

問　法第17条の2第2項第4号に該当する旅館が同条同項第2号に該当しない規模の増築を行う場合、その増築部分にかかわるスプリンクラー設備の設置について、次の疑義を生じましたので、消防庁の見解をうけたまわりたい。

記

別添図面の令別表第1(5)項イ該当の防火対象物で、昭和49年7月1日現在で延面積10,247.104㎡であり、スプリンクラー設備を昭和54年3月までに設置することを指導中であつたところ、今回、平家建303.5㎡の増築計画について指導を求めてきた。

この増築にかかわる部分についてのスプリンクラー設備の設置基準はどのように解すべきか。

(1)　既存部分の延面積10,247.104㎡については、昭和50年7月10日付消防安第77号「既存防火対象物に対する消防用設備等の技術上の特例基準の適用について」の運用基準の適用ができるものとして取扱い、増築部分（303.5㎡）については、前記特例基準の適用がないものと解し、令第12条の基準通り設置しなければならないものとして運用してよろしいか。

(2)　基準時以後において、法第17条の2第2項第2号の規定に達しない規模の増築で、同法同条同項第4号の遡及適用される特定防火対象物の一部であるので、増築部分を含み特例基準の適用対象物として取り扱つてよろしいか。

(3)　将来、増築を続け、今回の増築を含み基準時以後1,000㎡以上となつた場合は、特例基準の適用ができないものと解してよろしいか。

なお、前項との関連はいかに解してよろしいか。（別添図省略）

答(1)　お見込みのとおり。

なお、基準時以後の増築が消防法（以下「法」という。）第17条の2第2項第2号の規定に該当しない場合における当該部分の消防用設備等については、消防法施行令（以下「令」という。）第32条の規定を適用し昭和50年7月10日付消防安第77号消防庁安全救急課長通達「既存防火対象物に対する消防用設備等の技術上の特例基準について」中第2の基準を適用してさしつかえない。

(2)　(1)により承知されたい。

(3)　現行の法第17条の技術上の基準が適用されるが、既存部分については令第32条の規定を適用してさしつかえない。

（昭51・3・9消防安32）

memo　既存部分に対する特例の適用と増築部分における基準の適用について示されたものです。既存遡及による特例措置を増築部分にも適用することが可能という見解を示したものです。

◆消防法施行規則第13条のスプリンクラー設備について【別棟区画の適用の可否】

問　当町内に(5)項イに該当する、別添図の木造1,882.7㎡と、耐火構造4,802.9㎡が、耐火構造建築物の2階及び3階からの渡り廊下で接続しており、その延面積が6,685.6㎡の既存防火対象物があり、この渡り廊下の改造により別棟区画することが、地形上と構造上から至難と思われますので、

耐火構造棟を施行規則第13条第1項各号に定める区画をして、6,000㎡となるようにすることによつて、スプリンクラー設備を施行令第32条を適用し免除できないか。
別添図　〔省略〕
答　消防法施行令第32条を適用することは適当でない。
　なお、スプリンクラーヘッドを設置しないことができる部分として「消防法　同施行令及び同施行規則に関する執務資料について」(昭和53年2月21日消防予第32号)問7に対する回答があるので念のため申し添える。

(昭54・4・3消防予61)

◆消防用設備等に係る執務資料の送付について【スプリンクラー設備を設置することを要しない階の部分等について】
問5　消防法施行規則の一部を改正する省令(平成8年自治省令第2号)附則第4条の規定により、平成8年10月1日における既存の防火対象物(令別表第1(5)項ロに掲げる防火対象物又は同表(16)項に掲げる防火対象物のうち同表(5)項ロの防火対象物の用途に供される部分が存するものに限る。)に係るスプリンクラー設備の技術上の基準については、規則第13条第1項並びに第3項第11号及び第12号の規定にかかわらず、なお従前の例によることとされているが、当該部分に係る改修が行われた場合の取扱いについては、次によることとしてさしつかえないか。
(1)　令別表第1(5)項ロに掲げる防火対象物及び同表第1(16)項ロに掲げる防火対象物のうち同表(5)項ロの防火対象物については、消防法第17条の2第2項第2号に該当する改修が行われるまでの間は、なお従前の例によることができる。
(2)　令別表第1(16)項イに掲げる防火対象物のうち同表(5)項ロの防火対象物の用途に供される部分が存するものについては、スプリンクラー設備を設置する必要がある。
答5　(1)及び(2)　お見込みのとおり。

(平8・9・2消防予172)

memo　非特定用途防火対象物に該当する場合と特定防火対象物に該当する場合の取扱いとして示されたものです。

(令別表1(6)項イ　病院・診療所等)

◆既存の病院、診療所等の病室等に対する消防用設備等の技術上の特例基準の適用について
　「既存防火対象物に対する消防用設備等の技術上の特例基準の適用について」(昭和50年7月10日付消防安第77号)第一、2、(1)に定める特例基準を適用する場合必要とされる防火対策を下記のように定めたので、その運用について格段の配慮をされるとともに管下市町村にもこの旨示達のうえよろしくご指導願いたい。
　なお、本件は関係各省と調整済みであることを念のため申し添える。
記
　病院、診療所等(主要構造部が木造であるものを除く。以下同じ。)の病室等で、消防法施行令(以下「令」という。)第11条及び第12条の規定に基づき屋内消火栓設備及びスプリンクラー設備を設置しなければならない防火対象物又はその部分については、次の1から10までに該当する場合には当該部分に屋内消火栓設備及びスプリンクラー設備を、1から5まで及び7から10までに該当する場合

には当該部分にスプリンクラー設備を設置しないことができるものであること。
　また、病院、診療所等の病室等で、スプリンクラー設備の設置は義務づけられていないが、令第11条の規定に基づき屋内消火栓設備を設置しなければならない防火対象物又はその部分については、1、4、6、7、9及び10に該当する場合は当該部分に屋内消火栓設備を設置しないことができるものであること。

1　1,500㎡以内ごとに耐火構造の壁、床又は防火戸で区画されていること。
2　壁及び天井の室内に面する部分の仕上げは、消防法施行規則（以下「規則」という。）第13条第1項第1号イの規定に適合するもの（防火薬液、防炎壁紙等で表面処理する等の難燃措置を施したもの（「内装材の難燃措置に関する取扱いについて」（昭和51年9月3日付け消防予第63号）に定める基準に適合するものをいう。）を含む。）であること。
　　ただし、一の区画面積を400㎡以内とした場合又は煙感知器を設置した場合の当該部分にあつては、この限りでない。
3　区画する壁及び床の開口部には、規則第13条第1項第1号ハの規定に適合する防火戸（廊下の避難経路となる部分の開口部に設けるものにあつては、防火シャッターを除く。）が設けられていること。
4　建築基準法施行令（以下「建基令」という。）第120条及び第121条の規定に適合する避難階段等が設けられていること。
5　病室等に設ける自動火災報知設備の感知器は、規則第23条第4項第1号ニに掲げる場所を除き煙感知器又は規則第23条第6項第1号に定める熱感知器であること。
6　病室等に設ける消火器の能力単位の数値は、規則第6条に定める数値の1.5倍とするほか、各階に設ける消火器の能力単位の数値の合計数の2分の1以上は水系の消火器（水消火器、酸アルカリ消火器、強化液消火器又は泡消火器）とすること。
7　建基令第112条第9項及び第15項の規定による区画がなされていること。
8　露出配線は、不燃材料で被覆されていること等延焼防止上有効な措置が講じられていること。
9　病室等に使用されているカーテン等の防炎対象物品の防炎性能及び防炎表示は適正であること。
10　夜間の見廻りが十分行われていること等防火管理体制が徹底していること。
（昭52・1・10消防予5）

memo　既存の病院、診療所等の病室等に対するスプリンクラー設備の設置に係る特例として、一定の防火対策を講じた場合には、設置を省略することができることを示したものです。

◆予防事務処理上の問題について【精神病院の消防用設備等の設置について】

問2　昭和50年7月10日消防安第77号第1. 2(3)で精神病院の消防用設備等の設置について、下記の軽症患者を収容する病棟又は病室について御教示ください。（図参照）
　(1)　病室等については、昭和52年1月10日消防予第5号の条件に適合させた場合、当該部分のスプリンクラー設備の設置を免除してさしつかえないか。
　(2)　病室等以外の部分については、全体が無窓階となるのでこの部分にはスプリンクラー設備の設置が必要と解されるが、この場合この部分のみの床面積の30分の1以上の有効な開口部を設け、かつ、昭和50年7月10日消防安第77号通達第1. 1(2)の条件に適合させた場合、令第32条を適用してスプリンクラー設備の設置を免除することは認められるか。

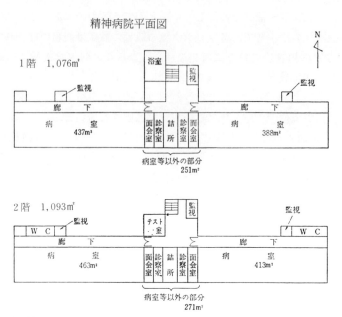

　　備考　(1)耐火構造である。
　　　　　(2)1. 2階いずれも無窓階である。

答2　1について　適用してさしつかえない。
　　　2(1)について　「既存の病院、診療所等の病室等に対する消防用設備等の技術上の特例基準の適用について」（昭和52年1月10日消防予第5号）の1から10までのすべてに該当する場合はスプリンクラー設備の設置を免除してさしつかえない。
　　　(2)について　免除することは適当でない。

（昭52・5・18消防予97）

◆既存の病院に対する消防用設備等の設置について

問1　消防法施行規則第13条第2項第7号の「その他これらに類する室」については、昭和49年12月2日付消防予第133号・消防安第129号「消防法施行規則の一部を改正する省令の施行について」の第4.2(2)で説明してありますが
　1　次のような室は「その他これらに類する室」とは解されないか。（図1、2参照（省略））
　　イ　手術部門にある手術室関連のモニター室、ギブス室、記録室、更衣室、ナースステーション、ロッカールーム、医師、婦長室等（以下「手術室等」という。）
　　ロ　手術ホール的な廊下及び手術室等に面する廊下
　　ハ　病理検査室、生化学検査室、臨床検査室、生理検査室等の検査室
　2　1のイ、ロ及びハが類する室と解されれば、スプリンクラーヘッドの設置が免除されるが、この場合、免除される室と廊下との間仕切区画等について制限があるか。
　2　昭和52年1月10日付消防予第5号「既存の病院、診療所等の病室等に対する消防用設備等の技術上の特例基準の適用について」のうち1については、病室等だけで1,500㎡以内の区画にしなければならない旨の回答がなされていますが、次の場合について御教示願います。
　　1　床面積1,500㎡以内の病棟階に、病室等と病室等以外の部分（ナースステーション、パントリー、リネン庫等）が混在している場合、病室等以外の部分は完全に耐火構造の壁又は防火

戸で区画しなければならないか。
2　病院という性格上、病棟階にあるナースステーションは病室の管理上完全に耐火構造の壁又は防火戸で区画することができないため、消防法施行規則第13条第1項第1号ハの規定に適合する防火戸を設けた場合、物品等の受渡し等で自動閉鎖機構の防火戸が困難な場合引違い戸でもよいか。
3　1の区画のかわりに病室等以外の部分（消防法施行規則第13条第2項第1号、第5号及び第7号を除く。）にすべてスプリンクラーを設置した場合、病室等は1,500㎡の区画をしたものとして取扱ってよいか。
4　床面積が1,500㎡を超える病棟階においても3と同様にスプリンクラーを設置し残りの病室等を1,500㎡以内に区画することでよいか。
5　1、3、4の場合廊下をはさんで病室とナースステーション等の管理部門がある場合、このはさまれた廊下部分は次のいずれと解すればよいか。
　イ　病室等として取扱う。
　ロ　病室等以外の部分として取扱う。
6　廊下部分のうちスプリンクラー設置部分と設置免除の部分について区画は必要ないか。（図3参照（省略））

3　昭和50年7月10日付消防安第77号「既存防火対象物に対する消防用設備等の技術上の特例基準の適用について」のうち第1.1(1)のバルコニー等の範囲については、昭和51年5月15日消防予第2号で山形県環境部長あて回答されているが次のような場合は回答に該当するかどうか御教示下さい。
1　図のようなバルコニーの設置方法で回答中3(3)（　）書きに該当しスプリンクラーの設置は免除できるか。

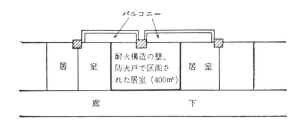

2　回答中3(2)で各室に避難器具が設置され有効に二方向避難ができる場合は、バルコニー等として運用してさしつかえないとのことであるが第77号通達第1.1(1)の区画ごとに避難器具を設置した場合にはバルコニー等として運用することはできないか。

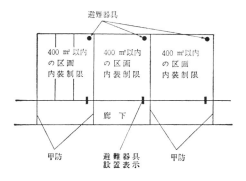

3 第77号通達の第1.1(1)の避難階の場合は直接面していなくても他の400㎡区画を経由して二方向避難ができればよいか。

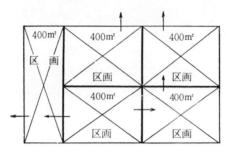

→印は避難経路を示す

4 次のような場合は、避難階として取り扱うことはできないか。
　イ　地下階において4面のうち2面が地上に面している場合は、地上に面している部分の400㎡の区画部分

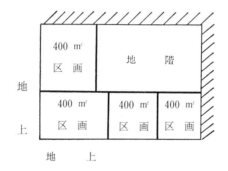

　ロ　地下階においてドライエリヤ（避難階に通じる事ができる）に面している居室及び居室に面した廊下で、かつ、400㎡区画した場合

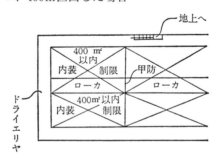

　ハ　イ、ロが避難階と認められるとすれば連結散水設備の設置についてはどのようにすればよいか。
4　RI治療室、貯蔵庫等RI関係のみが地下階に設けられていてこれに通ずる廊下が1階から通じている場合スプリンクラー設備の設置についてこの廊下部分はどのような取扱いをするか。又、連結散水設備についても消防法施行規則第30条の2各号に該当しない場合、RI関係の室及び廊下はどのような取扱いをするか。

答1　1　イに掲げるモニター室及びギブス室、ロに掲げる手術ホール的廊下及びハに掲げる場所は、消防法施行規則第13条第2項第7号の「その他これらに類する室」に含まれるものと解釈してさしつかえない。

2　ない。
2　1　お見込みのとおり。
　　2　認められない。
　　　　なお、病室等と病室等以外の部分を含めて、昭和50年7月10日付け消防安第77号通達第1.1(1)又は2に掲げる区画を行えば当該部分にはスプリンクラー設備の設置が免除されるので念のため。
　　3　お見込みのとおり。
　　4　お見込みのとおり。
　　5　1の場合ナースステーション等の管理部門と廊下部分との間に防火区画を設定すればイお見込みのとおり。また、病室等のうち廊下を除いた部分と廊下部分との間に防火区画を設定すればロお見込みのとおり。
　　　　3及び4の場合イお見込みのとおり。
　　6　1及び4の場合必要である。
　　　　3の場合お見込みのとおり。
3　1　設問のバルコニーは該当する。
　　2　区画内の各部分から、区画内の他の室を経由せずに直接避難器具の設置場所に到達出来る場合に限りお見込みのとおり。
　　3　設問の場合容易に避難出来る場合に限り認めてさしつかえない。
　　4　イ　避難階とみなすことはできない。ただし、設問の場合には消防法施行令（以下「令」という。）第32条を適用し、避難階の消防用設備等に関する技術基準を適用してさしつかえない。
　　　　ロ　設問の地階部分及びドライエリアが昭和50年6月16日付け消防安第65号通達中12連結散水設備関係問（以下「65号通達の問」という。(1)に掲げる規定に適合する場合には令第32条を適用し、避難階としての消防用設備等に関する技術基準を適用してさしつかえない。
　　　　ハ　イ及びロにより承知されたい。
　　4　前段　スプリンクラー設備の設置は免除できない。
　　　　後段　RI関係の室については65号通達の問(3)の答により承知されたい。また廊下については連結散水設備の設置は免除できない。

(昭52・11・16消防予217)

◆既存の病院に対する消防用設備等の技術上の特例基準の適用について

　昭和62年10月2日に消防法施行令の一部が改正され、同施行令別表第1(六)項イに掲げる防火対象物のうち病院にあつては、スプリンクラー設備の設置の義務付けを床面積の合計が6,000㎡以上から3,000㎡以上とされ、昭和63年4月1日から施行することとされたところである。これに伴い、既存の病院についても昭和71年3月31日までに、現行の基準に従つてスプリンクラー設備の設置が義務付けられたところであるが、既存の病院のなかにはスプリンクラー設備を現行の基準に従つて設置することが困難であるものが見受けられること等特殊な状況にあること等を勘案して、既存の病院に対し、消防法施行令第32条の規定を適用する場合の特例基準を下記のとおり定めたので、その運用について格段の配慮をされるとともに、貴管下市町村にもこの旨示達の上よろしく御指導願いたい。

記

1　防火区画等による特例措置
　(1)　病院の病室及びこれに準ずる室並びにこれらに面する廊下部分（以下「病室等」という。）以外の部分が、次のア、イ又はウに該当する場合には、当該部分にスプリンクラー設備を設置しないことができるものであること。
　　　なお、地階に存する病室等以外の部分については、本規定を適用しないこととしているが、当該地階部分にドライエリアが設置されており、かつ、避難及び外部からの消防隊の進入が有効になされる場合には、本規定を適用しても差し支えないものであること。
　　ア　主要構造部が耐火構造である病院において、バルコニー等（異なる防火区画相互を連結しているもの又は避難階若しくは地上に通ずる階段若しくは避難器具が設けられているものに限る。）に直面している居室（地階、無窓階及び11階以上の階に存するものを除く。）が、次の(ア)から(ウ)までに該当する場合の当該居室及びこれに面する廊下（壁及び天井（天井のない場合にあつては、屋根。以下同じ。）の仕上げが不燃材料又は準不燃材料でしたものに限る。）の部分
　　　(ア)　400㎡以内ごとに耐火構造の壁、床又は防火戸で区画されていること。
　　　(イ)　壁及び天井の室内に面する部分の仕上げは、消防法施行規則（以下「規則」という。）第13条第1項第1号イの規定に適合するもの（防火薬液、防炎壁紙等で表面処理する等の難燃措置を施したもの（「内装材の難燃措置に関する取扱いについて」（昭和51年9月3日付け消防予第63号）に定める基準に適合するものをいう。）を含む。以下イ及びウ並びに(2)イにおいて同じ。）であること。ただし、(ア)の区画面積を100㎡以内とした場合の当該部分にあつては、この限りでない。
　　　(ウ)　(ア)の防火戸は、規則第13条第1項第1号ハの規定に適合するものであること。
　　イ　病院（主要構造部が耐火構造でないもの並びに地階、無窓階及び11階以上の階の部分を除く。）の診察室、検査室、事務室その他の病室等以外の部分及びこれらに面した廊下の部分が、次に(ア)から(エ)までに該当する場合の当該部分
　　　(ア)　400㎡以内ごとに耐火構造の床、壁又は防火戸で区画されていること。
　　　(イ)　壁及び天井の仕上げは、規則第13条第1項第1号イの規定に適合するものであること。ただし、(ア)の区画面積を100㎡以内とした場合の当該部分にあつては、この限りでない。
　　　(ウ)　区画する壁及び床の開口部は、規則第13条第1項第1号ロに適合するものであり、当該開口部には、規則第13条第1項第1号ハの規定に適合する甲種防火戸又は乙種防火戸が設けられていること。ただし、廊下の避難経路となる部分の開口部にあつては、当該開口部に規則第13条第1項第1号ハに適合する甲種防火戸（防火シャッターを除く。）が設けられている場合に限り、当該開口部の面積の合計を10㎡以下とし、かつ、1の開口部の面積を5㎡以下とすることができる。
　　　(エ)　建築基準法施行令（以下「建基令」という。）第112条第9項及び第15項の規定による区画がなされていること。
　　ウ　病院（主要構造部が耐火構造でないもの並びに地階、無窓階及び11階以上の階の部分を除く。）の待合室、リハビリ室、講堂、食堂等（厨房、配膳室等を除く。）及びこれらに面した廊下の部分（以下「待合室等」という。）が、次の(ア)から(ケ)までに該当する場合の当該

部分
- (ア) 耐火構造の壁、床又は防火戸で区画されていること。
- (イ) 壁及び天井の室内に面する部分の仕上げは、規則第13条第1項第1号イの規定に適合するものであること。
- (ウ) 区画する壁及び床の開口部には、規則第13条第1項第1号ハの規定に適合する防火戸（廊下の避難経路となる部分の開口部に設けるものにあつては、防火シャッターを除く。）が設けられていること。
- (エ) 待合室等から2以上の異なつた経路により避難することができるものであること。
- (オ) 待合室等に設ける自動火災報知設備の感知器は、規則第23条第4項第1号ニに掲げる場所を除き、煙感知器であること。
- (カ) 建基令第112条第9項及び第15項の規定による区画がなされていること。
- (キ) 露出配線は、不燃材料で被覆されていること等延焼防止上有効な措置が講じられていること。
- (ク) 待合室等に使用されているカーテン、幕等の防炎対象物品の防炎性能及び防炎表示は適正であること。
- (ケ) 待合室等には、プロパンガスボンベの持ち込みが禁止されていること、夜間の見廻りが十分行われていること等防火管理体制が徹底していること。

(2) 病院（主要構造部が木造であるものを除く。以下同じ。）の病室等で、次のアからコまでに該当する場合には、当該部分にスプリンクラー設備を設置しないことができるものであること。

なお、この場合において病室等には、病室棟階に存する病室の機能維持のために直接関連する次に掲げるものを含めてよいものであること。
- (ア) ナースステーション（処置室を含む。）
- (イ) リネン倉庫
- (ウ) 面会・談話室等患者の利用する室
- (エ) 配膳室及び患者食堂
- (オ) その他前(ア)から(エ)に類する部分

ア 1,500㎡以内ごとに耐火構造の壁、床又は防火戸で区画されていること。
イ 壁及び天井の室内に面する部分の仕上げは、規則第13条第1項第1号イの規定に適合するものであること。ただし、1の区画面積を400㎡以内とした場合又は煙感知器を設置した場合の当該部分にあつては、この限りではない。
ウ 区画する壁及び床の開口部には、規則第13条第1項第1号ハの規定に適合する防火戸（廊下の避難経路となる部分の開口部に設けるものにあつては、防火シャッターを除く。）が設けられていること。
エ 建基令第120条及び第121条の規定に適合する避難階段等が設けられていること。
オ 病室等に設ける自動火災報知設備の感知器は、規則第23条第4項第1号ニに掲げる場所を除き煙感知器又は規則第23条第6項第1号に定める熱感知器であること。
カ 建基令第112条第9項及び第15項の規定による区画がなされていること。
キ 露出配線は、不燃材料で被覆されていること等延焼防止上有効な措置が講じられていること。
ク 病室等に使用されているカーテン等の防炎対象物品の防炎性能及び防炎表示は適正であ

ること。
　ケ　リネン倉庫等可燃物が保管されている部分の出入口は、夜間施錠する等管理されていること。
　コ　夜間の見廻りが十分行われていること等防火管理体制が徹底していること。
2　スプリンクラー設備に係る特例措置
　(1)　既存の病院又はその部分で主要構造部が木造であるものは、屋内消火栓設備、自動火災報知設備、非常警報設備、避難器具及び誘導灯が消防法施行令第11条、第21条及び第24条から第26条までの基準に従つて設置され、当該防火対象物の居室の部分から2以上の異なつた経路により有効に避難できると認められ、かつ、当該木造部分と木造以外の部分とが延焼防止上有効に区画されている場合は、当該木造部分にスプリンクラー設備を設置しないことができるものであること。
　(2)　新たに設置義務が生じた病院で、スプリンクラー設備が既に設置されており、現行の基準に適合していないものにあつては、「既存防火対象物に対する消防用設備等の技術上の特例基準の適用について」（昭和50年7月10日付け消防安第77号（以下「77号通知」という。））第二2のスプリンクラー設備の特例措置によることができるものであること。
　(3)　スプリンクラー設備を新たに設置する場合においては、次に定めるところによることができるものとする。
　　ア　スプリンクラー設備の非常電源は、77号通知第二1(1)、イ、ウ又はオの特例措置によることができること。
　　イ　規則第14条第5項第1号の表下欄のスプリンクラーヘッドの個数は、当該算定にかかわらず床面積の合計が3,000㎡以上6,000㎡未満にあつては5個以上とすることができること。
　　ウ　スプリンクラー設備を設置する場合において、当該病院に屋内消火栓設備が設置されている場合にあつては、当該設備をスプリンクラー設備に改造しても差し支えないものであること。
　　　この場合において、水源の水量及びポンプ能力については、前イに規定する個数に応じた値以上の値（水源の水量にあつては8㎥以上、ポンプの吐出量にあつては450ℓ/min以上）であることが必要であること。
　　　なお、屋内消火栓設備をスプリンクラー設備に改造する方法については、その改造例を別途示す予定であること。
　　エ　病院の居室で、当該居室の壁の一辺の長さが7.2m以下であるものにおいて、次の(ア)から(エ)までに定めるところにより側壁型の閉鎖型スプリンクラーヘッド（以下「側壁型ヘッド」という。）を用いるスプリンクラー設備を設置したときは、当該側壁型ヘッドの有効範囲内の部分にあつては、令第12条の技術上の基準に従つてスプリンクラー設備を設置したものとみなして差し支えないものであること。
　　　(ア)　側壁型ヘッドは、その相互の設置間隔を、水平距離で3.6m以下とし、かつ、当該側壁型ヘッドを取付ける壁と交わる両側の壁の接続部分から当該側壁型ヘッドまでの水平距離が1.8m以下となるように設けること。
　　　(イ)　側壁型ヘッドは、当該側壁型ヘッドを取付ける壁面から15cm以内に設けること。
　　　(ウ)　側壁型ヘッドのデフレクターは、天井面から15cm以内に設けること。
　　　(エ)　その他規則第14条第1項の規定に準じて設けること。

(4)　新たに設置義務が生じた防火対象物で、スプリンクラー設備に代えて、パッケージ型自動消火設備を設置した場合は、スプリンクラー設備を設置したものとすることができるものであること。
　　なお、この場合のパッケージ型自動消火設備の基準及び設置方法については、別途示す予定であること。
3　その他
　1及び2の措置は、消防法（以下「法」という。）第17条の2第2項第4号、第17条の3第2項第4号の規定による既存防火対象物における措置であるが、法第17条の2第2項第2号又は第17条の3第2項第2号の規定に基づき、防火対象物の既存の部分にも改正法令が適用されることになる場合の当該既存の部分に限り、同様の取扱いをして差し支えないものであること。

(昭62・10・27消防予188)

memo　昭和62年の消防法施行令の改正により、スプリンクラー設備の設置の義務付けが、病院についても床面積の合計6,000㎡が3,000㎡になったことに伴い、遡及の対象の既存病院について、一定の防火措置が講じられているものについては、スプリンクラー設備の設置を要しないとしたものです。

（令別表1(6)項ロ　特定社会福祉施設等）

◆既存の社会福祉施設に対する消防用設備等の技術上の特例基準の適用について

　昭和62年10月2日に消防法施行令の一部が、また昭和62年10月23日に消防法施行規則の一部がそれぞれ改正され同施行令別表第1(6)項ロに掲げる防火対象物のうち、同規則において、身体上又は精神上の理由により自ら避難することが困難な者が入所する社会福祉施設として指定された15施設にあつては、スプリンクラー設備の設置の義務付けを従来の床面積の合計が6,000㎡以上から、1,000㎡以上とし、また、屋内消火栓設備の設置の義務付けを、主要構造部を耐火構造としたもの等についての延べ面積の倍読み規定の適用を廃し、一律に延べ面積が1,000㎡以上のものとされ昭和63年4月1日から施行することとされたところである。これに伴い既存の社会福祉施設についても昭和71年3月31日までに現行の基準に従つてスプリンクラー設備又は屋内消火栓設備の設置が義務付けられたところであるが、既存の社会福祉施設のなかにはスプリンクラー設備等を現行の基準に従つて設置することが困難であるものが見受けられること等特殊な状況にあること等を勘案して、既存の社会福祉施設に対し、消防法施行令第32条の規定を適用する場合の特例基準を下記のとおり定めたので、その運用について格段の配慮をされるとともに貴管下市町村にも旨示達の上よろしく御指導願いたい。

記

1　消防用設備等の種類に応じた特例措置
　(1)　〔省略〕
　(2)　スプリンクラー設備
　　ア　既存の社会福祉施設又はその部分で主要構造部が木造であるものについては、屋内消火栓設備、自動火災報知設備、非常警報設備、避難器具及び誘導灯が消防法施行令第11条、第21条及び第24条から第26条までの基準に従つて設置され、当該防火対象物の居室の部分から2以上の異なつた経路により有効に避難できると認められ、かつ、当該木造部分と木造以外の部分とが延焼防止上有効に区画されている場合は、当該木造部分にスプリンクラー設

備を設置しないことができるものであること。
イ　新たに設置義務が生じた社会福祉施設で、スプリンクラー設備が既に設置されており、現行の基準に適合していないものにあつては、77号通知第二2のスプリンクラー設備の特例措置によることができるものであること。
ウ　スプリンクラー設備を新たに設置する場合においては、次に定めるところによることができるものとする。
　(ア)　スプリンクラー設備の非常電源は、77号通知第二1(1)アからウまで又はオの特例措置によることができること。
　(イ)　規則第14条第5項第1号の表下欄のスプリンクラーヘッドの個数は、当該算定にかかわらず床面積の合計が1,000㎡以上3,000㎡未満にあつては3個以上とし、床面積の合計が3,000㎡以上6,000㎡未満にあつては5個以上とすることができること。
　(ウ)　スプリンクラー設備を設置する場合において、当該社会福祉施設に屋内消火栓設備が設置されている場合にあつては、当該設備をスプリンクラー設備に改造しても差し支えないものであること。
　　　この場合において、水源の水量及びポンプ能力については、前(イ)に規定する個数に応じた値以上の値（床面積の合計が1,000㎡以上3,000㎡未満の場合にあつては、水源水量4.8㎡以上、ポンプの吐出量270ℓ/min以上、また、床面積の合計が3,000㎡以上6,000㎡未満の場合にあつては水源水量8.0㎡以上、ポンプの吐出量450ℓ/min以上）であることが必要であること。
　　　なお、屋内消火栓設備をスプリンクラー設備に改造する方法については、その改造例を別途示す予定であること。
　(エ)　社会福祉施設の居室で、当該居室の壁の一辺の長さが7.2m以下であるものにおいて、次の①から④までに定めるところにより側壁型の閉鎖型スプリンクラーヘッド（以下「側壁型ヘッド」という。）を用いるスプリンクラー設備を設置したときは、当該側壁型ヘッドの有効範囲内の部分にあつては、令第12条の技術上の基準に従つてスプリンクラー設備を設置したものとして差し支えないものであること。
　　①　側壁型ヘッドは、その相互の設置間隔を、水平距離で3.6m以下とし、かつ、当該側壁型ヘッドを取付ける壁と交わる両側の壁の接続部分から当該側壁側ヘッドまでの水平距離が1.8m以下となるように設けること。
　　②　側壁型ヘッドは、当該側壁側ヘッドを取付ける壁面から15cm以内に設けること。
　　③　側壁型ヘッドのデフレクターは、天井面から15cm以内に設けること。
　　④　その他規則第14条第1項の規定に準じて設けること。
エ　新たに設置義務が生じた社会福祉施設で、スプリンクラー設備に代えて、パッケージ型自動消火設備を設置した場合は、スプリンクラー設備を設置したものとすることができるものであること。
　　なお、この場合のパッケージ型自動消火設備の基準及び設置方法については、別途示す予定であること。

2　その他
　前記1の措置は、消防法（以下「法」という。）第17条の2第2項第4号、第17条の3第2項第4号の規定による既存防火対象物における措置であるが、法第17条の2第2項第2号又は第17条の3第2項

第2号の規定に基づき、防火対象物の既存の部分にも改正法令が適用されることとなる場合の当該既存の部分に限り、同様の取扱いをして差し支えないものであること。

(昭62・10・27消防予189)

memo 昭和62年の消防法施行令の改正により、スプリンクラー設備の設置の義務付けが、特定社会福祉施設について床面積の合計6,000㎡が1,000㎡になったことに伴い、遡及の対象の既存特定社会福祉施設について、一定の防火措置が講じられているものについては、スプリンクラー設備の設置を要しないとしたものです。

◆既存の社会福祉施設等において、屋内消火栓設備をスプリンクラー設備に改造し設置する場合等における留意事項について

消防法施行令の一部を改正する政令（昭和62年政令第343号）により、新たに消防用設備等の設置義務が生じることとなる既存の社会福祉施設等に係る特例基準については、「既存の病院に対する消防用設備等の技術上の特例基準の適用について」（昭和62年10月27日付け消防予第188号）及び「既存の社会福祉施設に対する消防用設備等の技術上の特例基準の適用について」（昭和62年10月27日付け消防予第189号）により通知したところであるが、今般、同通知中に示している、既存の屋内消火栓設備をスプリンクラー設備に改造する場合の方法等に係る留意事項を下記のとおり定めたので、その運用について格段の配慮をされるとともに管下市町村にもこの旨示達の上よろしく御指導願いたい。

記

1　既存の屋内消火栓設備をスプリンクラー設備に改造する場合における留意事項について

　　今回の消防法令の改正により、新たにスプリンクラー設備の設置義務が生じた防火対象物において、既設の屋内消火栓設備の一部を改造することにより、スプリンクラー設備（湿式のものに限る。以下同じ。）とする場合にあつては、消防法施行令（以下「令」という。）第12条第2項及び消防法施行規則（以下「規則」という。）第14条に規定する技術上の基準に適合するように改造することが必要であるが、その改造に当たつては、次に掲げる事項に留意して行うことが必要であること。

　　なお、改造する場合の代表的な例については、別添に示すとおりであること。

(1)　改造を行う既存の屋内消火栓設備は、令第11条第3項に規定する設置及び維持に関する技術上の基準に適合しているものであること。

(2)　改造を行う既設の屋内消火栓設備の水源水量及び加圧送水装置にポンプを用いる場合の吐出能力は、令第12条第2項第4号及び規則第14条第1項第11号ハ(イ)の規定にかかわらず、次によることができるものであること。

　　なお、既存の水源又はポンプが次に掲げる能力を有していない場合にあつては、改造する際に合せて、当該水源及びポンプを改修、交換等してもよいものであること。

　　ア　水源の水量は、次に掲げる量以上の量であること。

　　　(ア)　床面積の合計が1,000㎡以上3,000㎡未満のもの
　　　　　　1.6㎥×3個＝4.8㎥

　　　(イ)　床面積の合計が3,000㎡以上6,000㎡未満のもの
　　　　　　1.6㎥×5個＝8.0㎥

　　イ　ポンプの吐出量は、次に掲げる量以上の量であること。

　　　(ア)　床面積の合計が1,000㎡以上3,000㎡未満のもの

             90ℓ／min×3個＝270ℓ／min
　　　（イ）床面積の合計が3,000㎡以上6,000㎡未満のもの
             90ℓ／min×5個＝450ℓ／min
　(3) 令第12条第2項第5号及び規則第14条第6項第1号の規定にかかわらず、スプリンクラーヘッドの同時使用時の性能については、床面積の合計が1,000㎡以上3,000㎡未満のものにあつては3個、床面積の合計が3,000㎡以上6,000㎡未満のものにあつては5個のスプリンクラーヘッドを同時に使用した場合に、それぞれの先端において、放水圧力が1kgf／㎠以上で、かつ、放水量が80ℓ／min以上の性能としてもよいこと。
　(4) 高架水槽の落差、圧力水槽の圧力又はポンプ全揚程については、改造後におけるスプリンクラーヘッドの放水圧力を満足できるものであること。
　(5) 自働警報装置については、規則第14条第1項第4号の規定に準じて設けること。
　　　この場合における発信部については、規則第14条第1項第4号ロの規定にかかわらず、3階層以下で、かつ、床面積の合計が3,000㎡以下となる部分ごとに、流水検知装置又は圧力検知装置を設けることで足りること。また、受信部に設ける表示装置についても、当該部分ごとにスプリンクラーヘッドが開放したことが有効に表示されるもので足りること。
　(6) スプリンクラーヘッドの配管は、既設の屋内消火栓の開閉弁の一次側の配管、立上り管等から分岐すること。この場合において、スプリンクラーヘッドの配管を複数の立上り管から分岐させるなど、所定の放水圧力が得られるよう配管すること。
　(7) 屋内消火栓設備を改造して、スプリンクラー設備とする場合において、既設の屋内消火栓は、撤去しなくてもよいものであること。
　　　この場合において、当該屋内消火栓は、スプリンクラー設備における補助散水栓として位置付けられることから、ポンプを放水操作等と連動して起動することができるように措置するとともに、ノズルには容易に開閉できる装置を設けることが望ましいこと。
　　　なお、既設の屋内消火栓を撤去する場合にあつては、スプリンクラーヘッドの未警戒となる部分について、補助散水栓を設けるなどの措置が必要であること。この場合における補助散水栓の基準は、規則第14条第7項の規定によること。
2　新たにスプリンクラー設備を設置する場合における留意事項について
　　新たにスプリンクラー設備を設置する場合にあつては、令第12条第2項及び規則第14条に規定する技術上の基準に適合するように設置することが必要であるが、その設置に当たつては、次によることができるものであること。
　(1) 水源の水量及び加圧送水装置にポンプを用いる場合の吐出能力は、令第12条第2項第4号及び規則第14条第1項第11号ハ(イ)の規定にかかわらず、次によることができるものであること。
　　ア　水源の水量は、次に掲げる量以上の量であること。
　　　（ア）床面積の合計が1,000㎡以上3,000㎡未満のもの
             1.6㎥×3個＝4.8㎥
　　　（イ）床面積の合計が3,000㎡以上6,000㎡未満のもの
             1.6㎥×5個＝8.0㎥
　　イ　ポンプの吐出量は、次に掲げる量以上の量であること。
　　　（ア）床面積の合計が1,000㎡以上3,000㎡未満のもの
             90ℓ／min×3個＝270ℓ／min
　　　（イ）床面積の合計が3,000㎡以上6,000㎡未満のもの
             90ℓ／min×5個＝450ℓ／min

(2) 令第12条第2項第5号及び規則第14条第6項第1号の規定にかかわらず、スプリンクラーヘッドの同時使用時の性能については、床面積の合計が1,000㎡以上3,000㎡未満のものにあつては3個、床面積の合計が3,000㎡以上6,000㎡未満のものにあつては5個のスプリンクラーヘッドを同時に使用した場合に、それぞれの先端において、放水圧力が1kgf／c㎡以上で、かつ、放水量が80ℓ／min以上の性能としてもよいこと。

別添
既存の屋内消火栓設備をスプリンクラー設備に改造する場合における改造例

1 既存の屋内消火栓設備をスプリンクラー設備に改造する場合における主な改造例は、別図2から別図6までに示すとおりであること。この場合における既存の屋内消火栓設備の基本構造は、別図1に示すとおりであること。
2 既存の屋内消火栓設備をスプリンクラー設備に改造する場合おいて新たに設けなければならない主な機器等は、次のとおりである。
　(1) スプリンクラーヘッド（令第12条第2項第1号、第2号及び第3号並びに規則第14条第1項第1号の3、第7号、第8号の2及び第10号）
　(2) 制御弁（規則第14条第1項第3号関係）
　(3) 自動警報装置（規則第14条第1項第4号、第4号の2及び第4号の3関係）
　(4) 末端試験弁（規則第14条第1項第5号の2関係）
　(5) 送水口（令第12条第2項第7号及び規則第14条第1項第6号関係）
　(6) 起動用水圧開閉装置（規則第14条第1項第8号関係）
3 今回示した改造例は、代表的なものであり、既設の屋内消火栓設備のうちこれにより改造することが困難なものにあつては、個々の実状に応じて改造することが必要であること。

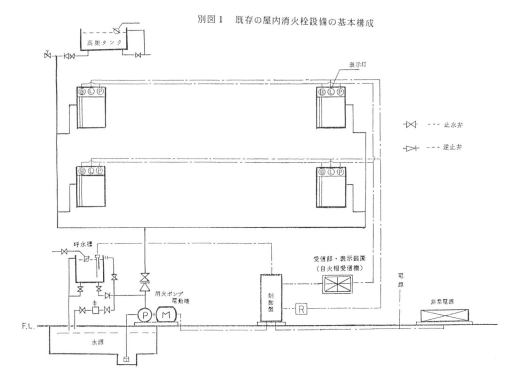

別図1　既存の屋内消火栓設備の基本構成

第1章　3　スプリンクラー設備

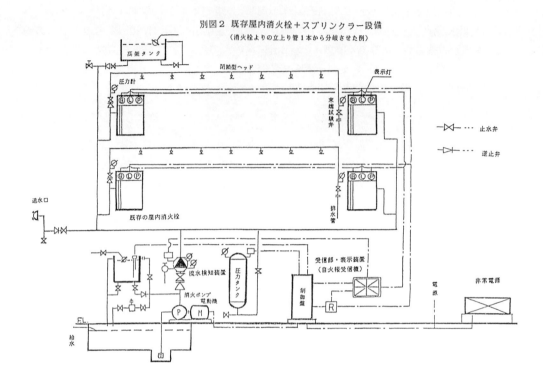

別図2　既存屋内消火栓＋スプリンクラー設備
（消火栓よりの立上り管1本から分岐させた例）

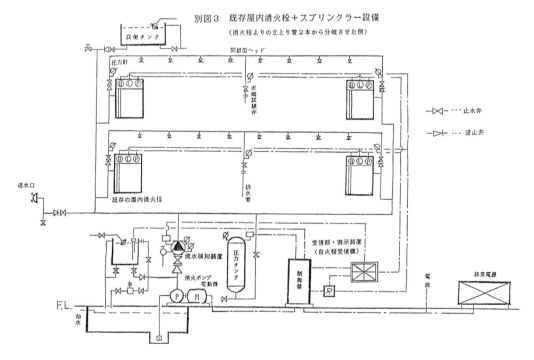

別図3　既存屋内消火栓＋スプリンクラー設備
（消火栓よりの立上り管2本から分岐させた例）

第1章　3　スプリンクラー設備

別図4　既存屋内消火栓＋スプリンクラー設備
(スプリンクラー専用立上り管を設けた例)

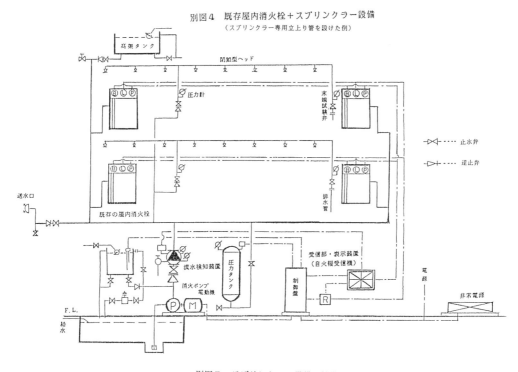

別図5　スプリンクラー設備＋補助散水栓
(既設屋内消火栓を撤去し立上り管1本を設けた例)

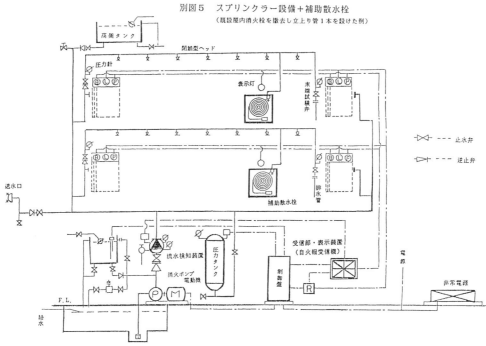

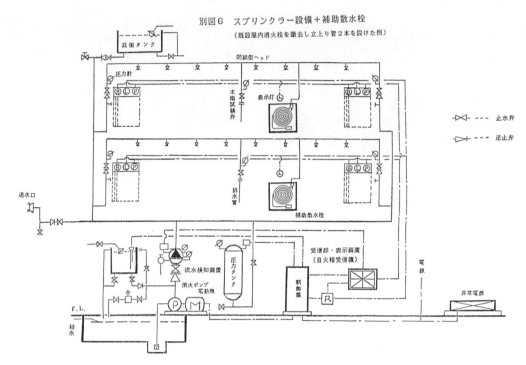

(昭62・12・4消防予205)

memo 既存の防火対象物に対しスプリンクラー設備の設置が義務付けられた場合に、当該防火対象物に設置されている屋内消火栓設備を改修して、スプリンクラー設備とする場合における特例として示されたものです。

◆既存の有料老人ホームに対する消防用設備等の技術上の特例基準の適用について

　平成11年3月17日に公布された消防法施行規則の一部を改正する省令（平成11年自治省令第5号）により、消防法施行令（以下「令」という。）別表第1(6)項ロに掲げる防火対象物のうち有料老人ホーム（主として要介護状態にある者を入所させるものに限る。）について、スプリンクラー設備の設置対象となる床面積の合計が6,000㎡以上から1,000㎡以上とされるとともに、屋内消火栓設備の設置対象となる延べ面積の倍読み規定に係る上限が1,000㎡とされたところである（平成11年10月1日施行）。

　本改正により、平成11年10月1日において現に存する有料老人ホーム若しくはその部分又は現に新築、増築、改築、移転、修繕若しくは模様替えの工事中の有料老人ホーム若しくはその部分（以下「既存の有料老人ホーム」という。）についても、スプリンクラー設備又は屋内消火栓設備の設置対象となる規模のものにあっては、平成19年9月30日までにスプリンクラー設備又は屋内消火栓設備を設置することが必要となる。この場合において、既存の有料老人ホームにあっては、スプリンクラー設備等を現行基準に従って設置することが困難であるものが見受けられること等特殊な状況にあること等を勘案して、令第32条の規定を適用する場合の特例基準を下記のとおり定めとりまとめた。

　貴職におかれては、その運用について格段の配慮をされるとともに、貴都道府県内の市町村に対

しても、この旨を通知し、その運用に遺漏のないよう格別のご配慮をお願いする。
記
1 パッケージ型自動消火設備等による代替について
　「屋内消火栓設備及びスプリンクラー設備の代替設備の取扱いについて」（平成9年11月27日付け消防予第182号）により、スプリンクラー設備の代替としてパッケージ型自動消火設備を、屋内消火栓設備の代替としてパッケージ型消火設備をそれぞれ設置することができること。この場合において、パッケージ型自動消火設備の有効範囲内の部分については、屋内消火栓設備（代替設備を含む。）を設置しないことができる。
2 介護居室にスプリンクラー設備が設けられている場合の取扱いについて
　介護居室にスプリンクラー設備が設けられており、かつ、次の要件に適合する場合には、令第11条及び第12条の規定は適用しないことができること。
(1) 介護居室に設けられているスプリンクラー設備は、令第12条の規定の例によるものであること。ただし、非常電源並びに水源水量及びスプリンクラー設備の性能については、次によることができる。
　ア　非常電源については、次のいずれかによることができること。
　　(ア) 延べ面積3,000㎡以下のものにあっては、ループ方式配電、地中配電等信頼性の高い方式により受電されており、かつ、消防法施行規則（以下「規則」という。）第12条第1項第4号に規定する非常電源専用受電設備が設置されている場合は、当分の間、自家発電設備又は蓄電池設備によらないことができるものであること。
　　(イ) 自家発電設備は、次のaからeまでに該当する場合は、当分の間、自家発電設備の基準（昭和48年消防庁告示第1号）に適合するものとみなしてさしつかえないものであること。
　　　a　同告示第2、1（(5)及び(6)を除く。）、2（(3)、(4)及び(6)ホを除く。）及び4（(2)ロ（自動停止装置に限る。）を除く。）並びに第3に適合するものであること。
　　　b　常用電源が停電してから電圧確立までの所要時間が、1分以内であること。
　　　c　セルモーターに使用する蓄電池設備は、(ウ)に適合するものであること。
　　　d　燃料タンクの容量は、消防用設備等を有効に1時間以上連続して運転できるものであること。
　　　e　起動試験を行った場合、機能に異常を生じないものであること。
　　(ウ) 蓄電池設備は、次のaからeまでに該当する場合は、当分の間、蓄電池設備の基準（昭和48年消防庁告示第2号）に適合するものとみなしてさしつかえないものであること。
　　　a　次に掲げる蓄電池以外の蓄電池であること。
　　　　(a) 鉛蓄電池にあっては、自動車用のもの、可搬式のもの、ガラス電槽のもの又は液面が容易に確認できないエボナイト電槽のもの。
　　　　(b) アルカリ蓄電池にあっては、補液が必要な鉄製電槽のもの。
　　　b　自動的に充電するものであること。
　　　c　出力電圧又は出力電流を監視できる電圧計又は電流計が設けられていること。
　　　d　補液が必要な蓄電池にあっては、減液警報装置が設けられていること。
　　　e　蓄電池設備の容量は、消防用設備等ごとに定められた時間以上放電できるものであること。
　　(エ) 加圧送水装置に自家発電設備の基準に適合する内燃機関が設けられている場合で、

当該内燃機関が常用電源の停電時に自動的に起動するものであるか又は常時人がいて停電時において直ちに操作することができる場所に設けられているときは、当該内燃機関を加圧送水装置の非常電源とみなしてさしつかえないものであること。
イ　水源水量及びスプリンクラー設備の性能については、規則第13条の6第1項第1号の表下欄のスプリンクラーヘッドの個数を次のとおり読み替えることができること。

有料老人ホームの床面積の合計	個　数
1,000㎡以上3,000㎡未満	3
3,000㎡以上6,000㎡未満	5

(2)　介護居室以外の部分は、次のいずれかによること。
　　ア　補助散水栓又は屋内消火栓設備（パッケージ型消火設備により代替する場合を含む。）が設置されていること。
　　イ　規則第13条第1項（第1号ロを除く。）の規定の例によること。この場合において、同条同項ハ中「ロの開口部には、甲種防火戸（廊下と階段とを区画する部分以外の部分の開口部にあっては、防火シャッターを除く。）」とあるのは「甲種防火戸若しくは乙種防火戸又は不燃材料の扉」と読み替えるものとすること。
3　主要構造部が木造である有料老人ホームの取扱いについて
　　既存の有料老人ホーム又はその部分で主要構造部が木造であるものについては、屋内消火栓設備、自動火災報知設備、非常警報設備、避難器具及び誘導灯が令第11条、第21条及び第24条から第26条までの基準に従って設置され、当該有料老人ホームの居室の部分から2以上の異なった経路により有効に避難できると認められ、かつ、当該木造部分と木造以外の部分とが延焼防止上有効に区画されている場合は、当該木造部分にスプリンクラー設備を設置しないことができるものであること。
4　屋内消火栓設備をスプリンクラー設備に改造する場合の取扱いについて
　　スプリンクラー設備を設置するに当たって、当該有料老人ホームに屋内消火栓設備が設置されている場合にあっては、当該設備をスプリンクラー設備に改造してもさしつかえないものであること。この場合において、水源の水量及びポンプ能力については、前2(1)イに規定する個数に応じた値以上の値（床面積の合計が1,000㎡以上3,000㎡未満の場合にあっては、水源水量4.8㎥以上、ポンプの吐出量270ℓ／min以上、また、床面積の合計が3,000㎡以上6,000㎡未満の場合にあっては水源水量8.0㎥以上、ポンプの吐出量450ℓ／min以上）であることが必要であること。
　　なお、屋内消火栓設備をスプリンクラー設備に改造する方法については、「既存の社会福祉施設等において、屋内消火栓設備をスプリンクラー設備に改造し設置する場合等における留意事項について」（昭和62年12月4日付け消防予第205号）によること。

(平11・5・28消防予123)

memo　有料老人ホームに対するスプリンクラー設備の設置基準の強化に伴う、既存の施設に対する特例として示されたものです。

◆小規模社会福祉施設に対する消防用設備等の技術上の基準の特例の適用について
　消防法施行令の一部を改正する政令（平成19年政令第179号）及び消防法施行規則の一部を改正す

る省令（平成19年総務省令第66号）が平成19年6月13日に公布されました。
　今回の改正は、認知症高齢者グループホーム等の自力避難が困難な方々が利用する施設について、防火安全対策の強化の観点から、これらの施設に係る消防用設備等の設置基準等の見直しを行うためのものです。
　この改正により新たにスプリンクラー設備の設置が義務付けられる消防法施行令（昭和36年政令第37号）別表第1(6)項ロに掲げる防火対象物で延べ面積が275㎡以上1,000㎡未満のもの（以下「小規模社会福祉施設」という。）について、消防長（消防本部を置かない市町村においては、市町村長）又は消防署が消防法施行令第32条を適用し、スプリンクラー設備の設置を要しないものとする際の考え方について、下記のとおりとりまとめたので通知します。
　なお、貴職におかれましては、下記の事項に留意のうえ、その運用に十分配慮されるとともに、各都道府県消防防災主管部長にあっては、貴都道府県内の市町村に対しても、この旨を周知されるようお願いします。

記

　次の1から4までに掲げる要件のいずれかに該当する小規模社会福祉施設については、令第12条の規定にかかわらず、スプリンクラー設備の設置を要しないものとする。
1　夜間に要保護者の避難介助のため必要な介助者が確保されている小規模社会福祉施設として、次の(1)から(3)までに掲げる要件のすべてに該当するものであること。
　　なお、(2)の要件に該当するか否かを判断するに当たっては、新規のものについては、事業者が作成した事業計画等による入居者の見込み数により判断することとし、事業開始後に要保護者数が増加したものについては、その状態が継続的なものであることが認められたものについて、改めて(2)の要件に該当するか否かを判断するものとすること。
(1)　当該施設は、平屋建て又は地上2階建てのものであること。
　　また、壁及び天井の室内に面する部分の仕上げが不燃材料、準不燃材料又は難燃材料でされているものであること。
(2)　夜間における介助者1人当たりの要保護者（当該施設に入所している老人（要介護3以上の者に限る。）、乳児、幼児、身体障害者等（障害程度区分4以上の者に限る。）、知的障害者等（障害程度区分4以上の者に限る。）をいう。以下同じ。）の数が、従業者等（夜勤職員、宿直職員、宿直ボランティア、住込みの管理者など当該施設において入所者とともに起居する者をいう。以下同じ。）にあっては4人以内、近隣協力者（当該施設に併設されている施設の職員、当該施設の近隣住民、当該施設と契約している警備会社の職員等で、火災発生時に駆けつけて避難介助を行う者をいう。以下同じ。）にあっては3人以内となるよう、介助者の数が確保されているものであること。
　　この場合において、次のア及びイに掲げる要件のすべてに該当する複数ユニットの小規模社会福祉施設にあっては、要保護者の数が最大となるユニットにおいて、これに応じた介助者の数が確保されることで足りるものとすること。
　ア　ユニット間に設けられる壁及び床が耐火構造又は準耐火構造であるものであること。
　　また、当該壁又は床に開口部がある場合には、当該開口部に常時閉鎖式又は自動閉鎖式の防火設備が設けられているものであること。
　イ　各ユニットにおいて、他のユニットを経由することなく地上に至る避難経路を有しているものであること。
(3)　近隣協力者は、次のアからウまでに掲げる要件のすべてに該当するものであること。

なお、近隣協力者は、一の事業所、世帯等から複数名を確保して差し支えないものであること（例えば、グループホームの隣にグループホーム職員が居住している場合、当該職員の代替者としてその妻と長男を登録しても差し支えない。）。
　ア　居所から当該施設に2分以内で駆けつけることができるものであること。
　イ　居所には、当該施設の自動火災報知設備と連動して火災の発生を覚知することができる装置が備えられているものであること。
　ウ　近隣協力者本人の同意がある旨、火災発生時の活動範囲、夜間不在時における代替介助者の確保方策その他の必要な事項について、消防計画又は関連図書により明らかにされているものであること。
2　各居室から屋外等に容易に至ることができる小規模社会福祉施設として、次の(1)から(4)までに掲げる要件のすべてに該当するものであること。
(1)　当該施設は、平屋建て又は地上2階建てのものであること。
　　また、壁及び天井の室内に面する部分の仕上げが不燃材料、準不燃材料又は難燃材料でされているものであること。
(2)　すべての居室において、地上又は一時避難場所（外気に開放された廊下、バルコニー、屋外階段等をいう。以下同じ。）への経路が、次のア又はイに掲げる要件のいずれかに該当することにより、構造上確保されているものであること。
　ア　扉又は掃出し窓を介して、地上又は一時避難場所に直接出ることができるものであること。
　イ　どの居室から出火しても、火災室又は火災室に設けられた開口部（防火設備を除く。）に面する部分を通らずに、地上又は一時避難場所に至ることができるものであること。
(3)　一時避難場所の位置及び構造は、外部からの救出を妨げるものでないこと（例えば、川や崖等に面していないものであること、建具や隣接建物等で進入経路がふさがれていないものであること。）。
(4)　夜間の体制が夜勤者1名となる2ユニットの小規模社会福祉施設にあっては、当該夜勤者のほかに1(3)アからウまでに掲げる要件のすべてに該当する近隣協力者が1人以上確保されているものであること。
3　共同住宅の複数の部屋を占有し、その総面積により小規模社会福祉施設に該当するもののうち、次の(1)から(4)までに掲げる要件のすべてに該当するものであること。
(1)　小規模社会福祉施設として用いられている部分部屋の床面積が一区画当たり100㎡以下であるものであること。
　　また、壁及び天井の室内に面する部分の仕上げが不燃材料、準不燃材料又は難燃材料でされているものであること。
(2)　小規模社会福祉施設として用いられている部分が3階以上の階に存する場合には、当該部分を区画する壁及び床が耐火構造となっており、その開口部（屋外に面する窓等を除く。）に常時閉鎖式又は自動閉鎖式の防火設備が設けられているものであること。
(3)　要保護者の数が一区画当たり4人以下であるものであること。
　　また、すべての要保護者が、自動火災報知設備の鳴動や周囲からの呼びかけにより火災を覚知することができ、介助者の誘導に従って自立的に歩行避難できるものであること。
(4)　当該施設において従業者等が確保されているものであること。
4　上記1から3までに該当しない小規模社会福祉施設のうち、次により求めた避難所要時間が避難

限界時間を超えないものであること。
(1) 避難所要時間
　　「避難所要時間」は、要保護者の避難に要する時間であり、「避難開始時間」と「移動時間」の和により算定するものとすること。
　ア　避難開始時間
　　(ア)　「避難開始時間」は要保護者が避難行動を開始するまでに要する算定上の時間であり、その起点として自動火災報知設備の作動時を想定するものとすること。
　　　　また、避難前の状況として、夜間において、要保護者は各居室、従業者等は勤務室、近隣協力者は通常の居所（自宅等をいう。）にいることを想定するものとすること。
　　(イ)　避難開始時間の算定方法は、従業者等による火災確認や要保護者への呼びかけ等を勘案し、次のとおりとすること。
　　　　避難開始時間＝$\sqrt{延べ面積}$／30（分）
　イ　移動時間
　　(ア)　「移動時間」は要保護者の移動に要する算定上の時間であり、移動経路としては、それぞれの居室から、想定される避難の時点において避難限界時間に達していない部分を経由し、最終的に地上に至る最短の経路をとることを想定するものとすること。
　　　　この場合において、避難経路及び介助者の進入経路として、火災室を経由するものは原則として認められないものであること。
　　(イ)　要保護者は、介助なしでの避難はできないものとして想定するものとすること。
　　　　また、要保護者1人につき介助者1人の介助形態を原則とするが、手つなぎで歩行誘導すれば円滑に避難できる場合には要保護者2人につき介助者1人、ストレッチャーを用いて介助を行う場合には要保護者1人につき介助者2人の介助形態として算定上取り扱うものとすること。
　　(ウ)　介助者には、従業者等のほか、1(3)イ及びウに掲げる要件のすべてに該当する近隣協力者を含むものとすること。
　　(エ)　移動時間の算定方法は、介助者が要保護者の居室に到着するまでの時間、介助準備時間、要保護者の介助付き移動時間を勘案し、次のとおりとすること。
　　　　移動時間＝$T_1＋T_2＋T_3$
　　　　$T_1＝\{\sum_{i}^{Ne}(L_i／V_h)\}／N_h$
　　　　$T_2＝(T_{rw}・N_{ew}＋T_{rs}・N_{es})／N_h$
　　　　$T_3＝\{\sum_{i}^{Ne}(L_i／V_e)\}／N_h$
　　　　　T_1：介助者の施設内駆けつけ時間（分）
　　　　　T_2：介助準備時間（分）
　　　　　T_3：要保護者の介助付き移動時間（分）
　　　　　L_i：要保護者 i に係る避難経路上の移動距離
　　　○　居室から地上までの距離によることを原則とするが、直接地上に通ずる一時避難場所がある場合には、居室から当該場所までの距離により算定することができるものとすること。
　　　　また、竪穴区画（建築基準法施行令第112条第9項）が形成されている準耐火構造の防火対象物の場合には、出火階及びその直上階の範囲において、上記の例により地上

又は出火階の下階に至ることができることを確認することで足りるものとすること。
- ○ 要保護者iについて、(イ)後段を適用し、他の要保護者とともに手つなぎで歩行誘導する場合には当該L_iを算定上0.5倍読み、ストレッチャーを用いて介助を行う場合には当該L_iを算定上2倍読みとするものとすること。

  V_h：介助者の移動速度＝$2v$

  $v = \begin{cases} 階段・上り & 27m/分 \\ 下り & 36m/分 \\ 階段以外 & 60m/分 \end{cases}$

  V_e：要保護者の移動速度

  $V_e = \begin{cases} 0.5v & （要保護者iを手つなぎ、腕組み、背負う等により介助する場合） \\ 1.5v & （要保護者iを車椅子、ストレッチャー等の介助用具を用いて介助する場合。ただし、階段は不可） \end{cases}$

  N_h：介助者の数＝N_w（夜間の従業者等の数）＋N_c（算定上の近隣協力者数）

  $N_c = N_w \cdot n(1-p) / (N_w + pn)$

  　n：介助に来る近隣者の数

  　p：近隣者の施設までの駆けつけ時間／近隣協力者なしの移動時間（＜1）

  N_e：要保護者の数

  　うち車椅子による介助対象：N_{ew}、ストレッチャーによる介助対象：N_{es}

  T_r：介助用具を用いる場合に、要保護者の乗換え等の準備に要する時間

  　車椅子T_{rw}＝30秒、ストレッチャーT_{rs}＝60秒

ウ 上記算定方法によることが適当でない場合には、避難訓練において実際に測定した所要時間を用いることができるものとすること。

(2) 避難限界時間

「避難限界時間」は、火災により各居室や避難経路が危険な状況となるまでの時間であり、「基準時間」と「延長時間」の和により算定するものとすること。

ア 基準時間

(ア) 「基準時間」は火災室が盛期火災に至る算定上の時間であり、小規模社会福祉施設は、全体の規模が比較的小さく、防火上の構造や区画の一般的な状況等から、火災室の燃焼拡大に伴い、全体が急激に危険な状態となることを考慮し、その起点として自動火災報知設備の作動時を想定するものとすること。

(イ) 火災室は、階段・廊下については、火気・可燃物の管理を前提として、火災の発生のおそれの少ないものとして取り扱うものとし、居室のみを想定するものとすること。

(ウ) 基準時間の算定方法は、火災初期における着火及び拡大のしやすさを勘案し、各火災室の状況等に応じて次表のとおりとするものとすること。

算定項目		基準時間
共通		2分
加算	壁及び天井の室内に面する部分の仕上げ 不燃材料	3分
	準不燃材料	2分

条件	難燃材料	1分
	寝具・布張り家具の防炎性能の確保	1分
	初期消火（屋内消火栓設備によるもの）	1分

イ 延長時間

「延長時間」は盛期火災に至った火災室からの煙・熱の影響によって、他の居室や避難経路が危険な状況となるまでの算定上の時間であり、その算定方法は各居室や避難経路の状況に応じて次表のとおりとすること。

算定項目		延長時間
火災室からの区画の形成	防火区画	3分
	不燃化区画[*1]	2分
	上記以外の区画[*2]	1分
当該室等の床面積×（床面から天井までの高さ－1.8m）≧200㎥		1分

*1 不燃化区画を形成する部分の条件は次のとおりとすること。
　○ 壁・天井：室内に面する部分の仕上げが不燃材料又は準不燃材料でされているものであること。
　○ 開口部：防火設備又は不燃材料若しくは準不燃材料で作られた戸を設けたものであること。
*2 襖、障子等による仕切りは区画に含まれないものであること。

ウ 上記ア及びイにかかわらず、排煙設備が設置されている場合等については、建築基準法令の例等によることができるものとすること。

(3) 判断方法

ア 各居室がそれぞれ火災室となった場合を想定し、そのすべてにおいて避難所要時間が避難限界時間を超えないものであること。

イ 火災室からの避難については、当該基準時間内に当該区画外へ退出することができるものであること。

(注1) この特例の適用対象となるか否かを判断するに当たり、新規のものを含む小規模社会福祉施設の構造等や人員の状況について確認する必要がある場合には、設計図書や事業計画等により確認するものとすること。

(注2) この特例の適用を含む社会福祉施設における防火管理に関する指導に当たっては、施設の関係者の意見も踏まえながら、これらの社会福祉施設（特に、認知症高齢者グループホーム等の家庭的な環境を重視してケアを行っている施設）の意義、ケアの趣旨・目的等を十分に尊重した指導内容となるよう留意すること。

（平19・6・13消防予231）

memo 小規模社会福祉施設に対するスプリンクラー設備の設置強化に伴う既存の小規模社会福祉施設に対する特例として示されたものです。特に、防火管理や火災発生時の体制などソ

フト対策を前提にした特例となっています。

◆執務資料の送付について【社会福祉施設等のスプリンクラー設備の消防法上の取扱い】
　問　消防法施行令の一部を改正する政令（平成19年6月政令第179号）により、平成21年4月1日より、消防法施行令別表第1(6)項ロに掲げる防火対象物で延べ床面積が275㎡以上のものにスプリンクラー設備が義務づけられることとなったが、消防法施行令別表第1(6)項ロに掲げる既存の防火対象物で平屋建て延べ面積1,000㎡以上のもののうち、下記1及び2に適合する防火対象物について、消防法施行令第32条の規定を適用し、特定施設水道連結型スプリンクラー設備を設置することとしてよいか。また、下記3に適合する防火対象物について、消防法施行令第32条を適用し、スプリンクラー設備の設置を免除することとしてよいか。

記

1　次の(1)及び(2)に適合する防火対象物であること。
　(1)　延べ床面積1,000㎡ごとに防火区画されていること。
　(2)　延べ床面積1,000㎡ごとにされている区画ごとに直接屋外に通ずる避難口があること。
2　防火対象物の延べ床面積を1,000で除した数（1未満のはしたの数は切り捨てるものとする。）の介助者を確保していること。
3　上記1に適合する防火対象物のうち、次の(1)から(3)のいずれかに適合するものであること。
　(1)　小規模社会福祉施設に対する消防用設備等の技術上の基準の特例の適用について（平成19年6月13日付け消防予第231号。以下、「231号特例通知」という。）
　　　記1(2)及び(3)に該当するものであること。
　(2)　231号特例通知記2(2)、(3)及び(4)に該当するものであること。
　(3)　231号特例通知記4に該当するものであること。
　答　認めて差し支えない。

（平20・12・2消防予314）

◆小規模社会福祉施設等に対する消防用設備等の技術上の基準の特例の適用について
　消防法施行令の一部を改正する政令（平成25年政令第368号。以下「改正令」という。）及び消防法施行規則の一部を改正する省令（平成26年総務省令第19号。以下「改正規則」という。）が公布されました。改正令による改正後の消防法施行令（昭和36年政令第37号。以下「令」という。）第12条第1項第1号により新たにスプリンクラー設備の設置が義務付けられる275㎡未満の令別表第1(6)項ロに掲げる防火対象物（以下「小規模社会福祉施設等」という。）について、個別の防火対象物の実態に応じて令第32条を適用し、スプリンクラー設備の設置を要しないこととする際の考え方について、下記のとおりとりまとめたので、参考としてください。
　なお、共同住宅の一部を利用した小規模社会福祉施設等や小規模福祉施設等に適した自動消火装置の開発の状況等を踏まえつつ、必要に応じ令第32条の適用についての検討を行うこととしています。
　各都道府県消防防災主管部長にあっては、貴都道府県内の市町村に対しても、この旨周知されるようお願いします。

記

1　入居者の利用に供する居室が避難階以外の階に存する場合に居室を防火区画することを要しない特例

改正規則による改正後の消防法施行規則（昭和36年総務省令第6号。以下「規則」という。）第12条の2第2項本文で規定する構造と同等なものとして考えられる次の要件の全てに該当する小規模社会福祉施設等は、スプリンクラー設備を設置することを要しないと考えられること。
(1) 延べ面積が100㎡未満であること。
(2) 令別表第1(16)項イの一部でないこと。
(3) もっぱら施設の職員が使用することとされている居室以外の居室（規則第12条の2第1項第1号ロただし書きに規定する居室をいう。以下「入居者居室」という。）が、全て避難階から数えた階数が3以上の階に存しないこと。ただし、竪穴区画が設置されているなど、下階の火煙の影響がないと認められる建築物にあっては、3階に入居者居室が存する場合にあっても(1)、(2)及び(4)から(7)までに掲げる要件を満たすことで同様に取扱うことができると考えられること。
(4) 全ての寝室（入居者の寝室に限る。以下同じ。）において、地上又は一時避難場所（外気に開放されたバルコニー又はこれに類するものをいう。以下同じ。）への経路が次のア又はイの要件に該当すること。
　ア　地上又は一時避難場所に直接出ることができる次の(ア)及び(イ)の構造要件を満たす開口部を有すること。
　　(ア)　避難階にあっては規則第12条の2第2項第2号ロ及びニに規定する構造
　　(イ)　避難階以外の階にあっては同号ニに規定する構造
　イ　どの居室から出火しても、入居者居室から火災室及び火災室に設けられた開口部（防火設備であるものを除く。）に面する通路を通過せずに、避難階にあっては地上、避難階以外の階にあっては当該階の一時避難場所に至ることができるものであること。
(5) 一時避難場所は、一定の広さを有し、救出まで火災の影響を受けずに留まることができる構造のものであること。3階の寝室の一時避難場所は、直下階の窓を防火設備とするなど、救出活動の際に、下階の火災の影響を受けないものであること。
(6) (4)の避難階における開口部及び避難階以外の階における一時避難場所は、救出のために必要な広さを有する空地等に面し、かつ、一時避難場所は、当該空地等の地盤面の階から数えた階数が2の高さ（(3)ただし書きの建築物にあっては階数が3で、救出に支障のない高さ）であること。
(7) 内装は、規則第12条の2第1項第1号ロ本文の規定の例により仕上げたものであること。
2　入居者居室が避難階以外の階に存する場合に内装の仕上げを準不燃、難燃とすることを要しない特例
　規則第12条の2第2項本文及び同項第2号で規定する構造と同等なものとして考えられる次に掲げる要件の全てに該当する小規模社会福祉施設等は、スプリンクラー設備の設置を要しないと考えられること。この場合において、入居者等の避難に要する時間の算定方法等を定める件（平成26年消防庁告示第4号。以下「避難時間算定方法等告示」という。）第2の「屋外」を「一時避難場所」と読み替えることが適当であること。また、一時避難場所が、隣接する一時避難場所と接続されている場合には、当該一時避難場所を介して隣接する居室の規則第12条の2第2項第2号ロの構造要件を満たす開口部へ至る距離を避難時間告示第2第2号(1)の介助者の「移動距離」として算定することができるものであること。
(1) 1(2)、(3)、(5)及び(6)の要件を満たすものであること。
(2) 延べ面積が100㎡以上のものにあっては、規則第12条の2第1項第1号イ、ハ、ニ及びホの規定

の例により区画をしたものであること。
    (3)　全ての入居者居室は、1(4)アを満たすものであること。
    (4)　規則第12条の2第2項第2号本文により居室を区画したものであること。
    (5)　規則第12条の2第2項第2号イ及びホを満たすものであること。この場合において、避難階以外の階における一時避難場所への避難経路は同号ホの避難経路の1つとして取り扱うことができるものであること。
3　避難限界時間の延伸
    避難時間算定方法等告示第3第2号で規定する構造と同等なものとして、各居室に次の(1)及び(2)に掲げる要件に該当する開口部を設置した小規模社会福祉施設等は、同号に該当するものとして取り扱うことができると考えられること。
    (1)　各居室の天井又は壁の上部（天井から80cm以内の距離にある部分をいう。）の開口部の面積が、当該居室の面積の50分の1以上であること。
    (2)　開口部は、当該居室から出火した場合に容易かつ確実に開放できるもの（遠隔操作により開放できる等）であること。
4　小規模社会福祉施設に対する消防用設備等の技術上の基準の特例の適用について（平成19年6月13日付け消防予第231号。以下「231号通知」という）の取扱い
    231号通知1及び2に掲げる考え方については、小規模社会福祉施設等に適用することができるものであること。

(平26・3・28消防予105)

（令別表1(11)項　神社、寺院等）

◆消防法、同施行令及び同施行規則に関する執務資料について【慈母観音像における法17条1項の取扱いについて】

問　このたび標記の観音像の設置にあたり、下記の点について疑義が生じたので御教示願いたく照会します。

記

1　観音像は台座部と像体からなり、台座部は2階層で1階はエントランスホール、千体仏安置室、倉庫、階段室（倉庫含む）で2階はロビー、礼拝室、倉庫、階段室となつている。
    また、像体の内側にはエレベーターはなく、階段が内壁に沿つてらせん状に伸びており、踊り場は8層からなり、各層ごとの水平区画は設けない。
    そして、頂部内側には避雷針等の点検用スペースとその下の輕部には展望室（展望用の窓は像の美観を損なわないよう1辺が約30cmの正方形で前、後側面に計5個設置）が存するものであるがこの観音像は、防火対象物のとらえ方として消防法施行令別表第1に掲げる15項と判定してよろしいか。
2　昭和53年7月14日、消防予第130号茨城県総務部長あて展望タワーにおける消防法第17条第1項の取扱いについてによると階の算定は踊り場ごとに1階層とみなすと回答されているが、当該対象物はこの判定方法でよろしいか。
3　前記2の判定方法とした場合、当該対象物は、展望室部分が11階以上となるため、消防用設備等は11階以上の設置基準となるが、当該階はまつたく可燃物がなく、消防法施行令第32条を適用し、スプリンクラー設備、連結送水管及び非常コンセント設備の設置緩和について考慮してもよろし

いか。
　尚、消火器、自動火災報知設備、非常放送設備、誘導灯は全体設置とし、1・2階には屋内消火栓設備を設置するものとする。
　建築物の概要
　　(1)　名　　称　　観音山寺院慈母観音像
　　(2)　住　　所　　石川県加賀市作見町観音山　1番地1
　　(3)　用　　途　　不特定多数の者が参拝、観光の用に供し、展望は主目的としない。
　　(4)　構　　造　　鉄筋コンクリート造
　　(5)　面　　積　　台座部分
　　　　　　　　　　1階　785.17㎡ （エントランスホール340.14㎡、倉庫326.38㎡、千体仏安置室70.40㎡、倉庫及階段室47.75㎡）
　　　　　　　　　　2階　452.39㎡ （ロビー179.72㎡、礼拝室70.40㎡、倉庫154.52㎡、階段室47.75㎡）
　　(6)　全高さ　　73m　　　展望室高さ　　57m
　添付書類　　(1)　観音像参考図（平面図、断面図）　〔省略〕
[答]　1　照会のあつた観音像は、消防法施行令（以下「政令」という。）別表第1(11)項の防火対象物と解される。
　　2　お見込みのとおり。
　　3　政令第32条の規定を適用し、スプリンクラー設備、連結送水管及び非常コンセント設備の設置を免除して差し支えない。

(昭60・2・18消防予39)

(令別表1(14)項　倉庫)

◆消防法の一部を改正する法律（昭和49年6月1日法律第64号）等に関する質疑応答について
【ラック式倉庫の天井の高さについて】〔解釈〕
[問]　令第12条第1項第4号のラック式倉庫の天井（天井のない場合にあつては、屋根）の高さ（10m）は、次のうちいずれが適正か。

①＝屋根の最高の位置
②＝軒の位置
③＝①と②をプラスして2で除した数値
　　(9m＋12m)÷2＝10.5m
[問]　③によられたい。（天井の高さの測定は、平均の高さによる。）

(昭50・6・16消防安65)

第1章　3　スプリンクラー設備

◆ラック式倉庫に接続する普通倉庫に対するスプリンクラー設備の令第32条適用について

問 今般金沢市から管内で別添図に示す構造のラック式倉庫と普通倉庫の接続された建物を建築するにあたり、普通倉庫部分のスプリンクラー設備の免除の申請があり、令第32条の特例の適用の可否について又、その場合の条件等について照会がありましたのでご教示願います。

　　　　　建物および設備の概要
1　ラック式倉庫部分（簡易耐火構造）1,791㎡
　　普通倉庫（荷さばき場）（簡易耐火構造）
　　　　　1階　　2,743㎡
　　　　　2階　　2,489㎡
　　　　　計　　　5,232㎡
2　接続部分　耐火構造の壁および防煙防火シャッター（煙感知器連動）
　　開口部（シャッター）大きさ
　　　　W4.452m×H3.15m　2枚
　　　　W 2.09m×H3.15m　1枚
　　　　W4.952m×H3.15m　1枚
　　　　W 3.7m×H3.15m　1枚
　　　　　　計5枚　1、2階とも同じ
3　ラック式倉庫部分（スプリンクラー設備有り）接続部分（開口部にドレンチャー設備有り）
4　各階共消防法令上無窓階扱い。
5　その他、消防用設備等はすべて完備されている。

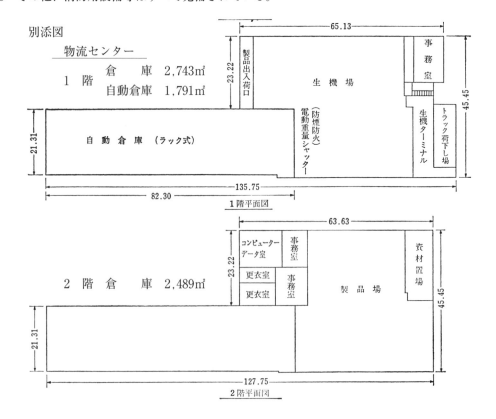

|答| 設問のラック式倉庫の場合、ラック部分（柵又はこれに類するものを設け、昇降機により収納物の搬送を行う装置を備えた部分をいう。）と普通部分（ラック部分以外の部分）とを区画する開口部の防火シャッターを有効に冷却することにより延焼防止できるスプリンクラー設備、ドレンチャー設備等の冷却設備を設けた場合は、消防法施行令第32条の規定を適用し、普通部分のスプリンクラー設備を省略してさしつかえない。

(昭51・3・27消防安51)

◆消防法、同施行令及び同施行規則に関する執務資料について【ラック式倉庫の取扱いについて】

|問| ラック式倉庫とその他の倉庫が併存する場合、令第12条第1項第4号の適用にあたっての基準面積は、ラック式倉庫部分とその他の倉庫部分の床面積の合計とされているが、ラック式倉庫部分の床面積が非常に少ない場合にも合計する必要があるか。

|答| ラック倉庫部分の床面積が、倉庫の延面積の10％未満で、かつ、300㎡未満である場合には、令第32条の規定を適用し、スプリンクラー設備の設置を免除してさしつかえないものと解する。

(昭54・6・22消防予118)

◆ラック式倉庫の床面積の算定について〔解釈〕

|問| 消防法施行令第12条第1項第4号に定めるラック式倉庫については、次により取扱ってもよろしいか。
 (1) 当組合を管轄する建築主事の床面積の算定は、福島県建築関係規則集第5編「立体自動倉庫（ラック倉庫）の取扱いについて」により高さ5mごとに床があるものとして算定しているが、消防法施行令第12条第1項第4号のスプリンクラー設備の設置にあたっての延べ面積は水平投影面積とすることができる。
 (2) 天井の高さが10mとは、建築物の高さで、ラックの高さは問わない。

|答|(1) お見込みのとおり。
 (2) お見込みのとおり。

(平3・9・27消防予194)

◆消防用設備等に係る執務資料の送付について【ラック式倉庫に係るスプリンクラー設備について】

|問2| 令第12条第1項第4号の規定により、ラック式倉庫のうち天井（天井のない場合にあっては、屋根の下面。）の高さが10mを超え、かつ、延べ面積が700㎡以上のものについては、スプリンクラー設備の設置が必要となるが、当該規模に達するラック式倉庫であっても、棚又はこれに類するものを設けた部分が冷凍した食品を収容する冷凍室の用に供されるもの（当該部分の温度：－30℃～－20℃）については、次の要件を満たす場合に限り、令第32条の規定を適用し、スプリンクラー設備の設置を免除してさしつかえないか。
 1 冷凍室の部分における火気使用その他出火危険がないこと。
 2 冷凍室の部分とその他の部分とが、耐火構造又は準耐火構造の床又は壁で防火区画されていること。また、当該区画に開口部を設ける場合には、甲種防火戸とするとともに、当該開口部には、有効に冷却することにより延焼防止できるスプリンクラー設備、ドレンチャー設

備等の冷却設備を設けること。
3 冷凍室の壁、床及び天井の断熱材及びこの押さえが、次のいずれかに該当すること。
　(1) 冷凍室の壁体、天井等の断熱材料に不燃材料（石綿、岩綿、グラスウール等）を使用し、かつ、これらの押さえを不燃材料でしたもの。
　(2) 冷凍室に使用される断熱材料をコンクリート若しくはモルタル（塗厚さが2cm以上のものに限る。）又はこれと同等以上の防火性能を有するもので覆い、かつ、当該断熱材料に着火するおそれのない構造としたもの。
　(3) 前(1)又は(2)と同等以上の防火性能を有するもの
4 当該防火対象物の周囲への防火塀の設置、空地の確保等により他の防火対象物への延焼のおそれがないこと。

答2　お見込みのとおり。
　なお、ラック式倉庫のラック部分には、一定の間隔ごとに金属板等で造られた遮閉板を設ける等火災の拡大を防止するための措置を講ずることが望ましいものであること。
（平8・9・2消防予172）

◆ラック式倉庫の防火安全対策ガイドラインについて

　平成7年11月に埼玉県の製缶工場で発生したラック式倉庫の火災を踏まえ、消防庁では、学識経験者、消防関係者等から構成される「ラック式倉庫のスプリンクラー設備あり方検討委員会」（以下「検討委員会」という。）を設置してラック式倉庫におけるスプリンクラー設備に係る技術基準のあり方について検討を行い、平成9年4月にその検討結果がとりまとめられた。この検討結果については、「『ラック式倉庫のスプリンクラー設備あり方検討報告書』の送付について」（平成9年6月5日付け消防予第104号）により通知しているところである。
　また、ラック式倉庫の防火安全対策のうち、スプリンクラー設備の設置及び維持に関する技術上の基準については、消防法施行規則の一部を改正する省令（平成10年自治省令第31号）及びラック式倉庫のラック等を設けた部分におけるスプリンクラーヘッドの設置に関する基準（平成10年消防庁告示第5号。以下「告示」という。）により、整備を図ったところである。
　今般、検討委員会における検討結果等を踏まえ、ラック式倉庫に係るなお一層の防火安全対策の充実を図るため、「ラック式倉庫の防火安全対策ガイドライン」（以下「ガイドライン」という。）を別添のとおりとりまとめたので、貴都道府県内の市町村に対しても、この旨を通知するとともに、その指導に万全を期されるようよろしくお願いする。

記

1 ラック式倉庫について、設置に係る事前相談等がなされた場合にあっては、次の事項に留意して対応すること。
　(1) ガイドラインは、ラック式倉庫の防火安全対策を更に充実するための対策及びラック式倉庫にスプリンクラー設備を設置する場合の運用についてまとめたものであり、関係者等に対する指導に当たって活用されたいこと。
　(2) ラック式倉庫において火災が発生した場合には、当該倉庫における消火活動が著しく困難となるとともに、周囲に対する影響も大きいことから、特に出火防止等の観点からの防火安全対策の充実を図ることが必要である。このため、個別のラック式倉庫の使用形態等に応じて、ガイドライン第2に掲げる防火安全対策を参考に、対応可能な範囲で措置を講じることが望ま

しいこと。
　　また、既存のラック式倉庫及び消防法施行令（以下「令」という。）第12条第1項第4号に規定する規模に達しないラック式倉庫については、改正後のスプリンクラー設備の設置及び維持に関する技術上の基準に適合させる法的義務は存しないものであり、スプリンクラー設備の整備等はラック式倉庫の関係者の自主的な判断により実施されるべきものであるが、その際には次に掲げる防火安全対策を参考とされたいこと。
　ア　スプリンクラー設備が設置されているラック式倉庫にあっては、次によること。
　　（ア）　収納物等に応じて、スプリンクラーヘッドを増設すること。
　　　　　なお、スプリンクラーヘッドの増設が困難である場合にあっては、設置されているスプリンクラーヘッドの直上に水平遮へい板を設けること。
　　（イ）　水源水量の増設を行うこと。
　イ　高さ10メートル以下のラック式倉庫についても、ラック等が設けられている部分の面積が大きいなど火災発生時における消火活動が困難となることが予想される場合にあっては、消防法の規定によるスプリンクラー設備の設置、ESFR（Early Suppression Fast Response、早期制圧・速動スプリンクラーヘッド。NFPA231C参照。）を用いたスプリンクラー設備の設置等、防火安全対策の充実を図ること。
(3)　令第12条第1項第4号に掲げるラック式倉庫については、パレットラック（主にパレットに積載された物品の保管に用いるラック等をいう。以下同じ。）のうち、国内の物流において標準的に使用されているサイズのパレット（概ね1m〜1.2m角程度）に対応するものを用いた倉庫が多数を占める状況にあるが、各分野における物流効率化に伴い、次のようなタイプの倉庫も出現してきていること。これらについても、その使用形態、火災危険性等からしてラック式倉庫に該当するものであること。
　ア　国内において標準的に使用されているパレットラックと異なるサイズのパレットラックを用いたラック式倉庫
　イ　パレットラック以外のラック等を用いたラック式倉庫（床を設けずに多層的にコンベアを設け、当該コンベアにより物品の保管・搬送を行うもの等）
(4)　ガイドライン第4、11に掲げる要件に該当するラック式倉庫については、令第32条の規定を適用して、スプリンクラー設備の設置免除を認めてさしつかえないこと。
(5)　ラック式倉庫において指定可燃物を貯蔵し、又は取り扱う場合には、市町村条例の技術基準、届出に係る規定が適用されるが、指定可燃物の量の算定については、収納物のほかに収納容器、梱包材等も対象となること。
2　ラック式倉庫において火災が発生した場合には、消火活動に困難が伴うことが考えられることから、当該ラック式倉庫の実態等を把握するとともに、あらかじめ警防計画等を作成しておくことが、望ましいものであること。
3　ラック式倉庫の構造、使用形態が特殊であること等により、その取扱いについて疑義が生じた場合にあっては、適宜当庁に照会されたいこと。

別添
　　　　　　　　　　　ラック式倉庫の防火安全対策ガイドライン
第1　趣旨
　　ラック式倉庫は、搬送、保管、仕分けについて小スペース化、物流効率化の観点から優れた特

性を有するものであり、特に近年設置数が増加している。
　一方、ラック式倉庫は、床を設けずラック等を当該防火対象物全体に多層的に天井付近まで設け、物品を集積・搬送するものであるため、万一火災が発生した場合には、煙突効果により燃焼速度が非常に速いこと、天井が高くなると屋内消火栓設備では消火できないこと、空間が少なく消防活動が困難であること等の火災危険性を有する。このため、高さが10mを超え、かつ、延べ面積が700㎡以上のラック式倉庫については、固定式の自動消火設備であるスプリンクラー設備の設置が義務づけられているとともに、その特性に対応したスプリンクラー設備の設置及び維持に関する技術上の基準が他の防火対象物とは別に定められている。
　このガイドラインは、ラック式倉庫の防火安全性を確保するため、出火防止対策等に係る防火安全対策をとりまとめるとともに、スプリンクラー設備を消防法施行令(以下「令」という。)第12条、消防法施行規則(以下「規則」という。)第13条の5から第14条まで並びにラック式倉庫のラック等を設けた部分におけるスプリンクラーヘッドの設置に関する基準(平成10年消防庁告示第5号。以下「告示」という。)の規定により設置する場合の運用についてとりまとめたものである。

第2　ラック式倉庫の防火安全対策について
　ラック式倉庫において火災が発生した場合には、当該倉庫における消火活動が著しく困難となるとともに、周囲に対する影響も大きいことから、消防法令に基づく消防用設備等の設置に加え、当該ラック式倉庫の使用形態に即した出火防止対策、延焼拡大防止対策を充実させる等、火災による危険性を低減することができる効果的な防火安全対策を講じることが必要である。また、ラック式倉庫の出火原因としては、①内部からの出火及び②外部から持ち込まれる火源の2つが考えられるが、これらを防止する対策が特に重要となる。
　ラック式倉庫の防火安全対策については、収納物等の種類、使用形態、管理形態等に即してラック式倉庫の関係者の自主的な判断により実施されるべきものであるが、その際に参考とすべき基本的考え方は、次のとおりである。

1　出火防止対策
　　火災の発生を未然に防止するとともに、万一出火しても本格的な火災にまで拡大させないための対策であり、次のような事項が考えられること。
　(1)　内部からの出火防止
　　　ラック式倉庫内部からの出火の主な原因は、使用されている設備・機器によるものであると考えられることから、①出火しにくい設備・機器の選定、②電気設備その他の出火のおそれのある設備・機器に対する安全制御(過熱防止、漏電防止等)、③適正な設置(設置位置、施工管理等)の確保等の対策を講じること。
　(2)　外部からの火源の持ち込み防止
　　　ラック式倉庫内への収納物等の搬入を無人で行うもの(収納物等の搬入路となる部分又は搬入口において、有人により火災監視が行われるものは含まない。)にあっては、収納物等の搬入時における火災感知手段の整備、火災発生時の速やかな初動体制の確保等の火源侵入防止措置を講じること。
　(3)　管理上の対策
　　　出火防止を担保するため、次に掲げる事項について、具体的な計画を作成するとともに、実施体制を確保すること。
　　ア　倉庫内での火気管理の徹底に関すること。

イ　倉庫内の適正な維持管理（設備・機器の定期点検、整理・清掃等）に関すること。
　　ウ　定期的な巡回監視等、異常が起きた場合の早期発見体制に関すること。
　　エ　収納物等の出入庫管理に関すること。
　2　延焼拡大防止対策
　　　火災拡大を防止するための対策であり、次のような事項が考えられること。
　(1)　ラック式倉庫における延焼拡大防止
　　　ラック式倉庫における延焼拡大を防止するため、次に掲げる対策を講じること。
　　ア　ラック等が設けられている部分と他の部分とを防火区画すること。
　　イ　ラック式倉庫の外壁に設ける開口部、区画貫通部等に防火措置を講じること。
　(2)　周囲への延焼拡大防止
　　　ラック式倉庫の周囲への防火塀の設置、空地の確保等により他の防火対象物等への延焼拡大防止を図ること。
　(3)　防災体制の充実
　　　速やかな防災活動を担保するため、自衛防災資機材（可搬消防ポンプ、ポンプ自動車等）を確保するとともに、自衛消防隊を組織する等、防災体制を整備すること。
第3　ラック式倉庫の延べ面積、天井の高さ等の算定について
　　ラック式倉庫の延べ面積、天井の高さ等の算定については、次により取り扱うこととする。
　1　延べ面積等の算定について
　　　ラック式倉庫の延べ面積等の算定については、次によること。
　(1)　ラック式倉庫の延べ面積は、原則として各階の床面積の合計により算定すること。この場合において、ラック等を設けた部分（ラック等の間の搬送通路の部分を含む。以下この1において同じ。）については、当該部分の水平投影面積により算定すること。
　(2)　ラック式倉庫のうち、①ラック等を設けた部分とその他の部分が耐火構造又は準耐火構造の床又は壁で区画されており、当該区画の開口部には甲種又は乙種防火戸（随時開くことができる自動閉鎖装置付きのもの又は火災の発生と連動して自動的に閉鎖するものに限る。）が設けられているもの又は②ラック等を設けた部分の周囲に幅5メートルの空地が保有されているものにあっては、次により算定することができること。
　　ア　ラック等を設けた部分の面積により算定すること。
　　イ　当該算定方法により令第12条第1項第4号に掲げる規模に達するラック式倉庫にあっては、ラック等を設けた部分に対してスプリンクラー設備を設置すれば足りること。この場合において、令第12条第4項の適用については、当該倉庫の構造によることとしてよいこと。
　(3)　ラック等を設けた部分の面積が、延べ面積の10％未満であり、かつ、300㎡未満である倉庫にあっては、当該倉庫全体の規模の如何によらず、令第12条第1項第4号に掲げるラック式倉庫に該当しないこと。
　2　天井の高さの算定について
　　　ラック式倉庫の天井の高さの算定については、次によること。
　(1)　ラック式倉庫の天井（天井のない場合にあっては、屋根の下面。以下同じ。）の高さは、原則として当該天井の平均の高さ（軒の高さと当該天井の最も高い部分の高さの平均）により算定すること。

(2) ユニット式ラック等を用いたラック式倉庫のうち、屋根及び天井が不燃材料で造られ、かつ、ラック等と天井の間に可燃物が存しないものであって、ラック等の設置状況等から勘案して、初期消火、本格消火等に支障がないと認められるものにあっては、ラック等の高さにより算定することができること。

第4 スプリンクラー設備の設置及び維持に関する技術上の基準の運用について

ラック式倉庫におけるスプリンクラー設備の設置及び維持に関する技術上の基準については、次により運用するものとする。

1 用語の意義について

用語の意義については、令、規則及び告示の規定によるほか、次によること。

(1) 「ラック式倉庫」、「ラック等」及び「搬送装置」

ア 「ラック式倉庫」は、令第12条第1項第4号において、「棚又はこれに類するものを設け、昇降機により収納物の搬送を行う装置を備えた倉庫をいう。」と定義されているほか、「消防法施行令の一部を改正する政令の施行について」（昭和47年3月27日付け消防予第74号）において、「倉庫で床を設けずに棚、レール等を設け、エレベーター、リフト等の昇降機により収納物の搬送を行う装置を備えたもの」とされていること。

イ 「ラック等」とは、規則第13条の5第3項第1号において、「棚又はこれに類するもの」と定義されていること。これには、パレットラック（主にパレットに積載された物品の保管に用いるラック等をいう。以下同じ。）のほか、収納物を保管等するレール、コンベア等が含まれるものであること（別紙1参照）。

ウ 「搬送装置」とは、告示第2第8号において、「昇降機により収納物の搬送を行う装置をいう。」と定義されているが、これには、スタッカークレーン（主にパレットラックから収納物を出し入れし、搬送するために用いられる装置をいう。以下同じ。）のほか、収納物を搬送するエレベーター、リフト、レール、コンベア等が含まれるものであること。

(2) 「連」、「段」及び「列」、「双列ラック等」及び「単列ラック等」、「連間スペース」及び「背面スペース」並びに「搬送通路」

「連」、「段」及び「列」、「双列ラック等」及び「単列ラック等」、「連間スペース」及び「背面スペース」並びに「搬送通路」の用語の意義については、告示第2のとおりであり、具体的には別紙2のとおりであること。

2 スプリンクラーヘッドの種別について

スプリンクラーヘッドの種別については、規則第13条の5第1項の規定によるほか、次によること。

(1) スプリンクラーヘッドの感度種別は、ラック等の部分及び天井部分においてそれぞれ同一のものとすること。

また、ラック等の部分に設けるスプリンクラーヘッドの感度種別と天井部分に設けるスプリンクラーヘッドの感度種別は、同一のものとするか又は異なる場合にあっては天井部分に設けるスプリンクラーヘッドの感度種別を2種のものとすること。

(2) 放水圧力を制御することにより、114ℓ／min以上の放水量を確保することができる場合にあっては、令第32条の規定を適用し、ヘッドの呼びが15のスプリンクラーヘッドの設置を認めてさしつかえないこと。

(3) 等級Ⅳのラック式倉庫のうち、収納物、収納容器、梱包材等がすべて不燃材料、準不燃材

料又は難燃材料であり、かつ、出火危険が著しく低いと認められるものにあっては、令第32条の規定を適用し、ヘッドの呼びが15のスプリンクラーヘッドを設置して、80ℓ/min以上の放水量を確保することをもって足りることとしてさしつかえないこと。

3　ラック式倉庫の等級について

ラック式倉庫の等級については、規則第13条の5第2項の規定によるほか、次によること。

(1)　「収納物」とは、当該ラック式倉庫において貯蔵し、又は取り扱う主たる物品をいうものであること。

(2)　「収納容器、梱包材等」とは、収納物を保管、搬送等するために用いる容器、梱包材、パレットその他の物品をいうものであること。

(3)　「高熱量溶融性物品」とは、指定可燃物のうち燃焼熱量が34kJ/g（8,000cal/g）以上であって、炎を接した場合に溶融する性状の物品とされているが、その性状については、次により判断すること。

　ア　燃焼熱量の測定は、計量法に基づく特定計量器として確認された性能を有するボンベ型熱量計又はこれと同等の測定が行うことができるものを用いて行うこと。

　　なお、発熱量の測定に関するJIS規格としては、次に掲げるものが存すること。

　　○　JIS K 2279（原油及び石油製品－発熱量試験方法及び計算による推定方法）
　　○　JIS M 8814（石炭類及びコークス類の発熱量測定方法）

　イ　炎を接した場合に溶融する性状については、令第4条の3第4項第5号及び規則第4条の3第7項に掲げる方法に準じて確認すること。

(4)　「その他のもの」には、次に掲げるものが含まれること。

　ア　収納物

　　危険物の規制に関する政令（以下「危政令」という。）別表第4に定める数量の100倍（高熱量溶融性物品にあっては30倍）未満の指定可燃物及び指定可燃物以外のもの

　イ　収納容器、梱包材等

　　危政令別表第4に定める数量の10倍未満の高熱量溶融性物品及び高熱量溶融性物品以外のもの

(5)　一のラック式倉庫において、異なる種類の収納物及び収納容器、梱包材等が混在する場合にあっては、次表により等級を判断すること。

　なお、危政令別表第4に掲げる品名を異にする2以上の物品を貯蔵し、又は取り扱う場合において、それぞれの物品の数量を危政令別表第4の数量欄に定める数量で除し、その商の和が表中の要件に掲げる数値となるときは、当該要件に該当するものとみなすこと。

収納物等の種類	該当要件
収納物	危政令別表第4に定める数量の1,000倍（高熱量溶融性物品にあっては、300倍）以上の指定可燃物	次のいずれかに適合。 ○　指定可燃物（高熱量溶融性物品を含む。）の貯蔵・取扱量の合計が、危政令別表第4に定める数量の1,000倍以上

		○ 高熱量溶融性物品の貯蔵・取扱量の合計が危政令別表第4に定める数量の300倍以上
	危政令別表第4に定める数量の100倍（高熱量溶融性物品にあっては、30倍）以上の指定可燃物	次のいずれかに適合。 ○ 指定可燃物（高熱量溶融性物品を含む。）の貯蔵・取扱量の合計が、危政令別表第4に定める数量の100倍以上1,000倍未満 ○ 高熱量溶融性物品の貯蔵・取扱量の合計が危政令別表第4に定める数量の30倍以上300倍未満
	その他のもの	次のすべてに適合。 ○ 指定可燃物（高熱量溶融性物品を含む。）の貯蔵・取扱量の合計が、危政令別表第4に定める数量の100倍未満 ○ 高熱量溶融性物品の貯蔵・取扱量の合計が危政令別表第4に定める数量の30倍未満
収納容器、梱包材等	危政令別表第4に定める数量の10倍以上の高熱量溶融性物品	○ 高熱量溶融性物品の貯蔵・取扱量の合計が危政令別表第4に定める数量の10倍以上
	その他のもの	○ 高熱量溶融性物品の貯蔵・取扱量の合計が危政令別表第4に定める数量の10倍未満

(6) 収納物及び収納容器、梱包材等の具体例は、別紙3に示すとおりであること。

4 スプリンクラーヘッドの設置方法について

　スプリンクラーヘッドの設置方法については、規則第13条の5第3項第1号及び第2号並びに告示の規定によるほか、次によること。

(1) スプリンクラーヘッドは、著しい感知障害及び散水障害が生じないように収納物等と離して設けること。

(2) スプリンクラーヘッドの設置方法の具体例は、別紙4に示すとおりであること。

(3) 等級Ⅳのラック式倉庫のうち、収納物等がすべて不燃材料、準不燃材料又は難燃材料であり、かつ、出火危険が著しく低いと認められるものにあっては、令第32条の規定を適用し、告示第3に定める通路面ヘッドの設置間隔について、同一の搬送通路に面する側につき4連以下ごととしてさしつかえないこと。

5 ラック等に設けるスプリンクラーヘッドの被水防止措置について
　ラック等を設けた部分に設けるスプリンクラーヘッドの被水防止措置（他のスプリンクラーヘッドから散水された水がかかるのを防止するための措置をいう。）については、規則第13条の5第3項第3号の規定によるほか、次によること。
　(1) 水平遮へい板は、その直下に設けられるスプリンクラーヘッドに係る被水防止措置にも該当するものであること。
　(2) ラック等の部分に設けるスプリンクラーヘッドのうち水平遮へい板直下の段以外の段に設けられるものにあっては、その上部に被水を防止するための板等を設けること。
6 水平遮へい板について
　水平遮へい板については、規則第13条の5第3項第4号の規定によるほか、次によること。
　(1) 水平遮へい板の材質の具体例としては、鋼板、ブリキ板、トタン板、PC板、ALC板等があげられること。
　　なお、難燃材料を用いる場合にあっては、燃焼時に容易に溶融、落下等しないものとすること。
　(2) 消火配管の設置、ラック等の免震化、ラダー、電気計装設備、ケーブル設備の設置等により水平遮へい板を設けることが技術的に困難となることにより生ずる、背面スペース、連間スペース等の部分のすき間については、延焼防止上支障とはならないものとして取り扱ってさしつかえないものであること。
　(3) 水平遮へい板は、火災の上方に対する拡大を防止するとともに、その直下のスプリンクラーヘッドの早期作動にも効果を有するものであること。したがって、等級Ⅲ及び等級Ⅳのラック式倉庫における水平遮へい板の設置については防火対象物の関係者の自主的な選択によるべきものであるが、設置する方法を選択した方がより効果的に被害の軽減に資することが期待できるものであること。
7 同時開放個数について
　乾式の流水検知装置を用いるスプリンクラー設備の同時開放個数については、規則第13条の6第1項第1号の規定により、同号の表の下欄に定める個数に1.5を乗じて得た個数とされているが、次の要件を満たす場合にあっては、令第32条の規定を適用し、ラック式倉庫のうち等級がⅠ、Ⅱ及びⅢのものにあっては30、等級がⅣのものにあっては20とすることができること。
　(1) ラック等の部分及び天井部分に設けるスプリンクラーヘッドの感度種別は、1種のものであること。
　(2) 水平遮へい板が、規則第13条の5第2項第3号の規定により設けられていること。
8 送水口について
　送水口については、規則第14条第1項第6号の規定によるほか、規則第13条の6第1項第1号のスプリンクラーヘッドの個数が30を超えることとなるラック式倉庫にあっては、双口形の送水口を2以上設けること。
9 配管について
　配管については、規則第14条第1項第10号の規定によるほか、次によること。
　(1) 一系統の配管に設けるスプリンクラーヘッドの個数は、概ね1,000個以内とすること。

(2) ラック式倉庫のうち主要構造部とラック等の構造が一体となっていないもの（ユニット式ラックを用いたラック式倉庫等）にあっては、ラック等の部分に設けるスプリンクラーヘッドに係る配管と天井部分に設けるスプリンクラーヘッドに係る配管は、それぞれ別系統とすること。

10 ラック等の構造が特殊なラック式倉庫の取扱いについて

　国内のラック式倉庫は、国内の物流において標準的に使用されているサイズのパレット（概ね1m～1.2m角程度）に1.5m程度の高さで積載された収納物等に対応するパレットラックを用いたものが一般的であり、これらを前提としてスプリンクラー設備の技術基準が整備されているが、これ以外のラック等を用いるラック式倉庫であって、規則及び告示の規定によりがたいものにあっては、次により取り扱うことができること。

(1) サイズの異なるパレットラックを用いるラック式倉庫

　収納物等の寸法の関係等から、標準的なパレットラックとサイズの異なるパレットラックを用いるラック式倉庫であって、規則第13条の5及び告示の規定によりがたいものにあっては、次により弾力的な運用を図ることとしてさしつかえないこと。

ア　ラック等の部分に設けるスプリンクラーヘッドの設置間隔については、告示により2連以下とされているが、令32条の規定を適用し、次表に掲げる連の幅に応じ、それぞれ定める設置間隔としてさしつかえないこと。

連の幅　[mm]	設置間隔等
600以下	8連以下
600を超え900以下	6連以下
900を超え1,200以下	4連以下
1,200を超える	2連以下

　＊　規則第13条の5第3項第1号イの規定により、一のスプリンクラーヘッドまでの水平距離は2.5m以下とする必要がある。

イ　連の幅の寸法が1,200mmを超える場合であって、別紙4の例によりスプリンクラーヘッドを配置しても、ラック等を設けた部分の各部分から一のスプリンクラーヘッドまでの水平距離が2.5m以下とならない場合にあっては、次によること。

(ア) 双列ラック等

　別紙4の配置例に加え、ラック等を設けた部分の各部分から、一のスプリンクラーヘッドまでの水平距離が2.5m以下となるように、通路面ヘッド及び背面ヘッド（水平遮へい板が設けられた等級Ⅱ、Ⅲ及びⅣのラック式倉庫について、水平遮へい板直下の段以外の段に設ける場合にあっては、連間スペースに設けるスプリンクラーヘッド）で補完すること。

(イ) 単列ラック等

　別紙4の配置例に加え、ラック等を設けた部分の各部分から、一のスプリンクラーヘッドまでの水平距離が2.5m以下となるように、単列ラック等の背面となる部分に

スプリンクラーヘッドを設け補完すること。
　ウ　スプリンクラーヘッド及び水平遮へい板の設置高さについては、規則第13条の5第3項第1号及び第4号の規定により定められているが、収納物等の寸法の関係等から、これらの規定によりがたいものにあっては、令32条の規定を適用し、次により取り扱うこととしてさしつかえないこと。
　　(ア)　等級Ⅰのラック式倉庫について高さ4m以内ごとに水平遮へい板を設けることができない場合にあっては、2段以下かつ6m以内ごとに水平遮へい板を設け、当該水平遮へい板の直下に通路面ヘッド及び背面ヘッドを設けるとともに、水平遮へい板直下の段以外の段にも通路面ヘッド及び背面ヘッドを設置すること。ただし、2段以下かつ5m以内ごとに水平遮へい板を設ける場合にあっては、当該水平遮へい板の直下に通路面ヘッド及び背面ヘッドを設置することで足りること。
　　(イ)　等級Ⅱ及びⅢのラック式倉庫について高さ8m以内ごとに水平遮へい板を設けることができない場合にあっては、概ね4段以下かつ高さ10m以内ごとに水平遮へい板を設けることができること。この場合において、スプリンクラーヘッドについても、高さ5m以内ごとに設けることができること。
　　(ウ)　等級Ⅳのラック式倉庫について高さ12m以内ごとに水平遮へい板を設けることができない場合にあっては、概ね6段以下かつ高さ15m以内ごとに水平遮へい板を設けることができること。この場合において、スプリンクラーヘッドについても、高さ7.5m以内ごとに設けることができること。
(2)　パレットラック以外のラック等を用いたラック式倉庫
　　パレットラック以外のラック等を用いたラック式倉庫にあっても、原則として、規則及び告示の規定によりスプリンクラー設備を設置する必要があること。ただし、ラック等の形状等により、これらの技術基準に従ってスプリンクラーヘッドを設けることができない場合にあっては、令第32条の規定を適用し、弾力的な運用を図ることとしてさしつかえないこと。
11　スプリンクラー設備の設置を省略することができる場合の要件
　　令第12条第1項第4号の規定によりスプリンクラー設備の設置対象となるラック式倉庫のうち、次に掲げる要件に該当する等、火災による危険性が十分低減されていると認められるものにあっては、令第32条の規定を適用し、スプリンクラー設備（水平遮へい板を含む。以下この11において同じ。）の設置免除を認めてさしつかえないこと。
(1)　防火安全対策を強化したラック式倉庫
　　令第12条第1項第4号に掲げるラック式倉庫のうち、次に掲げる防火安全対策が講じられているものにあっては、令第32条の規定を適用し、スプリンクラー設備の設置を免除してさしつかえないこと。
　ア　出火防止対策
　　(ア)　内部からの出火防止
　　　a　出火しにくい設備・機器が選定されていること。
　　　b　電気設備その他の出火のおそれのある設備・機器について、過熱防止、漏電防止等の安全対策が講じられていること。

　　　　　　c　設備・機器の適正な設置（設置位置、施工管理等）が確保されていること。
　（イ）外部からの火源の持ち込み防止
　　　　　a　ラック式倉庫内への収納物等の搬入を無人で行うもの（収納物等の搬入路となる部分又は搬入口において、有人により火災監視が行われるものは含まない。）にあっては、搬入路となる部分又は搬入口に、搬入される収納物等の火災を有効に感知することができるよう炎感知器等が設けられていること。この場合において、収納物等の形状等を考慮して、感知に死角が生じないものであること。
　　　　　b　火災を感知した場合には、当該収納物等の搬入を直ちに自動停止するとともに、当該部分及び常時人がいる部分に警報を発することができるよう措置されていること。
　　　　　c　搬入路となる部分又は搬入口には、消火器等の初期消火手段を備えられていること。
　（ウ）管理上の対策
　　　　　a　倉庫内が火気使用禁止であること。
　　　　　b　倉庫内での火気使用について、当該事業所の防火管理部門で一括した管理体制（事前確認制度を設ける等）が整備されていること。また、倉庫の改修、増改築等の工事中における火気管理計画が策定されていること。
　　　　　c　倉庫内の設備・機器について、実施計画に基づき定期点検が適正に行われていること。
　　　　　d　定期的な巡回監視等、異常が起きた場合の早期発見体制が整備されていること。
　　　　　e　収納物等の出入庫管理が適正に行われていること。この場合において、倉庫内の収納物等について、出火危険性の観点から分別して収納する等、被害軽減に係る措置が講じられていること。
　イ　延焼拡大防止対策
　（ア）ラック式倉庫における延焼拡大防止
　　　　　a　ラック等が設けられている部分と他の部分（荷さばき場、梱包作業場等）が、耐火構造又は準耐火構造の床又は壁で防火区画されていること。また、当該区画に開口部を設ける場合には、甲種防火戸とするとともに、有効に冷却することにより延焼防止できるスプリンクラー設備、ドレンチャー設備等が設けられていること。
　　　　　b　ラック式倉庫の外壁の開口部（出入口等）に防火措置が講じられていること。
　　　　　c　配管、配線等の区画貫通部に防火措置が講じられていること。
　（イ）周囲への延焼拡大防止
　　　　　ラック式倉庫の周囲への防火塀の設置、空地の確保等により他の防火対象物等への延焼のおそれがないこと。
　（ウ）防災体制の充実
　　　　　自衛防災資機材（可搬消防ポンプ、ポンプ自動車等）を備えた自衛消防隊が組織されていること。
(2)　ラック等の部分が可動するラック式倉庫
　　ラック等の部分が可動するラック式倉庫のうち、次の要件を満たすものにあっては、令第

32条の規定を適用し、スプリンクラー設備の設置を免除してさしつかえないこと。
　ア　屋内消火栓設備又はドレンチャー設備が設けられていること。
　イ　ラック等のうち火災が発生した箇所を容易に識別し、当該箇所を屋内消火栓設備又はドレンチャー設備により消火することができる位置に移動することができるものであること。
　ウ　ラック等を可動するために用いる電気設備等については、耐火措置が講じられていること。
(3)　冷蔵の用に供されるラック式倉庫
　　冷蔵の用に供されるラック式倉庫（庫内の温度が氷点下であるものをいう。）のうち、次の要件を満たすものにあっては、令第32条の規定を適用し、スプリンクラー設備の設置を免除してさしつかえないこと。
　ア　冷蔵室の部分における火気使用その他出火危険がないこと。
　イ　冷蔵室の部分とその他の部分とが、耐火構造又は準耐火構造の床又は壁で防火区画されていること。また、当該区画に開口部を設ける場合には、甲種防火戸とするとともに、当該開口部には、有効に冷却することにより延焼防止できるスプリンクラー設備、ドレンチャー設備等が設けられていること。
　ウ　冷蔵室の壁、床及び天井の断熱材及びこの押さえが、次のいずれかに該当するものであること。
　　(ア)　冷蔵室の壁体、天井等の断熱材料に不燃材料（岩綿、グラスウール等）を使用し、かつ、これらの押さえを不燃材料でしたもの。
　　(イ)　冷蔵室に使用される断熱材料をコンクリート若しくはモルタル（塗厚さが2cm以上のものに限る。）又はこれと同等以上の防火性能を有するもので覆い、かつ、当該断熱材料に着火するおそれのない構造としたもの。
　　(ウ)　前(ア)又は(イ)と同等以上の防火性能を有するもの
　エ　ラック等を設けた部分に、必要に応じ、不燃材料、準不燃材料又は難燃材料の遮へい板が設けられていること。
　オ　当該防火対象物の周囲への防火塀の設置、空地の確保等により他の防火対象物への延焼のおそれがないこと。

別紙1

ラック等の分類

	一般的特徴	形　　態
ビル式ラック	・ラック等の主要構造部によって、建物の屋根及び壁が支えられている構造のものである。 ・大型保管システム ・収納物等の入出庫は、スタッカークレーンで自動搬送する。	

ユニット式ラック	・建物と独立して、屋内にラック等が自立して設けられる構造のものである。 ・一般倉庫あるいは工場等の建屋内の部分設置が多い。 ・入庫までフォークリフトで搬送するケースが多いが以降庫内はスタッカークレーン自動搬送する。	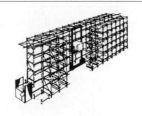
流動ラック	・建物と独立して、屋内にラック等が自立して設けられる構造のものである。 ・単列ラック等、双列ラック等の区別がない。 ・フォークリフトによる搬送が一般的であるが、自動搬送を行うものもある。庫内は傾斜を用いて自然に流動する。	
回転ラック	・建物と独立して、屋内にラック等が自立して設けられる構造のものである。 ・ラック等が移動する。 ・荷をラック等に格納後、当該ラック等による自動搬送を行う。 ・クレーン等の機械搬送機は使用しない。	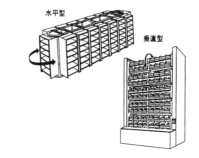
積層コンベヤ保管システム	・建物と独立して、屋内にラック等が自立して設けられる構造のものである。 ・コンベヤにより、保管・搬送を行う。 ・衣類、小物の搬送・保管に用いる。 ・コンベヤによる自動搬送	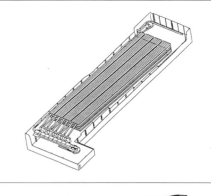
ドーリー搬送保管システム	・建物と独立して、屋内にラック等が自立して設けられる構造のものである。 ・衣類、小物の搬送保管に用いる。 ・走行台車で自動搬送	

第1章　3　スプリンクラー設備

別紙2

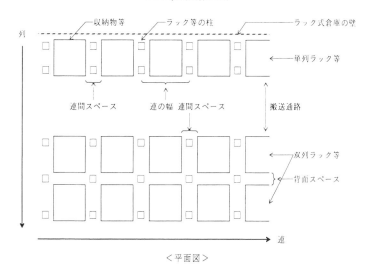

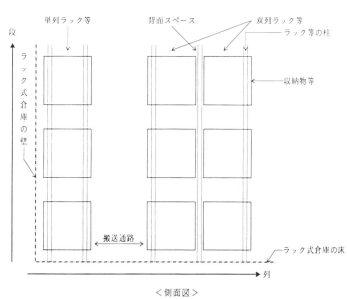

別紙3

収納物及び収納容器、梱包材等の具体例

1　収納物の具体例

区分	具　　体　　例	
指定可燃物	○　綿花類（不燃性又は難燃性でない綿上又はトップ状の繊維及び麻糸原料）	危政令別表第4に定める数量 200kg

（高熱量溶融性物品を除く。）	○ 木毛及びかんなくず（木綿、木繊維（しゅろの皮、やしの実の繊維等）、かんなくず等）	400kg
	○ ぼろ及び紙くず（古雑誌、古新聞、製本の切れ端、古段ボール、廃衣服、油布・油紙等）	1 t
	○ 糸類（綿糸、毛糸、麻糸、化学繊維の糸、スフ糸、釣り糸等）	1 t
	○ わら類（俵、こも、縄、むしろ、畳表、ござ等）	1 t
	○ 可燃性固体類（高熱量溶融性物品に該当するものを除く。）	3 t
	○ 石炭・木炭類（石炭、木炭、コークス、豆炭、練炭等）	10 t
	○ 可燃性液体類（高熱量溶融性物品に該当するものを除く。）	2㎥
	○ 木材加工品及び木くず（製材した木材及びそれを組み立てた家具等の木工製品、製材過程における廃材、おがくず、木端等）	10㎥
	○ 合成樹脂類（高熱量溶融性物品に該当するものを除く。） ・ 酸素指数26未満の固体の合成樹脂製品、合成樹脂半製品、原料合成樹脂及び合成樹脂くず（ゴム製のものを含む。）（繊維、布、紙及び糸並びにこれらのぼろ及びくずを除く。）、ポリエチレンテレフタレート（PET） ・ 酸素指数26未満の合成樹脂（エポキシ樹脂、不飽和ポリエステル樹脂、ポリアセタール、ポリウレタン、ポリビニルアルコール、メタクリル樹脂等）	○ 発泡させたもの 20㎥ ○ その他のもの 3 t
高熱量溶融性物品	燃焼熱量が34キロジュール毎グラム（8000cal／g）以上であって、炎を接した場合に溶融する性状の物品であり、次のようなものがある。 ○ 酸素指数26未満の固体である合成樹脂の製品、半製品、原料及びくず（繊維、布、紙及び糸並びにこれらのぼろ及びくずを除く。） ・アクリロニトリル／ブタジエン／スチレン樹脂（ABS樹脂） ・ポリエチレン（PE） ・ポリプロピレン（PP）	○ 発泡させたもの 20㎥ ○その他のもの 3 t

第1章　3　スプリンクラー設備

	・ポリスチレン（PS） ・スチレン／アクリロニトリル樹脂（SAN樹脂） ・スチレン／ブタジエンゴム（SBR） ○　可燃性固体類（当該性状を有するものに限る。） ○　可燃性液体類（当該性状を有するものに限る。）	3 t 2㎥
その他 のもの	○　食品（肉類、魚肉類、果物、野菜、乳製品、ビール、ワイン等） ○　ガラス製品（空のガラス瓶、不燃性液体入りガラス瓶等） ○　金属製品（金属机（プラスチックの表面を有するものを含む。）、電気コイル、薄く破覆された細い電線、金属外装の電気機器、ポット、パン、電動機、乾電池、金属部分、空き缶、ストーブ、洗濯機、ドライヤー、金属製キャビネット等） ○　皮革製品（靴、ジャケット、グローブ、鞄等） ○　紙製品（本、雑誌、新聞、紙食器（コーティングされたものを含む。）、ティッシュ製品、ロール紙、PPC用紙、段ボール、セロハン等） ○　布製品（衣服、じゅうたん、カーテン、テーブルクロス、布張家具・寝具（発砲させた合成樹脂類を詰めたものを除く。）等） ○　酸素指数26以上の合成樹脂（フェノール樹脂、ふっ素樹脂、ポリアミド、ポリ塩化ビニリデン、ポリ塩化ビニル、尿素樹脂、けい素樹脂、ポリカーボネート、メラミン樹脂等） ○　その他（袋入りセメント、電気絶縁物、石膏ボード、不活性顔料、乾燥殺虫剤、白熱電球、蛍光灯、石鹸、洗剤等）	

*　高熱量溶融性物品の酸素指数、燃焼熱量等は、一般的に使用されているものの値を掲げたものであり、個別の物品によっては異なることがある。

2　収容容器、梱包材等の具体例

種類	具　　　体　　　例	
高熱量 溶融性 物品	燃焼熱量が34kJ／g（8000cal／g）以上であって、炎を接した場合に溶融する性状の物品であり、次のようなものがある。 ○　酸素指数26未満の固体の合成樹脂の格納容器、梱包材、パレット等 ・　収納容器（プラスチック缶・瓶、プラスチックケース等） ・　梱包材（プラスチックフィルム、合成樹脂のひも、縄等） ・　パレット（ポリエチレン製パレット、ポリプロピレン製パレット等）	危政令別表第4に定める数量 ○発泡させたもの 20㎥ ○　その他のもの 3 t
その他 のもの	○　収納容器（板紙容器、紙袋、布袋、金属缶、ガラス瓶、木製容器、陶器等） ○　梱包材（段ボール、包装紙・布、ひも、縄等） ○　パレット（木製パレット、金属製パレット等）	

別紙4 〔省略〕

(平10・7・24消防予119)

(令別表1(15)項 その他の事業所)

◆消防用設備等の消防法施行令第32条の取扱いについて【特例 スプリンクラー設備】

問1 別添の防火対象物は、ケーブル（配線）の強度等の特殊な実験を行う建築物であり、火災発生の恐れのある部分としては、空調室ないし油圧器が考えられるが可燃性物品はケーブルのみと思われる。しかし、この防火対象物は消防法施行令第12条第1項第9号に該当するので11階以上の部分にスプリンクラー設備を設置しなければならないと思料されるが上記防火対象物の用途等を勘案し、消防法施行令第32条を適用してよろしいか。

2 また、当該防火対象物は、消防法施行令第29条第1項第1号及び同第29条の2第1項第1号に該当するので、連結送水管、非常コンセント設備を設置しなければならないと思料されるが、両設備ともスプリンクラー設備と同様に消防法施行令第32条を適用してよろしいか。
　なお、連結送水管を設置する際には各階とも床面積が100㎡以下と狭いので操作上支障があると思料される。

防火対象物の概要
1 所　在　地　茨城県筑波郡大穂町花畑2丁目3番1号
2 対 象 物 名　筑波電気通信建設技術開発センター高層実験棟
3 人　　　員　人の出入りは実験を行うためケーブル等をセットする際に、出入りするだけで年に数回程度と思われる。
　　　　　　　実験開始後は、殆んど人の出入りはないと思われる。
4 建物の構造　鉄筋コンクリート造
　　　　　　　一部鉄骨造
　　　　　　　地下3階、地上13階
5 面　　　積　建築面積　105.3㎡
　　　　　　　延べ面積　1,623.12㎡
6 用　　　途　高層ビルケーブル布設工法
　　　　　　　　　〃　　内布設配線工法等の振動疲労、静荷重、垂直ケーブル布設実験等
7 そ の 他　別添図面
　　　　　　　自動火災報知設備は設置する。

別添図面　〔省略〕

答1 設問の場合、Aシャフト部分を除き消防法施行規則第13条第1項第1号の規定に準じた防火区画をした場合は、消防法施行令第32条の規定を適用して当該設備の設置を免除してさしつかえない。

2 防火対象物の構造及び使用状況等から判断して連結送水管の設置を免除することは適当ではない。
　なお、非常コンセント設備については、1と同様に取り扱ってさしつかえない。

(昭55・5・22消防予102)

（令別表1(16)項　小規模特定用途複合防火対象物）

◆消防用設備等に係る執務資料の送付について【特例　自動火災報知設備・スプリンクラー設備】

問　規則第13条第1項第2号に規定する小規模特定用途複合防火対象物（以下「小規模特定用途複合防火対象物」という。）に対する「消防法施行令の一部を改正する政令」（平成25年政令第368号。以下「368号政令」という。）及び「消防法施行令の一部を改正する政令」（平成26年政令第333号。以下「333号政令」という。）に係る経過措置について

① 〔省略〕

② 333号政令の施行の際、現に存する小規模特定用途複合防火対象物（令別表第1(6)項イ(1)及び(2)に掲げる防火対象物の用途に供される部分に限る。②において同じ。）及び現に新築、増築、改築、移転、修繕又は模様替えの工事中の小規模特定用途複合防火対象物は令第12条第1項第3号に掲げる防火対象物に該当する場合があるが、同項第1号に掲げる防火対象物に該当する複合用途防火対象物の部分と同様に、平成37年6月30日までの間は、スプリンクラー設備の設置を猶予することとして差し支えないか。

答　①、②ともに差し支えない。

（平27・3・27消防予129）

◆消防用設備等に係る執務資料の送付について【特例　スプリンクラー設備】

問　「住宅部分が存する防火対象物におけるスプリンクラー設備の技術上の基準の特例の適用について（通知）」（平成27年9月4日付け消防予第349号）により、住宅部分へのスプリンクラー設備の設置を要しないとした場合、消防法施行令の一部を改正する政令（平成26年政令第333号）による改正後の消防法施行令（昭和36年政令第37号。以下「令」という。）第12条第1項第1号及び第9号に掲げる防火対象物又はその部分に係る面積から同条第2項第3号の2に規定する「総務省令で定める部分」の他に当該住宅部分に係る面積を除いた面積が1,000㎡未満であれば、特定施設水道連結型スプリンクラー設備を設置してよいか。

また、上記の防火対象物に係る令第11条第2項の規定についても、1,000㎡に同項に規定する「総務省令で定める部分」の他に当該住宅部分の面積を加えた数値により屋内消火栓設備の設置の要否を判断してよいか。

答　前段、後段ともに差し支えない。

（平27・10・20消防予434）

（令別表1(16)項　複合用途防火対象物）

◆住宅部分が存する防火対象物におけるスプリンクラー設備の技術上の基準の特例の適用について

消防法施行令の一部を改正する政令（平成25年政令第368号）及び消防法施行令の一部を改正する政令（平成26年政令第333号）により、これらの政令による改正後の消防法施行令（昭和36年政令第37号。以下「令」という。）第12条第1項第1号に掲げる防火対象物については、原則として、面積にかかわらずスプリンクラー設備を設置しなければならないこととされました。

また、「令別表第1に掲げる防火対象物の取り扱いについて」（昭和50年4月15日付け消防予第41号、消防安第41号）2(2)により、防火対象物の一部に一般住宅の用途に供される部分（以下「住宅部分」という。）が存するもののうち、令別表第1(1)項から(15)項までに掲げる防火対象物（以下「令別表対象物」という。）の用途に供される部分の床面積の合計が住宅部分の床面積の合計より大きいものについては、全体を令別表対象物として取り扱うこととなっております。

　これらにより、住宅部分を含めた防火対象物全体に対してスプリンクラー設備等の設置を要する場合がありますが、個々の防火対象物の状況によっては、必ずしも住宅部分にスプリンクラー設備の設置を要しないことも想定されることから、その際の考え方について、下記のとおりとりまとめましたので、令第32条を適用する際の参考としてください。

　各都道府県消防防災主管部長におかれましては、貴都道府県内の市町村（消防の事務を処理する一部事務組合等を含む。）に対しても、この旨周知していただきますようお願いします。

　なお、本通知は、消防組織法（昭和22年法律第226号）第37条の規定に基づく助言であることを申し添えます。

記

　令第12条第1項第1号に掲げる防火対象物のうち、その一部に住宅部分が存するものであって、次の(1)から(4)に掲げるすべての条件に該当する場合にあっては、住宅部分にスプリンクラー設備を設置することを要しないと考えられること。

　なお、次の条件に該当しない場合であっても、個々の防火対象物の状況に応じて、他の防火措置を講ずることにより、同等の防火安全性能を有していると認められるときは、同様に住宅部分にスプリンクラー設備を設置することを要しないこととすることも考えられること。

(1)　主要構造部が、準耐火構造であること。
(2)　防火対象物全体に、消火器及び自動火災報知設備が令第10条及び第21条の技術上の基準に従い設置されていること。また、住宅部分の居室（押入れ等の収納設備を除く。）に、消防法施行規則（昭和36年自治省令第6号）第23条第4項第1号ニに掲げる場所を除き、煙感知器が設置されていること。
(3)　自動火災報知設備の感知器の作動と連動して起動する消防機関へ通報する火災報知設備が令第23条の技術上の基準に従い設置されていること。
(4)　住宅部分（階段及び通路等の共有部分を除く。）の同一階及び上階に住宅部分以外の部分（以下「非住宅部分」という。）が存しないこと。ただし、住宅部分と非住宅部分が同一階の場合で、それぞれの部分が準耐火構造の壁及び床で区画され、その開口部に防火設備（随時開くことができる自動閉鎖装置付きのもの又は随時閉鎖することができ、かつ、煙感知器の作動と連動して閉鎖するものに限る。）が設置されている等、有効に防火措置がされていると認められる場合はこの限りでないこと。

（平27・9・4消防予349）

（部分の用途）

◆消防法の一部を改正する法律（昭和49年6月1日法律第64号）等に関する質疑応答について
　【エスカレーター部分のスプリンクラーヘッドの取付けについて】
　問　規則第13条第2項第1号でエスカレーター部分のスプリンクラーヘッドは必要があると判断して

いるが既存の改修を含め、エスカレーター本体に配管を施工することの困難性もあり、下図のとおり、スプリンクラーヘッドの取付け間かくを密にすることで令第32条の規定を適用して支障ないか。

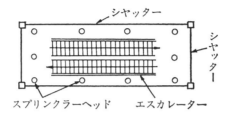

答 お見込みのとおり。

(昭50・6・16消防安65)

◆消防法の一部を改正する法律（昭和49年6月1日法律第64号）等に関する質疑応答について
　【スプリンクラー設備が設置されている場合は階段室部分の散水設備のヘッドは省略してよいか】
問 連結散水設備をスプリンクラー設備でかえようとする場合、階段室は散水設備のヘッドがのぞかれていないが、地階の階段室のヘッドはいかにすべきか。
答 地階に令12条の技術上の基準（規則第13条第2項第1号を含む。）に従ってスプリンクラー設備が設置されている場合は、同令第32条を適用して階段室部分の連結散水設備の散水ヘッドは、省略してさしつかえない。

(昭50・6・16消防安65)

◆消防法の一部を改正する法律（昭和49年6月1日法律第64号）等に関する質疑応答について
　【スプリンクラー設備を要する場合であって当該部分に階段等が存するときは屋内消火栓設備が必要か】
問 スプリンクラー設備を要する耐火構造の防火対象物で、規則第13条第3項第1号から第3号までの部分が存するとき、当該部分に屋内消火栓設備を設置しなければならないか。
答 お見込みのとおり。

(昭50・6・16消防安65)

スプリンクラー設備技術基準（令12条2項）

　スプリンクラー設備を設置する場合の技術基準については、想定される防火対象物の構造や部分等を想定し、標準的なものとして規定されています。法令が想定していない構造や用途である部分等については、技術基準によりがたいことが想定されます。このような場合には、個々の状況に応じ技術基準において要求されている消火性能等と同等以上のものとなるように設置することが必要となります。

◆スプリンクラー設備の設置及び維持に関する技術上の基準に係る運用について
　スプリンクラー設備の設置及び維持に関する技術上の基準については、平成8年2月16日に公布さ

れた消防法施行令の一部を改正する政令（平成8年政令第20号）及び消防法施行規則の一部を改正する省令（平成8年自治省令第2号）により、所要の改正が行われたところである。

今回の改正に伴うスプリンクラー設備（高天井の部分に設ける放水型ヘッド等を用いるものを除く。）の設置及び維持に関する技術上の基準に係る運用に際しては、下記事項に留意されたい。

なお、貴管下市町村に対してもこの旨示達され、よろしく御指導願いたい。

記

1 スプリンクラー設備全般について
 (1) 従来規定されていた閉鎖型スプリンクラーヘッドは、改正後の標準型ヘッド（閉鎖型スプリンクラーヘッドの技術上の規格を定める省令（昭和40年自治省令第2号）第2条第1号に規定する標準型ヘッド（同条第1号の2に規定する小区画型ヘッドを除く。）をいう。）のうち、感度の種別が2種であり、かつ、有効散水半径がr2.3のものに相当するものであること。
 (2) 標準型ヘッドを設ける場合の天井又は小屋裏の各部分から一のスプリンクラーヘッドまでの水平距離については、防火対象物又はその部分（ラック式倉庫等を除く。）ごとに、消防法施行令（昭和36年政令第37号。以下「令」という。）第12条第2項第2号イ並びに消防法施行規則（昭和36年自治省令第6号。以下「規則」という。）第13条の3第2項第3号、規則第13条の5第4項第2号及び同条第6項第2号に規定されているが、この場合のヘッドの配置については、原則として格子配置（正方形又は矩形）とされたいこと。なお、一ヘッド当たりの防護面積が広く、かつ、単位面積当たりの散水量が低下する千鳥配置は行わないこと。

　　　図　格子配置の例
　　　　その1　各部分からの水平距離2.3mの場合

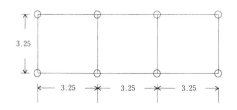

　　　　その2　各部分からの水平距離2.3mの場合

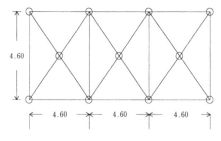

 (3) スプリンクラー設備の水源を震災時等の消防水利を確保する観点から活用する場合にあっては、次の事項に留意すること。
　ア　スプリンクラー設備に必要な水源水量以上の水量が確保されていること。
　イ　スプリンクラー設備が作動しているときは、その旨の表示が採水口の直近に表示されること。

ウ　消防水利として使用中にスプリンクラー設備が作動したときは、採水口の使用を停止すること。
　　　エ　採水口は、当該スプリンクラー設備の送水口の付近に設けること。
　　　オ　採水口の構造等は、消防ポンプ自動車による活動に支障のないように措置されていること。
　　　カ　スプリンクラー設備の加圧送水装置、配管等を使用する場合には、当該スプリンクラー設備の性能に影響を与えないように措置されていること。
　　　キ　その他消防長又は消防署長が必要と認める事項
2　標準型ヘッド（小区画型ヘッドを除く。）を用いるスプリンクラー設備について
　　令第12条第1項第6号に掲げる防火対象物又は同項第2号、第3号及び第7号から第9号までに掲げる防火対象物（令別表第1(1)項に掲げる防火対象物の舞台部を除く。）については、閉鎖型スプリンクラーヘッド（小区画型ヘッドを除く。）のうち、感度の種別が1種のもの又は有効散水半径がr2.3であるものを設けることとされており（規則第13条の2第1項）、次の表に示すように感度の種別が2種であり、かつ、有効散水半径がr2.6であるヘッドについては、設置することができないものであること。

有効散水半径　感度の種別	1種	2種
r2.3	○	○*
r2.6	○	×

　　備考　＊印は、従来の閉鎖型スプリンクラーヘッドに相当するもの。
　　また、標準型ヘッド（小区画型ヘッドを除く。）のうち、感度の種別が1種で、かつ、有効散水半径がr2.6であるものを特に「高感度型ヘッド」と規定し、今回新たに設置することができることとされたこと。
3　小区画型ヘッドを用いるスプリンクラー設備について
　(1)　規則第13条の3第2項第1号に規定する「宿泊室等」には、宿泊室、病室、談話室、娯楽室、居間、寝室、教養室、休憩室、面会室、休養室等が該当すること。
　(2)　小区画型ヘッドは、規則第13条の3第2項第3号の規定により「各部分から一のヘッドまでの水平距離が2.6m以下で、かつ、一のヘッドにより防護される部分の面積が13㎡以下」となるように設けることとされているが、同一の宿泊室等に二以上のヘッドを設ける場合には、次によること。
　　　ア　ヘッド相互の設置間隔が、3m以下とならないように設置すること。
　　　イ　小区画型ヘッドのデフレクターから下方0.45m以内で、かつ、水平方向0.3m以内には、何も設けられ、又は置かれていないこととされているが、放水した水が宿泊室等の周囲の壁面等の床面から天井面下0.5mまでの範囲を有効に濡らすことが必要であることから、当該ヘッドのデフレクターから下方0.45m以内で、かつ、水平方向の壁面までの間の範囲には、

何も設けられ又は置かれていないこと。

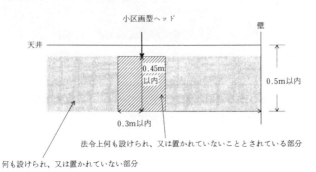

(3) 小区画型ヘッドを用いるスプリンクラー設備の流水検知装置は、規則第14条第1項第4号の2により湿式のものとすることとされており、流水検知装置の二次側の配管を乾式とすることはできないこと。また、予作動式のものを使用する場合には、湿式とすることが必要であること。これは、小区画型ヘッドは早期感知・小水量を特徴としており、火災の早期消火をするため、ヘッドの開放から放水までの遅れがないようにする必要があることから措置されたものであること。

4 側壁型ヘッドを用いるスプリンクラー設備について
 (1) 規則第13条の3第3項第1号に規定する「廊下、通路その他これらに類する部分」には、廊下、通路、フロント、ロビー等が該当すること。
 (2) 側壁型ヘッドのデフレクターから下方0.45m以内で、かつ、水平方向0.45m以内には、何も設けられ又は置かれていないこととされているが、そのうち水平方向については、次の例によること。

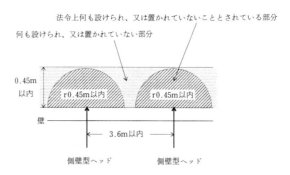

5 種別の異なるヘッドを用いるスプリンクラー設備について
 (1) 同一階の配管系に放水量の異なるスプリンクラーヘッド又は補助散水栓が設けられる場合の流水検知装置の検知流量定数については、次の表によること。

同一階の配管系の組み合せ	検知流量定数の区分		
	50	60	50・60併用
標準型ヘッド（小区画型ヘッドを除く。）及び補助散水栓		○	○

側壁型ヘッド及び補助散水栓		○	○
標準型ヘッド（小区画型ヘッドを除く。）及び小区画型ヘッド	○	○
側壁型ヘッド及び小区画型ヘッド	○	○
小区画型ヘッド及び補助散水栓		○

(2) 一のスプリンクラー設備に異なる種別のスプリンクラーヘッドが使用される場合の水源水量、ポンプの吐出量等にあっては、その値が最大となる種別のスプリンクラーヘッドに係る規定により算出すること。

(3) 種別の異なるスプリンクラーヘッド（放水量、感度の種別等）は、同一階の同一区画（防火区画されている部分、たれ壁で区切られた部分等であって、当該部分における火災発生時において当該部分に設置されているスプリンクラーヘッドが同時に作動すると想定される部分をいう。）内に設けないこと。ただし、感度の種別と放水量が同じスプリンクラーヘッドにあっては、この限りでない。

(4) 同一階の配管系に放水量の異なるスプリンクラーヘッド又は補助散水栓が設けられる場合の当該配管の末端に設ける末端試験弁は、当該流水検知装置の検知流量定数に相当する放水性能を有するオリフィス等の試験用放水口を設ければ足りるものであること。

6　水源水量について

(1) 標準型ヘッド（小区画型ヘッドを除く。）及び側壁型ヘッドを用いるスプリンクラー設備の水源水量を求める場合のスプリンクラーヘッドの設置個数について、乾式又は予作動式の流水検知装置が設けられている場合には、規則第12条の6第1項及び第3項の規定する個数に1.5を乗じて得られた個数とされているが、結果が小数点以下の数値を含む場合にあっては、小数点以下を切り上げ整数とすること。

(2) 小区画型ヘッドを用いるスプリンクラー設備については、乾式又は予作動式（乾式のものに限る。）の流水検知装置の使用を想定していないことから、水源水量の割り増し規定が設けられていないものであること。

(平8・6・11消防予115)

memo　スプリンクラー設備について、スプリンクラーヘッドの特例として認められたものが一般化した、スプリンクラー設備の信頼性の向上等を踏まえ、合理的な基準となるように改正されたことに伴う、運用等として示されています。これらは、法令基準やその解釈等の基本となるものであり、特例を適用する場合の考え方等の基本となるものです。

（スプリンクラーヘッドの設置が免除されている部分）

◆消防法、同施行令及び同施行規則に関する執務資料について【スプリンクラーヘッドの設置が免除された部分に屋内消火栓設備の設置の可否について】

問　規則第13条第3項の規定により、スプリンクラーヘッドの設置が省略される部分のうち、次の部

分について、屋内消火栓設備が設置されていない場合、屋内消火栓設備は設置されていても設置基準に適合しない場合、又はヘッドの設置免除される部分が電気設備のみ設けられている部分で屋内消火栓設備で消火が不適当とされている場合の屋内消火栓設備の設置の可否について教示されたい。
 (1) 電気室 (2) 昇降機の昇降路 (3) 昇降機の機械室
 (4) 通信機器室 (5) 浴室、便所
 なお、(1)－(5)のうち階とみなされない場合の屋内消火栓設備の扱いについても併せて教示願います。

答 当該防火対象物が屋内消火栓設備及びスプリンクラー設備の設置を必要とする場合、規則第13条第2項の規定によりスプリンクラーヘッドの設置を免除された当該部分については、原則として屋内消火栓設備を技術上の基準に適合するよう設置しなければならないが、屋内消火栓設備による消火が不適当とされる部分については、令第13条の規定に適合する特殊消火設備を設置するよう指導されたい。なお、当該部分が、火災を発生するおそれが皆無であると判断される場合は、令第32条の規定を適用して屋内消火栓設備の設置を免除してさしつかえない。

(昭52・1・27消防予12)

◆消防法、同施行令及び同施行規則に関する執務資料について【スプリンクラーヘッドの設置が免除されている場合の適合基準について】

問 規則第13条第2項第1号で、避難階段部分ではヘッドの設置が免除されているが、いつの時点の基準法に適合していればいいか。従前の基準法に適合しておればよいか。

答 原則として昭和50年1月1日現在の建築基準法施行令第123条及び第124条の基準に適合しなければならないが、防火戸の閉鎖機構に関する規定、避難階段等の幅員の算出方法の規定などが従前の規定に適合する場合、令第32条の規定を適用しスプリンクラーヘッドの設置を免除してさしつかえない場合があるので念のため申し添える。

(昭52・1・27消防予12)

(規則13条の区画)

◆消防法、同施行令及び同施行規則に関する執務資料について【防火戸の閉鎖機構について】

問 「消防法、同施行令及び同施行規則に関する執務資料について」(昭和52年1月27日消防予第12号) 3消火設備. 問3に「防火戸の閉鎖機構に関する規定が従前の規定に適合する場合、令第32条の規定を適用しスプリンクラーヘッドの設置を免除してさしつかえない場合がある」とされているが、熱感知器連動、温度ヒューズ連動のもの及び手動で閉鎖するものについてはどうか。

答 熱感知器連動又は温度ヒューズ連動のものについてはお見込みのとおり。なお、手動で防火戸を閉鎖するものについては避難階段等と認められないため、当該階段部分にスプリンクラーヘッドを設置しなければならないが、既存の防火対象物に限り、令第32条の規定を適用し、次のいずれかによることができるものとする。

 (1) 階段室の出入口の部分に令第12条第2項第3号及び規則第15条の規定に準じてスプリンクラー設備又はドレンチャー設備を延焼防止上有効に設けた場合にあつては階段部分のスプリン

クラーヘッドの設置を省略できるものとする。なお、この場合ドレンチャー設備のドレンチャーヘッドを閉鎖型のものとする場合に限りスプリンクラー設備の配管と接続してもさしつかえない。
(2) 階段室にスプリンクラーヘッドを設置する場合、当該スプリンクラーヘッドを接続する配管は、いずれの階の配管と接続してもさしつかえないものとする。

(昭54・6・22消防予118)

（放水型ヘッド等を用いるスプリンクラー設備）

◆放水型ヘッド等を用いるスプリンクラー設備の設置及び維持に関する技術上の基準の運用について

　平成8年2月16日に消防法施行令の一部を改正する政令（平成8年政令第20号）及び消防法施行規則の一部を改正する省令（平成8年自治省令第2号。以下「改正省令」という。）が公布され、スプリンクラー設備の設置及び維持の技術上の基準が改正されたことに伴い、平成8年8月19日に放水型ヘッド等を用いるスプリンクラー設備の設置及び維持に関する技術上の基準の細目を定める告示（平成8年消防庁告示第6号。以下「告示」という。）が制定された。

　この告示は、消防法施行規則（昭和36年自治省令第6号。以下「規則」という。）第13条の4第2項、同条第3項第1号、第13条の6第1項第5号、同条第2項第5号及び第14条第2項第3号の規定に基づき、放水型ヘッド等を用いるスプリンクラー設備の設置及び維持に関する技術上の基準の細目を定めたものである。

　今般、放水型ヘッド等を用いるスプリンクラー設備の設置及び維持に関する技術上の基準の運用について、下記のとおりとりまとめたので通知する。

　貴職におかれては、下記事項に留意のうえ、その運用に遺憾のないよう配慮されるとともに、管下市町村に対してもこの旨示達され、よろしく御指導願いたい。

記

1　告示基準について
　(1)　所要の用語の意義が定められたこと（告示第2関係）。
　(2)　放水型ヘッド等の構造、放水部の性能、感知部の構造及び性能並びに表示について、基準が定められたこと（告示第3関係）。
　(3)　固定式ヘッドの設置、可動式ヘッドの設置、放水型ヘッド等の感知部の設置並びに感知部及び放水部の連動等について、基準が定められたこと（告示第4関係）。
　(4)　放水型ヘッド等を用いるスプリンクラー設備の水源水量の算出方法が、固定式ヘッド及び可動式ヘッドについて定められたこと（告示第5関係）。
　(5)　放水型ヘッド等を用いるスプリンクラー設備の性能の基準が、固定式ヘッド及び可動式ヘッドについて定められたこと（告示第6関係）。
　(6)　放水型ヘッド等を用いるスプリンクラー設備（放水型ヘッド等の部分を除く。）の設置及び維持の基準が定められたこと（告示第7関係）。
2　施行期日等
　(1)　施行期日
　　　平成9年4月1日から施行することとされたこと。

(2) 基準の適用

　　改正省令附則第3条第2項の規定により、平成9年4月1日において現に存する防火対象物若しくはその部分（高天井の部分に限る。）又は現に新築、増築、改築、移転、修繕若しくは模様替えの工事中の防火対象物若しくはその部分（以下「既存防火対象物」という。）における放水型ヘッド等を用いるスプリンクラー設備のうち、告示の規定に適合しないものに係る技術上の基準については、平成11年3月31日までの間は、当該規定にかかわらず、なお、従前の例によることとされていること。

(3) 既存防火対象物の取扱い

　　平成9年4月1日前において次のいずれかにより運用されていた既存防火対象物については、消防法施行令（昭和36年政令第37号。以下「令」という。）第32条の特例を適用し、同日以後も引き続き従前の例によることとしてさしつかえないこと。

　ア　高天井の部分について、閉鎖型スプリンクラーヘッドが設置され、かつ、3(2)エ(ア)b及びcの要件に適合するもの

　イ　高天井の部分について、(財)日本消防設備安全センターの消防防災システム評価を受けた放水型ヘッド等を用いるスプリンクラー設備その他これに類するものを、令第32条の特例を適用して設置しているもの

　ウ　高天井の部分について、その利用形態が3(2)エ(ア)b及びcの要件に適合する等火災による危険性が著しく低いため、令第32条の特例を適用してスプリンクラーヘッドの設置を免除しているもの

3　運用上の留意事項

(1) 高天井部分の取扱い

　　令第12条第2項第2号ロ並びに規則第13条の5第3項及び第5項の規定により放水型ヘッド等を設けることとされている部分（以下「高天井の部分」という。）については、次によること。

　ア　床面から天井までの高さについては、次により測定すること。

　　(ア)　天井のない場合については、床面から屋根の下面までの高さ（令第12条第1項第4号参照）。

　　(イ)　防火対象物の部分が高天井の部分に該当するか否かについては、当該防火対象物内の同一の空間としてとらえることのできる部分（防火区画等されている部分）の床面から天井までの平均高さではなく、個々の部分ごとの床面から天井までの高さ。

　　(ウ)　天井が開閉する部分については、当該天井が閉鎖された状態における床面からの高さ。

　イ　次のいずれかに該当する部分については、高天井の部分に該当しないものであること。

　　(ア)　階段又はエスカレーターの付近に設けられる小規模な吹抜け状の部分（概ね50㎡未満）

　　(イ)　天井又は小屋裏が傾斜を有するものである等の理由により、床面から天井までの高さが、局所的に令第12条第2項第2号ロ並びに規則第13条の5第3項及び第5項の規定に掲げる高さとなる部分

(2) 設置上の留意点

　　放水型ヘッド等を用いるスプリンクラー設備を設置する場合には、次の事項に留意するこ

と。
ア　告示第3、4の規定（放水型ヘッド等の表示）において、有効放水範囲並びに取扱方法の概要及び注意事項については、ケースに入れた下げ札に表示することができるとされているが、その設置方法等については、次によること。
　（ア）　下げ札は、放水型ヘッド等の付近の見やすい場所に設置すること。この場合において、同一種類の放水型ヘッド等が複数存する場合には、当該表示の確認に支障のない範囲で下げ札を兼用してさしつかえないものであること。
　（イ）　下げ札について、当該放水型ヘッド等の表示に係るものであることが明らかとなるようにしておくこと。
　（ウ）　下げ札による表示は、当該防火対象物の使用開始までの間行うこととし、使用開始後、下げ札は防災センター等において保管すること。
イ　告示第4、4の規定（放水型ヘッド等の感知部及び放水部の連動等）において、放水型ヘッド等の感知部が火災を感知した旨の信号を発した場合（自動火災報知設備と連動するものにあっては、当該自動火災報知設備からの火災信号を受信した場合）には当該警戒区域に対応する放水区域に放水を自動的に開始することができるものであることとされ、かつ、放水区域の選択及び放水操作は手動でも行えるものであることとされているが、その運用にあたっては、次によること。
　（ア）　原則として、自動放水とすること。ただし、次のいずれかに該当する場合にあっては、放水操作を手動で行うことができる。
　　　a　当該防火対象物の防災要員により、当該高天井の部分における火災の監視及び現場確認並びに速やかな火災初期対応を行うことができる場合
　　　b　当該高天井の部分の利用形態により、非火災報が発生しやすい場合
　　　c　その他、当該高天井の部分の構造、使用形態、管理方法等の状況に応じ、放水操作を手動で行うことが適当と判断される場合
　（イ）　放水操作を手動で行う場合にあっては、次によること。
　　　a　管理、操作等のマニュアルが作成されていること。
　　　b　防災センター等において、自動又は手動の状態が表示されること。
　　　c　操作者は、当該装置について習熟した者とすること。
　（ウ）　防災センター等以外の場所において操作できるものにあっては、次によること。
　　　a　操作可能なそれぞれの場所において、その時点での操作権のある場所が明確に表示されること。
　　　b　操作可能なそれぞれの場所において、操作状況が監視できること。
　　　c　操作可能な場所相互間で同時に通話できる設備を設けること。
　　　d　操作可能な場所には、放水型ヘッド等により警戒されている部分を通過することなく到達できること。
ウ　高天井の部分と高天井の部分以外の部分とが床、壁等により区画されていない場合には、次により設置すること。
　（ア）　火災を有効に消火できるように、それぞれの部分に設置されたスプリンクラーヘッドの放水区域等が相互に重複するように設置すること。

（イ）境界部分にたれ壁を設ける等、それぞれの部分に設置されたスプリンクラーヘッドの感知障害、誤作動等を防止するための措置を講じること。
　　（ウ）一のスプリンクラー設備に放水型ヘッド等と放水型ヘッド等以外のスプリンクラーヘッドが使用される場合であって、それぞれの種別のスプリンクラーヘッドから同時に放水する可能性のある場合にあっては、当該スプリンクラー設備の水源水量、ポンプの吐出量等については、それぞれの種別のスプリンクラーヘッドについて規定される量を合算した量とすること。
　　（エ）高天井の部分の床面が、隣接する高天井の部分以外の部分に設置された閉鎖型スプリンクラーヘッドにより有効に包含される場合には、当該高天井の部分については、令第32条の特例を適用し、放水型ヘッド等を設置しないことができること。
　　（オ）高天井の部分以外の部分の床面が、隣接する高天井の部分に設置された放水型ヘッド等により有効に包含される場合には、当該高天井の部分以外の部分については、令第32条の特例を適用し、当該放水型ヘッド等以外のスプリンクラーヘッドを設置しないことができること。この場合において、高天井の部分以外の部分に係る感知障害のないように特に留意すること。
　エ　高天井の部分のうち、次のいずれかに該当するものについては、令第32条の特例を適用し、放水型ヘッド等その他のスプリンクラーヘッドを設置しないことができること。
　　（ア）体育館（主として競技を行うために使用するものに限る。）、ロビー、会議場、通路その他これらに類する部分であって、次のすべてに適合する部分
　　　　a　当該部分の壁及び天井の仕上げが不燃材料又は準不燃材料でなされていること
　　　　b　当該部分において火気の使用がないこと
　　　　c　当該部分に多量の可燃物が存しないこと
　　（イ）（ア）b及びcの要件に適合するほか、床面積が概ね50㎡未満である部分
4　その他
　（1）この告示の制定に従い、スプリンクラー設備の点検基準、点検要領及び試験基準について、見直しを行う予定であること。
　（2）放水型ヘッド等を用いるスプリンクラー設備については、防火対象物の高天井の部分の形態、利用状況に応じ当該設備の機能・性能等の技術上の基準への適合性を総合的に判断する必要があるものであり、その統一的な運用については、現在検討を行っているところであり、その方策について別途通知する予定であること。

（平8・9・10消防予175）

memo　放水型ヘッド等を用いるスプリンクラー設備については、大空間、高天井等の防火対象物において、出火・延焼危険性のある用途等に使用される防火対象物又はその部分に対し、自動消火設備とし設置することができるものであり、従来個別の事例ごとに判断し特例として設置が認められていたものを基準化したものです。その適用に当たっては、個々の防火対象物又はその部分の状況により設置する必要があることから、その解釈等を含め示されたものです。

（補助散水栓（令12条2項8号））

◆屋内消火栓設備の2号消火栓及びスプリンクラー設備の補助散水栓に係る質疑応答について

問1　補助散水栓を使用した場合、加圧送水装置の起動は自動的に行われるが、音響警報装置の作動は遅れる場合がある。是正させるべきか。

答1　スプリンクラー設備のスプリンクラーヘッドが作動した場合の音響警報は、スプリンクラーヘッドが自動的に作動することから、その旨を関係者に知らせることを目的としている。

　補助散水栓を使用した場合に、音響警報装置の作動が遅れるのは、補助散水栓の放水量は60ℓ／min以上とされており、流水検知装置の作動水量に満たないためによると考えられる。

　しかし、補助散水栓は、人が操作するものであり、放水しているときは、人が対応していることから音響警報装置の作動が遅れても問題がないと考えられる。

問2　2号消火栓及び補助散水栓の共用型のものを、スプリンクラー設備の補助散水栓として使用する場合にあつては、加圧送水装置にかかる起動装置を取り外して使用してよいか。

答2　差し支えない。

　なお、起動装置を取り外すことにより、操作性等の機能等に悪影響を与えないことを確認することが必要である。

問3　次図のような場合において、屋内消火栓設備が義務設置となる部分について補助散水栓で代替することができるか。

　1　階数11以上の非特定防火対象物の1～10階部分について補助散水栓で代替可能か。

　2　延べ面積6,000㎡以上特定防火対象物で規則第13条第3項の規定によりスプリンクラーヘッドを設けない部分について、補助散水栓で代替可能か。

答3　補助散水栓は、スプリンクラーヘッドの設置を要しない部分をカバーし、スプリンクラーヘッドの未警戒部分を補完するものであり、これにより屋内消火栓設備との重複設置を排除した

ものである。従つて、1のように、スプリンクラー設備の設置義務の無い部分に補助散水栓のみを設置しても、法令上は消防法施行令第12条に規定される技術上の基準又はこれに準じて設置したこととは認められず、これをもつて屋内消火栓設備の設置を免除することはできない。

　しかし、設問の1のように同一建築物内にスプリンクラー設備及び屋内消火栓設備の設置が義務付けられている場合において、両方の設備を同時に使用した場合においても、所定の性能を得られることなど所定の措置を講じた場合には、消防法施行令第32条を適用し、併設するスプリンクラー設備と屋内消火栓設備の水源、ポンプ及び配管等の供用を認めることができるものである。

　2の場合にあつては、消防法施行規則第13条第3項の規定によりスプリンクラーヘッドを設けない部分に、補助散水栓を設置することにより、屋内消火栓設備を設置しなくてもよいものである。

(平元・10・3消防予110)

memo　スプリンクラー設備の補助散水栓の法令上の位置づけを示したものであり、同一防火対象物にスプリンクラー設備及び屋内消火栓設備の設置義務があった場合に、当該防火対象物のすべての部分がスプリンクラーヘッド及び補助散水栓により包含されている場合には、屋内消火栓設備の設置を要しないことの考え方が示されたものです。

◆消防用設備等に係る執務資料の送付について【補助散水栓の代替について】

問10　182号通知1(2)に掲げるパッケージ型消火設備を設置することができる防火対象物の要件に該当しない防火対象物についても、同通知2(4)により補助散水栓の代替としてパッケージ型消火設備を設置することを認めてよいか。

答10　お見込みのとおり。

(平10・5・1消防予67)

(特定施設水道連結型スプリンクラー設備)

◆消防用設備等に係る執務資料の送付について【特定施設水道連結型スプリンクラー設備と同等以上の性能を有するものについて】

問　水道の用に供する水管に連結されていないスプリンクラー設備であって、水源や加圧送水装置等により、放水量及び放水圧力等特定施設水道連結型スプリンクラー設備に必要とされる性能が確保されるものにあっては、特定施設水道連結型スプリンクラー設備と同等以上の性能を有するものとして、消防法施行令第32条の規定を適用することができると解してよいか。

答　お見込みのとおり。

(平21・3・31消防庁予防課事務連絡)

memo　特定施設水道連結型スプリンクラー設備については、必ずしも水道の用に供する水管に接続されていなくても、水源及び加圧送水装置等が基準を満たしていれば、特例を適用できることとしています。

（流水検知装置）

◆消防用設備等に係る執務資料の送付について【負圧式の予作動式流水検知装置の取扱い】

問1　スプリンクラー設備の設置について、「流水検知装置の技術上の規格を定める省令」（昭和58年自治省令第2号）第12条の規定に基づき、基準の特例を受けた予作動式流水検知装置のうち、流水検知装置の弁体の二次側を大気圧より低い（以下「負圧」という。）状態で火災を監視し、火災時には、自動火災報知設備の感知器又はスプリンクラー設備専用の感知器の信号により、流水検知装置の弁体が開放され、二次側に加圧水等が流入する構造のものを用いる場合、二次側が負圧状態であることに鑑み、次に掲げる事項に適合することを確認する必要があると考えるが、いかがか。
(1)　負圧の状態で使用できる配管継手、閉鎖型スプリンクラーヘッドを使用すること。
(2)　流水検知装置の弁体の開放に係る要件等、型式承認時に認められた範囲内において使用すること。
(3)　閉鎖型スプリンクラーヘッドが破損する等の原因で、流水検知装置の二次側配管内の圧力に異常が発生した場合に音響等で異常を知らせる措置を講ずること。

答1　お見込みのとおり。
　なお、一般社団法人日本消火装置工業会では、設問にある流水検知装置を用いたスプリンクラー設備に設けられる閉鎖型スプリンクラーヘッドについて、当該工業会が実施する試験により、負圧環境下での閉鎖機能が確保され、かつ、異常開放時の検知が可能であることが確認された閉鎖型スプリンクラーヘッドの型式番号等を当該工業会のホームページ（URL：http://shosoko.or.jp/）に掲載する予定としていることから、参考とされたい。

（平25・3・18消防庁予防課事務連絡）

memo　流水検知装置は、一般的にその二次側は水圧又は空圧により加圧されていますが、基準の特例の適用を受けた予作動式流水検知装置は流水検知装置の弁体の二次側を大気圧より低い（負圧）状態で監視していることから、その設置に係る留意事項として示されたものです。法令解釈上は、法令基準によりがたいことから特例の適用が必要となると考えられるものです。

4　水噴霧消火設備等

(1)　設置基準

　水噴霧消火設備等の設置を要する防火対象物又はその部分については、令13条1項に規定されています（⇒序章　1(5)　消防用設備等設置基準早見表（10頁）参照）。

　なお、水噴霧消火設備等には、水噴霧消火設備、泡消火設備、不活性ガス消火設備、ハロゲン化物消火設備及び粉末消火設備が含まれます。これらの消火設備は、水による消火が困難、危険あるいは水による消火による二次被害があるなど、特殊な状況を有する防火対象物又はその部分に対し、当該対象物の性状、火災性状、消火後の状況等を考慮し、適正のある消火設備を選択できるようにされています。

(2)　法令による緩和措置（令13条2項）

　令13条1項の表に掲げる指定可燃物（可燃性液体類に係るものを除きます。）を貯蔵し、又は取り扱う建築物その他の工作物にスプリンクラー設備を令12条に定める技術上の基準に従い、又は当該技術上の基準の例により設置したときは、令13条1項の規定にかかわらず、当該設備の有効範囲内の部分について、それぞれ同表の下欄に掲げる消火設備を設置しないことができるとされています。

(3)　令32条特例

　水噴霧消火設備等に係る令32条の特例については、防火対象物の用途、建物の構造等から出火危険性が極めて少ないと考えられる場合に、設置の免除が認められています。

　また、水噴霧消火設備等の代替設備についても、水噴霧消火設備等と同等以上の消火性能を有すると認められるものにあっては、その設置が認められている例があります。

令32条特例関係　通知・行政実例
水噴霧消火設備等設置基準（令13条1項）
◆発変電所及び通信機器室に対する消防法施行令の適用について（昭36・12・11自消丙予発37） ……………………………………………………………………………………… 148
◆消防法施行令第32条の特例基準等について【火力発電所等・通信機器室】（昭38・9・30自消丙予発59） ………………………………………………………………………… 148
◆消防用設備等の設置に関する疑義について【水噴霧消火設備等に関する疑義について】（昭51・2・10消防安21） …………………………………………………………… 149
◆電気設備が設置されている部分等における消火設備の取扱いについて（昭51・7・20消防予37） ………………………………………………………………………………… 151
◆消防用設備等に係る執務資料の送付について【ヘリコプターの屋上緊急離着陸場等の消防用設備等の設置について】（平11・2・17消防予36） ………………………… 154
◆消防用設備等に係る執務資料の送付について【新ガス系消火設備】（平14・9・30消防予281） …………………………………………………………………………………… 154

水噴霧消火設備技術基準（令14条）

- ◆予防事務執務上の疑義について【改装した地下専用駐車場に設ける特殊消防用設備】〔解釈〕（昭54・7・17消防予138） ……………………………………………… 157
- ◆消防用設備等の設置等の疑義について【水噴霧消火設備等の設置について】（昭57・5・10消防予104） …………………………………………………………………… 158
- ◆消防法、同法施行令及び同法施行規則に関する執務資料について【自動車の修理又は整備の用に供される部分の床面積の算定】（昭59・7・14消防予113） …………… 159
- ◆令第32条の適用について【厨房室に設置する水噴霧消火設備等】（平4・12・17消防予249） ……………………………………………………………………………………… 160
- ◆消防法、同施行令及び同施行規則に関する執務資料について【機械式駐車場に設置する水噴霧消火設備等に係る質疑について】（平5・11・29消防予296） ……………… 160

泡消火設備技術基準（令15条）

- ◆消防法の一部を改正する法律（昭和49年6月1日法律第64号）等に関する質疑応答について【地下駐車場等に送水口を附置することは適当か】〔解釈〕（昭50・6・16消防安65） ……………………………………………………………………………………… 161
- ◆消防設備の設置の疑義について【半地下式の駐車場の泡消火設備】〔解釈〕（昭55・3・27消防予49） ……………………………………………………………………… 161
- ◆格納庫の消火設備について（昭56・1・6消防予1） ……………………………… 164

不活性ガス消火設備技術基準（令16条）

- ◆消防用設備等に係る執務資料の送付について【二酸化炭素消火設備の放出表示灯及び音響警報装置の設置位置について】〔解釈〕（平10・5・1消防予67） ……………… 165

ハロゲン化物消火設備技術基準（令17条）

- ◆消防用設備等の設置に係る疑義について【ハロゲン化物消火設備の防護区画について】（昭56・10・8消防予241） …………………………………………………… 166
- ◆ハロゲン化物消火設備・機器の使用抑制等について（平3・8・16消防予161・消防危88） ………………………………………………………………………………………… 166
- ◆ハロン消火剤を用いるハロゲン化物消火設備・機器の使用抑制等について（平13・5・16消防予155・消防危61） ……………………………………………………………… 173

粉末消火設備技術基準（令18条）

- ◆消防法、同施行令及び同施行規則に関する執務資料について【粉末モニターノズルの取扱いについて】（昭53・9・9消防予179） …………………………………… 178
- ◆消防法、同施行令及び同施行規則に関する執務資料について【機械式駐車場に設置する水噴霧消火設備等に係る質疑について】（平5・11・29消防予296） …………… 179

水噴霧消火設備等設置基準（令13条1項）

　水噴霧消火設備等の設置基準は、防火対象物又はその部分の用途に応じて設置が義務付けられます。当該部分で取り扱われる可燃物の燃焼性状、消火適性等が考慮され、火災となった場合に消火効果がある水噴霧消火設備等が示され、設置者が選択して設置することができます。
　この場合の特例としては、防火対象物又はその部分の状況に応じて、設置の緩和や免除等が認められています。

◆発変電所及び通信機器室に対する消防法施行令の適用について
　発変電所及び通信機器室に対する消防法施行令の適用については、次により取り扱われるよう御配意願いたい。

記

1　発変電所及び通信機器室は、消防法施行令（以下「令」という。別表第1(15)項に該当するものとすること。
2　火力発電所の貯炭所の附属建築物には、令第3章第3節の規定にかかわらず、第12条から第18条までの規定は適用しないものとすること。
3　発変電所の発電機室、変圧器室その他建築物の構造又は内容物の状況から火災の危険の少ない場合においては、令第11条の規定は適用しないものとすること。
4　〔省略〕
5　令第13条の適用については、通信機器室の面積は、室単位で算定するものとすること。
6　通信機器電力室以外の通信機器室のうち、主要構造部を耐火構造とするものについては、床面積が500㎡以上である場合においても、水噴霧消火設備等の特殊固定消火設備の設置は要しないものとすること。

（昭36・12・11自消丙予発37）

memo　出火危険性や延焼拡大危険性が極めて少ない部分については、固定式の消火設備の設置の免除を認めたものです。

◆消防法施行令第32条の特例基準等について【火力発電所等・通信機器室】
　このたび、消防法施行令（昭和36年政令第37号。以下「令」という。）第32条の基準の特例を下記第1のとおり、また令第32条とは別個に消防用設備等の規制に関する暫定的な運用基準を下記第2のとおり定めたので、この運用に遺憾なきを期せられたい。
　なお、貴管内の市町村に対しても、この旨示達のうえ、よろしく御指導願いたい。
第1
　2　火力発電所及び石炭ガス製造所の貯炭所の附属建物については、スプリンクラー設備並びに水噴霧消火設備、泡消火設備、不燃性ガス消火設備、蒸発性液体消火設備及び粉末消火設備（以下「水噴霧消火設備等」という。）を設置しないことができるものとする。
　3　通信機器室のうち、電力室以外の部分で、次の各号に該当するものについては、屋内消火栓設備及び水噴霧消火設備等を設置しないことができるものとする。
　　(1)　主要構造部を耐火構造とし、かつ、壁及び天井の室内に面する部分の仕上げを不燃材料、

準不燃材料又は難燃材料でしてあること。
(2) 通信機器室と通信機器室以外の部分とを耐火構造の壁及び床で区画し、かつ、当該壁及び床の開口部等(火焔の伝送を防ぐ構造又は設備をした部分で、束配線が壁又は床を貫通するものを除く。)には甲種防火戸、乙種防火戸又はこれと同等以上のものを設けてあること。
(3) 室内に設け、又は収容する通信機器の配線の絶縁材料に自然性を有するものを使用していないこと。

(昭38・9・30自消丙予発59)

◆消防用設備等の設置に関する疑義について【水噴霧消火設備等に関する疑義について】
みだしのことについて、管内阪神地区の消防長から別添のとおり照会がありましたので、ご教示くださるようお願い申し上げます。
別添
第4 水噴霧消火設備等
問1 規則第18条(泡消火設備)
(1) 第4項第11号(泡停止装置)
高発泡放出口を用いる泡消火設備には、泡の放出を停止するための装置を設けることとされているが、泡の停止は、ポンプの停止又は泡原液の供給を停止し、水のみの放出は認められるか、又は、停止用ダンパーを設け泡を防護区画外に放出する設備としなければならないか。〔伊丹市〕
(2) 第2項第3号イ(泡水溶液量の加算)
防護区画の開口部に自動閉鎖装置を設けていない場合には、当該防護区画から外部に漏れる量以上の量の泡水溶液を有効に追加し、とあるが、この漏れる量の算定方法は、第1項第3号ロ(ロ)の局所放出方式の防護面積の算出方法の例により、次の算定式で算出してさしつかえないか、又は他の算出方法があればご教示願います。〔尼崎市〕
漏れる量＝開口部の幅×3×冠泡高さ
(3) 第1項第3号ロ(イ)(隣接する防護対象物)
防護対象物が相互に隣接する場合で、かつ、延焼のおそれのある場合にあつては、となつているが、この延焼のおそれのある場合とは、建築基準法第2条第6号の延焼のおそれのある部分と同意語と解すべきか。〔尼崎市〕

問2 規則第19条(二酸化炭素消火設備)
(1) 第4項第14号(起動装置)
起動装置は、手動式を原則とするが、常時人のいない防火対象物その他手動式によることが不適当な場所に設けるものにあつては、自動式とすることができるとなつているが、不適当な場所とは具体的にどのような場所かご教示願います。〔伊丹市〕
(2) 第4項第15号イ(手動式の起動装置)
防護区画を見透せる出入口が2箇所以上あつても1箇所に起動装置を設ければよいか、又、1の防護区画に設ける最大設置個数は、いくらまでとするか〔伊丹市〕
(3) 第4項第17号ハ(警報装置)
全域放出方式のものに設ける音響警報装置は、音声によるものとされ、ただし書で、常時

人のいない防火対象物にあつては、この限りでないとされているが、この常時人のいない防火対象物とは、1棟全体をさすものか、常に設備を要する部分のみが、常時人がいないものであればよいか、なお、1棟全体をさすものであれば、昇降機等の機械装置により車両を駐車される構造のもの等、部分的に人がいる場合はどうか〔伊丹市〕

(4) 第4項第18号（消火剤の排出措置）

放出された消火剤を安全な場所に排出するための措置を講ずることとされているが、この排出するための措置とは、開口部の開放のみでよいか又は機械排出装置のみをさすものか

機械排出装置を設ける場合、どのくらいの時間で排出し、又電源配線等は、規則第12条第5号の規定の例により設けなければならないか〔宝塚市、尼崎市〕

(5) 第4項第20号（非常電源）

非常電源は、その容量を当該設備を有効に1時間作動できる容量以上とされているが、次のことについて、ご教示願います。〔宝塚市〕

ア 消防法施行規則の一部を改正する省令の施行について、(昭和49年12月2日付、消防安第129号。) 第7・5(11)に防護区画への進入防止のための表示、放射された消火剤の安全な場所への排出等を行うため……………とされているが、消火剤を排出するための措置を含め、1時間以上の容量を必要とするか

イ すべての装置等を1時間以上有効に作動させる容量を必要とする場合、第4項第17号ハの規定により設ける警報装置は、消火剤が放出する旨の報知をするものであり、消火剤の放出される前後についてのみ放送されれば足りると思料されるので、警報装置に要する容量は、非常警報設備の非常電源容量と同じ10分間以上とすることはできないか

問3 施行令第13条第1項（水噴霧消火設備等）

キュービクル式オイル遮断器が設置されている部分は表中、発電機、変圧器その他これに類する電気設備が設置されている部分とみなしてさしつかえないか、又、その他これに類する電気設備を具体的に例示してください。〔西宮市〕

答1 (1) 泡の放出を停止するための装置は、加圧送水装置の作動を停止するための装置をいい、当該装置の操作部は手動起動装置の操作部の直近に設けるよう指導されたい。

(2) 泡水溶液の漏れ量については、泡の種別、開口部の位置、高さ等の条件により異なるので、防火対象物の実態に応じて開口部を通過する泡の流水速度を定め、漏れ量を計算されたい。

(3) お見込みのとおり。

答2 (1) 特定の者以外の者が出入しない防護区画若しくは防護対象物が存する防火対象物又はその部分で、就業時間以外は無人となるものをいう。

(2) 手動起動装置は1の防護区画又は防護対象物ごとに1箇所設置すれば足りる。

(3) 二酸化炭素消火設備を設置すべき部分をいう。なお、消火剤である二酸化炭素を放出することにより危険がおよぶおそれのある部分についても設置するよう指導されたい。

(4) 前段 放射された消火剤である二酸化炭素を安全な場所に排出できれば良く、自然換気又は機械換気いずれでもさしつかえない。

後段 機械換気のための装置を設ける場合は規則第12条第4号に規定する非常電源を設

けること。なお機械換気による場合は1時間以内に放射された消火剤である二酸化炭素を排出することができるよう設けられたい。
(5) 改正法令質疑応答集6問1を参照されたい。なお音響警報装置については、令第32条の規定を適用し当該装置を有効に10分間以上鳴動することができる容量を有すれば足りる。
注 「改正法令質疑応答集6問1」とは、
問1 二酸化炭素消火設備について、規則第19条第4項第20号中、非常電源の容量の範囲についてご教示下さい。又、その非常電源回路の範囲についてもお示し下さい。
答 二酸化炭素消火設備の非常電源は、貯蔵容器を低温度に保持すること（低圧式のものに限る。）、当該設備を起動させること、音響警報装置を鳴動させること、消火剤である二酸化炭素が放出した旨を表示すること、放出された消火剤である二酸化炭素を安全な場所に排出すること等を行うために設置するもので、非常電源の容量はこれらの作動を有効に行える容量が必要である。
また非常電源回路の配線は、非常電源からこれら装置までの配線をいう。

答3 前段 お見込みのとおり。
後段 リアクトル電圧調整器、油入開閉器、油入コンデンサー、油入遮断器、計器用変成器等が含まれる。

(昭51・2・10消防安21)

memo 水噴霧消火設備等を設置する場合の技術基準の解釈運用等が示されています

◆電気設備が設置されている部分等における消火設備の取扱いについて

消防法施行令（以下「令」という。）第13条第1項は、水噴霧消火設備、泡消火設備、二酸化炭素消火設備、ハロゲン化物消火設備又は粉末消火設備を設置しなければならない防火対象物又はその部分について定めているが、このうち電気設備が設置されている部分又は多量の火気を使用する部分における特殊消火設備（本通達においては、二酸化炭素消火設備、ハロゲン化物消火設備又は粉末消火設備をいう。以下同じ。）の設備に関する基準を別紙のとおり定めたので、その運用に遺憾のないよう格段の配慮をされたい。
なお、貴管下市町村に対してもその旨示達され、よろしく御指導願いたい。
（別紙）
第1 電気設備が設置されている部分に関する事項
1 令第13条第1項の規定により、発電機、変圧器その他これらに類する電気設備が設置されている部分で、床面積が200㎡以上の防火対象物又はその部分には特殊消火設備を設置しなければならないこととされているが、この場合の「その他これらに類する電気設備」には、リアクトル、電圧調整器、油入開閉器、油入コンデンサー、油入しゃ断器、計器用変成器等が該当するものであること。
ただし、次のいずれかに該当するものは、これに含まれないものとする。
(1) 配電盤、又は分電盤
(2) 電気設備のうち、冷却又は絶縁のための油類を使用せず、かつ、水素ガス等可燃性ガスを発生するおそれのないもの
(3) 電気設備のうち容量が20KVA未満（同一の場所に2以上の電気設備が設置されている場

合は、それぞれの電気設備の容量の合計をいう。）のもの
2　発電機、変圧器その他これらに類する電気設備（以下「電気設備」という。）が設置されている部分の床面積とは、当該電気設備がすえ付けられた部分の周囲に水平距離5mの線で囲まれた部分の面積（同一の室内に電気設備が2箇所以上設置されている場合はその合計面積をいう。）をいうものであること。ただし、不燃材料の壁、天井、床又は甲種防火戸若しくは乙種防火戸（随時開くことができる自動閉鎖装置付のもの又は随時閉鎖することができ、かつ、煙感知器の作動と連動して閉鎖することができるものに限る。）で区画されている部分に設ける場合は、当該区画された部分の床面積とすることができる。
3　次のいずれかに該当する電気設備が設置されている部分に大型消火器を設置した場合は、令第32条の規定を適用し、特殊消火設備を省略してさしつかえないものであること。
　(1)　密封方式の電気設備（封じ切り方式又は窒素封入方式の電気設備であつて内部に開閉接点を有しない構造のものに限る。）で、絶縁劣化、アーク等による発火危険のおそれが少なく、かつ、当該電気設備の容量が15,000KVA未満のもの
　(2)　1,000KVA未満の容量の電気設備
　(3)　密封方式のOFケーブル油槽
　(4)　昭和48年消防庁告示第1号、昭和48年消防庁告示第2号又は昭和50年消防庁告示第7号に適合する構造のキュービクルに収納されている電気設備
　(5)　発電機、変圧器のうち、冷却又は絶縁のための油類を使用せず、かつ、水素ガス等可燃性ガスを発生するおそれのないもの
4　電気設備が設けられている場所が、次の(1)、(2)に該当し、かつ電気設備が(3)に該当する場合には、二酸化炭素消火設備、ハロゲン化物消火設備又は粉末消火設備のうち全域放出方式又は局所放出方式としないことができるものであること。
　(1)　主要構造部を耐火構造とした専用の建造物で、壁及び天井の室内に面する部分の仕上げを不燃材料又は準不燃材料でしたものであり、かつ延焼のおそれがないものであること。
　(2)　(1)の建造物の開口部には、甲種防火戸又は乙種防火戸で、随時開くことができる自動閉鎖装置付のもの又は随時閉鎖することができ、かつ、煙感知器の作動と連動して閉鎖することができるものを設けたものであること。
　(3)　電気設備には、火災が発生した場合自動的に電流をしゃ断する装置が設けられていること。
5　発電所の電気設備が設置されている部分に、次により水噴霧消火設備を設置した場合は、令第32条の規定を適用し、二酸化炭素消火設備、ハロゲン化物消火設備又は粉末消火設備を省略してさしつかえないものであること。
　(1)　噴霧ヘッドは、その有効防護空間が電気設備の下部表面を除く全外表面及び電気設備の周囲の床面部分を包含するように設けること。
　(2)　高圧充電部と噴霧ヘッド及び配管各部分との保有空間距離は、次表の上欄に掲げる公称対地電圧に応じ、下欄に掲げる離隔距離以上であること。

公称対地電圧(KV)	離隔距離(cm)
66以下	70

77	80
110	110
154	150
187	180
220	210
275	260

(3) 水源の水量及び噴霧ヘッドの性能は、次のイ及びロに定めるところによること。
  イ 噴霧ヘッドの性能は、電気設備に設置されるすべての噴霧ヘッドを同時に標準放射量（令第14条第1号の標準放射量をいう。）で放射する場合に、それぞれの噴霧ヘッドにおいて放射圧力が3.5kg／c㎡以上で、かつ、防護面積1㎡につき毎分の放射量が、電気設備の周囲の床面部分にあつては6ℓ、その他の部分にあつては10ℓで計算した量以上の量で有効に放射できるものであること。
  ロ 水源の水量はイに定める条件ですべての噴霧ヘッドを同時に使用した場合に、20分間以上有効に放射することができる量以上の量とすること。
(4) 制御弁及びストレーナを次のイからハまでに定めるところにより設けること。
  イ 制御弁及びストレーナは放射区域ごとに設けること。
  ロ 制御弁は、火災の際安全で、かつ、容易に接近できる場合に設けること。この場合、制御弁の操作部の位置は、床面又は操作面からの高さが0.8m以上1.5m以下であること。
  ハ 制御弁には、その直近の見やすい箇所に水噴霧消火設備の制御弁である旨を表示した標識を設けること。
(5) 配管は、電気設備の頂部を通過しないように設けること。
(6) 配管及びその支持物の非充電露出部は有効に接地し、接地線と大地との間の接地抵抗値を10Ω以下とすること。
(7) 排水設備は、当該放射区域に放射される水量を有効に排水できる大きさ及び勾配を有するものであること。
(8) 加圧送水装置は、消防法施行規則（以下「規則」という。）第16条第3項第3号の規定の例により設けること。ただし、水力発電所の水圧管を利用して(3)の基準を満足する場合は、この限りでない。
(9) 呼水装置、非常電源又は配管は、規則第12条第3号の2、第4号又は第6号の規定の例により設けること。
(10) 貯水槽等には、規則第12条第8号に規定する措置を講じること。

第2 多量の火気を使用する部分に関する事項
1 令第13条第1項の規定により鍛造場、ボイラー室、乾燥室その他多量の火気を使用する部分（以

下「鍛造場等」という。)で、床面積が200㎡以上の防火対象物又はその部分には特殊消火設備を設置しなければならないこととされているが、この場合の「その他多量の火気を使用する部分」とは、金属溶解設備、給湯設備、温風暖房設備、厨房設備等のうち、最大消費熱量の合計が300,000kcal／h以上のものが設置されている場所が該当するものであること。
2　鍛造場等の床面積の算定は、第1、2の例により行うものであること。
3　火気使用設備のうち燃料にプロパンガス、都市ガス等の可燃性ガスを使用するものにあつては、当該設備の燃料の供給を消火剤放射前に停止できる構造とするよう指導されたい。

(昭51・7・20消防予37)

memo　電気設備には、高電圧・高電流を取り扱う設備があり、かつ、当該部分に常時人がいないなど、特殊な状況があることから、当該部分が一定の要件等を満たす場合の特例として示されています。

◆消防用設備等に係る執務資料の送付について【ヘリコプターの屋上緊急離着陸場等の消防用設備等の設置について】

問1　ヘリコプターの屋上緊急離着陸場等(以下「緊急離着陸場等」という。)の設置については、「高層建築物等におけるヘリコプターの屋上緊急離着陸場等の設置の推進について」(平成2年2月6日付け消防消第20号、消防予第14号、消防救第14号)により設置が推進されているところである。
　一方、消防法施行令(以下「令」という。)第13条第1項の規定においては、「別表第1に掲げる防火対象物の屋上部分で、回転翼航空機又は垂直離着陸航空機の発着の用に供されるもの」には、泡消火設備又は粉末消火設備の設置が義務づけられているが、緊急離着陸場等についても、これに該当するものとして取り扱うべきか。

答1　お見込みのとおり。
　なお、当該緊急離着陸場等の使用頻度、火災時の消火活動等を勘案し、防火安全上支障のない場合にあっては、令第32条の規定を適用し、泡消火設備又は粉末消火設備の設置に代えて連結送水管及び消火器を設置するなど、その状況に応じた特例を認めて差し支えない。

(平11・2・17消防予36)

memo　ヘリコプターの屋上緊急離着陸場等については、原則として、令別表1(10)項に該当し、規定の消防用設備等の設置を要しますが、緊急離発着場等としての使用であり、使用頻度、火災時の消火活動等を勘案し、防火安全上支障ない場合には、固定の泡消火設備等の設置を要しないとしたものです。

◆消防用設備等に係る執務資料の送付について【新ガス系消火設備】

別紙　第3　新ガス系消火設備に関する基準の改正
(常時人がいない部分の取扱いについて)

問7　毎日定期的に点検員が点検のため入室する電気設備室、通信機械室等は、省令第19条第5項第1号に規定する「常時人がいない部分」にあたると解してよいか。

答7 お見込みのとおり。
（自走路を有する機械式駐車場の取扱いについて）
問8 自走路を有する機械式駐車場は、省令第19条第5項第1号に規定する「常時人がいない部分」として取り扱ってよいか。
答8 自走路部分は、原則として常時人がいない部分以外の部分に該当する。
（常時人がいない部分以外の部分への新ガス系消火設備の設置について）
問9 消防法施行規則の一部を改正する省令（平成13年3月29日総務省令第43号。以下「改正省令」という。）の施行日以前には、令第32条の規定を適用して、常時人がいない部分以外の部分にも窒素、ＩＧ－55、ＩＧ－541（以下「イナートガス消火剤」という。）及びＨＦＣ－23、ＨＦＣ－227ｅａ（以下「ＨＦＣ消火剤」という。）を用いるガス系消火設備（以下「新ガス系消火設備」という。）が設置されていたが、改正省令の施行日以後も引き続き十分な検討・評価のうえ、常時人がいない部分以外の部分にも、令第32条の規定を適用し、新ガス系消火設備の設置を認めてよいか。
答9 お見込みのとおり。
（新ガス系消火設備の設置場所の面積及び体積を制限する理由について）
問10 省令第19条第5項第2号の2及び第20条第4項第2号の2表中「防護区画の面積が千平方メートル以上又は体積が3千立方メートル以上のもの」には、新ガス系消火設備が設置できないこととされたが、その理由如何。
答10 改正省令は、これまでに知見の十分に蓄積されたものについて本則化したものである。法令で規定されている部分以外の部分に不活性ガス消火設備及びハロゲン化物消火設備を設置しようとする場合には、消火剤の消火特性、安全性にかんがみ、当該部分の建築構造、空間の形状、人員の状況、避難経路等を踏まえ、避難安全性、消火の確実性について、個々の防火対象物の実情に応じ、十分検討・評価を行い、令第32条の運用により対応されたい。
（多量の火気を使用する部分等に対する新ガス消火設備の設置制限について）
問11 省令第19条第5項第2号の2及び第20条第4項第2号の2表中「鍛造場、ボイラー室、乾燥室その他多量の火気を使用する部分、ガスタービンを原動力とする発電機が設置されている部分又は指定可燃物を貯蔵し、若しくは取り扱う防火対象物若しくはその部分」には、新ガス系消火設備が設置できないこととされたが、その理由如何。
答11 改正省令は、これまでに知見の十分に蓄積されたものについて本則化したものである。法令で規定されている部分以外の部分に不活性ガス消火設備及びハロゲン化物消火設備を設置しようとする場合には、消火剤の消火特性、安全性にかんがみ、当該部分の建築構造、空間の形状、人員の状況、避難経路等を踏まえ、避難安全性、消火の確実性について、個々の防火対象物の実情に応じ、十分検討・評価を行い、令第32条の運用により対応されたい。
（省令第19条第5項第16号ハの解釈について）
問12 起動装置の放出用スイッチの作動に連動して、自動閉鎖装置を設けた開口部を閉鎖し、音響警報装置により消火剤が防護区画内に放射される旨を周知した後、貯蔵容器の容器弁又は放出弁を開放することは、省令第19条第5項第16号ハに規定する「起動装置の放出用スイッチ、引き栓等の作動により直ちに貯蔵容器の容器弁又は放出弁を開放するもの」に該当するか。
答12 必要最低限の時間であるものについては、お見込みのとおり。

(放出された消火剤及び燃焼ガスを安全な場所に排出するための措置について)

問13 省令第19条第5項第18号(省令第20条第4項を準用する場合を含む。)に規定される「放出された消火剤及び燃焼ガスを安全な場所に排出するための措置」とは具体的にどのような措置か。

答13 新ガス系消火設備については「二酸化炭素消火設備の設置に伴う疑義について」(昭和51年11月29日消防予第110号)に準じて措置されたい。

(安全な場所の取扱いについて)

問14 省令第19条第5項第18号に規定される「安全な場所」とは具体的にどのような場所か。

答14 放出された消火剤及び燃焼ガスが著しく局部滞留を起こさない場所で、かつ、人が直接吸入するおそれのない場所とされたい。

(圧力上昇を防止するための措置の取扱いについて)

問15 省令第19条第5項第22号の2に規定する「防護区画内の圧力上昇を防止するための措置」として避圧口を設ける場合の開口部の面積算定方法をご教示願いたい。

答15 当面、以下によられたい。

$$A = K \cdot Q / \sqrt{(P - \Delta P)}$$

　　A：避圧口面積(平方センチメートル)
　　K：消火剤による定数(イナートガス消火剤：134
　　　　　　　　　　　　　HFC-23：2730
　　　　　　　　　　　　　HFC-227ea：1120)
　　Q：噴射ヘッドからの最大流量
　　　　　　　　　(イナートガス消火剤：m³／分
　　　　　　　　　　HFC消火剤：kg／秒)
　　P：防護区画の許容圧力(パスカル)
　　ΔP：ダクトの損失(パスカル)

(局所放出方式の取扱いについて)

問16 二酸化炭素を放射する不活性ガス消火設備のうち、局所放出方式のものについては、防護空間内が常時人がいない部分であれば、人が出入りする区画があっても設置を認めてさしつかえないか。

答16 お見込みのとおり。なお、当該防護対象物の周囲における安全対策に留意されたい。

(シリコン油を用いる電気設備の取扱いについて)

問23 令第13条第1項に規定する発電機、変圧器その他これらに類する電気設備のうち、当該設備の冷却又は絶縁のためにJIS C 2320に規定される電気絶縁油のうち第6種絶縁油であるシリコン油を使用するものにあっては、「電気設備が設置されている部分等における消火設備の取扱いについて」(昭和51年7月20日消防予第37号)第1、1(2)又は3(5)の「冷却又は絶縁のため、油類を使用せず、かつ、水素ガス等可燃性ガスを発生するおそれのないもの」に該当するものとして取り扱ってよいか。

答23 認められない。

(平14・9・30消防予281)

memo　平成14年に行われた水噴霧消火設備等の改正に伴い、新ガス系消火設備(不活性ガス系

消火設備及びハロゲン化物消火設備）の技術上の基準が規定され、その特性を踏まえ、法令の解釈、運用等として示されています。

水噴霧消火設備技術基準（令14条）

　水噴霧消火設備は、水を噴霧状にし、かつ、高圧で放射するものであり、棒状で放射する屋内消火栓設備に比較し、火源に対し水が覆うように放射されるため、水が気化しやすく効率的に冷却することが可能です。したがって、指定可燃物の可燃性固体類や可燃性液体類の火災にも使用することが可能とされています。

　ここで取り上げた通知は、対象とする用途、可燃物等の種類等に対応し、水噴霧消火設備の適正等について示されたものです。

◆予防事務執務上の疑義について【改装した地下専用駐車場に設ける特殊消防用設備】〔解釈〕

問　事務所ビル（15項）の地階部分を改装して専用駐車場（床面積200㎡）を設けた場合、令第13条に規定する特殊消火設備の設置については、駐車場は主たる用途（事務所）に機能的に従属するものであり当該防火対象物全体の用途変更にはならないから、法第17条の3第1項の規定は適用されず、法第17条第1項の規定により設置を要するという見解と、基準時以前の銀行の厨房設備が消費量、床面積とも基準数値以上になつた場合、法第17条の2第1項の適用があり、従前の規定が適用されるという見解が別紙執務資料の写しから判断されるが、この2つの見解について次のような疑義が生じましたので貴職の見解をご教示願います。

記

1　参考資料(2)の場合に法第17条の2第1項の適用で、従前の規定が適用されるなら、参考資料(1)においても、同じく非特定の既存防火対象物であるので、従前の規定が適用され特殊消火設備の設置は要しないと思われる。

別紙参考資料

(1)　消防法の一部を改正する法律（昭和49年6月1日法律第64号）等に関する質疑応答　昭和50年5月消防庁安全救急課

　　13　特定防火対象物の遡及関係

　問12　事務所ビル（15項）の地階部分を改装して専用駐車場（床面積200㎡）を設けた場合、令第13条の規定により特殊消火設備の設置が義務づけられるか（法第17条の3第1項の「用途変更」には部分の用途変更が含まれるか）、(ア)又は(イ)のいずれに解すべきか。

　　　(ア)　当該防火対象物の駐車場は主たる用途（事務所）に機能的に従属するものであり、当該防火対象物の用途自体は変更しないから、同条の規定は適用されず、法第17条第1項の規定により特殊消火設備の設置を要するものである。

　　　(イ)　省略

　　答　(ア)お見込みのとおり。

(2)　消防法、同施行令及び同施行規則に関する執務資料について　消防予第179号　昭和53年9

月9日　消防庁予防救急課長
9　水噴霧消火設備等
問　基準時以前（本件の場合は昭和45年建築）の銀行の厨房設備が、次のいずれかにより現行の令第13条第1項に該当することとなつた場合、当該現行基準が適用されるか否か。またその根拠を示されたい。
　ア　消費量は従前から30万kcal/h以上であつたものについて、床面積が増加し、200㎡以上となつた場合
　イ　床面積は従前から200㎡以上であつたものについて、消費量が増加し、30万kcal/h以上となつた場合
　ウ　消費量、床面積とも基準数値未満であつたものについてそのいずれもが増加し、それぞれ30万kcal/h以上、200㎡以上となつた場合
答　設問の場合は、法第17条の2第1項の適用があるためア、イ、ウ、いずれも従前の規定が適用されるものと解する。

答　参考資料(2)は、消防法（以下「法」という。）又はこれに基づく政令若しくはこれに基づく命令の施行の際に存する防火対象物であるために、法第17条の2第1項の適用をうけることになり、従前の規定が適用される。
　しかし、参考資料(1)については、基準時以後新築された防火対象物であり、当該防火対象物の駐車場は主たる用途に機能的に従属するものと解されるので、当該対象物の用途は変更されていないことになる。したがつて、法第17条の2又は法第17条の3の規定は適用されず、法第17条第1項の規定が適用されるものである。

(昭54・7・17消防予138)

◆消防用設備等の設置等の疑義について【水噴霧消火設備等の設置について】
問1　昭和51年7月20日、消防予37号通達中、第2.1で「その他多量の火気を使用する部分のうち厨房設備等には、パン製造工場のガスオーブン、電気オーブン及び製造工程に必要な別添図1に示す、電気器具類も含まれるか。
問2　1中オーブン類のみが含まれるとすれば、工場内は不燃材料で内装され、熱源が密閉された電気オーブンのみを設置した場合、電気オーブンから火災が発生しても、他に延焼するおそれは少ないと考えられることから、令32条の規定を適用し、特殊消火設備の設置を免除してもよろしいか。
　又、ガスオーブンを設置した場合はどうか。
問3　2の令32条の適用ができないとすれば、別添4、5に示す自然排煙設備を設置した場合移動式特殊消火設備を設置してよろしいか。又、非常電源付機械排煙設備とした場合はどうか。
　なお当工場には、自動火災報知設備・屋内消火栓が設置されているものである。
　別添図は省略
答1　設問に示された個々の電気機器については、添付された資料からは回答できないが、電気オーブンのように電気エネルギーを熱エネルギーに変換し、機能を果たす電気器具類は設問の「火気」に該当するものと判断されたい。
　なお、電気オーブンのみの場合、最大消費熱量は300,000kcal／時に満たないため、特殊消火

設備の設置義務対象とはならないので、念のため申し添える。
2　前段　後段いずれも令第32条の規定を適用することは適当でない。
3　前段　後段いずれも「電気設備が設置されている部分等における消火設備の取扱いについて」（昭和51年7月20日付け消防予第37号）中別紙第1.4に掲げる各項目を満足する場合には、令第32条の規定を適用して移動式消火設備によることとしてもさしつかえない。

(昭57・5・10消防予104)

memo　「その他多量の火気を使用する部分」の解釈と、当該部分に設置する特殊消火設備についての特例適用の可否についての内容です。

◆消防法、同法施行令及び同法施行規則に関する執務資料について【自動車の修理又は整備の用に供される部分の床面積の算定】

問　標記について、下記のとおり疑義が生じましたので御教示願います。

記

自動車の修理又は整備の用に供される部分の床面積の算定等について
(1)　消防法施行令第13条第1項の表中「自動車の修理又は整備の用に供される部分」の床面積とは次図の場合、算定をいかにすべきか。

（ア）　間仕切壁及び同壁の部分に設けられた開口部（以下「同壁の開口部」という）の構造等に関係なく、整備の用に供される部分はすべて合算する。
（イ）　間仕切壁及び同壁の開口部の構造等に関係なく面積はそれぞれ別に算定する。
（ウ）　間仕切壁及び同壁の開口部の構造等によつては、それぞれ面積は別に算定する。
(2)　前(1)で(ウ)とされた場合、面積を別に算定する場合の構造及び同壁の開口部の条件（甲種防火戸、乙種防火戸、自動閉鎖式等）等について具体的にご教示下さい。

答(1)　（ア）お見込みのとおり。
　　ただし、それぞれの防護区画が、他の防護区画からの火災による影響を受けない位置又は構造を有するもので、かつ、当該区画の床面積が設置基準未満のものにあつては、消防法施行令（以下「令」という。）第32条の規定を適用して、令第13条第1項に定める水噴霧消火設備等を設置しないことができる。
(2)　(1)により承知されたい。

(昭59・7・14消防予113)

memo　同一防火対象物内に設けられた個々の室が壁等により区画等されていても、原則として床面積は、合算する必要があります。この例では、壁の区画・開口部の構造や基準床面積の状況に応じて、水噴霧消火設備等の設置を免除できる要件が示されています。

◆令第32条の適用について【厨房室に設置する水噴霧消火設備等】

問 消防法施行令第13条の規定により、水噴霧消火設備等を設置することとされている最大消費熱量の合計が30万キロカロリー毎時以上の厨房室に、スプリンクラー設備を設置し、かつ、フード部分及び排気ダクト内部、レンジ部分並びにフライヤーに対して、それぞれ（財）日本消防設備安全センターの認定を受けたフード・ダクト用、レンジ用及びフライヤー用の簡易自動消火装置を設置した場合は、同令第32条の規定を適用し、水噴霧消火設備等を設置しないこととしてよろしいか。

答 厨房設備が液体燃料を使用しておらず、適正な維持管理を行う場合にあっては、お見込みのとおり。

（平4・12・17消防予249）

◆消防法、同施行令及び同施行規則に関する執務資料について【機械式駐車場に設置する水噴霧消火設備等に係る質疑について】

問1 次図に示す機械式駐車場は、駐車台数が10台以上であり、消防法施行令第13条に定める水噴霧消火設備等を設置する必要があるが、本駐車場に設置する水噴霧消火設備等は移動式の粉末消火設備として差し支えないか。

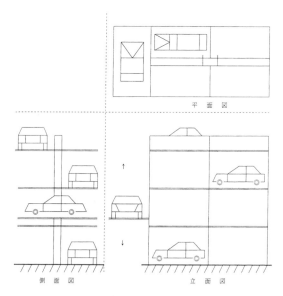

2 移動式の粉末消火設備として差し支えないとした場合、消火設備の設置方法としては、各段を1の階とみなして設置させる必要があるか。それとも、2段ごとに消火設備を設置することで足りるか。

答1 消火用足場を設ける等消火活動が有効に実施できる場合は、差し支えない。
2 原則として各段を1の階とみなして設置する。ただし、2つの段の車両を1の段の移動式消火設備により有効に消火できる場合は2段ごとに設置することとして差し支えない。

（平5・11・29消防予296）

泡消火設備技術基準（令15条）

　泡消火設備は、水による消火が困難とされる可燃物等の火災を対象に、設置されるものです。特に、泡消火設備には、移動式のもの（人による消火）があり、「火災のとき著しく煙が充満するおそれがない」部分にのみ、設置が認められています。ここで取り上げた通知には、「火災のとき著しく煙が充満するおそれがない」部分に該当するか否かについてのものがあります。

◆消防法の一部を改正する法律（昭和49年6月1日法律第64号）等に関する質疑応答について
【地下駐車場等に送水口を附置することは適当か】〔解釈〕

問　令第28条の2第3項中、泡消火設備（フォームヘッドを利用している場合）にあつては、地下駐車場等に送水口を附置することは、有効性があると考えられるが送水口を附置することを指導することは支障ないか。

答　フォーム・ウォーター・スプリンクラーヘッドを用いる場合は、当該ヘッドの散水による冷却効果は期待できるが、フォームヘッドを用いる場合は、当該ヘッドにより水を放射した場合の散水分布が消火するに必ずしも有効ではないので、送水口を附置させることは適当でない。

（昭50・6・16消防安65）

memo　泡消火設備に送水口を設けることについては、消火効果が期待できないことから、設置しないとしているものです。

◆消防設備の設置の疑義について【半地下式の駐車場の泡消火設備】〔解釈〕

問　公園内に半地下式とし、周囲には植樹帯が設けられるもので、建築基準法上は地上階として取扱われ1,500㎡毎の防火区画、500㎡毎の防煙垂壁が設置され、上部は公園施設として利用されるものの消防設備の設置について御教示願います。

　1　植樹帯に接した開口部（別図参照）があり、周囲に芝を4m張り、残り1mに植樹させることで、「火災のとき著しく煙が充満するおそれがないもの」として取扱うことができるか。
　　　認められるならば、移動式泡消火設備を認めて支障ないか。
　　　また、駐車装置側面図にある如く、車輌が2階となり排煙に支障があるとして、固定式消火設備を設置させるべきか。あるいは、外部に接した駐車室に移動式、中央駐車室には固定式消火設備を設置させるべきか。
　2　固定式消火設備を設置しなければならないとされた場合には泡消火設備を予定しておりますが、この場合、非常電源は自家発電設備、蓄電池設備、非常電源専用受電設備のいづれでも良いか。

　　　自走式機械2段式駐車場
　　　構　　造　　鉄筋コンクリート造1階建
　　　面　　積　　3,273.74㎡
　　　収容台数　　196台

別図

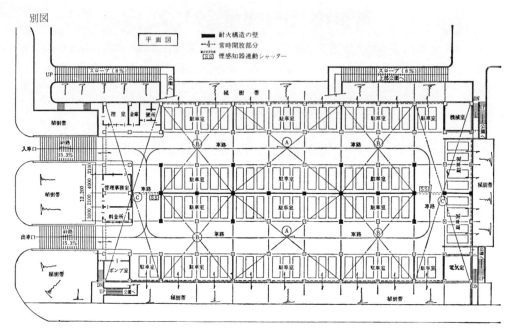

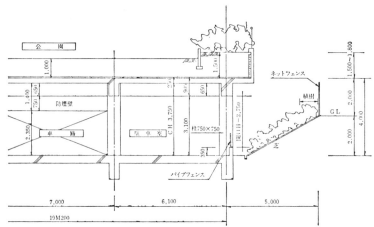

開口部計算書
1 駐車場南北部（パイプフェンス）
   W   H   計
   6,000×2,760×1   16.56㎡
   7,500×2,760×14 289.80〃
   6,500×2,760×2   35.88〃
2 駐車場東部（パイプフェンス）
   W   H
   5,000×2,760×4   55.20㎡
3 車路進出入路（パイプシャッター）
   W   H
   5,845×2,800×2   32.732㎡

4　歩行者通路（パイプシャッター）
　　W　　 H
　　1,605×2,650×3　　12.76㎡
　　　　　　　合計　442.932㎡
　　面積3,273㎡×$\frac{1}{30}$=109.1＜442.932

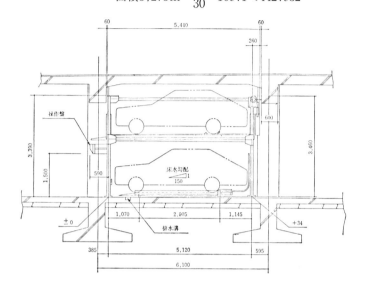

	仕　　　　　様
機　　種	2段式立体駐車装置（昇降横行式）
対象車種	長サ　幅　高サ 4700×1700×1500　　1500KG
収容台数	196台
電　　源	AC200/220　50/60　3.5KVA
荷重条件	各支柱1400KG垂直荷重
ベース固定	全テホールインアンカーボルト打込深さ(約60)
乗入方向	後進入庫

答1　設問の場合、火災の際煙が著しく充満する恐れがある場所と思料されるので、消火設備として移動式のものを設置することは適当でない。
　2　お見込みのとおり。

（昭55・3・27消防予49）

memo　半地下式の駐車場の周囲に設けられた植樹帯に接した開口部については、十分な開口面積が確保できていないことから、移動式のものの設置を不可としたものです。

◆格納庫の消火設備について

問 このことに、管内、河辺雄和地区消防本部から照会がありましたので御教示ください。
1 新秋田空港に小型飛行機の格納庫（別図）を新築するに当り移動式泡消火設備の設置を認めてよいか。
2 移動式泡消火設備の設置が認められる場合の条件について
 (1) 格納庫の規模（面積の大小）により限定されるか。
 (2) 二方向に容易に開放できるシャッターを取り付けた場合、開放されている部分とみなされるか。

別図（抄）

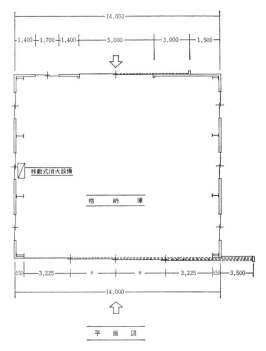

答1 設問の場合、北面及び南面の扉が容易に開放できる場合に限り、移動式泡消火設備の設置を認めてさしつかえない。
 2(1) 移動式泡消火設備が認められるかどうかの判断は、格納庫の規模（面積の大小）に関係なく、火災のとき著しく煙が充満するおそれのある場所であるかどうかによるものである。
 (2) 随時容易に開放できるもので、火災のとき発生する煙を有効に排除できるものであれば開放されている部分とみなしてさしつかえない。

(昭56・1・6消防予1)

不活性ガス消火設備技術基準（令16条）

不活性ガス消火設備は、消火剤として不活性ガス（二酸化炭素、窒素、アルゴン等）を使用するものであり、防護空間内の酸素濃度を希釈し継続燃焼しない環境の構築や冷却効果等により、消火するものです。特に、二酸化炭素を用いるものは、消火可能濃度の環境下においては、人命危険性が高いことから、その安全対策等について万全を期すことが求められます。ここで取り上げた通知は、警報装置等の設置方法等が示されています。

◆消防用設備等に係る執務資料の送付について【二酸化炭素消火設備の放出表示灯及び音響警報装置の設置位置について】〔解釈〕

問2　消防法施行規則（以下「規則」という。）第19条第4項第17号、第19号及び第19号の2の規定により、防護区画及び防護区画に隣接する部分には放出表示灯及び音響警報装置を設けることとされているが、その設置位置は下図のとおりとしてよいか。

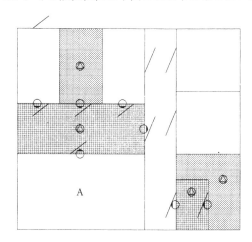

答2　お見込みのとおり。
　なお、区画Aが通常の使用形態において有人である場合には、当該区画についても二方向避難を確保するか、又は音響警報装置を設けることが望ましい。
（放出表示灯及び音響警報装置の作動時期について）

問3　防護区画に隣接する部分に設けられている放出表示灯及び音響警報装置は、防護区画に設けられているものと同時に作動させればよいか。

答3　お見込みのとおり。
（エレベーターの乗降ロビーの取扱いについて）

問4　エレベーター（非常用エレベーターを除く。）の乗降ロビーが防護区画に隣接する部分となる場合、どのような措置を講ずるべきか。

答4　原則として、当該部分への設置を避ける必要がある。
　なお、やむを得ず設置する場合にあっては、全域放出方式の二酸化炭素消火設備の作動と連動してエレベーターが当該階に停止しないようにするとともに、二酸化炭素放出後におけるエレベーターの運行、人員管理等の対応を的確に行う必要がある。この場合において、当該エレベーター内の放出表示灯については、設置を免除してさしつかえない。
（音響警報装置と警報設備の鳴動方法について）

問5　全域放出方式の二酸化炭素消火設備の音響警報装置から音声メッセージが発せられている間は、当該防護区画及び防護区画に隣接する部分については、自動火災報知設備又は非常警報設備の鳴動を自動的に停止し、又は設置位置、音圧レベルの調整等により、音声メッセージ等の内容の伝達に支障をきたさないよう措置すべきと考えるがどうか。

答5　お見込みのとおり。
（移動式の二酸化炭素消火設備を設置することのできる場所について）

問6　次の(1)又は(2)に掲げる場所については、規則第19条第5項第5号の「火災のとき煙が著しく充満するおそれのある場所以外の場所」として取り扱うこととしてよいか。

(1) 壁面について、次のア又はイに該当すること。
　ア　長辺の一辺について常時外気に直接開放されており、かつ、他の一辺について当該壁面の面積の二分の一以上が常時外気に直接開放されていること。
　イ　四辺の上部50cm以上の部分が常時外気に直接開放されていること。
(2) 天井部分（上階の床を兼ねるものを含む。）の開口部の有効開口面積の合計が当該場所の面積の合計の15％以上確保されていること（開口部が著しく偏在する場合を除く。）。

答6　(1)及び(2)　お見込みのとおり。

(平10・5・1消防予67)

ハロゲン化物消火設備技術基準（令17条）

ハロゲン化物消火設備は、オゾン層破壊物質として製造が禁止されていますが、一定の管理下において使用が認められているもの（ハロン1301等）とハロン代替消火剤として開発されたものがあります。その設置は、当該部分の用途や人の居る可能性等を考慮し、選択設置することが必要となります。ここで取り上げた通知は、ハロン消火剤を用いるハロゲン化物消火設備・機器の使用抑制等の内容であり、ハロゲン化物消火設備の設置の可否等の判断を含め、必要となるものを取り上げています。

◆消防用設備等の設置に係る疑義について【ハロゲン化物消火設備の防護区画について】
　このことについて、徳島市消防長から別添のとおり照会がありましたので、よろしく御教示願います。

記

問4　ハロゲン化物消火設備の防護区画について
　大規模地下駐車場に、ハロゲン化物消火設備を設置する計画があるが、駐車スペースの関係等で、1つの防護区画の面積を約2,000㎡とし、3区画設ける計画になっているが、つぎの理由により当該設備の計画は適当でないと思料され、水系の消火設備を指導するか、防護区画の面積を小さくするかの方法が考えられるが、この場合の防護区画の面積についてどの位が、適当か御教示願いたい。
　適当でない理由
(1) 区画面積が大きいため、車両又は徒歩で退避する者で混乱し、退避の遅れにより二次災害が予想される。
(2) 待ち時間で車内で待機している者、幼児を車内で置いていること等も考えられ二次災害が予想される。

答4　設問の場合、水噴霧消火設備又は泡消火設備を設置するよう指導されたい。

(昭56・10・8消防予241)

◆ハロゲン化物消火設備・機器の使用抑制等について
　ハロゲン化物消火設備・機器に使用されるハロゲン化物消火薬剤（以下「ハロン」という。）は、「オゾン層の保護のためのウィーン条約」に基づき、その具体的規制方法を定めた「オゾン層を破壊する物質に関するモントリオール議定書」において、オゾン層を破壊する特定物質（特定ハロン（ハロン1211、ハロン1301及びハロン2402））として指定され、別紙のとおり、生産量及び消費量の

規制が1992年1月1日より開始され、原則として、2000年1月1日には全廃することとされている。
　消防庁においては、このような状況を踏まえ、ハロンの使用抑制方法等について、「ハロン抑制対策検討委員会」（委員長　消防庁予防課長）を設置し、検討を行ってきたところであるが、今般、ハロゲン化物消火設備・機器の使用抑制等について下記のとおり定めたので、貴職におかれては、管下市町村に対してこの旨示達のうえ、よろしくご指導願いたい。

記

第1　ハロゲン化物消火設備・機器の使用抑制について
　1　1992年1月1日以降の使用抑制（第1段階の使用抑制）について
　　　ハロゲン化物消火設備・機器には、ハロゲン化物消火設備と消火器、エアゾール式簡易消火具、簡易自動消火装置等のハロゲン化物消火機器があるが、その設置の抑制については、次のとおりとする。
　　　なお、消防同意、危険物施設の設置許可等の際に防火対象物及び危険物施設の関係者に対して、ハロン抑制の趣旨を十分に説明され、その周知徹底を図られたいこと。
　(1)　消防法第17条の2第2項第4号に定める特定防火対象物を除く防火対象物（消防法第10条第1項に定める製造所、貯蔵所又は取扱所を含む。）のうち、別表第1の使用用途の種類の大項目の欄に掲げる「危険物関係」、「駐車場関係」及び「その他」の用途に供する場所に設置するハロゲン化物消火設備・機器を対象とする。
　　　　ただし、輪転機が存する印刷室に設置するハロゲン化物消火設備は対象としないものとする。
　(2)　第1段階の使用抑制は、1992年1月1日以降、新たに設置するハロゲン化物消火設備・機器を対象とし、既設のハロゲン化物消火設備・機器及び当該消火設備・機器へ充填するハロンは、対象としない。
　(3)　消防法令に基づく義務設置のハロゲン化物消火設備・機器のほか、任意に設置するものも使用抑制の対象とする。
　(4)　1992年1月1日以降設置するハロゲン化物消火設備・機器であっても、次のいずれかに該当する防火対象物又は危険物施設にあっては、消防法令に基づく義務設置のハロゲン化物消火設備に限り、設置を認めて差し支えないこととする。
　　　ア　1991年11月30日までに申請された建築基準法第6条第1項に基づく建築確認申請書又は同法第18条第2項に基づく通知にハロゲン化物消火設備の設置が明記されているもの
　　　イ　1991年11月30日までに申請された消防法第11条第1項に基づく製造所等の設置又は変更に係る許可申請書にハロゲン化物消火設備の設置が明記されているもの
　　　ウ　1991年12月21日までに届出られた消防法第17条の14に基づくハロゲン化物消火設備に係る消防用設備等着工届出書によるもの
　　　エ　1991年10月31日までに消防長又は消防署長に提出された別記様式の届出書によるもの
　2　1995年1月1日以降の使用抑制（第2段階以降の使用抑制）について
　　　1995年1月1日以降のハロゲン化物消火設備・機器の使用抑制は、1986年の50％の生産量及び消費量とするほか、2000年1月1日以降は全廃する必要があるが、これらに対応した使用抑制等については、今後の締約国会合の動向等を踏まえ、別途通知する予定であること。
第2　代替消火設備・機器について
　　ハロゲン化物消火設備・機器の代替となる消火設備・機器を、従来、ハロゲン化物消火設備が設置されていた場所に設置する場合の消火等に係る適応性については、別表第2及び別表第3に

示したとおりであるので、これにより、代替消火設備・機器の設置指導を行われたいこと。
　なお、代替消火設備を設置する場合の各消火設備の留意事項は、次のとおりであるので、指導上の参考とされたいこと。
1　スプリンクラー設備
　(1)　電気絶縁性がない。
　(2)　水損がある。
　(3)　制御装置等の機器内、フリーアクセス床内等で水が回らない部分の対応を要する。
2　水噴霧消火設備
　(1)　電気絶縁性がない。
　(2)　水損が大きい（排水設備が必要）。
　(3)　機械式駐車場に設置する場合、配管施工が困難な場合が多い。
3　泡（高発泡）消火設備
　(1)　電気絶縁性がない。
　(2)　人の出入りする場所では、安全対策が必要である。
　(3)　泡の積み上げ高さに限度がある（実績では20ｍまで）。
　(4)　駐車場、指定可燃物を貯蔵し、又は取り扱う場所及び危険物施設では、形態がさまざまであり、それぞれの技術基準を作るには実験が必要となる。
　(5)　消火後の泡の処理が大変となる。
4　泡（低発泡）消火設備
　(1)　電気絶縁性がない。
　(2)　機械式駐車場に設置する場合、配管施工が困難な場合が多い。
　(3)　消火後の泡の処理が大変となる。
5　二酸化炭素消火設備
　(1)　人の出入りする場所では、極めて高い安全対策を施す必要がある。
　(2)　油絵等の美術品に消火薬剤が直接放射された場合、変質する可能性がある。
　(3)　消火薬剤貯蔵容器を置く場所の面積が、ハロゲン化物消火設備のおおむね3倍程度となる。
6　粉末消火設備
　(1)　人の出入りする場所では、安全対策が必要である。
　(2)　装置機器内に付着した消火薬剤を除去することが困難である。
　(3)　第3種粉末については、腐食性が大きい。
　(4)　機械式駐車場に設置する場合、配管施工が困難な場合が多い。
　(5)　フリーアクセス部には、他の消火設備の対応が必要である。
第3　二酸化炭素消火設備の安全対策について
　ハロンが使用されていた防火対象物等については、第1に示した使用抑制が実施されることにより、他の代替消火設備の設置が必要となるが、消火対象施設への影響、設置費用、設置スペース等を勘案すると、二酸化炭素消火設備が多く設置されることが予想される。そこで、二酸化炭素消火設備について、過去の事故事例等を勘案し、その安全対策を次のとおり定めたので、二酸化炭素消火設備の設置に当たっては、当該安全対策が講じられるよう指導の徹底を図られたいこと。
　なお、不特定多数の者が出入りする防護区画については、安全対策が十分であることの確認ができない場合は、二酸化炭素消火設備以外の消火設備を設置するよう指導されたい。

第1章　4　水噴霧消火設備等

1　起動方式
　(1)　対策
　　　起動方式は、手動式とすること。ただし、常時人のいない防火対象物その他手動式によることが不適当な場所に設けるものにあっては、自動式とすることができる。
　(2)　留意事項
　　　消火設備の起動は、本質的には「自動起動」とすることが望ましいが、人命への危険性が危惧されるところから、このように消防法施行規則第19条第4項第14号に規定されている。したがって、自動起動にできる場合は、当該防護区画が無人の時間帯（無人であることが確実に確認できること。）であって、かつ、火災対応ができる管理者等がいない場合に限られるものであること。
2　自動起動方式とする場合の感知器等
　(1)　対策
　　　自動起動方式とする場合に用いる感知器及び感知器の信号回路は、次のとおりとすること。
　　ア　複数の火災信号を受信した場合に起動する方式とすること。なお、一の火災信号については、消火設備専用の感知器回路とすること。
　　イ　感知器の適材適所対応に十分に配慮すること。
　(2)　留意事項
　　ア　自動起動方式とする場合に用いる感知器は、設置場所の環境等により非火災報を発し、火災ではない状態で消火薬剤を放出してしまうおそれがあるので、複数の火災信号により起動することとしたものである。なお、この場合、感知器の種別の異なるものを使用することが望ましい。
　　イ　一の火災信号は自動火災報知設備の感知器から制御盤に、他の火災信号は消火設備専用に設ける感知器から制御盤に入る方式とするか、又は、消火設備専用として設けた複数の火災信号が制御盤に入る方式とし、AND回路制御方式に限定するものとする。
　　　　なお、一の火災信号を自動火災報知設備の受信機又は中継器からの移報信号とする場合は、警戒区域が防護区域と一致していること。
　　ウ　感知器の選択については、「自動火災報知設備の感知器の設置に関する選択基準について」（昭和60年6月18日付け消防予第77号）を参考とするものとする。
3　異常信号
　(1)　対策
　　　起動信号回路に次の異常信号が入った場合には、誤放出を防止できる回路等となっていること。
　　ア　制御盤と手動起動装置間の電路の短絡信号（制御盤と手動起動装置（操作箱）が一体となっているものを除く。）
　　イ　起動信号回路の電路の地絡信号
　(2)　留意事項
　　ア　(1)アの短絡信号とは、制御盤と手動起動装置（操作箱）との電路間で、押ボタン信号回路のほか、他線の短絡により起こり得る回路（例えば、電源表示灯回路からの廻り込み）によって発生する信号をいう。この場合は、短絡信号を検出できるよう措置するとともに、短絡した場合は起動しないような制御回路とする必要がある。

イ (1)イの地絡信号とは、起動回路（手動起動装置（操作箱）とその電路及び容器弁開放装置とその電路（両極を同時に開閉できるものを除く。）をいう。）の地絡によって発生する信号をいう。この場合は、地絡信号を検出できる機能（警報又は注意表示を含む。）を備える必要がある。

4 点検
(1) 対策
点検時の安全を確保するために、次の対策が講じられていること。
ア 誤放出を防止するために、次のいずれかに開閉表示を付した開止弁（常時開、点検時閉の表示を付したもの）を設けること。
（ア） 貯蔵容器と選択弁の間の集合管
（イ） 起動用ガス容器と貯蔵容器の間の操作管
イ アの閉止弁の閉止状態は、点検者が十分判別できるよう操作箱とともに受信機、制御盤等のいずれかに点滅する表示灯を設けること。なお、表示灯が点滅表示できない場合は、警報音を付加すること。
ウ 自動連動となっている場合は、その旨の注意文章を自動火災報知設備の受信機及び二酸化炭素消火設備の制御盤に表示すること。
(2) 留意事項
本対策は、点検時における事故防止対策として定めたもので、起動ライン（操作管）又は集合管に手動操作又は遠隔操作で開閉する弁を設け、特に閉止状態表示は、注意を引くように点滅する方式を原則とし、単なる表示の場合は、連続又は間欠的な警報音を付加することとしている。なお、表示する場所は、防護区画の出入口付近に設ける操作箱及び監視する機器としての受信機、制御盤等の2箇所としている（第1図及び第2図参照）。

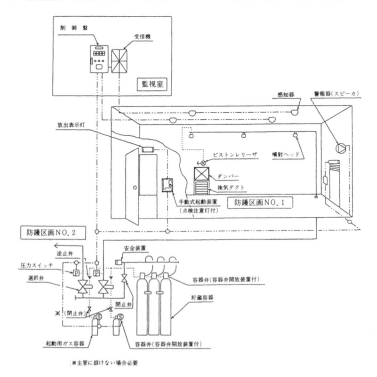

第1図 二酸化炭素消火設備系統図 Ⅰ

第1章　4　水噴霧消火設備等

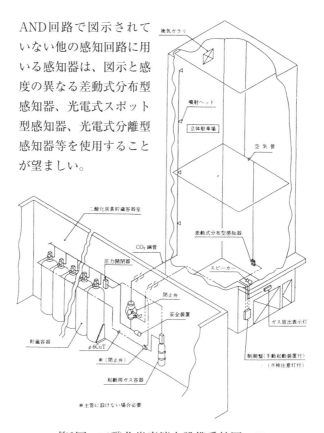

AND回路で図示されていない他の感知回路に用いる感知器は、図示と感度の異なる差動式分布型感知器、光電式スポット型感知器、光電式分離型感知器等を使用することが望ましい。

第2図　二酸化炭素消火設備系統図　Ⅱ

5　その他
　(1)　対策
　　ア　二酸化炭素消火設備が設けられている付近で、他の設備機器の設置工事、改修工事（特にハツリ工事等）又はメンテナンスが行われる場合には、第3類の消防設備士又は二酸化炭素消火設備を熟知した第1種の消防設備点検資格者が立会うこと。
　　イ　点検要領書のより一層の充実化を図ること。
　　ウ　点検者の技術レベルの向上を図ること。
　(2)　留意事項
　　本対策は、主として、アに記した他の設備機器の設置工事、改修工事又はメンテナンスによる電線路の短絡、振動等による消火設備の作動、放出を行わせないよう注意、指導をするために立会うこととしたものである。

別表第1

使用用途の種類

使用用途の種類		具体例
大項目	小項目	
航空機、ヘリコプター等		航空機、ヘリコプター
通信機関係等	通信機室等	通信機械室、無線機室、電話交換室、磁気デスク室、電算機室、テレックス室、電話局切換室、通信機調整室、データープリント室
	放送室等	ＴＶ中継室、リモートセンター、スタジオ、照明制御室、音響機器室、調整室、モニター室、放送機材室
	制御室等	電力制御室、操作室、制御室、管制室、防災センター、動力計器室
	発電機室等	発電機室、変圧器、冷凍庫、冷蔵室、電池室、配電盤室
	ケーブル室	共同溝、局内マンホール、地下ピット、ＥＰＳ
	フィルム等保管庫	フィルム保管庫、調光室、中継台、ＶＴＲ室、テープ室、映写室、テープ保管庫
	危険物施設計器室等	危険物施設の計器室
歴史的遺産等	美術品展示室等	重要文化財、美術品庫、展覧室、展示室
危険物関係	貯蔵所等	危険物製造所、屋内貯蔵所、燃料室、油庫
	塗料等取扱所等	充填室、塗料保管庫、切削油回収室
	危険物消費等取扱所等	ボイラー室、焼却炉、燃料ポンプ室、燃料小出室、暖房機械室、蒸気タービン室、ガスタービン室、鋳造場、乾燥室
	油圧装置取扱所等	油圧調整所
	タンク本体等	タンク本体、屋内タンク貯蔵所、屋内タンク室、地下タンクピット、集中給油設備、製造所タンク、インクタンク、オイルタンク
	浮屋根式タンク等	浮屋根式タンクの浮き屋根シール部分

	LPガス等付臭室	都市ガス、LPGガスの付臭室
駐車場関係	自動車等修理室等	自動車修理場、自動車研究室、格納庫
	駐車場等	駐車場、スロープ、車路
その他	機械室等	エレベーター機械室、空調機械室、受水槽ポンプ室
	厨房室等	厨房室
	加工、作業室等	光学系組立室、漆工室、金工室、発送室、梱包室、印刷室、トレーサー室、工作機械室、製造設備、溶接ライン、エッチングルーム、裁断室
	研究試験室等	試験室、技師室、研究室、開発室、分析室、実験室、殺菌室、電波暗室、病理室、洗浄室、放射線室
	倉庫等	倉庫、梱包倉庫、収納庫、保冷庫、トランクルーム、紙庫、廃棄物庫
	書庫等	書庫、資料室、文書庫、図書室、カルテ室
	貴重品等	宝石、毛皮、貴金属販売室
	その他	事務室、応接室、会議室、食堂、飲食室

注　各使用用途には、具体的に掲げた用途とともに、これらに類するものも含むものとする。
別表第2・第3・別記様式・別紙　〔省略〕

（平3・8・16消防予161・消防危88）

memo　ハロゲン化物消火設備の消火剤がオゾン層を破壊する特定物質（特定ハロン（ハロン1211、ハロン1301及びハロン2402））として指定され、製造が禁止されたとともに、既に使用等されているものについては、不用意な放出等を防止することにより、継続的に使用することができるとされ、ハロゲン化物消火設備を使用することのできる防火対象物その部分が示されています。併せて、ハロゲン化物消火設備に代えて設置することができる消火設備の特性等が示されています。

◆ハロン消火剤を用いるハロゲン化物消火設備・機器の使用抑制等について
　ハロゲン化物消火設備・機器に使用される消火剤であるハロン2402、ハロン1211及びハロン1301（以下「ハロン消火剤」という。）は、「オゾン層の保護のためのウィーン条約」に基づき、その具体的規制方法を定めた「オゾン層を破壊する物質に関するモントリオール議定書」において、オゾン層を破壊する特定物質（特定ハロン（ハロン1211、ハロン1301及びハロン2402））として指定され、生産量及び消費量の規制が平成4年（1992年）1月1日より開始され、クリティカルユース（必要不可欠な分野における使用）を除き、平成6年（1994年）1月1日以降生産等が全廃されているところです。

消防庁においては、このような状況を踏まえ、平成2年からハロン等抑制対策検討委員会（委員長　消防庁予防課長）等において検討を行うとともに、「ハロゲン化物消火設備・機器の使用抑制について」（平成3年8月16日消防予第161号・消防危第88号。以下「抑制通知」という。）等によりハロン消火剤の使用抑制方法等について示してきたところです。

　さて、平成10年11月に開催された第10回モントリオール議定書締約国会合において、各締約国は「国家ハロンマネジメント戦略」を策定することとされたため、我が国においても「国家ハロンマネジメント戦略」を策定し、平成12年7月に国連環境計画（ＵＮＥＰ）に提出したところですが、これを受けて、ハロン等抑制対策検討委員会においては、クリティカルユースの明確化等今後のハロン消火剤の抑制対策等について検討を行いました。

　この結果を踏まえ、今後のハロン消火剤の抑制対策等について、下記のとおりとりまとめたので通知します。つきましては、貴都道府県内の市町村に対してもこの旨周知されるようお願いいたします。

記

第1　ハロン消火剤の使用抑制について
　1　クリティカルユースの明確化について
　　　ハロン消火剤を使用するハロゲン化物消火設備・機器の設置の抑制については、抑制通知等により、設置を抑制する防火対象物・使用用途の種類を示してきたところである。

　　　ハロン代替消火剤を用いるガス系消火設備については、知見の十分蓄積された一部のものについて平成13年4月から一般基準化が行われたところであるが、未だハロン消火剤を全ての分野において完全に代替できるものにはなっていない。このため、必要不可欠な分野（クリティカルユース）に限り、引き続きハロン消火剤を十分な管理のもとに使用していくことが必要である。このクリティカルユースの運用については、人命安全を図るための不特定の者の利用の観点、他の消火設備による代替性の観点等についてさらに明確化が必要である。

　　　このため、ハロン消火剤を使用するハロゲン化物消火設備・機器の設置については、以下の考え方に従って、当該設置がクリティカルユースに該当するか否かを判断することとし、クリティカルユースに該当しないものにあっては設置を抑制するものとする。

　　　なお、設置の抑制は法令によるものではないため、消防同意、危険物施設の設置許可等の際に防火対象物及び危険物施設の関係者に対して、ハロン抑制の趣旨を十分に説明され、その周知徹底を図られたいこと。
　　(1)　クリティカルユースの判断
　　　　クリティカルユースの判断に当たっては、次の原則に従って判断を行うものとする。
　　　①　設置対象の考え方
　　　　ア　ハロン消火剤を用いるハロゲン化物消火設備・機器は、他の消火設備によることが適当でない場合にのみ設置することを原則とする。
　　　　イ　設置される防火対象物全体で考えるのではなく、消火設備を設置する部分ごとにその必要性を検討する。
　　　　ウ　人命安全の確保を第一に考え、人の存する部分か否かをまず区分して、ハロン消火剤の使用の必要性について判断する。
　　　②　クリティカルユースの当否の判断
　　　　　クリティカルユースに該当するか否かの判断は、次のとおり行うものとする。なお、判

断フローの参考図を別図第1に示す。
　ア　人が存する部分の場合
　　　当該部分は、基本的にはガス系消火設備を用いないことが望ましいことから、水系の消火設備（水噴霧消火設備・泡消火設備を含む）が適さない場合に限り、ハロン消火剤を用いることができることとする。
　イ　人が存しない部分の場合
　　　当該部分は、基本的にガス系消火設備を用いることが可能であることから、水系消火設備及びハロン消火剤以外のガス系消火設備が適さない場合に限り、ハロン消火剤を用いることができることとする。
　　※1　「人が存する部分」とは、次の場所をいう。
　　　①　不特定の者が出入りするおそれのある部分
　　　　・不特定の者が出入りする用途に用いられている部分
　　　　・施錠管理又はこれに準ずる出入管理が行われていない部分
　　　②　特定の者が常時介在する部分又は頻繁に出入りする部分
　　　　・居室に用いられる部分
　　　　・人が存在することが前提で用いられる部分（有人作業が行うための部分等）
　　　　・頻繁に出入りが行われる部分（おおむね1日2時間以上）
　　※2　水系の消火設備が適さない場合
　　　　（w1）　消火剤が不適である（電気火災、散水障害等）。
　　　　（w2）　消火剤が放出された場合の被害が大きい（水損、汚染の拡大）。
　　　　（w3）　機器等に早期復旧の必要性がある（水損等）。
　　　　（w4）　防護対象部分が小規模であるため、消火設備の設置コストが非常に大きくなる。
　　※3　ハロン以外のガス系消火設備が適さない場合
　　　　（g1）　消火剤が放出された場合の被害が大きい（汚損・破損（他のガス系消火剤による冷却、高圧、消火時間による影響等）、汚染の拡大（原子力施設等の特殊用途に用いる施設等で室内を負圧で管理している場所に対し、必要ガス量が多いこと等））。
　　　　（g2）　機器等に早期復旧の必要性がある（放出後の進入の困難性等）。
　なお、これらの考え方に基づいてクリティカルユースの判断を行った場合の使用用途の種類と、抑制通知別表第1の使用用途の種類との対応関係を別表第1に示す。
(2)　留意事項
　①　クリティカルユースの当否の判断は、新たにハロン消火剤を用いるハロゲン化物消火設備・機器を設置する場合に行うものとし、既設のハロゲン化物消火設備・機器は対象としない。この場合、当該消火設備・機器へ充填するハロン消火剤はクリティカルユースとして取り扱い、当該消火設備・機器が設置されている防火対象物の部分等において大規模な改修等が行われる機会に適宜見直しを行われたいこと。
　②　消防法令に基づく義務設置の消火設備・機器のほか、消防法令に基づく他の消火設備の代替として設置されるもの、任意に設置されるものも、これらの考え方にクリティカルユースの当否の判断を行い、該当しないものは抑制の対象とすること。

③　クリティカルユースの当否の判断について疑義が生じた場合にあっては、防火対象物の関係者がハロン消火剤の供給の申請を行う際に、特定非営利活動法人消防環境ネットワークのハロン管理委員会においても個別にチェックを行うので、参考とされたい。

2　代替消火設備・機器について

　　ハロン消火剤を用いるハロゲン化物消火設備・機器の代替となる消火設備・機器を設置する場合の消火等に係る適応性については、別表第2及び別表第3に示したとおりであるので、これらを参考にして、代替消火設備・機器の設置指導を行い、他に適当な消火設備がない場合にのみハロン消火剤を設置すること。

　　なお、代替消火設備を設置する場合の各消火設備の留意事項は、次のとおりであるので、指導上の参考とされたいこと。

(1)　スプリンクラー設備
　①　電気絶縁性がない。
　②　水損が大きい（排水設備が必要）。
　③　制御装置等の機器内、フリーアクセス床内等の隠蔽されていて水が回らない部分への対応が困難。

(2)　水噴霧消火設備
　①　電気絶縁性がない。
　②　水損が大きい（排水設備が必要）。
　③　機械式駐車場に設置する場合、配管施工が困難で設置コストが非常に大きくなる場合がある。

(3)　泡（高発泡）消火設備
　①　電気絶縁性がない。
　②　人の出入りする場所では、安全対策が必要である。
　③　泡の積み上げ高さに限度がある（実績では20mまで）。
　④　駐車場、指定可燃物を貯蔵し、又は取り扱う場所及び危険物施設では、形態がさまざまであり、個々の設置対象について技術的な検討が必要となる。
　⑤　消火後の泡の処理の負担が大きい。

(4)　泡（低発泡）消火設備
　①　電気絶縁性がない。
　②　機械式駐車場に設置する場合、配管施工が困難で設置コストが非常に大きくなる場合がある。
　③　消火後の泡の処理の負担が大きい。

(5)　不活性ガス消火設備
　①　二酸化炭素を用いる場合
　　ア　常時人のいない部分に設置する設備である（移動式を除く）。全域放出方式のものは、人の出入りする区画には設置しないこと（局所放出方式のものは、人の出入りする区画であっても防護空間内が無人であれば設置できる。）。ただし、迅速に避難・無人状態の確認が確実に行えること、誤操作等による不用意な放出が防止されていることなど、極めて高い安全対策が施されていることを、個々の設置対象毎に評価等した場合に限り、人の出入りする区画に全域放出方式のものを令32条を活用して例外的に設置できる場合

がある。
　　　イ　冷却効果が非常に高いため、油絵等の美術品など、温度変化に対して脆弱な物品に消火薬剤が直接放射された場合、破損・変質する可能性がある。
　　　ウ　消火薬剤貯蔵容器を置く場所の面積が、ハロン消火剤のおおむね三倍程度となる。
　　②　窒素、IG－55、IG－541を用いる場合
　　　ア　常時人のいない部分に設置する設備であり、人の出入りする区画、体積・面積が大きい区画には設置しないこと。ただし、極めて迅速に避難・無人状態の確認が確実に行えること、誤操作等による不用意な放出が防止されていることなど、高い安全対策が施されていることを、個々の設置対象毎に評価等した場合に限り、令32条を活用して例外的に設置できる場合がある。
　　　イ　区画内の圧力上昇が急激かつ大きいため、耐圧強度の小さい区画壁等が破損する可能性がある。
　　　ウ　消火薬剤貯蔵容器を置く場所の面積が、ハロン消火剤のおおむね5倍から10倍程度となる。
　(6)　ハロン消火剤以外を用いるハロゲン化物消火設備
　　①　常時人のいない部分に設置する設備であり、人の出入りする区画、体積・面積が大きい区画には設置しないこと。ただし、極めて迅速に避難・無人状態の確認が確実に行えること、誤操作等による不用意な放出が防止されていることなど、高い安全対策が施されていることを、個々の設置対象毎に評価等した場合に限り、令32条を活用して例外的に設置できる場合がある。
　　②　区画内の圧力上昇が急激かつ大きいため、耐圧強度の小さい区画壁等が破損する可能性がある。
　　③　消火時にフッ化水素等のガスが発生するため、化学反応に敏感な物品が存在する場合、変質する可能性がある。
　(7)　粉末消火設備
　　①　人の出入りする場所では、安全対策が必要である。
　　②　装置機器内に付着した消火薬剤を除去することが困難である。
　　③　第三種粉末については、腐食性が大きい。
　　④　機械式駐車場に設置する場合、配管施工が困難で設置コストが非常に大きくなる場合がある。
　　⑤　フリーアクセス床内等の隠蔽されていて消火剤が有効に回らない部分への対応が困難。
第2　ハロンバンクの運用等について
　1　ハロンバンクの運用等について
　　　ハロンバンクの運用等については、引き続き「ハロンバンクの運用等について」（平成6年2月10日消防予第32号・消防危第9号）のとおり行われること。
　2　ハロンの注意書きシールについて
　　　ハロンの注意書きシールについては、ハロンのリサイクルの趣旨についてより効果的に周知を図る観点及び連絡先の変更により、平成13年7月より別図第2のとおり変更されること。
　　　この際、旧注意書きシールが貼付されているハロン容器については、設置業者等により、新注意書きシールに貼り替えられる（旧注意書きシールが貼付されていないハロン容器については新注意書きシールを貼付する）こととなっており、消防機関においては、その旨防火対象物

の関係者に対し周知を図られたいこと。
3　データーベースの構築について
　従来、ハロンのデータベースに加え、二酸化炭素消火設備、ハロン代替消火設備についてもデータベースを構築していたが、今後の適切なハロン管理・代替設備の検討等に資するため、引き続き不活性ガス消火設備及びハロゲン化物消火設備についてデータベースを構築することとしているので、設置の際に防火対象物の関係者に対し協力をお願いされたい。また、設置防火対象物の取り壊し等に伴い、不活性ガス消火設備及びハロゲン化物消火設備が撤去される際にも、データベースの運営上管理が必要であり、防火対象物の関係者に対し、併せて設備の撤去の際にも届出の協力をお願いされたい。
　なお、データベースの運営の詳細については、追って通知する。
別表・別図　〔省略〕

(平13・5・16消防予155・消防危61)

memo　特定ハロゲン化物消火剤のデータベースの管理は、「特定非営利活動法人　消防環境ネットワーク」が実施しております。ハロンの回収は、設置業者又は機器製造業者が行います。回収したハロンは、消防環境ネットワークのデータベースに登録されるとともに、再利用できるものはリサイクルします。

粉末消火設備技術基準（令18条）

　粉末消火設備は、粉末消火剤（第1種粉末から第4種粉末まで）を用いる消火設備であり、普通火災、油火災又は電気火災など幅広く用いることができます。また、粉末消火剤が放出されると粉末が充満し、視界が遮られるなどとなることから、設置に際しては、当該部分の使用形態に注意が必要となります。ここで取り上げた通知は、これらの内容を考慮したものです。

◆消防法、同施行令及び同施行規則に関する執務資料について【粉末モニターノズルの取扱いについて】

問　令第13条第1項の規定により令別表第1(13)項ロに掲げる防火対象物でジャンボジェット機等大型の飛行機を格納する大規模な防火対象物に設置する固定式の粉末消火設備について、下記により大量の粉末消火剤をノズルから放射する装置（以下「粉末モニターノズル」という。）を併設した場合、令第32条の規定を適用して支障ないものと思料されるが、貴職の見解を示されたい。

記

粉末モニターノズルが次により設置されていること。
1　消火剤の貯蔵量及び貯蔵容器等
　(1)　消火剤の貯蔵量は、当該防火対象物に収納する飛行機の主翼及び尾翼部分を有効に包含することができる量以上の量とすること。
　(2)　貯蔵容器及び加圧用ガス容器等の機器は、規則第21条第4項第2号から第5号までの規定に準じて設けるほかそれぞれの放射ノズルごとに専用とし、分散設置すること。
　(3)　貯蔵する消火剤は、規則第21条に定める第3種粉末消火剤であること。
2　放射ノズルの配置
　(1)　格納する飛行機（以下「防護対象物」という。）1機につき4基以上の放射ノズルを設置す

ること。ただし、隣接する防護対象物間に設ける放射ノズルについては、それぞれの防護対象物を共用防護とすることができるものであること。
　(2)　防護対象物の各部分がいずれかの放射ノズルの有効射程内になる位置に設けること。
3　放射ノズルの機能
　(1)　消火剤の放射距離は、水平方向に放射した場合において、30m以上であること。
　(2)　1(1)により算出して得た量の消火剤をおおむね30秒から45秒の間に放射できるものであること。
　(3)　それぞれの放射ノズル防護対象物の各部分を包含できる角度に遠隔操作及び直接操作できるものであること。ただし、操作上安全な措置を講じた場合は直接操作、直接操作することが困難な場所に設ける場合にあつては遠隔操作のいずれかによることができるものであること。
4　配管及び加圧用ガス等は、規則第21条第4項第4号、第6号から第9号まで、第13号から第17号まで及び第19号の規定に準じて設けるものであること。

答　お見込のとおり。

(昭53・9・9消防予179)

◆消防法、同施行令及び同施行規則に関する執務資料について【機械式駐車場に設置する水噴霧消火設備等に係る質疑について】
　　本文：第1章　4（160頁）参照

(平5・11・29消防予296)

5 屋外消火栓設備

(1) 設置基準

屋外消火栓設備の設置を要する防火対象物は、令19条1項に規定されています（⇒序章 1(5) 消防用設備等設置基準早見表（10頁）参照）。

(2) 法令による緩和措置

令19条1項の建築物にスプリンクラー設備、水噴霧消火設備、泡消火設備、不活性ガス消火設備、ハロゲン化物消火設備、粉末消火設備又は動力消防ポンプ設備を法令に規定する技術上の基準に従い、又は当該技術上の基準の例により設置したときは、令19条1項の規定にかかわらず、当該設備の有効範囲内の部分について屋外消火栓設備を設置しないことができるとされています。

(3) 令32条特例

屋外消火栓設備に係る令32条の特例については、防火対象物の用途、建物の構造等から出火危険性が極めて少ないと考えられる場合に、設置の免除が認められています。

また、屋内消火栓設備の代替設備についても、屋内消火栓設備と同等以上の消火性能を有すると認められるものにあっては、その設置が認められている例があります。

令32条特例関係　通知・行政実例
屋外消火栓設備設置基準（令19条1項）
◆消防用設備の設置及び設置単位に関する疑義について【屋外消火栓設備の設置単位について】〔解釈〕（昭56・9・1消防予198）……………………………………… 181
同一敷地内の建築物を一の建築物とみなす基準（令19条2項）
◆屋外消火栓設備の設置基準について〔解釈〕（昭57・1・20消防予18）……………… 181
屋外消火栓設備技術基準（令19条3項）
◆消防法の一部を改正する法律（昭和49年6月1日法律第64号）等に関する質疑応答について【水源等の代替設備として、都市に敷設されている水道直結は認められるか】〔解釈〕（昭50・6・16消防安65）……………………………………………… 183
◆屋外消火栓設備について（昭51・12・13消防予125）………………………………… 183
◆消防法、同施行令及び同施行規則に関する執務資料について【屋外消火栓設備の非常電源として非常電源専用受電設備を認める件について】〔解釈〕（平4・5・22消防予108）……………………………………………………………………………… 184

屋外消火栓設備設置基準（令19条1項）

　建築物の構造に応じ、当該建築物の1階及び2階の床面積の合計により設置が義務付けられ、主として、建物の外部からの消火活動に使用されます。

◆消防用設備の設置及び設置単位に関する疑義について【屋外消火栓設備の設置単位について】〔解釈〕

問3　(1)　消防法施行令（以下「令」という。）第19条第1項の設置単位を判断するに際し、昭和50年消防安第26号「消防用設備の設置単位について」の基準を適用してよろしいか。
　　(2)　令第19条第2項が適用されるのは、渡り廊下等（地下連絡路及び洞道を含む。）で接続されていない、いわゆる独立した耐火建築物及び簡易耐火建築物以外（例えば木造）の建築物に限ると解してよろしいか。

答3　(1)　渡り廊下により接続されている場合は、令第19条第2項により1棟として取り扱うこと。
　　(2)　設置単位通達により別棟とみなされる建築物についても適用される。

（昭56・9・1消防予198）

同一敷地内の建築物を一の建築物とみなす基準（令19条2項）

　屋外消火栓設備は、建築物の構造に応じ、1階及び2階の床面積の合計により、設置が義務付けられています。
　この場合に、同一敷地内にある建築物のうち、当該建築物相互の1階の外壁間の中心線からの水平距離が、1階にあっては3m以下、2階にあっては5m以下である部分を有するものは、令19条1項の規定の適用について、一の建築物とみなすとされています。

◆屋外消火栓設備の設置基準について〔解釈〕

　同一敷地内に例図のとおり建築された場合、消防法施行令第19条第2項について次のように解釈してよろしいか。

問1　例1～例4のA棟とB棟に、屋外消火栓設備を設置すべきである。
　2　例5は、A棟のみ屋外消火栓設備を設置すれば足りる。

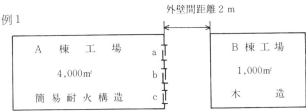

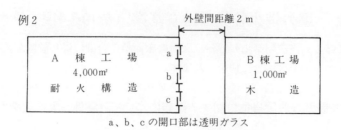

例2　a、b、cの開口部は透明ガラス

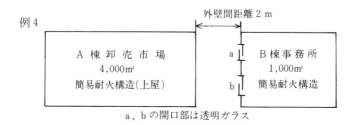

例3　a、b、cの開口部は透明ガラス

例4　a、bの開口部は透明ガラス

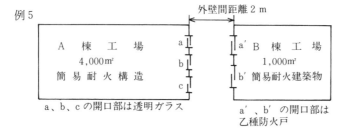

例5　a、b、cの開口部は透明ガラス　　a′、b′の開口部は乙種防火戸

[答]1及び2　いずれもお見込のとおり。

(昭57・1・20消防予18)

[memo]　屋外消火栓設備は、建築物の構造に応じ、原則として1階及び2階部分の床面積により義務付けられますが、隣接する建築物があった場合、その離隔距離によっては、一の建築物として床面積を算定する必要があります。この例は、隣接する建築物の構造のうち、相互に対面する壁に設けられる開口部の措置により、一の建築物に該当するかの例として示されています。

屋外消火栓設備技術基準（令19条3項）

防火対象物に設置することが義務付けられた屋外消火栓設備は、設置及び維持に関する技術上の基準に設置することが必要とされています。ここでは、技術上の基準について、当該設置する部分

の状況や基準で規定されている設備機器等と同等以上の性能機能を有するものとして、令32条の特例を適用した事例を紹介します。

◆消防法の一部を改正する法律（昭和49年6月1日法律第64号）等に関する質疑応答について
【水源等の代替設備として、都市に敷設されている水道直結は認められるか】〔解釈〕

問　屋外消火栓設備の水源等の代替設備として令第19条の基準による放水圧力及び放水量が得られる場合は、令第32条の規定を適用し都市に敷設されている水道直結は認めてよろしいか。

答　水道は、常時所定の水圧や水量が得られるとは限らないので認められない。

(昭50・6・16消防安65)

memo　屋外消火栓設備の水源として、都市に設置されて水道直結の可否を確認するものですが、水源として、常に水圧や水量が確保できる保証が明確でないため、認められないとされたものです。

◆屋外消火栓設備について

問　街の中心部から42kmの山中に1軒だけ温泉旅館がある。当該対象物を検査した際、屋外消火栓設備の設置を指摘したところ、次のような設置についての回答を得た。この場合令第32条を適用することはどうか、御教示ください。

記
1　消火栓は地下式とする。（温泉の酸化力が強すぎるため）
2　水源は沢をせき止め貯水ダムをもつて、これにあてる。
3　商用電源が入つていないため、消火栓の圧力は落差式とする。
4　消火栓の設備間隔は水平距離40m以内である。
5　附属設備については令第19条の基準にもとづき設置する。
◎　当該地区は無燈火地域である。
　そのため当該対象物では水力による自家発電を行つている。
　また営業期間は5月中旬から10月下旬までである。

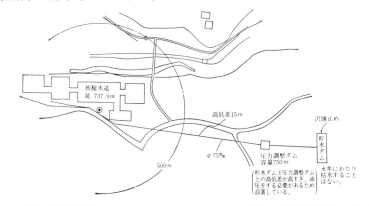

答　設問の消火栓設備が消防法施行令（以下「令」という。）第19条第3項第3号に定める性能を有し、かつ、貴見の1〜5により設置する場合は、消防法施行規則第22条第3号から第5号の規定について、令第32条の規定を適用してさしつかえない。

(昭51・12・13消防予125)

memo 屋外消火栓設備の加圧送水装置及び水源について、貯水ダムを使用することができる場合の要件が示されています。

◆消防法、同施行令及び同施行規則に関する執務資料について【屋外消火栓設備の非常電源として非常電源専用受電設備を認める件について】〔解釈〕

問1 右図の防火対象物において、1、2Fの部分には屋外消火栓設備を、3～6Fの部分には屋内消火栓設備を各々消防法施行令第9条の規定により設置した場合、1、2F部分に設置する屋外消火設備の非常電源は非特定防火対象物であるとして非常電源専用受電設備で差し支えないか。

答 お見込みのとおり。

問2 下図の防火対象物において、消防法施行令第19条第2項により、一の建築物とみなされ屋外消火栓設備が設置された場合、個々の棟が延べ面積1,000㎡以上の特定防火対象物に該当しないことから、非常電源は非常電源専用受電設備として差し支えないか。

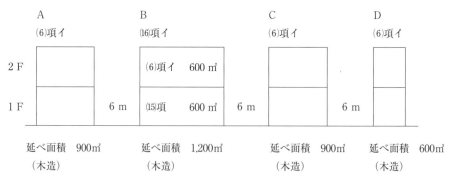

答 消防法施行令第19条第2項により、一の建築物としてみなされており、全部の棟の特定用途に供される部分の床面積の合計が1,000㎡以上を超える場合にあっては、非常電源を自家発電設備又は蓄電池設備とすべきであるが、個々の棟において特定防火対象物の延べ面積が1,000㎡未満の場合にあっては、防火対象物の位置、構造等にかんがみ消防法施行令第32条の規定を適用し、非常電源専用受電設備として認めて差し支えない。

(平4・5・22消防予108)

6　動力消防ポンプ設備

(1)　設置基準

　動力消防ポンプ設備の設置を要する防火対象物又はその部分については、令20条1項に規定されています（⇒序章　1(5)　消防用設備等設置基準早見表（10頁）参照）。

(2)　法令による緩和措置（令20条5項）

　令20条1項各号に掲げる防火対象物又はその部分に次の①から③に掲げる消火設備をそれぞれ当該各号に定めるところにより設置したときは、令20条1項の規定にかかわらず、当該設備の有効範囲内の部分について動力消防ポンプ設備を設置しないことができるとされています。

① 　令20条1項各号に掲げる防火対象物又はその部分に屋外消火栓設備を令19条に定める技術上の基準に従い、又は当該技術上の基準の例により設置したとき。
② 　令20条1項1号に掲げる防火対象物の1階又は2階に屋内消火栓設備、スプリンクラー設備、水噴霧消火設備、泡消火設備、不活性ガス消火設備、ハロゲン化物消火設備又は粉末消火設備を法令に定める技術上の基準に従い、又は当該技術上の基準の例により設置したとき。
③ 　令20条1項2号に掲げる建築物の1階又は2階にスプリンクラー設備、水噴霧消火設備、泡消火設備、不活性ガス消火設備、ハロゲン化物消火設備又は粉末消火設備を法令に定める技術上の基準に従い、又は当該技術上の基準の例により設置したとき。

(3)　令32条特例

　動力消防ポンプ設備は、防火対象物の設置されている敷地内に設けられ、当該防火対象物の火災時に主として外部からの消火活動に使用されるものです。屋外消火栓設備が固定された屋外消火栓からの活動となるのに比較し、動力消防ポンプが移動し、最適の位置からの消火活動が可能となるものです。

　また、屋外消火栓設備が設置されている場合の設置の免除や1階又は2階の部分に他の消火設備が設置されている場合の設置免除があり、特例を適用する範囲は限られています。

令32条特例関係　通知・行政実例
動力消防ポンプ設備技術基準（令20条4項）
◆電動機を動力としたポンプは動力消防ポンプに含まれるか（昭38・9・16自消内予発52） …… 186
◆屋内消火栓設備の代替設備としての動力消防ポンプ設備の設置について〔解釈〕（昭52・3・31消防予59） …… 186
◆消防用設備の設置について【既存防火対象物に設置する屋内消火栓設備の代替について】〔解釈〕（昭52・8・23消防予158） …… 187

動力消防ポンプ設備技術基準（令20条4項）

　動力消防ポンプ設備は、原則として、動力消防ポンプの技術上の規格を定める省令に適合する動力消防ポンプを使用する必要があります。また、その使用には、十分な訓練を行った者が行うなど、設置する場合にはその体制等の整備が必要となります。ここで取り上げた通知は、動力消防ポンプの基準に関するもの、屋内消火栓設備の代替となるかなどがあります。

◆電動機を動力としたポンプは動力消防ポンプに含まれるか

問　電動機を動力としたポンプは、消防法施行令第7条第2項第10項に定める動力消防ポンプに含まれるか。動力消防ポンプを、「動力消防ポンプ規格」第1条に規定されるものとすると、内燃機関によるもののみとなるが、前記のポンプでも、消火栓設備の加圧ポンプに比し、又は取扱上、適当と思料されるか。

答　設問のポンプは、消防法施行令の動力消防ポンプには含まれない。
　なお、電動機を動力源とするポンプでも、「動力消防ポンプ規格」に適合するポンプと同等以上の性能を有し、かつ、非常の場合においても確実に作動するよう措置されているものについては、消防法施行令第32条を適用して差し支えない。

（昭38・9・16自消丙予発52）

memo　動力消防ポンプ設備は、原則として内燃機関を動力とするものであり、電動機は、内燃機関に含まれません。ただし、動力消防ポンプに代えて、電動機を動力とするポンプについては、水量や非常電源等が基準を満たすことができる場合には、特例の適用の可能性を示したものです。

◆屋内消火栓設備の代替設備としての動力消防ポンプ設備の設置について〔解釈〕

問　消防法施行令（以下「令」という。）第11条第1項第2号に該当する防火対象物（別添図面（省略）のとおり）に屋内消火栓設備の設置を指導したところ、当該防火対象物より令第20条の動力消防ポンプ設備を屋内消火栓設備の代替として設置したいとの申出が防府市消防長あてあつたが、次の何れの指導によるべきか。

(1)　令第11条第4項のみなし規定は、動力消防ポンプ設備を令第20条の技術上の基準により設置したときは、無条件に屋内消火栓設備の設置免除を認めるべきであり、消防機関の裁量の余地はない。

(2)　従業員が少数で、しかもその大半を女子職員が占める小規模防火対象物等については、取扱が煩雑でエンジンの始動等技術的知識を必要とする動力消防ポンプ設備を設置させたときは、火災発生時有効に使用することは困難と考えられるので、防火対象物の使用形態によつて令第11条第4項のみなし規定を排除し、消防機関の裁量により屋内消火栓設備の設置を義務づけることができる。

答(1)　お見込みのとおり。ただし、設問の場合、屋内消火栓設備を設置するよう指導することを制約するものではない。

（昭52・3・31消防予59）

memo　法令に基づく緩和措置については、裁量の余地がないことを明示したものですが、動力

消防ポンプ設備の代替として屋内消火栓設備の設置を指導することを制限したものではないとされたものです。

◆消防用設備の設置について【既存防火対象物に設置する屋内消火栓設備の代替について】
　〔解釈〕
　　本文：第1章　2（50頁）参照

(昭52・8・23消防予158)

第 2 章

警報設備

1　自動火災報知設備

(1) 設置基準

　自動火災報知設備の設置を要する防火対象物又はその部分については、令21条1項に規定されています（⇒序章　1(5)　消防用設備等設置基準早見表（14頁）参照）。

(2) 法令による緩和措置（令21条3項）

　自動火災報知設備は、令21条1項各号に掲げる防火対象物又はその部分に設置することとされています。この場合において、防火対象物又はその部分（総務省令で定めるものを除きます。）にスプリンクラー設備、水噴霧消火設備又は泡消火設備（いずれも総務省令で定める閉鎖型スプリンクラーヘッドを備えているものに限ります。）を法令に規定する技術上の基準に従い、又は当該技術上の基準の例により設置したときは、令21条1項の規定にかかわらず、当該設備の有効範囲内の部分について自動火災報知設備を設置しないことができるとされています。

※1　令別表1(1)項から(4)項まで、(5)項イ、(6)項、(9)項イ、(16)項イ、(16の2)項及び(16の3)項に掲げる防火対象物又はその部分並びに規則23条5項各号及び規則23条6項2号に掲げる場所

※2　閉鎖型スプリンクラーヘッドは、標示温度が75度以下で作動時間が60秒以内のもの

(3) 令32条特例

　自動火災報知設備は、火災が発生した場合にいち早くその現象を感知し、報知するものです。この場合に、火災発生が極めて少ないと考えられる部分、外気が流通するなど感知器を設置しても感知することのできない部分、維持管理が困難と考えられる部分等に設置される感知器において、一定の要件が満たされる場合に、当該部分に感知器の設置の省略を特例により認めているものがあります。

令32条特例関係　通知・行政実例
自動火災報知設備設置基準（令21条1項）

（用途共通）
◆消防法施行令及び同法施行規則の一部改正に伴う質疑応答について（昭44・11・20消防予265） ……………………………………………………………………… 194

（令別表1(3)項　料理店・飲食店等）
◆消防用設備等の疑義について【閉店後無人となる防火対象物における自動火災報知設備の設置について】（昭55・9・1消防予174） ………………………………… 195

（令別表1(4)項　百貨店・店舗・物販店等）
◆共同店舗に設置する受信機の設置方法について〔解釈〕（昭40・1・7自消丙予発2） …… 196

（令別表1(5)項　旅館・ホテル等）
◆消防法、同法施行令及び同法施行規則の一部改正に伴う質疑応答について【自動火

災報知設備の遡及対象防火対象物で建築構造上改修が困難な事項について】（昭48・10・23消防予140・消防安42） ·· 196
◆自動火災報知設備の設置の有無について（昭50・4・15消防安43） ················ 196
◆消防用設備等に係る執務資料の送付について【住宅用途の部分における自動火災報知設備の設置の省略】（平30・3・15消防予83） ······································· 197
◆消防用設備等に係る執務資料の送付について【特定一階段等防火対象物への特定小規模施設用自動火災報知設備の設置】（平30・3・15消防予83） ···················· 198
◆消防用設備等に係る執務資料の送付について【複合用途防火対象物への特定小規模施設用自動火災報知設備の設置】（平30・3・15消防予83） ·························· 198

（令別表1(6)項　社会福祉施設等）
◆精神薄弱者更生施設における消防用設備等の設置にかかる消防法施行令第32条の特例について（昭53・1・26消防予15） ·· 199

（令別表1(7)項　学校等）
◆消防法施行令、消防法施行規則等の条文の運用等について【学校等に設置する自動火災報知設備について】（昭45・11・21消防予227） ·································· 201

（令別表1(10)項　車両の停車場等）
◆上越新幹線建設に伴う建築物の取扱いについて（昭54・9・4消防予166） ········· 201

（令別表1(12)項　工場・作業場等）
◆消防法施行令第32条〔基準の特例〕の適用について【電解工場の自動火災報知設備の設置の省略】（昭40・10・15自消丙予発160） ·· 202

（令別表1(14)項　倉庫）
◆消防法施行令第32条の特例基準の適用について【冷凍室または冷蔵室の用途に供する消防用設備等の設置について】（昭45・9・9消防予172） ························ 202

（令別表1(15)項　その他の事業所）
◆留置場内に設ける自動火災報知設備について（昭40・6・15自消丙予発109） ······· 204
◆消防法施行令第32条の適用について【被疑者収容舎房等における感知器の設置省略】（昭49・4・2消防安35） ··· 205
◆拘置所の消防用設備等の一部免除について（昭57・1・5消防予1） ················· 206

（令別表1(16)項　複合用途防火対象物）
◆複合用途防火対象物等における自動火災報知設備の取扱いについて（平14・12・17消防予595） ·· 206
◆消防用設備等に係る執務資料の送付について【特例　自動火災報知設備】（平27・3・27消防予129） ·· 208

(令別表1(17)項　重要文化財等)

◆消防法施行令別表第1(17)項に掲げる防火対象物に対する同施行令第21条の適用に関する疑義について（昭42・8・3自消丙予発61）……………………………… 208
◆文化財関係建造物に対する自動火災報知設備の設置に関する消防法令の運用基準について（昭44・10・20消防予237）……………………………… 209

(その他)

◆同一管理下にある2以上の防火対象物の自動火災報知設備の設置について（昭40・12・22自消丙予発193）……………………………… 211
◆応急仮設住宅等に係る執務資料の送付について（平23・4・28消防庁予防課事務連絡）…… 211

自動火災報知設備技術基準（令21条2項）

◆火災報知設備の設置及び維持に関する基準について（昭39・8・17自消丙予発87）……… 212
◆消防法施行令及び同法施行規則の一部改正に伴う質疑応答について【自動火災報知設備】（昭44・11・20消防予265）……………………………… 222
◆消防法、同法施行令及び同法施行規則の一部改正に伴う質疑応答について【同一室内に二以上の受信機を設置する場合、特例基準の適用の可否】（昭48・10・23消防予140・消防安42）……………………………… 228
◆自動火災報知設備及び非常警報設備の設置に関する技術上の基準について（昭52・6・28消防予125）……………………………… 228
◆自動火災報知設備の令第32条の規定の適用について（昭53・4・3消防予53）………… 228
◆消防用設備等の設置に係る疑義について【自動火災報知設備について】（昭55・4・7消防予60）……………………………… 229
◆消防法、同施行令及び同施行規則に関する執務資料について【工事中の防火対象物に設ける自動火災報知設備の特例適用について】（昭60・7・29消防予90）………… 229
◆自動火災報知設備の炎感知器の設置に係る技術上の基準の運用について（平3・6・24消防予128）……………………………… 230
◆アナログ式自動火災報知設備の運用について（平5・6・25消防予187）……………… 232
◆消防用設備等に係る執務資料の送付について【自動火災報知設備】（平15・9・9消防予232）……………………………… 233
◆消防用設備等に係る執務資料の送付について【消防用設備等の表示灯について】（平19・9・3消防予317）……………………………… 235
◆無線式自動火災報知設備及び特定小規模施設用自動火災報知設備の運用について（平21・3・23消防予119）……………………………… 236

自動火災報知設備設置基準（令21条1項）

　自動火災報知設備は、防火対象物又はその部分の用途、規模（延べ面積、床面積など）、構造等に応じて、設置が義務付けられています。当該防火対象物又はその部分の用途、規模、構造等によって、火災の発生や延焼拡大の危険性が極めて少ないなどと認められる場合には、自動火災報知設備の設置が免除されるものがあります。
　ここでは、防火対象物又はその部分の用途等に着目した、令32条の特例に関する通知を紹介します。

（用途共通）

　自動火災報知設備は、火災が発生した場合に確実に火災を感知し、かつ、関係者に的確に報知することが求められていて、それにより、火災発生時の初期対応（初期消火、通報、避難）を迅速に行うことができます。このため、多数の者が使用・利用等する防火対象物には、不可欠なものといえます。

◆消防法施行令及び同法施行規則の一部改正に伴う質疑応答について
問1　設置義務最小面積の既存の旅館で宿泊客は常連客5～6名のごく少数の客が泊る程度の旅館について、令第32条の特例による適用除外の規定は適用されないか。
答1　適用できない。

問2　自動火災報知設備又は屋内消火栓設備の設置基準以下の対象物であるが義務設置の基準値に近いので指導上設置させてよいか。この場合、非常電源受電設備が必要であるか。
答2　指導上設置させることはさしつかえないが、強制することはできない。設置する場合は改正後の規定により設置することが望ましい。

問3　令別表第1項(17)の重要文化財の場合、「建造物」となつているが、物件の保管場所にも感知器の設置義務があるか。
答3　文化財物件の保管場所には設置義務はないが、文化財保護の観点から、保管場所にも設置するよう指導することが望ましい。

問4　昭和43年5月に2階建の寄宿舎が完成、今度3階を増築するようになつた。既設には自動火災報知設備が設置され、増築用として受信機も3回線で、1回線の余裕をもたしていた（P型2級－3窓）。今回増築する場合、自動火災報知設備の設置はいかにすればよいか。なお、各階のベルは受信機より電源をとつている。

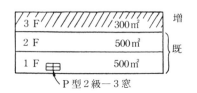

答4 旧基準に適合すれば足りる。

問5 法第17条の2の規定により従前の規定が適用されるが（令第34条を除く。）、非常電源についてはすべて遡及するかどうか。

答5 非常電源についても法第17条の2の規定の適用がある。

(昭44・11・20消防予265)

memo　自動火災報知設備を設置する場合の設置基準の基本的事項が示されており、基準の解釈や、特例の適用の適否を判断する場合の基本となるものです。

（令別表1(3)項　料理店・飲食店等）

◆消防用設備等の疑義について【閉店後無人となる防火対象物における自動火災報知設備の設置について】

問1　閉店後無人となる飲食ビルの自動火災報知設備について

テナント式の1階・4店舗、2階・5店舗の飲食店で、閉店後無人となり、受信機をある1室に設置し、他に方法がないので屋内ベルを設けている。

当該防火対象物で火災又は誤作動時に、近所住民から通報が入り、消防隊が現場到着しても、防火管理者が駆付け、合鍵で各テナントを開放するまで確認困難な場合

(1)　受信機は、消防法施行規則第24条第2号ニの規定により守衛室等常時人がいる場所に設けることとなつているが、他に方法がない場合、屋外ベルで令第32条を適用し、認めてさしつかえないか。

(2)　(1)が認められる場合、上記の現状で消防法第17条第1項の規定のとおり維持されていると解してよろしいか。

答　(1)　設置された自動火災報知設備を有効に活用する方法としては、他の防火対象物の関係者と契約を結び、補助受信機を設置する方法、警備保障会社と契約を結び火災の通報、初期消火等の措置を講ずる方法等が考えられるが、これらの方法がとれない場合は、設問の方法によることもやむを得ない。この場合、屋外ベルを鳴動させる方法としては、非火災報による鳴動を防止するような措置を講ずるよう指導されたい。

なお、設問の場合、上述のような措置を講じ、屋外ベルを鳴動させても、当該防火対象物の内部が火災であるかどうかを確認することが改善されるわけではないので、消防隊が現場到着した際に容易に内部を確認できる方法を防火対象物の関係者と協議しておくことが必要である。

(2)　(1)により承知されたい。

(昭55・9・1消防予174)

memo　閉店後無人となる飲食ビルにおいて、火災発生時に対応できないこととなるので、屋外ベルを設けて周辺の人に知らせる方法が認められていますが、①非火災報対策を講じること、②消防隊侵入方法の事前協議等を講ずることが必要とされています。

（令別表1(4)項　百貨店・店舗・物販店等）

◆共同店舗に設置する受信機の設置方法について〔解釈〕

問　13ブロックに分けられる店舗が、相互に防火シヤッターで区画できるような共同店舗に設置する自動火災報知設備について、次のような場合どう解すべきか。
(1)　各店舗に全警戒区域の受付機を設ける。
(2)　一店舗に全店舗の受信機を設置し、その他の店舗に副受信機又は非常警報設備器具を有効に設ける。

答　設例の部分が令第21条第1項又は第2項に該当する場合は、自動火災報知設備を設置しなければならない。この場合、受信機は、消防法施行規則第24条第2号に適合する限り、どの場所に設けてもさしつかえない。

（昭40・1・7自消丙予発2）

memo　防火シヤッターにより区画された共同店舗に自動火災報知設備を設置する場合の受信機の設置位置については、防災センター等に設置することとし、各店舗には副受信機等の設置は必要ないとしたものです。

（令別表1(5)項　旅館・ホテル等）

◆消防法、同法施行令及び同法施行規則の一部改正に伴う質疑応答について【自動火災報知設備の遡及対象防火対象物で建築構造上改修が困難な事項について】

問　自動火災報知設備が既存に遡及適用される令別表第1(5)項イ及び(6)項イについて、建築構造上改修が困難な事項（例えば、配線を耐火又は耐熱電線に取り替えること等）について、取扱いは何か考えられているか。

答　自動火災報知設備の非常電源回路及び地区音響装置回路の配線の耐熱保護については、600V耐熱ビニル絶縁電線を主要構造部に埋設する等何らかの耐熱措置が講じられているものについては、当分の間、令第32条の規定を適用し認めてさしつかえない。

（昭48・10・23消防予140・消防安42）

◆自動火災報知設備の設置の有無について

問　令別表第1(5)項ロ、共同住宅の自動火災報知設備の設置について昭和36年8月1日自消乙予発第118号の通達に該当するので政令第32条の基準の特例の規定を適用した下記Aのような共同住宅を次のような例の用途変更の申請が出された場合における3～6階の共同住宅部分の自動火災報知設備の設置は令別表第1(16)項イの取扱いをして設置すべきか各例についてご解答願います。

1　自動火災報知設備の設置して有る1階と2階の部分を旅館として用途変更する場合の3～6階の共同住宅部分について
2　自動火災報知設備の設置して有る1階を食堂（180㎡）及びロビーとして、2階を旅館として利用する用途変更の場合の3～6階の共同住宅部分について
3　自動火災報知設備の設置して有る1階を食堂（180㎡）及び喫茶室（30㎡）並にロビーと2階を旅館として利用する用途変更の場合の3～6階の共同住宅部分について

A （現在の共同住宅）

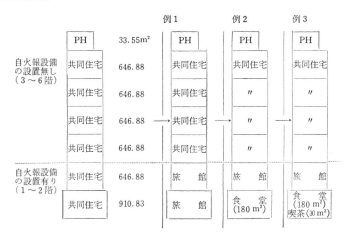

[答] 設問の防火対象物は消防法施行令（以下「令」という。）別表第1(16)項イに掲げる防火対象物に該当し例1、2及び3のいずれの場合にも自動火災報知設備の設置が必要である。（令第34条第2号）

(昭50・4・15消防安43)

◆消防用設備等に係る執務資料の送付について【住宅用途の部分における自動火災報知設備の設置の省略】

[問]1 令別表第1(5)項ロに掲げる防火対象物（同表(16)項ロに掲げる防火対象物のうち同表(5)項ロに掲げる防火対象物の用途に供される部分を含む。以下同じ。）（主要構造部を耐火構造としたもの又は建築基準法（昭和25年法律第201号）第2条第9号の3イ若しくはロのいずれかに該当するものに限る。）の一部の住戸を同表(5)項イ並びに(6)項ロ及びハ（規則第13条第1項第1号に規定する(6)項ロ及びハをいう。以下同じ。）に掲げるいずれかの用途として使用することにより、同表(16)項イに掲げる防火対象物となる場合であっても、次に掲げる要件を満たすものの同表(5)項ロの用途部分については、令第32条の規定を適用し、規則第23条第5項第6号の規定によらないこととしてよいか。

1 令別表第1(5)項イに掲げる防火対象物の用途に供する各独立部分に避難経路図を設けること。

2 令別表第1(5)項イ並びに(6)項ロ及びハに掲げる防火対象物の用途に供する各独立部分内の廊下、階段その他の通路（就寝室（宿泊者又は入居者の就寝の用に供する居室をいう。以下同じ。）からの避難経路に限る。以下「廊下等」という。）に非常用の照明装置を設置し、又は、各就寝室に常時容易に使用可能な携帯用照明器具（以下「携帯用照明器具」という。）を設けること。

[答] 差し支えない。

(平30・3・15消防予83)

memo マンション等が民泊に使用される場合、もっぱら住宅の用に供される部分については、一部感知器等の設置を要しないとされています。

◆消防用設備等に係る執務資料の送付について【特定一階段等防火対象物への特定小規模施設用自動火災報知設備の設置】

問4 一戸建て住宅の全部又は一部を令別表第1(5)項イに掲げる用途として使用することにより、特定一階段等防火対象物に該当し、特定小規模施設とならないものであっても、次に掲げる要件を満たすものについては、令第32条の規定を適用し、25号告示第2第5号ただし書の警戒区域の規定にかかわらず、受信機を設けずに特定小規模施設用自動火災報知設備を設置してよいか。
1 地階を含む階数が3以下であること。
2 延べ面積が300㎡未満であること。
3 3階又は地階の宿泊室の床面積の合計が50㎡以下であること。
4 全ての宿泊室の出入口扉に施錠装置が設けられていないこと。
5 全ての宿泊室の宿泊者を一の契約により宿泊させるものであること。
6 階段部分には、煙感知器を垂直距離7.5m以下ごとに設置すること。
7 特定小規模施設用自動火災報知設備は156号省令第3条第2項及び第3項の規定（25号告示第2第5号を除く。）により設置すること。

答 差し支えない。
この場合において、法第17条の3の3に規定する点検及び報告が必要となることを念のため申し添える。

(平30・3・15消防予83)

memo 特定一階段等防火対象物に該当し、特定小規模施設とならないものであっても、一定の要件を満たす場合には、受信機を設けずに特定小規模施設用自動火災報知設備を設置することを認めたものです。

◆消防用設備等に係る執務資料の送付について【複合用途防火対象物への特定小規模施設用自動火災報知設備の設置】

問5 令別表第1(5)項ロに掲げる防火対象物の全部又は一部の住戸を同表(5)項イ並びに(6)項ロ及びハに掲げるいずれかの用途として使用することにより、3以上の階にわたり自動火災報知設備の設置が必要となる場合であっても、次に掲げる要件を満たすものについては、令第32条の規定を適用し、25号告示第2第5号ただし書の警戒区域の規定にかかわらず、受信機を設けずに特定小規模施設用自動火災報知設備を設置してよいか。
1 特定小規模施設であること。
2 階段室型（階段室が一のものに限る。）であること。
3 2の階段は、屋外に設けるもの又は平成14年消防庁告示第7号の基準に適合したものであること。
4 自動火災報知設備の設置を要する部分が6以上の階にわたらないこと。
5 特定小規模施設用自動火災報知設備は156号省令第3条第2項及び第3項の規定（25号告示第2第5号を除く。）により設置すること。

答 差し支えない。
この場合において、法第17条の3の3に規定する点検及び報告が必要となることを念のため申し添える。

(平30・3・15消防予83)

> **memo** 複合用途防火対象物に該当する場合であっても、特定小規模施設に該当し、一定の要件を満たす場合にあっては、受信機を設けずに特定小規模施設用自動火災報知設備を設置することができるとしたものです。

（令別表1(6)項 社会福祉施設等）

◆精神薄弱者更生施設における消防用設備等の設置にかかる消防法施行令第32条の特例について

問 このことについて、峡西消防本部消防長より別添のとおり照会がありましたのでご教示願います。

別添

　このことについて、当消防本部管内にある精神薄弱者更生施設県立育精福祉センターの立入検査を行つたところ、当センター内の消防用設備については適法に設置されているにもかかわらず、精神薄弱者のいたずらによる使用、損壊、撤去等が著しく有効に機能を達しえない状況である。関係者の話しによると自動火災報知設備の発信機のいたずらによる誤報の連発は、日常茶飯事であり、発信機や感知器、誘導灯さえも修理してもすぐに破壊又は撤去されてしまうのが現状であり保守管理が出来ない状態にあります。

　つきましては、当センター重度棟（別紙図面参照）に対する消防用設備について下記事項について特例を認めてよろしいか至急回答をお願いいたします。

記

2　自動火災報知設備に関する事項

　(1)　感知器はいたずら防止のため天井面に火災の感知に支障のないよう埋設又は防護具を設けることができるか。（ただし、いたずらが予想される箇所にかぎる）

　(2)　発信機は、いたずら防止のため消火器同様各棟の職員常駐の部屋に設置することができるか。

　(3)　放送設備が消防法施行令第24条に定める技術上の基準に従い設置されている場合は規則第24条第5号の規定にかかわらず当該放送設備の有効範囲内について、地区音響装置を設置しないことができる。

資料

　建築物の概要

　(1)　所在地

　　　　山梨県中巨摩郡白根町有野新田3337

　(2)　対象物名

　　　　山梨県立育精福祉センター

　(3)　用　途

　　　　精神薄弱者更生施設

　(4)　収容人員

　　　　精神薄弱者　児童　　133人

　　　　　　　　　　成人　　 89人

　　　　職　　員　　　　　　112人

　　　　　合　　計　　　334人
(5) 建築物の構造等
　　　合計13棟（車庫等は含まず）
　　　主要構造部　耐火造
(6) 該当建築物（4棟）
　　　重度居住棟（2棟）
　　　中軽度居住棟（1棟）
　　　ホール（1棟）
　　　　（別紙参照）

該当建築物（4棟）

用　　途	構造	階	延面積	消　防　用　設　備
重度居住棟	ＲＣ	1/0	949㎡	消火器　自火報　誘導灯
〃	〃	1/0	492㎡	〃　　〃　　〃
中軽度居住棟	〃	2/0	1032㎡	〃　　〃　　〃
ホ　ー　ル	〃	1/0	415㎡	〃　　〃　　〃

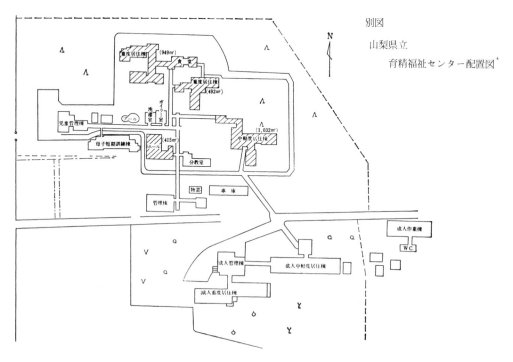

別図

山梨県立

　育精福祉センター配置図

答2　(1)(2)(3)お見込みのとおり。

（昭53・1・26消防予15）

memo 対象施設の利用者の状況等を踏まえ、消防用設備等が十分に機能し、維持管理できるよう、弾力的な運用を認めたものです。ただし、発信機の設置位置、地区音響装置の設置については、情報の伝達や入所者に対する情報提供等による代替措置について、検討する必要があります。

（令別表1(7)項　学校等）

◆消防法施行令、消防法施行規則等の条文の運用等について【学校等に設置する自動火災報知設備について】

問1　学校等に設置する自動火災報知設備について

　　消防法施行規則第24条2のイの規定により受信機は、守衛室等常時人がいる場所に設けることとなつているのが、夜間における宿直を廃止している学校等の受信機はどのような方法で設置すべきか。

　なお、次のような方法で設置することの適否について
（1）　補助受信機を消防署に設置すること。
（2）　学校等の近くの公的施設（宿直制をとる。）に補助受信機を設置すること。
（3）　学校等の近くの民間の住宅等と特別契約を結び補助受信機を設置すること。
（4）　自動火災報知設備とサイレン等を結び連動報知することにより受信機にかえること。
（5）　その他消防庁として検討されている良案、方法があれば御教示ください。

答1　消防法施行規則第24条第2号イの規定は、夜間における当直等を強制するものではない。なお、設置した設備を有効に活用する方法としては(2)又は(3)が考えられるが、当該施設の管理者の判断に委ねるのが適当である。

（昭45・11・21消防予227）

memo　夜間における宿直を廃止している学校等の受信機の管理に関するものであり、受信機が作動した場合の体制については、個々の防火対象物の状況に応じて対処すべきとしたものです。

（令別表1(10)項　車両の停車場等）

◆上越新幹線建設に伴う建築物の取扱いについて

問　このことについて、管内消防機関より下記のとおり照会がありましたので、御教示願います。

記

1　上越新幹線の新潟地区の各旅客駅プラットホーム（越後湯沢、浦佐、長岡、燕三条（仮称）、新潟）及び車両基地着発収容庫は、豪雪地のため、従来の新幹線の場合と異なり、上屋及び外壁を設ける構造であるので、防火対象物として消防用設備を設置しなければならないと思われる。

　自動火災報知設備を設置する場合、消防法第17条第1項の技術基準に従つて設置しますと、トロリー線（高圧30,000V）上であり、また高所（約10m）であるため、補修及び保守点検が困難であり、極めて危険性が高いものと考えられる。このことにより、自動火災報知設備の感知器を設置する場合、消防法施行令（以下「令」という。）第32条を適用し現在トンネル内等で使用されている別途資料の減光式煙感知器を別途図面のとおり設置してよろしいか。

2 前記1の防火対象物において警戒区域を設定する場合、令第21条第2項第2号のただし書きにより、一警戒区域の面積を1,000㎡以下にしてよろしいか。また、KLA－1型減光式煙感知器（ニッタン株式会社製）を設置する場合、令第32条を適用し、警戒区域の1辺の長さが50mを超えて設置してよろしいか。
別添図面　〔省略〕

|答| 1　プラットホーム及び車両基地着発収容庫は、消防法施行令第32条を適用し、自動火災報知設備を免除してさしつかえないものと解する。
2　1により承知されたい。

(昭54・9・4消防予166)

|memo| プラットホーム及び車両基地着発収容庫は、その用途からして出火危険性や延焼拡大危険性が極めて少ないと考えられることから、当該部分に上屋及び外壁を設けた場合であっても、自動火災報知設備の設置を免除してよいとしたものです。

（令別表1(12)項　工場・作業場等）

◆消防法施行令第32条〔基準の特例〕の適用について【電解工場の自動火災報知設備の設置の省略】

|問| 消防法施行令別表第1(12)項イに該当する既存防火対象物で述べ面積5,746.0㎡の電解工場に対する消防用設備は屋内消火栓設備及び自動火災報知設備が該当するが、その建築物の構造及び作業内容が下記の通りであり、可燃性物体が少なく、且つ湿度の高い対象物であります。
　従つて、当該対象物に対し標記基準の特例のうち自動火災報知設備を適用外としても支障なきものと思料されるが適、否御指導下さるようお願い致します。

記

1　構　　　造　　内外壁は耐火構造、屋根鉄骨スレート、室内に面する小屋裏及び窓枠が木造
2　湿　　　度　　平均85.3%
3　温　　　度　　平均38℃　最高40℃　最低35℃
4　硫酸ミスト含有量　2.3～10.3mg／m³
5　内　容　物　　床面の約80%が電解液槽及び銅板
6　電　気　設　備　1.5ｔのクレーン　1台
7　周囲の状況　　当該対象物の両面側に約4m離れ木造工場がある。

|答| 消防法施行令第32条の規定を適用し、自動火災報知設備を省略して差し支えない、と解する。

(昭40・10・15自消丙予発160)

（令別表1(14)項　倉庫）

◆消防法施行令第32条の特例基準の適用について【冷凍室または冷蔵室の用途に供する消防用設備等の設置について】

|問| 消防法施行令別表第1(14)項に掲げる防火対象物で、冷凍室または冷蔵室の用途に共するものに係る消防用設備等の設置について、下記により消防法施行令第32条の規定を適用することとしたいので、貴職の見解を伺いたい。

記

1　冷凍室または冷蔵室（以下「冷凍庫」という。）の部分
　(1)　次に掲げる設備を設けた場合には、自動火災報知設備を省略することができる。
　　ア　冷凍庫の温度状況を常時有効に監視できる指示温度計もしくは自記温度計を用いた自動温度表示装置（以下「温度監視装置」という。）を守衛室等常時人のいる場所（以下「監視室」という。）に設けること。
　　イ　温度監視装置には、冷凍庫内の温度が異常に上昇した場合、温度変化の異常を有効に表示する表示装置を付置すること。
　　ウ　表示装置は、前面3mの位置から容易に確認できる赤色の燈火および警報音を発するベルまたはブザー等とすること。
　　エ　温度監視装置には非常電源を付置すること。ただし、冷凍庫内の負荷回路が遮断した場合、温度監視装置の電源に支障を生じないよう専用回路で分岐し、かつ、配線を金属管工事またはこれと同等以上の耐熱効果のある方法で保護した場合は省略することができる。
　(2)　次のいずれかの方法により警報を発する器具または設備を有効に設けた場合には、非常警報設備を省略することができる。
　　ア　警鐘、手動式サイレン、携帯用拡声器等の非常警報器具を容易に操作できる場所に格納し、かつ、当該冷凍庫内にあるものに対して火災の発生を有効に報告することができる場合
　　イ　不燃性ガス消火設備の起動装置と連動して警報を発する自動式サイレンまたは非常ベルの音量が当該冷凍庫内にあるものに対して有効に報知することができる場合。ただし、この場合、手動式起動装置を併用することができるものに限る。
　(3)　誘導燈については、次によることができる。
　　ア　冷凍庫内の通路が整然と確保され、かつ、避難上十分な照度を有している場合には、通路誘導燈を設置しないことができる。
　　イ　次の(ア)から(ウ)のいずれかの場合には、冷凍庫の出入口に避難口誘導燈を設置しないことができる。
　　　(ア)　冷凍庫内における各部分から最も近い出入口までの歩行距離が30m以下であること。
　　　(イ)　次のaおよびbまでによること。
　　　　a　出入口であることを明示することができる表示および緑色の燈火が設けられていること。
　　　　b　冷凍庫内の作業に蓄電池で駆動する運搬車等を使用する場合、当該運搬車等に付置または付属する照明装置により十分な照度が保持できること。
　　　(ウ)　次のaおよびbによること。
　　　　a　出入口であることを明示する緑色の燈火を設置し、かつ、当該燈火が非常電源に切り替え操作を行なうことができること。
　　　　b　通路部分の曲折点が1以下で出入口であることを明示する表示および緑色の燈火を容易に確認できること。
　　ウ　非常電源は次によること。
　　　電線等の種類（耐熱性）により金属管工事またはケーブル工事とすることができる。ただし、既存の冷凍庫の非常電源は分電盤の一次側から分岐された専用回路の配線とする

     ことができる。
  2　冷凍庫以外の部分
　　(1)　煙感知器
　　　　冷凍庫以外の部分の煙感知器の設置については事務室、機械室、電気室、物置等（以下「事務室等」という。）に面しない廊下および通路もしくは事務室等の上階または下階にある階段および傾斜路で内装を不燃材料で措置したものには煙感知器を設けないことができる。ただし、事務室等の廊下が冷凍庫に接続する場合は、当該接続部分に容易に閉鎖できる甲種防火戸を設けたものに限る。
　　(2)　廊下等の通路誘導燈
　　　　冷凍庫に直接面した荷捌所で、次の場合には通路誘導燈を設置しないことができる。
　　　ア　誘導標識を誘導標識の設置基準により設置した場合
　　　イ　廊下等の片側または両側が開放されているもので、当該通路部分が整然と確保され、かつ、一般照明が十分な照度を有している場合
　　　ウ　避難階で直接屋外の安全な場所に出られる場合
　　(3)　階段の通路誘導燈
　　　　開放の屋外階段が整然と確保されており、かつ、一般照明が十分な照度を有している場合は、設置しないことができる。

答1　設問の場合は、冷凍倉庫の特殊性にかんがみ、消防法施行令（以下「令」という。）第32条の規定を適用してさしつかえない。
 2(1)　省略することはできない。
 (2)及び(3)　いずれも令第32条の規定を適用してさしつかえない。

(昭45・9・9消防予172)

memo　冷凍室又は冷蔵室については、極めて出火危険、延焼拡大危険性が少ないことから、消防用設備等の設置についての免除や、冷凍室又は冷蔵室以外の部分についても、使用・利用者が極めて限られること等から、それらに対応した対策を講ずることにより、消防用設備等の設置について、技術基準によらなくてもよいとしたものです。

（令別表1(15)項　その他の事業所）

◆留置場内に設ける自動火災報知設備について

問　規則第23条第1号イにおいて、自動火災報知設備の感知器の設備は、防火対象物の廊下、階段、便所その他これらに類する場所に設けなくてもよいとされているが、警察署及び検察庁内の監房部分（留置場）は設置しなくても差支えないか。
　　差支えありとすれば、その理由及び根拠を御教示ください。
　（参考）　疑義の生じた理由
　　先日、名瀬警察署長から消防用設備等緩和願があり、同署庁舎内1階の監房部分には、自動火災報知設備を免除できないかとの願出により、実地調査致しました、その結果は次の通りである。
　イ　構造は、耐火造りであるが留置室内は床板張りである。
　ロ　監房に留置する場合は、身体検査を実施し、たばこ等喫煙具の使用を禁ずる。日中数回は、看視付で喫煙を認める。
　ハ　看守は、4名配置されているが、隔日勤務なので日中は2名、22時以降は1名、留置人を留置中

終始監視を続ける。
ニ　冬期、看守暖房用として器具を使用することもある。

答　設問の留置場の房内については、令32条の規定を適用し、感知器の設置を略して差し支えないものと解する。

(昭40・6・15自消丙予発109)

memo　警察署及び検察庁内の監房部分（留置場）については、火気管理が十分にされ、かつ、看守による監視状態下にあることから、個々の留置所内については、感知器の設置を省略することができるとしたものです。

◆消防法施行令第32条の適用について【被疑者収容舎房等における感知器の設置省略】

問　標記のことにつき大分刑務所中津拘置支所より新庁舎建築確認同意を求められ同時に4階被疑者収容舎房内に設置すべき自動火災報知設備の免除申請がありましたが高層建築物の最上階にて然も収容被疑者は個室に収容され非常時に建築物の内部構造に不明な集団になるやもと思われ令第32条の適用に疑義がありますので、その運用につき御指導方宜敷くお願い申します。

添付書類
　　建築物の使用目的等消防署による調査書
　建築物図面（省略）
　建築物　鉄筋コンクリート4階建延面積2,141.1㎡
　　　　　1階　　772.2㎡
　　　　　2階　　446.6㎡
　　　　　3階　　446.6㎡
　　　　　4階　　446.6㎡
　　　　　塔屋　　35.1㎡
　建物の使用目的
　　法務局庁舎
　　　　1階　大分地方法務局中津支所
　　　　2階　中津区検察庁
　　　　3階　大分刑務所中津拘置支所事務室
　　　　4階　大分刑務所被疑者収容舎房
　　　塔屋　倉庫
　施行令第32条の適用をうけ自動火災報知設備免除申請のありたる部分
　　　　4階　被疑者収容舎房
　4階被疑者収容舎房の内装構造
1　床、天井、間仕切は鉄筋コンクリートモルタル仕上、畳敷部分、床は鉄筋コンクリートの上に板張り
2　電気配線関係は鉄筋コンクリートに埋込配線にて全房室及び廊下に点灯
3　窓枠及び扉は鋼材を使用
4　暖冷房の使用なく従つて空調関係はありません。
　　収容舎房に収容人員の最高30名で常時1名の看守が2時間交代にて監視勤務についており火気の使用又は持込は厳禁しています。尚収容舎房内3ヶ所に非常電鈴が設置されますが非常電源の附置はありません。

5 収容舎房の内蔵可燃物は畳寝具被疑者の被服及び日用の洗面具等以外の可燃物はありません。

[答] 設問の庁舎のうち被疑者収容舎房内部分については、消防法施行令第32条の規定を適用し、感知器の設置を省略して差し支えないものと解する。

(昭49・4・2消防安35)

[memo] 火災発生危険性が極めて少なく、かつ、人による監視が十分できている部分について、感知器の設置の省略が認められたものです。

◆拘置所の消防用設備等の一部免除について

[問] 1 自動火災報知設備のうち独居房、雑居房、巡視廊下、保護房、面会室の感知器を免除して差しつかえないか。
 2 独居房、雑居房の窓に鉄格子が入るが、周囲の巡視廊下の窓で無窓階の判定をして差しつかえないか。
 3 2により無窓階となつた場合
   屋内消火栓設備、誘導灯を免除して差しつかえないか。また、煙感知器を熱感知器として差しつかえないか。
 4 誘導標識を免除して差しつかえないか。
別添資料
 1 防火対象物の名称
        古川拘置所
 2 防火対象物規模
        鉄筋コンクリート造   2階建
            1階床面積   530.90㎡
            2階床面積   699.88㎡
            P ・ H   62.0㎡
            延べ面積   1,292.78㎡
 3 収容人員   55名
        職員 15名   定員 40名

[答] 1 昭和49年4月2日付け、消防安第35号「消防法施行令第32条の適用について」によられたい。
 2 お見込みのとおり。
 3 認められない。
 4 免除することは適当でない。

(昭57・1・5消防予1)

(令別表1(16)項　複合用途防火対象物)

◆複合用途防火対象物等における自動火災報知設備の取扱いについて

　平成14年8月2日に公布された「消防法施行令の一部を改正する政令」(平成14年政令第274号)により、消防法施行令(以下「令」という。)別表第1(16)項イに掲げる防火対象物に係る自動火災報知設備の設置対象範囲が、延べ面積が500㎡以上で、かつ、令別表第1(1)項から(4)項まで、(5)項イ、(6)項又は(9)項イに掲げる防火対象物の用途に供される部分の床面積の合計が300㎡以上のものから、延べ面積が300㎡以上のものに拡大されるとともに、令別表第1(1)項から(4)項まで、(5)項イ、

(6)項又は(9)項イに掲げる防火対象物の用途に供される部分が避難階以外の階（1階及び2階を除くものとし、総務省令で定める避難上有効な開口部を有しない壁で区画されている部分が存する場合にあっては、その区画された部分とする。以下記第1において「避難階以外の階」という。）に存する防火対象物で、当該避難階以外の階から避難階又は地上に直通する階段が2（当該階段が屋外に設けられている場合等にあっては、1）以上設けられていないものも、新たに自動火災報知設備を設置しなければならない防火対象物として追加されました。

本改正に伴い、自動火災報知設備の設置対象となる防火対象物であって、平成15年10月1日以降に新築される防火対象物等にあっては竣工までに、平成15年10月1日において現に存する防火対象物又は現に新築、増築、改築、移転、修繕若しくは模様替えの工事中の防火対象物にあっては平成17年10月1日までに、それぞれ自動火災報知設備を設置する必要があります。

今般、本改正に伴い自動火災報知設備を設置しなければならない防火対象物であっても、防火対象物の位置、構造及び設備の状況等から判断して、火災の発生及び延焼のおそれが著しく少なく、かつ、火災等の災害による被害を最少限度に止めることができると認められるものとして、自動火災報知設備を設置しなくともよいと考えられる防火対象物について、下記のとおりとりまとめましたので、令第32条を適用する場合の参考としてください。

なお、貴都道府県内の市町村に対してもこの旨周知されるようお願いします。

記

第1　特例基準の適用範囲
1　令第21条第1項第3号に掲げる防火対象物のうち、令別表第1(16)項イに掲げる防火対象物で、次の(1)及び(2)に掲げる条件に該当する場合にあっては、既存、新築の別を問わず、令第32条の規定を適用し、自動火災報知設備を設置しないことができるものであること。
　(1)　防火対象物の延べ面積は、500㎡未満であること。
　(2)　令別表第1(1)項から(4)項まで、(5)項イ、(6)項又は(9)項イに掲げる防火対象物の用途(以下「特定用途」という。)に供される部分が、次のアからウに掲げる条件のすべてに適合すること。
　　ア　特定用途に供される部分の存する階は、避難階であり、かつ、無窓階以外の階であること。
　　イ　特定用途に供される部分の床面積の合計は、150㎡未満であること。
　　ウ　すべての特定用途に供される部分から主要な避難口に容易に避難できること。
2　令第21条第1項第6号の2に掲げる防火対象物のうち、避難階以外の階の部分のすべてが次の(1)から(3)に掲げる条件のいずれかに該当する場合は、既存、新築の別を問わず、令第32条の規定を適用し、自動火災報知設備を設置しないことができるものであること。
　(1)　居室以外の部分（機械室、倉庫等）であって、不特定多数の者の出入りがないもの。
　(2)　実態上の用途が特定用途以外の用途に供される部分であって、「令別表第一に掲げる防火対象物の取扱いについて」（昭和50年消防予第41号及び消防安第41号。以下「41号通知」という。）1(2)により、主たる用途に供される部分の従属的な部分を構成すると認められる部分とされたため、当該部分が特定用途に供される部分として取り扱われているもの。
　(3)　一般住宅の用途に供される部分であって、41号通知2(2)により、防火対象物全体が単独の特定用途に供される防火対象物として取り扱われることとされたため、当該一般住宅の用途に供される部分が特定用途に供される部分として取り扱われているもの。
第2　住宅防火対策等に係る配慮

令第32条の規定を適用して自動火災報知設備を設置しないこととされた防火対象物であっても、一般住宅等の就寝の用に供される部分を有するものにあっては、火災の早期発見という観点から、当該部分に住戸用自動火災報知設備又は住宅用火災警報器等を設置することが望ましいこと。なお、住宅用火災警報器を設置する場合は、寝室、台所、階段室等に設置するよう配慮されたい。

(平14・12・17消防予595)

memo　小規模の複合用途防火対象物等について、自動火災報知設備の設置の強化が行われたことに伴って、既存の施設にも遡及適用されることに伴い、自動火災報知設備等の設置が必要となっています。この場合において、防火対象物の位置、構造及び設備の状況等から判断して、火災の発生及び延焼のおそれが著しく少なく、かつ、火災等の災害による被害を最少限度に止めることができると認められるものの要件が示されたものです。

◆消防用設備等に係る執務資料の送付について【特例　自動火災報知設備】
問　規則第13条第1項第2号に規定する小規模特定用途複合防火対象物（以下「小規模特定用途複合防火対象物」という。）に対する「消防法施行令の一部を改正する政令」（平成25年政令第368号。以下「368号政令」という。）及び「消防法施行令の一部を改正する政令」（平成26年政令第333号。以下「333号政令」という。）に係る経過措置について
①　368号政令の施行の際、現に存する小規模特定用途複合防火対象物（令別表第1(5)項イに掲げる防火対象物並びに(6)項イ及びハに掲げる防火対象物の用途に供される部分に限る。①において同じ。）及び現に新築、増築、改築、移転、修繕又は模様替えの工事中の小規模特定用途複合防火対象物は令第21条第1項第3号に掲げる防火対象物に該当する場合があるが、同項第1号に掲げる防火対象物に該当する複合用途防火対象物の部分と同様に、平成30年3月31日までの間は、自動火災報知設備の設置を猶予することとして差し支えないか。
②　〔省略〕
答　①、②ともに差し支えない。

(平27・3・27消防予129)

（令別表1(17)項　重要文化財等）

◆消防法施行令別表第1(17)項に掲げる防火対象物に対する同施行令第21条の適用に関する疑義について
問1　次の各号に掲げるように防火対象物の部分が消防法別表第1(17)項の防火対象物に該当する場合は当該防火対象物全体を(17)項防火対象物とみなし同施行令第21条の規定を適用してさしつかえないか。
(1)　別表第1(1)項から(15)項防火対象物と複合する場合

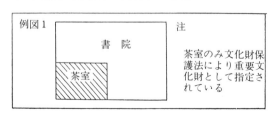

(2) 個人の住居と複合する場合

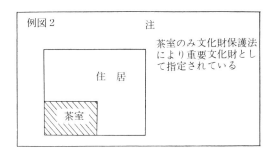

(3) 渡り廊下をもつて接続する場合
（昭和38年9月21日付自消丙予発第57号の通達にもとづき渡り廊下等により接続する建造物とみなされる場合）

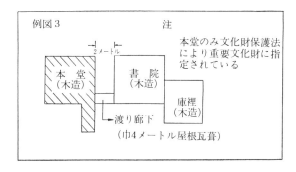

2 (17)項防火対象物にいう史跡として指定された建造物とは史跡指定地にある建造物を含めて指定された建造物と解してさしつかえないか。

答1 設問については、重要文化財として指定された部分以外は(17)項の防火対象物とは解しがたいが、この規定の趣旨から、指定された部分以外の部分も(17)項に含めて運用することが適当である。
2 設問については、貴意見のとおりでさしつかえない。

（昭42・8・3自消丙予発61）

memo 建物の一部又は接続した建物が重要文化財に指定された場合における令別表1(17)項の適用範囲と、当該部分に設ける自動火災報知設備の設置範囲について示したものであり、部分であれば、火災時に相互に影響することから全体を対象とすることとしたものです。

◆文化財関係建造物に対する自動火災報知設備の設置に関する消防法令の運用基準について

さる3月に消防法施行令及び同法施行規則が改正されたが、この改正に伴い文化財関係建造物に対する自動火災報知設備の設置に関する消防法令の運用基準を下記のとおり定めたので、この運用に遺憾のないようされたい。
なお、貴管下市町村に対しても、この旨示達のうえよろしくご指導願いたい。

記

1 設置の特例基準に関する事項

(1) 自動火災報知設備について
　ア　令別表第1(17)項の防火対象物（以下「建造物」という。）を収納した建築物の主要構造部を耐火構造とし、かつ、当該建築物の内部及び周囲に火災発生の要因がない場合は、当該建造物には自動火災報知設備を設置しないことができること。
　イ　外部の気流が流通し火災の発生を感知器により有効に感知できない開放式の構造の建造物には、自動火災報知設備を設置しないことができること。
　ウ　一間社、茶室等延べ面積が7㎡以下の小規模な建造物であり、当該建造物が他の建築物等と独立していて火災の発生のおそれが少なく、かつ、火災の延焼のおそれが少ない場合は、当該建造物には自動火災報知設備を設置しないことができること。
　エ　建造物の敷地内に管理者が常駐していないため火災の発生を有効に覚知できず、かつ、その敷地の周囲に民家等がない別表1の建造物には、自動火災報知設備を設置しないことができること。
(2) 自動火災報知設備の感知器について
　ア　電気設備及び煙突を有する火気使用設備を設けていない建造物であり、かつ、当該建造物の周囲の建築物等に煙突を有する火気使用設備を設けていない場合は、当該建造物の小屋裏又は神社内陣の部分には、感知器を設置しないことができること。
　イ　三重塔、五重塔その他これらに類する塔の小屋裏及び観覧者を入れない城郭等の建造物の階段には、煙感知器を設置しないことができること。
　ウ　一間社、茶室等の小規模な建造物に設ける差動式分布型感知器の空気管の一の感知区域の露出長は、10m以上20m未満とすることができること。
(3) 自動火災報知設備の地区音響装置について
　　常時人が居住せず、かつ、観覧者を入れない建造物には、地区音響装置を設置しないことができること。
2　既設の自動火災報知設備に関する事項
(1) 既設の差動式分布型感知器については、昭和40年自消丙予発第65号に示す現場試験を行ない、その結果機能が正常であると認められるものに限り、当該建造物について相当規模の改修がなされるまでの間は、そのまま設置を認めてさしつかえないこと。
(2) 既設の自動火災報知設備の予備電源については、その容量が火災報知設備に係る技術上の規格を定める省令第4条第9号に規定する容量以上であり、かつ、当該予備電源を6カ月に1回以上取り替える場合は、3回線以上の受信機であつても、当該受信機を更新するまでの間は、その予備電源を乾電池とすることができること。
　　なお、予備電源の容量が非常電源として要求される容量以上であつて、当該予備電源が内蔵式であるものにあつては、非常電源を設けないことができ、又、内蔵式以外のものにあつては、配線に関する耐熱措置を講ずることで非常電源とみなしてさしつかえないこと。
(3) 既設の自動火災報知設備で予備電源がないものにあつては、非常電源として蓄電池設備を設けた場合は、予備電源を設けないことができること。
(4) 既設の自動火災報知設備の非常電源、煙感知器及び地区音響装置については、前記1に定めるもの以外は消防法令の規定によること。
　　なお、建造物の過半以上にわたる改修を行なう場合又は当該自動火災報知設備を更新する場合は、前記1に定めるもの以外は消防法令の規定によること。
3　新たに設置する自動火災報知設備に関する事項

(1) 昭和44年度中に建造物に設置する自動火災報知設備の予備電源又は非常電源については、前記2(2)又は(3)に準じて設けることができること。
(2) 昭和45年度以降に設置する自動火災報知設備については、前記1に定めるもの以外は消防法令の規定によること。
(3) 昭和44年度から46年度までの間に過半以上にわたる改修工事が確実に実施される建造物については、その工事が完了するまでの間に自動火災報知設備を設置すること。
　　なお、改修工事の実施計画については、別途都道府県の教育委員会から連絡がある。
(4) 管理その他の理由により自動火災報知設備の設置が遅れる別表2の建造物については、昭和46年度までに自動火災報知設備を設置すること。
(5) 新たに指定された建造物については、その指定されたときから2年以内に自動火災報知設備を設置すること。

別表　〔省略〕

(昭44・10・20消防予237)

(その他)

◆同一管理下にある2以上の防火対象物の自動火災報知設備の設置について

問　同一敷地内の管理について権原を有する者が同一の者である令23条第1項および第2項に掲げる防火対象物が2以上ある場合において、次の各号のすべてに該当するときは、消防法施行令第32条の規定を適用し、防火対象物ごとに消防機関へ通報する火災報知設備を設置しないことができるか。
(1) 各防火対象物に設ける自動火災報知設備を守衛室等で常時2名以上の監視人により集中管理(副受信機または表示機で少なくとも出火した防火対象物が確認できるものであること。)するとき。
(2) 自動火災報知設備を集中管理する監視人室に、消防機関へ通報する火災報知設備(令第23条第4項に規定する電話を含む。)を設けるとき。
(3) 自動火災報知設備を集中管理する監視人室と、各防火対象物の間に常時通話できる装置を有するとき。ただし、当該監視人室から主要な出入口までの歩行距離が75m以内である防火対象物については、自動火災報知設備の発信機をもつてかえることができる。
(4) 同一敷地内に多数の防火対象物があり、消防隊が出火した防火対象物を把握することが困難な場合、消防隊の進入路となる門衛所その他の場所で、遅滞なくこれらの消防隊を出火した防火対象物へ誘導できるよう措置するとき。

答　いずれもお見込みのとおり。

(昭40・12・22自消丙予発193)

memo　同一敷地内にあり、かつ、同一管理下にある2以上の防火対象物の自動火災報知設備を集中管理する監視人室を設ける場合には、個々の防火対象物ごとに消防機関へ通報する火災報知設備を設置しないことができるとしたものです。

◆応急仮設住宅等に係る執務資料の送付について

応急仮設住宅等に係る消防法令上の取扱いについて、別添のとおり質疑応答をとりまとめたので、執務上の参考としてください。

なお、各都道府県消防防災主管課におかれましては、貴都道府県内の市町村に対し、この旨周知されるようお願いします。
別添
問2 応急仮設住宅の整備と並行して、プレハブ等で仮設建築物としてグループホームや商店等を整備する動きもあるが、消防法令上どのように取り扱ったらよいか。
答 プレハブ等による仮設建築物であっても、通常の建築物等と同様、それぞれの規模、用途等に応じて消防用設備等の設置が必要となるものである。
　この場合、例えば、避難口を容易に見とおせる構造であること等による誘導灯の設置免除、グループホームにおいて特定小規模施設用自動火災報知設備を自動火災報知設備に代えて設置するなどの代替措置等の規定を適用することはもとより差しつかえない。
　また、仮設建築物について消防長（消防本部を置かない市町村においては、市町村長）又は消防署長が個々の仮設建築物の状況に応じ、消防法施行令第32条を適用し、消防用設備等の特例を講じることも可能であるが、この場合にあっても、当該仮設建築物の実態に応じ、最低限必要と認められる消防用設備等を設置するほか、防火管理の一層の徹底を図ることなどにより、必要な防火安全性が確保されるよう留意されたい。
※　仮設建築物は、建築基準法第85条により、災害があった場合、建設に着手したものについて、同法の一部又は全部を適用しないこととされており、また、一定の要件を満たした場合には、3月を超えて利用される。

（平23・4・28消防庁予防課事務連絡）

自動火災報知設備技術基準（令21条2項）

　自動火災報知設備のうち感知器には、火災によって発生する熱、煙又は炎を感知するために多種多様なものがあり、これらを設置場所の形態に応じ、最適なものを選定し設置することが必要となります。ここで取り上げた通知は、特に感知器を選択、設置する場合の詳細な基準の運用や厳密な意味で特例を適用する必要があるものです。

◆火災報知設備の設置及び維持に関する基準について
　自動火災報知設備及び消防機関へ通報する火災報知設備の設置及び維持は、消防法施行令（昭和36年政令第37号。以下「令」という。）及び消防法施行規則（昭和36年自治省令第6号。以下「規則」という。）に定めるもののほか、下記に定めるところに従つて行なうこと。

記

　第1章　自動火災報知設備
　　第1節　感知器
1　失効〔昭44消防予244〕
2　定温式又は補償式の感知器は、正常時における最高周囲温度がそれぞれの公称動作温度又は定温点より20deg以上低い場所に設けること。
3　取付面の高さに応じた感知器の適応性は、規則第23条第2号の表に定めるもののほか、次のとおりであるので、その高さに適応するものを設けること。

取付け面の高さ	感知器の種別
4m未満	補償式感知器
4m以上8m未満	補償式感知器又は定温式感知器1種

4 補償式感知器は、規則第23条第3号の例により設けること。
5 差動式又は定温式の感知器の特例
 (1) 次の図のように設けた差動式分布型（空気管式）感知器は、規則第23条第4号ハただし書の規定に適合するものである。

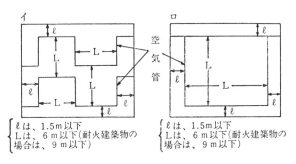

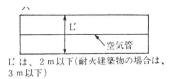

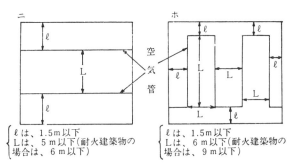

 (2) 規則第23条第5号ロ又は第6号ロの規定にかかわらず、定温式スポット型感知器1種は、それぞれ次のイ又はロに定めるところにより設ければ足りること（この場合、消防長若しくは消防署長又は消防長を置かない市町村の長は、令第32条を適用する旨を明らかにすること）。
  イ 感知線型以外のものにあつては、感知区域ごとに床面積30㎡（耐火建築物にあつては、60㎡）につき1個以上の個数を偏在しないように設ける。
  ロ 感知線型のものにあつては、感知区域ごとに取付け面の各部分から感知器のいずれかの部分まで水平距離が3m以下（耐火建築物にあつては、4.5m以下）となるように設ける。
   第2節 配線
1 屋内配線
 屋内配線は、次の各号に適合するものであること。

(1) 電線の種類

屋内配線に使用する電線の種類は、6に定めるところによること。

(2) 工事方法

屋内配線の工事は、金属管工事、硬質ビニル管工事、ケーブル工事、金属ダクト工事、ステップルどめ工事、可とう電線管工事又はこれと同等以上の工事方法により行ない、おのおの次に定める基準に適合したものとすること。

イ　金属管工事
　(イ)　金属管内には電線の接続点を設けないこと。
　(ロ)　金属管は日本工業規格（以下「ＪＩＳ」という。）
　　　　C8305（電線管（鋼製））に適合するもの又はこれと同等以上の防食性及び引張り強さを有するものとし、管の厚さは、1.2mm以上とすること。
　(ハ)　金属管の端口及び内面は、電線の被覆を損傷しないようななめらかなものであること。
　(ニ)　金属管の屈曲部の曲率半径は、管径の4.5倍以上とすること。
　(ホ)　管路はできる限り屈曲を少なくし、1箇所のたわみ角度は90度以下とすること。
　(ヘ)　屈曲部が多い場合又は金属管の亘長が30m以上の場合には、適当な箇所にプルボックス又はジョイントボックスを設けること。
　(ト)　プルボックス又はジョイントボックスは、次の各号に適合するように設けること。
　　　a　電線の接続が容易に行なえるような場所に設けること。
　　　b　ボックス内に水が浸入しないような措置を講ずること。
　(チ)　金属管相互の接続は、カップリングを使用し、ねじ込み、突合せ及び締付けを十分に行なうこと。
　(リ)　メタルラス張り、ワイヤラス張り又は金属板張りの壁体等を貫通させる場合は、十分電気的に絶縁すること。

ロ　硬質ビニル管工事
　(イ)　硬質ビニル管内には電線の接続点を設けないこと。
　(ロ)　硬質ビニル管は、ＪＩＳ C8430（硬質ビニル電線管）に適合するもの又はこれと同等以上の耐電圧性、引張り強さ及び耐熱性を有するものとすること。
　(ハ)　硬質ビニル管相互及び管とボックスの接続は、管のさし込み深さを管の外径の1.2倍（接着剤を使用する場合は0.8倍）以上とし、かつ堅ろうに行なうこと。
　(ニ)　管の支持点間の距離は、1.5m以下、管端、管とボックスの接続点又は管相互の接続点の支持点間の距離は0.3m以下とすること。
　(ホ)　温度の高い場所又は湿度の高い場所に施設する場合は、適当な防護措置を講ずること。
　(ヘ)　重量物による圧力、著しい機械的衝撃を受けるおそれがある場合等には、適当な防護措置を講ずること。
　(ト)　壁体等を貫通させる場合は、熱的に適当な防護措置を講ずること。
　(チ)　その他の金属管工事に準じて行なうこと。

ハ　ケーブル工事
　(イ)　ケーブルを造営材の面に沿って取り付ける場合は、ケーブルの支持点間の距離を2m

以下とし、かつ、ケーブルの被覆を損傷しないように取り付けること。
　　(ロ)　ケーブルは、水道管、ガス管、他の配線等と接触しないように施設すること。
　　(ハ)　重量物による圧力、著しい機械的衝撃を受けるおそれがある場合等には、適当な防護措置を講ずること。
　　(ニ)　壁体等を貫通させる場合は、熱的に適当な防護措置を講ずること。
　ニ　金属ダクト工事
　　(イ)　金属ダクト内には電線の接続点を設けないこと。ただし、電線の接続点が容易に点検できる場合は、この限りでない。
　　(ロ)　金属ダクトに収める電線の断面積（絶縁被覆材を含む。）の総和は、ダクトの内部断面積の30％以下とすること。
　　(ハ)　金属ダクトの内面は、電線の被覆を損傷しないようななめらかなものであること。
　　(ニ)　金属ダクト内の電線を外部に引き出す部分に係る工事は、金属管工事又は可とう電線管工事の例によること。ただし、金属ダクトに収める電線がケーブルである場合は、この限りでない。
　　(ホ)　金属ダクトは、厚さ1.2mm以上の鉄板又はこれと同等以上の機械的強度を有するものであること。
　　(ヘ)　金属ダクトの支持点間の距離は3m以下とすること。
　　(ト)　金属ダクトは、さび止め等の防食措置を講ずること。
　ホ　ステップルどめ工事
　　(イ)　点検できないいんぺい場所又は周囲温度が60℃以上となる場所においては、この工事方法は用いないこと。
　　(ロ)　外傷を受けるおそれのある場所、湿度の高い場所等に施設する場合は、適当な防護措置を講ずること。
　　(ハ)　ステップルの支持点間の距離は、0.6m以下とすること。
　　(ニ)　壁体等を貫通させる部分は、がい管等を用いることにより保護すること。
　　(ホ)　立ち上がり部分は、木製線ぴ、金属線ぴ等を用いることにより保護すること。
　ヘ　可とう電線管工事
　　(イ)　可とう電線管内には、電線の接続点を設けないこと。
　　(ロ)　可とう電線管の内面は、電線の被覆を損傷しないようななめらかなものであること。
　　(ハ)　重量物による圧力又は著しい機械的衝撃を受けるおそれがある場合には、適当な防護措置を講ずること。
2　地中配線
　地中配線は、次の各号に適合するものであること。
(1)　電線の種類
　　地中配線に使用する電線の種類は、6に定めるところによること。
(2)　工事方法
　　地中配線の工事は、引入れ式、暗きょ式又は直接式工事により行ない、おのおの次に定める基準に適合したものとすること。
　イ　引入れ式（管路式）
　　(イ)　地中電線を収める管は、水が浸入しないように施設すること。

(ロ) 地中電線を収める管は、ガス管、ヒューム管、硬質ビニル管等堅ろうなものを使用し、かつ、車両その他の重量物の重力に耐えるように施設すること。
ロ 暗きよ式
(イ) 地中電線を収める暗きよは、水が浸入しないように施設すること。
(ロ) 地中電線を収める暗きよは、鉄筋コンクリート等の堅ろうなもので作り、車両その他の重量物の重力に耐えるように施設すること。
ハ 直接式
(イ) 地中電線の埋設深さは、車両その他の重量物の圧力を受けるおそれがある場所は1.2m以上、その他の場所は0.6m以上とすること。
(ロ) 地中電線は、コンクリート製のトラフ、ガス管、ヒューム管等の堅ろうなものに収めて施設すること。ただし、次のa又はbのいずれかの場合で、幅20cm厚さ2cm以上の木板等で上部を覆つた場合は、この限りでない。
　a 地中電線にパイプ型圧力ケーブルを使用する場合。
　b 車両その他の重量物の重力を受けるおそれのない場所に施設する場合。
ニ 引入れ式、暗きよ式及び直接式共通事項
(イ) ハンドホール及びマンホールの施設
　ハンドホール及びマンホールは、ケーブルの引入れ及び曲げに適するもので、構造はコンクリート造又はこれと同等以上の強度を有するものとし、底部には水抜きを設けること。
(ロ) ケーブルの接続は、ハンドホール、マンホール等容易に点検できる箇所で行なうこと。
(ハ) 引込口及び引出口は、水が屋内に浸入しないように引入れ式又は直接式の貫通管を屋外に傾斜させること。
(ニ) 火災報知設備用のケーブルと電力ケーブルとは0.3m以上（ケーブルが特別高圧用の場合は0.6m以上）離すこと。ただし、電磁的にしやへいを行ない、かつ、耐火性能を有する隔壁を設けた場合は、この限りでない。
(ホ) 直接式の場合は、ケーブルの曲がり場所等にケーブルを施設した旨の標識を設けること。
3 架空配線
架空配線は、次の各号に適合するものであること。
(1) 電線の種類
架空配線に使用する電線の種類は、6に定めるところによること。
(2) 支持物
架空配線に用いる支持物は、木柱、コンクリート柱、鋼管柱、鉄柱又は鉄塔とすること。
(3) 支持物の施設
木柱、コンクリート柱等の支持物は、根入れを支持物の全長の6分の1以上とし、かつ、埋設深さは30cm以上とすること。
(4) 支線及び支柱
支線及び支柱は、次のイ及びロに適合するものであること。
イ 支線は、その素線の直径が2.6mm以上の亜鉛メッキ鉄線又はこれと同等以上の防食性及び引張り強さを有するものを用いること。

ロ　支線と支持物は、堅固に取り付けること。
(5)　架空配線と他の物体との接近又は交さ
　　イ　火災報知設備に使用する架空電線（以下「架空電線」という。）と低圧架空線が接近する場合、架空電線と低圧架空線との水平離隔距離は1m以上とすること。ただし、次のいずれかに該当する場合は、この限りでない。
　　　(イ)　低圧架空線が高圧絶縁電線又はケーブルであつて、架空電線と低圧架空線との水平離隔距離が0.3m以上である場合
　　　(ロ)　低圧架空線が引込み用ビニル絶縁電線又は600ボルトビニル絶縁電線であつて、架空電線と低圧架空線との離隔距離が0.6m以上である場合
　　　(ハ)　架空電線と低圧架空線との垂直距離が6m以上である場合
　　ロ　架空電線と高圧架空線とが接近する場合、架空電線と高圧架空線との水平離隔距離は、1.2m以上とすること。ただし、次のいずれかに該当する場合は、この限りでない。
　　　(イ)　高圧架空線が高圧絶縁電線であつて、架空電線と高圧架空線との離隔距離が0.8m以上である場合
　　　(ロ)　高圧架空線がケーブルであつて、架空電線と高圧架空線との離隔距離が0.4m以上である場合
　　　(ハ)　架空電線と高圧架空線との垂直距離が6m以上である場合
　　ハ　架空電線と他の架空線路の支持物との離隔距離は、低圧架空線路にあつては0.3m以上、高圧架空線路にあつては0.6m以上（電線がケーブルの場合は、0.3m以上）であること。
　　ニ　架空電線と植物との離隔距離は、0.3m以上であること。
　　ホ　架空電線は、低圧架空線又は高圧架空線の上に施設しないこと。ただし、施工上やむをえない場合で、架空電線と低圧架空線又は高圧架空線との間に保護網を施設した場合は、この限りでない。
　　ヘ　架空電線と低圧架空線又は高圧架空線と接近する場合で、架空電線を低圧架空線又は高圧架空線の上方に施設する場合は、水平距離は、架空電線の支持物の地表上の高さに相当する距離以上とすること。
　　ト　架空電線の高さは、次の(イ)から(ハ)までに適合するものであること。
　　　(イ)　道路を横断する場合は、地表上6m以上
　　　(ロ)　鉄道又は軌道を横断する場合は、軌条面上5.5m以上
　　　(ハ)　前2号以外の場合は、地表上5m以上、ただし、道路以外の箇所に施設する場合は、地表上4m以上とすることができる。
　　チ　架空電線と低圧架空線又は高圧架空線とを共架する場合は、次の(イ)から(ハ)までに適合するものであること。
　　　(イ)　架空電線は、低圧架空線又は高圧架空線の下に施設すること。
　　　(ロ)　架空電線と他の架空線の離隔距離は、架空線が低圧架空線にあつては0.75m以上、高圧架空線にあつては1.5m以上とすること。
　　　(ハ)　架空電線は、他の架空線により誘導障害が生じないように施設すること。
(6)　その他
　　その他架空電線は、次の各号に適合するものであること。
　　イ　つり線配線（メッセンジヤーワイヤー）に用いるつり線は、亜鉛メッキ鋼より線とし、そ

の太さは別表2に適合するものであること。
ロ　架空電線は、がいし、メッセンジヤーワイヤー等で堅ろうで支持し、かつ、外傷・絶縁劣化等を生じないように施設すること。
ハ　架空電線の引込み口及び引出口には、がい管又は電線管を用いること。
ニ　架空配線の架空部分の長さの合計が50mをこえる場合は、受信機の引込み口にできるだけ接近した架空配線と屋内配線の接続点に次の図に掲げる保安装置を設けること。ただし、次のいずれかに適合する場合は、この限りでない。
　（イ）　架空配線が有効な避雷針の保護範囲内にある場合
　（ロ）　屋外線が接地された架空ケーブル又は地中ケーブルだけの場合

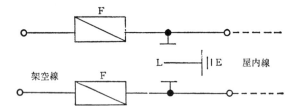

　　（注）　イ　F…定格電流7A以下の自動しや断器
　　　　　　ロ　L…交流500V以下で動作する避雷器
　　　　　　ハ　E…第3種接地工事

4　屋側配線
　屋側配線は、次の各号に適合するものであること。
　(1)　電線の種類
　　屋側配線に使用する電線の種類は、6に定めるところによること。
　(2)　金属管、硬質ビニル管又はケーブルを造営材に沿つて取り付ける場合、その支持点間の距離は2m以下とすること。
　(3)　メタルラス張り、ワイヤラス張り又は金属板張りの造営材に施設する場合は、十分電気的に絶縁すること。

5　接地
　接地は、次の各号に定めるところにより行なうこと。
　(1)　接地線は、導体直径1.6mm以上のビニル電線又はこれと同等以上の絶縁性及び導電性を有する電線を用いること。
　(2)　接地線には、ヒューズその他のしや断器を入れないこと。

6　自動火災報知設備の配線（耐火又は耐熱保護を必要とするものを除く。）に用いる電線は、別表一のA欄に掲げる電線の種類に応じ、それぞれB欄に掲げる規格に適合し、かつ、C欄に掲げる導体直径若しくは導体の断面積を有するもの又はB欄及びC欄に掲げる電線に適合するものと同等以上の電線としての性能を有するものであること。

　　　第3節　受信機
1　受信機のある場所には、警戒区域一覧図のほか、構内配線図並びに受信機及び押しボタンの所在一覧図（発信機又は押ボタンがある場合に限る。）を備えること。
2　受信機の前面に設けたスイッチ等の操作部は、床面から0.75m以上1.5m以下の位置に設けること。

第4節　電源
1　失効〔昭44消防予244〕
2　主電源に交流低圧屋内幹線を使用する場合は、当該幹線の分岐点から電線の長さで1.5m以下のところに、主電源の各極を開閉できる開閉器及び最大負荷電流の1.5倍～2.0倍で少くとも3A以上の定格電流の自動しや断器を設けること。
3　開閉器にする自動火災報知設備用のものである旨の表示は、見やすい箇所に赤色で行なうこと。

第5節　P型発信機
1　P型発信機を設ける場合は、各階の床面積が1,000㎡以下の場合にあつては各階ごとに、1,000㎡をこえる場合にあつては1,000㎡又はその端数ごとに1個以上設けること。ただし、消防機関へ通報する火災報知設備としてこの節に定める基準の例によりP型発信機を設けてある階についてはこの節に定めるところによることを要せず、また、次の各号に掲げる場合は、当該各号に定めるところにより設ければ足りる。
　(1)　1階建又は2階建の建築物において、その建築物の外周の各部分から駆付距離75m以内の屋外の地点に発信機が設けられている場合　1階部分について、その床面積が1,000㎡をこえる場合に限り、そのこえる面積1,000㎡又はその端数ごとに1個設ける。
　(2)　2階以上の建築物で各階の床面積が200㎡以下である場合　階数2ごとに1個をそれぞれ下の階に設ける。
　(3)　2階建の建築物でその1階の床面積が1,000㎡以下で、かつ、2階の床面積が200㎡以下である場合　その建築物の外周の各部分からの駆付距離75m以内の屋外の地点に発信機が設けられていない場合に限り設ける。
2　発信機の押ボタンに設ける標識は、次の各号に定めるところによること。
　(1)　標識は、標識板とし、発信機の上方に設けること。ただし、発信機の附近に常夜灯がないときは、標識灯とし、発信機の直近に設けること。
　(2)　標識は、通行に支障がなく、かつ、認識されやすいものであること。
　(3)　標識板は、幅と長さの比が1対3で、かつ、幅が8cm以上の形状であり、赤地に白文字で「火災報知機」と容易に消えない方法で表示されていること。
　(4)　標識灯は、点灯の際赤色となるもので、昼夜の別なく点灯できるものであり、建築物に取り付けられた場合は、その取付面と15度以上の角度となる方向に沿つて10m離れた点から点灯していることが明瞭に判別できるものであること。

第6節　R型自動火災報知設備
　R型の自動火災報知設備には、受信機と感知器との間の外部配線をテストできる導通試験装置を設けるか、又は次の各号に適合するR型発信機を設けること。
1　R型発信機は、発信機と感知器との間の外部配線の導通を行なうことができるものであること。
2　R型発信機から感知器回路の末端にいたるまでの配線は、第1章第2節に示す基準によるほか次の各号に適合するものであること。
　(1)　配線に使用する電線の太さは、ケーブルにあつては導体直径0.9mm以上のもの、その他のものにあつては導体直径1.2mm以上のものであること。
　(2)　感知器等の機器と配線とはゆるみが生じないように確実に接続すること。
　(3)　R型発信機は、点検容易な場所に設置すること。

第2章　消防機関へ通報する火災報知設備

1　配線は、規則第25条第2項第1号に定めるもののほか、前章第2節に定める基準の例によること。
2　当該発信機に連動するP型発信機を設ける場合の当該P型発信機及びその押ボタンに設ける標識については、前章第5節に定める基準の例によること。ただし、自動火災報知設備として前章第5節に定めるところによりP型発信機を設けてある階については、この限りでない。
3　発信機から消防機関へ通報されたことを当該防火対象物の関係者に直ちに知らせることができる音響装置を設けること。
4　受信機の引込口にできるだけ接近した架空線と屋内線の接続点に次の図に掲げる保安装置を設けること。

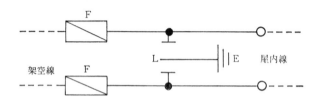

注　イ　Fは、定格電流1.33A以下の自動しゃ断器
　　ロ　Lは、交流300V以下で動作する避雷器
　　ハ　Eは、第3種接地工事

別表第1

A　欄	B　欄	C　欄
屋内配線に使用する電線	JIS　C　3306（ビニルコード）	断面積0.75mm²以上
	JIS　C　3307（600Vビニル絶縁電線（IV））	導体直径1.0mm以上
	JIS　C　3342（600Vビニル絶縁ビニルシースケーブル（VV））	導体直径1.0mm以上
	JCS　416（600V耐燃性ポリエチレン絶縁電線（EM-IE））	導体直径1.0mm以上
	JCS　417（600V耐燃性架橋ポリエチレン絶縁電線（EM-IC））	導体直径1.0mm以上
	JCS　418　A（600V耐燃性ポリエチレンシースケーブル）	導体直径1.0mm以上
屋側又は屋外配線に使用する電線	JIS　C　3307（600Vビニル絶縁電線（IV））	導体直径1.0mm以上
	JIS　C　3342（600Vビニル絶縁ビニルシースケーブル（VV））	導体直径1.0mm以上
	JCS　416（600V耐燃性ポリエチレン絶縁電線（EM-IE））	導体直径1.0mm以上
	JCS　417（600V耐燃性架橋ポリエチレ	導体直径1.0mm以上

	ン絶縁電線（EM-IC))	
	JCS 418 A（600Ｖ耐燃性ポリエチレンシースケーブル）	導体直径1.0mm以上
架空配線に使用する電線	JIS C 3307（600Ｖビニル絶縁電線（IV))	導体直径2.0mm以上の硬銅線＊
	JIS C 3340（屋外用ビニル絶縁電線（OW))	導体直径2.0mm以上
	JIS C 3342（600Ｖビニル絶縁ビニルシースケーブル（VV))	導体直径1.0mm以上
	JCS 418 A（600Ｖ耐燃性ポリエチレンシースケーブル）	導体直径1.0mm以上
地中配線に使用する電線	JIS C 3342（600Ｖビニル絶縁ビニルシースケーブル（VV))	導体直径1.0mm以上
	JCS 418 A（600Ｖ耐燃性ポリエチレンシースケーブル）	導体直径1.0mm以上
使用電圧60Ｖ以下の配線に使用する電線＊＊	JCS 396 A（警報用ポリエチレン絶縁ケーブル）	導体直径0.5mm以上

備考　＊は、径間が10ｍ以下の場合は導体直径2.0mm以上の軟銅線とすることができる。
　　　＊＊は、使用電圧60Ｖ以下の配線に使用する電線については、本表のＢ欄に掲げるＪＣＳ396 Ａ以外の規格に適合する電線で、それぞれＣ欄に掲げる導体直径又は導体の断面積を有するものも使用できるものとする。
（注）　ＪＣＳ　日本電線工業会規格

別表第2

ケーブルの種類		つり線の太さ（㎜）	
ケーブル0.65㎜	20ＰＣ以下	断面積	30
ケーブル0.65㎜	50ＰＣ以下	断面積	45
ケーブル0.65㎜	100ＰＣ以下	断面積	55

（昭39・8・17自消丙予発87）

memo　この通知は、自動火災報知設備（消防機関に通報する火災報知設備（ＭＭ式火災報知設備のこと）を含みます。）の設置について、令及び規則において規定されている技術基準を補完するものであり、この通知の内容については、法令に含まれることとなりますが、一部、特例の適用が必要としているところもあり、その適用に当たっては注意する必要があります。

◆消防法施行令及び同法施行規則の一部改正に伴う質疑応答について【自動火災報知設備】

問6　P型2級1回線用受信機は、規格上予備電源の附置義務がないが、非常電源の附置方法はどうするか。また2回線以上のものはどうすべきか。

答6　蓄電池設備又は非常電源専用受電設備のいずれかを附置しなければならない。2回線以上の受信機で当該予備電源の容量が非常電源を上回るものにあつては、非常電源を省略することができる。

問7　自動火災報知設備、屋内消火栓設備、誘導灯等をもうらした非常電源としてそれぞれの容量を十分にみたす容量があれば、蓄電池と充電器を組合わせたものを1つ設ければよいのか、又はそれぞれ別々の非常電源として設置しなければならないか。

答7　一の非常電源の容量が、それぞれの設備の非常電源として要求される容量の合計以上であればそれぞれ別個の非常電源を設ける必要はない。

問8　非常電源の自動切替え装置は、蓄電池設備及び自家発電設備のみに義務づけているが（規則12四ロ(ロ)）、非常電源専用受電設備には必要としないか。なお、その他の方法で自動切替えができるのであればその具体的方法について問う。

答8　非常電源専用受電設備には、常時電気が供給されているので、切替え装置は不要である。

問9　蓄電池設備の場合、常に充電されているものでなければならないが、乾電池は、非常電源設備の蓄電池設備として認められるか。充電可能なものに限定されるとすると、充電できる電池（例えばニカド電池）の場合はどうか。

答9　前段　認められない。
　　　後段　認められる。なお、ニカド電池は蓄電池であるので念のため。

問10　非常電源専用受電設備として専用回路を設けた場合で、この専用回路のみで自動火災報知設備を作動させるとき、次のうち何れが正しいか。
　（ア）　当該設備は常用電源であり非常電源でもある。
　（イ）　必ず通常電源と併設すべきである。
　（ウ）　蓄電池設備と併設すべきである。
　　　上記(ア)の場合、単独では不都合の感があるが、非常電源の附置は、停電時にもその機能を維持させるものと解される。これは当該対象物の屋内通常電源の停電であり、その停電に左右されない専用回路であれば非常電源単独でもさしつかえないのではないかという見解は成り立たないか。

答10　(ア)によられたい。

問11　自動火災報知設備の非常電源に蓄電池を使用する場合、充電用ＡＣ電源は、専用回路とする必要があるか。

答11　お見込みのとおり。なお、この場合非常電源専用受電設備とする必要はないので、念のため。

問12　受信機に非常電源を附置する場合の改修工事は、消防設備業者が任意に行なつてよいか。

答12　当該電源部分のみの工事に係るものを除き消防設備士でなければ行なつてはならない（法17の5。なお17の12）。この場合、現場試験を行ない機能を確認するよう指導されたいこと。

問13　常用電源、非常電源、予備電源の関連性はどうか。

答13　自動火災報知設備には、常用電源、非常電源及び予備電源を、その他の消防用設備等で非常電源の附置規定があるものにあつては、常用電源及び非常電源をそれぞれ設ける。停電時以外の場合常に用いられる電源を常用電源といい、一般用負荷の常用電源が火災等の際停電した場

合でも消防用設備等が使用できるように設けるものが非常電源であり、万一非常電源が故障したり、容量が不足した場合であつても最小限度消防用設備等の機能を保たせるために設けるものが予備電源である。

問14 自動火災報知設備の常用電源と非常電源との切替リレーは、どの位置に設けるのが適当か。
答14 受信機の内部に設けることが望ましい。

問15 防火対象物に蓄電池室があり、よく管理されている場合で、その蓄電池を常用電源とする場合、予備電源及び非常電源を省略することができるか。
答15 非常電源は省略できるが、予備電源は省略できない。

問16 受信機に常用電源を設置しないで、非常電源専用受電設備のみとすることができるか。
答16 受信機の電源を非常電源専用受電設備とした場合は、当該設備を常用電源としてさしつかえない。

問17 予備電源を非常電源として取り扱う場合の当該非常電源の容量は、全区域のベルを10分間鳴動する場合をいうのか。
答17 当該防火対象物の地区音響装置をすべて鳴動させる容量を必要とするものである。ただし、規則第24条第5号ハの部分にあつては、当該部分の地区音響装置を鳴動させる容量で足りる。

問18 2階建の建物の階段（階段の周囲に間仕切りのないもの）及びパイプダクト、ダムウェーター等にも煙感知器を設けるものかどうか。
答18 原則的には設置する必要があるが、周囲の状況等から判断して延焼のおそれがない場合は、令第32条の規定を適用し、煙感知器を設置しないことができる。

問19 階段に取り付ける煙感知器は、煙が踊り場には行かないと思われるので出入口の近くでよいか。
答19 煙感知器は、階段の踊り場の天井の室内に面する部分に設置すべきである。

問20 2階建の建物で階段の周囲に壁体等がない、いわゆるオープンの場合、煙感知器を取り付ける必要があるのか。
答20 規則第23条第4項第1号ロに該当する場合は、設置することを要しない。

問21 階段室のない階段、倉庫等の階段についても煙感知器の設置が必要か。
答21 原則として設置する必要がある。

問22 機械室に煙感知器を設けてよいか。特に地階の場合はどうか。
答22 機械室等に煙感知器を設置する場合は、規則第23条第4項第1号ニに該当する場所を避けて設置するものとする。
　　なお、この規定の適用については、発電機室、駐車場、格納庫等は、一般に煙感知器の設置場所から除外されるものとして取り扱われたい。

問23 煙感知器の設置について、共同住宅等の玄関ホール等は、規則第23条第4項第7号ホ又はへにいう床面積又は歩行距離に加算すべきか。又は別に煙感知器を設けるべきか。
答23 当該場所は、通路として取り扱われ、歩行距離によつて設けるものとする。

問24 エレベーター機械室に煙感知器を設置しても、なお昇降路に煙感知器を設けなければならないものであるか。
答24 お見込みのとおり。
　　なお、機械室とエレベーターの昇降路とが水平しや断されている場合は、機械室には設ける必要はない。

問25 各階において水平に区画されたシャフト等で、当該シャフト内に設けられた水平区画に部分的に開放状態の開口部があり、その開口部の水平断面積の合計が1㎡未満であつても、シャフト等として煙感知器を設置すべきか。ただし、シャフトの水平断面積は1㎡以上である。
答25 お見込みのとおり。
問26 エレベーター昇降路の頂上部は、煙感知器の維持管理が非常に困難であると思われるので、設置を要しない部分として取り扱つてもよいか。
答26 設置を除外することはできない。この場合、感知器の取付け面が、維持管理上著しく困難である場合は、その取付け面をエレベーター昇降路の最上部から維持可能な面まで下げることができるものとして運用してさしつかえない。

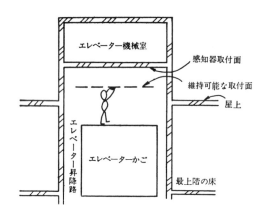

問27 令第32条が適用される令別表第1(5)項ロの防火対象物の廊下及び階段が開放状態にある場合、エレベーター昇降路及びパイプシャフトが出火のおそれがない場合は、煙感知器の設置を省略してもよいと思うがどうか。
答27 外部の気流が流通する場所で、感知器によつて当該場所における火災の発生を有効に感知することができない場合は、お見込みのとおり（規則23Ⅳ－ロ）。
問28 建築基準法上は、地階として取り扱われる防火対象物の部分で、周囲の地形等の関係から防火、避難等の実体上は地上階と差違が認められないものについても、煙感知器の設置は必要であるか。
答28 原則として、地階として取り扱う。
問29 規則第23条第4項第7号の規定により煙感知器を設置する位置で廊下等の巾がせまく壁又ははりから0.6m以上の距離をとることのできない廊下等には設置する必要がないものと思料されるがどうか。
答29 設置する必要がある（同条5項。なお、建築基準法施行令119条参照）。
問30 煙感知器は、その歩行距離が10mをこえ30m未満の廊下に設置する場合は、設置する必要がないか。
答30 設置する必要がある。
問31 各階の階段がそれぞれ異なつた位置に設けられている場合の煙感知器の設置方法を示されたい。
答31 各階の階段が5m未満の範囲内で異なつた位置に設けられている場合は、当該階段は、直通しているものとみなし、垂直距離15mにつき1個以上を設けてさしつかえない。

問32　規則第23条第5項第3号の規定により煙感知器を設置する場所で集じんダクトは、パイプダクトその他に類するものに該当し断面積1㎡以上のものは設置しなければならないものと解し、煙の上昇速度などを勘案して最上部分に1個設置すればよいか。

答32　設問のダクトは、規則第23条第4項第1号ニ(イ)に該当するものと解されたい。したがつて設置を要しない。

問33　煙感知器の取り付け場所で階段にあつては15mから20mの区切りごとにつけるのか。踊場、天井部分等につける場合は最上部にだけつければ足りるか。

答33　煙感知器を階段及び傾斜路に設ける場合は、垂直距離15mごとに1個以上の個数の感知器を取り付ける（規則23Ⅳ七ヘ）。

問34　規則第23条第4項第7号の規定による煙感知器の個数の算出について次のように算出してよいか。
(1)　廊下又は通路にあつて歩行距離30m以下の場合は1個設置すべきであると解してよいか。
(2)　曲り廊下にあつても歩行距離30mで算出するものと解してよいか。
(3)　旅館等の階段の場合1階から最上階まで貫通した見透しのできるものにあつても垂直距離15mにつき1個以上の個数を設けなければならないか。

答34(1)～(3)　お見込みのとおり。

問35　傾斜路に設置する煙感知器は、歩行距離15mごとに1個以上の割合となるのか。又は垂直に15mに1個以上の割合とするのか。

答35　垂直距離15mにつき1個以上の個数を設ける（規則23Ⅳ七ヘ）。

問36　煙感知器を廊下、通路等に設置する場合、当該廊下、通路等の取付け面に0.6m以上のはり、たれ壁等がある場合の煙感知器の設置については、規則第23条第4項第3号ロの感知区域ごとに1個以上の個数を設置する必要があると思うがどうか。

答36　規則第23条第4項第7号ホの「感知区域」は、同条同項第3号ロの定義を受けたものであるからお見込みのとおり。

問37　煙感知器の警戒区域について
(1)　階段が25mある場合、感知器は2個設けるが、警戒区域としては、廊下の警戒区域と同じでよいか。
(2)　最上階においてエレベーターの昇降路、パイプダクト、リネンシュート等が警戒区域600㎡以内にある場合は一警戒区域でよいか。

答37(1)　階段に設ける感知器と、廊下に設ける感知器とは別警戒区域とされたい。
(2)　お見込みのとおり。ただし、居室、廊下等が同一の警戒区域になる場合は、居室、廊下等とは別警戒区域とされたい。

問38　規則第23条第4項第1号ニ(ニ)に規定する煙感知器の設置除外場所で著しく高温となる場所とは例えばどういう場所か。

答38　金属等の溶融、鋳造又は鍛造設備のある場所、乾燥室、殺菌室、ボイラー室等をいう。

問39　規則第23条第4項第1号ニ(ホ)について例示されたい。

答39　高圧変電室等、著しく天井が高く煙感知器の保守のため特別に足場を組む必要が予想されるような場所等をいう。

問40　体育館等の防火対象物であつて天井の高さが15m以上で当該部分の床面積が広い場合に設置された煙感知器を点検する場合、特別のやぐら等が必要となる。この場合当該場所は維持管理

問40 が十分期待できない場所としてよいか。
答40 当該場所で照明器具等の取り替えのための作業台も設置されていないのであれば、お見込みのとおり。
問41 規則第23条第5項第3号にいう「その他これらに類するもの」を例示されたい。
答41 吸排気ダクト、ダストシュート、パイプシャフト等防火対象物に垂直方向に設けられたたて穴で、火災の際、煙の流通経路となるおそれのあるもののうち、水平断面積がおおむね1㎡以上のものである。
問42 リネンシュート等の水平断面積1㎡未満のものは煙感知器を設けなくてよいとされているが、その水平断面積はリネンシュート等の最大部分（ダストシュートの場合塵芥の溜り場は広くなつている。）をもつて判定すべきか。
答42 特殊な最大部分ではなく、平均的な大きさの部分で判定するものである。
問43 規則第23条第4項第7号でいう「天井が低い居室」及び「狭い居室」の限界を問う。
答43 天井の低い居室とは、おおむね天井高2.5m未満、狭い居室とは、おおむね床面積40㎡未満の居室をいう。
問44 煙感知器設置場所に廊下及び通路とあるが、通路とは具体的にどのような場所をいうか。デパート等の売場の通路はここにいう通路に該当するのか。
答44 通路とは、屋内で専ら通行、運搬等の用に供する部分をいい、デパートの売場部分の通路は、規則第23条第5項第2号に規定する通路に該当するが、令第32条の特例を認めてさしつかえない。
問45 百貨店等のエスカレーターにおける垂直距離の取り方はどうするか。
答45 階段の例による。
問46 煙感知器を設置する場合、エレベーター昇降路と建築基準法施行令第129条の2との関係はいかにすべきか。
答46 煙感知器回線の配管は、建築基準法施行令第129条の2に規定する配管に該当しないものと解されたい。
問47 延面積350㎡以下の防火対象物に煙感知器を設置する場合、熱感知器の回線と同一の回線に接続してよいか。
答47 お見込みのとおり。
問48 自動火災報知設備の発信機は、法令上設置について規定条文がないので、設置しなくてもよいと解してよいか。
答48 お見込みのとおり。
問49 自動火災報知設備の発信機の上部に表示灯の設置を要するか。なお、この場合の表示灯の電源は、非常電源とする必要があるか。
答49 「火災報知設備の設置及び維持に関する基準」（昭和42年8月28日自消丙予発第64号通達）のうち第5節「P型発信機」2(4)の発信機を設ける場合の基準として標識灯を設置することが通達されているので、P型発信機の上部の標識灯設置は緩和はできない。
　　標識灯の電源には、非常電源を付置する必要はない。
問50 共同住宅で警戒区域の面積が500㎡のものに、P型2級1回線用受信機を設置してよいか。
答50 延べ面積が350㎡をこえるときは設けることはできない（規則24条2号チ）。
問51 P型受信機の回路抵抗は50Ω以下と規定されたが、その測定方法を示されたい。

第2章　1　自動火災報知設備

答51　回路末端の発信機、押ボタンスイッチ、終端抵抗等を操作し、当該回路を閉路の状態として、それぞれの電路について測定する。

問52　受信機に接地を必要とする場合、その接地の種類を示されたい。

答52　第3種接地工事をすれば足りる。

問53　差動式分布型感知器の検出部を取り付ける場合、5°以上の傾斜は認めないこととされたが、構造によつては、機能をそこなわない範囲で5°以上の傾斜を認めることができるか。

答53　できない。

問54　一の検出部に接続する差動式分布型感知器の空気管の長さは100m以下となつているが、この場合リード用空気管を含むと解すべきか。

答54　お見込みのとおり。

問55　押入れには、従来空気管が適当とされていたが、改正によつて、20m露出となつたためスポットに移行するものと思われるので、物の出し入れの関係で隅の方に偏在してもよいか。

答55　火災を有効に感知するように設ける場合は、さしつかえない。

問56　規則第24条第5号の規定による地区音響装置の音量は、取り付けられた音響装置の中心から1m離れた位置で90ホン以上であることとなつたが、この確認は、測定器によれば判定はできるが、音響器具に音量を表示させることはできないか。

答56　音響装置に公の機関で測定した音量を表示しても当該装置の取り付け状態により大きな影響を受けるため意味がなく、当該装置の取付け状態で測定する必要がある。

問57　地区音響装置の音量が1mはなれて90ホン以上となる「電鈴」の直径は、およそ何㎜か。

答57　地区音響装置の音量は、取り付けられた状態により影響され、電鈴の直径と音量とは直接関係はないが、おおむね100㎜以上のもので露出型のものは、十分な音量を有するものと考えられる。

問58　規則第23条第7項第2号の規定により、中継器は、防火上有効な措置を講じた個所に設けることとされているが、不燃性ボックス又は埋込型とすることにより足りるか。

答58　お見込みのとおり。

問59　規則第24条について、自動火災報知設備の配線が建築基準法施行令第114条第5項に該当する部分を貫通する場合の施工方法は、いかにするか。

答59　給水管等に準じ施工できる範囲で埋めもどして行なうものである。

問60　規則第23条第3項の規定による閉鎖型スプリンクラーヘッドの作動時間の判断はいかにすべきか。

答60　検定結果から見て、標示温度が75℃以下のものは、すべて、作動時間が60秒以下のものとして取り扱つてさしつかえない。

問61　規則第23条第4項第3号の表中、建築物構造の区分欄にいう「その他の構造」には、簡易耐火構造を含むものと解してよいか。

答61　お見込みのとおり（令第8条、建築基準法第2条第7号）。

（昭44・11・20消防予265）

memo　自動火災報知設備を設置する場合の技術基準の基本的事項が示されており、基準の解釈や、特例の適用の適否を判断する場合の基本となるものです。

◆消防法、同法施行令及び同法施行規則の一部改正に伴う質疑応答について【同一室内に二以上の受信機を設置する場合、特例基準の適用の可否】

問 一の防火対象物に二以上の受信機が設けられている場合は、相互に同時通話ができるものとあるが、同一室内又は場所に設ける場合は、令第32条の特例基準を適用してよろしいか。

答 受信機が設置されている場所で、他の受信機における火災信号の受信状況が容易に確認できる場合は、お見込みのとおり。

(昭48・10・23消防予140・消防安42)

◆自動火災報知設備及び非常警報設備の設置に関する技術上の基準について

問1 自動火災報知設備(以下「自火報」という。)の地区音響装置(以下「地区ベル」という。)は業務設置でないと解するがどうか。
 2 自火報の発信機は押ボタン又は終端抵抗等の選択設置であり、義務設置でないと解するがどうか。
 3 消令第24条第3項第4号にかかる防火対象物において、消規第25条の2第1項による放送設備を自火報と連動する場合、自火報の地区ベル及び発信機又は押ボタンは省略できると解するがどうか。

答1 自動火災報知設備に地区音響装置は、消防法施行令(以下「令」という。)第33条及び消防法施行規則(以下「規則」という。)第24条第5号の規定によりP型2級受信機で接続できる回線数が一のものを除き設置の義務を有する。
 2 設問の場合、押ボタン、発信機、終端抵抗等(P型1級受信機(1回線用のものを除く。)を設置する場合は押ボタン及び発信機を除く。)のいずれか一を設置すれば足りる。
 3 設問の場合、令第32条の規定を適用し当該放送設備の有効範囲内の部分について自動火災報知設備の地区音響装置の設置を省略してさしつかえない。
  また、発信機又は押ボタンについては規則第24条第1号イの規定により設けるものであれば省略することはできない。

(昭52・6・28消防予125)

memo 放送設備を自動火災報知設備と連動した場合には、放送設備の有効範囲内の部分について自動火災報知設備の地区音響装置の設置を省略することができるとしたものです。

◆自動火災報知設備の令第32条の規定の適用について

問 標記について管下消防長から質疑がありましたが、下記の場合、自動火災報知設備の設置を令第32条の規定の適用により免除できるか、御教示願います。

記

 1 消防法第17条の2第2項第4号に規定する既存の防火対象物で、駐車場の部分に令第13条に掲げる泡消火設備が設置され(開放型ヘッド)、1つの防護区画内に1個づつ閉鎖型ヘッドが取付けられ、火災の場合にこの閉鎖型ヘッドが火災を感知し、ヘッドの開放により自動的に加圧送水装置が作動し泡が放出する方式のもの。

答 設問の場合、自動火災報知設備の設置を免除することはできないものと解する。

(昭53・4・3消防予53)

第2章　1　自動火災報知設備　　229

memo　自動式の泡消火設備が設置されている部分であっても、自動火災報知設備の設置の免除ができないとしたものです。

◆消防用設備等の設置に係る疑義について【自動火災報知設備について】
問2　自動火災報知設備について
　(1)　規則第23条第5項第5号の適用を受ける例図2のような防火対象物のうち、図中㋑部分（天井裏）、及び㋺部分（押入）等建築基準法第2条第4号の居室以外の部分にも原則として煙感知器を設置しなければならないと解してよいか。
　(2)　(1)において煙感知器を設置しなければならないとした場合、規則第23条第6項第1号の適用を受けない場所以外の場所でも令第32条を適用し、高感度の熱感知器とすることはさしつかえないか。

例図2

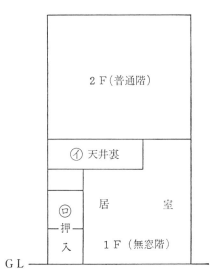

（注）　建築物概要
　　　構　造　簡易耐火建築物
　　　規　模　地上2階
　　　　　　　延べ面積　1,200㎡
　　　用　途　令別表第1　(4)項
　　　その他　天井裏、押入は感知器の設置免除対
　　　　　　　象とはならない

答2(1)　お見込みのとおり。
　　(2)　お見込みのとおり。

（昭55・4・7消防予60）

◆消防法、同施行令及び同施行規則に関する執務資料について【工事中の防火対象物に設ける自動火災報知設備の特例適用について】
問　工事中における防火対象物の防火安全対策については、「新築工事中の防火対象物の防火安全対策について」（昭和48年10月17日消防予第139号消防庁予防課長、消防安第40号消防庁安全救急課長通達）等により指導を図つておりますが、この度、既存の防火対象物の一部を工事する場合における自動火災報知設備の機能を確保するため、感知器の配線を別添（省略）に示す無線式火災信号送受信装置に代えたい旨の申請がなされました。
　つきましては、本装置について検討したところ、感知器の配線の代替装置として、消防法施行令第32条の規定を適用して支障ないと思料されますが、貴職の見解をご教示願います。
答　設問については、次に掲げる事項に適合する場合は、防火対象物の工事期間中に限り、消防法施行令第32条の規定を適用し、感知器の配線に代わるものと認めてさしつかえない。

1　設問の無線式火災信号送受信装置（以下「装置」という。）は、火災が発生した場合、感知器からその旨の信号を確実に受信機に伝達できる機能を有するものであること。
2　装置の受信部は、自動火災報知設備の回線に容易に接続でき、かつ、保守点検が随時行える場所に設置すること。
3　工事期間中に送り配線が取り除かれることにより受信機との間の配線が遮断されることとなる感知器のうち、送信部を取り付ける感知器（以下「送信部付感知器」という。）に2以上の感知器が送り配線によつて接続されるものにあつては、当該一連の感知器のいずれの感知器が作動したときにおいても、配線等に係る電圧降下により送信部付感知器からの送信に支障を生じないものであること。
4　装置の受信部と送信部は、原則として同一階に設置すること。
（注　本件については、設問の事例について、無線式火災信号送受信装置等の性能、機能あるいは設置上について詳細に検討した結果、認めたものであるので、本件の事例に準じて特例を認める場合にあつては、当課に照会されたいこと。）

（昭60・7・29消防予90）

memo　工事中の防火対象物の自動火災報知設備の配線について、有線に代えて、無線式火災信号送受信装置を用いる場合の要件を明確にしたものです。

◆自動火災報知設備の炎感知器の設置に係る技術上の基準の運用について

　平成3年5月28日付けで公布された「消防法施行規則及び危険物の規制に関する規則の一部を改正する省令」（平成3年自治省令第20号）の施行については、「消防法施行規則の一部を改正する省令の施行について」（平成3年5月29日付け消防予第115号）により、通知したところであるが、自動火災報知設備の炎感知器の設置に係る技術上の基準の運用について、今般、下記のとおり定めたので通知する。
　貴職におかれては、これらの運用に遺憾のないよう特段の配慮をされるとともに、管下市町村に対しても、この旨示達され、よろしくご指導願いたい。

記

1　警戒区域の一辺の長さについて
　　炎感知器は、「消防法施行規則の一部を改正する省令等の運用について」昭和60年2月28日付け消防予第42号）第3、1に定める警戒区域の一辺の長さについて、光電式分離型感知器以外の感知器として取り扱って差し支えないこと。したがって、主要な出入口からその内部を見通すことができる場所にあっては、消防法施行令（以下「令」という。）第32条を適用して、警戒区域の一辺の長さを100m以下とすることができるものであること。
2　設置上の取扱いについて
　(1)　消防法施行規則（以下「規則」という。）第23条第4項第7号の4ハの規定に定める障害物等により有効に火災の発生を感知できないとは、感知障害となり、かつ、床面からの高さ1.2mを超える障害物等が設けられていることをいう。なお、この場合の炎感知器の設置は、以下の例によること。
　　ア　監視空間を超える障害物等がある場合
　　　　図1に示すように監視空間を超える障害物等がある場合は、監視空間内に一定の幅の未警戒区域ができるため、当該未警戒区域を警戒する感知器を別に設置する必要があること。

第2章　1　自動火災報知設備

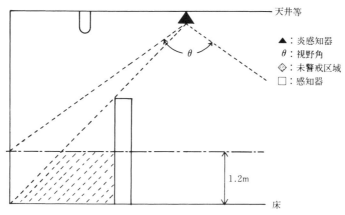

図1　監視空間を超える障害物等がある場合

イ　障害物等が監視空間内の場合

図2に示すように監視空間内に置かれた高さ1.2m以下の物によって遮られる部分は、感知障害がないものとして取り扱って差し支えないこと。

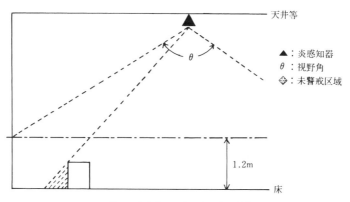

図2　障害物等が監視空間内の場合

(2)　感知器は、屋内に設ける場合にあっては屋内型のものを、屋外に設ける場合にあっては屋外型のものを、道路トンネルに設ける場合にあっては道路型のものを設置すること。ただし、文化財関係建造物等の軒下又は床下及び物品販売店舗等の荷さばき場荷物取扱場、トラックヤード等の上屋の下部で雨水のかかるおそれがないよう措置された場所に設ける場合は、屋内型のものを設置することができること。

(3)　上屋その他外部の気流が流通する場所又は天井等の高さが20m以上である場所で、当該場所が用途上可燃物品の存置が少ない等により、火災発生の危険が著しく少ない場合又は火災が発生した場合延焼拡大のおそれが著しく少ないと認められる場合は、令第32条を適用して、感知器の設置を免除して差し支えないこと。

(4)　規則第23条第5項第6号の規定により、地階、無窓階及び11階以上の部分に設置する感知器として炎感知器が加えられたが、当該部分が駐車の用に供されている場合は、炎感知器を設置するか、又は、令第32条を適用して、同条第6項第1号に定める高感度の熱感知器を設置できること。

(5)　高さ20m以上の高天井等の場所に、当該場所の火災を感知する感知器として、「消防防災シ

ステムのインテリジェント化の推進について」(昭和62年2月17日付け消防予第25号)による消防防災システム評価制度において、その機能の優良性が評価されたものが設置されている場合又は既に設置された光電式分離型感知器等の有効性が確認されている場合は、令第32条を適用して、引き続き当該感知器の設置を認めて差し支えないものであること。
(6) 炎感知器は、文化財関係建造物等の軒下等に設置することにより、放火等の火災を早期発見することに有効なものであること。
(7) 炎感知器は、劇場、美術館、体育館等の大空間における火災を、従来の熱感知器又は煙感知器に比べ、早期に感知できる可能性が高いものであること。

3 その他
　炎感知器は、平成3年6月1日より検定対象機械器具等として取り扱うこととされたが、検定合格品としての表示が附された当該感知器が市場に供給されるには、多少の期間を要するものであること。

(平3・6・24消防予128)

memo 炎感知器に係る技術上の基準が設備されたことに伴う基準の運用について示されたものです。設置場所の環境等に応じて、炎感知器以外の感知器を用いることができるとされています。

◆アナログ式自動火災報知設備の運用について

平成5年1月29日付けで公布された「消防法施行規則の一部を改正する省令」(平成5年自治省令第2号)の施行については、「消防法施行規則の一部を改正する省令等の施行について」(平成5年1月29日付け消防予第25号)により通知したところであるが、アナログ式自動火災報知設備の運用を下記のように定めたので通知する。

ついては、その運用について特段の御配慮をお願いするとともに、貴管下市町村に対しても、この旨示達の上よろしく御指導願いたい。

記

1 アナログ式自動火災報知設備の設置指導
　アナログ式自動火災報知設備は、火災発生時において早期対応が可能であり、非火災報対策を図るうえでも有効であること等から自動火災報知設備の設置が義務づけられている防火対象物に積極的に設置の促進が図られるよう指導されたいこと。

2 アナログ式自動火災報知設備の表示温度等の調整
(1) アナログ式自動火災報知設備の特徴を十分に発揮できるようにするため、消防庁の指導により、(社)日本火災報知機工業会において別添の「アナログ式自動火災報知設備の表示温度等調整マニュアル」を作成したので、指導上の参考に活用されたいこと。
　　なお、当該マニュアルの6に示すフローに沿って処理された結果、設定表示温度等が消防法施行規則第23条第7項の表に定める範囲外となる場合は、消防法施行令第32条の規定を適用して認めてさしつかえないものであること。
(2) アナログ式自動火災報知設備による設定表示温度等の調整等による非火災報対策は、「アナログ式自動火災報知設備の表示温度等調整マニュアル」及び平成3年8月12日付け消防予第158号で送付した「非火災報対策マニュアル」により行うこと。

3 特例の適用を受けたアナログ式自動火災報知設備の取扱い

(1) 特例の適用を受けたアナログ式自動火災報知設備の型式承認は、改正後の自動火災報知設備の技術上の規格を定める省令の規格による型式承認とみなすものであること。
(2) 特例の適用を受けたアナログ式自動火災報知設備には、注意表示機能のないものがあること。
(3) 特例の適用を受けたアナログ式自動火災報知設備は、「検定対象機械器具等に係る技術上の規格に関する基準の特例の適用を受けたものの取り扱いについて」（平成2年7月13日付け消防予第95号）、「基準の特例を適用した検定対象機械器具等（アナログ式の感知器及び受信機）の取り扱いについて」（平成3年4月2日付け消防予第62号）、「基準の特例を適用した検定対象機械器具等（アナログ式の感知器、中継器及び受信機）の取り扱いについて」（平成4年7月8日付け消防予第146号）及び「基準の特例を適用した検定対象機械器具等（アナログ式の感知器、中継器及び受信機）の取り扱いについて」（平成4年11月10日付け消防予第220号）消防庁予防課長通知により個々に設置基準等を示していたが、今後設置するものにあっては、改正後の消防法施行規則第23条、第24条及び第24条の2の規定によるものであること。
(4) 特例の適用を受けたアナログ式自動火災報知設備は、基準の特例を適用した旨の表示として、「㊛」のマークを製造者名の後に表示することとしているが、今後は新規格によるものとみなすため、表示しないものであること。
(5) 既に設置してある特例の適用を受けたアナログ式自動火災報知設備の非火災報対策は、前記2に準じて行うこと。

(平5・6・25消防予187)

memo アナログ式自動火災報知設備について基準が整備されたことに伴う通知であり、それまで特例として用いられていたものの取扱い等が示されています。

◆消防用設備等に係る執務資料の送付について【自動火災報知設備】
　標記の件について、別紙のとおり質疑応答をとりまとめたので、執務上の参考とされるとともに、貴都道府県内の市町村に対してもこの旨周知されるようお願いします。
1　消防法施行規則の一部を改正する省令（平成15年6月18日総務省令第90号。以下「改正省令」という。）関連について
（受信機の再鳴動機能について）
問1　消防法施行規則の一部を改正する省令（平成15年6月18日総務省令第90号。以下「改正省令」という。）による改正後の消防法施行規則（以下「規則」という。）第23条第4項第7号に規定する特定一階段等防火対象物（以下「特定一階段等防火対象物」という。）には、再鳴動機能付きの受信機を設置することとされ、平成15年7月に（社）日本火災報知機工業会から「再鳴動機能付受信機型式リスト」が出ているが、その中に示されている受第7～49号（P型2級：ホーチキ株式会社）、受第7～48号（P型1級：ホーチキ株式会社）、受第7～48～1号（P型1級：ホーチキ株式会社）、受第7～54号（P型2級：ヤマトプロテック株式会社）、受第7～53号（P型1級：ヤマトプロテック株式会社）、受第7～53～1号（P型1級：ヤマトプロテック株式会社）は、再鳴動機能を有する受信機と見なして差し支えないか。
答1　お見込みのとおり。
問2　次に掲げる防火対象物の階段室（全て屋内階段）に設置する感知器は垂直距離7.5mにつき1個以上の個数を火災を有効に感知するように設ける必要があるか。

(1)

(2)

(3)

(4)

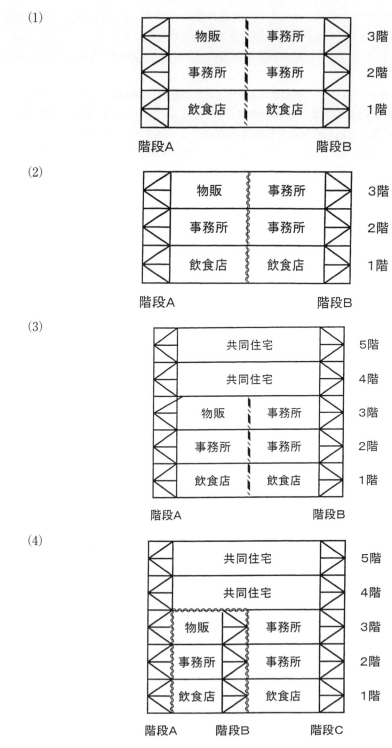

(凡例)
　▬╱▬　避難上有効な開口部を有しない壁
　〜〜〜　令8条区画

第2章　1　自動火災報知設備　235

答2（1）　階段A及び階段Bともにお見込みのとおり。
　　（2）　階段Aのみお見込みのとおり。
　　（3）　階段A及び階段Bともにお見込みのとおり。
　　（4）　階段Bのみお見込みのとおり。

2　消防法施行令の一部を改正する政令（平成14年8月2日政令第274号）関連について
（自動火災報知設備の設置について）

問4　次に掲げる防火対象物には消防法施行令（以下「令」という。）第21条第1項第6号の2に基づき自動火災報知設備を全館に設置しなければならないか。

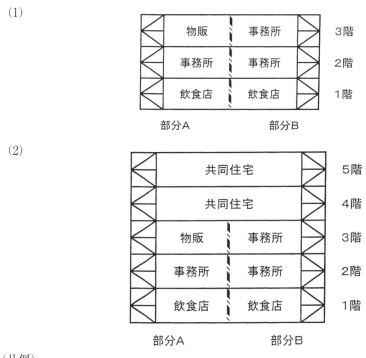

（凡例）
　　━／━　避難上有効な開口部を有しない壁

答4（1）　お見込みのとおり。
　　（2）　お見込みのとおり。

（複合用途防火対象物における自動火災報知設備の取扱いについて）

問5　「複合用途防火対象物における自動火災報知設備の取扱いについて」（平成14年12月17日消防予第595号）第1、1(2)ウにある「すべての特定用途に供される部分から主要な避難口に容易に避難できる」とは、具体的にはどのようなことをいうのか。

答5　別の室を経由せずに主要な避難口に避難できること、又は別の室を経由している場合であっても容易に避難経路が分かることをいう。

（平15・9・9消防予232）

◆消防用設備等に係る執務資料の送付について【消防用設備等の表示灯について】
（消防用設備等の表示灯について）

問8　屋内消火栓設備及び自動火災報知設備の表示灯に平面型の表示灯を設置してもよいか。

答 8　屋内消火栓設備及び自動火災報知設備については、それぞれ規則の基準を満たせば、表示灯に平面型の表示灯を認めても差し支えない。

(平19・9・3消防予317)

◆無線式自動火災報知設備及び特定小規模施設用自動火災報知設備の運用について

　消防法施行規則の一部を改正する省令等（以下「改正省令等」という。）及び火災報知設備の感知器及び発信機に係る技術上の規格を定める省令の一部を改正する省令等（以下「改正規格省令等」という。）の公布については、「消防法施行規則の一部を改正する省令等の公布について」（平成20年12月26日付け消防予第344号）及び「火災報知設備の感知器及び発信機に係る技術上の規格を定める省令の一部を改正する省令等の公布について」（平成21年3月9日付け消防予第101号）により、特定小規模施設における必要とされる防火安全性能を有する消防の用に供する設備等に関する省令（平成20年総務省令第156号。以下「特定小規模施設省令」という。）、特定小規模施設用自動火災報知設備の設置及び維持に関する技術上の基準（平成20年消防庁告示第25号。以下「特定小規模自火報告示」という。）及び火災報知設備の感知器及び発信機に係る技術上の規格を定める省令の一部を改正する省令（平成20年総務省令第158号。以下「改正感知器等規格省令」という。）の公布については、「特定小規模施設における必要とされる防火安全性能を有する消防の用に供する設備等に関する省令等の公布について」（平成20年12月26日付け消防予第345号）及び「火災報知設備の感知器及び発信機に係る技術上の規格を定める省令の一部を改正する省令の公布について」（平成20年12月26日付け消防予第347号）によりそれぞれ通知したところですが、改正省令等及び改正規格省令等により規定された火災が発生した旨の信号のやり取りを無線により行う自動火災報知設備（以下「無線式自動火災報知設備」という。）及び特定小規模施設省令等により規定された特定小規模施設用自動火災報知設備の運用に際しては、下記事項に留意の上、その運用に十分配慮されるとともに、各都道府県消防防災主管部長におかれては、貴都道府県内の市町村（消防の事務を処理する一部事務組合等を含む。）に対してもこの旨周知されるようお願いします。

　なお、本通知は、消防組織法（昭和22年法律第226号）第37条の規定に基づく助言として発出するものであることを申し添えます。

記

第1　無線式自動火災報知設備に関する事項

　　無線式自動火災報知設備は、構成する感知器、中継器、地区音響装置、発信機（以下「無線式感知器等」という。）及び受信機間のすべて又は一部において、火災が発生した旨の信号を無線により発信し、又は受信するものが該当するものであり、次により円滑な運用を図られたいこと。

　　なお、無線式自動火災報知設備の構成は別添1に示すようなものが想定されること。

1　無線式自動火災報知設備の設置に関しては、無線式感知器等及び受信機ごとに、従来どおりの設置基準に従って設置し、その上で無線式の場合には、確実に信号を発信又は受信できる位置を選定して設置する必要があること。

2　無線式自動火災報知設備の設置に際し、送受信間で信号の授受が確保されているかどうかを確認する手法としては、下の3つがある。
　(1)　消防用設備等試験結果報告書及び実地の検査
　(2)　消防法（昭和23年法律第186号。以下「法」という。）第4条の規定に基づく立入検査等
　(3)　回線設計（机上で電波状態の良否を判断する手法であり、無線方式の設計時に送受信間で信号の授受をある所定の条件で確保できるかを確認するもの）

　法第17条の3の2に規定する消防用設備等の設置に関する届出及び検査が必要となる防火対象物

の場合にあっては(1)により、その他の防火対象物の場合にあっては(2)により確認すること。
　また、無線機器間の距離が長い場合や構造壁がある場合などにより、法第17条の14に規定する工事着手の届出等事前に机上で電波状態の良否を判断することが必要な場合にあっては、(3)により確認することができること。
3　電源に関する事項
　　自動火災報知設備の電源は、蓄電池又は交流低圧屋内幹線から他の配線を分岐させずにとることとされているところ、受信機において無線式感知器等が有効に作動できる電圧の下限値となった旨を確認することができる場合は一次電池を電源とすることができること。
　　この場合において、一次電池を電源とする無線式感知器等が有効に作動できる電圧の下限値となった場合には、当該無線式感知器等を交換するか、又は、電池を交換すること。
4　無線式感知器等は、空中線（アンテナ）を有し、アンテナの向きにより電波状態が変化するため、特に容易に手が触れる位置に無線式感知器等が存する場合にあっては、適正に維持管理することが必要となること。
5　小電力セキュリティシステムの無線局である無線設備の留意事項は、別紙のとおりとなっていること。

第2　特定小規模施設用自動火災報知設備に関する事項
　　特定小規模施設省令等は、消防法施行令（昭和36年政令第37号。以下「令」という。）第29条の4の規定に基づき制定されたものであり、通常用いられる消防用設備等に代えて用いることができる必要とされる防火安全性能を有する消防の用に供する設備等として、当該省令等の定めるところにより消防長又は消防署長が通常用いられる消防用設備等の防火安全性能と同等以上であると認める場合の判断基準となるものであるので、次により円滑な運用を図られたいこと。
1　自動火災報知設備は、受信機を中心として信号のやり取りや電力の供給、火災時の警報や表示を行うシステムとなっており、その作動の流れは、感知器から（必要に応じ中継器を介して）火災信号を受信機へ送り、受信機の表示機能により防災センター等において火災の発生を表示・警報するとともに、受信機の地区音響鳴動装置により防火対象物内に配置された地区音響装置を鳴動して警報を発するものであり、従来の自動火災報知設備と次の点において異なること。
　(1)　個々の感知器の警報を連動させることにより、施設全体に火災の発生を報知することができること。
　(2)　建物構造等にかんがみ、逃げ遅れ防止の観点で特に重要と考えられる場所に感知器を設け、受信機での感知場所の表示は必ずしも要さないこと。
　(3)　電源供給やシステムの状態確認など受信機が担っているシステムが他の方法でも確保できる場合は、受信機の設置を必ずしも要さないこと。
2　延べ面積300㎡未満の令別表第1(16)項イに掲げる防火対象物のうち床面積が300㎡未満の同表(2)項ニ又は(6)項ロ（「消防法施行令の一部を改正する政令」（平成19年政令第179号）による改正後の令別表第1(6)項ロをいう。以下同じ。）の部分が存する特定小規模施設とは、当該同表(16)項イに掲げる防火対象物全体をいうものではなく、同表(2)項ニ又は(6)項ロの用途に供される部分をいうものであること。
　　また、令第21条第1項第7号に規定する避難階以外の階から避難階又は地上に直通する階段が2以上設けられていない防火対象物等の形態を有するものは、従前から、その構造上の防火危険性を踏まえ規模を問わず自動火災報知設備の設置が義務付けられていることにかんがみ、特定小規模施設から除かれていること。

3 特定小規模施設用自動火災報知設備に関する細目的な事項について
　(1) 特定小規模施設用自動火災報知設備の構成は、別添2に示すようなものが想定されること。
　(2) 特定小規模施設用自動火災報知設備の警戒区域は、令第21条第2項第1号及び第2号の規定の例によることとなるため、特に2の階にわたる特定小規模施設については、階段室等も含めて全体を一の警戒区域（一辺の長さが50m以下に限る。）とすることができるものであること。
　(3) 特定小規模施設用自動火災報知設備の感知器の設置は、次によること。
　　ア 特定小規模施設用自動火災報知設備に用いることができる感知器は、スポット型感知器又は炎感知器とされていること。
　　イ スポット型感知器を壁面に設置する場合は、特定小規模施設省令第3条第2項第2号の規定により有効に火災の発生を感知することができるように設けなければならないことから、特に定温式のものについては公称作動温度が65度以下で特種のものとする必要があること。
　　ウ 感知器の設置に関する種別等の選択については、消防法令の規定によるほか「自動火災報知設備の感知器の設置に関する選択基準について」（平成3年12月6日付け消防予第240号）により運用されているところであるが、特定小規模施設のうち令別表第1(6)項ロに存する台所は、特に一般住宅における規模及び環境に類するものであることにかんがみ、当該通知別表第1備考欄中の「厨房、調理室等で高湿度となるおそれのある場所に設ける感知器は、防水型を使用すること」とある場所には、原則該当しないものとして取り扱って差し支えないこと。
　(4) 特定小規模施設用自動火災報知設備の配線にあっては、受信機において断線等が確認できる場合のほか、改正感知器等規格省令による改正後の火災報知設備の感知器及び発信機に係る技術上の規格を定める省令（以下「感知器等規格省令」という。）第2条第19号の6に規定する連動型警報機能付感知器（以下「連動型感知器」という。）により受信機の設置を要しない場合に、当該連動型感知器自体が断線等があった場合に電源灯の消灯等により、断線等を確認できるように措置されたものに該当するものであること。なお、従来どおり送り配線の方式でも構わない。
　(5) 特定小規模施設用自動火災報知設備の電源について、自動火災報知設備の電源は、蓄電池又は交流低圧屋内幹線から他の配線を分岐させずにとることとされているところ、電力が正常に供給されていることを確認することができる場合にあっては、分電盤との間に開閉器が設けられていない一般の屋内配線からとることができるほか、一次電池を電源とすることができること。
　　この場合において、一次電池を電源とする連動型感知器が有効に作動できる電圧の下限値となった場合には、当該連動型感知器を交換するか、又は、電池を交換すること。
4 警報機能付感知器に関する留意事項について
　(1) 感知器等規格省令第2条第19号の5に規定する警報機能付感知器及び連動型感知器は、火災信号又は火災情報信号を受信機、感知器等へ発信する機能を有し、法第17条第1項に規定する消防用設備等として構成されるものであり、かつ、令第37条第7号に規定する火災報知設備の感知器として検定対象機械器具等の感知器として感知器等規格省令に適合することが必要となるものであり、住宅用防災警報器（以下「住警器」という。）と異なるものであること。
　　なお、住警器との製品上の判別については、警報機能付感知器及び連動型感知器は法第21条の9第1項に規定する個別検定に合格したものである旨の表示が付されているほか、感知器等規格省令第43条第1号ヨ又はタの規定により、「警報機能付」又は「連動型警報機能付」

と表示が付されることになっていることから、これにより確認が可能であること。
(2) 規則第23条第4項第7号の6イからニのいずれかに該当する連動型感知器は、令第21条に規定する自動火災報知設備の感知器として用いることができず、特定小規模施設用自動火災報知設備における感知器としてのみ用いることができるものであること。
　　当該連動型感知器には感知器等規格省令第43条第1号レの規定により「特定小規模施設用自動火災報知設備以外の自動火災報知設備に用いることができない旨」が表示されることになっていることから、これにより製品上の判別が可能となるものであること。
5　その他の事項
(1) 無線式自動火災報知設備であって、特定小規模施設用自動火災報知設備でもあるものの場合にあっては、規則及び特定小規模施設省令等の両者を満たす必要があるものであり、別添3に示すようなものが想定されること。
(2) 無線式自動火災報知設備又は無線式の特定小規模施設用自動火災報知設備における通信状態を維持管理する機能は様々な構成が考えられるところであるが、一般的な例としては別添4に示すようなものが想定されること。

別紙
無線設備に関する留意事項
1　無線設備の技術基準については、電波法令に規定され、その詳細は無線設備規則（昭和25年電波監理委員会規則第18号。以下「無線規則」という。）等において定められており、無線式自動火災報知設備における電波の取り扱いは当該基準に適合することが必要であること。
2　小電力セキュリティシステムの無線局は、電波法施行規則（昭和25年電波監理委員会規則第14号）第6条第4項第3号に規定されているものであり、その具体的な技術上の基準は無線規則第49条の17に規定されているものであること。
　　なお、無線式感知器等及び無線式の受信機が改正規格省令等及び地区音響装置の基準の一部を改正する件（平成20年消防庁告示第26号。以下「改正音響告示」という。）の規定を満たすことで、小電力セキュリティシステム無線局となり、無線局の開設に伴う免許又は登録及び無線従事者等の資格を要さないものとなること。
　　また、小電力セキュリティシステム無線局は、次のア〜エを満たすものであること。
ア　空中線電力が0.01W以下であること。
イ　電波法令で定める電波の型式、周波数を使用すること。
ウ　呼出符号又は呼出信号を自動的に送信し、又は受信する機能や混信防止機能を持ち、他の無線局の運用に妨害を与えないものであること。
エ　電波法令に基づき総務大臣の登録を受けた登録証明機関による技術基準適合証明又は工事設計認証（以下「認証等」という。）を受けた無線設備だけを使用するものであること。
3　認証等を受けた無線設備には下図のマークが表示されることになり、改正規格省令等に規定するものにあっては日本消防検定協会又は登録検定機関が行う個別検定、改正音響告示に規定する無線式地区音響装置にあっては登録認定機関が行う認定の際に、それぞれ当該マークの表示の有無を併せて確認されるものであること。

別添1

無線式自動火災報知設備の構成例

1 従来の有線方式の自動火災報知設備

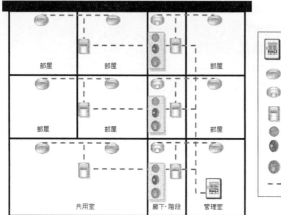

2 全体を無線方式とした場合

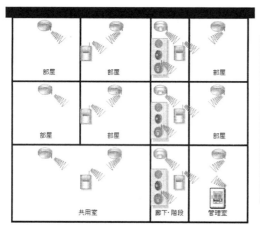

3 一部を無線方式とした場合

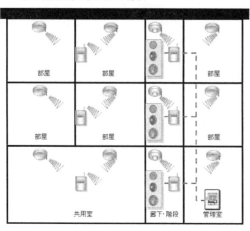

第2章　1　自動火災報知設備　　　　　　　　　　　241

別添2

特定小規模施設用自動火災報知設備の構成例

1　P型2級受信機のうち接続することができる回線が一の受信機を設けた特定小規模施設用自動火災報知設備

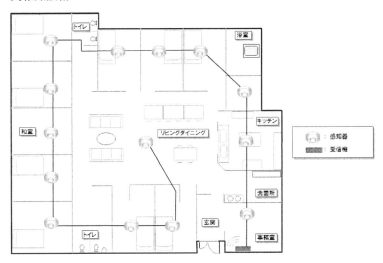

2　連動型感知器による特定小規模施設用自動火災報知設備

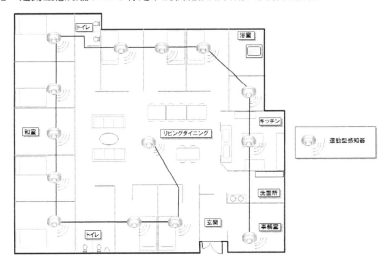

別添3

無線式の特定小規模施設用自動火災報知設備の構成例

1 無線式の感知器及び受信機による特定小規模施設用自動火災報知設備

2 無線式の連動型感知器による特定小規模施設用自動火災報知設備

別添4

無線式の通信状態の維持管理等の機能例

1 無線式自動火災報知設備の場合（168時間以内ごとの定期通信による管理）

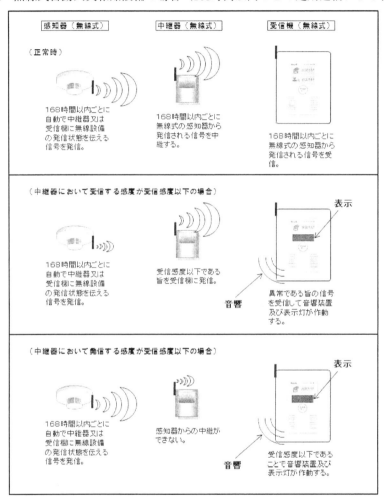

2 連動型感知器による無線式特定小規模施設用自動火災報知設備の場合

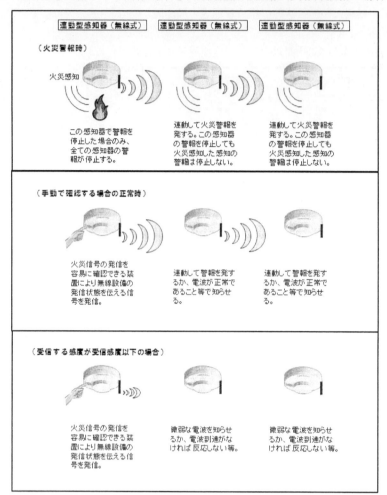

（平21・3・23消防予119）

2　ガス漏れ火災警報設備

(1)　設置基準

ガス漏れ火災警報設備の設置を要する防火対象物又はその部分については、令21条の2第1項に規定されています（⇒序章　1(5)　消防用設備等設置基準早見表（14頁）参照）。

(2)　法令による緩和措置

法令上、設置等に関する緩和措置は、規定されていません。

(3)　令32条特例

ガス漏れ火災警報設備は、防火対象物において燃料等として使用される可燃性ガスを対象とするものであり、燃料用ガスとして供給されているものに加え、建物内において充満することが考えられる温泉の採取に伴う可燃性ガスや自然発生する可燃性ガスが対象とされています。したがって、質疑としては、設置の対象となるものの適否や設置方法の細目に関するものが多くなっています。

令32条特例関係　通知・行政実例
ガス漏れ火災警報設備設置基準（令21条の2第1項）
◆消防法施行令の一部を改正する政令及び施行規則の一部を改正する省令の運用について【ガス漏れ火災警報設備に関する事項】〔解釈〕（昭56・6・20消防予133） ………… 246
◆ガス漏れ火災警報設備の設置について（昭57・11・12消防予228） ……………… 247
◆消防法施行令の一部を改正する政令等の公布について【ガス漏れ火災警報設備に関する基準】（平20・7・2消防予168） ……………………………………………… 248
◆消防法施行令の一部を改正する政令等の運用について【ガス漏れ火災警報設備に関する基準】（平20・8・28消防予200） ……………………………………………… 251
ガス漏れ火災警報設備技術基準（令21条の2第2項）
◆消防法施行規則の一部を改正する省令の施行について【ガス漏れ火災警報設備に関する事項】〔解釈〕（昭56・6・20消防予131） …………………………………… 253
◆消防法施行令の一部を改正する政令（昭和56年政令第6号）及び同施行規則の一部を改正する省令（昭和56年6月自治省令第16号）並びに消防法、同施行令及び同施行規則に関する執務資料について【ガス漏れ火災警報設備に係る疑義について】（昭56・12・18消防予299） ……………………………………………………………… 256

ガス漏れ火災警報設備設置基準（令21条の2第1項）

　ガス漏れ火災警報設備を設置する必要のある部分は、地下街、準地下街、特定用途防火対象物の地階であり、当該部分にガスが滞留しやすいこと等を考慮したものです。特に地階が従属用途に供されていても該当します。また、特定複合用途防火対象物の地階については、特定用途としての部分が対象となります。

◆消防法施行令の一部を改正する政令及び施行規則の一部を改正する省令の運用について
　【ガス漏れ火災警報設備に関する事項】〔解釈〕
　消防法施行令の一部を改正する政令（昭和56年政令第6号）が去る1月23日に公布され、これに伴い消防法施行規則の一部を改正する省令（昭和56年自治省令第16号）が昭和56年6月20日に公布された。
　これらの政令及び省令の施行については、既に消防庁次長より通知されたところであるが、今般その運用基準を下記のとおり定めたので御配慮願いたい。
　なお、貴管下市町村にもこの旨示達され、よろしく指導されるようお願いする。
記

第2　ガス漏れ火災警報設備に関する事項
　1　ガス漏れ火災警報設備の技術上の基準に関する条例の制定について
　　　消防法第17条第2項に基づく条例の制定については、その地方の気候又は風土の特殊性により、法令のみによつては防火の目的を充分に達成し難い場合に限り定めることができると解されるが、ガス漏れ火災警報設備に関しては、通常特殊性を認め難いと解釈されるので、この点に留意されたいこと。
　2　ガス漏れ火災警報設備の設置について
　　　規則第24条の2の2第1項第1号の「燃料用ガスが使用されるもの」とは、次のものをいうこと。
　　(1)　ガス燃焼機器が設置されているもの
　　(2)　ガス燃焼機器を接続するだけで使用可能な状態にガス栓が設置されているもの
　3　既設のガス漏れの検知警報のための設備の取扱いについて
　　　改正後の消防法施行令の施行の際、令第21条の2の規定により設置を義務付けられる防火対象物又はその部分に既に設置されているガス漏れの検知警報のための設備で、集中監視方式で有効にガス漏れの発生を検知し、その旨を有効に警報することができるものについては、令第32条の規定を適用し、ガス漏れ火災警報設備に取り替えなくて差し支えないこと。
　4　ガス漏れ検知器の取扱いについて
　　　燃料用ガスには、ガス事業法に基づきガス事業者が供給するガスと、液化石油ガスの保安の確保及び取引の適正化に関する法律に基づきその販売がされる液化石油ガスがある。ガス事業法に基づきガス事業者が供給するガスには、さらに、空気に対する比重が1未満のガスと1を超えるガスとがあり、1を超えるガスには、液化石油ガスと液化石油ガスに空気を混合したものとがある。ガス漏れ検知器（以下「検知器」という。）も、それぞれのガスの性質に対応する性能を必要とすることから、次のように取り扱うこととした。
　　(1)　都市ガス用の検知器で、液化石油ガス用の検知器以外の検知器は、財団法人日本ガス機器検査協会（以下「検査協会」という。）において、「ガス漏れ検知器並びに液化石油ガスを検知対象とするガス漏れ火災警報設備に使用する中継器及び受信機の基準」（昭和56年6月20

第2章　2　ガス漏れ火災警報設備　　247

日付消防庁告示第2号）に規定する検知器の基準（以下「検知器の基準」という。）に適合するかどうかを検査することとしたこと。この検査に合格した検知器には、下図のマークが貼布されていること。

なお、検査協会の検査に合格した従来の「都市ガス警報器」には下図のマークが貼布されているが、このうち外部端子付きのものについては、すべて検知器の基準に適合していることが確認されているので了知されたいこと。

(2)　液化石油ガス用の検知器は、高圧ガス保安協会において検定を行うこととしており、これに合格したものには下図のようなマークが貼布されていること。

5　〔省略〕

（昭56・6・20消防予133）

memo　ガス漏れ火災警報設備に係る技術上の基準が規定され、その運用として示されたものです。特に燃料用として使用される可燃性ガスには、ガス事業法に基づきガス事業者が供給するガスと、液化石油ガスの保安の確保及び取引の適正化に関する法律に基づきその販売がされる液化石油ガスがあり、そのガス漏れ検知器についての取扱いが示されたものです。

◆ガス漏れ火災警報設備の設置について
問　建築基準法上地階と解される別図の防火対象物に消防法施行令第32条を適用してガス漏れ火災警報設備の設置を省略することは差し支えないか。
　なお、別図例1～例3はいずれも消防法施行令第21条の2第1項第3号に該当するものである。

（平面図等省略）

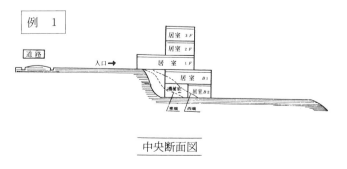

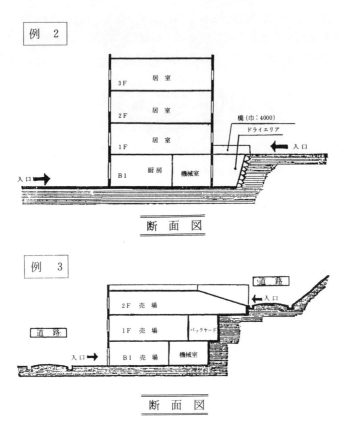

答 設問の場合、いずれもガス漏れ火災警報設備の設置を省略することは適当でないと解する。

(昭57・11・12消防予228)

memo 傾斜地に建てられた防火対象物の地階の取扱いを示したものであり、いずれも可燃性ガスが滞留しやすいと認められることから、ガス漏れ火災警報設備の設置を省略することはできないとされたものです。

◆消防法施行令の一部を改正する政令等の公布について【ガス漏れ火災警報設備に関する基準】

　消防法施行令の一部を改正する政令（平成20年政令第215号。以下「改正令」という。）、消防法施行規則の一部を改正する省令（平成20年総務省令第78号。以下「改正規則」という。）及びガス漏れ検知器並びに液化石油ガスを検知対象とするガス漏れ火災警報設備に使用する中継器及び受信機の基準の一部を改正する件（平成20年消防庁告示第8号。以下「改正告示」という。）が平成20年7月2日に公布されました。

　今回の改正は、カラオケボックス、温泉採取施設等における最近の火災の事例にかんがみ、自動火災報知設備又はガス漏れ火災警報設備を設置しなければならない施設の対象範囲を見直すとともに、当該消防用設備等について、その設置及び維持に関する技術上の基準の整備等を行ったものです。

　貴職におかれましては、下記事項に留意の上、その運用に十分配慮されるとともに、各都道府県知事にあっては、貴都道府県内の市町村に対しても、この旨周知されるようお願いします。

記

第2　ガス漏れ火災警報設備に関する基準
 1　ガス漏れ火災警報設備を設置しなければならない防火対象物
　(1)　ガス漏れ火災警報設備を設置しなければならない防火対象物として、令別表第1に掲げる建築物その他の工作物（収容人員が総務省令で定める数に満たないものを除く。）で、その内部に、温泉の採取のための設備で総務省令で定めるもの（温泉法（昭和23年法律第125号）第14条の5第1項の確認を受けた者が当該確認に係る温泉の採取の場所において温泉を採取するための設備を除く。）が設置されているものを追加するものとしたこと。（令第21条の2第1項第3号関係）
　(2)　(1)の収容人員に係る「総務省令で定める数」について、1人としたこと。（規則第24条の2の2第2項関係）
　(3)　(1)の「温泉の採取のための設備で総務省令で定めるもの」について、温泉法施行規則（昭和23年厚生省令第35号）第6条の3第3項第5号イに規定する温泉井戸、ガス分離設備及びガス排出口並びにこれらの間の配管（可燃性天然ガスが滞留するおそれのない場所に設けられるものを除く。）としたこと。（規則第24条の2の2第3項関係）
 2　ガス漏れ火災警報設備に関する基準の細目に関する事項
　(1)　ガス漏れ検知器（以下「検知器」という。）の設置について、検知対象ガスの空気に対する比重が1未満の場合には、次のアからエまでに定めるところによることとしたこと。（規則第24条の2の3第1号イ関係）
　　ア　燃焼器（令第21条の2第1項第3号に掲げる防火対象物に存するものについては、消防庁長官が定めるものに限る。以下同じ。）又は貫通部（同項第1号、第2号、第4号若しくは第5号に掲げる防火対象物若しくはその部分又は同項第3号に掲げる防火対象物の部分で消防庁長官が定めるものに燃料用ガスを供給する導管が当該防火対象物又はその部分の外壁を貫通する場所をいう。以下同じ。）から水平距離で8m以内の位置に設けること。ただし、天井面等が0.6m以上突出したはり等によつて区画されている場合は、当該はり等より燃焼器側又は貫通部側に設けること。
　　イ　温泉の採取のための設備（規則第24条の2の2第3項に規定するものをいう。以下同じ。）の周囲の長さ10mにつき1個以上当該温泉の採取のための設備の付近でガスを有効に検知できる場所（天井面等が0.6m以上突出したはり等によつて区画されている場合は、当該はり等より温泉の採取のための設備側に限る。）に設けるとともに、ガスの濃度を指示するための装置を設けること。この場合において、当該装置は、防災センター等に設けること。
　　ウ　燃焼器若しくは温泉の採取のための設備（以下「燃焼器等」という。）が使用され、又は貫通部が存する室の天井面等の付近に吸気口がある場合には、当該燃焼器等又は貫通部との間の天井面等が0.6m以上突出したはり等によつて区画されていない吸気口のうち、燃焼器等又は貫通部から最も近いものの付近に設けること。
　　エ　検知器の下端は、天井面等の下方0.3m以内の位置に設けること。
　(2)　ガス漏れ検知器の設置について、検知対象ガスの空気に対する比重が1を超える場合には、次のアからウまでに定めるところによることとしたこと。（規則第24条の2の3第1号ロ関係）
　　ア　燃焼器又は貫通部から水平距離で4メートル以内の位置に設けること。
　　イ　温泉の採取のための設備の周囲の長さ10mにつき1個以上当該温泉の採取のための設備

の付近でガスを有効に検知できる場所に設けるとともに、ガスの濃度を指示するための装置を設けること。この場合において、当該装置は、防災センター等に設けること。
　　ウ　検知器の上端は、床面の上方0.3m以内の位置に設けること。
(3)　(1)イ又は(2)イに定めるところにより検知器を設ける場合にあつては、受信機を設けないことができることとしたこと。(規則第24条の2の3第1項第3号関係)
(4)　音声によりガス漏れの発生を防火対象物の関係者及び利用者に警報する装置(以下「音声警報装置」という。)は、次のア又はイに定めるところにより設けることとしたこと。
　　ア　令第21条の2第1項第1号、第2号、第4号若しくは第5号に掲げる防火対象物若しくはその部分又は同項第3号に掲げる防火対象物の部分で消防庁長官が定めるものに設けるものにあつては、次の(ア)から(ウ)までに定めるところによること。ただし、規則第25条の2第2項第3号に定めるところにより設置した放送設備の有効範囲内の部分には、音声警報装置を設けないことができる。
　　　(ア)　音圧及び音色は、他の警報音又は騒音と明らかに区別して聞き取ることができること。
　　　(イ)　スピーカーは、各階ごとに、その階の各部分から一のスピーカーまでの水平距離が25m以下となるように設けること。
　　　(ウ)　一の防火対象物に二以上の受信機を設けるときは、これらの受信機があるいずれの場所からも作動させることができること。
　　イ　令第21条の2第1項第3号に掲げる防火対象物(アの消防庁長官が定める部分(以下「長官指定部分」という。)が存しないものに限る。)又は同号の防火対象物(長官指定部分が存するものに限る。)の部分(長官指定部分を除く。)に設けるものにあつては、次の(ア)及び(イ)に定めるところによること。ただし、常時人がいない場所又は第25条の2第2項第3号に定めるところにより設置した放送設備若しくは警報機能を有する検知器若しくは検知区域警報装置の有効範囲内の部分には、音声警報装置を設けないことができる。
　　　(ア)　音圧及び音色は、他の警報音又は騒音と明らかに区別して聞き取ることができること。
　　　(イ)　スピーカーは、各階ごとに、その階の各部分から一のスピーカーまでの水平距離が25m以下となるように設けること。
(5)　(1)アの「消防庁長官が定める燃焼器」について、次のア又はイに掲げるものとしたこと。(改正後のガス漏れ検知器並びに液化石油ガスを検知対象とするガス漏れ火災警報設備に使用する中継器及び受信機の基準(以下「告示」という。)第2第1号関係)
　　ア　令第21条の2第1項第3号に掲げる防火対象物で令別表第1(1)項から(4)項まで、(5)項イ、(6)項又は(9)項イに掲げるものの地階で、床面積の合計が1,000㎡以上のものに存する燃焼器
　　イ　令第21条の2第1項第3号に掲げる防火対象物で令別表第1(16)項イに掲げるものの地階のうち、床面積の合計が1,000㎡以上で、かつ、同表(1)項から(4)項まで、(5)項イ、(6)項又は(9)項イに掲げるものの用途に供される部分の床面積の合計が500㎡以上のものに存する燃焼器
(6)　(1)ア及び(4)アの「消防庁長官が定める部分」について、次のア又はイに掲げるものとしたこと。(告示第2第2号関係)

ア　令第21条の2第1項第3号に掲げる防火対象物で令別表第1(1)項から(4)項まで、(5)項イ、(6)項又は(9)項イに掲げるものの地階で、床面積の合計が1,000㎡以上のもの
　　イ　令第21条の2第1項第3号に掲げる防火対象物で令別表第1(16)項イに掲げるものの地階のうち、床面積の合計が1,000㎡以上で、かつ、同表(1)項から(4)項まで、(5)項イ、(6)項又は(9)項イに掲げるものの用途に供される部分の床面積の合計が500㎡以上のもの
　3　検知器の構造及び性能に関する事項
　　検知器の性能の基準について、規則第24条の2の3第1項第1号イ(ロ)又は同号ロ(ロ)に定めるところにより設ける場合にあつては、次の(1)から(6)までに定めるところによることとしたこと。
　(1)　ガスの濃度が爆発下限界の10分の1以上のときに確実に作動し、200分の1以下のときに作動しないこと。
　(2)　爆発下限界の10分の1以上の濃度のガスにさらされているときは、継続して作動すること。
　(3)　信号を発する濃度のガスに断続的にさらされたとき、機能に異常を生じないこと。
　(4)　通常の使用状態において、調理等の際に発生する湯気、油煙、アルコール、廃ガス等により容易に信号（警報機能を有するものにあつては、信号及び警報）を発しないこと。
　(5)　信号を発する濃度のガスに接したとき、60秒以内に信号（警報機能を有するものにあつては、信号及び警報）を発すること。
　(6)　ガスの濃度を指示するための装置を設けるとともに、当該指示された値を校正することができること。
第3　非常警報設備に関する基準
　非常警報設備の設置及び維持に関する技術上の基準の細目に関する事項
　　非常警報設備の設置及び維持に関する技術上の基準の細目について、カラオケボックス等の音響が聞き取りにくい場所においては、その警報音が、他の警報音又は騒音と区別して聞き取ることができるように措置がされているものとしたこと。（規則第25条の2第2項第1号イ(ロ)並びに同項第3号イ(ロ)及び同号ハ(ニ)関係）
第4　適用が除外されない消防用設備等
　　消防用設備等の技術上の基準を遡及して適用させる消防用設備等として、ガス漏れ火災警報設備を追加するものとしたこと。（令第34条第3号関係）

(平20・7・2消防予168)

memo　温泉採取施設において、温泉に含まれていた可燃性ガスが地下に滞留し、爆発火災となった事例を踏まえ、地下街及び準地下街以外の建築物その他の工作物で、その内部に、次に掲げる温泉採取のための設備（温泉井戸、ガス分離設備及びガス排出口並びにこれらの間の配管（可燃性天然ガスが滞留するおそれのない場所に設けられるものを除きます。））が設けられているものに設けることとされたものです。

◆消防法施行令の一部を改正する政令等の運用について【ガス漏れ火災警報設備に関する基準】
　消防法施行令の一部を改正する政令等（以下「改正令等」という。）の公布については、「消防法施行令の一部を改正する政令等の公布について」（平成20年7月2日付け消防予第168号）により通知したところですが、改正令等による改正後の消防法施行令（昭和36年政令第37号。以下「令」とい

う。)、消防法施行規則（昭和36年自治省令第6号。以下「規則」という。）等の運用に当たっては、下記事項に御留意いただきますようお願いします。また、各都道府県消防防災主管部長におかれては、貴都道府県内の市町村（消防の事務を処理する一部事務組合等を含む。）に対してもこの旨周知されるようお願いします。

なお、本通知は、消防組織法（昭和22年法律第226号）第37条の規定に基づく助言として発出するものであることを申し添えます。

記

第2　温泉採取施設に関する事項
1　ガス漏れ火災警報設備を設置しなければならない防火対象物又はその部分に関する事項（令第21条の2第1項関係）
　(1)　ガス漏れ火災警報設備の設置対象として、一定の温泉採取設備が追加されたところであるが、令第21条の2第1項第1号若しくは第2号に掲げる防火対象物又はその部分に規則第24条の2の2第1項第1号及び第2号に規定する燃料用ガスの燃焼器等及び温泉採取設備が存する場合にあっては、これらの双方にガス漏れ火災警報設備の設置が必要であること。また、令第21条の2第1項第3号に掲げる防火対象物についても、その地階で改正後のガス漏れ検知器並びに液化石油ガスを検知対象とするガス漏れ火災警報設備に使用する中継器及び受信機の基準（昭和56年消防庁告示第2号）第2第1号イ又はロに該当するものに燃焼器が存する場合にあっては、温泉採取設備と燃焼器等の双方にガス漏れ火災警報設備の設置が必要となるものであること。
　(2)　温泉採取設備とは、規則第24条の2の2第3項に規定する温泉井戸、ガス分離設備及びガス排出口並びにこれらの間の配管をいうものであるが、このうちガス分離設備については、その名称にかかわらず、貯湯タンクなど一定量のガスを分離しているものも含まれるものであること。
2　ガス漏れ火災警報設備の設置を要しない防火対象物又はその部分に関する事項（令第21条の2第1項第3号及び規則第24条の2の2関係）
　(1)　令第21条の2第1項第3号及び規則第24条の2の2第1項第2号に規定する温泉法（昭和23年法律第125号）第14条の5第1項の都道府県知事の確認を受けた温泉採取設備の場所とは、次の場所をいうものであること。
　　ア　温泉法施行規則（昭和23年厚生省令第35号）第6条の6第1項の規定により、環境大臣が定めるメタン濃度（平成20年環境省告示第58号）であるもの
　　イ　温泉法施行規則第6条の6第2項の規定により、温泉付随ガスの気泡が目視できず、近隣にあり、かつ、地質構造、泉質、深度その他の状況からみて温泉付随ガスの性状が類似していると認められる温泉の採取の場所におけるメタンの濃度が、環境大臣が定めるメタン濃度（平成20年環境省告示第58号）であるもの
　(2)　規則第24条の2の2第3項に規定する「可燃性天然ガスが滞留するおそれのない場所」とは、温泉採取設備が設けられた室が2面以上開放されている場合をいうものであること。
3　ガス漏れ火災警報設備に関する基準の細目について（規則第24条の2の3関係）規則第24条の2の3第1項第1号イ(ロ)及びロ(ロ)において、検知器は温泉採取設備の周囲の長さ10mにつき1個以上設けることとされているが、具体的には次図の例によること。

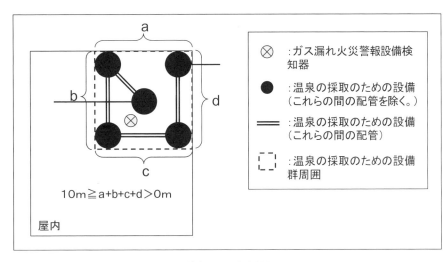

検知器の設置例

第3 その他
1 令別表第一(2)項ハ及び(5)項イについては「令別表第一の改正に伴う消防法令の運用について」（平成15年2月21日付け消防予第55号。以下「55号通知」という。）により運用願っているところであるが、改正令等により令別表第一(2)項ハに規定する「風俗営業等の規制及び業務の適正化等に関する法律（昭和23年法律第122号）第2条第5項に規定する性風俗関連特殊営業を営む店舗」から令別表第一(2)項ニに該当する用途が除かれたことを踏まえ、55号通知の今後の取扱いについては、別途通知すること。
2 今回新たに義務付けられるガス漏れ火災警報設備については、これまでのガス漏れ火災警報設備とその構造、性能等が異なることから、追って消防用設備等の試験及び点検に係る基準の整備を図る予定であること。
3 温泉採取設備におけるガス漏れ火災警報設備の設置・維持については、温泉法令と整合を図ったものであり、適宜温泉所管部局と連携されたいこと。

（平20・8・28消防予200）

memo 温泉採取設備に設けるガス漏れ検知器については、検知対象となるガスの種類や濃度が異なっていますので、注意する必要があります。

ガス漏れ火災警報設備技術基準（令21条の2第2項）

ガス漏れ火災警報設備については、ガス漏れ検知器がシングルステーション（ガス検知部・制御部・警報部が一体となったもの）であることから、これらをシステムとして構成し、ガス漏れ検知器が作動した場合にその旨の信号を移報し、受信機で受信して関係者に報知できるようにしたものです。このため、効果的なガス検知器の設置と警報等についての基準が設けられています。

◆消防法施行規則の一部を改正する省令の施行について【ガス漏れ火災警報設備に関する事項】〔解釈〕
本年6月20日消防法施行規則の一部を改正する省令（昭和56年自治省令第16号）が公布された。
今回の改正は、本年1月23日消防法施行令の一部を改正する政令（昭和56年政令第6号）が公布さ

れ、いわゆる準地下街に対する規制を強化したこと、ガス漏れ火災警報設備に関する規制を新たに追加したこと等に伴い、消防用設備等の設置及び維持に関する基準の細目を定める等、所要の改正を行つたものである。

　貴職におかれては下記事項に留意のうえ、運用に遺憾のないよう格段の配慮をされるとともに、貴管下市町村に対してもこの旨示達され、よろしくご指導願いたい。

記

第2　ガス漏れ火災警報設備に関する事項
　1　ガス漏れ火災警報設備の設置対象
　　　ガス漏れ火災警報設備は、令第21条の2第1項に規定する防火対象物又はその部分のうち、次に掲げる部分に設置しなければならないとしたこと（規則第24条の2の2第1項）。
　　(1)　燃料用ガス（液化石油ガスの保安の確保及び取引の適正化に関する法律第2条第3項に規定する液化石油ガス販売事業によりその販売がされる液化石油ガスを除く。）が使用されるもの
　　(2)　可燃性ガスが自然発生するおそれがあるとして消防長又は消防署長が指定するもの
　　　ア　この場合の「可燃性ガスが自然発生するおそれがあるもの」とは、次の場合をいうものであること。
　　　　(ア)　天然ガス又はメタン発酵によつてできた可燃性ガスが地中から常時自然発生する地域に存する防火対象物又はその部分で、自然発生した可燃性ガスが爆発する濃度に達するおそれがある場合
　　　　　　なお、指定にあたつては、防火対象物の存する地域における過去のガス発生状況等を十分に斟酌されたいこと。
　　　　(イ)　生活廃棄物、下水汚泥等が長期間滞留しメタン発酵により可燃性ガスが継続して発生するおそれがある防火対象物の部分で、発生した可燃性ガスが爆発する濃度に達するおそれがある場合
　　　　　　なお、この場合の取り扱いについては、静岡駅前ゴールデン街ガス爆発事故の原因究明を待つて、別途通知する予定である。
　　　イ　可燃性ガスが自然発生するおそれがあるとして、消防長又は消防署長が指定するにあたつては、事前に消防庁に連絡されたいこと。
　2　ガス漏れ火災警報設備の設置方法
　　(1)　警戒区域
　　　ア　一の警戒区域は、防火対象物の2の階にわたらないこととされているが、一の警戒区域の面積が500㎡以下である場合には、例外として防火対象物の2の階にわたり設定することができるとしたこと（規則第24条の2の2第2項）。
　　　イ　一の警戒区域の面積は600㎡以下とすることとされているが、一の警戒区域内のガス漏れ表示灯を通路の中央から容易に見通すことができる場合には、例外として当該警戒区域の面積を1,000㎡まで拡大することができるとしたこと（規則第24条の2の2第3項）。
　　(2)　ガス漏れ検知器の設置（規則第24条の2の3第1項第1号）
　　　ア　空気に対する比重が1未満のガスが漏れた場合には、ガスは室内の上方に拡散するので、ガス漏れ検知器（以下「検知器」という。）は燃焼器等から水平距離8m以内で天井面等の

下方0.3m以内の位置に設置するとしたこと。ただし、はり、吸気口、換気口等がある場合には、ガスの挙動を考慮してガス漏れを有効に検知することができるように設置するとしたこと。
　　イ　空気に対する比重が1を超えるガスが漏れた場合には、ガスは床面に沿つて拡散するが、空気に対する比重が1未満のガスに比べて稀釈しにくい性質をもつているので、検知器は燃焼器等から水平距離4m以内で床面の上方0.3m以内の位置に設置するとしたこと。ただし、換気口等がある場合には、ガスの挙動を考慮してガス漏れを有効に検知することができるように設置するとしたこと。
(3)　中継器の設置
　　中継器は、自動火災報知設備の場合に準じ設置するとしたこと（規則第24条の2の3第1項第3号）。
(4)　受信機の設置（規則第24条の2の3第1項第3号）
　　ア　受信機は、検知器又は中継器の作動と連動してガス漏れが発生した区域を有効に表示することができるように設置するとしたこと。
　　イ　貫通部に設ける検知器に係る警戒区域は、ガス漏れを速やかに検知し、かつ、適切な措置を講ずることができるようにするため、貫通部以外に設ける検知器に係る警戒区域と区別して表示しなければならないとしたこと。
　　ウ　その他自動火災報知設備に用いる受信機の設置基準に準じて設置するとしたこと。
(5)　警報装置の設置（規則第24条の2の3第1項第4号）
　　ガス漏れが発生した場合には、検知区域警報装置によりその旨を当該検知区域において警報するとともに、受信機においてガス漏れの発生を覚知した当該防火対象物の関係者がガス漏れが発生した警戒区域に出動した場合にガス漏れ表示灯によりガス漏れが発生した検知区域を容易に発見することができるようにしなければならないとしたこと。
　　また、ガス漏れが拡大し、ガス爆発の危険性が高まつた場合には、音声により当該防火対象物の関係者及び利用者に警報することができるようにしなければならないとしたこと。
(6)　配線（規則第24条の2の3第1項第5号）
　　配線は、安全性を確保するため十分な絶縁性を有するように設けるとともに、自動火災報知設備の基準に準じて設けるとしたこと。
(7)　非常電源（規則第24条の2の3第1項第7号）
　　ア　ガス漏れ火災警報設備に附置しなければならない非常電源は、原則として蓄電池設備とするが、現在開発されている検知器の消費電力が火災報知設備の感知器の消費電力に比べて格段に大きいことにかんがみ、自家発電設備が有効に機能するまでの間を蓄電池設備で補完することができる場合には、自家発電設備を非常電源として認めることができるとしたこと。
　　イ　その他自動火災報知設備の非常電源の設置基準に準じて設けるとしたこと。
(8)　その他
　　ア　誤報を防止するため、検知器又は受信機において作動時間を遅延させる場合には、検知器の標準遅延時間と受信機の標準遅延時間の合計は、60秒以内としたこと（規則第24条の2の3第1項第8号）。

イ　誤報を防止するため、地絡、電圧、電流の変化等の際に受信機においてガス漏れの表示がなされることがないような措置を講ずるとしたこと（規則第24条の2の3第1項第9号）。
3　ガス漏れ火災警報設備の検定
　　　令第37条の規定により、ガス漏れ火災警報設備の中継器及び受信機が新たに消防法第21条の2に規定する検定（以下「検定」という。）の対象とされたが、このうち液化石油ガス用のもの及び金属鉱山等保安規則等に規定するものについては、それぞれ別の法体系の中で規制を行っていること等を考慮し、検定対象から除外したこと（規則第24条の2の3第2項及び第34条の4）。

（昭56・6・20消防予131）

◆消防法施行令の一部を改正する政令（昭和56年政令第6号）及び同施行規則の一部を改正する省令（昭和56年6月自治省令第16号）並びに消防法、同施行令及び同施行規則に関する執務資料について【ガス漏れ火災警報設備に係る疑義について】

問6　令別表第1(4)項に掲げる防火対象物で地階の床面積1,000㎡がすべて食品売場（区画された室は無い。）であり、揚げ物、焼き物等のガス燃料機器が点在する場合、ガス漏れ表示灯の設置及び検知区域警報装置（警報機能を有しないガス漏れ検知器（以下「検知器」という。）の場合）の設置位置はいかにすべきか。

答　設問の場合、各検知器付近にガス漏れ表示灯を設置する必要はない。また、検知区域警報装置は、検知器付近で関係者が有効に当該検知区域警報装置の鳴動を聞きとることができるように設けること。

問7　検知器からガス燃焼機器等までの距離の測り方について、次の場合、ガス燃焼機器等のどの部分までとするか。
（1）　単一バーナーの燃焼機器
　　ア　調理用一口ガスコンロ、ガスオーブン
　　イ　ボイラー等の大型のもの
（2）　複数バーナーを有する燃焼機器
　　ア　調理用（営業用のものを含む。）ガスコンロ
　　イ　焼却炉等
（3）　未使用ガス栓
（4）　ガス栓からゴムホース等により燃焼機器に接続されているため、燃焼機器の位置が定まらないもの

答（1）　当該燃焼機器のバーナー部分の中心からの水平距離とする。
（2）　バーナー部分の中心からの水平距離とする。なお、次の図を参照されたい。

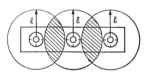

ℓ；バーナー部分の中心からの水平距離を表わす。

注）この場合、検知器は斜線部分の範囲内に設ければ2個で足りる。

$\ell : \begin{cases} 空気より重いガスの場合 & 4\text{ m} \\ \quad\prime\prime\quad 軽いガスの場合 & 8\text{ m} \end{cases}$ （以下同じ）

(3) ガス栓の中心からの水平距離とする。なお、次の図を参照されたい。

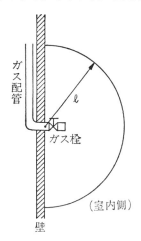

未使用ガス栓の場合

(4) (3)の未使用ガス栓の例によられたい。

問8 検知器の電源回路（AC100V）の配線と信号回路（DC24V）の配線を同一の金属電線管の中に布設してよいか。

答 電気設備に関する技術基準を定める省令（昭和40年通商産業省令第61号）第204条第3項第3号の規定に基づき布設する場合は、差し支えない。

問9 密閉式バーナー（F.F.バランス形）を有する燃焼機器の場合、空気取り入れ口付近に検知器の設置を要するか。

答 空気取り入れ口が室内側に面していない場合には、令第32条を適用して検知器の設置を免除して差し支えない。

問10 空気に対する比重が一を超える検知対象ガスの場合においても吸気口（天井又は床面付近にある場合）付近に検知器を設けなければならないか。

答 設問の場合、設ける必要はない。

問11 吸気口付近に検知器を設ける場合、吸気口と検知器の距離は、いくらにしたら良いか。

答 おおむね1.5m以内とし、燃焼機器等から漏れたガスを有効に検知できる方向（流動方向に沿う方向）に検知器を設けること。

問12 水蒸気の多い場所は、「ガス漏れの発生を有効に検知することができない場所」として検知器を設けてはならないとしてよいか。

答 防水性能を有する検知器（浴室用等）を設置すること。

問13 規則第24条の2の3第1項第1号にいう「出入口の付近で外部の気流が……有効に検知することができない場所に設けてはならない。」の意味として検知器の設置を要しない場合と解してよ

いか。
答 これらの場所をさけて設置すること。

問14 次に掲げる場合、規則第24条の2の3第1項第1号イ(イ)にいう貫通部として検知器の設置を要するか。(Ⓐ～Ⓓの部分)
(1) 令別表第1 (16の3) 項に掲げる防火対象物で下図の場合 (Ⓐ～Ⓓはそれぞれ8m以上離れている。以下ア及びイにおいて同じ。)

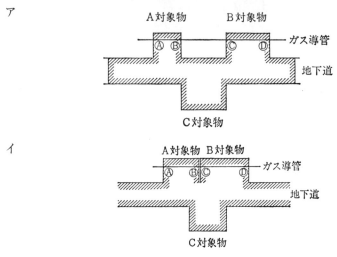

(A対象物とB対象物にそれぞれ外壁があり密着している場合)

(2) 令別表第1(5)イ項に掲げる防火対象物で次の図の場合

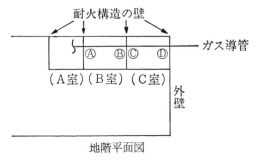

答(1) ア及びイの場合、Ⓐ～Ⓓの各部分に設置を要する。
(2) Ⓓの部分に設置を要する。

問15 規則第24条の2の2第1項第2号の消防長又は消防署長が指定するものは、令別表第1に掲げるすべての防火対象物と解して良いか。
答 令第21条の2第1項各号に掲げる防火対象物又はその部分に限る。

問16 地下街と一体をなすと指定(令第9条の2)された防火対象物の地階部分にガス漏れ火災警報設備がそ及適用される場合の猶予期限はいつか。又この場合地下街の受信機に接続することになるのか。
答 前段 昭和56年12月31日

第2章　2　ガス漏れ火災警報設備　　259

後段　お見込みのとおり。

問17　ガス事業法によりガス漏れ警報設備が設置された防火対象物が令第21条の2第1項各号のいずれかに該当するものである場合、ガス漏れ火災警報設備の設置を要するか。

答　中継器及び受信機にあつては検定に、都市ガス用検知器にあつては（財）日本ガス機器検査協会の、液化石油ガス用検知器にあつては高圧ガス保安協会の検査に合格したものであれば、当該ガス漏れ警報設備は、ガス漏れ火災警報設備と同一のものであるので、ガス漏れ火災警報設備を設置したものとみなしてさしつかえない。

問18　検知対象ガスを冷凍用の熱交換器に使用（燃焼はしない。）する場合、ガス漏れ火災警報設備の設置対象となるか。

答　設置対象とはならない。

問19　高圧ガス取締法第24条の2に規定する「液化石油ガス3,000kg以上」を消費するものには、ガス漏れ火災警報設備の設置を要するか。

答　当該液化石油ガス燃料用として消費する場合にあつては、お見込みのとおり。

問20　天井面より0.6m下つた位置の壁面にある吸気口（次の図参照）付近にも検知器の設置を要するか。

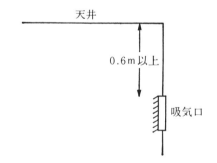

（注）検知対象ガスの空気に対する比重が1未満の場合

答　設問の場合、検知器の設置の必要はない。

問21　下図の場合における検知器の設置位置について御教示願いたい。なお、検知対象ガスは空気に対する比重が1未満のものである。
（1）

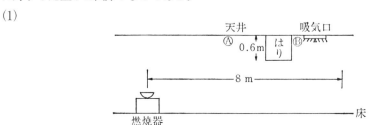

(2)

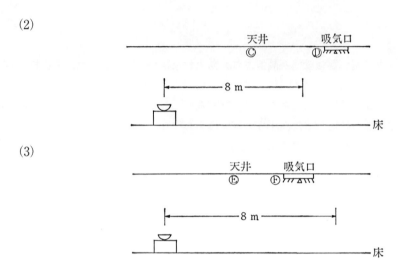

(3)

答(1)　Ⓐ部分のみに検知器を設置すれば足りる。
　(2)　Ⓒ及びⒹの部分に検知器を設置すること。
　(3)　Ⓕ部分に検知器を設置するのが適当である。

問22　空気に対する比重が1を超える検知対象ガスの場合、次の図の検知器設置位置について御教示願いたい。(Ⓐ、Ⓑのどちらの位置が適正か。)
　(1)

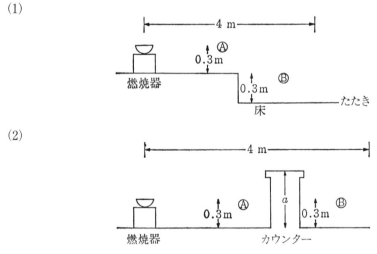

(2)

答(1)　Ⓐの位置のなるべく低い位置に検知器を設置するよう指導されたい。
　(2)　カウンターの下部 (床面から0.3m以下の部分) に通気口又はすき間がなく、かつ、aが0.3mを超える場合には、Ⓐの部分のなるべく低い位置に設置するように指導されたい。

問23　G型受信機の予備電源を外部に設ける場合、予備電源から受信機までの配線は耐熱電線とすることとされているが、当該受信機から中継器へ電力を供給する回路の配線も適用されるのか。
答　適用されない。

問24　ガス漏れ火災警報設備の警戒区域の面積は600㎡以下とされているが1辺の長さに制限を設け

ることは差し支えないか。また具体的な設定例について御教示願いたい。

答 警戒区域の設定については次によられたい。
(1) 警戒区域の1辺の長さは50m以下を目途とすること。
(2) 原則として、通路又は地下道に面する室、店舗等を一の警戒区域に含まれるよう設定すること。
(3) 燃焼機器等の設置されていない室、店舗等（通路又は地下道を含む。）の面積も警戒区域に含めること。具体的には次の図を参照されたい。

　図例　○燃焼器、●ガス漏れ表示灯

　　　　□警戒区域番号、------警戒区域境界線
　ア　床面積600㎡以下

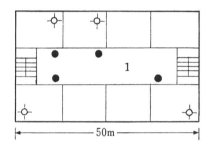

　イ　床面積600㎡以下

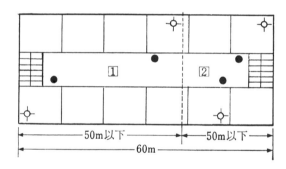

　ウ　床面積1,200㎡

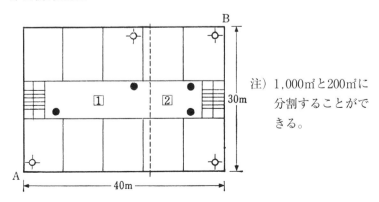

注）1,000㎡と200㎡に分割することができる。

エ　床面積900㎡

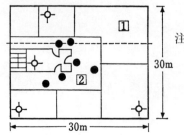

注）通路の中央からガス漏れ表示灯が容易に確認できない場合であり、600㎡と300㎡に分割することができる。

オ（ア）　床面積1,200㎡（区画されていない室）

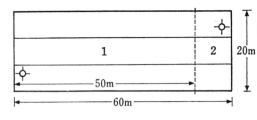

注）1辺の最大長を50mとし1,000㎡と200㎡に分割することができる。

オ（イ）　床面積1,600㎡（区画されていない室）

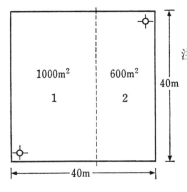

注）1,000㎡と600㎡に分割することができる。なお、警戒区域一覧図が容易に識別できるよう、境界線は直線状にもうけること。

カ

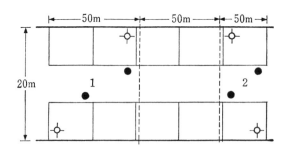

キ

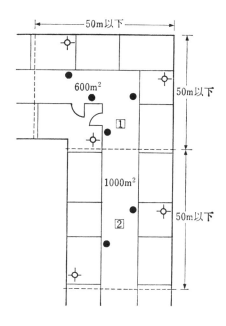

ク

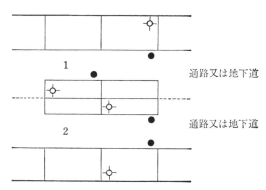

問25 次の図の場合における検知器の設置位置について御教示願いたい。（空気に対する比重が1未満のガスの場合）

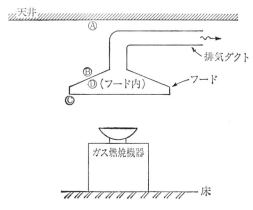

答 Ⓐの位置に設置すること。

問26 ガス漏れ火災警報設備の音声警報装置の技術上の基準について示されたい。
答 非常警報設備の基準（昭和48年消防庁告示第6号）に準ずるものであること。

問27 地下1階には検知器が設けられており、地下2階部分には検知器が設けられていない場合、地下2階部分にも音声警報装置のスピーカーの設置を要するか。
答 お見込みのとおり。

問28 ガス漏れ火災警報設備の非常電源の容量は規則第24条の2の3第1項第7号に規定されているが、容量を算定するに当つて「2回線を10分間有効に作動させ」とは、1回線当り1個のガス漏れ検知器が作動した場合の消費電力から計算することで良いのか。
答 1回線当りのガス漏れ検知器の設置個数が最大となる回線のすべての検知器が作動した場合の消費電力と、次に設置個数が多い他の1回線のガス漏れ検知器の全てが作動した場合の消費電力の合計値から算定すること。

問29 共同住宅の各住戸に設置されたガス漏れ警報設備の外部警報装置は「受信機に係る技術上の規格を定める省令」（昭和56年自治省令第19号）第2条第7号に掲げる受信機に該当するか。
　また、共同住宅の各住戸に設置されたガス漏れ警報設備の外部警報装置を図のように管理事務所内等において集合表示したものは如何か。

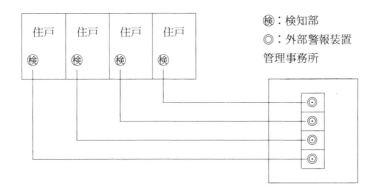

答 前段　該当しない。
　後段　各住戸の検知部と当該検知部に対応する外部警報装置との間の配線が他の配線と接続されず、かつ、外部警報装置相互間も接続されていない場合に限り該当しないものと解する。

（昭56・12・18消防予299）

3　漏電火災警報器

(1)　設置基準

　漏電火災警報器の設置を要する防火対象物は、令22条1項に規定されています（⇒序章　1(5)　消防用設備等設置基準早見表（14頁）参照）。

(2)　法令による緩和措置

　法令上、設置等に関する緩和措置は、規定されていません。

(3)　令32条特例

　漏電火災警報器は、昭和47年に「電気火災警報器」から改称され、その役割が明確にされています。設置の義務付けの対象となる防火対象物の構造については、漏電による火災発生危険性の高い構造として指定されたものです。この要件に該当しないものについては対象となりませんが、①電気配線が壁等を貫通していない、②開放性が高く壁等が極めて少ない、③壁等を貫通する配線工事が漏電等が起こりにくい工法となっている等の場合には、特例を適用し、設置の省略が認められています。

令32条特例関係　通知・行政実例
漏電火災警報器設置基準（令22条1項）
◆消防法施行令の一部を改正する政令等の公布について【電気火災警報器の設置及び維持の技術上の基準等に関する事項】（昭38・12・28自消乙予発19） ………………… 266
◆消防法施行令第22条第1項に係る同令第32条の基準の特例について（昭39・8・10自消丙予発82） ………………… 267
◆電気火災警報器の設置について（昭42・7・6自消丙予発49） ………………… 268
◆既存防火対象物に対する改正規定の適用について【電気火災警報器に関する事項】（昭44・7・24消防予200） ………………… 269
漏電火災警報器技術基準（令22条2項）
◆漏電火災警報器の設置基準の細目について（昭61・3・13消防予30） ………………… 270

漏電火災警報器設置基準（令22条1項）

設置が義務付けられる建築物は、次のものであり、その構造要件に該当するか否かが設置の省略を判断する場合の大きな要件となります。

※　次の構造を有するもの
① 　間柱若しくは下地を準不燃材料（建築基準法施行令1条5号に規定する準不燃材料をいいます。）以外の材料で造った鉄網入りの壁
② 　根太若しくは下地を準不燃材料以外の材料で造った鉄網入りの床
③ 　天井の縁若しくは下地を準不燃材料以外の材料で造った鉄網入りの天井

◆消防法施行令の一部を改正する政令等の公布について【電気火災警報器の設置及び維持の技術上の基準等に関する事項】
第2　電気火災警報器の設置及び維持の技術上の基準等に関する事項
　1　義務設置対象物の範囲
　　　漏電火災は漸増の傾向にあるにもかかわらず、電気火災警報器の義務設置対象物の範囲は必ずしも合理的でなかつたので、漏電火災の現状、電気火災警報器の性能及びその設置に要する経費、防火対象物の実態等を勘案して、次の点について所要の整備を図つたものであること（令第22条第1項）。
　　(1)　義務設置対象物の構造について、改正前においては、主要構造部である壁がメタルラス張り、ワイヤラス張り等のものに限定していたが、漏電火災の危険があるのは主要構造部の壁だけに限らないので、電気配線等の実情からみて、その蓋然性として同程度である主要構造部以外の壁、床及び天井がメタルラス張り、ワイヤラス張り等のものまで範囲を広げたこと。
　　　　従つて、その一部の壁、床又は天井がこれらの構造である防火対象物も設置対象物となるが、耐火建築物については、その延焼拡大危険が少ないこと等を考慮して除外されていること。また、義務設置対象物であつても、その具体的な構造、又は電気設備の状況等から判断して漏電火災危険が少なく令第32条を適用することが適当なものがあると考えられるので、これらについてはその運用基準を別途通達する予定であること。
　　(2)　義務設置対象物の用途及び面積については、漏電火災の実態から判断して、令別表第1(1)項から(17)項までの防火対象物は、いずれも漏電火災の危険性があるので一応そのすべてを義務設置対象物とすることとし（(13)項の防火対象物は、前記(1)の構造のものが少ないと考えられるので除外している。）、防火対象物の用途による電気消費量の程度、火災の場合における予想される損害の程度、他の消火設備等の規定、法第17条第2項の規定に基づく条例による規制等を考慮して全面的に整備したこと。
　2　既存防火対象物等に対する措置
　　　消防用設備等の設置及び維持の技術上の基準の改正又は防火対象物の用途変更によるその適用基準の変更については、法第17条の2又は第17条の3の規定により、政令で定めるものを除き、

経過的措置がなされることとなつているが、電気火災警報器は、その設置工事及びそれに要する経費等から判断して、消火器等と同様、この経過的措置の適用を除外することとしたものであること（令第34条）。

この改正の結果、本条の改正規定の施行期日である昭和42年1月1日以後の電気火災警報器の設置及び維持の技術上の基準に関する政省令又は条例の規定の改正がなされても、法第17条の2の規定の適用はなく、既存防火対象物についても改正後の新基準が適用されるものであること。従つて、その施行期日が昭和42年1月1日である前記1の令第22条第1項の改正についてもこの改正後の令第34条の規定が適用され、しかも、今回の令第22条第1項の改正は、前記のとおりその基準の全面的な改正であるので、昭和36年4月1日以前の防火対象物で法第17条の2の規定の適用を受けていたものを含めて、令第22条第1項に規定する建築物に該当するものについてはすべて昭和42年1月1日から改正後の新基準が適用されるものであること。

3　運用上の留意事項

前記2のとおり、令第22条の新基準は既存防火対象物にも適用されるので、昭和41年12月31日迄の猶予期間を置くこととされている（改正令附則1）。

従つて、現行第22条の適用は受けないが昭和42年1月1日から改正後の令第22条により電気火災警報器の設置が義務づけられることとなる防火対象物については計画的に行政指導を行なう必要があり、特にこれらのもので今後新築されるものについては新築時から電気火災警報器を設置するよう指導することが好ましいものであること。

(昭38・12・28自消乙予発19)

memo　法令改正により、消防用設備等の技術上の基準が全国統一的に規制されたことに伴う設置対象の明確化と既存防火対象物に対する対応が明確にされています。

◆消防法施行令第22条第1項に係る同令第32条の基準の特例について

消防法施行令（昭和36年政令第37号。以下「令」という。）の一部を改正する政令等の公布については、昭和38年12月28日づけ自消乙予発第19号で通達したところであり、この一部改正による改正後の令第22条に定める電気火災警報器の設置及び維持の技術上の基準に関する部分は、昭和42年1月1日から施行されることとなつているが、これにより電気火災警報器の設置が義務づけられることとなる防火対象物については、計画的に行政指導を行なう必要があり、特に今後新築されるものにあつては、新築時から電気火災警報器を設置させるよう指導することが好ましい。

これに関連し、このたび令第22条第1項に係る令第32条の基準の特例を下記のとおり定めたので、貴管下市町村に対してこの旨示達のうえ、よろしく指導され、運用に遺憾なきを期せられたい。

記

第1　次の1、2、3又は4のいずれかに該当する建築物には、電気火災警報器を設置しないことができること。

1　令第22条第1項に規定する壁、床又は天井（以下「令第22条の壁等」という。）に現に電気配線がなされておらず、かつ、当該建築物における業態からみて、令第22条の壁等に電気配線がなされる見込みがないと認められる建築物

2 令第22条の壁等が建築物の一部分にしか存しない建築物で、令第22条の壁等に漏電があつても地絡電流が流れるおそれがないと認められるもの

3 建築基準法(昭和25年法律第201号)第2条第9号の3ロに定める簡易耐火建築物で、令第22条の壁等になされている電気配線が、金属管工事、金属線ぴ工事、可撓電線管工事、金属ダクト工事、バスダクト工事、フロアダクト工事その他電気配線を被覆する金属体(以下「金属管等」という。)による工事のいずれかにより施行されており、当該金属管等が第3種接地工事又は特別第3種接地工事により接地され、かつ、当該金属管等の接地線と大地との電気抵抗が第3種接地工事の場合は100Ω以下、特別第3種接地工事の場合は10Ω以下の建築物

4 令別表第1(七)項及び(十四)項に掲げる建築物で、当該建築物における契約電流容量(同一建築物で契約種別の異なる電気が供給されているものにあつては、契約種別ごとの電流容量)が10A以下のもの

第2 同一敷地内に管理について権原を有する者が同一の者である令第22条第1項に該当する建築物が2以上近接している場合(令第8条の規定により別の防火対象物とみなされる各部分が2以上ある場合及び令第9条の規定により1の防火対象物とみなされる各部分が2以上ある場合を含む。)において、当該建築物が電気の引込線を共通にするときは、同項の規定にかかわらず、当該共通にする引込線ごとに1個の電気火災警報器を設置すれば足りること。

(昭39・8・10自消丙予発82)

memo 建物の構造及び用途・規模等から漏電火災警報器の設置義務が生じても、壁等に電気配線がなされる見込みがない、壁等に漏電があっても地絡電流が流れるおそれがない、壁等を貫通する電気配線が金属管等により設置されているなど、漏電による火災発生の少ない要件が提示されています。

◆電気火災警報器の設置について

問1 次のように既存の住宅に接続させて耐火構造の診療所を増築した場合、電気火災警報器の設置を要するか。

(注)ア 既存住宅部分は、診療所増築後も住居のみの用に供している。
　　イ 1階、2階とも住宅と診療所間の往来可能、防火区画なし。

2 次の建築物には、電気火災警報器の設置を要するか。

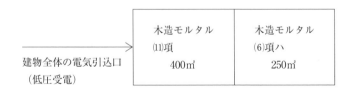

3 次の建築物には、建築物全体として電気火災警報器の設置が必要か。(6)項ロの部分が消防法施行令第22条第1項第3号に該当するから、その部分に必要となれば、変流器を(6)項ロへの電気供給幹線に設けてもよいか。

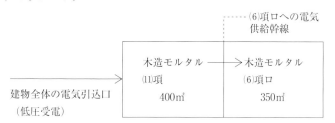

【答】1及び2 設問については、設置することを要しない。
3 後段お見込みのとおり。

(昭42・7・6自消丙予発49)

memo 複合用途防火対象物のうち、漏電火災警報器の設置の義務付けられる用途についての例が示されています。

◆既存防火対象物に対する改正規定の適用について【電気火災警報器に関する事項】
　去る3月の消防法施行令及び同規則の一部改正は、火災による被害を最小限度にとどめる等のため消防用設備等の設置及び維持に関する基準の整備を主に図つたものである。
　これらの基準の改正は、昭和44年3月31日に現に存する防火対象物又は現に工事中の防火対象物についても適用される部分がある。すなわち、自動火災報知設備に係る部分は、消防法施行令別表第1(17)項に掲げる防火対象物にあつては昭和44年10月1日（昭和41年政令第379号附則。所定の届出をすれば昭和45年10月1日（昭和44年政令第18号附則第2項））から、同表(5)項イ及び(6)項イに掲げる防火対象物にあつては昭和46年4月1日（同附則第1項ただし書、消防法施行令第34条）から適用され、電気火災警報器、非常警報設備、非常警報器具、誘導灯及び誘導標識に係る部分は同表に掲げる防火対象物のうち該当するものすべてに昭和44年4月1日（同附則第1項本文、消防法施行令第34条。そのうち電気火災警報器、非常警報設備及び誘導灯に係る部分は、所定の届出をすれば昭和45年10月1日（同附則第2項））から適用されることになる。
　このように、既存の防火対象物にさかのぼつて適用する（同令34、改正附則Ⅱ）場合の特殊な状況を勘案して、既存の防火対象物に対する改正規定の運用上の細目を下記のとおり定めたので、その運用について格段の御配慮を願いたい。

記

第2 電気火災警報器に関する事項
1 従来、電路の引込口に近接した屋内の電路に設けることとされていた変流器は、今回の改正により、建築物の屋外の電路に設置する（施行規則24の3Ⅲニ）こととされたことにより、変流器の設置変更を要することとなるが、当該建築物に電気を供給する電路の引込口の壁体等が消防法施行令第22条第1項に規定する構造以外の構造を有するものであれば、変流器の設置の変更を要さないものであること。
2 上記1以外の場合で、変流器の設置を建築物の屋内の電路から屋外の電路に変更するときは、屋外型の変流器を設置しなければならないが、当該変流器をボックスに収納する等防水上有効

な措置を講じたものについては、その取替えを要さないものであること。
3 現に設置されている電気火災警報器で「電気火災警報器の設置及び検査の基準について」（昭和41年自消丙予発第50号消防庁予防課長通達）に示す現場試験に合格するものにあつては、その設置変更がなされるまでの間に限つて1級の電気火災警報器を設置したものとして取り扱つてさしつかえないものであること。

(昭44・7・24消防予200)

漏電火災警報器技術基準（令22条2項）

　漏電火災警報器は、防火対象物内の漏電による火災を防止するものであり、漏電遮断器により電源が遮断される前に、警報を発することができます。漏電火災は、配線等が劣化し周囲に漏電電流が流れ、その電流により局部的に発熱等が発生し、可燃物を長期間にわたり炭化等させ、発火に至ることにより発生します。漏電火災警報器は、漏電電流を確実に検出できる位置に設ける必要があります。

◆漏電火災警報器の設置基準の細目について
　漏電火災警報器の設置等の基準の運用については、「電気火災警報器の設置及び検査の基準について」（昭和41年4月21日付け自消丙予発第50号。以下「電気火災警報器通知」という。）により行われているところであるが、かねてより高周波等の誘導による漏電火災警報器の作動の防止について検討していたところ、このたび比較的容易にこの障害を排除することのできる措置についての結論を得た。
　ついては、今後、新たに漏電火災警報器を設置する場合の指針として、高周波の誘導障害排除措置等、漏電火災警報器の設置準備の細目を下記のとおり作成したので、貴管下市町村に示達の上、よろしく御指導願いたい。
　なお、この通知により、電気火災警報器通知は、廃止する。
記
　漏電火災警報器は、消防法施行令（以下「令」という。）第22条及び消防法施行規則第24条の3によるほか、次により設置すること。
1　設置方法
　(1)　漏電火災警報器は、令第22条第1項に掲げる防火対象物の電路の引込線又は第2種接地線に設けること。
　　　ただし、同一敷地内に管理について権原を有する者が同一の者である令第22条第1項に該当する2以上の建築物の電気の引込線が共通であるときは、当該共通にする引込線に1個の漏電火災警報器を設置すれば足りること（参考1参照）。
　(2)　高周波による誘導障害を排除するため、次に掲げる措置を講じること。
　　ア　誘導防止用コンデンサを、受信機の変流器接続用端子及び操作電源端子に入れること。
　　イ　変流器の2次側配線は、次により設置すること。
　　　(ア)　配線にはシールドケーブルを使用するか、配線相互間を密着して設けること。
　　　(イ)　配線こう長をできる限り短かくすること。

　　　　(ウ)　大電流回路からはできるだけ離隔すること。
　　ウ　その他必要に応じ静電誘導防止、電磁誘導防止等の措置を講じること。
2　設置場所
　(1)　漏電火災警報器は、次のアからキまでに掲げる場所以外の場所に設けること。
　　　ただし、防爆、防腐、防温、防振又は静電しやへい等設置場所に応じた適当な防護措置を施したものにあつては、この限りでない。
　　ア　可燃性蒸気、可燃性ガス又は可燃性微粉が滞留するおそれのある場所
　　イ　火薬類を製造し、貯蔵し、又は取り扱う場所
　　ウ　腐食性の蒸気、ガス等が発生するおそれのある場所
　　エ　湿度の高い場所
　　オ　温度変化の激しい場所
　　カ　振動が激しく機械的損傷を受けるおそれのある場所
　　キ　大電流回路、高周波発生回路等により影響を受けるおそれのある場所
　(2)　漏電火災警報器の受信部
　　　漏電火災警報器の受信部は、屋内の点検が容易な位置に設置すること。
　　　ただし、当該設備に雨水等に対する適当な防護措置を施した場合は、屋外の点検が容易な位置に設置することができる。
　(3)　変流器
　　　変流器は、建築物に電力を供給する電路の引込部の外壁等に近接した電路又は第2種接地線で、点検が容易な位置に設置すること。
3　変流器の定格の選定
　(1)　警戒電路に設ける変流器の定格電流は、当該建築物の警戒電路における負荷電流（せん頭負荷電流を除く。）の総和としての最大負荷電流値以上とすること。
　(2)　第2種接地線に設ける変流器の定格電流は、当該警戒電路の定格電圧の数値の20％に相当する数値以上の電流値とすること。
4　漏電火災警報器の検出漏洩電流設定値
　　検出漏洩電流設定値は、建築物の警戒電路の負荷、電線こう長等を考慮して100mA〜400mA（第2種接地線に設けるものにあつては400mA〜800mA）を標準として誤報が生じない範囲内に設定すること。
5　漏電火災警報器の操作電源
　(1)　漏電火災警報器の操作電源は、電流制限器（電流制限器を設けていない場合にあつては主開閉器）の1次側から専用回路として分岐し、その専用回路には、開閉器（定格15Aのヒューズ付き開閉器又は定格20A以下の配線用遮断器）を設けること（参考2参照）。
　(2)　漏電火災警報器の専用回路に設ける開閉器には、漏電火災警報器用のものである旨を赤色で表示すること。
6　漏電火災警報器の配線に用いる電線は、次の表のA欄に掲げる電線の種類に応じ、それぞれB欄に掲げる規格に適合し、かつ、C欄に掲げる導体直径若しくは導体の断面積を有するもの又はB欄及びC欄に掲げる電線に掲げる電線に適合するものと同等以上の電線としての性能を有するものであること。

A　　　　欄	B　　　　　　欄	C　　　　欄
操作電源の配線に用いる電線	JIS C 3307（600Vビニル絶縁　電線（ＩＶ））	導体直径1.6mm以上
	JIS C 3342（600Vビニル絶縁　ビニルシースケーブル（ＶＶ））	導体直径1.6mm以上
	JCS 416（600V耐燃性ポリエチレン絶縁電線（ＥＭ－ＩＥ））	導体直径1.6mm以上
	JCS 417（600V耐燃性架橋ポリエチレン絶縁電線（ＥＭ－ＩＣ））	導体直径1.6mm以上
	JCS 418 A（600V耐燃性ポリエチレンシースケーブル）	導体直径1.6mm以上
変流器の2次側屋内配線に使用する電線	JIS C 3306（ビニルコード）	断面積0.75㎟以上
	JIS C 3307（600Vビニル絶縁電線（ＩＶ））	導体直径1.0mm以上
	JIS C 3342（600Vビニル絶縁ビニルシースケーブル（ＶＶ））	導体直径1.0mm以上
	JCS 416（600V耐燃性ポリエチレン絶縁電線（ＥＭ－ＩＥ））	導体直径1.0mm以上
	JCS 417（600V耐燃性架橋ポリエチレン絶縁電線（ＥＭ－ＩＣ））	導体直径1.0mm以上
	JCS 418 A（600V耐燃性ポリエチレンシースケーブル）	導体直径1.0mm以上
	JCS 396 A（警報用ポリエチレン絶縁ケーブル）＊	導体直径0.5mm以上
変流器の2次側屋側又は屋外配線に使用する電線	JIS C 3307（600Vビニル絶縁　電線（ＩＶ））	導体直径1.0mm以上
	JIS C 3340（屋外用ビニル絶縁電線（ＯＷ））	導体直径2.0mm以上
	JIS C 3342（600Vビニル絶縁ビニルシースケーブル（ＶＶ））	導体直径1.0mm以上
	JCS 416（600V耐燃性ポリエチレン絶縁電線（ＥＭ－ＩＥ））	導体直径1.0mm以上
	JCS 417（600V耐燃性架橋ポリエチレン絶縁電線（ＥＭ－ＩＣ））	導体直径1.0mm以上
	JCS 418 A（600V耐燃性ポリエチレンシースケーブル）	導体直径1.0mm以上
	JCS 396 A（警報用ポリエチレン絶縁ケーブル）＊	導体直径0.5mm以上
変流器の2次側架空	JIS C 3307（600Vビニル絶縁電線（ＩＶ））	導体直径2.0mm以上の硬

配線に使用する電線				銅線＊＊
			JIS C 3340（屋外用ビニル絶縁電線（OW））	導体直径2.0mm以上
			JIS C 3342（600Vビニル絶縁ビニルシースケーブル（VV））	導体直径1.0mm以上
			JCS 418 A（600V耐燃性ポリエチレンシースケーブル）	導体直径1.0mm以上
			JCS 396 A（警報用ポリエチレン絶縁ケーブル）＊	導体直径0.5mm以上
地中配線に使用する電線			JIS C 3342（600Vビニル絶縁 ビニルシースケーブル（VV））	導体直径1.0mm以上
			JCS 418 A（600V耐燃性ポリエチレンシースケーブル）	導体直径1.0mm以上
音響装置の配線に使用する電線	使用電圧が60Vを超えるもの	地中配線のもの	JIS C 3342（600Vビニル絶縁 ビニルシースケーブル（VV））	導体直径1.6mm以上
			JCS 418 A（600V耐燃性ポリエチレンシースケーブル）	導体直径1.6mm以上
		架空配線のもの	JIS C 3340（屋外用ビニル絶縁電線（OW））	導体直径2.0mm以上
		前記以外のもの	JIS C 3307（600Vビニル絶縁 電線（IV））	導体直径1.6mm以上
			JCS 416（600V耐燃性ポリエチレン絶縁電線（EM-IE））	導体直径1.6mm以上
			JCS 417（600V耐燃性架橋ポリエチレン絶縁電線（EM-IC））	導体直径1.6mm以上
			JCS 418 A（600V耐燃性ポリエチレンシースケーブル）	導体直径1.6mm以上
	使用電圧が60V以下のもの＊＊＊		JCS 396 A（警報用ポリエチレン絶縁ケーブル）	導体直径0.5mm以上

備考　＊は、屋内型変流器の場合に限る。
　　　＊＊は、径間が10m以下の場合は導体直径2.0mm以上の軟銅線とすることができる。
　　　＊＊＊は、使用電圧60V以下の配線に使用する電線については、本表のB欄に掲げるJCS 396 A以外の規格に適合する電線で、それぞれC欄に掲げる導体直径又は導体の断面積を有するものも使用できるものとする。
（注）　JCS　日本電線工業会規格

〈参考〉
　　　漏電火災警報器の設置例図
1　同一敷地内に漏電火災警報器を設置しなければならない防火対象物が2以上存する場合の例図
　(1)　各防火対象物に設けられている電力量計に至るまでの引込線が防火対象物関係者の所有にかかる場合の例
　　　引込線の接続と引込口配線の関係

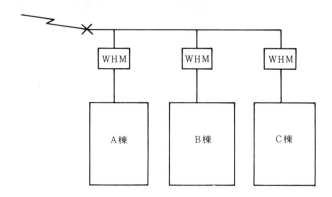

　　　変流器の設置箇所と電路との関係

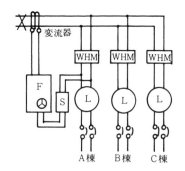

　　　×印は引込線の接続点
　　　×印以降は引込口配線（×印以降が需要の所有にかかるもの）
　(2)　各防火対象物に設けられている電力量計に至るまでの引込線が電気事業者の所有にかかる場合の例
　　　引込線の接続と引込口配線の関係

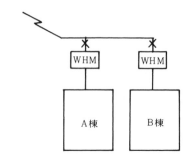

変流器の設置箇所と電路との関係

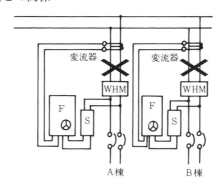

×印までが電気事業者の所有にかかるもの

2 操作電源用専用回路等の接続
(1) 電流制限器がある場合

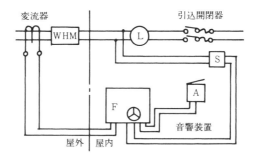

(2) 主開閉器がある場合

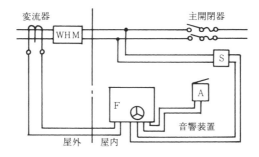

凡 例
　WHM……電力量計
　　S　……カットアウトスイッチ又はブレーカー
　　L　……電流制限器
　　F　……受信機

(昭61・3・13消防予30)

memo 漏電火災警報器は、令22条及び規則24条の3の規定によるほか、この設置基準の細目により設置することとされています。この設置基準の細目は、法令による基準を補完するものであり、この内容については、特例を適用する必要のないものです。

4　消防機関へ通報する火災報知設備

(1)　設置基準

　消防機関へ通報する火災報知設備の設置を要する防火対象物は、令23条1項に規定されています（⇒序章　1(5)　消防用設備等設置基準早見表（14頁）参照）。

(2)　法令による緩和措置（令23条3項）

　消防機関へ通報する火災報知設備は、原則として令23条1項各号に掲げる防火対象物に消防機関へ常時通報することができる電話を設置したときは、令23条1項の規定にかかわらず、同項の火災報知設備を設置しないことができるとされています。

　ただし、次に掲げる防火対象物にあっては、この設置免除の規定が適用されません。
① 　令23条1項1号に掲げる防火対象物で別表1(6)項イ(1)から(3)まで及びロに掲げるもの
② 　令23条1項2号に掲げる防火対象物で別表1(5)項イ並びに(6)項イ(4)及びハに掲げるもの
　※　消防機関から著しく離れた場所その他総務省令で定める場所にある防火対象物については、設置が免除されています（令23①ただし書）。
　　① 　消防機関から著しく離れた場所（概ね消防機関から10km以上離れた場所）
　　② 　その他総務省令で定める場所

令別表1(6)項イ(1)及び(2)、(16)項イ、(16の2)項並びに(16の3)項に掲げる防火対象物（同表(16)項イ、(16の2)項及び(16の3)項に掲げる防火対象物にあっては、同表(6)項イ(1)又は(2)に掲げる防火対象物の用途に供される部分が存するものに限ります。）	消防機関が存する建築物内
上欄に掲げる防火対象物以外の防火対象物	消防機関からの歩行距離が500m以下である場所

(3)　令32条特例

　消防機関へ通報する火災報知設備は、従来、①消防機関から著しく離れた場所や②消防機関からの歩行距離が500m以下にある場所にあっては、設置が義務付けられないとともに、消防機関へ通報することのできる電話があれば設置が免除されていました。

　その後、火災通報の遅れから火災による被害が拡大し多くの人命が失われるなどの教訓を踏まえ、人命危険性の高い施設、特に就寝施設（令別表第1(5)項及び(6)項関係の施設）を中心に火災通報装置（一の押しボタンにより通報できるもの、自動火災報知設備との連動するもの）の設置が必要とされています。一方、火災通報装置の設置が義務づけられる施設であっても、小規模なものであって、常時人による管理体制が確保されているなど個々の施設の状況に応じて、令32条の特性を適用することにより設置が免除されることがあります。

令32条特例関係　通知・行政実例

消防機関へ通報する火災報知設備設置基準（令23条1項）

- ◆遠隔移報システム等による火災通報の取扱いについて（昭62・8・10消防予134）……… 278
- ◆遠隔移報システム等による火災通報の運用等について（昭63・2・16消防予26）………… 280
- ◆消防機関へ通報する火災報知設備の取扱いについて（平8・2・16消防予22）…………… 283
- ◆火災通報装置の設置に係る指導・留意事項について（平8・8・19消防予164）………… 287
- ◆消防用設備等に係る執務資料の送付について【消防機関に通報する火災報知設備の設置の省略】（平30・3・15消防予83）……………………………………………… 289

消防機関へ通報する火災報知設備技術基準（令23条2項）

- ◆消防用設備等に係る執務資料の送付について【火災通報装置の設置方法について】（平9・2・26消防予36）………………………………………………………… 289
- ◆消防用設備等に係る執務資料の送付について【火災通報装置を自動火災報知設備と連動させる場合の取扱いについて】（平23・12・28消防庁予防課事務連絡）………… 290
- ◆消防法施行規則の一部を改正する省令及び火災通報装置の基準の一部を改正する件の運用上の留意事項について（平28・8・3消防予240）………………………………… 291

消防機関へ通報する火災報知設備設置基準（令23条1項）

　消防機関へ通報する火災報知設備には、消防法令に基づくもの及び任意設置のものがあります。特に、任意設置のものには、警備業者、第三セクター等の第三者機関を経由して通報されるものがあり、これらの取扱いが特例的に示されています。

◆遠隔移報システム等による火災通報の取扱いについて

　自動火災報知設備の発報の後、火災確認を行う前にできるだけ早期に通報することは、火災の早期覚知の観点から本来望ましいものであり、消防機関としても、将来の目標として、防火対象物に設置された自動火災報知設備と消防機関とを通信回線で直結し、火災が発生した場合に自動的に通報することにより、消防機関が迅速かつ機動的に対応することができる「火災情報等の自動通報システム」の構築を図ることを検討していく必要がある。

　また、先の松寿園火災等を契機として、社会福祉施設等災害弱者の入所する施設については、先行的に、自動通報システムを導入することが検討されているところである。

　一方、自動火災報知設備の火災情報を、まず、警備業者、第三セクター等の第三者機関に移報し、これらの機関の火災対応の一環として消防機関に通報する遠隔移報システムについては、これらの通報が火災確認を経ていない場合は、非火災報の発生確率からみて、消防法第24条に規定する「火災発見の通報」とはいいがたいものであり、非火災であつた場合の消防対応についても困難な問題が存することが従来から指摘されてきたところである。

　今般、これらの状況を踏まえ、かつ、技術的にも、適切な非火災報対策を施すことにより、非火災報の発生確率を相当程度縮減し得る見込みがたつてきていることを考慮し、自動火災報知設備から直接消防機関へ通報される「直接通報」、自動火災報知設備から外部の第三者機関を介して火災確認を経ることなく消防機関に通報される「即時通報」に対する消防機関の当面の対応方針を下記のとおり定めることとしたので、内容御了知のうえ、貴管下市町村にもこの旨示達され、今後の消防対応の指針とするようよろしく御指導願いたい。

記

第1　「即時通報」及び「直接通報」を認めるための条件

　　夜間、休日等において無人となる防火対象物が、(1)及び(2)に掲げる条件を満たす場合には即時通報を、(1)及び(3)に掲げる条件を満たす場合には直接通報を、それぞれ認めるものとすること。

(1)　共通の条件

　① 自動火災報知設備について、十分な非火災報対策が講じられていること。

　② 遅くとも消防隊到着後一定時間内に、警備業者、第三セクター等（以下「業者等」という。）で夜間、休日等の防火管理業務の委託を受けた者、又は防火対象物の関係者が現場に到着し、非火災である場合、真火災である場合、いずれにおいても適切な対応ができる体制がとられていること。

　③ 事前の破壊消防への同意、自動火災報知設備連動開錠、又は業者等若しくは防火対象物の関係者による消防機関よりも早い現場到着等、消防隊が到着後速やかに自動火災報知設備の受信機に到達し、対応できる手段が確保されていること。

④　自動火災報知設備の受信機からＮＴＴ回線へ移報する装置・機器が一定の性能を有し、適正な維持管理がなされているものであること。
(2)　即時通報に係る付加条件
　　以下に掲げる条件を満たす業者等に、火災確認、初期消火等の対応を委託し、これらの業者等から消防機関に通報がなされるものであること。
　①　防火管理及び火災対応に関する十分な知識及び経験を有する者であること。
　②　即時通報に適切に対応できる体制を有していること。
　③　自動火災報知設備から遠隔移報された火災情報を受信する機器等の維持管理が適正であること。
　　なお、①に掲げる条件については、昭和58年消防予第227号通知に示した教育担当者講習会の受講者を配置すること等により担保するよう指導されたいこと。
(3)　直接通報に係る付加条件
　　(1)②の対応が適切に行えるよう、当該防火対象物の関係者の所在地へも、同時に移報するものであること。
第2　条件適合性に係る審査
(1)　第1に掲げる条件に適合しているか否かの審査は、即時通報又は直接通報を行おうとする防火対象物ごとに、各消防機関において行うものとすること。
　　なお、第1(2)に掲げる業者等側の条件については、各消防機関において登録制度を設け、あらかじめ業者等ごとに審査を行い、条件に適合した業者等を登録しておくことができるものであること。
　　この場合において、当該登録を受けた業者等については、個別の防火対象物ごとの審査のうち、第1(2)に掲げる業者等側の条件についての審査を省略する等の便宜を与えることとされたいこと。
(2)　条件適合性に係る審査及び登録は、3年ごとに行うものとすること。
　　ただし、3年の期限内であつても、条件に適合しないものであることが明らかとなつた場合においては、即時通報又は直接通報を認める旨及び業者等の登録を取り消すこととして差し支えないものであること。
第3　運用方法
(1)　消防機関は、第1に掲げる条件についての適合性が証明されている防火対象物については即時通報及び直接通報を認めるが、この場合の出動等の対応については、当分の間、非火災であるかもしれないことを考慮した体制によつて差し支えないものであること。
(2)　消防機関は、即時通報及び直接通報がなされた防火対象物については、真火災・非火災の別、非火災の原因、業者等の対応状況等について調査を行い、その結果を非火災報対策の一層の充実、業者等への指導等に役立てることとすること。
(3)　消防機関は、追つて通知する調査・報告要領に基づき、第2(1)の登録に係る事項及び(2)の調査結果等を、定期的に、消防庁に報告するものとすること。
第4　地域性の考慮
　　即時通報及び直接通報に係る消防機関の対応は、非火災報の発生確率、当該消防機関の管内の防火対象物数等により、異なつて当然であるため、各消防機関の実情により、以下に掲げる方法

等により、適宜運用して差し支えないものであること。
(1)　即時通報及び直接通報を認める防火対象物を消防法第8条に規定する防火管理義務対象物に限り、又は、火災情報を移報する自動火災報知設備を消防法第17条により義務設置されたものに限る等、対象範囲の限定を行う。
(2)　適合すべき条件として、地域性を勘案した独自の条件を付加する。
(3)　即時通報又は直接通報を認める防火対象物の用途を当面限定し、又は即時通報に限つて認める等、段階的な実施を図る。

第5　その他
　今回の基準の設定にあたつては、無人化が進み、当面、即時通報及び直接通報に関する対応の明確化の必要性の高いものについて検討したものであるため、基本的に夜間、休日等においても有人であり、火災確認が容易である一般住宅等については、高齢者、身障者等に対する福祉対策の観点からの考慮を含めて、今後検討することとするので、その結果が得られるまでの間は、各消防機関の実態に応じて、適宜、適切な対応を図られたいこと。

(昭62・8・10消防予134)

memo　遠隔移報システムは、法令によらない任意設置のものとされていますが、遠隔監視している情報を現地確認をしないで通報すると、混乱等が生じることから、一定のルールを策定したものです。

◆遠隔移報システム等による火災通報の運用等について

　「遠隔移報システム等による火災通報の取扱いについて」(昭和62年8月10日消防予第134号。以下「134号通知」という。)について、下記のとおり運用上の留意事項を定めるとともに、別添1のとおり質疑回答を取りまとめ、別添2のとおり第3(3)の調査・報告要領を定めたので通知する。
　なお、貴管下市町村に対しても示達のうえ、その運用に遺憾なきようよろしく御指導願いたい。

記

1　高度情報化の進展に対応し、将来、住宅を含む全ての防火対象物と消防機関との間に、自動火災報知設備による火災情報を消防機関と直接通信回線で結ぶ自動通報システムの構築を図つていく必要があると考えられるが、現在のところ、同システムはようやくその緒についた段階にあり、現時点においては非火災報対策等の技術水準の面で未だ十分とは言い難く、当面同システムに対しては各消防機関の実情に応じて、段階的、限定的に対応せざるを得ない状況にある。
　　したがつて、同システムは、通報装置を設置する防火対象物や警備業者等の第三者機関に対して一定の条件を設定することはもとより、さらに、地域の実情に応じて独自の条件を付加すること等によつて運用していくべきものであること。
2　即時通報はこのような自動通報システムを認めていく一環としてとらえるべき性格のものであり、上記の趣旨からいつても、消防機関が要綱等により設定した条件を拒否し、又はその条件を満たさない警備業者等の第三者機関に対しては即時通報を認めないこととする必要があること。
3　防火防災に関する業務が警備業法の対象外の業務であつて同法の規制を受けるべきものではないことは、警備業法改正の際の国会審議の場で警察庁から明確に答弁されていることから明らかであり、また、消防法第8条の趣旨からも明確である。

したがつて、防火防災に関する業務の一環である即時通報に係る要綱の制定やこれに基づく承認等の手続きは、警備業法とは無関係であり、これらに関して、同法に基づく事務を所管する都道府県警察当局との協議は必要でないこと。

当庁としても134号通知に関して警察庁との協議は行つておらず、また、即時通報に関してはその性格上今後とも警察庁との協議は考えていないので念のため申し添える。

4　134号通知の運用は各消防機関の制定した要綱によることとし、未だ要綱を制定していない消防機関にあつてはこれを制定するよう努められたいこと。

また、当該要綱に基づく運用にあたつては、警備業者等の第三者機関に対し適切な指導を行う必要があるが、即時通報にあつては消防機関が第三者機関の協力を得て実施を急ぐべき性格のものではないことにかんがみ、申請がない場合等にあつては、各消防機関の実情に応じ、直接通報の普及が図られるよう指導する等、自動通報システムの円滑な推進に努められたいこと。

（別添1）　134号通知に係る質疑回答

【遠隔移報システム等全般について】

問1　遠隔移報システム等による火災通報は、消防法第24条の「火災発見の通報」に該当するか。また、同通報は消防法第8条の防火管理業務に含まれるか。

答1　現時点においては遠隔移報システム等による火災通報は、消防法第24条の「火災発見の通報」に該当しない。

現在の自動火災報知設備の非火災報発生率を前提とする限り、遠隔移報システム等による火災通報は「火災可能性を示す情報の通報」であるにすぎないが、これは防火管理に関する業務であるので消防法第8条の「防火管理上必要な業務」に含まれる。

問2　遠隔移報システム等による警備委託等を行つた場合、当該防火対象物の管理権原者や防火管理者は、当該委託の範囲内で消防法第8条に規定する防火管理責任が免責されるのか。

答2　されない。

消防法に規定する防火管理業務は、あくまで当該防火対象物の管理権原者や防火管理者の責任によつて遂行されることが必要である。

遠隔移報システム等は、防火管理業務のうち消防機関への通報に係る部分について、その負担を事実上軽減するにすぎない。

問3　直接通報に用いられる、自動火災報知設備の受信機からＮＴＴ回線を介して消防機関へ移報する装置は、消防法施行令第23条の「消防機関へ通報する火災報知設備」に該当するか。

答3　該当しない。

【適用対象物の範囲等について】

問4　即時通報及び直接通報は、有人の防火対象物でも行うことができるか。できるとした場合、その承認の条件は134号通知によることになるのか。

答4　即時通報及び直接通報は、将来的に住宅を含む全ての防火対象物を対象とする自動通報システムの一環としてとらえるべき性格のものであるから、防火対象物が有人であるか無人であるかは即時通報及び直接通報を認めるか否かを決定する要因ではなく、現に、社会福祉施設、病院等自力避難困難な者が多数入所、入院している施設や旅館・ホテル等、一部の有人の防火対象物については一定の条件のもとに直接通報が認められているところである。

しかし、消防隊の自動火災報知設備の受信機への到達及びその後の対応の困難性を考えた場合、有人の防火対象物と無人の防火対象物には格段の差があり、即時通報及び直接通報を認める際の条件設定においても、両者を同一に考えることは適当でないため、134号通知においては、上記の困難性が高いと考えられる夜間、休日等において無人となる防火対象物について、限定的に特別の条件設定を行つたものでる。

したがつて、有人の防火対象物について即時通報及び直接通報を承認する場合の条件は、134号通知の条件とは別個のものである。

【134号通知「第1(1)共通の条件」について】

問5　「十分な非火災報対策」の基準は何か。

答5　「自動火災報知設備の非火災報対策の推進上の留意事項について」（昭和61年11月6日消防予第148号）によることとされたい。

なお、十分性の判断については出動体制との関連もあるため、各消防機関において適宜対処されたい。

問6　業者等で夜間、休日等の防火管理業務の委託を受けた者、又は防火対象物の関係者が「遅くとも消防隊到着後一定時間内」に現場に到着することを要求した趣旨はなにか。

また、「一定時間内」の判断基準及び警備業法上の時間設定との関係いかん。

答6　消防隊が容易に自動火災報知設備に到達できることを条件として、「遅くとも消防隊到着後一定時間内」に現場に到着することを要求したのは、真火災時の適切な情報提供、非火災時の消防隊の速やかな現場引揚げ援助等、消防隊到着後の事後的な対応の適正を確保することを目的としたものである。

従つて、警備業法上の機械警備業者については、各都道府県公安委員会が「通報後25分以内」という時間設定を行つているところであるが、134号通知における「一定時間内」の判断にあたつては、上記目的を十分に達成し得るかを考慮して独自に判断されたい。

問7　自動火災報知設備の受信機からＮＴＴ回線へ移報する装置・機器に要求される「一定の性能」とはなにか。また、「維持管理が適正」であることを担保するための基準はなにか。

答7　直接通報にあつては、「消防機関へ通報する非常通報装置の取扱いについて」（昭和62年7月14日消防予第118号通知）の基準によるとともに、防火対象物の関係者の所在地へも、同時に移報するために必要な措置を講じることとされたい。

なお、即時通報にあつては、当面業者等が現在使用している装置・機器で差し支えない。

【同「第1(2)即時通報に係る付加条件」について】

問8　「即時通報に適切に対応できる体制を有している」かどうかはどうやつて判断するのか。

答8　防火対象物との関係においては、直近の待機所の体制（現場派遣員の数及び能力、保有車両数、防火対象物との距離、自動火災報知設備までの到達方法等）を中心に、業者全体としては、1つの待機所の担当防火対象物数、担当エリア等を考慮して判断されたい。

【同「第1(3)直接通報に係る付加条件」について】

問9　「同時に移報」とは、完全に時間的に同時を意味するのか。

答9　本通知において、直接通報に係る付加条件として「防火対象物の関係者の所在地へも、同時に移報する」ことを要求したのは、134号通知第1(1)②、③の条件を実質的に担保することを目的としたものである。

従つて、134号通知第1(1)②、③の条件が実質的に担保されれば、完全に時間的に同時でなくとも差し支えない。

【同「第2　条件適合性に係る審査」について】

問10　条件適合性に係る各消防機関の審査を県単位の団体等に一括委託することは許されるか。

答10　許されない。

　　134号通知は、条件適合性に係る審査は当該防火対象物を管轄するそれぞれの消防機関が行うこととしたものである。

問11　本通知で設けることができることとされた登録制度の趣旨はなにか。また、警備業法上の認定制度と相反しないか。

答11　条件適合性に係る審査は、各防火対象物ごとに管轄の消防機関が行うのが原則である。

　　しかし、一定のエリア内に複数の防火対象物があり、そのいずれもが同一の業者等に委託を行つている場合においては、即時通報を認めるための条件適合性に係る審査のうち、業者等の側の一定の条件については、1回の審査で済ますことが可能であり、またこのような運用を行うことが業者等にとつても便利である。

　　そこで、本通知においては、業者等の便宜を図るため、各消防機関ごとの任意の登録制度を認めることとしたものである。

　　したがつて、即時通報を行おうとする防火対象物の件数が少ない場合等においては、登録制度をとる必要はない。

　　このように、本通知の登録制度が、業者等に係る付加条件について行われる審査の代替措置である以上、この制度は、警備業法上の認定制度とは相反しないものである。

問12　条件適合性に係る審査にあたつて、必要な事務経費等を徴収することができるか。

答12　遠隔移報システム等は119番通報に係る事項であつて、公益的観点が認められるので、その審査に必要な事務経費は一般行政経費から支出されることが望ましい。

問13　即時通報又は直接通報の承認の取消し及び業者等の登録の取消しの事由としてはどのようなものが考えられるか。

答13　前者の事由としては、事情変更による承認条件不適合、防火対象物の使用中止、重大な過失による火災発生、業者等の登録抹消等が、後者の事由としては、事情変更による承認条件不適合、遠隔移報時等の対応の著しい不備等が考えられる。

　　（別添2）　遠隔移報システム等による火災通報に係る調査・報告要領　〔省略〕

（昭63・2・16消防予26）

◆消防機関へ通報する火災報知設備の取扱いについて

　消防法施行令の一部を改正する政令（平成8年政令第20号）及び消防法施行規則の一部を改正する省令（平成8年自治省令第2号）が平成8年2月16日に公布され、消防機関へ通報する火災報知設備の設置及び維持の技術上の基準が改正されるとともに消防法施行規則（昭和36年自治省令第6号。以下「規則」という。）第25条第3項第1号の規定に基づき、「火災通報装置の基準」（平成8年消防庁告示第1号。以下「告示」という。）が制定された。

　消防機関に通報する火災報知設備に、新たに火災通報装置（火災が発生した場合において、手動起動装置を操作することにより電話回線を使用して消防機関を呼び出し、蓄積音声情報を通報する

とともに、通話を行うことができる装置をいう。以下同じ。）を加えるとともに、消防法施行令（昭和36年政令第37号。以下「令」という。）別表第1(5)項イ並びに(6)項イ及びロに掲げる防火対象物における消防機関へ通報する火災報知設備の設置について、電話による代替を認めないこととしたものである。

　なお、火災通報装置は、従来から「消防機関へ通報する非常通報装置の取扱いについて」（昭和62年7月14日付け消防予第118号。以下「118号通知」という。）により旅館・ホテル、社会福祉施設等に設置することを指導してきた「非常通報装置」と同様の機能等を有するものである。

　今後、消防機関へ通報する火災報知設備については、下記事項に留意の上、その運用に遺漏のないよう配慮されたい。

　ついては、貴管下市町村に対してもこの旨示達され、よろしく御指導願いたい。

記

1　設置上の留意事項について
　(1)　設置場所
　　　火災通報装置は、規則第25条第2項の規定により防災センター等（防災センター、中央管理室、守衛室その他これらに類する場所（常時人がいる場所に限る。）をいう。以下同じ。）に設けることとされているが、防災センター等常時人がいる場所が複数ある場合には、1つの場所に火災通報装置の本体を設け、それ以外の場所には遠隔起動装置を設けることが望ましいこと。
　(2)　接続する電話回線
　　　火災通報装置は、屋内の電話回線のうち、構内交換機等と電話局の間となる部分に接続することとされているが、この場合において構内交換機等の内線には接続しないこと。
　　　また、電話回線は、利用度の低い発信専用回線の1回線を使用することが望ましいこと。
　(3)　試験のための措置
　　　火災通報装置の試験、点検を局線を捕捉しない状態で行うため、消防機関が有する火災報知専用電話（119番）の受信装置（以下「指令台等」という。）に代わる装置（以下「試験装置」という。）を接続することができるように、「端末設備等規則第3条第2項の規定に基づく分界点における接続の方式」（昭和60年郵政省告示第399号）に規定される通信コネクタのジャックユニットを設けるとともに、当該試験装置を接続した場合において、火災通報装置の信号が外部に送出されないように切替スイッチを設ける等の措置を講じることが望ましいこと（別添図参照）。
　　　なお、火災通報装置の本体に試験装置を接続できる通信コネクタのジャックユニットを有している機種にあっては、これらの措置は不要であること。
　(4)　通報試験の際の消防機関への連絡
　　　火災通報装置の設置時及び点検時において、通報試験（火災通報装置を作動させ、指令台等に通報されることを確認する試験をいう。以下同じ。）を行う場合にあっては、あらかじめその旨を消防機関に連絡することが必要であること。
2　届出、検査等について
　(1)　設置届・検査
　　ア　消防機関へ通報する火災報知設備を設置したときには、消防法第17条の3の2の規定に基づき、その旨を消防長等に届け出て、検査を受けなければならないこと。

イ　検査においては、当該設備の構造、性能等が消防法令等に規定する基準に適合していることを確認することが必要であるが、特に、火災通報装置については、蓄積音声情報の確認を確実に行うこと。また、併せて通報試験を行うこと。
(2)　設置の工事
　ア　消防機関へ通報する火災報知設備を設置する場合、電源の部分を除く工事については、原則として、甲種第4類の消防設備士が工事を行わなければならないこと。
　イ　設置の工事を行う場合には、消防法第17条の14の規定に基づき、工事着手の届出を行わなければならないこと。
　　なお、火災通報装置を設置する場合にあっては、当該装置の型式等、設置する場所、通報内容等を明記した書類を添付すること。
(3)　点検
　　消防機関へ通報する火災報知設備については、消防法第17条の3の3の規定に基づき、点検を行わなければならないこと。
3　既存の防火対象物等に係る特例について
(1)　平成8年4月1日において現に存する防火対象物又は現に新築、増築、改築、移転、修繕若しくは模様替えの工事中の防火対象物については、平成10年3月31日までに、令第23条第1項に基づき、消防機関へ通報する火災報知設備を設置することが必要とされているが、このうち次に掲げるものに該当するものにあっては、令第32条を適用し、当該設備を設置しないことを認めて差し支えないものであること。
　ア　次のいずれかに該当する防火対象物又はこれらに類する利用形態若しくは規模の防火対象物であって、消防機関へ常時通報することができる電話が常時人がいる場所に設置されており、かつ、当該電話付近に通報内容（火災である旨並びに防火対象物の所在地、建物名及び電話番号の情報その他これに関連する内容とすること。以下同じ。）が明示されているもの
　　(ア)　令別表第1(5)項イのうち、宿泊室数が10以下であるもの
　　(イ)　令別表第1(6)項イのうち、病床が19以下であるもの
　　(ウ)　令別表第1(6)項ロのうち、通所施設であるもの
　イ　ア以外の防火対象物であって、次のすべての要件に該当するもの
　　(ア)　消防機関へ常時通報することができる電話が、防災センター等常時人がいる場所に設置されていること。
　　(イ)　電話の付近に通報内容が明示されていること。
　　(ウ)　定期的に通報訓練が行われていること。
　　(エ)　夜間においても火災初期対応を行うために所要の人数の勤務員が確保されていること。
　ウ　ア又はイ以外の防火対象物であって、既に、火災通報装置と同程度の機能を有すると認められる装置が設置されているもの
(2)　平成8年4月1日以降、令第23条第1項の規定に基づき、新たに消防機関へ通報する火災報知設備を設置することとなる防火対象物のうち、(1)ア又はイに掲げるものに該当するものにあっては、(1)と同様に取り扱って差し支えないものであること。
4　既存の非常通報装置等の取扱いについて
　消防機関へ通報する火災報知設備を設置することとなる防火対象物のうち、既に118号通知に

規定する非常通報装置又はこれと同程度の機能を有すると認められる装置（以下「非常通報装置等」という。）が設置されているものについて、3(1)ウに掲げる防火対象物として令第32条を適用するに当たっては、次のとおりとすること。
(1) 非常通報装置等の設置届出がなされている場合にあっては、平成10年3月31日までに、消防機関が当該設置届出の確認を行うことにより、改めて届出をさせることを要しないものであること。
(2) 非常通報装置等の設置届出がなされていない場合にあっては、平成10年3月31日までに、当該防火対象物の関係者に設置届出をさせ、当該非常通報装置等の通報機能について確認すること。
　なお、通報機能の確認は、118号通知別添2「非常通報装置の基準」に適合している旨の同通知別添3の表示が付されていること又は告示が定める非常通報装置等の機能と同程度の機能を有していることの確認及び通報試験により行うこと。

5　その他
(1)～(3)　〔削除〕
(4)　118号通知については、今回の改正に伴う見直しを行う予定であること。

別添
図　火災通報装置を設置する場合の例
　a　分界点を通信コネクタ以外の方式とする場合

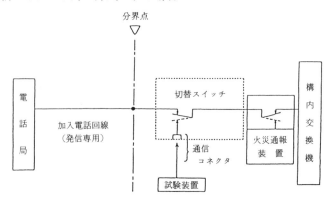

　b　分界点を通信コネクタとする場合

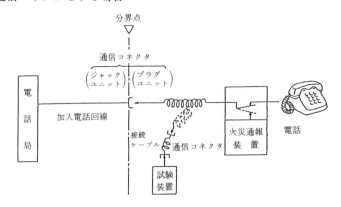

注1 　□　の部分にあっては、火災通報装置に内蔵されているものもある。
注2 　通信コネクタの内　↑はプラグユニットを凸は、ジャックユニットを示す。

(平8・2・16消防予22)

◆火災通報装置の設置に係る指導・留意事項について
　火災通報装置については、平成8年2月16日に改正された消防法施行令及び消防法施行規則において、消防機関に通報する火災報知設備として位置付けられたところであり、その運用については、「消防機関へ通報する火災報知設備の取扱いについて」（平成8年2月16日付け消防予第22号。以下「22号通知」という。）により、御指導願っているところである。
　今般、火災通報装置の設置に係る指導事項及び火災通報装置に係る運用上の留意事項について、下記のようにとりまとめたので、その運用に遺漏のないよう配慮されるとともに、貴管下市町村に対してもこの旨示達され、よろしく御指導願いたい。

記

第1　火災通報装置の設置に係る指導事項
　設置義務のない防火対象物に係る火災通報装置の設置については、次により指導すること。
 1　設置義務のない防火対象物に対する設置の指導
　　消防法施行令第23条第1項の規定により、消防機関に通報する火災報知設備の設置が義務づけられる防火対象物のうち、同条第3項の規定により消防機関に常時通報することができる電話を設置することにより、代替が認められている防火対象物であっても、当該防火対象物の状況に応じ、火災通報装置の設置の指導をされたいこと。
 2　任意に設置する火災通報装置に係る届出、検査等
　(1)　任意に火災通報装置を設置する防火対象物の関係者に対しては、あらかじめ消防機関へ届出を行うよう指導すること（別記様式参照）。
　(2)　任意に設置された火災通報装置（以下「任意設置火災通報装置」という。）は、旅館・ホテル等並びに社会福祉施設等の防災センター等（防災センター、中央管理人室、守衛室その他これらに類する場所で常時人のいる場所に限る。）に設置すること。
　　なお、常時人のいる場所が2箇所以上となる場合には、任意設置火災通報装置の遠隔起動装置をそれぞれの場所に設置することが望ましいこと。
 3　任意設置火災通報装置に係る点検
　　火災通報装置は、火災の際に実際に作動し、その機能を有効に果たすものでなければならないことから、平常時における維持管理や保守点検が極めて重要である。このため別添1に掲げる「任意設置火災通報装置の点検上の留意事項」により行うことが望ましいものであること。
第2　火災通報装置に係る運用上の留意事項
　任意設置火災通報装置を含む火災通報装置の運用については、次の事項に留意すること。
 1　自動火災報知設備との連動
　　火災通報装置の起動については、手動によることを原則とするが、自動火災報知設備の作動と連動させる方式を認めるかどうかについては、消防機関の判断によられたいこと。
　　なお、火災通報装置及び起動させる自動火災報知設備は、別添2に掲げる「火災通報装置を自動火災報知設備と連動させる場合の留意事項」によること。

2 試験装置の構造及び性能

　試験装置（22号通知1(3)にいう試験装置をいう。）の構造及び性能に係る基準は、別添3に掲げる「火災通報装置用試験装置の基準」によるものとすること。

第3　その他　〔省略〕

別記様式　〔省略〕

別添1　〔省略〕

別添2

　　　火災通報装置を自動火災報知設備と連動させる場合の留意事項

第1　自動火災報知設備は、十分な非火災報対策が講じられていること。

第2　自動火災報知設備と連動することができる火災通報装置は、次に掲げる機能を有すること。

1　自動火災報知設備からの火災信号を受信した場合において自動的に作動し、消防機関への通報を自動的に開始すること。

2　自動火災報知設備と連動し火災情報を通報中において、手動起動装置が操作された場合にあっては、直ちに、又は、自動火災報知設備と連動して行われる一区切りの火災情報の通報が終了した後に、手動起動装置の操作による火災情報を通報できるものであること。

3　自動火災報知設備の作動と連動して自動的に作動した場合にあっては、基本周波数の異なる2つの周期的複合波をつなぎ合わせた（ピン、ポーン）を2回反復したものとすること。

　　この場合における基本周波数は、概ね次のとおりとすること。

　　　　　　　　第1音　　f1＝1,056Hz
　　　　　　　　第2音　　f2＝　880Hz
　　　　　　　　　　ただし、f1とf2の音程の比（f1／f2）は、6／5とすること。

第3　自動火災報知設備と連動させる場合にあっては、連動停止スイッチを介して、次により接続させること。

1　自動火災報知設備の受信機の連動停止スイッチを使用する場合にあっては、次によること。
　(1)　連動停止スイッチは、専用のものとすること。
　(2)　連動を停止した場合は、連動が停止中である旨の表示灯が点灯又は点滅すること。

2　連動停止スイッチを新たに設ける場合にあっては、次によること。
　(1)　連動停止スイッチは、専用のものとすること。
　(2)　連動を停止した場合は、連動が停止中である旨の表示灯が点灯又は点滅すること。
　(3)　連動停止スイッチを受信機直近に別箱で設置する場合の電源は、受信機から供給されていること。
　(4)　連動停止スイッチを設ける場合の配線例については、22号通知別添を参照すること。
　(5)　既設の受信機の内部に連動停止スイッチを組み込む場合は、当該自動火災報知設備に精通した甲種の消防設備士が行うこと。

別添3　〔省略〕

（平8・8・19消防予164）

◆消防用設備等に係る執務資料の送付について【消防機関に通報する火災報知設備の設置の省略】

問2　令第23条第1項第2号の規定により消防機関へ通報する火災報知設備の設置が必要となる令別表第1(5)項イに掲げる防火対象物において、人を宿泊させる間、宿泊者を除く関係者が不在となる宿泊施設が存する場合、次に掲げる要件を満たすものについては、令第32条の規定を適用し、当該設備の設置を免除してもよいか。

1　自動火災報知設備の火災信号と連動すること等により、火災が発生した旨を迅速に関係者（警備会社等を含む。）へ伝達することができる設備を設置すること。

2　1の連絡を受けた関係者が直ちに消防機関に通報するとともに、現場に駆けつけ、非火災報又は誤作動であることが判明した場合は直ちに消防機関に連絡することが可能な体制を有すること。

3　消防隊が関係者より先に現場到着した場合に、消防隊が受信機に容易に到達できる措置を講じること。（受信機設置室の施錠扉に破壊用小窓を設ける等）

4　1において自動火災報知設備等と連動するものにあっては、次のいずれかによる非火災報防止対策を講じること。
　(1)　蓄積式の感知器、中断器又は受信機の設置
　(2)　二信号式の受信機の設置
　(3)　蓄積付加装置の設置
　(4)　設置場所の環境状態に適応する感知器の設置

答　差し支えない。
なお、非火災報が発生した場合は、その原因を調査し、感知器の交換等必要な非火災報再発防止策を講じるよう関係者に指導することが望ましい。

（平30・3・15消防予83）

memo　夜間管理者等が不在となる旅館・ホテル等において、機械警備等による監視等がされており一定の対応がとれる体制が確保される場合には、火災通報装置の設置を省略することができるとしたものです。

消防機関へ通報する火災報知設備技術基準（令23条2項）

消防機関へ通報する火災報知設備には、①火災通報装置及び②消防機関へ通報する火災報知設備（火災通報装置以外のもの）がありますが、火災通報装置が主流となっています。

なお、②消防機関へ通報する火災報知設備（火災通報装置以外のもの）には、M型発信器・M型受信機の組み合わせのものがありますが、現在は製造・設置されていません。

◆消防用設備等に係る執務資料の送付について【火災通報装置の設置方法について】

問5　同一敷地内に存する複数の防火対象物（いずれも消防機関へ通報する火災報知設備の設置義務あり。）について、主たる棟に火災通報装置本体を設置し、かつ、主たる棟以外の棟（以下「別棟」という。）に当該火災通報装置の遠隔起動装置を設置する場合には、別棟について令第32条の規定を適用し、消防機関へ通報する火災報知設備が設置されているものと同等として取り扱

ってよいか。

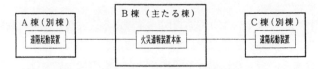

答　次に掲げる要件に適合する場合に限り、お見込みのとおり。
① 火災通報装置本体及び別棟に設置される遠隔起動装置（以下「代替遠隔起動装置」という。）の1は、防災センター等（常時人がいる場所に限る。）に設置されていること。ただし、無人となることがある別棟に設置される代替遠隔起動装置については、多数の者の目にふれやすく、かつ、火災に際しすみやかに操作することができる箇所及び防災センター等（有人のときには人がいる場所に限る。）に設置することをもって代えることとすることができる。
② 主たる棟と別棟の防災センター等相互間で同時に通話することのできる設備が設けられていること。
③ 火災時において、通報連絡、初期消火、避難誘導等所要の措置を講じることのできる体制が整備されていること。

(平9・2・26消防予36)

memo　同一敷地内に、消防機関へ通報する火災報知設備の設置義務のある防火対象物が複数棟ある場合の設置方法についての例であり、常時人のいる防災センター等において、一元的に監視できる装置の設置及び体制が整っていることを条件としたものです。

◆消防用設備等に係る執務資料の送付について【火災通報装置を自動火災報知設備と連動させる場合の取扱いについて】
標記の件について、別添のとおり質疑応答をとりまとめたので、執務上の参考としてください。
なお、各都道府県消防防災主管課におかれましては、貴都道府県内の市町村（消防の事務を処理する一部事務組合等を含む。）に対し、この旨周知されるようお願いします。
別添
問4　火災通報装置を自動火災報知設備と連動させる場合の取扱いについては、「火災通報装置の設置に係る指導・留意事項について」（平成8年8月19日消防予第164号）により運用しているところであるが、「特定小規模施設における必要とされる防火安全性能を有する消防の用に供する設備等に関する省令」（平成20年12月26日総務省令第156号）第2条第2号に規定する特定小規模施設用自動火災報知設備で、「特定小規模施設用自動火災報知設備の設置及び維持に関する技術上の基準」（平成20年12月26日消防庁告示第25号）第2第5号ただし書の規定により受信機を設けない場合、同通知別添2第3. 2.（3）「連動停止スイッチを受信機直近に別箱で設置する場合の電源は、受信機から供給されていること。」の規定については、「受信機」を「火災通報装置」と読み替えることとしてよいか。
答　お見込みのとおり。

(平23・12・28消防庁予防課事務連絡)

◆消防法施行規則の一部を改正する省令及び火災通報装置の基準の一部を改正する件の運用上の留意事項について

　消防法施行規則の一部を改正する省令（平成28年総務省令第10号。以下「改正省令」という。）及び火災通報装置の基準の一部を改正する件（平成28年消防庁告示第6号。以下「改正告示」という。）の公布については、「消防法施行規則の一部を改正する省令及び火災通報装置の基準の一部を改正する件の公布について」（平成28年2月24日付け消防予第49号）により通知したところですが、改正省令による改正後の消防法施行規則（昭和36年自治省令第6号。以下「規則」という。）及び改正告示による改正後の火災通報装置の基準（平成8年消防庁告示第1号。以下「基準告示」という。）の運用に当たっては、下記事項に御留意いただきますようお願いします。

　各都道府県消防防災主管部長におかれましては、貴都道府県内の市町村（消防の事務を処理する一部事務組合等を含む。）に対し、この旨周知いただきますようお願いします。

　なお、本通知は、消防組織法（昭和22年法律第226号）第37条の規定に基づく助言として発出するものであること、また、下記4の取扱いについては厚生労働省医政局地域医療計画課及び日本医師会と協議済みであることを申し添えます。

記

1　改正の趣旨等

　　火災通報装置については、平成8年に基準告示等の技術基準が策定されたが、当時は、アナログ電話回線に接続して使用することが前提とされていた。

　　その後の情報通信技術の進展に伴い、近年、IP電話回線の普及が進んできており、それに伴い、火災通報装置を誤ってIP電話回線に接続してしまう事例が散見されたところである。

　　IP電話回線は、アナログ電話回線と異なり、「電話回線を保持できないため消防機関からの呼返し信号が受信できないものがある」、「信号変換等を行う装置を必要とするが、停電時にその機能は維持されない」等の特徴を有しているため、改正省令及び改正告示による改正前の規則及び基準告示に適合する火災通報装置をIP電話回線に接続すると、消防機関への通報が適切に行えないおそれがあり、実際にそうした事案も発生していた。

　　そのような状況を踏まえ、消防庁では、IP電話回線に火災通報装置を接続することを前提に、呼返し信号の適切な受信、停電時の機能維持を担保するための方策等を検討していたが、これらの技術的課題の解決方策が確立されたため、今般の改正に至ったものである。

2　消防機関へ通報する火災報知設備の設置基準関係

（1）　規則第25条第3項第2号に規定する「火災通報装置の機能に支障を生ずるおそれのない電話回線」には、アナログ電話回線のほか、「050」から始まる番号を有するIP電話回線のうち消防機関において通報者の位置情報を取得できないもの以外のIP電話回線が該当するものであること。

（2）　規則第25条第3項第3号は、火災通報装置の接続箇所について規定したものであり、電話回線を適切に使用することができる部分とは、電話回線のうち、火災通報装置が送出する信号を適切に消防機関に伝送できる部分を指すものであること。具体的には、アナログ電話回線を使用する場合は、従前のとおり屋内の電話回線のうち電話機等と電話局の間となる部分を指し、また、IP電話回線を使用する場合にあっては、デジタル信号を伝送する電話回線の部分とアナログ信号を伝送する電話回線の部分からなる屋内のIP電話回線のうち、回線終端装置等（基準

告示第3第16号に規定する回線終端装置等をいう。以下同じ。）からアナログ信号を伝送する電話回線の部分を指すものであること。（別添1参照）
(3)　規則第25条第3項第3号に規定する「他の機器等が行う通信の影響により当該火災通報装置の機能に支障を生ずるおそれのない部分」とは、電話回線のうち、当該火災通報装置が送出する信号が電話機、ファクシミリ等の通信機器を経由して消防機関に伝送されることとなる部分に火災通報装置を接続すると、当該通信機器が行う通信の影響により当該火災通報装置の機能に支障を生ずるおそれがあることから、当該部分以外の部分を指すこと。（別添1参照）
　　なお、回線終端装置等に複数のアナログ端末機器接続用の端子があり（無線を用いること等により端子は設けられていないが、複数の端子が設けられているのと同等の機能を有する場合を含む。）、火災通報装置が接続されている端子以外の端子に通信機器等を接続する場合があるが、当該通信機器等による通信は、火災通報装置による通報・通話に影響を及ぼすおそれはないものであること。
(4)　規則第25条第3項第4号イ（基準告示第3第17号において読み替えて準用する場合を含む。）に規定する「配線の接続部が、振動又は衝撃により容易に緩まないように措置されている場合」とは、別添2に掲げる措置が講じられている場合等が考えられること。
　　また、「配線の接続部」とは、常用電源が供給される配線（回線終端装置等にあっては、3で示す予備電源に係る配線を含む。）のコンセント部分を含む全ての脱着可能な接続部のことであること。
　　なお、基準告示第2第1号の2に規定する特定火災通報装置にコンセント抜け防止金具（別添2図4参照）が附属している場合は、当該金具を使用することができるものであること。
(5)　規則第25条第3項第4号ロ（基準告示第3第17号において読み替えて準用する場合を含む。）に規定する「表示」の方法については、ビニールテープに火災通報装置用のものである旨又は火災通報装置に係る回線終端装置等用のものである旨を記載し、接続部等に貼り付ける等の方法が考えられること。
　　なお、当該記載内容は、常時、明確に判読できる状態を維持することが重要であること。
3　火災通報装置の構造、性能等関係
(1)　基準告示第3第16号に規定する「予備電源」には、市販されている無停電電源装置（以下「UPS」という。）を使用することが考えられること。
(2)　共同住宅等においては配線方式等により、火災通報装置が設置された住戸等内の回線終端装置等以外に、共用部分にも回線終端装置等が設けられることがあり、その場合、共用部分の回線終端装置等にも予備電源の設置が必要となること。（別添3参照）
4　〔省略〕
5　その他
　　UPSが基準告示第3第17号において読み替えて準用する基準告示第3第12号(1)に規定する容量を有するものであることの確認方法については、別添4に示す方法が考えられるが、当該方法の具体的な運用については別途通知する予定であること。

別添1

　　　　　　　　　火災通報装置の接続箇所（規則第25条第3項第3号）について

アナログ電話回線の場合

　火災通報装置は、屋内の電話回線のうち電話機、ファクシミリ等の通信機器と電話局の間となる部分に、当該通信機器の通信の影響を受けないように接続する必要がある。

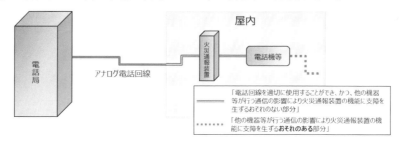

IP電話回線の場合

　火災通報装置は、屋内のIP電話回線のうち回線終端装置等から電話機、ファクシミリ等の通信機器までのアナログ信号を伝送する電話回線の部分に、当該通信機器の影響を受けないように接続する必要がある。

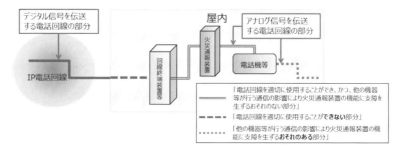

　なお、回線終端装置等に複数のアナログ端末機器接続用の端子があり、火災通報装置が接続されている端子以外の端子に通信機器等を接続することは差し支えない。

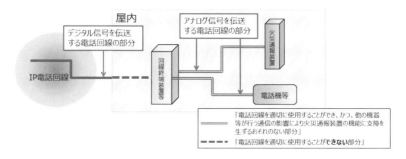

別添2

配線の接続部が、振動又は衝撃により容易に緩まないような措置の例

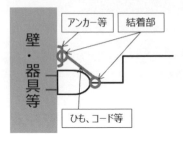

電源（分電盤との間に開閉器が設けられていない配線からとられている場合に限る。）の配線接続部の直近の壁等にアンカーを固着させるとともに、当該アンカーと配線の接続部をひも、コード等で結着する。

図1　基本的な概念図

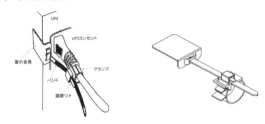

図2　市販の器具を活用した措置の例

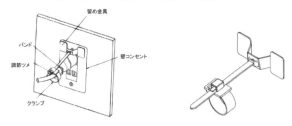

図3　市販の器具を活用した措置の例

図4　特定火災通報装置に附属するコンセント抜け防止金具の例

別添3
　　　　　　　火災通報装置をIP電話回線に接続する場合の回線終端装置等の例
1　光配線方式
　光ファイバーケーブルを建物内に引き込み、共用部分にある光端子盤からスプリッタ等を経由し、各住戸内にある回線終端装置及び通信用宅内設備に接続する方法であり、各住戸の回線終端装置及び通信用宅内設備に予備電源を設ける必要がある。

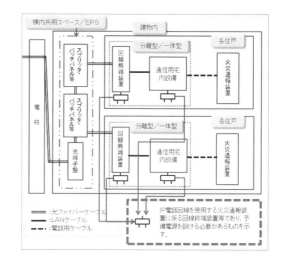

図1　光配線方式

2　VDSL方式
　光ファイバーケーブルを建物内に引き込み、共用部分にある光端子盤から集合型回線終端装置を経由し、VDSL集合装置から電話用ケーブルで各住戸内にある通信用宅内設備に接続する方法であり、各住戸のVDSL宅内装置一体型に加え、棟内共用スペース内の集合型回線終端装置及びVDSL集合装置にも予備電源を設ける必要がある。

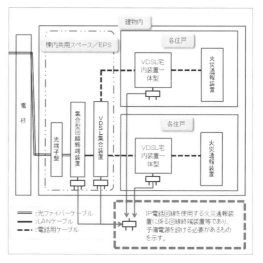

図2　VDSL方式

3 LAN配線方式

光ファイバーケーブルを建物内に引き込み、共用部分にある光端子盤から集合型回線終端装置を経由し、そこからLANケーブルで各住戸内の通信用宅内設備に接続する方法であり、各住戸内の通信用宅内設備に加え、棟内共用スペース内の集合型回線終端装置にも予備電源を設ける必要がある。

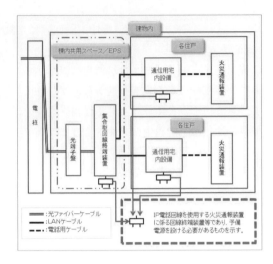

図3　LAN接続方式

【参考】戸建て等の場合

光ファイバーケーブルを建物内に引き込み、回線終端装置及び通信用宅内設備を介して接続する方法であり、回線終端装置及び通信用宅内設備に予備電源を設ける必要がある。

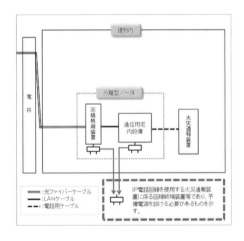

図4　戸建て等の場合

第2章　4　消防機関へ通報する火災報知設備

別添4

UPS容量の確認方法

1　概要

　UPSの容量算定にあたっては、負荷機器（回線終端装置等）の容量（以下「負荷容量」という。）を把握する必要があり、負荷容量の合計とUPSのカタログ等に示されている定格容量等の規格を基に2及び3に示す要件を満たすUPSを選定する。

2　負荷容量

　負荷容量は、一般的に皮相電力S［VA］又は消費（有効）電力P［W］で表示されることが多く、一のUPSの負荷が複数の回線終端装置等で構成される場合は、それらの合計が負荷容量となる。

　UPSは、次の(1)及び(2)により算定される負荷容量を上回るものを選定することとなる。

(1)　皮相電力による負荷容量の算定

　ア　負荷容量がS［VA］で与えられる場合は当該値を用いる。

　イ　負荷容量がP［W］で与えられる場合はS＝P／cosθ（cosθ：負荷の力率）により皮相電力に換算した値を用いる。

　ウ　ア又はイによる数値を合計し負荷容量S_L［VA］を得る。

$$\boxed{S_o > S_L \times \alpha}$$

　　　　　　　S_o：UPSの定格出力容量［VA］
　　　　　　　S_L：負荷容量の合計［VA］
　　　　　　　α：余裕率（1.1以上）

　※　力率（cosθ）は、負荷の特性に応じた値となる。

　※　余裕率（α）は、負荷の特性に応じ設けられ、1.1以上の値を用いるものとする。

　※　負荷容量は定格値を用いるものとする。

(2)　消費（有効）電力による負荷容量の算定

　ア　負荷容量がP［W］で与えられる場合は当該値を用いる。

　イ　負荷容量がS［VA］で与えられる場合はP＝S×cosθにより消費（有効）電力に換算した値を用いる。

　ウ　ア又はイによる数値を合計し負荷容量P_L［W］を得る。

$$\boxed{P_o > P_L \times \alpha}$$

　　　　　　　P_o：UPSの定格出力容量［W］
　　　　　　　P_L：負荷容量の合計［W］
　　　　　　　α：余裕率（1.1以上）

3　UPSの停電補償時間

　原則として70分以上の停電補償時間を有するUPSを選定することとする。

（平28・8・3消防予240）

5 非常警報器具・非常警報設備

(1) 設置基準

　非常警報器具及び非常警報設備の設置を要する防火対象物は、令24条1項に規定されています（⇒序章 1(5) 消防用設備等設置基準早見表（14頁）参照）。

(2) 法令による緩和措置（令24条1項ただし書き及び5項）

　ア 非常警報器具

　令24条1項各号に掲げる防火対象物に自動火災報知設備又は非常警報設備が令21条若しくは令24条4項に定める技術上の基準に従い、又は当該技術上の基準の例により設置されているときは、当該設備の有効範囲内の部分については、この限りでないとされています。

　イ 非常警報設備

　令24条3項各号に掲げる防火対象物のうち自動火災報知設備又は総務省令で定める放送設備が令21条若しくは24条4項に定める技術上の基準に従い、又は当該技術上の基準の例により設置されているものについては、令24条3項の規定にかかわらず、当該設備の有効範囲内の部分について非常ベル又は自動式サイレンを設置しないことができるとされています。

(3) 令32条特例

　非常警報器具及び非常警報設備は、火災が発生した場合に音声により火災が発生したこと、発生した場所、避難等の情報を伝えるものであり、パニック防止など混乱無く避難するために重要な役割を担っています。一方、利用時間帯において人による管理体制が確保され、円滑な火災情報の伝達や避難誘導が円滑に行われるなど、個々の防火対象物の構造、利用者の状況により、非常警報設備の一部について、設置免除が認められることがあります。

令32条特例関係　通知・行政実例
非常警報器具・非常警報設備設置基準（令24条1項から3項）
◆非常警報設備の設置について（昭45・11・19消防予226） ………………………… 300
◆防火対象物の消防用設備の規制について【既存防火対象物の非常警報設備の取扱いについて】（昭46・4・30消防予70） ………………………………………… 300
◆消防用設備等の設置運用基準について【非常警報器具及び非常警報設備の設置免除について】（昭46・5・31消防予88） …………………………………………… 301
◆消防法、同法施行令及び同法施行規則の一部改正に伴う質疑応答について【従前の規定により設置されている非常警報設備の取扱い】（昭48・10・23消防予140・消防安42） ……………………………………………………………………………… 301
◆地区公民館の収容人員の算定について【非常放送設備の設置の緩和について】（昭52・11・16消防予218） ………………………………………………………… 302
◆就寝施設における非常放送設備の設置の推進について（昭62・4・10消防予54） ………… 303
非常警報器具・非常警報設備技術基準（令24条4項）
◆消防法施行令及び同法施行規則の一部改正に伴う質疑応答について【非常警報設備

- について】（昭44・11・20消防予265） ··· 308
- ◆消防用設備等の設置運用基準の疑義について【非常警報設備として消防法施行令第32条の適用について】（昭46・5・29消防予87） ·················· 311
- ◆放送設備の設置について（昭51・8・9消防予55） ································ 312
- ◆放送設備の設置に係る技術上の基準の運用について（平6・2・1消防予22） ·············· 313
- ◆消防用設備等に係る執務資料の送付について【火災放送を行う場合について】（平10・5・1消防予67） ·· 318
- ◆放送設備のスピーカーの性能に応じた設置ガイドラインについて（平11・2・2消防予25） ··· 319
- ◆消防用設備等に係る執務資料の送付について【警報音について】（平22・2・5消防庁予防課事務連絡） ·· 336

非常警報器具・非常警報設備設置基準（令24条1項から3項）

　非常警報器具及び非常警報設備は、防火対象物の収容人員に着目して、設置が義務付けられるものであり、避難に際しパニックや混乱を防止するとともに、火災や非難に関する情報を具体的かつ的確に伝達するために用いられます。

　その設置に際しては、使用する時間帯には常時監視、管理できる者が常駐する等、避難誘導体制が確保されているなどの場合には、設置の省略が認められることがあります。

◆非常警報設備の設置について

問　昭和44年3月10日消防法施行令、昭和44年3月28日消防法施行規則の一部改正により、同法施行令別表第1に掲げる(1)項から(17)項までの防火対象物で、収容人員50名以上のものについては、非常警報設備を設置するよう定められておりますが、このうち(9)項公衆浴場（サウナブロ等特殊な形態を有するものではなく、普通の浴場）については、建築物の構造、規模等から非常警報設備を設置させることなく、非常警報器具を設置させることとしても十分その目的が達せられると思われますので、同法施行令第32条の特例を認めてさしつかえないでしょうか。貴職の見解をご教示願います。

答　消防法施行令（以下「令」という。）別表第1(9)項に掲げる防火対象物のうち、番台から脱衣場及び浴槽を監視することができるような一般的な公衆浴場で、非常警報器具を設置することにより、火災の発生を有効に、かつ、すみやかに報知することができる場合には、令第32条の規定を適用し、非常警報設備を省略してさしつかえない。

(昭45・11・19消防予226)

memo　人が利用する時間帯において、常時人による警戒、監視体制がとられており、かつ、人による避難誘導が円滑に行われると認められる場合には、非常警報設備の設置を省略することができるとしています。

◆防火対象物の消防用設備の規制について【既存防火対象物の非常警報設備の取扱いについて】

問1　既存防火対象物の非常警報設備の取扱いについて

　　旧基準による自動火災報知設備が設置されている防火対象物の非常警報設備は、自動火災報知設備に非常電源および地区音響装置を改正後の技術上の基準に従い附置すれば、非常ベルと同様の機能を有するので、消防法施行令第32条の規定を適用し、非常警報設備（非常ベル又は自動式サイレン）の設置を省略させてもさしつかえないか。

2　消防用設備の非常電源配線の耐熱保護をすることが望ましい部分の取扱いについて

　　このことについて、耐熱保護をすることが望ましい部分は、昭和44年10月31日付け消防予第249号通達記の第1の4の(3)に示されているが、放送設備の耐熱保護をすることが望ましい部分（増幅器からスピーカーまでの配線）については、昭和45年7月10日付け消防予第146号質疑回答の4（以下「消防予第146号回答」という。）により、「耐熱保護をすることが望ましいということ」は、耐熱保護をするものと明示されたが、その他の消防用設備（屋内消火栓設備、自動火災報知設備、非常ベルおよび自動式サイレン）の配線において耐熱保護をすることが望ましい部分につ

いても消防予第146号回答と同様に取扱うべきものであると思料されるがいかが。
答1及び2　お見込みのとおり。

(昭46・4・30消防予70)

◆消防用設備等の設置運用基準について【非常警報器具及び非常警報設備の設置免除について】
問1　改正前の規定により自動火災報知設備が設置されている防火対象物にかかる非常警報器具及び非常警報設備の設置免除について
　　このことについては、昭和44年11月20日付消防予第265号「消防法施行令及び同法規則の一部改正に伴う質疑応答について」中、5で回答がなされていますが、さらに次のことについて、ご教示願いたい。
　(1)　従前の規定により自動火災報知設備が設置されている防火対象物はすべて令第32条の適用の対象となるか。
　(2)　P型2級受信機で接続できる回線が2以下のものが設置されている防火対象物のみが令第32条の適用の対象となるか。
　(3)　非常警報設備の免除対象となるのは、非常電源設備を付置させることが要件となるか。
　(4)　非常警報器具の設置免除についても上記の基準によってさしつかえないか。
2　非常警報設備に関する特例事項(消防法施行令第32条)の適用について
　　昭和44年10月31日付消防予第249号「消防法施行令及び同法施行規則の一部改正に伴う消防用設備等の設置に関する消防法令の運用基準の細則について」中第4非常警報設備に関する事項4の小規模な防火対象物で非常警報設備の音響装置を設けなくても火災である旨の警報を有効に行なえると認められるものについては、令第32条の規定を適用してさしつかえないとあるが、これは人が叫べば聞えると判断できる規模の防火対象物と解してよろしいか。
　　例えば、2ないし3教室程度の学校の校舎や幼稚園の園舎等。
答1　既設の自動火災報知設備に改正後の規定により非常電源及び地区音響装置を附置した場合、当該設備の有効範囲の部分については、消防法施行令第32条の規定を適用し、非常警報設備又は非常警報器具を設置されたものとみなすことができる。
　2　お見込みのとおり。

(昭46・5・31消防予88)

◆消防法、同法施行令及び同法施行規則の一部改正に伴う質疑応答について【従前の規定により設置されている非常警報設備の取扱い】
問　昭和44年の消防法令の改正時に非常警報設備の運用基準に基づき設置させた設備で、今回の告示に適合しない設備はどのように取扱い指導したらよいか。
答　従前の規定により設置されている非常警報設備については、当分の間令第32条の規定を適用し、法令に適合しているものとして取り扱ってさしつかえない。

(昭48・10・23消防予140・消防安42)

memo　非常警報設備については、遡及対象となる消防用設備等に該当することとなりますが、改正前の基準に適合している非常警報設備は、当分の間従前の例によるとされています。

◆地区公民館の収容人員の算定について【非常放送設備の設置の緩和について】

問 放送設備の設置について

　次の参考(2)によつて算出した場合、収容人員が300人以上となつて放送設備の設置義務を生じることとなるが、消防法施行令第32条を適用して設置を免除してよろしいか。

〔参考〕

　「町（地区）単位の会議等の用に供する建築物の規制について」（昭和48年9月3日付け消防安第22号滋賀県あて安全救急課長回答）により、地区公民館は令別表第1(1)項ロの集会場に該当するも、消防用設備等に関する規定の適用に当つては、防火対象物の構造及び設備の状況並びに利用者が特定されていること等の実情を考慮して、令第32条の規定を適用し、同表(15)項に掲げる防火対象物に準じた取扱いをして差し支えない旨承知しているが、別紙平面図のような耐火構造2階建、延べ面積369.77m²の地区公民館の収容人員算出等にあたつて、次のどれによるべきか。

1　収容人員の算定について

(1)　和室以外の室は、Pタイル張りであり、集会等の利用形態は、折りたたみ椅子を利用しているため、1人当りに要する床面積は1m²弱である。従つて

　　1階　和　室　　0.5m²で除して得た数
　　　　　実習室　　1m²で除して得た数
　　2階　図書室　　1m²で除して得た数
　　　　　集会室　　　〃

　　従業者数　（2〜3名）

　　上記を合算して得た数とする。

(2)　集会場であるから、規則第1条により、事務室以外の和室、実習室、図書室、集会室を0.5m²で除して得た数と従業者の数とを合算して得た数とする。

(3)　令第32条を適用して、和室を0.5m²、その他の室（事務室を除く。）を3m²で、それぞれ除して得た数と従業者の数とを合算して得た数とする。

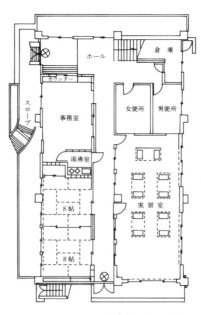

1階平面図　1：100

第2章　5　非常警報器具・非常警報設備

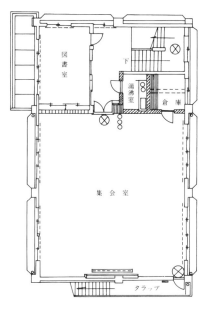

2階平面図　1：100

答　設問の場合、添付した資料から判断すれば令第32条の規定を適用し、放送設備を非常ベル又は自動式サイレンに代えてさしつかえない。

(昭52・11・16消防予218)

memo　地区公民館は、令別表1(1)項ロに該当しますが、利用者が特定されること等が考慮され令別表1(15)項に準じた取扱いが認められていることから、非常ベル及び放送設備又は自動式サイレン及び放送設備の設置に代えて、非常ベル又は自動式サイレンの設置で足りるとされています。

◆**就寝施設における非常放送設備の設置の推進について**
　旅館、ホテル、病院等の就寝施設（消防法施行令（以下「令」という。）別表第一(5)項イ及び(6)項に該当する防火対象物をいう。以下「就寝施設」という。）に設置する非常警報設備に係る基準については、令第24条に規定されているところである。
　これらの就寝施設のうち、収容人員が20人以上300人未満のもの（以下「中小規模就寝施設」という。）にあつては、非常警報設備のうち非常ベル、自動式サイレン又は放送設備のいずれかを設置すればよいとされているが、中小規模就寝施設の火災等の災害時における避難誘導のより一層の円滑化を図るために、中小規模就寝施設には、非常警報設備のうちの放送設備（以下「非常放送設備」という。）をできるだけ設置するよう指導されたい。
　この場合における非常放送設備は、消防法施行規則（以下「規則」という。）第25条の2第2項第3号及び非常警報設備の基準（昭和48年消防庁告示第6号）第4の規定にかかわらず、操作性が簡便で有効に放送内容が伝達できる機能を有する放送設備であつて、下記第一に掲げる構造及び性能を有するもの（以下「一斉式非常放送設備」という。）については、令第32条の規定を適用し下記第二により設置することを認めて差し支えないものとする。
　おつて、貴管下市町村に対しても、この旨示達され、よろしくご指導願いたい。

記

第1　一斉式非常放送設備の構造及び性能について
　1　一斉式非常放送設備の構造及び性能に係る基準は、別添第1に掲げる「一斉式非常放送設備の基準」によるものとすること。
　2　〔削除〕
第2　一斉式非常放送設備の設置について
　1　中小規模就寝施設については、令第24条第2項に規定する非常ベル、自動式サイレン又は放送設備に替えて、一斉式非常放送設備の設置を認めることができるものであること。
　2　一斉式非常放送設備の設置に当たつては、次によること。
　　(1)　起動装置は、規則第25条の2第2項第2号の2の規定により設置すること。
　　(2)　一斉式非常放送設備の設置については、規則第25条の2第2項第3号イからニまで、ト及びリからヲまでの規定によるほか、警報は、全館一斉に発することで足りるものであること。
　　(3)　配線は、電気工作物に係る法令の規定によるほか、規則第25条の2第2項第4号イ、ロ、ニ及びホの規定によること。
　　(4)　非常電源は、規則第24条第4号の規定に準じて設けること。
　　(5)　スピーカーの設置については、令第24条第4項第1号及び規則第25条の2第2項第3号ロの規定によるが、特に密閉性の高い就寝施設の建築構造等にかんがみ、客室、病室等の室内において非常放送の内容を有効に伝達することができるよう、当該室内にスピーカーを設置する方法、スピーカーの設置間隔を短縮する方法等の措置を講ずること。この場合、当該室内における非常放送の音圧が騒音計で測定した場合に60dB以上確保されるよう留意されたいこと。
第3　その他
　1　一斉式非常放送設備は、令第24条第2項に規定する防火対象物で中小規模就寝施設以外のものについても、その設置を認めて差し支えないものであること。
　2　〔削除〕

別添1
　　一斉式非常放送設備の基準
第1　趣旨
　　この基準は、操作性が簡便で有効に放送内容が伝達できる機能を有する一斉式非常放送設備（以下「放送設備」という。）の構造及び性能の基準を定めるものとする。
第2　用語の意義
　　放送設備とは、起動装置、表示灯、スピーカー、増幅器、操作装置、電源及び配線により構成されるもの（自動火災報知設備と連動するもの又は自動火災報知設備の受信機と併設されるものにあつては、起動装置及び表示灯を省略したものを含む。）をいう。
第3　放送設備の構造及び性能
　1　放送設備の構造及び性能は、次に定めるところによる。
　　(1)　電源電圧が次に掲げる範囲で変動をした場合、機能に異常を生じないものであること。
　　　イ　交流電源電圧にあつては、定格電圧の90％から110％まで
　　　ロ　蓄電池設備にあつては、端子電圧が定格電圧の90％から110％まで
　　(2)　起動装置又は操作装置を操作してから放送が開始できるまでの所要時間は、10秒以内であ

ること。
(3) 2以上の起動装置が同時に作動しても異常なく火災信号を伝達することができるものであること。
(4) 非常警報以外の目的と共用するものにあつては、起動装置又は操作装置を操作した際自動的に非常警報以外の目的の放送を直ちに停止できるものであること。
(5) その各部分が良質の材料で造られ、配線及び取付けが適正かつ確実になされていること。
(6) 次に掲げる部品は、それぞれにおいて定める構造及び機能を有するもの又はこれと同等以上の機能を有するものであること。
　イ　スイッチは、次によること。
　　(イ)　日本工業規格(以下「JIS」という。) C 6437 (電子機器用ロータリースイッチ) 又はJIS C 6571 (電子機器用トグルスイッチ) に準ずるものであること。
　　(ロ)　確実かつ容易に作動し、停止点が明確で狂いのないものであること。
　　(ハ)　接点は、最大使用電流容量に適し、かつ、腐食するおそれのないものであること。
　ロ　表示の灯火に用いる電球は、次によること。
　　(イ)　使用電圧の130%の交流電圧を20時間連続して加えた場合、断線、著しい光束変化、黒化等を生じないものであること。
　　(ロ)　火災灯(起動装置からの火災信号を受信して火災である旨を表示する灯火をいう。以下同じ。)に用いる電球は2個以上並列に接続すること。ただし、放電灯及び発光ダイオードを用いるものにあつては、この限りでない。
　　(ハ)　前面から3m離れた箇所において点灯していることが明らかに識別できるように取り付けること。
　ハ　半導体は、次によること。
　　(イ)　防湿及び防食の処理をしたものであること。
　　(ロ)　容量は、最大使用電圧及び最大使用電流に十分耐えるものであること。
　ニ　電磁継電器は、次によること。
　　(イ)　接点は、GS合金のものであること。
　　(ロ)　接点は、双子接点構造であること。ただし、高感度継電器、接点封入型継電器等十分信頼性のある継電器又は附属装置に用いるものにあつては、この限りでない。
　　(ハ)　継電器は、重力の影響を受けないように取り付け、かつ、カバー付以外のもので、接点にほこりがたまるおそれのあるものにあつては防塵用カバーを設けること。
　　(ニ)　継電器に最大使用電圧で最大使用電流を抵抗負荷を介して流し、30万回の繰り返し作動を行つた場合、構造又は機能に異常を生じないものであること。
　ホ　指示電気計器は、JIS C 1102 (指示電気計器) に準ずるものであること。
　ヘ　ヒューズは、JIS C 8352 (配線用ヒューズ通則) 又はJIS C 6575 (電子機器用筒形ヒューズ) に準ずるものであり、かつ、容易にゆるまないように支持すること。
　ト　変圧器は、次によること。
　　(イ)　JIS C 6436 (電子機器用小形電源変圧器) に準ずるものであること。
　　(ロ)　定格一次電圧は、300V以下とし、150Vを超える場合は、変圧器の外箱に接地端子を設けること。
2　放送設備の起動装置の構造及び性能は、次に定めるところによる。

(1)　起動装置の操作部は、次によること。
　　イ　押しボタンスイッチが押されたとき火災信号を送るものであること。
　　ロ　押しボタンスイッチの前方に次に定める保護板を有し、容易にいたずらができないものであること。
　　　(イ)　破壊するか又は押し外すことによつて押しボタンを容易に押すことができるものであること。
　　　(ロ)　指先で押し破り、又は押し外す構造の有機ガラスのものは、中央に直径20mmで一様に接する2kgの静荷重を加えた場合は破壊され又は押し外されることなく、かつ、作動せず、8kgの静荷重を加えた場合は破壊され又は押し外されるものであること。
　　ハ　作動後に定位置に復する操作を要する起動装置にあつては、定位置に復する操作を忘れないように適当な方法が講じられていること。
　　ニ　定格使用電圧及び定格使用電流の状態で、1,000回繰り返し操作を行つた場合、機能に異常を生じないものであること。
　　ホ　外面露出部分は、赤色とすること。
　(2)　手動により復旧しない限り信号を継続して送るものであること。
　(3)　起動装置の端子間及び端子と外箱（押しボタンスイッチの頭部を含む。）との間の絶縁抵抗は、直流250Vの絶縁抵抗計で計つた値で20MΩ以上であること。
　(4)　前号の試験部の絶縁耐力は、50Hz又は60Hzの正弦波に近い実効電圧250V（使用電圧が30Vを超え60V以下のものにあつては500V、60Vを超え150V以下のものにあつては1,000V）の交流電圧を加えた場合、1分間これに耐えるものであること。
3　放送設備の火災灯は、起動装置又は操作装置の操作により赤色に点灯するとともに保持すること。
4　放送設備のスピーカーの構造及び性能は、次に定めるところによる。
　(1)　出力は、400Hzから1,000Hzまでの警報音を放送したとき、スピーカーの中心から1m離れた位置で騒音計により計つた値で90dB以上の音圧を有するものであること。
　　　ただし、居室内に設けるスピーカーにあつては、その音圧を65dB以上とすることができる。
　(2)　スピーカーは、80度の温度の気流中に30分間投入した場合、機能に異常を生じないものであること。
　(3)　音量調整器を有するスピーカーにあつては、三線式配線をすることができる構造を有すること。
5　放送設備の増幅器及び操作装置の構造及び性能は、次に定めるところによる。
　(1)　電源入力側の両極を開閉できる電源スイッチは、内部に設けるなど容易に操作できない位置に設けること。
　(2)　電源入力側の片線及び外部負荷に対し直接電源を送出できる回路には、ヒューズ又は過電流遮断器を設けること。
　(3)　前面に主回路の電源電圧を監視できる装置を設けるとともに、警報出力を確認することができるモニタスピーカー、レベル計又は出力表示灯を設けること。
　(4)　起動装置から火災信号を受信した場合、自動火災報知設備の感知器の作動と連動した場合又は非常警報スイッチを操作した場合にあつては、放送が可能な状態になるとともに警報音を自動的に発生することができるものであること。

この場合における警報音は、合成音とし、400Hzから1,000Hzまでの音響であること。
　(5)　避難誘導の放送中には、自動火災報知設備の地区音響装置等の鳴動を停止できる装置を有すること。
　(6)　複数の出力回線を有するものにあつては、1の配線が短絡してもその他の回線の機能に異常を生じないものであること。
　(7)　保持機構を有する非常警報用スイッチを設け、かつ、当該スイッチに非常警報用である旨の表示がなされていること。
　(8)　増幅器及び操作装置の外箱は、厚さ0.8mm以上の鋼板又はこれと同等以上の強度を有するもので作り、かつ、難燃性を有するものであること。
6　放送設備に遠隔操作器を設ける場合は、次に定めるところによる。
　(1)　非常起動及び避難誘導の放送を行うための操作機能をもつこと。
　(2)　遠隔操作器は、次の表示装置を設けること。
　　イ　火災灯
　　ロ　主電流を監視できる装置
　(3)　警報出力を確認することができるモニタスピーカー、レベル計又は出力表示灯を設けること。
第4　表示
　放送設備には、次に掲げる事項をその見やすい箇所に容易に消えないように表示するものとする。
1　一斉式非常放送設備である旨
2　製造者名又は商標
3　製造年
4　型式番号
5　起動装置にあつては、起動装置である旨の表示とその使用方法
6　遠隔操作器にあつては、遠隔操作器である旨とその使用方法
別添2・3　〔削除〕

(昭62・4・10消防予54)

memo　中小規模就寝施設にあっては、非常警報設備のうち非常ベル、自動式サイレン又は放送設備のいずれかを設置すればよいとされていますが、中小規模就寝施設における円滑な避難誘導を確保するため、放送設備の設置を推進することとされ、その場合の放送設備として、一斉式非常放送設備（操作性が簡便で有効に放送内容が伝達できる機能を有する放送設備）の設置を推進したものです。

非常警報器具・非常警報設備技術基準（令24条4項）

　非常警報器具及び非常警報設備は、当該防火対象物の全区域に火災の発生を有効にかつ速やかに報知できるように設置するとともに、その起動装置は多数の者の目に触れやすく、かつ、火災に際し速やかに操作することのできる箇所に設けることとされています。このためには、本来専用設備とする必要がありますが、基準に適合し、かつ、火災発生時に速やかに使用することができるものであれば、業務用のものと兼用することが認められます。

◆消防法施行令及び同法施行規則の一部改正に伴う質疑応答について【非常警報設備について】

問1 仮設建築物でも、収容人員が50人以上の防火対象物については、非常警報設備としなければならないか。

答 お見込みのとおり。ただし、短期間使用する仮設建築物にあつては、実状により携帯用拡声機等の設置をもつて令第32条を適用することができる場合も考えられるので、念のため。

問2 常時人のいない場所又は著しい騒音を発する場所の非常警報設備は、令第32条の特例規定を適用して緩和できるか。

答 倉庫、発電所等で常時人のいない場所にあつてはお見込みのとおり。また、著しい騒音を発する場所にあつては、その騒音と異なる音色を発する音響装置を設置するものである。

問3 令別表第1(16)項の防火対象物の上層階にある(5)項ロの防火対象物（特例基準の適用を受ける。）については、非常警報設備をいかに設置すべきか。特に放送設備の設置方法を示されたい。

答 令第32条の規定が適用され、設置の緩和が認められる部分以外の部分について全体を一の防火対象物として設置する。

問4 令別表第1に掲げる既存の防火対象物（(5)項イ、(6)項イ及び(17)項の防火対象物を除く。）に旧基準により自動火災報知設備が設けてある場合の非常警報設備の扱いは、いかにすべきか。

答 新しい基準によらしめる。ただし、既通達による自動火災報知設備が設けられているものとして、令第32条の規定を適用し、令第24条第5項に準じた扱いとしてさしつかえない。

問5 自動火災報知設備を新基準により設置した場合、又は旧基準により設置した自動火災報知設備を新基準に適合するよう改修整備した場合、非常警報設備の要否を伺いたい。

答 自動火災報知設備が新基準に適合する場合及び適合するに至つたものについては、当該設備の有効範囲について非常警報設備の設置を要しない（令24）。

問6 非常ベル、自動式サイレンの音響装置及び放送設備は、出火階用と全階用の両面設置をすべきか。

答 放送設備及び防火対象物で地階を除く階数が5以上で延べ面積が3,000m²をこえるものに設ける非常ベル又は自動式サイレンは、スイッチ等を操作することにより、防火対象物の全区域に火災の発生を有効に、かつ、すみやかに報知できるほか出火階とその直上階に限つて警報を発することもできる装置を設ければ足りる（令24・1、規則25の2Ⅱ1・3）。

問7 令第24条第3項の防火対象物については、放送設備のほかに、非常ベル等を設置する必要があるか。

答 お見込みのとおり。ただし、音声による放送をする直前に、10秒間以上ベル等の音響を付加して放送できるものにあつては、非常ベル等の設置は必要としないものである（令24Ⅴ、規則25の2Ⅰ）。なお、放送設備の設置に関する通達を参照されたい。

問8　非常警報設備としての非常ベルは、小規模防火対象物でも各階ごとに設けなければならないか。屋外に音響装置がある場合の各階との関連はどのように考慮すべきか。
答　全区域に火災の発生を有効に報知できる場合は、令第32条の規定を適用して、階段室等共用部分に音響装置を設けてさしつかえない。この場合、音響装置は、防火対象物の内部に設置するものである。

問9　非常ベル、自動式サイレンの起動装置の基準が新たに設けられたが、これに適合しない従来の非常ベル等は認められないか。
答　お見込みとおり。

問10　2階建の防火対象物で非常警報設備の音響装置として極めて音量の大きい自動式サイレン、非常ベル等を設置し、火災の発生を有効に報知できるものとした場合は、規則第25条の2第2項第1号ハの水平距離について、令第32条の適用を考慮してよいか。
答　お見込みのとおり。

問11　自動式サイレンの規格はないか。
答　ない。なお、その基準は火災報知設備に係る技術上の規格を定める省令4条6号を準用することが望ましい。

問12　規則25条の2第2項1号ロ及び同項第3号ホの規定中「出火階及びその直上階に限って警報を発することもできるものであること。」とあるが、その意図するところは何か。
答　火災が発生した場合、全館同時に避難することによるパニックの発生を防止する趣旨である。

問13　規則第25条の2第2項第2号「非常警報設備の操作部」とは、具体的にどのようなものか。
答　非常警報設備を作動させることができるスイッチ、各階ごとに区分して報知させる切り倒し型スイッチ等の操作部分をいう。

問14　令別表第1(12)項イの紡績工場で敷地内には多数の工場等の棟があるが、第1工場及び第2工場の計二棟の収容人員が50人以上となり非常警報設備が必要となる。この場合、既に設置されている非常サイレン（全工場一斉鳴動）を基準適合の非常警報設備に改修するにつき、音響装置間隔は水平距離25mをこえるが、当該サイレンの音響が110ホン以上（工場内の騒音が100ホン程度でこれを上まわる音量）で工場内のどの部分でも有効に聞きとれるため、規則第25条の2第2項第1号ハについて、令第32条の特例基準を適用してさしつかえないか。
答　お見込みのとおり。

問15　規則第25条の2第2項第2号ハの規定によれば、起動装置の上方に表示灯を設けることとされているが、表示灯が取付け面と15°以上の角度となる方向に沿つて10m離れた所から点灯していることが容易に識別できる場合は、その表示灯は、起動装置の横でもよいか。
答　現に設置されているものについては、令第32条の規定を適用してさしつかえない。

問16 令別表第1(7)項に掲げる防火対象物が下図のように配置されている場合、放送設備の設置は、いかに考えるべきか。
　図　〔省略〕
答　それぞれの棟が別の防火対象物とみなされる場合（消防用設備の設置単位について（昭和38年9月自消丙予発第57号）参照）は、講堂についてのみ設置すれば足りる。ただし、この場合、一般教室についても設置することが望ましい。

問17 スプリンクラー設備が設けられている防火対象物（自動火災報知設備の設置が免除されている。）に非常警報設備として放送設備を設置する場合
　(1)　出火階を判断する手段についてはどうか。
　(2)　規則第25条の2第1項に定める音響を発する装置を付加する場合、スプリンクラー設備の作動と連動させるべきか。
　(3)　非常ベル等を付加した放送設備には各階に起動装置を設ける必要があるか。
答　(1)　スプリンクラー設備の作動表示装置によるものであること。
　(2)　原則として連動とするものであること。ただし、規則第25条の2第2項第2号に準ずる場合は、この限りでない。
　(3)　設ける必要がある。

問18 既存の放送室が自動火災報知設備の受信機のある場所から離れた場所にある場合、相互の関連はどのようにすべきか。
答　受信機のある場所において放送をできるようにすることが望ましいが、常時人のいる放送室に副受信機を置き、受信機のある場所と相互にインターホン等で連絡できる場合は、この限りでない。

問19 放送設備のスピーカーの設置基準は、令別表第1(16)項の場合、用途ごとに水平距離25mとすべきか。
答　各階ごとに水平距離25m以下で足りる。

問20 規則第25条の2第2項第3号において、スピーカーの音声入力3W（1W）を判断する場合、増幅器の出力（呼称）をスピーカーの出力合計で除した値が3W（1W）以上であればよいか。
答　近似値としてみるならば、お見込みのとおり。なお、一般的に実際の設計に当っては、放送形態により増幅器の出力をスピーカーの出力合計値よりかなり小さくとることができる。

問21 放送設備の音量は、1m離れて90ホン以上とされているが、一定の周波数を基準にしなければ計測できないと思うがどうか。
答　お見込みのとおり。なお、放送設備の設置に関する通達を参照されたい。

問22 規則第25条の2第2項第3号ハに「音量調整器を設ける場合は、3線式配線」とあるが、この調整器は、スピーカーに設けるほか増幅器にも設けるものと解してよいか。
答　原則として増幅器側に設けるものである。

問23 放送設備の増幅器は、防火上有効な措置を講じた位置に設けることとされているが（規則25の2Ⅱ3ニ）、その例を示されたい。
答 耐火構造の壁、床又は天井で区画された延焼のおそれのない場所、1階又は容易に地上に避難できる階の部分等で常時人のいる場所等がある。

問24 自主的に設置されている非常警報設備にも非常電源を附置させるべきか。
答 附置義務はない。ただし、努めて設置するよう指導されたい。

問25 火災により一の階のスピーカー又は配線が短絡又は断線しても、他の階への火災の報知に支障がないように設けるためには、次の方法のいずれかによることとしてよいか。
　ア　各階に別配管として電線をもっていく。
　イ　各階にケーブルでもっていく。
答 ア、イのいずれでもさしつかえない。

問26 令第7条に例示された器具以外の「その他の非常警報器具」を例示されたい。
答 ゴング、ブザー等がある。

（昭44・11・20消防予265）

◆消防用設備等の設置運用基準の疑義について【非常警報設備として消防法施行令第32条の適用について】

問 非常警報設備として消防法施行令第32条の適用について別添カタログ（略）および系統図の非常通報機の非常ベルを、消防法施行規則第25条の2各項の基準により設置した場合、これが非常警報設備として消防法施行令第32条の特例が適用できるか否か。

非常通報設備系統図

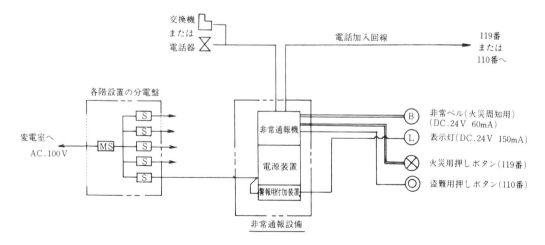

1　非　常　通　報　機……電話加入回線へ接続し、火災用押しボタンの操作により119番へ火災発生を通報する。
2　電　源　装　置……蓄電池または充乾電池を使用し、浮動充電またはトリクル充電方式である。
3　警報用付加装置……表示灯用電源およびベル連続鳴動用リレーを内蔵している。
4　══════線……耐熱線も用いる。

答 地階を除く階数が5以上で延べ面積が3,000m²をこえる防火対象物以外の防火対象物に設置する場合に限り、適用してさしつかえない。

(昭46・5・29消防予87)

◆放送設備の設置について

問 このことについて、下記の状況等にある防火対象物に対する消防法施行令（昭和36年政令第37号（以下「政令」という。）第24条第3項第3号及び第4号の規定の適用に際し、それぞれ当該措置内容により運用することで、その目的を果し得るものと思料されるが、貴職の見解をうかがいたい。

記

1 政令別表第1(16)項イに該当する連続店舗の形態の防火対象物
  (1) 実態上の内容
    下図によるほか次のとおり
    ア 各階は1～2店舗ごとに耐火構造の壁、天井及び床で区画されているが、図2①に示すように隣接店舗で共用する空調用吹出口（ガラリ）があるため、完全な防火区画ではない。

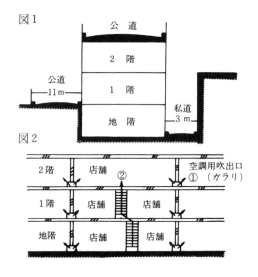

    イ 空調用ダクトには防火ダンパーが設けられている。
    ウ 同一区画内にある各店舗は、図2②に示すように上下階又は隣接店舗間が共用階段で通ずる形態である。
    エ 各店舗における出火危険は潜在するが、隣接店舗への延焼は、空調用吹出口が経路となることが予想されるのみで、急速な延焼危険はない。
    オ 自動火災報知設備及び誘導灯が基準に適合して設置されている。
    カ 図1に示すように、地階及び1階とも実態上避難階であり、2階においても開放可能な窓であるため、容易に避難できる。
    キ 1区画の収容人員は平均70人、総計500人以上となり、放送設備が該当する。

(2) 措置

前(1)に示す内容であれば、政令第32条の規定を適用し、放送設備を設置しないことができる。

2 政令別表第1(1)項イに該当する屋外競技場
(1) 実態上の内容
ア 観覧席は一部木製椅子があるほか、出火危険及び延焼危険が少なく、避難上の障害も少ない。
イ 競技場の一部に選手控室、倉庫等があるが、いずれも防火区画されており、他への延焼危険は少ない。
ウ 自動火災通報設備が基準に適合して設置されている。
エ 業務用放送設備が、競技場全域に有効に放送できるように設置されている。
(2) 措置

前(1)の内容であれは、既存防火対象物に限り、業務用放送設備に非常電源として非常電源専用受電設備又は蓄電池設備を付置することで、政令第32条を適用し、放送設備が基準に適合しているものとして扱う。

答 1 設問の場合、当該防火対象物に設置された自動火災報知設備の地区音響装置が、防火対象物の全区域に有効に報知されるものである場合は、当該防火対象物の形態から判断して消防法施行令（以下「令」という。）第32条の規定を適用し、放送設備の設置を省略してさしつかえない。

2 設問の業務用放送設備が下記により設けられている場合は、令第32条の規定を適用し、消防法施行規則（以下「規則」という。）第25条の2の規定に適合する放送設備が設置されているものとみなしてさしつかえない。
(1) 当該業務用放送設備の配線は、規則第25条の2第2項第4号ニ及び第5号の規定に準じて設けられていること。
(2) 増幅器及び操作部が設置されている場所に自動火災報知設備の受信機が設けられており、火災の覚知により直ちに非常放送が行えるものであること。
(3) 選手控室、倉庫等の直近に火災に際し、すみやかに操作することができるように発信機を設け、当該発信機を操作した場合に自動火災報知設備の受信機において当該操作した区域を表示できるように設けられていること。

(昭51・8・9消防予55)

memo 問の1において、令別表1(16)項イに該当する連続店舗の形態の防火対象物にあっては、容易に火災発生の情報が伝達でき、各階からの避難が容易と認められる場合には、放送設備の設置を要しないとしたものです。また、業務用放送設備について、放送設備の基準に準じた内容で設置されている場合には、放送設備と見なすことができるとしたものです。

◆放送設備の設置に係る技術上の基準の運用について

平成6年1月6日に公布された「消防法施行規則の一部を改正する省令」（平成6年自治省令第1号）及び「非常警報設備の一部を改正する件」（平成6年消防庁告示第1号）の施行については、「消防法

施行規則の一部を改正する省令等の施行について」(平成6年1月7日付け消防予第6号)により通知したところであるが、放送設備の設置に係る技術上の基準の運用を下記のように定めたので通知する。

貴職におかれては、その運用について特段の御配慮をお願いするとともに、貴管下市町村に対してもこの旨示達の上、よろしく御指導願いたい。

記

1　自動火災報知設備の地区音響装置の取扱いについて
  (1)　放送設備は、自動火災報知設備の作動と連動して起動し、自動的に音声警報音による放送を行うことができることとされたことから、消防法施行規則(以下「規則」という。)第24条第5号に定めるところにより、自動火災報知設備の地区音響装置を設けないことができることとされたところであるが、この場合であっても地区音響装置を設けるときは、「非常放送中における自動火災報知設備の地区音響装置の鳴動停止機能について」(昭和60年9月30日付け消防予第110号)の例によるものとする。
  (2)　放送設備を設けた場合は、消防法施行令(以下「令」という。)第32条の規定を適用して、規則第14条第1項第4号に規定する「自動火災報知設備により警報が発せられる場合」と同等であると取り扱って差し支えないものとする。

2　音声警報の取り扱いについて
  「非常警報設備の基準」(昭和48年消防庁告示第6号。以下「告示基準」という。)第4、3及び4に定める放送設備の音声警報機能を有するものは、規則第25条の2第1項に定める非常ベル又は自動式サイレンと同等以上の音響を発する装置を附加した放送設備として取り扱うことができるものとする。

3　スピーカーの設置について
  (1)　規則第25条の2第2項第3号ロ(イ)に定める放送区域(防火対象物の2以上の階にわたらず、かつ、床、壁又は戸(障子、ふすま等遮音性能の著しく低いものを除く。)で区画された部分をいう。)の運用については、次のとおりとする。
    ア　部屋の間仕切壁については、音の伝達に十分な開口部があるものを除き、固定式か移動式かにかかわらず、壁として取り扱うものとする。
    イ　障子、ふすま等遮音性の著しく低いものには、障子、ふすまのほか、カーテン、つい立て、すだれ、格子戸又はこれらに類するものが該当するものとする。
    ウ　通常は開口している移動式の壁又は戸であっても、閉鎖して使用する可能性のあるものは、壁又は戸で区画されたものとして取り扱うものとする。
  (2)　規則第25条の2第2項第3号ロ(イ)は、放送区域の面積によって設置できるスピーカーの種類を区分しているところであるが、スピーカーが設置されない放送区域が存する場合は、スピーカーが受け持つ放送区域の合計面積を算定したうえで、当該面積に対応する種類のスピーカーを設置するものとする。
  (3)　規則第25条の2第2項第3号ロ(ロ)ただし書に定めるスピーカーの設置を免除できる放送区域及びスピーカーの設置場所については、次の例によるものとする。
    ア　居室又は居室から地上に通ずる主たる廊下その他の通路以外の場所でスピーカーの設置を免除できる場合

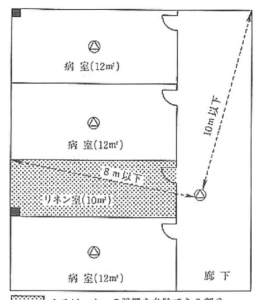

イ 居室でスピーカーの設置を免除できる場合

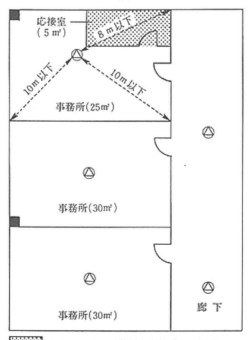

(4) 寄宿舎、下宿又は共同住宅については、令第32条の規定を適用して、住戸部分については、住戸内の戸等の設置にかかわらず、各住戸（メゾネット型住戸等の2以上の階にまたがるものについては各階ごとの部分）を一の放送区域として取り扱って差し支えないものとする。

4 非常警報以外の放送遮断について

規則第25条の2第2項第3号リ及び告示基準第4、1(4)に定める非常警報以外の放送を遮断することができる防火対象物の区域については、非常警報の放送が行われる防火対象物の区域とすることができるものとする。

5 遠隔操作器等から報知できる区域について

規則第25条の2第2項第3号ヲにより、遠隔操作器からも防火対象物の全区域に火災を報知することができるものであることとされたところであるが、全区域に火災を報知することができる操作部又は遠隔操作器（以下「遠隔操作器等」という。）が1以上守衛室その他常時人がいる場所（中央管理室が設けられている場合は、当該中央管理室）に設けられている防火対象物にあっては、令第32条の規定を適用して、次の場合は、遠隔操作器等から報知できる区域を防火対象物の全区域としないことができるものとする。

(1) 管理区分又は用途が異なる一の防火対象物で、遠隔操作器等から遠隔操作器等が設けられた管理区分の部分又は用途の部分全体に火災を報知することができるよう措置された場合

(2) 防火対象物の構造、使用形態等から判断して、火災発生時の避難が防火対象物の部分ごとに独立して行われると考えられる場合であって、独立した部分に設けられた遠隔操作器等が当該独立した部分全体に火災を報知することができるよう措置された場合

(3) ナースステーション等に遠隔操作器等を設けて病室の入院患者等の避難誘導を行うこととしている等のように防火対象物の一定の場所のみを避難誘導の対象とすることが適切と考えられる場合であって、避難誘導の対象場所全体に火災を報知することができるよう措置された場合

6 音声警報音のメッセージについて

(1) メッセージの例

告示基準第4、3(3)に定めるメッセージについては、次の文に準ずるものとする。

ア 感知器発報放送

「ただいま〇階の火災感知器が作動しました。係員が確認しておりますので、次の放送にご注意ください。」

イ 火災放送

「火事です。火事です。〇階で火災が発生しました。落ち着いて避難してください。」

ウ 非火災報放送

「さきほどの火災感知器の作動は、確認の結果、異常がありませんでした。ご安心ください。」

(2) 外国人に配慮したメッセージ

(1)に定めるメッセージでは情報を十分に理解することが難しいと想定される外国人が多数利用する防火対象物にあっては、当該防火対象物の利用形態、管理形態及び利用する外国人の特性等の実態に応じて、次により措置するものとする。

ア 日本語メッセージの後に、原則として英語のメッセージを付加する。

ただし、当該防火対象物の実態等に応じて、英語以外の中国語（北京語の発音と北京語を含む北方方言の文法・語彙を基礎とする共通語をいう。）や韓国語その他の外国語を英語に代えて、又は、日本語と英語の後に付加しても差し支えない。

イ メッセージの繰り返し時間が必要以上に長くならないよう、4ヶ国語以内とし、告示基準第

4、4(1)に定める放送の1単位を感知器発報放送及び非火災報放送にあっては60秒、火災放送にあっては90秒を目安として、できる限り短くする。
　　ウ　感知器発報放送、火災放送及び非火災報放送で使用する外国語は同一のものとする。
　　エ　メッセージは努めて理解し易い表現とする。
(3)　メッセージの特例
　　ア　放送設備が階段、エレベーター昇降路等のたて穴部分の感知器の作動により起動した場合又は手動により起動した場合は、火災が発生した場所に係るメッセージは入れなくても差し支えないものとする。
　　イ　防火対象物の利用形態、管理形態等により、(1)及び(2)に定めるメッセージでは支障が生じるおそれのあるものについては、消防機関の認める範囲で内容の変更ができるものとする。
7　火災が発生した旨又は火災が発生した可能性が高い旨の信号について
　告示基準第4、4(2)イ(ロ)C及び同ハ(ハ)に定める信号については、感知器発報放送が起動してからタイマーにより作動する一定の時間を経過した旨の信号とし、一定の時間については、防火対象物の規模、利用形態、管理形態、内装制限の実施状況、現場確認に必要な時間等を勘案して、おおむね2分から5分までとするものとする。
　なお、特段の事情がある場合は、消防機関の認める範囲でこれと異なる時間とすることができるものとする。
8　放送設備の操作要領について
　告示基準第4、4(2)に定められている放送設備の機能は、次のように放送設備を操作することを想定したものであることに留意し、防火対象物の関係者において、操作の習熟に努めるものとする。
　なお、この内容は、放送設備の表示事項である取扱方法の概要にも記載されているので、指導の際に活用するものとする。
(1)　自動火災報知設備の感知器が作動した旨の信号（火災表示をすべき火災情報信号を含む。以下同じ。）により起動した場合
　　ア　感知器発報放送の起動
　　　　感知器からの信号により自動的に行う。
　　イ　火災放送の起動
　　　(ア)　告示基準第4、4(2)イ(ロ)に定める場合は、自動的に行う。
　　　(イ)　(ア)による自動起動が行われる以前に、現場確認者からの火災である旨の通報を受けた場合等、操作者が火災が発生した旨又は火災が発生した可能性が高い旨の情報を得た場合は、手動により起動する。
　　ウ　非火災報放送の起動
　　　　現場確認者からの火災が発生していない旨の通報を受けた場合は、手動により起動する。
　　　　なお、火災が発生していない旨の通報には、非常電話を使用しないものとする。
(2)　発信機又は非常電話により起動した場合
　　ア　感知器発報放送及び火災放送の起動
　　　　告示基準第4、4(2)ロによる。
　　イ　非火災報放送の起動
　　　　(1)ウによる。

(3) 感知器発報放送を手動により起動する場合
　ア　感知器発報放送の起動
　　内線電話等により火災が発生した可能性がある旨の通報があった場合は、手動により起動する。ただし、操作者の判断により、感知器発報放送を省略して、火災放送を起動できるものとする。
　イ　火災放送の起動
　　(ア)　告示基準第4、4(2)ハに定める場合は、自動的に行う。
　　(イ)　(ア)による自動起動が行われる以前に、現場確認者から火災である旨の通報を受けた場合等、操作者が火災が発生した旨又は火災が発生した可能性が高い旨の情報を得た場合は、手動により起動する。
　ウ　非火災報放送の起動
　　(1)ウによる。
(4) 音声警報音による放送中のマイクロホン放送をする場合
　告示基準第4、4(2)ホに定めるように、音声警報音による放送中であっても、操作者による放送が優先することとなっているので、火災の状況に応じて、適宜操作者による放送を行うことができるものである。
9　誘導音装置付誘導灯の取り扱いについて
　誘導音装置付誘導灯の取扱いについては、「誘導灯及び誘導標識に係る設置・維持ガイドライン」（平成11年9月21日付け消防予第245号）によるものとする。
10　削除
11　指導時の留意事項
(1)　既存の防火対象物であっても、放送設備の改修等の際には、改正後の規則及び告示基準に基づいて設置することが望ましいので、この旨指導されたい。
(2)　令第24条第3項に掲げる防火対象物以外の防火対象物であっても、非常用の放送設備を設ける場合にあっては、改正後の基準に適合する放送設備を設置するよう指導されたい。
(3)　「外国人来訪者や障害者等が利用する施設における災害情報の伝達及び避難誘導に関するガイドライン」（平成30年3月29日付け消防予第254号、別紙1。以下「ガイドライン」という。）第三、1(3)により、施設関係者から外国語メッセージを付加した非常用の放送設備を活用して災害情報及び避難誘導に関する情報の多言語化を行う旨の相談があった場合は、本通知6(2)に基づくよう指導されたい。
　なお、ガイドライン第二、1(1)から(4)に規定するガイドラインの対象とする防火対象物以外のものについても、同様に指導されたい。

（平6・2・1消防予22）

memo　火災発生時において、警報を発する自動火災報知設備の地区音響装置、放送設備、誘導音装置付誘導灯の取扱いについて、相互に混乱のないように措置する具体的な内容が示されています。

◆消防用設備等に係る執務資料の送付について【火災放送を行う場合について】
　標記の件について、別紙のとおり質疑応答をとりまとめたので、執務上の参考とされるとともに、貴管下市町村への周知方御願いする。

第 2 章　5　非常警報器具・非常警報設備

（別紙）
第1　消防用設備等の設置基準
　3　非常警報設備
（火災放送を行う場合について）
問7　非常警報設備の基準（昭和48年消防庁告示第6号）第4、5(2)イ（ロ）cの「その他火災が発生した旨又は火災が発生した可能性が高い旨の信号」に、第1報の感知器が作動した警戒区域以外の警戒区域からの火災信号は該当すると解してよいか。
答　お見込みのとおり。

(平10・5・1消防予67)

◆放送設備のスピーカーの性能に応じた設置ガイドラインについて
　平成10年7月24日に公布された消防法施行規則の一部を改正する省令（平成10年自治省令第31号）及び非常警報設備の基準の一部を改正する件（平成10年消防庁告示第6号）の施行については、「消防法施行規則の一部を改正する省令の施行について」（平成10年7月24日付け消防予第118号）により通知したところであるが、これらの改正により導入された放送設備のスピーカーの性能に応じた設置方法（消防法施行規則（以下「規則」という。）第25条の2第2項第3号ハ関係）について円滑な運用を図るため、「放送設備のスピーカーの性能に応じた設置ガイドライン」（以下「ガイドライン」という。）を別添のとおりとりまとめたので通知する。
　貴職におかれては、下記事項に留意のうえ、貴都道府県内の市町村に対しても、この旨を通知するとともに、その指導に万全を期されるようよろしくお願いする。

記

1　放送設備のスピーカーについて、規則第25条の2第2項第3号ハの規定に基づく設置計画の事前相談等がなされた場合にあっては、次の事項に留意すること。
　(1)　ガイドラインは、規則第25条の2第2項第3号ハの規定に基づき放送設備のスピーカーを設置する場合の技術基準の運用及び具体的な設置例についてまとめたものであり、関係者等に対する指導に当たって活用されたいこと。
　(2)　ガイドラインにおいては、設計時の参考とするため、一般的なケースにおける数値（スピーカーの指向係数、吸音率等）を示しているが、個別の計画に応じた数値が明らかとなっている場合にあっては、当該数値によること。
　(3)　規則第25条の2第2項第3号イ及びロの規定に基づく設置方法にあっては、「放送設備の設置に係る技術上の基準の運用について」（平成6年2月1日付け消防予第22号）等により運用されているところであるが、特殊な要件の放送区域（残響時間が著しく長い又は短い空間、大空間等）にあっては、同号ハの規定等に基づく音量及び明瞭度の確認をすることが望ましいこと。
2　消防法第17条の3の2の規定に基づく消防用設備等の設置届の受理に当たっては、次の事項に留意すること。
　(1)　設置届の添付図書には、規則第25条の2第2項第3号ハの規定への適合性の確認のため、次に掲げる事項が明示されていること。
　　ア　スピーカーの性能に係る事項
　　　○　スピーカーの種別
　　　○　製造者名及び型式番号

　　　　○　外観図
　　　　○　音響パワーレベルp（単位　デシベル）
　　　　○　指向係数Q
　　　イ　放送区域の音響条件に係る事項（設計値）
　　　　○　平均吸音率α
　　　　○　壁、床及び天井又は屋根の面積の合計S（単位　平方メートル）
　　　　○　残響時間（単位　秒）
　　　ウ　スピーカーの設置方法に係る事項（設計値）
　　　　○　スピーカーの設置位置及び取付角度
　　　　○　当該スピーカーにより、75dB以上の音圧レベルが確保される空間的範囲（床面からの高さが1mの箇所におけるデータで足りる。）
　　　　○　放送区域の残響時間が3秒以上となる場合にあっては、当該スピーカーまでの距離が規則第25条の2第2項第3号ハ(ロ)の規定により求めた値以下となる空間的範囲（床面からの高さが1mの箇所におけるデータで足りる。）
　(2)　消防用設備等の試験においては、放送区域内におけるスピーカーの音量及び明瞭度の確認を行う必要があるが、条件的に不利な点（スピーカーからの最遠点、開口部の近傍等）における音量及び明瞭度を確認し、非常警報設備試験結果報告書にその結果を記録することで足りること。

別添
　　　　　　　　放送設備のスピーカーの性能に応じた設置ガイドライン
第1　趣旨
　　放送設備は、音声による的確な情報提供を行うことにより、火災時におけるパニック防止や円滑な避難誘導等を図ることを目的として、不特定多数の者が存する防火対象物等に設置が義務づけられているものである。
　　放送設備のスピーカーについては、警報内容の確実な伝達を確保するため、消防法施行規則（以下「規則」という。）第25条の2第2項第3号において設置方法が規定されており、スピーカーの仕様や設置間隔を具体的に定めた同号イ及びロと、警報内容の伝達に必要な音量や明瞭度の判断基準を定めた同号ハのいずれかを選択できることとされている。また、同号イ及びロの規定に基づく設置方法については、「放送設備の設置に係る技術上の基準の運用について」（平成6年2月1日付け消防予第22号）等により、従前から運用されているところである。
　　このガイドラインは、放送設備のスピーカーの性能に応じた設置方法について円滑な運用を図るため、規則第25条の2第2項第3号ハの規定に基づき放送設備のスピーカーを設置する場合の技術基準の運用及び具体的な設置例についてとりまとめたものである。
第2　技術基準の運用について
　　規則第25条の2第2項第3号ハの規定に基づく放送設備のスピーカーの設置に係る技術上の基準については、次により運用するものとする。
　1　用語の意義等について
　　　用語の意義等については、規則及び非常警報設備の基準（昭和48年消防庁告示第6号。以下「告示」という。）の規定によるほか、次によること。

(1) 音圧レベル
　ア　意義
　　音圧レベルとは、音波の存在によって生じる媒質（空気）中の圧力の変動分（音圧）の大きさを表す量で、一般的に次式により定義されること。

$$P = 10 \log_{10} \frac{P'^2}{Po'^2}$$

　　Pは、音圧レベル（単位　デシベル）
　　P'は、音圧の実効値（単位　パスカル）
　　Po'は、基準の音圧（$=20 \times 10^{-6}$Pa）
　イ　運用
　　音圧レベルは、第2シグナルのうち第3音を入力した時点の値（＝騒音計で測定した場合の最大値）によること。
(2) 音響パワーレベル
　ア　意義
　　音響パワーレベルとは、音源（スピーカー等）が空間内に放射する全音響パワー（音響出力）、すなわち1秒あたりに放射する音響エネルギーの大きさを表す量で、一般的に次式により定義されること。

$$p = 10 \log_{10} \frac{W}{Wo}$$

　　pは、音響パワーレベル（単位　デシベル）
　　Wは、音源の音響パワー（単位　ワット）
　　Woは、基準の音響パワー（$=1 \times 10^{-12}$W）
　　音響パワーレベルと音圧レベルは、音源からの放射音の表示量として用いられる点において同様であるが、音圧レベルが音源の性状のほか測定位置等により変化するものであるのに対し、音響パワーレベルは原理的に音源の性状のみに依存する点において異なるものであること。また、音響パワーレベルは、一般的に「パワーレベル」や「音響出力レベル」とも表現されること。
　イ　運用
　　音響パワーレベルの測定方法は、告示第4第6号（一）ロの規定により、第2シグナルを定格電圧で入力してJIS Z 8732（無響室又は半無響室における音響パワーレベル測定方法）又はJIS Z 8734（残響室における音響パワーレベル測定方法）の例により判定することとされているが、その具体的な取扱いは次によること。
　　（ア）スピーカーの音響パワーレベルは、第2シグナルのうち第3音を入力した時点の値に相当する値によること。
　　（イ）測定に当たっては、第2シグナルを30秒間以上入力すること。この場合において、第2シグナルは下図のような波形を有するものであることから、当該測定値に次式による補正を加えた値をもって、スピーカーの音響パワーレベルとして取り扱うこと。

　　　　$p = p_m + 4$
　　　　pは、スピーカーの音響パワーレベル（単位　デシベル）
　　　　p_mは、JIS Z 8732又はJIS Z 8734の例による測定値（単位　デシベル）

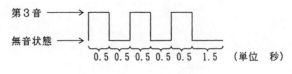

図　第2シグナルの波形

$$(補正値) = 10\log_{10}\frac{0.5 \times 5 + 1.5}{0.5 \times 3} \fallingdotseq 4 （デシベル）$$

　　（ウ）　JIS Z 8732又はJIS Z 8734と同等以上の精度を有する測定方法についても、音響パワーレベルの測定方法として認めてさしつかえないこと。
（3）　スピーカーの指向係数
　ア　意義
　　　スピーカーの指向係数とは、スピーカーの指向特性を表す数値で、一般的に次式により定義されるものであること。

$$Q = \frac{I_d}{Io}$$

　　　Qは、スピーカーの指向係数
　　　I_dは、スピーカーからの距離dの点における直接音の強さ
　　　Ioは、スピーカーからの距離dの位置における直接音の強さの全方向の平均値
　イ　運用
　　　スピーカーの指向係数は、スピーカーの基準軸（スピーカーの開口面の中心を通る開口面に垂直な直線をいう。）からの角度に応じた値とすること。また、一般的に用いられているタイプのスピーカーにあっては、その指向特性区分に応じ、次表に掲げる値とすることができること。

指向特性区分	該当するスピーカータイプ	指向係数 0°以上 15°未満	15°以上 30°未満	30°以上 60°未満	60°以上 90°未満
W	コーン型スピーカー	5	5	3	0.8
M	ホーン型コーンスピーカー又は、口径が200ミリ以下のホーンスピーカー	10	3	1	0.5
N	口径が200ミリを超えるホーンスピーカー	20	4	0.5	0.3

（4）　当該箇所からスピーカーまでの距離
　ア　意義
　　　当該箇所からスピーカーまでの距離とは、放送区域の床面からの高さが1mの箇所からスピーカーの基準点までの直線距離をいい、スピーカーからの放送を受聴する代表的な位置を意味するものであること。

イ　運用

　　当該箇所からスピーカーまでの距離を算定するにあたり、消防法施行令第32条の規定を適用して、次により取り扱うこととしてさしつかえないこと。

　(ア)　放送区域の構造、設備、使用状況等から判断して、スピーカーからの放送を受聴する位置が「床面からの高さが1mの箇所」と異なる部分にあっては、実際に受聴する位置からスピーカーまでの距離により算定することができること。

　(イ)　放送区域の構造、設備、使用状況等から判断して、スピーカーからの放送を受聴する可能性のない放送区域の部分（人の立入る可能性の全くない部分）にあっては、規則第25条の2第2項第3号ハ(イ)及び(ロ)の規定による音量及び明瞭度を確保しないことができること。

(5)　放送区域の平均吸音率

　ア　意義

　　放送区域の平均吸音率とは、放送区域に音波が入射した場合において、その壁、床、天井等が吸収又は透過する音響エネルギーと入射した全音響エネルギーの比の平均値をいうこと。

　イ　運用

　　放送区域の平均吸音率は、厳密には放送区域の区画の構造、使用されている個々の内装材、収納物等の種類（吸音率）及び面積、入射音の周波数等により異なる値をとるものであるが、次により取り扱うこと。

　(ア)　規則第25条の2第2項第3号ハ(イ)及び(ロ)に掲げる式の算定に当たっては、放送設備の音声警報音の周波数帯域を勘案し、2kHzにおける吸音率によること。なお、残響時間の算定に当たっては、(7)イ(ア)に掲げるとおり500Hzにおける吸音率によること。

　(イ)　通常の使用形態において開放されている開口部（自動火災報知設備と連動して閉鎖する防火戸が設けられている場合を含む。）の吸音率は0.8とすること。

　(ウ)　吸音率が異なる複数の建築材料が用いられている場合の平均吸音率は、次式により算定すること（別紙1参照）。

$$\alpha = \frac{\Sigma S_n \alpha_n}{\Sigma S_n}$$

　　　αは、平均吸音率

　　　S_nは、建築材料の面積（単位　平方メートル）

　　　α_nは、建築材料の吸音率

(6)　放送区域の壁、床及び天井又は屋根の面積の合計

　ア　意義

　　放送区域の壁、床及び天井又は屋根の面積の合計とは、当該放送区域を区画する壁、床及び天井又は屋根のほか、これらに存する開口部を含めた面積の合計をいうこと。

　イ　運用

　　通常の使用形態において複数階の部分と一体的な空間をなすアトリウム等が存する場合にあっては、防火区画を形成するための防火シャッター等の位置により、階ごとに放送区域を設定すること。

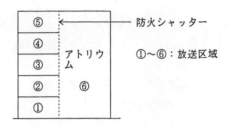

(7) 残響時間

ア 意義

残響時間とは、放送区域内の音圧レベルが定常状態にあるとき、音源停止後から60dB小さくなるまでの時間をいうこと。

イ 運用

残響時間は、厳密には放送区域の区画の構造、使用されている個々の内装材、収納物等の種類（吸音率）及び面積、入射音の周波数等により異なる値をとるものであるが、(5)イ（(ア)を除く。）及び(6)イによるほか、次により取り扱うこと。

(ア) 残響時間は、500Hzにおける値とすること。

(イ) 残響時間は、次式により算定すること。

$$T = 0.161 \frac{V}{S\alpha}$$

Tは、残響時間（単位 秒）

Vは、放送区域の体積（単位 立方メートル）

Sは、放送区域の壁、床及び天井又は屋根の面積の合計（単位 平方メートル）

α は、放送区域の平均吸音率

2 スピーカーの設置方法について

スピーカーの設置方法については、規則第25条の2第2項第3号ハの規定によるほか、次によること。

(1) 全般的な規定の趣旨等

ア 規定の趣旨

(ア) 規則第25条の2第2項第3号ハ(イ)及び(ロ)の規定は、階段又は傾斜路以外の場所（居室、廊下等）における警報内容の伝達に必要な音量及び明瞭度の判断基準を定めたものであること。したがって、スピーカー仕様や設置間隔を具体的に定めた同号イ及びロの規定と異なり、所要の音量及び明瞭度を確保することができれば、設置するスピーカーの仕様や放送区域内の配置については、自由に選択することができること。

(イ) 規則第25条の2第2項第3号ハ(ハ)の規定は、階段又は傾斜路におけるスピーカーの設置方法を定めたものであり、内容的には同号ロ(ハ)の規定と同一であること。

イ 運用

(ア) 規則第25条の2第2項第3号ハ(イ)及び(ロ)を適用する場合には、計画段階において計算により設置するスピーカーの仕様や放送区域内の配置を決定することとなることから、竣工時における基準適合性を確保するためには、余裕をもった設計を行う必要があること。また、放送区域内の収納物等についても、これらの影響により実際の音

量や明瞭度が著しく変化する場合があるので、設計に当たり留意する必要があること。
(イ) スピーカーの設置方法を選択するに当たり、一の放送区域において規則第25条の2第2項第3号イ及びロの規定と同号ハの規定を併用することは認められないものであること。

また、同号ハの規定に基づきスピーカーを設置した放送区域に隣接する放送区域について、同号ロ(ロ)ただし書の規定によりスピーカーの設置を免除することは、警報内容の伝達に必要な音量及び明瞭度が確保されないおそれがあることから、一般的には認められないこと。ただし、透過損失の影響等を考慮のうえ、(3)イ(ア)に掲げる手法等により所要の音量及び明瞭度が得られると認められる場合にあっては、この限りでない。

(ウ) 防火区画を形成するための防火シャッター等が存する場合にあっても、通常の使用形態において区画されていなければ、一般的には一の放送区域として取り扱われる(1(6)イに掲げる場合等を除く。)ものであるが、スピーカーの設置に当たっては、当該防火シャッター等の閉鎖時にも警報内容の伝達に必要な音量及び明瞭度が得られるよう留意する必要があること。

(エ) 防火対象物の増築、改築、間仕切変更等の際には、スピーカーの設置に係る基準適合性を確認する必要があること。この場合において、規則第25条の2第2項第3号ハの規定により所要の音量及び明瞭度が確保されているときは、スピーカーの増設、移設等の措置を講じる必要はないこと。

(2) 音量の確保
ア 規定の趣旨
(ア) 音量の確保の観点から、規則第25条の2第2項第3号ハ(イ)の規定により、スピーカーは、放送区域ごとに、次の式により求めた音圧レベルが当該放送区域の床面からの高さが1mの箇所において75dB以上となるように設けることとされていること(別紙2参照)。

$$P = p + 10\log_{10}\left(\frac{Q}{4\pi r^2} + \frac{4(1-\alpha)}{S\alpha}\right)$$

Pは、音圧レベル(単位 デシベル)
pは、スピーカーの音響パワーレベル(単位 デシベル)
Qは、スピーカーの指向係数
rは、当該箇所からスピーカーまでの距離(単位 メートル)
αは、放送区域の平均吸音率
Sは、放送区域の壁、床及び天井又は屋根の面積の合計(単位 平方メートル)

(イ) 当該規定は、スピーカーからの放送を受聴する代表的な位置(=床面からの高さが1mの箇所)において、警報内容の伝達に必要な音量(=75dBの音圧レベル。就寝中の人を起こすために最低必要な音量に相当)を確保することを趣旨とするものであること。

イ 運用
音圧レベルの算定については、スピーカーから放射された直接音(=スピーカーの音響

パワーレベル）の当該方向への配分及び距離減衰（＝$Q/4\pi r^2$）と放送区域内における反射音（＝$4(1-\alpha)/S\alpha$）によることとしているが、実際に測定を行った場合においても、75dB以上の音量が確保される必要があること。
(3) 明瞭度の確保
　ア　規定の趣旨
　　（ア）　明瞭度の確保の観点から、規則第25条の2第2項第3号ハ(ロ)の規定により、スピーカーは、当該放送区域の残響時間が3秒以上となるときは、当該放送区域の床面からの高さが1mの箇所から一のスピーカーまでの距離が次の式により求めた値以下となるように設けることとされていること。

$$r = \frac{3}{4}\sqrt{\frac{Q}{\pi}\frac{S\alpha}{(1-\alpha)}}$$

　　　　rは、当該箇所からスピーカーまでの距離（単位　メートル）
　　　　Qは、スピーカーの指向係数
　　　　Sは、放送区域の壁、床及び天井又は屋根の面積の合計（単位　平方メートル）
　　　　αは、放送区域の平均吸音率
　　（イ）　当該規定は、残響によりメッセージの明瞭度が著しく低下するおそれのある放送区域（＝残響時間3秒以上）について、スピーカーからの放送を受聴する代表的な位置（床面からの高さが1mの箇所）において、警報内容の伝達に必要な明瞭度を確保することを旨とするものであること。また、距離の算定については、明瞭度確保の判断基準として一般に用いられている、臨界距離（直接音と反射音の強さが等しくなる距離をいう。）の3倍によるものであること。
　イ　運用
　　（ア）　明瞭度については、規則第25条の2第2項第3号ハ(ロ)の規定によるほか、IEC（国際電気標準会議）268－16のSTI（Speech Transmission Index）、RASTI（Rapid Speech Transmission Index）等の手法により確認されたものについても認めてさしつかえないこと。
　　（イ）　一のスピーカーにより10mを超える範囲を包含することとなる場合であって、当該放送区域の残響時間が比較的長い放送区域（残響時間が概ね1秒以上）や大空間の放送区域（一辺が概ね20m以上のホール、体育館、物品販売店舗の売場、間仕切の少ないオフィスビルの事務室等）である時には、規則第25条の2第2項第3号ハ(ロ)の規定や（ア）に掲げる手法等の例により、避難経路等を中心として明瞭度の確保を図ることが望ましいこと。
第3　具体的な設置例について
　規則第25条の2第2項第3号ハの規定に基づき放送設備のスピーカーを設置する場合の具体例は、別紙3のとおりである。
　なお、警報内容の伝達に必要な音量及び明瞭度を確保するための要件（スピーカーの仕様、配置等）は、個別の放送区域ごとに異なるものであることから、設計を行うに当たっての参考として活用されたい。

別紙1
平均吸音率の計算例

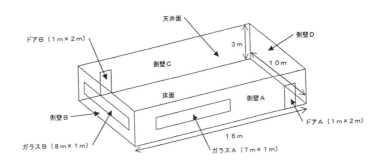

【表1】建築材料および吸音力計算表

名称	面積S (m²)	建築材料	材料吸音率α 500Hz	材料吸音率α 2kHz	材料吸音力Sα 500Hz	材料吸音力Sα 2kHz
床面	16×10=160	根太床（チーク寄木張り）	0.12	0.09	19.20	14.40
天井面	16×10=160	孔あき9mm石膏ボード	0.25	0.23	40.00	36.80
側壁A	16×3−7×1−1×2=39	コンクリート打ち放し	0.02	0.03	0.78	1.17
側壁B	10×3−8×1=22	同上	0.05	0.03	1.10	0.66
側壁C	16×3−1×2=46	同上	0.05	0.03	2.30	1.38
側壁D	10×3=30	同上	0.05	0.03	1.50	0.90
ガラスA	7×1=7	ガラス窓（木製サッシ）	0.18	0.07	1.26	0.49
ガラスB	8×1=8	同上	0.18	0.07	1.44	0.56
ドアA	1×2=2	扉（ビニールレザーふとん張り）	0.20	0.30	0.40	0.60
ドアB	1×2=2	同上	0.20	0.30	0.40	0.60
合計	476	−	−	−	63.38	57.56

【表1】より、平均吸音率は、2kHzにおける場合で計算する。

$$\alpha = (S\alpha)_{TOTAL} / S = 57.56 / 476 = 0.12_{2kHz}$$

また予測残響時間は、500Hzにおける場合で計算する。

$$T = 0.161 \times V / S\alpha = 0.161 \times 16 \times 10 \times 3 / 68.38 = 1.13_{500Hz}$$

【参考】主建築材料の吸音率の一例

	125Hz	250Hz	500Hz	1kHz	2kHz	4kHz
コンクリート打ち放し	0.01	0.01	0.02	0.02	0.03	0.04
ビニール系タイル	0.01	0.02	0.02	0.02	0.03	0.04
ガラス（木製サッシュ）	0.35	0.25	0.18	0.12	0.07	0.04
パイルカーペット10mm	0.09	0.08	0.21	0.26	0.27	0.37
石膏ボード7mm空気層45mm	0.26	0.14	0.09	0.06	0.05	0.05
ベニヤ板12mm空気層45mm	0.25	0.14	0.07	0.04	0.1	0.08
根太床（チーク寄木張り）	0.16	0.14	0.12	0.11	0.09	0.07

別紙2
Beranekの理論式に基づく室内における音源の距離減衰グラフ
パワーレベル100dB、Q＝10の場合の例

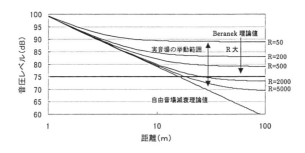

※R（室定数）
　R（室定数）は、室の表面積Sおよび平均吸音率αによって定められ、下式で定義される。

$$R = \frac{S\alpha}{1-\alpha}$$

別紙3－1
＜事務所の会議室①＞
1　放送区域の概要及びスピーカーの仕様

放送区域の用途	事務所の会議室
内装仕様	天井：ロックウール化粧吸音板、床：ニードルパンチカーペット、壁：石膏ボード、ガラス
放送区域の寸法	間口16m、奥行き16m、高さ3m

放送区域の壁、床の面積の合計	704m²
放送区域の体積	768m³
放送区域の平均吸音率	0.20（500Hz）、0.39（2kHz）
スピーカーの音響パワーレベル	97dB
スピーカーの指向係数	指向特性区分　W0.8

2　残響時間

$$T = 0.161 \times \frac{768}{704 \times 0.20} = 0.88 \text{（秒）}$$

3　スピーカーの配置

○　受聴点における音圧レベル（距離11.5m）

$$P = 97 + 10\log_{10}\left(\frac{0.8}{4\pi (11.5)^2} + \frac{4(1-0.39)}{704 \times 0.39}\right) = 76.7 \text{（dB）}$$

○　スピーカーの配置図（天井埋込スピーカーを使用する）

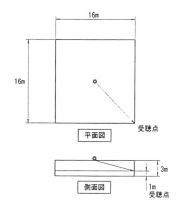

4　メリット

○　残響時間の短い放送区域であり、かつ、音圧レベルも確保できるので、1つのスピーカーにより10mを越える部分をカバーできる。

別紙3－2
＜事務所の会議室②＞

1　放送区域の概要及びスピーカーの仕様

放送区域の用途	事務所の会議室
内装仕様	天井：ロックウール化粧吸音板、床：塩化ビニルタイル、壁：コンクリート、ガラス
放送区域の寸法	間口16m、奥行き16m、高さ3m

330　第2章　5　非常警報器具・非常警報設備

放送区域の壁、床の面積の合計	704m²
放送区域の体積	768m³
放送区域の平均吸音率	0.17（500Hz）、0.31（2kHz）
スピーカーの音響パワーレベル	97dB
スピーカーの指向係数	指向特性区分　W

2　残響時間

$$T = 0.161 \times \frac{768}{704 \times 0.17} = 1.03 \text{（秒）}$$

3　スピーカーの配置

○　1つのスピーカーで10mを超える範囲を包含する場合であって、残響時間が1秒以上であるときには、明瞭度の確保を図ることが望ましい。したがって、スピーカーは次式で求めるrの値以下の距離となるように設置することになる。

$$r = \frac{3}{4}\sqrt{\frac{QS\alpha}{\pi(1-\alpha)}} = \frac{3}{4}\sqrt{\frac{Q \times 704 \times 0.31}{\pi(1-0.31)}}$$

角度	0～15°未満	15°以上 30°未満	30°以上 60°未満	60°以上 90°未満
Q	5	5	3	0.8
r（m）	16.8	16.8	13.0	6.7

○　スピーカーの配置図（壁掛型スピーカーを使用する）

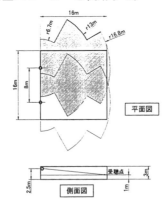

○　rの地点での音圧レベル

$$P = 97 + 10\log_{10}\left(\frac{0.8}{4\pi(6.7)^2} + \frac{4(1-0.31)}{704 \times 0.31}\right) = 78.5 \text{（dB）}$$

となり、r以内のエリアでは75dBを満足する。

4　メリット

○　rの距離内に受聴点を配置することから、明瞭度が向上する。

別紙3-3
＜ホテルの客室、廊下＞
1 放送区域の概要及びスピーカーの仕様

放送区域の用途	ホテルの宿泊室と廊下
内装仕様	天井：孔あき石膏ボード、壁：モルタル、床：パイルカーペット
放送区域の寸法	（図による。）
放送区域の壁、床等内面積の合計	廊下1＝320m²　廊下2＝441m²　客室（最大室）＝112m²
放送区域の体積	廊下1＝188m³　廊下2＝262m³　客室（最大室）＝76m³
放送区域の平均吸音率（500Hz）	廊下1＝0.14　廊下2＝0.14　客室（最大室）＝0.25
放送区域の平均吸音率（2kHz）	廊下1＝0.11　廊下2＝0.11　客室（最大室）＝0.22
スピーカーの音響パワーレベル	97dB
スピーカーの指向係数	指向特性区分　W

2 残響時間
　　　$T = 0.161 \times V / (S \times \alpha)$ より
　　　　廊下1 T＝0.161×188／（320×0.14）＝0.67秒
　　　　廊下2 T＝0.161×262／（441×0.14）＝0.68秒
　　　　客室 T＝0.161×76／（112×0.25）＝0.44秒

3 スピーカーの配置
　避難経路である廊下が20m以上の空間となるため明瞭度を重視したスピーカー配置とすると、次式で求めるrの値以下の距離となるように設置することとなる。
　　　$r = 3/4 \times \sqrt{(Q \times S \times \alpha / (\pi \times (1-\alpha)))}$ より

角度（°）	0～15°未満	15°以上30°未満	30°以上60°未満	60°以上90°以下
Q	5	5	3	0.8
廊下1　r（m）	6.06	6.06	4.7	2.43
廊下2　r（m）	7.06	7.06	5.47	2.82
客室　r（m）	5.43	5.43	4.21	2.17

　○　受聴点における音圧レベル
　　スピーカーからの最大距離点における音圧レベルの計算は、

$P = p + 10 \times \log (Q/4 \times \pi \times r^2 + 4 \times (1-\alpha) / S \times a)$ より、
<廊下1の場合>
$P = 97 + 10 \times \log (5/4 \times \pi \times 6^2 + 4 \times (1-0.11) / 320 \times 0.11) = 91.4$ (dB)
<廊下2の場合>
$P = 97 + 10 \times \log (5/4 \times \pi \times 7^2 + 4 \times (1-0.11) / 441 \times 0.11) = 90.1$ (dB)
<客室の場合>
$P = 97 + 10 \times \log (3/4 \times \pi \times 4^2 + 4 \times (1-0.22) / 83 \times 0.22) = 93.6$ (dB)
となる。

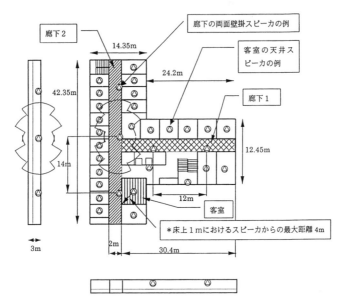

メリット（廊下の場合）
1　軸方向を受聴方向に向けられる事から、明瞭度が向上する。

別紙3－4
<学校の教室>
1　放送区域の概要及びスピーカーの仕様

放送区域の用途	学校の教室
放送区域の寸法	間口10m、奥行き10m、高さ3.0m
放送区域の壁、床の面積の合計	320m²
放送区域の体積	300m³
内装仕様	天井：穴あき石膏ボード、床：板貼り、壁：黒板、窓ガラス、板貼りドア等
放送区域の平均吸音率	0.15（2kHz）、0.20（500Hz）

第2章　5　非常警報器具・非常警報設備

スピーカーの音響パワーレベル	98.8dB
スピーカーの指向係数	指向特性区分　W5

2　残響時間
　　　$T = 0.161 \times V / (S\alpha_{500Hz}) = 0.161 \times 300 / (320 \times 0.20) = 0.75$秒

3　スピーカー配置
　○　受聴点における音圧レベル
　　　$P = p + 10\log \{Q/4\pi r^2 + 4(1-\alpha_{2kHz})/S\alpha_{2kHz}\}$
　　スピーカーからの最長距離P地点の音圧レベル
　　　$P = 98.8 + 10\log \{5/4 \cdot \pi \cdot (11.4)^2 + 4 \cdot (1-0.15)/320 \cdot 0.15\}$
　　　　$= 87.4$dB
　○　スピーカーの配置図（平面図及び側面図）
　　　音響パワーレベル98.8デシベルの壁掛け型スピーカーの場合

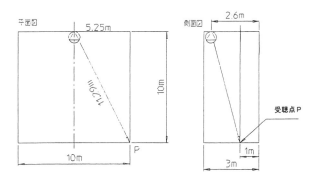

4　メリット
　○　残響時間の短い放送区域で、音圧レベルも確保できるので、1つのスピーカーにより10mを超える範囲をカバーできる。

別紙3－5
＜アトリウム＞
1　放送区域の概要及びスピーカーの仕様

放送区域の用途	アトリウム
内装仕様	天井：ガラス、床：大理石、壁：大理石、ガラス
放送区域の寸法	間口13.5m、奥行き24m、高さ17m
放送区域の壁、床の面積の合計	1,923m²
放送区域の体積	5,508m³
放送区域の平均吸音率	0.08（500Hz）、0.07（2kHz）

スピーカーの音響パワーレベル	100dB
スピーカーの指向係数	指向特性区分　M

2　残響時間

$$T = 0.161 \times \frac{5508}{1923 \times 0.08} = 5.76 \text{（秒）}$$

3　スピーカーの配置

○　残響時間が3秒以上のため、スピーカーまでの距離は次式で求めるrの値以下となるように設置する必要がある。

$$r = \frac{3}{4}\sqrt{\frac{QS\alpha}{\pi(1-\alpha)}} = \frac{3}{4}\sqrt{\frac{Q \times 1923 \times 0.07}{\pi(1-0.07)}}$$

角度	0〜15°未満	15°以上 30°未満	30°以上 60°未満	60°以上 90°未満
Q	10	3	1	0.5
r（m）	16.1	8.8	5.1	3.6

○　スピーカーの配置（ホーン型コーンスピーカーを使用する）

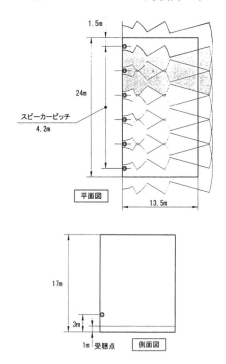

○　rの地点での音圧レベル

$$P = 100 + 10\log_{10}\left(\frac{10}{4\pi(16.1)^2} + \frac{4(1-0.07)}{1923 \times 0.07}\right) = 84.9 \text{（dB）}$$

となり、r以内のエリアでは75dBを満足する。
4 メリット
   ○ rの距離内に受聴点を配置することから、明瞭度が確保される。

別紙3－6
＜地下駐車場＞
1 放送区域の概要及びスピーカーの仕様

放送区域の用途	地下駐車場
内装仕様	天井：コンクリート、壁：コンクリート、床：コンクリート
放送区域の寸法	間口76.5m、奥行き43m、高さ4.2m
放送区域の壁、床等内面積の合計	8149.8m²
放送区域の体積	13816m³
放送区域の平均吸音率（500Hz）	0.03
放送区域の平均吸音率（2kHz）	0.03
スピーカーの音響パワーレベル	97dB
スピーカーの指向係数	指向特性区分　W

2 残響時間
   $T = 0.161 \times V / (S \times \alpha)$ より
   $T = 0.161 \times 13816 / (8149.8 \times 0.03) = 9.1$秒
   上記結果から、残響時間が3秒以上の為、明瞭度を確保する必要がある。

3 明瞭度を確保する計算式
   $r = 3/4 \times \sqrt{(Q \times S \times \alpha / (\pi \times (1-\alpha)))}$ より
   コーン型スピーカーの場合は、

角度（°）	0〜15°未満	15°以上30°未満	30°以上60°未満	60°以上90°以下
Q	5	5	3	0.8
距離r（m）	14	14	11	6

4 受聴点における音圧レベルの計算
   スピーカーからの最大距離点（下図A点）における音圧レベルの計算は、
   $P = p + 10 \times \log(Q / 4 \times \pi \times r^2 + 4 \times (1-\alpha) / S \times \alpha)$ より、
   $P = 97 + 10 \times \log(5 / 4 \times \pi \times 12^2 + 4 \times (1-0.03) / 8149.8 \times 0.03) = 79.4$（dB）となる。

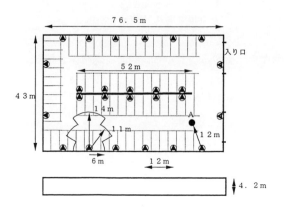

メリット
1　到達距離内に受聴点を配置することから、明瞭度が向上する。

（平11・2・2消防予25）

memo　放送設備のスピーカー性能を音響パワーレベルで評価することとしたことに伴い、当該性能に応じた適切な設置方法が示されており、このガイドラインに従って設置した場合には、基準に適合していると見なされます。

◆消防用設備等に係る執務資料の送付について【警報音について】

問1　消防法施行規則（昭和36年自治省令第6号。以下「規則」という。）第24条第5号イ（ハ）、同条第5号の2イ（ハ）、第25条の2第2項第1号イ（ハ）及び同項第3号イ（ハ）に規定する「当該個室において警報音を確実に聞き取ることができるように措置されていること」について、次により運用することとしてよいか。
1　任意の場所で65dB以上の警報音を確保すること。
2　暗騒音（ヘッドホン等から流れる音を含む）が65dB以上ある場合は、次のいずれかの措置又はこれと同等以上の効果のある措置を講ずる必要があること。
　（1）　個室における警報装置の音圧が、通常の使用状態においてヘッドホン等から流れる最大音圧※よりも6dB以上強くなるよう確保されていること。
　　※　音響機器自体において一定以上音圧が上がらないよう制限されている場合や、利用者に音圧を一定以上に上げないよう周知徹底がなされている場合等においては、当該音圧をいう。
　（2）　自動火災報知設備、非常警報設備の警報装置の作動と連動して、警報装置の音以外の音が自動的に停止又は低減し、又は常時人がいる場所に受信機又は火災表示盤等を設置することにより、警報装置が鳴動した場合に警報装置以外の音が手動で停止又は低減できるものであること。

答　お見込みのとおり。
　　なお、個室（これに類する施設を含む。）の密閉性が高い場合、挿入型のもの等で遮音性能の高いヘッドホン等が用いられている場合等にあっては、必要に応じ警報音の音圧測定、ヘッドホンを着用した状態での聞取りを行う等して、火災の報知に支障ないことを確認されたい。

問2

1　規則第24条第2号ホ(ロ)、同条第5号イ(ロ)、同条第5号の2イ(ロ)、第25条の2第2項第1号イ(ロ)、同項第3号イ(ロ)及び同号ハ(ニ)に規定する「当該場所において他の警報音又は騒音と明らかに区別して聞き取ることができるように措置されていること。」について、パチンコ店舗においても、カラオケボックス等と同様に、次により運用することとしてよいか。
  (1)　任意の場所で65dB以上の警報音を確保すること。
  (2)　暗騒音（店内ＢＧＭやパチンコ台による音響）が65dB以上ある場合は、次のいずれかの措置又はこれと同等以上の効果のある措置を講ずる必要があること。
    ①　警報装置の音圧が、当該場所における暗騒音よりも6dB以上強くなるよう確保されていること。
    ②　自動火災報知設備又は非常警報設備の作動と連動して、警報装置の音以外の音が自動的に停止又は低減し、又は常時人がいる場所に受信機又は火災表示盤等を設置することにより、警報装置が鳴動した場合に警報装置以外の音を手動で停止又は低減できるものであること。
2　上記の場合において、(2)中「これと同等以上の効果のある措置」として、現場の状況に応じ、次のような措置を組み合わせることにより対応することとしてよいか。
  (1)　警報音について、聞き取りやすい音色を選択する。
  (2)　従業員によるマイク放送（音圧は1の例による）及び拡声器等を用いた迅速な避難誘導を実施する。
  (3)　音以外の手段により、補完的に火災を報知する。

答　お見込みのとおり。

(平22・2・5消防庁予防課事務連絡)

memo　「当該個室において警報音を確実に聞き取ることができるように措置されていること」と認めることができる要件を明確にしたものであり、この要件に適合している場合には、特例を適用する必要のないものです。

第 3 章

避難設備

1　避難器具

(1)　設置基準

　避難器具の設置を要する防火対象物の階については、令25条1項に規定されています（⇒序章　1(5)　消防用設備基準等設置早見表（18頁）参照）。

(2)　法令による緩和措置（令25条2項1号ただし書き）

　避難器具の設置義務が有る防火対象物の階について、当該防火対象物の位置、構造又は設備の状況により避難上支障がないと認められるときは、総務省令（規26）で定めるところにより、その設置個数を減少し、又は避難器具を設置しないことができるとされています。

（避難器具の設置個数の減免又は設置の免除）

規則26条	緩和の内容
①　令25条1項各号に掲げる防火対象物の階が次に該当するとき 　一　主要構造部を耐火構造としたものであること。 　二　避難階又は地上に通ずる直通階段（傾斜路を含みます。以下「直通階段」といいます。）で、避難階段又は特別避難階段が2以上設けられていること。	当該階に設置する避難器具の個数は、令25条2項1号本文中「100人」を「200人」に、「200人」を「400人」に、「300人」を「600人」に読み替えて算出して得た数以上とします。
②　令25条1項各号に掲げる防火対象物の階に建築基準法施行令120条、121条及び122条の規定により必要とされる直通階段で、建築基準法施行令123条及び124条に規定する避難階段（屋外に設けるもの及び屋内に設けるもので消防庁長官が定める部分を有するものに限ります。）又は特別避難階段としたものが設けられている場合	当該階に設置する避難器具の個数は、令25条2項1号本文又は規則26条1項の規定により算出して得た数から当該避難階段又は特別避難階段の数を引いた数以上とすることができます。この場合において、当該引いた数が1に満たないときは、当該階に避難器具を設置しないことができます。
③　令25条1項各号に掲げる防火対象物で主要構造部を耐火構造としたものに次に該当する渡り廊下が設けられている場合 　一　耐火構造又は鉄骨造であること。 　二　渡り廊下の両端の出入口に自動閉鎖装置付きの特定防火設備である防火戸（防火シャッターを除きます。）が設けられていること。 　三　避難、通行及び運搬以外の用途に供しないこと。	当該渡り廊下が設けられている階に設置する避難器具の個数は、令25条2項1号本文又は規則26条1項・2項の規定により算出して得た数から当該渡り廊下の数に2を乗じた数を引いた数以上とすることができます。この場合において、

	規則26条2項後段の規定を準用します。
④　令25条1項各号に掲げる防火対象物で主要構造部を耐火構造としたものに避難橋を次に該当する屋上広場に設けた場合において、当該直下階から当該屋上広場に通じる避難階段又は特別避難階段が2以上設けられているとき 　一　避難橋が設置されている屋上広場の有効面積は、100㎡以上 　二　屋上広場に面する窓及び出入口に防火戸が設けられているもので、かつ、当該出入口から避難橋に至る経路は、避難上支障がないもの 　三　避難橋に至る経路に設けられている扉等は、避難のとき容易に開閉できるもの	当該直下階に設置する避難器具の個数は、令25条2項1号本文又は規則26条1項から3項の規定により算出して得た数から当該避難橋の数に2を乗じた数を引いた数以上とすることができます。この場合において、規則26条2項後段の規定を準用します。
⑤　令25条1項各号に掲げる防火対象物の階が次の各号のいずれかに該当するとき 　一　令別表1(1)項から(8)項までに掲げる防火対象物にあっては次のイからヘまでに、同表(9)項から(11)項までに掲げる防火対象物にあっては次のイ、ニ、ホ及びヘに、同表(12)項及び(15)項に掲げる防火対象物にあっては次のイ、ホ及びヘに該当すること。 　　イ　主要構造部を耐火構造としたもの 　　ロ　開口部に防火戸を設ける耐火構造の壁又は床で区画されていること。 　　ハ　ロの区画された部分の収容人員が、令25条1項各号の区分に応じ、それぞれ当該各号の収容人員の数値未満 　　ニ　壁及び天井（天井のない場合にあっては、屋根）の室内に面する部分（回り縁、窓台その他これらに類するものを除きます。）の仕上げを準不燃材料でし、又はスプリンクラー設備が、当該階の主たる用途に供するすべての部分に、令12条に定める技術上の基準に従い、若しくは当該技術上の基準の例により設けられていること。 　　ホ　直通階段を避難階段又は特別避難階段としたもの 　　ヘ　バルコニーその他これに準ずるもの（以下「バルコニー等」といいます。）が避難上有効に設けられているか、又は2以上の直通階段が相互に隔った位置に設けられ、かつ、当該階のあらゆる部分から2以上の異なった経路によりこれらの直通階段のうちの2以上のものに到達しうるよう設けられていること。 　二　次のイ及びロに該当すること。 　　イ　主要構造部を耐火構造としたもの	当該階に避難器具を設置しないことができます。

ロ　居室の外気に面する部分にバルコニー等（令別表1(5)項
　　　及び(6)項に掲げる防火対象物にあっては、バルコニーに
　　　限ります。）が避難上有効に設けられており、かつ、当該バ
　　　ルコニー等から地上に通ずる階段その他の避難のための設
　　　備（令別表1(5)項及び(6)項に掲げる防火対象物にあって
　　　は階段に限ります。）若しくは器具が設けられ、又は他の建
　　　築物に通ずる設備若しくは器具が設けられていること。
三　次のイからニまでに該当すること。
　　イ　主要構造部を耐火構造としたもの
　　ロ　居室又は住戸から直通階段に直接通じており、当該居室
　　　又は住戸の当該直通階段に面する開口部には特定防火設備
　　　である防火戸（防火シャッターを除きます。）で、随時開く
　　　ことができる自動閉鎖装置付のもの又は次の(イ)及び(ロ)
　　　に定める構造のものを設けたもの
　　　（イ）随時閉鎖することができ、かつ、煙感知器の作動と
　　　　　連動して閉鎖すること。
　　　（ロ）直接手で開くことができ、かつ、自動的に閉鎖する
　　　　　部分を有し、その部分の幅、高さ及び下端の床面からの
　　　　　高さが、それぞれ、75cm以上、1.8m以上及び15cm以下
　　ハ　直通階段が建築基準法施行令123条（1項6号、2項2号及び
　　　3項10号を除きます。）に定める構造のもの（同条1項に定め
　　　る構造のものにあっては、消防庁長官が定める部分を有す
　　　るものに限ります。）
　　ニ　収容人員は、30人未満

⑥　小規模特定用途複合防火対象物に存する令25条1項1号及び2号に掲げる防火対象物の階が次の各号（当該階が2階であり、かつ、2階に令別表1(2)項及び(3)項に掲げる防火対象物の用途に供される部分が存しない場合にあっては、1号及び3号）に該当するとき 一　下階に令別表1(1)項から(2)項ハまで、(3)項、(4)項、(9)項、(12)項イ、(13)項イ、(14)項及び(15)項に掲げる防火対象物の用途に供される部分が存しないこと。 二　当該階（当該階に規則4条の2の2第1項の避難上有効な開口部を有しない壁で区画されている部分が存する場合にあっては、その区画された部分）から避難階又は地上に直通する階段が2以上設けられていること。 三　収容人員は、令25条1項1号に掲げる防火対象物の階にあっては20人未満、同項2号に掲げる防火対象物の階にあっては30人未満	当該階に避難器具を設置しないことができます。

⑦　令25条1項3号及び4号に掲げる防火対象物の階（令別表1(1)項及び(4)項に掲げる防火対象物の階を除きます。）が、主要構造部を耐火構造とした建築物の次の各号に該当する屋上広場の直下階であり、かつ、当該階から当該屋上広場に通ずる避難階段又は特別避難階段が2以上設けられている場合 一　屋上広場の面積が1500㎡以上 二　屋上広場に面する窓及び出入口に、防火戸が設けられていること。 三　屋上広場から避難階又は地上に通ずる直通階段で建基令123条に規定する避難階段（屋外に設けるもの及び屋内に設けるもので消防庁長官が定める部分を有するものに限ります。）又は特別避難階段としたものその他避難のための設備又は器具が設けられていること。	当該階に避難器具を設置しないことができます。

(3)　令32条特例

　避難器具は、主として10階以下の防火対象物において、各階の窓等の開口部から当該防火対象物の外側を経由して、避難階に避難するために用いられています。この場合において、防火対象物に設けられている避難階段等の構造、設置箇所等により、安全に避難することができると認められる階については、設置が省略又は減少することができるとされています（令25②一）。

　一方、特例には、個別の防火対象物に係るものや法令の避難器具の代替品となるものに関するものがあります。なお、ここでは、個別の避難器具の代替品に適用された特例は、省略しています。

令32条特例関係　通知・行政実例
避難器具設置基準（令25条1項）
◆消防法施行令第32条の避難器具に関する運用基準について（昭40・1・30自消丙予発14）……………………………………………………………………………………… 346
◆避難器具及び煙感知器の設置について【避難器具の設置について】（昭47・10・30消防予159）……………………………………………………………………………… 347
◆既存防火対象物に対する消防用設備等の技術上の特例基準の適用について【避難器具】（昭50・7・10消防安77）……………………………………………………… 347
◆消防法、同施行令及び同施行規則に関する執務資料について【既存防火対象物の避難器具の設置について】（昭54・6・22消防予118）…………………………… 348
◆消防法施行規則の一部を改正する省令の施行に伴う消防用設備等の技術上の基準の細目に係る運用について【避難器具】（平15・6・24消防予170）……………… 348
◆消防法施行規則の一部を改正する省令附則第5条の規定に基づき、同条の方法を定める告示の施行について【避難器具】（平15・10・1消防予248）……………… 350

避難器具技術基準（令25条2項）

- ◆防火対象物の避難器具の設置と緩和について（昭39・9・30自消丙予発108） ……………357
- ◆消防法施行令第25条の避難器具に関する基準の運用について（昭40・4・27自消内予発80） ……………358
- ◆消防法施行規則の一部改正に伴う屋内避難階段等の部分を定める告示の運用について（昭48・6・25消防予100） ……………360
- ◆消防法、同法施行令及び同法施行規則の一部改正に伴う質疑応答について【病院に適応する避難はしごは】（昭48・10・23消防予140・消防安42） ……………360
- ◆消防法、同法施行令及び同法施行規則の一部改正に伴う質疑応答について【避難器具と設置可能開口部との関係について】（昭48・10・23消防予140・消防安42） ……………361
- ◆消防法の一部を改正する法律（昭和49年6月1日法律第64号）等に関する質疑応答について【下階が上階の防火対象物に従属的な用途である場合の避難器具の算定の緩和について】（昭50・6・16消防安65） ……………361
- ◆消防法、同施行令及び同施行規則に関する執務資料について【避難器具の設置について】（昭55・3・12消防予37） ……………361
- ◆消防用設備等の設置に係る疑義について【避難器具について】（昭55・4・7消防予60） ……362
- ◆避難器具の設置に係る疑義について（昭55・6・10消防予115） ……………362
- ◆避難器具の基準の一部改正について（昭56・12・8消防予285） ……………367
- ◆消防用設備等の設置に関する疑義について【避難器具の設置に関連して排煙上有効な開口部の取扱いについて】（昭58・11・9消防予206） ……………367

避難器具設置基準（令25条1項）

　避難器具は、火災発生時において、避難が遅れ通常使用する階段等から避難できない場合に使用するものです。したがって、当該階から避難する際に使用可能な避難階段等が十分に設けられている場合には、設置が免除されます。

◆消防法施行令第32条の避難器具に関する運用基準について

　このたび、消防法施行令（昭和36年政令第37号。以下「令」という。）第32条の避難器具に関する運用の基準を下記のとおり定めたので、この運用に遺憾なきを期せられたい。なお、貴管内の市町村に対しても、この旨示達のうえ、よろしく御指導願いたい。

記

第1　令別表第1(5)項ロ、(7)項（4階以上を除く。）、(8)項、(9)項、(10)項、(12)項及び(15)項に掲げる防火対象物の10階以下の階（地階を除く。）が、次の(1)から(6)までに定めるすべてに該当する場合には、避難器具を設置しないことができる。
(1)　主要構造部が耐火構造であること。
(2)　壁及び天井の室内に面する部分の仕上げが下地を含めて、不燃材料又は準不燃材料で施されていること。
(3)　建築基準法施行令（昭和25年政令第338号）第123条に規定する避難階段若しくは特別避難階段又は他の部分と防火区画された勾配が10分の1以下の傾斜路（以下単に「避難階段等」という。）が、建築基準法施行令第120条の規定に適合し、かつ、次のアからエまでのいずれかにより設けられていること。
　ア　床面積が1,000㎡以下の階で、避難階段等の数が3以上となるもの
　イ　床面積が1,000㎡をこえ2,000㎡以下の階で、避難階段等の数が4以上となるもの
　ウ　床面積が2,000㎡をこえ4,000㎡以下の階で、避難階段等の数が5以上となるもの
　エ　床面積が4,000㎡をこえる階で、避難階段等の数が5に、4,000㎡をこえる床面積が2,000㎡以下ごとに1を加えた数以上となるもの
(4)　避難階段等は、避難上有効に相離された位置に設けられていること。
(5)　2以上に防火区画する階は、防火区画ごとに1以上の避難階段等が避難上適正な位置に設けられていること。
(6)　(5)の防火区画の相互は、自動閉鎖装置付の甲種防火戸（防火シヤツターを除く。）で避難上有効に連絡できること。

第2　第1に掲げる防火対象物の階で、次の(1)から(4)までのすべてに該当する渡り廊下を有する防火対象物は渡り廊下を共有するそれぞれの防火対象物の階に2個の避難器具を、また、建築基準法施行令第123条の規定に適合する特別避難階段を有する防火対象物は階ごとに1個の避難器具を設けたものとみなす。
(1)　耐火構造であること。
(2)　渡り廊下を共有する防火対象物は耐火構造であること。
(3)　渡り廊下の両端の出入口に自動閉鎖装置付の甲種防火戸（防火シヤツターを除く。）が設けられていること。

(4) 避難、通行及び運搬以外の用途に供しないこと。

(昭40・1・30自消丙予発14)

memo 非特定防火対象物のうち、利用する者が特定されている場合であって、主要構造部が耐火構造等で造られており、避難階段等の配置等について一定の要件を満たす場合には、避難器具を設置しないことができるとしています。

◆避難器具及び煙感知器の設置について【避難器具の設置について】
問 消防法施行令第25条第1項第1号及び第2号「（ ）書き対象物」の上階における避難器具の設置と、消防法施行規則第23条第4項第7号ヘの煙感知器を廊下及び通路に設置させる場合、それぞれその指導に疑義がありますので、左記につきご回答くださるようお願いいたします。

記

1 避難器具の設置について
問1 消防法施行令第8条の規定の適用により、開口部のない耐火構造の床、壁で区画された下階と上階（1階と2階以上の階）は、それぞれ別の防火対象物とみなした場合、同令第25条第1項第1号及び第2号の「（ ）書き対象物」が下階にあるとき、同号の防火対象物の避難器具の設置は、どのように取り扱えばよいか。
　(1) それぞれ別の防火対象物とみなしたもので、「（ ）書き対象物」の規定は適用せず、第1号の場合は収容人員20人以上で、第2号の場合は収容人員30人以上で算定する。
　(2) 避難器具については、令第8条の規定を適用した別々の防火対象物であつても、同一棟の上階であるから「（ ）書き対象物」の規定を適用し、同項第1号及び第2号の上階の階は、それぞれ収容人員10人で算定する。
問2 消防法施行令第25条第1項第1号及び第2号の規定により、下階に「（ ）書き対象物」がある令別表第1(16)項に該当する防火対象物で、下階の面積が該当階の一部を占める場合どのように取り扱えばよいのか。
　(1) 下階の床面積のいかんにかかわらず、すべて「（ ）書き対象物」として取り扱う。
　(2) 下階の床面積の広さに応じて「（ ）書き対象物」として取り扱う。
　　(2)として取り扱う場合には、下階の床面積の基準は、どのように取り扱うべきか。
　(3) 下階の該当階が、全面的にその部分になる場合のみ「（ ）書き対象物」として取り扱う。
答 問1　(2)により取り扱われたい。
　　　問2　(1)により問い扱われたい。

(昭47・10・30消防予159)

memo 令別表1(6)項又は(5)項の用途が存する階の下階に特定用途防火対象物に該当する用途があった場合の取扱いが示されており、当該階の収容人員の算定の基本が示されています。

◆既存防火対象物に対する消防用設備等の技術上の特例基準の適用について【避難器具】
第2　消防用設備等の種類に応じた特例措置
　6　避難器具
　　　令第25条第1項第5号に規定する防火対象物の階で次の(1)から(5)までに適合するものは、避難器具を設置しないことができるものであること。

(1) 主要構造部が耐火構造であること。
(2) 床面積が100㎡を超えるものは、床面積100㎡以内ごとに耐火構造の床、壁、甲種防火戸又は乙種防火戸で区画されていること。
(3) 階段室は、窓、出入口等の開口部を除き耐火構造の壁で区画し、かつ、階段の出入口に設ける防火戸は随時開くことができる自動閉鎖装置付のもの又は随時閉鎖することができ、かつ、煙感知器の作動と連動して閉鎖できるものであること。
(4) 自動火災報知設備、非常警報設備及び誘導灯が令第21条、令第24条及び令第26条の基準に従つて設けられていること。
(5) 建築基準法施行令第112条第9項及び第15項の規定による区画がなされていること。

(昭50・7・10消防安77)

◆消防法、同施行令及び同施行規則に関する執務資料について【既存防火対象物の避難器具の設置について】

問 「既存防火対象物に対する消防用設備等の技術上の特例基準の適用について」(昭和50年7月10日、消防安第77号)第2、6避難器具に関する規定は、令の一部を改正する政令(昭和53年政令第363号)によつて、既存の防火対象物で新たに避難器具の設置が必要となつたものに対しても適用することができるか。

答 実質的な内容が、同様のものであれば、令第32条の規定を適用し、同様の取扱いをしてさしつかえないものと解する。

(昭54・6・22消防予118)

◆消防法施行規則の一部を改正する省令の施行に伴う消防用設備等の技術上の基準の細目に係る運用について【避難器具】

平成15年6月13日に公布された「消防法施行規則の一部を改正する省令」(平成15年総務省令第90号。以下「改正省令」という。)の施行については、「消防法施行規則の一部を改正する省令の施行について(通知)」(平成15年6月13日付け消防予第167号及び消防安第89号)により通知したところですが、今般、消防用設備等の技術上の基準の細目に係る運用上の留意事項についてとりまとめましたので通知します。

今回の改正は、平成13年9月1日に発生した新宿区歌舞伎町ビル火災を契機に行われた、「小規模雑居ビルの防火安全対策に関する答申」(平成13年12月26日付け消防審議会)を踏まえ、自動火災報知設備、避難器具等に係る技術上の基準の細目について改正を行ったものです。

貴職におかれましては、下記事項に留意の上、その運用に十分配意されるとともに、貴都道府県内の市町村に対してもこの旨周知されるようお願いします。

記

4 簡単な操作で避難できる避難器具の設置に関する事項について(規則第27条第1項第1号関係)
　改正省令により特定一階段等防火対象物又はその部分に避難器具を設ける場合にあっては、次に掲げる条件に適合するものとされたこと。
(1) 安全かつ容易に避難することができる構造のバルコニー等に設けるもの。
(2) 常時、容易かつ確実に使用できる状態で設置されているもの。
(3) 一動作(開口部を開口する動作及び保安装置を解除する動作を除く。)で、容易かつ確実に

使用できるもの。

　上記(1)又は(2)の場所又は状態で設置する避難器具は、現行の避難器具で差し支えないこと。
　なお、「安全かつ容易に避難することができる構造のバルコニー等」とは、「消防法施行規則の一部を改正する省令の施行について」（昭和48年6月6日付け消防予第87号。以下「第87号通知」という。）第6、3(1)イに示されている概ね2㎡以上の床面積を有し、かつ、手すりその他の転落防止のための措置を講じたバルコニーその他これらに準じるものをいうものであること。
　また、「常時、容易かつ確実に使用できる状態」とは、緩降機等を常時、組み立てられた状態で設置する等、避難器具が常時、使用できる状態で設置された場合をいう。
　改正省令により義務付けられることとなった簡単な操作で使用できる避難器具は、特定一階段等防火対象物以外の防火対象物に対しても設置できるものであること。
　この改正省令により簡単な操作で避難できる避難器具に係る措置が既存の特定一階段等防火対象物に対しても遡及されることとなるが、改正省令附則第5条に基づき消防庁長官が定める方法により平成18年10月1日までに必要な措置を講じた場合は、改正省令第27条第1項第1号の規定は適用しないこととされたこと。これについては消防庁告示として近く公布する予定であること。

5　避難器具の設置場所の明示に関する事項について（規則第27条第1項第3号関係）
　改正省令により、特定一階段等防火対象物の避難器具を設置し、又は格納する場所（以下「避難器具設置等場所」という。）の出入口の上部又はその直近には、避難器具設置等場所であることが容易に識別できるような措置を講ずることとされたこと。具体的には、当該部分に「避難器具の設置及び維持に関する技術上の基準の細目」（平成8年4月16日消防庁告示第2号。以下「告示第2号」という。）第5に規定する「避難器具の位置を示す標識」を設けることで足りるものであるが、避難器具設置等場所であることが容易に識別できる措置であればこれ以外の方法によることもできるものであること。
　また、特定一階段等防火対象物には、上記の場所に加えて避難器具設置等場所がある階のエレベーターホール又は階段室（附室が設けられている場合にあっては、当該附室）の出入口付近の見やすい個所に、避難器具設置等場所を明示した標識を設けることとされた。当該標識は、平面図に避難器具設置等場所及びその経路が明示されているものを指し、様式等（大きさ、材質等）は問わないものであること。

6　避難はしごに関する基準の明確化に関する事項について（規則第27条第1項第4号及び第5号関係）
　(1)　規則第27条第1項第4号ニについて
　　　固定はしごの降下口の大きさは、第87号通知により、直径60㎝以上の円が内接できる大きさとされていたが、告示第2号が平成14年6月24日に一部改正され、つり下げはしごの取付け具である避難器具用ハッチの降下口の大きさは直径50㎝以上の円が内接できる大きさとされた。このため、固定はしごとつり下げはしごの降下口の大きさの規定が異なることとなったため、固定はしごの降下口の大きさを直径50㎝以上の円が内接する大きさとし、両者の整合を図ることとしたものであること。
　(2)　規則第27条第1項第5号について
　　　消防法施行規則の一部を改正する省令（昭和48年6月6日自治省令第13号）により、4階以上の階に避難はしごを設ける場合は、金属製の固定はしごを設けることとされ、つり下げはしごを設けることができなかった。しかしながら、「マンホールに組み込まれた避難はしごの取扱いについて」（昭和48年10月31日消防安第50号。以下「第50号通知」という。）により、一定の

要件を満足する場合は、令第32条の規定を適用して、4階以上の階につり下げはしごを設けることができることとされていた。一方、告示第2号の一部改正に伴い、マンホールは避難器具用ハッチとして位置付けられ、基準の整備が行われたことにより、安全性、信頼性が確保されたことから、第50号通知を本則化し、避難器具用ハッチに格納されたつり下げはしごを設ける場合は、4階以上の階につり下げはしごを設置することができることとしたものであること。
(3) 規則第27条第1項第4号ホ及び第5号ニについて
各号のただし書の規定は、避難器具の性能が向上したことにより、安全に使用できる措置を講じた避難器具を4階以上の階に設置することができるようにするための規定であること。

7 その他
改正省令の施行により第50号通知は廃止すること。

(平15・6・24消防予170)

memo 特定一階段等防火対象物又はその部分に避難器具を設ける場合の取扱いが示されたものです。また、安全に使用できる措置を講じた避難器具を4階以上の階に設置することが可能となったため、従来の特例通知が廃止されています。

◆消防法施行規則の一部を改正する省令附則第5条の規定に基づき、同条の方法を定める告示の施行について【避難器具】

「消防法施行規則の一部を改正する省令附則第5条の規定に基づき、同条の方法を定める件」(平成15年消防庁告示第2号。以下「2号告示」という。)が平成15年10月1日に公布され、同日付けで施行されることになりました。

平成15年10月1日以降、特定一階段等防火対象物又はその部分に設ける避難器具は、「消防法施行規則の一部を改正する省令」(平成15年総務省令第90号。以下「改正省令」という。)による改正後の消防法施行規則(昭和36年自治省令第6号。以下「規則」という。)第27条第1項第1号の規定に適合するよう設けることとされたところですが、2号告示は、改正省令附則第5条の規定により、防火対象物又はその階の位置、構造及び設備の状況並びに使用状況から判断して避難上支障がないものとして消防庁長官が定める方法により、平成18年10月1日までに必要な措置を講じた場合は、規則第27条第1項第1号の規定は適用しないこととされたことを受けて制定されたものです。

貴職におかれましては、下記事項に留意の上、その運用に十分配意されるとともに、貴都道府県内の市町村に対してもこの旨周知されるようお願いします。

記

第1 方法
2号告示第三に規定される方法は、次の1又は2に掲げる方法のいずれかであること。
1 防火対象物の階段又は傾斜路の部分に連結散水設備(開放型ヘッドを用いるものに限る。)を令第28条の2に定める技術上の基準に従い、又は当該技術上の基準の例により設置する方法
2 主要構造部を耐火構造とした防火対象物のうち、階段又は傾斜路の部分とその他の部分が耐火構造の壁若しくは床又は自動閉鎖装置付の防火戸等(2号告示第二、二に規定するものをいう。以下同じ。)で区画されているもので、階段又は傾斜路の部分で火災が発生した場合に、火災により生ずる煙の熱及び成分により防火上又は人命の安全上危険な状態になる前に、当該防火対象物の階に存する者のすべてが、当該防火対象物の階の避難器具を用いて避難できることを確

かめる方法
　具体的には、避難器具が設置されている階ごとに、次の(1)から(4)のすべてを満たしていることを確認する必要があること。
(1)　階段又は傾斜路の部分と避難器具設置等場所（規則第27条第1項第3号イに規定する場所をいう。以下同じ。）が隣接する場合は、避難器具の取付部の開口部が、階段又は傾斜路の部分とその他の部分を区画する自動閉鎖装置付の防火戸等から次のイ又はロに掲げる距離以上離れていることを確かめること。ただし、階段又は傾斜路の部分とその他の部分を区画する自動閉鎖装置付の防火戸等と同寸法の遮蔽物（建築基準法施行令（昭和25年政令第338号。以下「建基令」という。）第1条第6号に規定する難燃材料（ガラスを除く。）で造られたもののことをいう。）を階段又は傾斜路の部分とその他の部分を区画する自動閉鎖装置付の防火戸等から0.2m以上離れた位置に設けた場合又は設けることができるように措置されている場合は、次のイ又はロに掲げる距離の2分の1の距離以上離れていれば足りること。
　イ　階段又は傾斜路の部分とその他の部分を区画する自動閉鎖装置付の防火戸等の面積が2㎡以下の場合　当該自動閉鎖装置付の防火戸等から2.0m
　ロ　階段又は傾斜路の部分とその他の部分を区画する自動閉鎖装置付の防火戸等の面積が2㎡を超える場合　当該自動閉鎖装置付の防火戸等から2.9m
(2)　次のイ又はロの式により求められる脱出終了時間が、階段又は傾斜路の部分とその他の部分を区画する自動閉鎖装置付の防火戸等が特定防火設備である防火戸（建基令第112条第1項に規定する特定防火設備である防火戸のことをいう。以下同じ。）の場合は60分を、階段又は傾斜路の部分とその他の部分を区画する自動閉鎖装置付の防火戸等が特定防火設備である防火戸以外の場合は20分を超えないことを確かめること。
　イ　緩降機及び垂直式の救助袋の場合

$$t = \frac{1}{60}\left\{t_1 + N\left(t_2 + t_3 + \frac{Z}{V}\right)\right\}$$

　ロ　つり下げ式の避難はしごの場合

$$t = \frac{1}{60}\left\{t_1 + N\left(t_2 + t_3\right) + \frac{Z}{V}\right\}$$

　　tは、脱出終了時間（規則第1条の2に規定する算定方法により算定された当該階の収容人員のすべてが当該階に設置された避難器具を使用して脱出が終了するまでに要する時間のことをいう。以下同じ。）（小数点以下の端数があるときは、これを四捨五入する。）（単位　分）
　　t_1は、避難器具の種類に応じて別表1に定める組み立てに要する時間（避難器具が格納された状態から避難器具の取付部の開口部に使用できる状態で取り付け終わるまでに要する時間のことをいう。以下同じ。）又は実際に測定した組み立てに要する時間（単位　秒）
　　t_2は、避難器具の種類に応じて別表1に定める着用具の着用等に要する時間（緩降機の着用具を着用する時間又は救助袋により地上に到着してから救助袋の本体から脱出するまでに要する時間のことをいう。以下同じ。）又は実際に測定した着用具の着用等に要する時間（単位　秒）
　　t_3は、避難器具の種類に応じて別表1に定める避難の準備をするのに要する時間（取付部

の開口部を乗り越え始めてから降下し始めるまでに要する時間のことをいう。以下同じ。）又は実際に測定した避難の準備をするのに要する時間（単位　秒）

Nは、規則第1条の2に規定する算定方法により算定された当該階の収容人員（単位　人）

Zは、地上から避難器具の取付部の開口部の下端までの高さ（単位　メートル）

Vは、避難器具の種類に応じて別表1に定める降下速度（単位　メートル毎秒）

(3) 次のイ又はロの式により求められる避難器具設置等場所の一酸化炭素濃度の最大値が1000ppm以下であることを確かめること。ただし、避難器具設置等場所の一酸化炭素濃度の最大値が1000ppmを超える場合であっても、避難器具設置等場所の一酸化炭素濃度が1000ppmを超え1500ppmになるまでの時間又は5分のいずれか短い時間と避難器具設置等場所の一酸化炭素濃度が1000ppmになる時間の和が(2)の式により求められる脱出終了時間以上である場合はこの限りでない。

イ　階段又は傾斜路の部分と避難器具設置等場所が隣接する場合

$X_R = 10000(1 - X_2)$

X_Rは、避難器具設置等場所の一酸化炭素濃度（小数点以下の端数があるときは、これを切り上げる。）（単位　ppm）

X_2は、次の式により求められる数値

$X_2 = \exp(-X_1 t)$

X_1は、次の式により求められる数値

$X_1 = 0.83 \dfrac{\dot{m}}{V_R}$

tは、(2)の式により求められる脱出終了時間（単位　分）

V_Rは、避難器具設置等場所の体積（単位　立方メートル）

$\dot{m}$は、次の式により求められる階段又は傾斜路の部分から避難器具設置等場所に流入する気体の質量流量（単位　キログラム毎分）

$\dot{m} = 60 \alpha A_e \sqrt{\dfrac{706 \Delta p}{T_S}}$

αA_eは、次の式により求められる数値

$\alpha A_e = (\alpha_1 A_1)(\alpha_2 A_2) \sqrt{\dfrac{T_S}{T_R(\alpha_1 A_1)^2 + T_S(\alpha_2 A_2)^2}}$

α_1は、階段又は傾斜路の部分とその他の部分を区画する自動閉鎖装置付の防火戸等の流量係数　自動閉鎖装置付の防火戸等（防火シャッターを除く。）の場合は0.005、自動閉鎖装置付の防火戸等が防火シャッターである場合は0.009

α_2は、避難器具設置等場所の直接外気に面する部分の開口部の流量係数　0.8

A_1は、階段又は傾斜路の部分とその他の部分を区画する自動閉鎖装置付の防火戸等の面積（単位　平方メートル）

A_2は、避難器具設置等場所の直接外気に面する部分の開口部の面積の合計（単位　平方メートル）

T_Sは、階段又は傾斜路の部分の気体の温度　1073（単位　ケルビン）

T_Rは、避難器具設置等場所の気体の温度　293（単位　ケルビン）

Δpは、次の式により求められる数値

$\Delta p = 8.59 Z$

Zは、地上から避難器具の取付部の開口部の下端までの高さ（単位　メートル）

ロ　階段又は傾斜路の部分と避難器具設置等場所の間に廊下、居室等が一ある場合

$X_R = 10000(1 - X_3)(1 - X_4)$

X_Rは、避難器具設置等場所の一酸化炭素濃度（小数点以下の端数があるときは、これを切り上げる。）（単位　ppm）

X_3及びX_4は、次の式により求められる数値

$X_3 = \exp(-X_1 t)$

$X_4 = \exp(-X_2 t)$

tは、(2)の式により求められる脱出終了時間（単位　分）

X_1及びX_2は、次の式により求められる数値

$X_1 = 0.83 \dfrac{\dot{m}}{V_C}$

$X_2 = 0.83 \dfrac{\dot{m}}{V_R}$

V_Cは、廊下、居室等の体積（単位　立方メートル）

V_Rは、避難器具設置等場所の体積（単位　立方メートル）

$\dot{m}$は、次の式により求められる階段又は傾斜路の部分から避難器具設置等場所に流入する気体の質量流量（単位　キログラム毎分）

$\dot{m} = 60 \,_\alpha A_e \sqrt{\dfrac{706 \Delta p}{T_S}}$

$_\alpha A_e$は、次の式により求められる数値

$_\alpha A_e = (\alpha_1 A_1)(\alpha_2 A_2)(\alpha_3 A_3) \sqrt{\dfrac{T_S}{T_R(\alpha_1 A_1)^2(\alpha_2 A_2)^2 + T_S(\alpha_2 A_2)^2(\alpha_3 A_3)^2 + T_C(\alpha_3 A_3)^2(\alpha_1 A_1)^2}}$

α_1は、階段又は傾斜路の部分とその他の部分を区画する自動閉鎖装置付の防火戸等の流量係数　自動閉鎖装置付の防火戸等（防火シャッターを除く。）の場合は0.005、自動閉鎖装置付の防火戸等が防火シャッターである場合は0.009

α_2は、廊下、居室等と避難器具設置等場所を区画する壁にある開口部の流量係数　自動閉鎖装置付の防火戸等（防火シャッターを除く。）の場合は0.005、自動閉鎖装置付の防火戸等が防火シャッターの場合は0.009、その他の開口部（随時開くことができる自動閉鎖装置付のもの若しくは随時閉鎖することができ、かつ、煙感知器の作動と連動して閉鎖するものに限る。）の場合は0.1

α_3は、避難器具設置等場所の直接外気に面する部分の開口部の流量係数　0.8

A_1は、階段又は傾斜路の部分とその他の部分を区画する自動閉鎖装置付の防火戸等の面積（単位　平方メートル）

A_2は、廊下、居室等と避難器具設置等場所を区画する壁にある開口部の面積（単位　平方メートル）

A_3は、避難器具設置等場所の直接外気に面する部分の開口部の面積の合計（単位　平方メートル）

T_Sは、階段又は傾斜路の部分の気体の温度　1073（単位　ケルビン）

T_Cは、廊下、居室等の気体の温度　293（単位　ケルビン）

T_Rは、避難器具設置等場所の気体の温度　293（単位　ケルビン）

Δpは、次の式により求められる数値

$\Delta p = 8.59Z$

Zは、地上から避難器具の取付部の開口部の下端までの高さ（単位　メートル）

(4) 防火対象物の階段又は傾斜路で発生した火災による煙が、避難器具設置等場所に流入した場合において、脱出終了時間までに、人命の安全上支障がないものであることをイ又はロに掲げる式により確かめること。

 イ　階段又は傾斜路の部分と避難器具設置等場所が隣接する場合

  $D < 3$

  Dは、次の式により求められる危険度

  $D = t + \dfrac{X_2 - 1}{X_1}$

  tは、(2)の式により求められる脱出終了時間（単位　分）

  X_1及びX_2は、次の式により求められる数値

  $X_1 = 0.83 \dfrac{\dot{m}}{V_R}$

  $X_2 = \exp(-X_1 t)$

  V_Rは、避難器具設置等場所の体積（単位　立方メートル）

  $\dot{m}$は、次の式により求められる階段又は傾斜路の部分から避難器具設置等場所に流入する気体の質量流量（単位　キログラム毎分）

  $\dot{m} = 60 \, _\alpha A_e \sqrt{\dfrac{706 \Delta p}{T_S}}$

  $_\alpha A_e$は、次の式により求められる数値

  $_\alpha A_e = (\alpha_1 A_1)(\alpha_2 A_2) \sqrt{\dfrac{T_S}{T_R(\alpha_1 A_1)^2 + T_S(\alpha_2 A_2)^2}}$

  α_1は、階段又は傾斜路の部分とその他の部分を区画する自動閉鎖装置付の防火戸等の流量係数　自動閉鎖装置付の防火戸等（防火シャッターを除く。）の場合は0.005、自動閉鎖装置付の防火戸等が防火シャッターである場合は0.009

  α_2は、避難器具設置等場所の直接外気に面する部分の開口部の流量係数　0.8

  A_1は、階段又は傾斜路の部分とその他の部分を区画する自動閉鎖装置付の防火戸等の面積（単位　平方メートル）

  A_2は、避難器具設置等場所の直接外気に面する部分の開口部の面積の合計（単位　平方メートル）

  T_Sは、階段又は傾斜路の部分の気体の温度　1073（単位　ケルビン）

  T_Rは、避難器具設置等場所の気体の温度　293（単位　ケルビン）

  Δpは、次の式により求められる数値

  $\Delta p = 8.59Z$

  Zは、地上から避難器具の取付部の開口部の下端までの高さ（単位　メートル）

 ロ　階段又は傾斜路の部分と避難器具設置等場所の間に廊下、居室等が一ある場合

$D<3$

Dは、次の式により求められる危険度

$$D = t + \frac{X_3-1}{X_1} + \frac{X_4-1}{X_2} - \frac{X_3 X_4 - 1}{X_1 + X_2}$$

tは、(2)の式により求められる脱出終了時間（単位　分）

X_1、X_2、X_3及びX_4は、次の式により求められる数値

$$X_1 = 0.83 \frac{\dot{m}}{V_C}$$

$$X_2 = 0.83 \frac{\dot{m}}{V_R}$$

$$X_3 = \exp(-X_1 t)$$

$$X_4 = \exp(-X_2 t)$$

V_Cは、廊下、居室等の体積（単位　立方メートル）

V_Rは、避難器具設置等場所の体積（単位　立方メートル）

$\dot{m}$は、次の式により求められる階段又は傾斜路の部分から避難器具設置等場所に流入する気体の質量流量（単位　キログラム毎分）

$$\dot{m} = 60 \alpha A_e \sqrt{\frac{706 \Delta p}{T_S}}$$

αA_eは、次の式により求められる数値

$$\alpha A_e = (\alpha_1 A_1)(\alpha_2 A_2)(\alpha_3 A_3) \sqrt{\frac{T_S}{T_R (\alpha_1 A_1)^2 (\alpha_2 A_2)^2 + T_S (\alpha_2 A_2)^2 (\alpha_3 A_3)^2 + T_C (\alpha_3 A_3)^2 (\alpha_1 A_1)^2}}$$

α_1は、階段又は傾斜路の部分とその他の部分を区画する自動閉鎖装置付の防火戸等の流量係数　自動閉鎖装置付の防火戸等（防火シャッターを除く。）の場合は0.005、自動閉鎖装置付の防火戸等が防火シャッターである場合は0.009

α_2は、廊下、居室等と避難器具設置等場所を区画する壁にある開口部の流量係数　自動閉鎖装置付の防火戸等（防火シャッターを除く。）の場合は0.005、自動閉鎖装置付の防火戸等が防火シャッターである場合は0.009、その他の開口部（随時開くことができる自動閉鎖装置付のもの若しくは随時閉鎖することができ、かつ、煙感知器の作動と連動して閉鎖するものに限る。）の場合は0.1

α_3は、避難器具設置等場所の直接外気に面する部分の開口部の流量係数　0.8

A_1は、階段又は傾斜路の部分とその他の部分を区画する自動閉鎖装置付の防火戸等の面積（単位　平方メートル）

A_2は、廊下、居室等と避難器具設置等場所を区画する壁にある開口部の面積（単位　平方メートル）

A_3は、避難器具設置等場所の直接外気に面する部分の開口部の面積の合計（単位　平方メートル）

T_Sは、階段又は傾斜路の部分の気体の温度　1073（単位　ケルビン）

T_Cは、廊下、居室等の気体の温度　293（単位　ケルビン）

T_Rは、避難器具設置等場所の気体の温度　293（単位　ケルビン）

Δpは、次の式により求められる数値

$$\Delta p = 8.59 Z$$

Zは、地上から避難器具の取付部の開口部の下端までの高さ（単位　メートル）

別表1

避難器具の種類	t_1	t_2	t_3	V
緩降機	68	10	14	別表2に定めるV
避難はしご（つり下げ式）	85	0	12	0.25
救助袋（垂直式）	93	12	24	0.4

別表2

製造者	型式番号	V
上田消防建設㈱	降第6〜1号	0.75
上田消防建設㈱	降第6〜2号	0.75
㈱消防科学	降第6〜3号	0.71
㈱消防科学	降第6〜3〜1号	0.71
松本機工㈱	降第6〜4号	0.82
㈱消防科学	降第6〜5号	0.69
㈱消防科学	降第6〜5〜1号	0.69
松本機工㈱	降第6〜6号	0.71
松本機工㈱	降第6〜6〜1号	0.71
松本機工㈱	降第6〜7号	0.70
松本機工㈱	降第6〜7〜1号	0.70
松本機工㈱	降第6〜8号	0.83
内田常三郎	降第7〜1号	0.73
内田常三郎	降第7〜1〜1号	0.73
松本機工㈱	降第10〜1号	0.68
松本機工㈱	降第10〜2号	0.78
松本機工㈱	降第12〜1号	0.68

第2　留意事項等
1　この通知は、平成15年10月1日から施行する。
2　第1、2に掲げる方法による場合は、別添のCD－ROMに収録された計算プログラム（消防庁の

第3章　1　避難器具

ホームページからダウンロードすることも可能。）を用いて確かめることができるので活用すること。この場合、防火対象物の関係者自らが計算プログラムを用いて確かめることが困難な場合は、消防法令や防火対象物の状況に精通した消防設備士、消防設備点検資格者、防火対象物点検資格者等の活用も考えられるので、防火対象物の実態を踏まえ適切に指導すること。
3　第1、2(2)等にある脱出終了時間の算出に当たって用いるt_1、t_2及びt_3の値は、避難訓練等により当該避難器具の使用方法を理解している者を対象に行った実験結果を踏まえて設定したものであり、避難訓練等の機会を通じ、従業員等が避難器具の使用方法に習熟している必要があることに留意すること。

(平15・10・1消防予248)

memo　特定一階段等防火対象物又はその部分に設ける避難器具については、階段を使用して迅速に避難することのできない防火対象物に設置されるものですが、遡及の対象となる既存の防火対象物において、当該防火対象物の階の避難器具を用いて避難できることを確かめる方法の具体的な方法が示されたものであり、特例を適用する場合等にあっての重要な内容となっています。

避難器具技術基準（令25条2項）

　避難器具は、防火対象物の階（避難階及び11階以上の階を除きます。）に設置することとされています。その設置場所は、原則として、操作面積、降下空間、避難空地及び避難通路を確保し、安全に避難できる場所に設置することが必要です。

◆防火対象物の避難器具の設置と緩和について
問　建築基準法第58条の規定により建築された防火対象物及び建築基準法施行令第123条第2項に規定する屋外避難階段を設けた防火対象物に対する令第25条の規定を次のとおり運用しても差支えないか照会します。

記

1　建築基準法第58条の規定により建築された防火対象物の避難器具設置について
　(1)　令第25条1項の規定により避難器具を設けなければならない階（以下要設置階という。）で建築基準法第58条の規定により建築されているため、地上に直接避難することが困難であり、かつ、他の部分に避難器具を設ける場所がないときは、要設置階より設置可能階（要設置階の下層階で露台またはバルコニーを有する階をいう。）に降下できる避難はしご（固定式）または緩降器を設けた場合は、要設置階に設けなければならない避難器具を設置可能階に設けることにより、令第32条の規定により、当該避難器具を設けたものとみなす。
　(2)　前(1)号により、各階に設ける避難器具の個数算定に用いる収容人員は、それぞれの避難器具を用いる当該階及びその上層階の収容人員の合計を、令第25条第2項第1号に規定する収容人員として算定した必要個数を設けること。
2　屋外階段を設けた防火対象物の避難器具設置の緩和について
　　令第25条の規定により避難器具（避難はしご又は避難用タラップ。以下同じ。）を設けなければならない防火対象物に令第25条第2項第2号の規定に従い建築基準法施行令第123条第2項に規定する屋外避難階段を設けた場合は、令32条の規定により避難器具を設けたものとみなす。（当該対象物は観覧場とする。）

備考
前記1の具体的条件

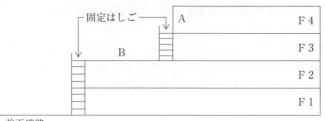

A…………要設置階
B…………設置可能階

収容人員の算定はF4＋F3とするのか。

答 1～(1) 設問のような防火対象物については、設問の設置基準により指導することが適切である。
1～(2) お見込みのとおり。
2 屋外避難階段の位置、構造、避難能力等からみて、当該屋外避難階段を設置することにより他の避難器具と同等以上の効力があると認められた場合は、設問のとおりでさしつかえないと解する。

(昭39・9・30自消丙予発108)

memo 建築基準法により建築物の高さ等について制限のある建築物に設けられた屋外避難階段を設ける場合の取扱いであり、個々の事案に応じ、屋外避難階段の位置、構造、避難能力等からみて、当該屋外避難階段を設置することにより他の避難器具と同等以上の効力があると認められた時には、特例の適用を認めたものです。

◆消防法施行令第25条の避難器具に関する基準の運用について

問 令第25条の運用について、倉敷市消防長から下記のとおり照会があったので、これが解釈についてご教示方よろしくお願いします。

記

1 令第8条の規定に基づき、別棟とみなされない防火対象物に対し、令第25条の運用について
  イ 別添図(1階平面図)のごとく各棟が1階においてろう下で接続された建築面積が(2,021.41㎡)鉄筋コンクリート造り4階建の令別表第1(5)項ロの防火対象物であるが2階以上の階では、各棟ごとに別棟形態となっており、各棟の各室およびろう下の天井構造が、杉柾ベニヤ6m／m仕上で、3階、4階の各棟の床面積および収容人員は次表のとおりである。

棟名称	床面積	収容人員
J 棟	473.4㎡	56人
K 棟	247.9	24
L 棟	508.7	60
合 計	1,230.1	140

第3章　1　避難器具　　　　　　　　　　　　　　　　　　　　　　359

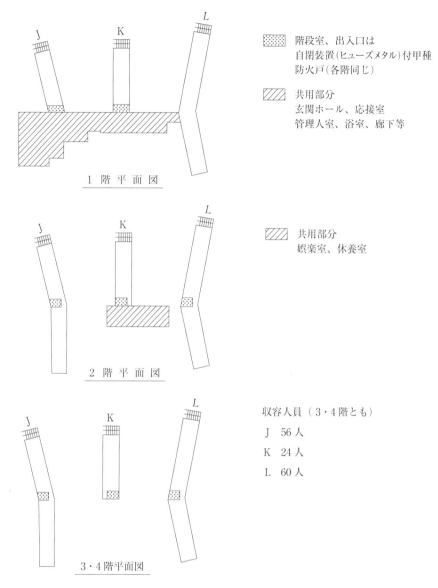

　　以上のごとく3、4階とも同じ床面積収容人員である。
　　各棟の階段室及び廊下の出入口には自閉甲種防火戸が設けられ、各棟に屋外避難階段が各1設置されている。
　　以上の防火対象物であるが1階において令第8条の規定により同一棟の防火対象物とみなされ、令第25条第1項第2号の規定による避難器具を設置しなければならないが、同条第2項第1号の規定により、例えばJ棟の3、4階に適応する避難器具を1個あて設ければよいか。
ロ　当該防火対象物のL棟に対し、令第25条第2項第1号後段のただし書きの「当該防火対象物の位置、構造又は設備の状況により避難上支障がたいと認められるときは」を「避難上支障がある」と読みかえ、L棟の3階、4階にそれぞれ適応する避難器具を各1個設置させてよいか。
ハ　当該防火対象物で各室及び廊下の天井を不燃材料、準不燃材料又は難燃材料で仕上げたときは昭和40年1月30日自消丙予発第14号の「避難器具に関する運用基準」第1(3)イに該当させ令第

32条を適用し避難器具の設置を免除してよいか。

答　イ及びロ令第8条の適用については、お見込みのとおりであるが、令第25条の適用については、設問のJ及びLの3階及び4階の部分は別個に避難器具が設置されるべきものと解するのが妥当であるので、当該部分にそれぞれ1個設置されるべきである。

ハ　上記の見解からして、避難器具の設置が免除されることは適当でない。

　　避難器具の設置に関する特例基準については、各室並びにろう下の壁及び天井の室内に面する部分を不燃材料、準不燃材料又は難燃材料で仕上げることのみならず、昭和40年1月30日自消丙予発第14号「令32条の避難器具に関する運用基準について」によられたい。

(昭40・4・27自消丙予発80)

◆消防法施行規則の一部改正に伴う屋内避難階段等の部分を定める告示の運用について

　昭和48年6月1日に消防法施行規則の一部を改正する省令が公布されたが、この改正に伴い、同日付けをもつて消防法施行規則第26条第2項、第4項第3号及び第5項第3号の規定に定める屋内避難階段等の部分を定める告示（昭和48年消防庁告示第10号）が制定されたので、下記事項にご留意のうえ、その運用に遺憾のないよう格段の配慮をされるとともに、管下市町村にもこの旨示達し、よろしくご指導願いたい。

記

1　避難器具の設置個数を減免することができる要件として、従来、避難階段については屋外の設ける避難階段に限られていたものが、今回、屋内に設ける避難階段等であつても、消防庁長官が定める部分を有する開放的な構造のものにあつては、屋外に設ける避難階段と同等以上の避難上の安全性を有するものとして階段の各階又は各階の中間部分ごとに直接外気に開放された排煙上有効な開口部（当該開口部の開口面積が2㎡以上であり、当該開口部の上端は、当該階段の部分の天井の高さの位置にあること（図—1参照）。ただし、階段の最上部にあつては、雨仕舞を考慮して天井の位置に500c㎡以上の外気に開放された排煙上有効な換気口がある場合は、最上部における2㎡以上の開口部分の上端が天井の位置になくともよい。（図—2参照）を有するものが定められたこと。

　　なお、この構造は、建設省告示第3224号（昭和44年7月11日、改正45年12月28日、告示第1835号）の第1に示されたものと同様であること。

2　この長官指定の構造を有するものの追加の趣旨は、屋外に設ける避難階段がより望ましいが、維持管理、建築意匠上等の関係から必らずしも積極的に設置されていない現状にかんがみ、屋内避難階段等であつても排煙上特に支障のないものについては、これを屋外階段並みのものと認めて今後、避難器具の設置によるよりもより避難上の安全性を向上させる点を考慮したものであること。

図—1・2　〔省略〕

(昭48・6・25消防予100)

◆消防法、同法施行令及び同法施行規則の一部改正に伴う質疑応答について【病院に適応する避難はしご】

問　病院に使用できる避難はしごにはどんなものがあるか。

答　病院に適応する避難器具は令第25条第2項第1号の表に示すとおりであるが、重症患者に適応する避難器具の選定は困難であるから、避難はしごは自力避難が可能な患者用として設置するものと解されたい。なお、病院においては、患者の収容計画、階段、傾斜路等の避難施設の配置、避

難誘導体制の強化等実態に応じた措置を指導されたい。

(昭48・10・23消防予140・消防安42)

◆消防法、同法施行令及び同法施行規則の一部改正に伴う質疑応答について【避難器具と設置可能開口部との関係について】
[問] 昭和48年6月1日において現に存する令第25条第1項第5号に該当する防火対象物の避難器具設置可能開口部が規則第27条第1号前段の規定に適合しない場合、避難器具相互が同一垂直線上でないように設置すればよいか。
[答] 二以上の階から同時に避難する場合において相互に避難上支障ない場合は、規則第27条第1号ただし書を適用し、同一垂直線上の開口部に設置してもやむをえない。

(昭48・10・23消防予140・消防安42)

◆消防法の一部を改正する法律(昭和49年6月1日法律第64号)等に関する質疑応答について【下階が上階の防火対象物に従属的な用途である場合の避難器具の算定の緩和について】
[問] 令第25条第1項第1号及び第2号による避難器具の設置基準で下階に異種用途のある場合には、収容人員の算定が厳しくなっているが、今回の改正による令第1条第2項後段により他の用途の従属する部分の下階に異種用途が含まれた場合、避難器具の算定が緩和されると思われるがいかが。
[答] 下階が上階の防火対象物に従属的な用途である場合は、令第25条第1項第1号及び第2号中のかっこ書の規定は適用されない。
　また、このような場合にかかわらず上階と下階との間に令第8条の防火区画がなされている場合は令第32条の規定を適用し、令第25条第1項第1号及び第2号かっこ書の規定を適用しないことができる。

(昭50・6・16消防安65)

[memo] 避難器具の設置を必要とする収用人員の算定の取扱い、及び上下階に令8区画がある場合の階の適用についての考え方が示されています。

◆消防法、同施行令及び同施行規則に関する執務資料について【避難器具の設置について】
[問] 下図の防火対象物は、3階までは避難器具の設置は必要ないが、4階に設置が必要となる場合、避難器具は4階から3階までのもので足りるか。

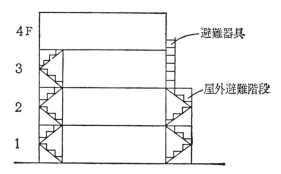

[答] 本来、避難器具は設置階から避難階まで避難できるように設置すべきである。設問の場合、避難器具が設けられる3階部分の面積が避難を円滑に行う有効な広さを有し、かつ、当該場所から屋

外避難階段を利用して避難することができる場合は、令第32条の規定を適用し、避難器具を3階まで降下できるように設置すれば足りるものとしてさしつかえない。

(昭55・3・12消防予37)

> **memo** 避難器具を設ける場合の避難階の取扱い及び避難空地の考え方を示したものであり、十分な避難空地を確保できるのであれば、当該部分を避難階と見なしてよいとしています。

◆消防用設備等の設置に係る疑義について【避難器具について】

問 避難器具について
　避難器具の設置義務が生じた階が無窓階であり、当該階に避難器具を設置する適当な開口部がない場合（開口部をとろうとしてもとれない場合）にはどのように指導するのが適当であるか。

答 次の(1)から(5)までのすべてに適合する場合は、消防法施行令（以下「令」という。）第32条の規定を適用して避難器具の設置を免除してさしつかえない。
(1)　主要構造部が耐火構造であること。
(2)　床面積が100㎡を超えるものは、床面積100㎡以内ごとに耐火構造の床、壁及び甲種防火戸又は乙種防火戸で区画されていること。
(3)　階段室は、窓、出入口等の開口部を除き耐火構造の壁で区画し、かつ、階段の出入口に設ける防火戸は、随時開くことができる自動閉鎖装置付のもの又は随時閉鎖することができ、かつ、煙感知器の作動と連動して閉鎖できるものであること。
(4)　自動火災報知設備、非常警報設備及び誘導灯が令第21条、令第24条及び令第26条の基準に従って設けられていること。
(5)　建築基準法施行令第112条第9項及び第15項の規定による区画がなされていること。

(昭55・4・7消防予60)

> **memo** 避難器具を設置すべき開口部がない場合の当該階の要件が示されており、当該要件を満たす場合には特例を適用することができるとされています。

◆避難器具の設置に係る疑義について

問 1　昭和53年11月1日消防法施行令第25条第1項第5号の改正に関して、既存の防火対象物に設けることとなる場合、防火対象物の位置、構造又は設置の状況により極めて容易に避難できる場合において令第32条を適用する際の特例基準を示す意向があるか。
　　あるとすればその時期はいつごろか。
　2　次のそれぞれの場合について、御教示願います。
　(1)ア　図1に示した既存の防火対象物には昭和53年11月1日消防法施行令の改正により避難器具の設置が必要となるが、容易に避難できるものとみなし、令第32条を適用しその設置を免除できないか。できないとすれば、◎印を付した場所でよいか、又は、階段の反対方向の場所に設置させなければならないか。

　　　防火対象物の概要
　　①　屋外階段部分を除き、4面の隣棟間隔は20～30cm位である。
　　②　耐火構造2階、内装はすべて難燃材料以上の仕上げ。
　　③　1階の用途も(3)項。
　　④　外壁は排煙窓を除き、その他の開口部なし。

第3章　1　避難器具

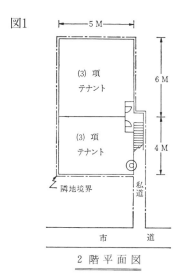

2 階 平 面 図

⑤　避難空地を確保するための隣地の借地は不可能である。
⑥　テナント間の直接の往来はできない。
⑦　各テナントの収容人員は各10人。
⑧　各部分から主たる出入口を容易に見通し、かつ、識別することはできる。
⑨　現状のままで避難器具を設けるとすれば、◎印を付した場所だけである。
イ　前ア防火対象物の概要②に掲げた耐火構造が木造の場合はどうか。
ウ　前ア防火対象物の概要①に掲げた屋外階段でなく、防火区画がなされていない屋内階段の場合においてはどうか。
エ　前ア防火対象物の概要のうち、前イ木造であり、かつ、前ウ屋内階段となつた場合においてどうか。
(2)　図2に示した既存の防火対象物には昭和53年11月1日消防法施行令の改正により避難器具の設置が必要となるが、当該設置の効果をあげるため、階段の反対方向の場所にその設置をさせなければならないか。

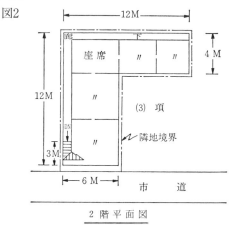

2 階 平 面 図

防火対象物の概要
①　道路に面した部分を除き、隣棟間隔は20～30cm位である。
②　避難空地を確保するための隣地の借地は不可能である。

③　木造2階建である。
④　1階の用途も(3)項である。
⑤　階段は一般の屋内階段である。
⑥　各部分からは階段口を容易に見通し、かつ、識別はできない。

(3)　下図の対象物、図3及び図4について、2階部分に避難器具が必要となるが、当該それぞれの対象物には、屋外及び屋内の直接地上に通じる階段（以下「直通階段」という）があり、いずれの階より出火した場合でも直通階段が延焼経路となることが著しく少なく、かつ、避難に際して支障ないと認められるので、令第32条を適用して避難器具の設置免除はできないか。

図3

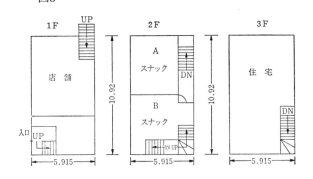

防火対象物の概要
①　2階部分は2店舗に分れており、どの店舗の出入口からも屋内の直通階段に直近している（Bの場合は、階段までの廊下の距離が3m位）
②　建物は簡易耐火構造で、階段も不燃材が使用されている。
③　1部屋の収容人員が10人以上50人未満である。
④　A、Bの共有する壁は防火構造である。
⑤　3階の住宅は専用階段が設置されている。

図4

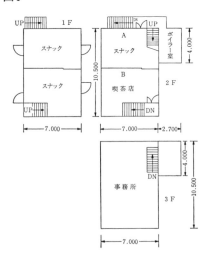

防火対象物の概要
①　2階部分のAの場合屋外直通階段である。Bの場合屋内直通階段である。

②　3階の事務所については、必要に応じて避難器具を設置させる。
③　建物は簡易耐火構造で、階段も不燃材が使用されている。
④　1部屋の収容人員は10人以上50人未満である。

(4)　図5の対象物の2階には避難器具が必要となるが、騒音防止のため開口部は1ヵ所しかなく、避難器具の取り付けが困難である。
　　当該対象物には屋外階段があり、容易に避難できるものとみなし、令第32条を適用し、避難器具の免除はできないか。
　　免除できない場合は、いかなる器具をどこに設置すればよいか。

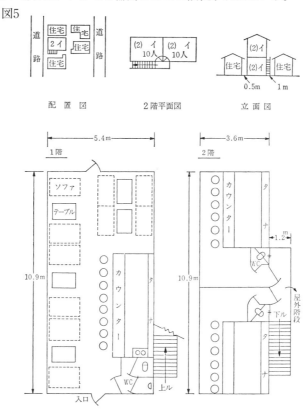

(5)　図6の防火対象物は、昭和51年に準防火商業地域内に新築された鉄骨耐火3階建、延340.96㎡の複合用途対象物である。建物周囲は前面道路を除き敷地境界いっぱいで、隣接建物が密集している状況である。
　　2・3階の出入りは屋内階段1ヶ所のみで、その収容人員はそれぞれ30人程度で夜間は無人となる。
　　採光、換気のため、西側（道路面）に幅、高さ共84cmの回転窓が3ヶ所、及び南、北側にハメ殺しの窓があり、その下端は床面から1.2m以下であるが、避難上有効な開口部とは認め難い。
　　また、内部造作により、ほとんど閉鎖されている状態である。
　　当該建物に設置されている消防用設備は次の通りである。
　　　　○誘導灯（各階）
　　　　○消火器（各階2基）

なお、任意に自動火災報知設備が各階有効に設置されており、受信機は1階貸事務所にある。以上の場合、避難器具の設置免除はできないか。免除できない場合は、いかなる器具をどこに設置すればよいのか。

   1F (4)項 108.86㎡
   2F (3)項ロ 108.86㎡
   3F (3)項ロ 108.86㎡
   4F   14.08㎡
    計 340.66㎡
    図6

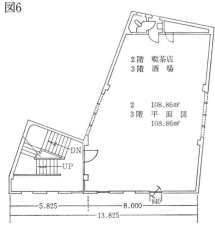

答1 現在のところ消防法施行令（以下「令」という。）第32条の規定に基づく特例基準を示す予定はない。

2(1) ア 次に適合する場合は、令第32条の規定を適用して避難器具の設置を免除してさしつかえないものと解する。
 （ア）自動火災報知設備、非常警報設備及び誘導灯が令第21条、第24条及び第26条の基準に従つて設けられていること。
 （イ）建築基準法施行令第112条第9項及び第15項の規定により区画がなされていること。
 イ 避難器具の設置を免除することはできない。なお、避難器具を設置する場合は、階段の設置位置と反対方向となる場所に設置するように指導されたい。
 ウ及びエ イによられたい。
(2) 火災発生時に安全な避難を行うため隣接する防火対象物の関係者と協議のうえ階段の設置位置と反対方向となる場所に避難橋等を設置するよう指導されたい。
(3) 図3について、答2(1)ア(ア)によるほか次に掲げる条件に適合する場合は、令第32条の規定を適用し避難器具の設置を免除してさしつかえないものと解する。
 ア 階段室は、窓、出入口等の開口部を除き耐火構造の壁で区画し、かつ、階段の出入口に設ける防火戸は随時開くことができる自動閉鎖装置付のもの又は随時閉鎖することができ、かつ、煙感知器の作動と連動して閉鎖できるものであること。
  図4については、図3によられたい。
(4) 主要構造部が耐火構造である防火対象物で、答2、1(1)に掲げる条件に適合する場合は、令

第32条の規定を適用し避難器具の設置を免除してさしつかえないものと解する。
(5) 答2(1)ア(ア)及び(イ)並びに答2(3)アによるほか次に掲げる条件に適合する場合は、令第32条の規定を適用し避難器具の設置を免除してさしつかえないものと解する。
　ア　床面積が100㎡を超えるものは、床面積100㎡以内ごとに耐火構造の床、壁、甲種防火戸又は乙種防火戸で区画されていること。

(昭55・6・10消防予115)

◆避難器具の基準の一部改正について
　避難器具の基準を定める件の一部を改正する件が昭和56年11月28日、消防庁告示第8号をもつて告示された。
　今回の改正は、消防法施行規則（昭和36年自治省令第6号。以下「規則」という。）第27条第9号の規定に基づき、避難器具のうち救助袋に係る基準（以下「新基準」という。）を定めたものである。
　設置及び維持に関する具体的な基準については、他の避難器具に関する基準を含め、追つて通知する予定である。
　貴職におかれては、下記事項に留意のうえ、貴管下市町村にもこの旨示達され、よろしく御指導願いたい。

記

1　改正の趣旨及び内容
　　今回の改正は、規則第27条第9号の規定に基づく避難器具の基準に、救助袋の構造、材質及び強度に関する基準を追加するとともに、その表示事項について規定したものであること。
2　既設の救助袋の取扱い
　　新基準の施行の際、消防法第17条の規定に基づき、既に設置されている救助袋については、消防法第17条の3の3の規定に基づき、昭和50年消防庁告示第14号に示す点検基準（昭和55年9月29日付け消防予第201号「消防用設備等の点検の基準及び点検票の様式を定める告示の改正について」消防庁予防救急課長通達に示す点検要領を含む。）にしたがつて点検をした結果、当該点検基準に適合する旨の報告があつたもの（新基準の施行前に報告のあつたものを含む。）に限り、消防法施行令第32条の規定を適用し、新基準に適合した救助袋に取り替えなくてさしつかえないものであること。
3　施行期日
　　新基準は、昭和57年6月1日から施行することとしたこと。

(昭56・12・8消防予285)

◆消防用設備等の設置に関する疑義について【避難器具の設置に関連して排煙上有効な開口部の取扱いについて】
　問　このことについて、管内消防本部から別添のとおり照会があつたので御教示くださるようお願いします。
　　別　添
　　告示第10号の排煙上有効な開口部の取扱いについて
　　当地は積雪寒冷地であるため避難器具の代替として開放型の避難階段（昭和48年消防庁告示第

10号）を設けた場合、冬期間避難上危険が伴い、又、維持管理上困難を生じているものであります。

そこで2㎡以上の開放は排煙のためのみと解されるため、次の措置を講ずることが可能かご教示願います。

記

問1　2㎡以上の開放部分に窓を設置し、有時の際、煙感知器連動と手動開放を併用して、排煙のための有効開口を確保することで足りるか。

　2　窓のかわりに当該開口部に昭和53年6月28日消防予第115号の排煙上有効な開口部を有するルーバーを設置した場合も認められるか。

答1　次の(1)～(3)によることとした場合は、多雪寒冷地に限り消防法施行令第32条を適用して、昭和48年消防庁告示第10号でいう「直接外気に開放された排煙上有効な開口部」と同等の開口部と認めてさしつかえない。

　(1)　火災の際、避難階段の部分の全ての窓が煙感知器と連動して開放する機構を有するとともに、手動開放装置によつても開放できるものであること。

　(2)　排煙上有効な開口部が2㎡以上確保されていること。

　(3)　当該設備について消防法第17条の3の3の規定に準じて点検を行うこと。

　2　お見込みのとおり。

（昭58・11・9消防予206）

memo　避難器具の代替として設ける開放型の避難階段の開口部の取扱いとして、煙が充満しない開口部の確保についての要件が示されています。

2　誘導灯・誘導標識

(1)　設置基準

誘導灯及び誘導標識の設置を要する防火対象物又はその部分については、令26条1項に規定されています（⇒序章　1(5)　消防用設備等設置基準早見表（18頁）参照）。

(2)　法令による緩和措置（令26条3項）

令26条1項4号に掲げる防火対象物又はその部分に避難口誘導灯又は通路誘導灯を令26条2項に定める技術上の基準に従い、又は当該技術上の基準の例により設置したときは、令26条1項の規定にかかわらず、これらの誘導灯の有効範囲内の部分について誘導標識を設置しないことができるとされています。

(3)　令32条特例

誘導灯及び誘導標識に関する技術基準は、平成11年3月の消防法施行令の一部を改正する政令等により、新しい機能、性能等を有する誘導灯の開発、建築物の用途及び形態の多様化等に対応するため、「規制緩和推進三か年計画」に基づき、誘導灯及び誘導標識に係る技術基準について、全面的な見直しが図られています。これにより従来、令32条の特例の適用が必要なものにあっても、本則基準により設置することが可能となっています。一方、特定用途に使用する部分の状況に応じ、当該防火対象物全体が令別表1(16)項に該当しない場合があります。この場合に、階ごとに設置が必要な誘導灯について、特定用途部分について一定の措置が講じられており、全体として安全性が確保されていると認められる場合には、誘導灯の設置が免除される場合があります。

令32条特例関係　通知・行政実例
誘導灯・誘導標識設置基準（令26条1項）
◆消防用設備等に係る執務資料の送付について【誘導灯の特例　小規模特定用途複合防火対象物】（平28・5・16消防予163） ………………………………………… 370
◆消防用設備等に係る執務資料の送付について【複合用途防火対象物】（平30・3・15消防予83） …………………………………………………………………… 370
誘導灯・誘導標識技術基準（令26条2項）
◆誘導灯及び誘導標識に係る設置・維持ガイドラインについて（平11・9・21消防予245） …… 371
◆誘導灯及び誘導標識に係る技術基準の改正に伴う消防法令の運用について（平11・9・21消防予246） ………………………………………………………………… 371
◆蓄光式誘導標識等に係る運用について（平22・4・9消防予177） ……………… 373
◆消防用設備等に係る執務資料の送付について【蓄光式誘導標識の緑色・白色】（平25・3・18消防庁予防課事務連絡） …………………………………………………… 382
◆消防用設備等に係る執務資料の送付について【通路誘導灯の設置省略】（平26・11・5消防予458） ………………………………………………………………………… 382

誘導灯・誘導標識設置基準（令26条1項）

誘導灯には、避難口誘導灯、通路誘導灯及び客席誘導灯があり、防火対象物の用途、地階・無窓階、11階以上の部分などに設置が義務付けられています。

◆消防用設備等に係る執務資料の送付について【誘導灯の特例　小規模特定用途複合防火対象物】

問1　令別表第1(5)項ロに掲げる用途に供する部分のみで構成されている防火対象物の一部の住戸を宿泊施設として使用する場合、当該宿泊施設の床面積が、当該防火対象物の延べ面積の10分の1以下であり、かつ、300㎡未満であれば、規則第13条第1項第2号に規定する小規模特定用途複合防火対象物に該当することから、規則第28条の2第1項第5号の規定により、地階、無窓階及び11階以上の部分以外の部分には誘導灯の設置を要しないと解してよいか。

答　お見込みのとおり。

問2　令別表第1(5)項ロに掲げる用途に供する部分のみで構成されている防火対象物の一部の住戸を宿泊施設として使用することにより、同表(16)項イに掲げる防火対象物（小規模特定用途複合防火対象物を除く。）となる場合であっても、次に掲げる要件を満たすものについては、令第32条の規定を適用し、当該宿泊施設の存する階のみに誘導灯を設置することで足りるとしてよいか。なお、当該防火対象物は地階、無窓階及び11階以上の階が存しないものである。

1　主要構造部が耐火構造であること。
2　住戸（宿泊施設として使用される部分を含む。3及び4において同じ。）が耐火構造の壁及び床で、200㎡以下に区画されていること。
3　住戸と共用部分を区画する壁に設けられる開口部には防火設備（主たる出入口に設けられるものにあっては、随時開くことができる自動閉鎖装置付の防火戸に限る。）が設けられていること。
4　3の開口部の面積の合計は、一の住戸につき4㎡以下であり、かつ、一の開口部の面積が2㎡以下であること。

答　差し支えない。

（平28・5・16消防予163）

memo　令別表1(5)項ロに掲げる用途に供する部分のみで構成されている防火対象物の一部の住戸を宿泊施設として使用する場合の誘導灯の設置については、当該宿泊施設の有する階にのみ誘導灯を設置することで足りるとされています。

◆消防用設備等に係る執務資料の送付について【複合用途防火対象物】

問3　令別表第1(5)項ロに掲げる防火対象物の一部の住戸を同表(5)項イに掲げる用途として使用することにより、同表(16)項イに掲げる防火対象物となる場合であっても、次に掲げる要件を満たす各独立部分には、令第32条の規定を適用し、誘導灯及び誘導標識の設置を免除してよいか。

1　各独立部分の床面積が100㎡以下であること。
2　各独立部分内の廊下等に非常用の照明装置を設置し、又は、各宿泊室に携帯用照明器具を設

けること。
3 すべての宿泊室(直接外部又は避難上有効なバルコニーに至ることができる宿泊室を除く。)から2以上の居室を経由せず、各独立部分の主たる出入口に通ずる廊下等に至ることができること。
　ただし、他の居室を経由して避難することが必要な場合には、当該経由する居室に非常用の照明装置を設置し、又は、他の居室を経由して避難することが必要な居室に携帯用照明器具を設置すること。
4 3の廊下等に曲がり角又は扉が複数あり、避難に支障があると認める場合は、当該廊下等に誘導標識を設置すること。
　また、同表(5)項イに掲げる防火対象物においても、同様の要件を満たす各客室又は各独立部分には、令第32条の規定を適用し、誘導灯及び誘導標識の設置を免除してよいか。

答 前段、後段ともに差し支えない。

(平30・3・15消防予83)

誘導灯・誘導標識技術基準（令26条2項）

　誘導灯は、防火対象物の利用者・使用者等が避難する際に避難口まで安全に誘導するために設けるものです。したがって、利用者・使用者等が容易に避難口を認識できる場合等にあっては、その設置の省略が認められる可能性があります。また、平成11年の改正以前には、特例の適用が必要であった事案についても、本則基準に盛り込まれており、特例の適用に当たっては、法令による技術基準に加え、「誘導灯及び誘導標識に係る設置・維持ガイドラインについて」等を参考にし、個別の事案ごとに特例の適用の可否について、検討することが必要です。

◆誘導灯及び誘導標識に係る設置・維持ガイドラインについて〔省略〕

(平11・9・21消防予245)

memo　平成11年に誘導灯及び誘導標識に係る技術上の基準が大幅に改正されたことに伴い、従前の質疑応答や特例等に関する通知等が廃止されるとともに、これらに代わるものとして新たに誘導灯及び誘導標識に係る基準の解釈、運用等が示されています。

◆誘導灯及び誘導標識に係る技術基準の改正に伴う消防法令の運用について

　誘導灯及び誘導標識に係る技術基準については、消防法施行令の一部を改正する政令（平成11年政令第42号。以下「改正令」という。）、消防法施行規則の一部を改正する省令（平成11年自治省令第5号。以下「改正規則」という。）、誘導灯及び誘導標識の基準の全部を改正する件（平成11年消防庁告示第2号。以下「誘導灯告示」という。）により全面的な改正が行われ、これらによる改正後の技術基準（以下「新基準」という。）は、平成11年10月1日から施行することとされている。
　新基準により誘導灯及び誘導標識を設置・維持する場合の運用等については、「誘導灯及び誘導標識に係る設置・維持ガイドラインについて」（平成11年9月21日付け消防予第245号）により通知したところであるが、改正令、改正規則及び誘導灯告示による改正前の技術基準（以下「旧基準」という。）についても、改正規則及び誘導灯告示に設けられた経過措置により引き続き適用される場合が

存すること等から、旧基準に係る運用について下記のとおりとりまとめたので通知する。
　貴職におかれては、その運用に遺憾のないよう配慮されるとともに、貴都道府県内の市町村に対してもこの旨を通知し、その指導に万全を期されるようよろしくお願いする。
記

1　既存の防火対象物又はその部分の取扱いについて
　(1)　今回の改正は、新しい機能、性能等を有する誘導灯の開発、建築物の用途及び形態の多様化等に対応するため、「規制緩和推進3か年計画」に基づき、誘導灯及び誘導標識に係る技術基準の全面的な見直しを図ったものであるが、一部既存不適格となる可能性のある事項が存することから、既存の防火対象物又はその部分について、なお従前の例による旨の経過措置が設けられていること（改正規則附則第3項及び誘導灯告示附則第2項）。
　(2)　当該経過措置の対象となる事項としては、①誘導灯の区分及びその表示（改正規則による改正後の消防法施行規則（以下「新規則」という。）第28条の3第1項及び誘導灯告示第5第3号）、②大規模・高層の防火対象物における非常電源の容量（新規則第28条の3第4項第10号）、③誘導灯及び誘導標識の構造及び性能（誘導灯告示第4第1号(六)イただし書及び同号ハ、第2号(二)並びに第3号(二)ハ）等が、主に想定されるものであること。
　(3)　誘導灯及び誘導標識については、改正規則附則第3項及び誘導灯告示第2項の規定による経過措置が適用外となったとき（＝当該防火対象物又はその部分において増築・改築等が行われたとき、既設の誘導灯及び誘導標識に変更が加えられたとき等）には、新基準への適合義務が生じること。
　(4)　旧基準により誘導灯及び誘導標識が設置されている既存の防火対象物又はその部分において、（義務又は任意により）新基準への切替えを図る場合には、階単位で新基準又は旧基準への適合性を確保することとしてさしつかえないこと。
　(5)　なお、前(3)及び(4)にかかわらず、増築等に伴い当該経過措置の適用外となる既存の防火対象物又はその部分において、旧基準による設置・維持を引き続き認めることの可否については、誘導灯及び誘導標識の避難上の有効性を勘案のうえ、消防法施行令（以下「令」という。）第32条の規定を適用するなど、柔軟に対応することとしてさしつかえないこと。
2　旧基準により製造された誘導灯及び誘導標識の取扱いについて
　(1)　旧基準により製造された誘導灯及び誘導標識（以下「旧基準適合品」という。）のうち、新規則第28条の3第1項及び誘導灯告示第4に適合するもの（以下「新基準適合品」という。）については、（当然）新基準により設置・維持することができること。この場合において、誘導灯については、誘導灯告示第5第3号の規定により新基準による種類を表示（旧基準による種類を併記したものを含む。）する必要があるが、従前特例により運用されていた高輝度誘導灯にあっては、次表により読み替えることとしてさしつかえないこと。

高輝度誘導灯の表示	新基準への読替え
40形	A級
20A形	B級・BH形
20B形	B級・BL形
10形	C級

また、旧基準適合品のうち新基準適合品にも該当する誘導灯については、社団法人日本照明器具工業会により、別添のとおり一覧表がとりまとめられているので参考とされたいこと。
(2) 旧基準適合品のうち新基準適合品に該当しない誘導灯及び誘導標識については、旧基準の適用を受ける既存の防火対象物又はその部分において、既設のものの取替えに供することができること。また、これ以外の防火対象物又はその部分においても、令第32条の規定を適用して、当該誘導灯及び誘導標識について旧基準により設置・維持することを認めてさしつかえないこと。
(3) 特殊な構造及び性能を有する誘導灯（＝床面に設けるもの、防水構造のもの、防爆型のもの等）については、新基準適合品への生産ライン切替えまでの当分の間、旧基準適合品のみの製造・供給とならざるをえない状況であるため、前(2)による円滑な対応を図る必要があること。
(4) 新基準適合品の誘導灯については、次表により旧基準適合品に読み替えることとしてさしつかえないこと。

新基準適合品	旧基準適合品への読替え
A級	大形（40形）
B級・BH形	大形（20A形）
B級・BL形	中形（20B形）
C級	小形（10形）

＊1　括弧内：高輝度誘導灯に係る読替え
＊2　上表により、旧基準適合品の新基準適合品への読替えはできないこと。

別添　〔省略〕

（平11・9・21消防予246）

memo　平成11年に誘導灯及び誘導標識に係る設置基準及び技術基準が大幅に改正されたことに伴い、既存の防火対象物又はその部分に設置されている誘導灯及び誘導標識については、従前の例によることとされています。この通知は、特例により設置が認められた高輝度誘導灯と新基準による誘導灯の読替えや新基準適合品の旧基準適合品への読替え等が示されています。

◆蓄光式誘導標識等に係る運用について

「消防法施行規則等の一部を改正する省令」（平成21年総務省令第93号。以下「改正規則」という。）及び「誘導灯及び誘導標識の基準の一部を改正する告示」（平成21年消防庁告示第21号。以下「改正告示」という。）により、蓄光式誘導標識等に係る技術基準が新たに定められたところです。

今般、改正規則による改正後の「消防法施行規則」（昭和36年自治省令第6号。以下「規則」という。）及び改正告示による改正後の「誘導灯及び誘導標識の基準」（平成11年消防庁告示第2号。以下「告示」という。）に規定する蓄光式誘導標識等に関する技術基準について、その細目等に関する運用の指針を下記のとおりとりまとめました。

東京消防庁・政令指定都市消防長におかれましては、下記事項に留意の上、その運用に十分配慮

されるとともに、各都道府県消防主管部長におかれては、貴都道府県内の市町村（消防の事務を処理する一部事務組合等を含む。）に対してもこの旨周知されるようお願いします。

なお、本通知は、消防組織法（昭和22年法律第226号）第37条の規定に基づく助言として発出するものであることを申し添えます。

記

1 共通事項
　(1) 蓄光式誘導標識の性能を保持するために必要な照度等
　　ア　告示第3第1号(3)及び第3の2第4号に規定する「性能を保持するために必要な照度」としては、暗所での視認性に係る実験結果等から、一般的には、停電等により通常の照明が消灯してから20分間経過した後の蓄光式誘導標識の表示面において、おおむね100mcd/㎡以上（規則第28条の2第1項第3号、第2項第2号及び第3項第3号の規定において蓄光式誘導標識を設ける避難口から当該居室内の最遠の箇所までの歩行距離がおおむね15m以上となる場合にあっては20分間経過した後の表示面がおおむね300mcd/㎡以上、規則第28条の3第4項第10号の規定において通路誘導灯を補完するものとして蓄光式誘導標識を設ける場合にあっては60分間経過した後の表示面がおおむね75mcd/㎡以上）の平均輝度となる照度を目安とすることが適当であること。
　　イ　上記アの照度は、①蓄光式誘導標識の性能、②照明に用いられている光源の特性（特に、蓄光材料の励起に必要となる紫外線等の強度）に応じて異なるものであることから、別紙1の例により試験データを確認する等して、これらの組合せが適切なものとなるようにする必要があること。これに当たり、主な光源の種別に応じた留意点等は次のとおりであること。
　　　(ア)　一般的な蛍光灯による照明下において、高輝度蓄光式誘導標識が設けられており、当該箇所における照度が200lx以上である場合には、停電等により通常の照明が消灯してから20分間経過した後における蓄光式誘導標識の表示面が100mcd/㎡以上の平均輝度となるものとみなしてさしつかえないこと。
　　　(イ)　最近開発・普及が進んでいる新たな光源は、従来の蛍光灯と特性が大きく異なる場合がある（例えば、現在流通しているLED照明器具は、可視光領域での照度が同レベルであっても紫外線強度は蛍光灯より小さいものが一般的である等）ことから、特に留意する必要があること。
　　ウ　無人の防火対象物又はその部分についてまで、照明器具の点灯を求める趣旨のものではないこと。
　　エ　なお、蓄光式誘導標識の性能を保持するために必要な照度を確保することができない場合にあっては、誘導灯（又は下記(3)の「光を発する帯状の標示」等）により誘導表示を行うことが必要であること。
　(2) 床面又はその直近に設ける蓄光式誘導標識の細目等
　　ア　告示第3の2第2号に規定する「床面又はその直近の箇所」とは、床面又は床面からの高さがおおむね1m以下の避難上有効な箇所をいうものであること（別紙2、図1）。
　　イ　階段、傾斜路、段差等のある場所においては、転倒、転落等を防止するため、その始点及び終点となる箇所に、蓄光式誘導標識を設けることが適当であること。この場合において、蓄光式誘導標識上の「避難の方向を示すシンボル」（告示別図第2）の向きを、避難時の上り・下りの方向に合わせたものとすることも考えられること（別紙2、図2）。

ウ　誘導標識の材料は、「堅ろうで耐久性のあるもの」（告示第5第3号(1)）とされているが、蓄光材料には水等の影響により著しく性能が低下するものもあることから、床面、巾木等に設ける蓄光式誘導標識で、通行、清掃、雨風等による摩耗、浸水等の影響が懸念されるものにあっては、耐摩耗性や耐水性を有するものを設置することが適当であること。
　エ　なお、規則第28条の3第4項第3号の2及び第10号の規定においては、通路誘導灯を補完するものとして蓄光式誘導標識を設けることが定められているものであり、蓄光式誘導標識が設けられていることをもって、当該箇所における通路誘導灯を免除することはできないこと。
(3)　光を発する帯状の標示等を用いた同等以上の避難安全性を有する誘導表示
　ア　告示第3の2ただし書に規定する「光を発する帯状の標示」としては、通路の床面や壁面に避難する方向に沿ってライン状に標示を行うもの（別紙3、図1）、階段等の踏面において端部の位置を示すように標示を行うもの（別紙3、図2）等を想定しており、停電等により通常の照明が消灯してから20分間（規則第28条の3第4項第10号の規定において通路誘導灯を補完するものとして設ける場合にあっては60分間）経過した後における当該表面の平均輝度が、おおむね次式により求めた値を目安として確保されるようにすることが適当であること。

$$L' \geq L\frac{100}{d'}$$

　　　L'：当該標示の表面における平均輝度［ミリカンデラ毎平方メートル］
　　　L：2［ミリカンデラ毎平方メートル］
　　　d'：当該標示の幅［ミリメートル］
　　また、当該標示を用いる場合にあっても、所期の性能が確保されるよう上記(1)イ及び(2)ア・ウの例等により適切に設置・維持するとともに、曲り角等の必要な箇所において高輝度蓄光式誘導標識等により避難の方向を明示することが必要であること（別紙3、図1）。
　イ　告示第3の2ただし書に規定する「その他の方法」としては、蓄光式誘導標識又は上記アの「帯状の標示」を補完するものとして、例えば避難口の外周やドアノブ、階段等の手すりをマーキングする標示（別紙3、図3）、階段のシンボルを用いた階段始点用の標示（別紙3、図4）等が想定されるものであること。
　ウ　上記ア・イの標示については、蓄光材料を用いるもののほか、光源を用いるもの（上記アに掲げる時間に相当する容量の非常電源を有するものに限る。）も含まれるものであること。
2　設置対象ごとの個別事項
(1)　小規模な路面店等（避難が容易な居室における誘導灯等の免除関係）
　ア　規則第28条の2第1項第3号、第2項第2号及び第3項第3号に規定する誘導灯等の設置免除の適用単位は「居室」であり、地階及び無窓階に存する居室（例えば、傾斜地において階全体としては地階扱いとなるが、当該居室は直接地上に面しているもの等）も、当該規定の要件に適合すれば免除対象となるものであること。
　イ　規則第28条の2第1項第3号イ、第2項第2号イ及び第3項第3号イに規定する「主として当該居室に存する者が利用する」避難口とは、当該居室に存する者が避難する際に利用するものであって、他の部分に存する者が避難する際の動線には当たっていないものをいうものであること（例えば、一階層のコンビニエンスストアにおける売場部分の出入口等）。
　ウ　上記イの避難口から当該居室内の最遠の箇所までの歩行距離がおおむね15m以上となる場合において、避難上有効な視認性を確保するためには、（規則第28条の3第2項第2号の誘導灯

の例と同様に）次式により求めた値を目安として、蓄光式誘導標識の表示面の縦寸法の大きさを確保することが適当であること。

$D \leq 150 \times h$

D：避難口から当該居室内の最遠の箇所までの歩行距離［メートル］
h：蓄光式誘導標識の表示面の縦寸法［メートル］

　エ　当該対象物における蓄光式誘導標識の設置イメージを別紙4、図1にとりまとめたので、適宜参考とされたいこと。
(2)　個室型遊興店舗（通路上の煙の滞留を想定した床面等への誘導表示関係）
　ア　個室型遊興店舗（令別表第1(2)項ニ）においては、避難経路の見とおしが悪く、照明も暗い等の状況が想定されることから、規則第28条の3第4項第3号の2ただし書の規定により蓄光式誘導標識等を設けるに当たっては、蓄光式誘導標識等の種別や設置位置に留意することが特に重要であること。
　イ　当該対象物における蓄光式誘導標識等の設置イメージを別紙4、図2にとりまとめたので、適宜参考とされたいこと。
(3)　大規模・高層の防火対象物等（停電時の長時間避難に対応した誘導表示関係）
　ア　停電時の長時間避難に対応した誘導表示の対象として、告示第4第3号により地下駅舎等が新たに追加されたところであるが、同号に規定する「消防長（消防本部を置かない消防本部においては、市町村長）又は消防署長が避難上必要があると認めて指定したもの」については、当面、危険性が高いもののみとし、「複数の路線が乗り入れている駅」又は「3層以上の構造を有する駅」を重点として指定することが望ましいこと。
　イ　階段（特に、避難時に下り方向で用いられるもの）においては、転倒、転落等を防止するため、踏面端部の位置等を示すように、光を発する帯状の標示等を設けることが適当であること。
　ウ　当該対象物における蓄光式誘導標識等の設置イメージを別紙4、図3にとりまとめたので、適宜参考とされたいこと。

別紙1

蓄光式誘導標識の試験データ（参考例）

○蓄光式誘導標識の型式等：○○○○○

○光源となる照明器具の種類：蛍光灯・白熱電球・LED・その他（　　　）

○照明器具の型式等：○○○○○○

○測定機器の型式等
　・測　定　機　器：○○○○○
　・紫外線強度計：○○○○○
　・輝　　度　　計：○○○○○

照度（lx）	紫外線強度（μW/cm²）	20分後の輝度（mcd/m²）
15	○.○	○.○
25	○.○	○.○
50	○.○	○.○
100	○.○	○.○
200	○.○	○.○
300	○.○	○.○
400	○.○	○.○
500	○.○	○.○
600	○.○	○.○
700	○.○	○.○
800	○.○	○.○
900	○.○	○.○
1000	○.○	○.○

※1　「照度」、「紫外線強度」及び「輝度」は、照度計（JISC1609－1の適合品等）、紫外線強度計（おおむね波長360nm～480nmの範囲を測定できるもの）、輝度計（色彩輝度計等）を用いて測定した結果を記載。

※2　「20分後の輝度」欄には、蓄光式誘導標識を照明器具により20分間照射し、その後20分間経過した後における測定値を記載（規則第28条の3第4項第10号の規定において誘導灯を補完するものとして蓄光式誘導標識を設ける場合にあっては、「60分後の輝度」として、照明器具により20分間照射し、その後60分間経過した後における測定値を記載）。

※3　当該試験データを設置届に添付する等して、試験結果報告書に記載の「設置場所の照度」と突合して、蓄光式誘導標識の性能を保持するために必要な照度が確保されていることを確認。

※4　蓄光式誘導標識を複数設ける防火対象物にあっては、
　　○　当該防火対象物に設ける蓄光式誘導標識の型式等ごとに当該試験データを添付するとともに、
　　○　試験結果報告書の「設置場所の照度」についても、各設置箇所によって照度が異なる場合には、当該照度の範囲（例：○○lx～△△lx）を記載。また、必要に応じ、個別の設置箇所における照度を別紙にて添付。

※5　経年等に伴い、「照度」、「輝度」等が所期の条件に適しないことが、点検等の際に明らかとなった場合には、個別の状況に応じ、照明器具の交換・変更、蓄光式誘導標識の交換・変更等を適宜実施。

別紙2
　　　　　　床面又はその直近に設ける蓄光式誘導標識の細目等（イメージ）
図1　通路誘導灯に補完して床面又はその直近に蓄光式誘導標識を設ける場合の参考例

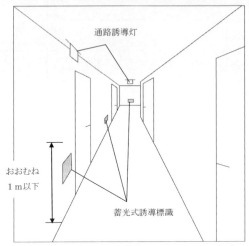

図2　階段、傾斜路、段差等のある場所に蓄光式誘導標識を設ける場合の参考例

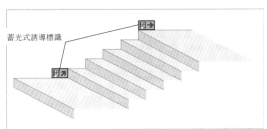

　　　※　避難する際の錯覚（踏み面がきわめて暗い環境のため、階段なのか踊り場なのかを判断できない）による転倒、転落等を防ぐため、蓄光式誘導標識の設置高さは、統一することが望ましい。

別紙3
　　光を発する帯状の標示等を用いた同等以上の避難安全性を有する誘導標示（イメージ）
図1　通路の床面や壁面に避難する方向に沿ってライン上に標示を行う場合の参考例

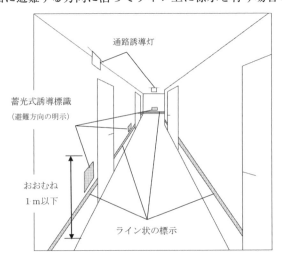

第3章　2　誘導灯・誘導標識　　　　　　　　　　　　　　　379

図2　階段等の踏面において端部の位置を示すように標示を行う場合の参考例

図3　避難口の外周やドアノブ、階段等の手すりをマーキングする標示の参考例
　（a）　避難口の外周・ドアノブ　　　　　　（b）　階段等の手すり

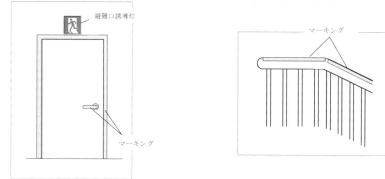

図4　階段のシンボルを用いた階段始点用の標示の参考例
　（a）　上り階段であることを示すシンボル　　（b）　下り階段であることを示すシンボル

別紙4
　　　　　　　　　　　蓄光式誘導標識等の設置イメージ
図1　小規模な路面店等（避難が容易な居室における誘導灯等の免除関係）
　（a）　単独建屋の場合

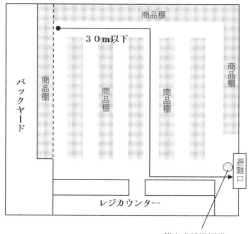

（b） 防火対象物の一部に当該居室が存する場合

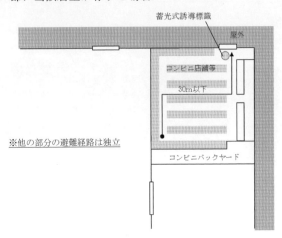

図2　個室型遊興店舗（通路上の煙の滞留を想定した床面等への誘導標示関係）

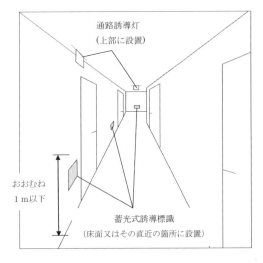

参考　通路誘導灯を床面又はその直近の避難上有効な箇所に設ける場合（＝蓄光式誘導標識を設置しない場合）の設置イメージ

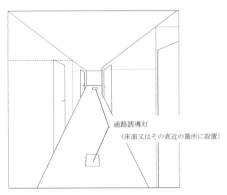

第3章　2　誘導灯・誘導標識

図3　大規模・高層の防火対象物等（停電時の長時間避難に対応した誘導標示関係）
（a）　大規模・高層対象物の場合

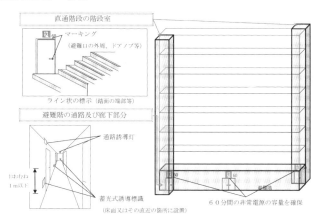

参考　通路誘導灯の非常電源の容量を60分間確保する場合（＝蓄光式誘導標識を設置しない場合）の設置イメージ

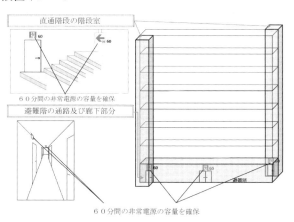

（b）　地下駅舎の場合

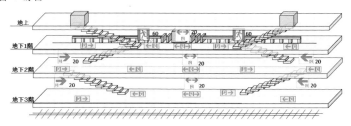

① 屋内から直接地上に通ずる出入口（誘導灯の非常電源の容量を60分間確保）
② 地階にある乗降場
③ ②に通ずる階段、傾斜路及び通路　　｝高輝度蓄光式誘導標識を設置

参考　通路誘導灯の非常電源の容量を60分間確保する場合（＝蓄光式誘導標識を設置しない場合）の設置イメージ

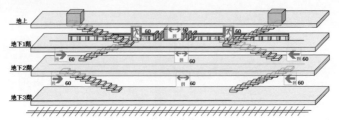

① 屋内から直接地上に通ずる出入口
② 地階にある乗降場
③ ②に通ずる階段、傾斜路及び通路
　　　　　　　　　　　　　　　　｝誘導灯の非常電源の容量を60分間確保

【凡例】
　🏃60　避難口誘導灯（60分間の非常電源を確保）
　→60　通路誘導灯（60分間の非常電源を確保）
　→20　通路誘導灯（20分間の非常電源を確保）
　🏃→　高輝度蓄光式誘導標識

（平22・4・9消防予177）

memo　誘導標識のうち、蓄光式誘導標識等についての運用として示されたものです。蓄光式誘導標識灯は、一定の時間表面輝度が確保できることから、複雑な構造の避難路や階段の距離が長いなどの部分では、誘導灯を補完又は代替することが可能となる例が示されています。

◆消防用設備等に係る執務資料の送付について【蓄光式誘導標識の緑色・白色】
問3　蓄光式誘導標識が発光した際の色彩について、「誘導灯及び誘導標識の基準」（平成11年消防庁告示第2号）において誘導灯及び誘導標識の表示面の色彩は緑色及び白色と規定されており、JIS（工業標準化法（昭和24年法律第185号）第17条第1項の日本工業規格をいう。）Z 9103において非常口の位置及び方向を示す標識の安全色を緑色及びその対比色を白色とされていることに鑑みれば、緑色とすることが適切と考えられるが、いかがか。
　この場合において、黄緑色や青緑色等も概ね緑色と考えて差し支えないか。
答　お見込みのとおり。

（平25・3・18消防庁予防課事務連絡）

memo　誘導標識のうち蓄光式のものが発光した際の色彩に関するものであり、誘導灯と同様に原則としては緑色及び白色を基本としています。又、黄緑色や青緑色等も概ね緑色として扱ってよいとされています。

◆消防用設備等に係る執務資料の送付について【通路誘導灯の設置省略】
問　消防法施行規則第28条の2第2項第4号の規定により、消防庁長官が定める要件に該当する防火対象物の乗降場に通ずる階段及び傾斜路並びに直通階段に建築基準法施行令（以下「建基令」と

第3章　2　誘導灯・誘導標識

いう。）第126条の4に規定する非常用の照明装置（以下「非常照明」という。）で、60分間作動できる容量以上のものを設けた場合には、通路誘導灯の設置を要しないこととされているが、当該非常照明は、建基令第126条の5に規定する非常照明の基準（予備電源の容量に係る基準を除く。）を満たす必要があるのか。

答　お見込みのとおり。

（平26・11・5消防予458）

memo　防火対象物の乗降場に通ずる階段及び傾斜路並びに直通階段に建築基準法の基準に適合する非常照明が設けられた場合には、通路誘導灯の設置を要しないこととされています。

第 4 章

消防用水・消火活動上必要な施設

1　消防用水

(1)　設置基準
　消防用水の設置を要する防火対象物については、令27条1項に規定されています（⇒序章　1(5)消防用設備等設置基準早見表（20頁）参照）。

(2)　法令による緩和措置
　法令上、設置等に関する緩和措置は、規定されていません。

(3)　令32条特例
　消防用水は、大規模な防火対象物において、消防機関が消火活動する場合の水源として、防火対象物に設置を義務付けたものです。
　ここで取り上げた通知は、同一敷地内に防火対象物と危険物施設がある場合の設置義務となる場合の判断、さらに必要となる水量の算定方法に関するものであり、消防用水の設置に係る基本的な考え方が示されています。
　防用水の水源としては、一般的に貯水槽によることとされていますが、常時所要の水量を確保できるもの（池、受水槽、プールなど）も、その維持管理の状況から認められています。

令32条特例関係　通知・行政実例
消防用水設置基準（令27条1項）
◆消防法、同施行令及び同施行規則に関する執務資料について【消防用水の設置について】（昭60・2・18消防予37） ……………………………………………… 388
消防用水技術基準（令27条2項）
◆空調用蓄熱槽水を消防用水として使用する場合の取扱いについて〔解釈〕（平9・3・6消防予42） ……………………………………………………………………… 389

消防用水設置基準（令27条1項）

　消防用水は、消防機関が消火活動を行うために必要なものであり、大規模・高層防火対象物や敷地内に大規模な防火対象物が設置されている場合等に、設置することとされています。この場合において、危険物施設が同一敷地内にあった場合には、当該危険物施設は、防火対象物に含まれない（危険物施設には、特別法として防火対象物に対する規制より優先して適用されています。）ことから、危険物施設を除外して算定することとされています。

◆消防法、同施行令及び同施行規則に関する執務資料について【消防用水の設置について】

問　このことについて、別図のような事務所と危険物施設が同一敷地内に存する場合の消防用水の設置について疑義が生じましたので御教示願います。
1　昭和50年6月16日、消防安第65号各都道府県消防主管部長あて消防庁安全救急課長回答によると、防火対象物の一部に危険物施設がある場合、当該施設は面積算定に入れるが、消防用設備等を設置する場合には危険物施設を除いた部分に設置されるとしていることから、本件のような場合、危険物施設の面積を算定することとして、消防用水の設置義務があると解してよいか。
2　設置義務がある場合、水量の計算方法は、危険物施設を除いた部分に設置することから、(2)により解してよいか。

(1)　$\dfrac{5800㎡ + 5000㎡}{5000㎡} = 2.16$

　　約3（小数点以下切り上げ20㎡×3＝60㎡）

(2)　$\dfrac{5800㎡}{5000㎡} = 1.16$

　　約2（小数点以下切り上げ20㎡×2＝40㎡）

別　図

ア　敷地面積……23,000㎡
イ　事　務　所……簡易耐火建築物、平家建、床面積5,800㎡
ウ　危険物施設……　〃　　　〃　　床面積5,000㎡
エ　事務所と危険物施設の水平距離……5m

答　1及び2いずれもお見込みのとおり。

（昭60・2・18消防予37）

memo　同一敷地内に防火対象物と危険物施設がある場合の消防用水の設置義務についての算定方法と水源水量の算定の考え方が示されています。

消防用水技術基準（令27条2項）

　消防用水は、消防機関が消火活動を行うために必要なものであり、大規模・高層防火対象物や敷地内に大規模な防火対象物が設置されている場合等に、設置することとされています。この場合の用水の水質等は、消防活動に使用が可能なものであり、かつ、常時使用可能なものであれば、他の使用目的のものと兼用することが可能としたものです。

◆空調用蓄熱槽水を消防用水として使用する場合の取扱いについて〔解釈〕

　近年、建築物の基礎部分を利用して、空調用の冷温水を蓄えるための水槽（以下「空調用蓄熱槽」という。）が、省エネルギーの観点等から設置されるようになってきている。

　空調用蓄熱槽は、一般に水量が大きいものであり、空調用蓄熱槽に蓄えられている水（以下「空調用蓄熱槽水」という。）については、平常時のみならず火災等の災害時における有効利用が望まれているところである。

　このような状況を踏まえ、空調用蓄熱槽水を消防用水として使用する場合の取扱いについて下記のとおりとりまとめたので、その運用に遺憾のないよう配慮されるとともに、貴管下市町村に対してもよろしく御指導願いたい。

記

1　空調用蓄熱槽水の温度及び水質について

　　消防用水として使用される空調用蓄熱槽水の温度及び水質については、次によること。

　(1)　温度は、概ね40℃以下であること。

　(2)　水質は、原水を上水道水とする等消防活動上支障のないものであること。

2　空調用蓄熱槽水の水量について

　　消防用水は、消防活動中において同一箇所から採水できることが望ましいことから、消防用水として利用できる空調用蓄熱槽水の水量は、消防用水として必要とされる量以上の量であること。

3　空調用蓄熱槽の設備について

　(1)　地盤面下に設けられている空調用蓄熱槽のうち、その設けられている地盤面から深さ4.5mを超える部分の水を消防用水として使用するものについては、採水管（地盤面の高さまで空調用蓄熱槽水を採水するための配管をいう。以下同じ。）及び非常電源を附置した加圧送水装置を設けること。

　(2)　吸管投入孔及び採水管の取水部分は、空調用蓄熱槽の部分のうち水温の低い部分に設けること。

　(3)　採水口（採水管端部の消防用ホースと結合するための口をいう。以下同じ。）は、消防ポンプ自動車が2m以内に接近することができる位置に設けること。

　(4)　吸管投入孔及び採水口の付近には、見やすい箇所に次の事項を掲示すること。

　　　ア　消防用水である旨

　　　イ　採水可能水量

　　　ウ　注意事項

　(5)　空調用蓄熱槽からの採水又は採水後の充水により、当該空調用蓄熱槽に係る空調設備の機能に影響を及ぼさないようにするため、必要な措置が講じられていること。

4　他の水源との共用について

空調用蓄熱槽水を消火設備の水源又は指定消防水利として使用する場合には、それぞれの目的に必要な水量が常時確保されているとともに、それぞれの使用に支障を生じないように必要な措置が講じられていること。

5　その他

　空調用蓄熱槽を備えた大規模・高層の防火対象物、防災拠点となる防火対象物等については、防火安全上の観点から、消防用水の整備と併せて、必要に応じて空調用蓄熱槽水を消防用水等として有効利用できるよう措置されていることが望ましいこと。

(平9・3・6消防予42)

> **memo**　消防用水の水源は、原則として専用とする必要がありますが、空調用蓄熱槽水を消防用水の水源として使用する場合の要件が示されています。また、空調用蓄熱送水以外の水源であっても、この要件を満たすものにあっては消防用水の水源として使用することができます。

2　排煙設備

(1)　設置基準

排煙設備の設置を要する防火対象物又はその部分については、令28条1項に規定されています（⇒序章　1(5)　消防用設備等設置基準早見表（20頁）参照）。

(2)　法令による緩和措置（令28条3項）

令28条1項各号に掲げる防火対象物又はその部分のうち、排煙上有効な窓等の開口部が設けられている部分その他の消火活動上支障がないものとして総務省令（規29）で定める部分には、令28条1項の規定にかかわらず、排煙設備を設置しないことができるとされています。

排煙設備の設置を要しない防火対象物の部分（規29）
① 　次のイ及びロに定めるところにより直接外気に開放されている部分
　イ　規則30条1号イからハまでの規定の例により直接外気に接する開口部（常時開放されているものに限ります。ロにおいて同じ。）が設けられていること。
　ロ　直接外気に接する開口部の面積の合計は、規則30条6号ロの規定の例によるものであること。
② 　令別表1に掲げる防火対象物又はその部分（主として当該防火対象物の関係者及び関係者に雇用されている者の使用に供する部分等に限ります。）のうち、令13条1項の表の上欄に掲げる部分、室等の用途に応じ、当該下欄に掲げる消火設備（移動式のものを除きます。）が設置されている部分
③ 　①②に掲げるもののほか、防火対象物又はその部分の位置、構造及び設備の状況並びに使用状況から判断して、煙の熱及び成分により消防隊の消火活動上支障を生ずるおそれがないものとして消防庁長官が定める部分※
　※ 「消防庁長官が定める煙の熱及び成分により消防隊の消火活動上支障を生ずるおそれがない」⇒ 未制定

---

(3)　令32条特例

排煙設備は、地下街、地階、無窓階や舞台部など、火災が発生したときに煙が滞留又は充満しやすく、かつ、救助活動や消火活動が困難となることが考えられる部分に設置が必要とされています。一方、建築基準法令においても同様な趣旨で排煙設備の設置が必要とされています。

建築基準法の排煙設備が避難環境を確保するためのものであり、消防法の排煙設備は消火・救助活動環境を確保するものであるため、設備を兼用する場合には、想定される煙等の温度等を考慮し、技術的に対応可能か検討の上、令32条の特例の可否を検討する必要があります。

令32条特例関係　通知・行政実例
排煙設備設置基準（令28条1項）
◆消防用設備等の設置に係る疑義について【地下駐車場等における排煙設備の設置について】（昭56・10・8消防予241） ……………………………………………… 393

◆消防法施行令の一部を改正する政令等の施行について【排煙設備に関する事項】(平11・3・17消防予53) ··· 394
◆消防法施行規則の一部を改正する省令の施行について【排煙設備の設置免除要件及び排煙設備に関する基準の細目についての全面的な見直し】(平11・9・29消防予254) ······ 395

排煙設備技術基準(令28条2項)

◆消防用設備等の技術上の基準についての疑義について【排煙設備等の技術上の基準について】(昭53・6・28消防予115) ··· 397

排煙設備設置基準（令28条1項）

　排煙設備は、救助・消火活動を迅速かつ円滑に行うことができるように設置するものであり、消防活動拠点や消火活動上重要な位置に設けることとされていますが、当該部分が排煙上有効な窓等の開口部が設けられている部分その他の消火活動上支障がないものとして認められる場合には、設置を要しないとされています。ここで取り上げた通知は、これらの判断の例となるものであり、その設置免除の検討に当たっては防火対象物ごとに検討することが必要です。

◆消防用設備等の設置に係る疑義について【地下駐車場等における排煙設備の設置について】
　このことについて、徳島市消防長から別添のとおり照会がありましたので、よろしく御教示願います。

記

問1　消防法施行令（以下「令」という。）第28条の排煙設備についてつぎの建築計画のある防火対象物の部分に排煙設備を設けなければならないか。

(1)　大規模小売店舗の地階が、当該店舗に従属する機械室及び専用駐車場となっており、その床面積が1,000㎡以上の場合、当該地階の部分は、令別表第1(4)項に掲げる防火対象物の地階で床面積が1,000㎡以上のものとなるので排煙設備の設置義務があると解してよいか。

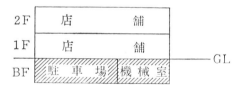

(2)　上記の防火対象物の地下駐車場の部分に建築基準法令の排煙設備が設置された場合には、その排煙設備は消防法令に基づく排煙設備として取り扱ってよいと思料するが、当該部分に、ハロゲン化物消火設備の設置が予定されている場合、建築基準法令の排煙設備については、建設省告示第33号（昭和47年1月13日）「建築物の部分で、建築基準法施行令第126条の3の規定に適合する排煙設備を設けた建築物又は建築物の部分と同等以上の効力があると認める件」により、排煙設備を設けないこととなる場合、消防法による排煙設備についても、当該告示を準用して、同等の効力があるとみなして設置をしなくてもよいか。
　　なお、同告示に関係なく消防法による排煙設備を設けなければならないとすれば排煙設備の技術基準は建築基準法令にもとづくものとする。

(3)　百貨店、ホテル、事務所を含む複合用途防火対象物において、当該地階の部分に各用途と共用される駐車場及び空気調和機械室がある場合、令第9条及び「令別表第1に掲げる防火対象物の取り扱いについて（昭和50年4月15日消防予第41号）」により当該地階の部分についてそれぞれの用途で按分した結果、百貨店に従属するとみなされる駐車場及び空気調和機械室の部分の床面積が1,000㎡以上の場合、当該地階の部分に排煙設備の設置義務があると解してよいか。

7F	ホテル	百 貨 店
6F	〃	〃
5F	〃	〃
4F	〃	〃
3F	事 務 所	〃
2F	〃	〃
1F	百 貨 店	
B1F	百 貨 店	
B2F	駐 車 場	機 械 室

―― GL（1F右側）

2　令別表第1(15)項に該当する市庁舎の建設計画で、地階の床面積が約600㎡あり、その大部分を来庁者用駐車場に使用する計画であるが、当該地階の駐車場部分は大規模で消火活動上に問題はあるが、令第28条第1項第3号に該当しないので排煙設備の設置義務はないと解してよいか。

答1(1)　お見込のとおり
　(2)　後段お見込のとおり
　(3)　お見込のとおり
2　お見込のとおり

(昭56・10・8消防予241)

memo　排煙設備については、消火活動が困難となる地下街、舞台部や可燃物等が大量にある用途部分の地下階・無窓階に設置が義務付けられていますが、これらの部分の取扱いについて示されています。

◆消防法施行令の一部を改正する政令等の施行について【排煙設備に関する事項】

　消防法施行令の一部を改正する政令（平成11年政令第42号。以下「改正令」という。）及び消防法施行規則の一部を改正する省令（平成11年自治省令第5号。以下「改正規則」という。）が平成11年3月17日に公布された。
　今回の改正は、最近における規制緩和の要請、消防用設備等に係る技術の向上等にかんがみ、スプリンクラー設備、誘導灯及び誘導標識、排煙設備、連結散水設備並びに連結送水管について、性能に応じた設置方法の設定や基準の合理化等を行ったものである。
　また、これに伴い所要の細目規定を整備するため、同日付けで、誘導灯及び誘導標識の基準の全部を改正する件（平成11年消防庁告示第2号。以下「誘導灯告示」という。）が公布された。
　貴職におかれては、下記事項に留意のうえ、貴都道府県内の市町村に対してもこの旨を通知し、その運用に遺漏のないよう格別の御配慮をお願いする。

記

第3　排煙設備に関する事項
　　消防法及び建築基準法においては、排煙設備についてそれぞれ独自の観点から規定が設けられているが、関係者の負担を軽減するため、「公共工事コスト縮減対策に関する行動指針」に基づく排煙設備の建築基準法との整合の一環として、両法の趣旨の違いを踏まえつつ、消防法施行令の

技術基準について見直しが図られたこと。
1　令別表第1(1)項に掲げる防火対象物（劇場、公会堂等）の舞台部について、設置対象となる床面積が200㎡から500㎡に緩和されたこと。（令第28条第1項第2号関係）
2　排煙設備の自動起動装置の起動要件については、「火災により温度が急激に上昇した場合」とされていたが、煙濃度の上昇等により起動することとしてもさしつかえないことから、「火災の発生を感知した場合」とされたこと。（令第28条第2項第2号関係）
3　火災により発生した煙を有効に排除するため、煙に接する部分の材質について、「排煙口、風道その他煙に接する部分は、煙の熱及び成分により機能に支障を生ずるおそれのない材料で造ること」とされたこと。（令第28条第2項第3号関係）
4　排煙設備の設置を要しない場合の要件については、「排煙上有効な窓その他の開口部があるとき」に限定されているが、「排煙上有効な窓等の開口部が設けられている部分その他の消火活動上支障がないものとして自治省令で定める部分」には、「排煙設備を設置しないことができる」こととして、規則に委任する免除要件の範囲が拡大されたこと。（令第28条第3項関係）

（平11・3・17消防予53）

◆消防法施行規則の一部を改正する省令の施行について【排煙設備の設置免除要件及び排煙設備に関する基準の細目についての全面的な見直し】

　消防法施行規則の一部を改正する省令（平成11年自治省令第34号。以下「改正省令」という。）が平成11年9月29日に公布された。
　今回の改正は、「公共工事コスト縮減対策に関する行動指針」（平成9年4月閣僚会議決定）に基づく排煙設備の建築基準法との整合の一環として、消防法施行規則（以下「規則」という。）に規定する排煙設備の設置免除要件及び排煙設備に関する基準の細目について、全面的な見直しを図ること等を目的として行われたものである。
　貴職におかれては、下記事項に留意のうえ、その運用に遺憾のないよう格段の配慮をされるとともに、貴管下市町村に対してもこの旨通知され、よろしく御指導願いたい。

記

第1　改正事項
　1　排煙設備の設置免除要件の見直し
　　　改正省令による改正前の規則（以下「旧規則」という。）においては、排煙設備の設置免除要件として排煙上有効な開口部が設けられている場合が定められていたが、①当該開口部要件について建築基準法と整合化が図られるとともに、②建築基準法の設置免除要件を踏まえ2つの要件が追加されたこと（改正省令による改正後の規則（以下「新規則」という。）第29条関係）。
　2　排煙設備に関する基準の細目の見直し
　　　旧規則においては、排煙設備に関する基準の細目について具体的な設置・維持方法は特段規定されていなかったが、①消防隊の消火活動において必要な機能、性能等の明確化を図りつつ、②建築基準法との整合化が図られたこと（新規則第30条関係）。
　(1)　排煙口について、防煙区画ごとに設けることとされるとともに、その設置方法、構造、性能等が規定されたこと（新規則第30条第1号関係）。
　(2)　給気口について、消火活動拠点ごとに設けることとされるとともに、その設置方法、構造、性能等が規定されたこと（新規則第30条第2号関係）。

(3) 風道について、その設置方法、構造、性能、ダンパーを設ける場合の要件等が規定されたこと（新規則第30条第3号関係）。
(4) 起動装置について、①手動起動装置にあっては設置単位、設置方法、表示等、②自動起動装置にあっては起動要件等がそれぞれ規定されたこと（新規則第30条第4号関係）。
(5) 排煙機及び給気機について、点検に便利で、かつ、火災等の災害による被害を受けるおそれが少ない箇所に設けることとされたこと（新規則第30条第5号関係）。
(6) 排煙設備の性能について、①機械排煙を行う防煙区画にあっては排煙機の性能（単位時間当たりの空気の排出量）、②自然排煙を行う防煙区画にあっては直接外気に接する排煙口の面積が規定されるとともに、③消火活動拠点の給気性能が規定されたこと（新規則第30条第6号関係）。
(7) 電源について、規則第24条第3号（＝常用電源に係る結線方法等）の規定の例により設けることとされたこと（新規則第30条第7号関係）。
(8) 非常電源について、規則第12条第1項第4号（＝自家発電設備、蓄電池設備等の設置・維持基準）の規定の例により設けることとされたこと（新規則第30条第8号関係）。
(9) 操作回路の配線について、規則第12条第1項第5号（＝配線の耐熱措置）の規定の例により設けることとされたこと（新規則第30条第9号関係）。
(10) 高層の建築物、大規模な建築物等に設置される排煙設備については、防災センター等に操作盤・総合操作盤を設けることとされたこと（新規則第30条第10号関係）。
(11) 風道、排煙機、給気機及び非常電源には、規則第12条第1項第9号に規定する措置（＝耐震措置）を講ずることとされたこと（新規則第30条第11号関係）。

3 その他
　その他所要の規定の整備が行われたこと。

第2 施行期日等
1 施行期日
　改正省令は、平成11年10月1日から施行することとされたこと（改正省令附則第1項関係）。
2 経過措置
　平成11年10月1日において現に存する防火対象物若しくはその部分又は現に新築、増築、改築、移転、修繕若しくは模様替えの工事中の防火対象物若しくはその部分における排煙設備のうち、新規則第29条及び第30条の規定に適合しないものに係る技術上の基準については、これらの規定にかかわらず、なお従前の例によることとされたこと（改正省令附則第2項関係）。
3 運用上の留意事項
(1) 今回の1連の政省令改正（平成11年政令第42号及び改正省令）により、消防法に規定する排煙設備の技術基準は、建築基準法と基本的に整合化が図られたこと。この場合において、整合化した事項の運用については、従来どおり建築基準法の例によることとしてさしつかえないこと。
　一方、排煙設備の主な設置目的は、①消防法にあっては消防隊の安全・円滑な消火活動の確保、②建築基準法にあっては在館者の安全・円滑な初期避難の確保であり、両法の趣旨が異なること等から、次の点については、特に差異が設けられていること。
　ア 建築基準法では、一定の区画・内装制限を行った部分に係る排煙設備については、設置が免除されているが、①煙が滞留しやすい地階・無窓階において、②盛期火災における安

全・円滑な消火活動を確保するため、消防法では設置免除の対象外としている。
  イ　建築基準法では、排煙機又は給気機と接続していない煙突状の風道も認められているが、消防法では、消火活動上必要な風量を確実に担保するため、風道は排煙機又は給気機と接続されている必要がある（新規則第30条第3号ロ）。
  ウ　消防法では、風道にダンパーを設ける場合について、排煙設備の機能を確保するための要件を規定している。特に、消火活動拠点については、自動閉鎖装置を設けたダンパーの設置を禁止している（新規則第30条第3号ホ）。
  エ　その他、消防法では、消防用設備等として必要な要件を補足している（新規則第30条第5号の規定による排煙機・給気機の被災防止、同条第11号の規定による風道等への耐震措置等）。
(2)　排煙方式については、いわゆる「機械排煙」（排煙機を用いて強制的に排煙を行う方式）と「自然排煙」（直接外気に接する開口部から自然に排煙を行う方式）の2種類が主に想定されていること。また、給気方式についても、「機械給気」（給気機を用いて強制的に給気を行う方式）と「自然給気」（直接外気に接する開口部から自然に給気を行う方式）の2種類が想定されていること。

　なお、新規則第30条第1号ただし書の規定は、いわゆる「加圧排煙」（当該防煙区画を加圧することにより、内部の煙を排除するとともに、外部からの煙の流入を防止する方式）を想定したものであること。
(3)　新規則第29条第1号に掲げる設置免除要件は、「自然排煙」の例によるものであるが、当該開口部は常時開放されているものであり、排煙に際し特段の操作等を要しないなど設備的な体をなしていないため、排煙設備とは異なるものとして位置づけられていること。また、同条第3号に掲げる設置免除要件は、性能規定化等に対応することを目的として設けられたものであり、おって当該規定に基づく消防庁告示を定める予定であること。
(4)　排煙設備については、前(1)から(3)までによるほか、技術基準の運用について、別途通知する予定であること。

(平11・9・29消防予254)

memo　排煙設備に関する技術上の基準が改正され、建築基準法に基づく排煙設備との共用や排煙方式について、建築基準法に基づく排煙設備との整合が図られています。

排煙設備技術基準（令28条2項）

　建築基準法令により設置する排煙設備は、火災の初期に避難上の障害となる煙等を排煙するものであり、消防法令による排煙設備の想定する火災の状況が異なりますが、両法令の基準を満たす場合には兼用が認められます。

◆消防用設備等の技術上の基準についての疑義について【排煙設備等の技術上の基準について】
問　消防用設備等の技術上の基準については、平素から格別のご指導をいただき感謝申し上げます。さて、排煙設備等について別添のとおり疑義が生じましたので多忙のところ恐縮ですが回答願

いたく送付します。
別添
　　排煙基準と自然排煙開口部にルーバーを設けた場合の開口面積の算出基準及びルーバーを設置した場合におけるスプリンクラーヘッドの位置について
　下記事項についてご検討の上、ご教示願います。
記
1　排煙設備について
　(1)　消防法施行令第28条の排煙設備の技術的基準はないが、建築基準法施行令第126条の3の基準を準用してよいか。
　(2)　自然排煙の開口部にルーバーを取り付けた場合、排煙開口部の面積について
　　イ　ルーバー傾斜角45°の場合、ルーバー開口部の面積を開口面積としてよいか。
　　　　※　$90°≧a≧45°$の場合　$S°=S$
　　　　　　$45°>a>0°=S°=\frac{a}{45}×S$
　　ロ　ルーバー開口面積と(L)における開口部面積との合算面積とするか。
　　ハ　ルーバー傾斜方向が違う取り付け方により煙の流れの難易により排煙開口面積を考慮する必要があるか。
　　ニ　昭和50年8月建設省より示された排煙技術基準を準用し対壁距離25cm以上をもって全開口面積とするか。
　　ホ　開口部とルーバー取り付け間隔(L)との関係は如何。

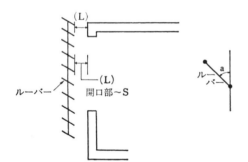

　　※　a～回転（傾斜）角度
　　　　S°～有効開口面積
　　　　S～開口部面積

3　その他
　　開口部にルーバーを取り付けた場合、無窓階とするか。
答1(1)　昭和46年4月9日付消防予第54号「消防法施行令の一部を改正する政令の施行について」3(1)により承知されたい。
　(2)　自然排煙用開口部にルーバーが取り付けられている場合の当該開口部の有効面積は次に掲げるイ又はロの式の解のうち小さい方の値とされたい。
　　イ　$S_0=S$
　　ロ　$S_0=S_L+S\sin a$
　　（記号の説明）
　　　S：開口部の面積
　　　S_0：開口部の有効面積

S_L：開口部上方のルーバーと防火対象物の外壁面との間が最も狭くなる部分の断面積
　　a：ルーバーの翼の傾斜角度
3　ルーバーを設置しても当該開口部が消防法施行規則第5条の2第2項第3号の規定に適合するものであれば避難上又は消防活動上有効な開口部と取扱つてさしつかえない。

(昭53・6・28消防予115)

memo　消火活動上必要な施設である排煙設備は、火災による煙が滞留や充満し消火活動の支障とならないように設置するものであり、大量の煙が発生し充満しやすい地下街、舞台部、地階・無窓階に設置が求められています。この場合の自然排煙の開口部の取扱いが示されています。

参考　消防法施行令の一部を改正する政令の施行について（昭46・4・9消防予54）
　消防法施行令の一部を改正する政令（昭和45年政令第348号）が昭和45年12月26日付けで公布され、昭和46年1月1日から施行された。
　今回の改正は、昭和45年6月1日に公布された建築基準法の一部を改正する法律（昭和45年法律第109号）及びこれに伴い昭和45年12月2日に公布された建築基準法施行令の一部を改正する政令（昭和45年政令第333号）により、一定の高層建築物及び地下街においては、機械換気設備等の制御及び作動状態の監視は中央管理室において行なうこと並びに一定の高層建築物においては非常用エレベーターを設置することが義務づけられたことにかんがみ、これら関連する事項について消防法施行令を整備したものである。
　なお、中央管理室、非常用エレベーター等の設置については、別添（通達その2）〔略〕のとおり建設省は特定行政庁に対して消防機関との調整を図るよう指導されているので、貴管下市町村の消防機関においても特定行政庁と十分に調整を図るようあわせて指導されたい。
　　　　　　　　　　　　　　　　　記
3　建築基準法令と消防法令との関連
　(1)　排煙設備
　　　建築基準法施行令第126条の2の規定により火災の初期の段階での避難の用に供することを主たる目的とする排煙設備の設置が義務づけられ、その構造については同政令第126条の3の規定によることとされた。これらの規定は、消防法施行令第28条の排煙設備の設置対象物及び技術上の基準に関する規定より一般的には強化されているので、今後、消防法令に基づく排煙設備の設置対象物について、建築基準法令の排煙設備が設置された場合には、その排煙設備は消防法令に基づく排煙設備でもあるものとして運用するので特定行政庁と十分に調整を図られたいこと。ただし、設置対象物について、建築基準法施行令第126条の2第1項の規定においては、階数が3以上で延べ面積が500㎡をこえる建築物又は延べ面積が1,000㎡をこえる建築物の居室であつて、その床面積が200㎡をこえるもののうち建築物の高さ31m以下の部分にあるもので床面積100㎡以内ごとに防煙壁で区画されたものには、排煙設備の設置を要しないこととされているが、消防法施行令第28条第1項に規定する防火対象物の部分に該当する場合には、同条の規定に基づく排煙設備を設置しなければならないものであるので注意されたいこと。
　　　なお、消防法令の排煙設備については、消火活動上必要な施設であることから、その目的に適した排煙設備の設置対象物の整備及び技術上の基準の強化を図るべく検討中であること。

3 連結散水設備

(1) 設置基準

連結散水整備の設置を要する防火対象物又はその部分については、令28条の2第1項に規定されています（⇒序章 1(5) 消防用設備等設置基準早見表（20頁）参照）。

(2) 法令による緩和措置（令28条の2第3項・4項）

ア　令28条の2第1項に掲げる防火対象物に送水口を附置したスプリンクラー設備、水噴霧消火設備、泡消火設備、不活性ガス消火設備、ハロゲン化物消火設備又は粉末消火設備を法令で規定する技術上の基準に従い、又は当該技術上の基準の例により設置したときは、令28条の2第1項の規定にかかわらず、当該設備の有効範囲内の部分について連結散水設備を設置しないことができるとされています。

イ　令28条の2第1項に掲げる防火対象物に連結送水管を令29条の技術上の基準に従い、又は当該技術上の基準の例により設置したときは、消火活動上支障がないものとして総務省令（規30の2の2）で定める防火対象物の部分には、連結散水設備を設置しないことができるとされています。

> ※　連結散水設備の設置を要しない防火対象物の部分（規30の2の2）
> ① 排煙設備を令28条に定める技術上の基準に従い、又は当該技術上の基準の例により設置した部分
> ② 規則29条（排煙設備の設置を要さない防火対象物の部分）の規定に適合する部分

(3) 令32条特例

出入口が限定され、火災発生時に熱、煙が滞留し、かつ、蓄積される恐れの多い地階は、消防隊が消火活動のために進入することが困難となることが予想されるため、連結送水管を設け消防ポンプ自動車により送水し散水ヘッドから放水することにより火勢を抑制することで、消火活動を迅速にかつ安全に行うために設けるものです。特例としては、自動消火設備等が設けられているなど初期消火対策がとられている場合に特例が認められることがあります。

令32条特例関係　通知・行政実例
連結散水設備設置基準（令28条の2第1項）
◆消防法、同法施行令及び同法施行規則の一部改正に伴う質疑応答について【地下鉄のプラットホームでは連結散水設備の設置は免除可能か】（昭48・10・23消防予140・消防安42）　　　　　　　　　　　　　　　　　　　　　　　　　　402
◆消防法、同法施行令及び同法施行規則の一部改正に伴う質疑応答について【連結散水設備の免除事項について】（昭48・10・23消防予140・消防安42）　　　　　402
◆消防法の一部を改正する法律（昭和49年6月1日法律第64号）等に関する質疑応答について【消防法施行令第28条の2第1項に該当する防火対象物で連結散水設備を省略してよい部分】（昭50・6・16消防安65）　　　　　　　　　　　　　　　　403

◆消防法の一部を改正する法律（昭和49年6月1日法律第64号）等に関する質疑応答について【スプリンクラー設備が設置されている場合は階段室部分の散水設備のヘッドは省略してもよいか】（昭50・6・16消防安65） ……………………………………… 403
◆消防法、同施行令及び同施行規則に関する執務資料について【金庫室の消防用設備等について】（昭54・6・22消防予118） ……………………………………………… 403

連結散水設備技術基準（令28条の2第2項）

◆消防法、同法施行令及び同法施行規則の一部改正に伴う質疑応答について【送水区域が大きくなった場合の燃焼部分の確認方法は】（昭48・10・23消防予140・消防安42） ………………………………………………………………………………………… 404
◆消防用設備等の設置に関する疑義について【連結散水設備の散水ヘッドの設置部分について】（昭56・1・26消防予24） ………………………………………………… 404

連結散水設備設置基準（令28条の2第1項）

　連結散水設備は、消火活動が困難となる地階に着目して、設置が義務付けられています。地階は、外気に直接面していないことから、進入経路が限定されるとともに、当該進入路には煙、熱等が充満していることが考えられます。このため、消防隊が進入する前に、火災になった地階に散水し、火勢を押さえるとともに、冷却することにより、消防隊の進入を容易にするものです。したがって、初期消火等が有効に行われる消火設備が設置されている場合には、省略することができるものです。

◆消防法、同法施行令及び同法施行規則の一部改正に伴う質疑応答について【地下鉄のプラットホームでは連結散水設備の設置は免除可能か】
　問　地下鉄のプラットホームで、内装仕上げを不燃材料でし、かつその下地を不燃材料で造つた場合連結散水設備の設置を免除できないか。
　問　設問の場合は、一般の建築物と異なり可燃物もないので令第32条の規定を適用し緩和して差し支えない。

（昭48・10・23消防予140・消防安42）

　memo　地下鉄のプラットホームは、車両への乗降を目的とするものであり、一般的に大量の可燃物がないことから、内装等を不燃化することにより、連結散水設備の設置を省略することができるとしたものです。近年、地下駅には売店や展示物等の可燃物があることが考えられることから、特例の適用に当たっては、個々の利用状況等を考慮し検討することが必要です。

◆消防法、同法施行令及び同法施行規則の一部改正に伴う質疑応答について【連結散水設備の免除事項について】
　問　連結散水設備の免除事項について
　　地階の部分で連結散水設備の設置義務が生じる部分に水噴霧消火設備、泡消火設備、不燃性ガス消火設備、粉末消火設備等、特殊消火設備が設置されている部分は連結散水設備の設置は免除されないか。
　答　「消防法施行規則の一部を改正する省令の施行について」（昭和48年2月8日消防予第23号）第6、5によられたい。

（昭48・10・23消防予140・消防安42）

参考　消防法施行規則の一部を改正する省令の施行について（昭48・2・8消防予23）
第6　連結散水設備に関する事項
　5　令第28条の2第1項の規定により連結散水設備を設置する防火対象物又はその部分に水噴霧消火設備、泡消火設備又は不燃性ガス消火設備を令第13条、第14条、第15条若しくは第16条に定める技術上の基準に従い、又は当該技術上の基準の例により設置したときは、令第32条の規定を適用し、当該設備の有効範囲内の部分について連結散水設備の設置を省略することができるものとして取り扱つてさしつかえないものであること。

◆消防法の一部を改正する法律（昭和49年6月1日法律第64号）等に関する質疑応答について
【消防法施行令第28条の2第1項に該当する防火対象物で連結散水設備を省略してよい部分】

問　令第28条の2第1項に該当する防火対象物で下記に該当する部分は、令第32条の規定を適用し当該設備を省略しても良いと考えるがどうか。
(1)　主要構造部を耐火構造とした防火対象物で外周（外壁）が2面以上及び周上の2分の1以上がドライエリアその他の外気（以下「ドライエリア等」という。）に開放されており、かつ、次の条件のすべてを満足するもの。
　ア　ドライエリア等に面して消火活動上有効な開口部（直径1m以上の円が内接することができる開口部又はその幅及び高さがそれぞれ0.75m以上及び1.2m以上の開口部）を二以上有し、かつ、当該開口部は、規則第5条の2第2項各号（第2号を除く。）に該当するものであること。
　イ　開口部が面するドライエリア等の幅は当該開口部がある壁から2.5m以上であること。ただし、消火活動上支障のないものはこの限りでない。
　ウ　ドライエリア等には地上からその底部に降りるための傾斜路、階段等（以下「傾斜路等」という。）の施設が設けられていること。
　エ　ドライエリア等の面する部分の外壁の長さが30mを越えるものは二以上の傾斜路等を有すること。
(2)　令別表第1(10)項に掲げる防火対象物で主要構造部を耐火構造とし、かつ、天井及び壁の室内に面する部分の仕上げが不燃材料で造られた可燃物のないプラットホーム、コンコースその他これらに類する部分で連結送水管を設置してあるもの。
(3)　規則第13条第2項第6号及び第8号に掲げる部分

答　(1)、(2)及び(3)いずれもお見込みのとおり。

(昭50・6・16消防安65)

◆消防法の一部を改正する法律（昭和49年6月1日法律第64号）等に関する質疑応答について
【スプリンクラー設備が設置されている場合は階段室部分の散水設備のヘッドは省略してもよいか】

問　連結散水設備をスプリンクラー設備で替えようとする場合、階段室は散水設備のヘッドが除かれていないが、地階の階段室のヘッドはいかにすべきか。

答　地階に令第12条の技術上の基準（規則第13条第2項第1号を含む。）に従ってスプリンクラー設備が設置されている場合は、令第32条を適用して階段室部分の連結散水設備の散水ヘッドは、省略してさしつかえない。

(昭50・6・16消防安65)

memo　地階に通ずる階段は、消防隊の進入経路として重要であり、当該部分にスプリンクラーヘッドが設置されている場合は、当該部分に散水ヘッドの設置が必要ないとしたものです。

◆消防法、同施行令及び同施行規則に関する執務資料について【金庫室の消防用設備等について】

問　金庫室は、通常耐火構造で区画され、開口部の扉は甲種防火戸以上の性能を有すると考えられ

るが、当該部分に連結散水設備の設置が義務付けられた場合、令第32条を適用することはできないか。

|答| 設問の場合、令第32条の規定を適用し、連結散水設備の設置を免除してさしつかえないものと解する。

(昭54・6・22消防予118)

連結散水設備技術基準（令28条の2第2項）

連結散水設備は、一般的に開放型ヘッドを用いたものであり、その設置方法等については、スプリンクラー設備の開放ヘッドに準じています。

◆消防法、同法施行令及び同法施行規則の一部改正に伴う質疑応答について【送水区域が大きくなった場合の燃焼部分の確認方法は】

|問| 連結散水設備の送水区域が大きくなつた場合、燃焼箇所を知る方法を考慮する必要はないか。

|答| 出火場所、燃焼部分の確認は、自動火災報知設備の受信機等により行われたい。

(昭48・10・23消防予140・消防安42)

◆消防用設備等の設置に関する疑義について【連結散水設備の散水ヘッドの設置部分について】

|問| このことについて、下記のとおり疑義が生じましたので御教示願います。

記

1　連結散水設備の散水ヘッドの設置部分について
　　消防法施行規則第30条の2第1号の耐火構造で区画された部分の階段部分で50㎡以下の部分にも散水ヘッドの設置の必要があるか。

|答|　1　設置の必要はない。なお、地階の階段が地上階の部分と自動閉鎖の甲種防火戸又は乙種防火戸で区画されていない場合は、「耐火構造の壁若しくは床又は自動閉鎖の甲種防火戸若しくは乙種防火戸で区画され」ているとは認められないので念のため申し添える。

(昭56・1・26消防予24)

4 連結送水管

(1) 設置基準

　連結送水管の設置を要する防火対象物については、令29条1項に規定されています（⇒序章　1(5)消防用設備等設置基準早見表（20頁）参照）。

(2) 法令による緩和措置

　法令上、設置等に関する緩和措置は、規定されていません。

(3) 令32条特例

　連結送水管は、消防隊による消火活動が困難となることが考えられる地階や高層階の部分に設置し、消火活動が迅速に行えるように設置するものです。

　したがって、建物の構造（スキップ型式の構造）や消防ポンプ自動車から円滑にホースを展張することができると認められる場合等消防活動上支障ない場合には、消防機関の判断により、令32条の特例が適用され設置が免除されることがあります。

令32条特例関係　通知・行政実例
連結送水管設置基準（令29条1項）
◆スキップ型式共同住宅に設置する連結送水管について（昭46・5・17消防予76）………406
◆屋内消火栓および連結送水管の設置について（昭48・2・23消防予31）……………409
◆消防法、同施行令及び同施行規則に関する執務資料について【アーケードに設置する連結送水管について】（昭53・9・9消防予179）……………………………………410
連結送水管技術基準（令29条2項）
◆消防法施行令の一部を改正する政令等の施行について【連結送水管に関する事項】（平11・3・17消防予53）………………………………………………………………411

連結送水管設置基準（令29条1項）

　連結送水管は、高層建築物等の高層階における消防隊の消火活動を支援するために、あらかじめ送水管を設置し、消防ポンプ自動車から送水し消火活動を行う階まで送水するものです。したがって、消火活動拠点となる部分に設けるものです。また、高層階においては、効率的な消火活動を行うために高圧少量の放水であるフォグガン等を使用することができるようにされています。

◆スキップ型式共同住宅に設置する連結送水管について

[問]　日本住宅公団建築部から別添え資料にあるスキップ型式の共同住宅に設置する連結送水管の放水口を、共用廊下のある階のみに設け、他の階については省略したいとの申し入れがあつたが、建物構造等を検討した結果、下記の事項を満たす場合は、消防法施行令第32条の規定を適用しても支障ないと思料されるが、貴職の見解を示されたい。

記

1　放水口の設置場所は、エレベーター乗降ロビーに設置してあること。
2　防火対象物の各部分から1つの放水口までの歩行距離が50m以下であること。
3　放水口は双口形であること。
4　放水口の上部には、赤色の位置表示燈を設けること。

（別添資料）

　壁式8階建標準設計は別添図面のとおり、アクセスは階段式で4階および7階に片廊下を有するスキップ型式の住棟で、消防設備については自消乙予発第118号（36.8.1)「消防法の一部改正に伴う共同住宅の取扱いについて」により各住戸が夫々、別の建築物とみなされているが、消防法施行令第29条により7階を超える建築物として、3階以上の各階に連結送水管放水口の設置が必要である。しかし乍ら3・5・6・8階の如き廊下のない階段室階の場合には消防活動上有効な位置に放水口を設置することは困難であるため、別添図面の如く法規上の放水口より各部までの有効距離50m以下の基準内にあるので、4階および7階の片廊下部にのみ放水口を設置することとしたい。

　なお、この標準設計図の使用方法として、1DK、2DK、3K乃至3DKを単独で使用する場合と2DK、3K、3DKを組み合わせて使用する場合があり、住棟規模としては3階段（48戸建）、4階段（64戸建）が標準で、5階段（80戸建）を超える場合はない。

壁式8階建（4階段）

連結送水管説明図　3DK．3K．2DKの場合

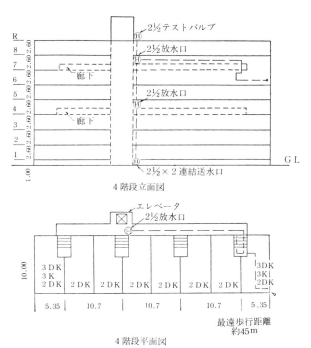

壁式8階建（5階段）

連結送水管説明図　1DKの場合

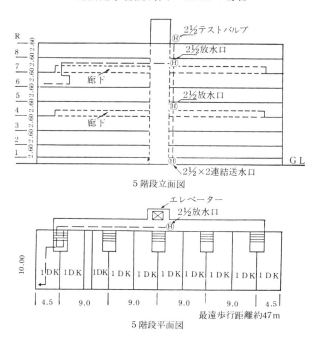

第4章 4 連結送水管

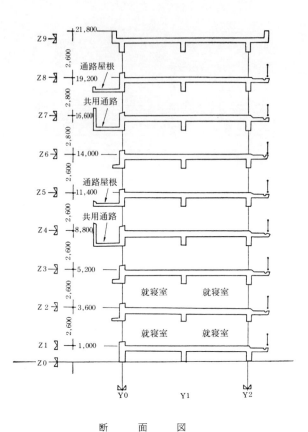

断　面　図

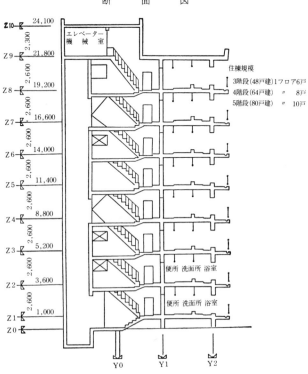

住棟規模
3階段(48戸建)1フロア6戸
4階段(64戸建)　〃　8戸
5階段(80戸建)　〃　10戸

答 お見込みのとおり。

(昭46・5・17消防予76)

memo スキップ式の場合、住宅等への進入することができる階が限られることから、活動拠点となる階にのみ設置することを可としたものです。

◆屋内消火栓および連結送水管の設置について

問 日本住宅公団市街地住宅部より別添え資料にあるラーメン型14階建、中廊下式スキップ型住とうに設置する連結送水管の放水口、屋内消火せんを1階層おきに設けたいとの申し入れがあつたが、建物構造等を検討した結果、下記の事項を満たす場合は、消防法施行令第32条の規定を適用しても支障ないと思料されるが貴職の見解を示されたい。

記

1　放水口の設置場所はエレベーターホールおよび階段室とすること。
2　対象物の各部分から1つの放水口までの歩行距離が50m以下であること。
3　放水口は双口形であること。
4　屋内消火せんはエレベーターホール、階段室、廊下に設けること。
5　対象物の各部分から1つの屋内消火せんまでの歩行距離が25m以下であること。

図1

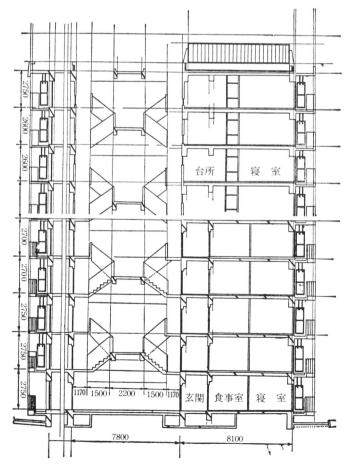

図2

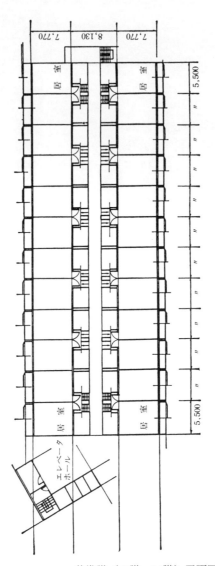

基準階（3階～14階）平面図

答　お見込みのとおり。

（昭48・2・23消防予31）

◆消防法、同施行令及び同施行規則に関する執務資料について【アーケードに設置する連結送水管について】

問(1)　令第29条の規定により延長50m以上のアーケードには連結送水管の設置を要することとなつているが、道路両側及び片側のみをおおうものについても設置をしなければならないか。

答　延長50m以上のアーケードは、その構造のいかんにかかわらず原則として全て連結送水管の設置を要する。
　　しかし、当該アーケードと側面建築物との関係からみて令第32条の規定を適用することは可能である。

（昭53・9・9消防予179）

> **memo** アーケードは、一般的に車両等の進入経路が限られるとともに、利用できる水源も限定されることから、連結送水管の設置が必要とされたものです。例は、道路両側及び片側のみに設けられるアーケードであり、容易に消防ポンプ自動車の接近が可能と考えられることから、特例の適用を可としたものです。

連結送水管技術基準（令29条2項）

　連結送水管は、送水するための配管を設置するとともに、11階以上の階には放水器具等を格納した箱を設けることとされています。連結送水管は、もっぱら消防隊が使用するものであり、その設置に当たっては事前に防火対象物の関係者と協議等を行い、消火活動が円滑に行うことができるものとしておくことが必要です。

◆消防法施行令の一部を改正する政令等の施行について【連結送水管に関する事項】
　消防法施行令の一部を改正する政令（平成11年政令第42号。以下「改正令」という。）及び消防法施行規則の一部を改正する省令（平成11年自治省令第5号。以下「改正規則」という。）が平成11年3月17日に公布された。
　今回の改正は、最近における規制緩和の要請、消防用設備等に係る技術の向上等にかんがみ、スプリンクラー設備、誘導灯及び誘導標識、排煙設備、連結散水設備並びに連結送水管について、性能に応じた設置方法の設定や基準の合理化等を行つたものである。
　また、これに伴い所要の細目規定を整備するため、同日付けで、誘導灯及び誘導標識の基準の全部を改正する件（平成11年消防庁告示第2号。以下「誘導灯告示」という。）が公布された。
　貴職におかれては、下記事項に留意のうえ、貴都道府県内の市町村に対してもこの旨を通知し、その運用に遺漏のないよう格別の御配慮をお願いする。

記

第5　連結送水管に関する事項
　　　連結送水管の主管の内径については、消防隊の消火活動において比較的多量の棒状放水（呼称65のホースの使用）が行われることを前提に定められているが、近年、水損防止の観点から高圧・小水量の放水用器具（いわゆる「フオグガン」）の使用が一般的になつていることから、高圧・小水量の放水用器具を使用した場合の規定を整備して合理化が図られたこと。
　　　また、地階を除く階数が11階以上の建築物については、消防隊の消火活動を容易にするため、放水用器具を格納した箱を放水口に附置することとされているが、消防隊の活用状況を勘案し、その免除要件が整備されたこと。
1　連結送水管の主管の内径については、現行基準において100mm以上に限定されていたが、「自治省令で定める場合」（消防長又は消防署長が、その位置、構造及び設備の状況並びに使用状況から判断して、フオグガン等（フオグガンその他の霧状に放水することができる放水用器具）のうち定格放水量が200ℓ/min以下のもののみを使用するものとして指定する防火対象物において、主管の内径が水力計算により算出された管径以上である場合）にあつては、100mm未満のものでもよいこととされたこと。（令第29条第2項第2号ただし書及び規則第30条の4第1項関係）
2　地階を除く階数が11以上の建築物に設置する連結送水管のポンプの吐出量について、一律の数値（800ℓ/min）をベースとした算定方法から、規則第30条の4第1項の指定を受けた防火対象物にあつては、水力計算に用いた量をベースとした算定方法によることとされたこと。（規則第31条第6号イ(イ)関係）

3 連結送水管の放水用器具を格納した箱については、現行基準において地階を除く階数が11以上の建築物に設置が義務づけられているが、「放水用器具の搬送が容易である建築物として自治省令で定めるもの」（非常用エレベーターが設置されており、消火活動上必要な放水用器具を容易に搬送することができるものとして消防長又は消防署長が認める建築物）については、設置を要しないこととされたこと。（令第29条第2項第4号ハただし書及び規則第30条の4第2項関係）

4 送水口及び放水口の呼称並びに配管の材質については、従前から消防長又は消防署長が指定する場合にあつては当該指定によることとされていたが、これらの規定がフオグガン等の使用に対応するためのものであることが明確化されたこと。（規則第31条第3号及び第5号ロ関係）

(平11・3・17消防予53)

5　非常コンセント設備

(1)　設置基準

　非常コンセント設備の設置を要する防火対象物については、令29条の2第1項に規定されています（⇒序章　1(5)消防用設備等設置基準早見表（20頁）参照）。

(2)　法令による緩和措置

　法令上、設置等に関する緩和措置は、規定されていません。

(3)　令32条特例

　非常コンセント設備は、消防隊が使用する救助器具や消火活動に必要な器具の電源として、設置するものです。

　ここで示した通知は、従来の200V及び100Vの二系統の基準について、消防隊の保有する資機材が100Vの電源でも十分機能するものが主流になったことから、100Vの系統のみとする改正に関するものです。

　この場合において、非常コンセント設備がもっぱら消防隊が使用するものであり、当該防火対象物に係る警防計画や消防隊の保有している資機材の使用の可能性も含め、防火対象物の実情に応じ適切な対応をすることが必要です。

令32条特例関係　通知・行政実例
非常コンセント設備技術基準（令29条の2第2項）
◆消防法施行令の一部を改正する政令等の施行について【非常コンセント設備の設置及び維持に係る技術上の基準の合理化】〔解釈〕（昭61・12・10消防予173） ……………414

非常コンセント設備技術基準（令29条の2第2項）

　非常コンセント設備の非常コンセントは、階段室、非常用エレベーターの乗降ロビー等の消防活動拠点となる部分に設置されます。したがって、その設置に際しては、あらかじめ防火対象物の関係者と十分協議しておくことが必要です。

◆　消防法施行令の一部を改正する政令等の施行について【非常コンセント設備の設置及び維持に係る技術上の基準の合理化】〔解釈〕

　消防法施行令の一部を改正する政令（昭和61年政令第369号）及び消防法施行規則の一部を改正する省令（昭和61年自治省令第28号）が昭和61年12月9日に公布された。
　今回の改正は、最近における社会経済環境に対応し、防火管理に関する講習を甲種防火管理講習及び乙種防火管理講習に区分するとともに、共同防火管理を要する防火対象物の範囲について見直しを行い、あわせて非常コンセント設備の設置及び維持に係る技術上の基準の合理化を図るものであり、非常コンセント設備に関する部分は公布の日から、その他の部分は昭和62年4月1日から施行することとされている。
　貴職におかれては、下記事項に留意され、その運用に遺憾のないよう配慮されるとともに、貴管下市町村に対してもこの旨示達され、よろしくご指導願いたい。
　なお、防火管理に関する部分については、この政令改正に伴い、別途消防法施行規則の改正を行い、その概要とともに、おつて通知する予定であるので、念のため申し添える。

記

1　消防機関の保有する照明器具、破壊器具等の消防用資機材の実態に鑑み、非常コンセント設備の設置及び維持に係る技術上の基準について、3相交流200Vで30A以上の電気を供給できるものであることを要しないこととされたこと。（政令第29条の2関係）
2　非常コンセントは、日本工業規格C8303の接地形二極コンセントのうち定格が15A125Vのものに適合するプラグ受けを有するものであること。（省令第31条の2関係）
3　非常コンセント設備の設置及び維持に係る技術上の基準の運用にあたつては、今後とも消防活動上の要請を十分踏まえ、防火対象物の実情に応じ適切な指導に努められたいこと。
4　この改正は、公布の日から施行することとされたこと。（附則関係）

（昭61・12・10消防予173）

> **memo**　非常用コンセント設備は、消防隊が使用するものであることから、消防隊の保有する設備機器等の実情に合わせて、事前に防火対象物の関係者と協議等を行うなど、現に使用できるものとしておくことが必要です。したがって、法令の基準の適用に当たっては、防火対象物の関係者の理解を得ることが重要となります。

6　無線通信補助設備

(1)　設置基準

　無線通信補助設備の設置を要する防火対象物については、令29条の3第1項に規定されています(⇒序章　1(5)　消防用設備等設置基準早見表（20頁）参照)。

(2)　法令による緩和措置

　法令上、設置等に関する緩和措置は、規定されていません。

(3)　令32条特例

　無線通信補助設備は、地下街のように消防隊が使用する無線の電波が届きにくい部分に対し、設置を求めているものです。

　その設置に当たっては、消防隊の使用する無線設備が確実に使用できることが不可欠であり、無線通信補助設備の設置後においても、定期的に使用の可能性を確認しておくことが必要です。

　個々で示した通知は、法令による基準において規定されていない内容であり、その設置の指導に当たって重要な内容です。原則的には、この内容による場合は、令32条の特例を適用する必要はありません。

令32条特例関係　通知・行政実例
無線通信補助設備技術基準（令29条の3第2項）
◆無線通信補助設備の性能及び設置の基準の細目について〔解釈〕（昭53・1・5消防予1）……………………………………………………………………………………416
◆消防救急デジタル無線に係る無線通信補助設備の対策について〔解釈〕（平23・10・14消防庁予防課事務連絡）………………………………………………………421

無線通信補助設備技術基準（令29条の3第2項）

　無線通信補助設備は、消防隊の使用する無線機器の電波が使用できるようにすべきであり、使用する電波帯等確認をしておく必要があります。

◆無線通信補助設備の性能及び設置の基準の細目について〔解釈〕
　地下街に設置する無線通信補助設備の設置については、消防法施行令（以下「令」という。）第29条の3第2項及び消防法施行規則（以下「規則」という。）第31条の2の2に定められているが、このたび耐熱性を有する同軸ケーブル、漏えい同軸ケーブル及び空中線に関する基準及び無線通信補助設備に関する基準の細目を別添のとおり定めたので管下市町村にも示達のうえ、よろしく御指導願いたい。
〔別添〕
　　　　無線通信補助設備の性能及び設置の基準の細目について
　無線通信補助設備の性能及び設置の基準は、令第29条の3及び規則第31条の2の2によるほか、下記によるものとする。
記
第1　用語の意義
　1　漏えい同軸ケーブルとは、内部導体、外部導体からなる同軸ケーブルで、かつ、ケーブル外の空間に電波を放射させるため、外部導体に使用周波数帯に応じた一定周期のスロットを設けた構造のものをいう。
　2　無線機とは、消防隊が使用するプレストーク方式の携帯型無線機で、同一周波数の送信及び受信ができるものをいう。
　3　接続端子とは、無線機と無線通信補助設備の相互間を電気的に接続するための器具であつて、建築物又は工作物の壁等に固定されるものをいう。
　4　混合器（共用器）とは、2以上の入力を混合し同一の空中線系を共用するための装置をいう。
　5　分配器とは、入力信号を2以上に分配する装置をいう。
第2　無線通信補助設備の性能及び構造は次によること。
　1　漏えい同軸ケーブル及び同軸ケーブル（以下「漏えい同軸ケーブル等」という。）
　　(1)　漏えい同軸ケーブル等は、150MHz帯、又は消防長若しくは消防署長が指定する周波数帯域の電波を有効にふく射又は伝送できるものであること。
　　(2)　漏えい同軸ケーブル等の内部導体と外部導体間の特性インピーダンスは、50Ωプラスマイナス10％以内であること。
　　(3)　漏えい同軸ケーブル等の電圧定在波比は1.5以下であること。
　　(4)　漏えい同軸ケーブル等のシースは難燃性を有し、その引張強さ及び伸びはJISC3342（600Vビニル絶縁ビニルシースケーブル）又は日本電線工業会規格（以下「JCS」という。）第287号A（市内対ポリエチレン絶縁ポリエチレンシースケーブル）のシースと同等以上であること。
　　(5)　漏えい同軸ケーブル等の導体の導電率及び引張強さ又は純度は次の表に示すものと同等以上であること。

第4章　6　無線通信補助設備

同軸ケーブル等の導体の種類
JISC　3101　電気用硬銅線
JISC　3102　電気用軟銅線
JISC　3108　電気用硬アルミニウム線
JISC　3151　すずめつき硬銅線
JISC　3152　すずめつき軟銅線
JISH　2102　アルミニウム地金
JISH　3300　銅及び銅合金継目無管
JISH　4000　アルミニウム及びアルミニウム合金の板及び条
JISH　4080　アルミニウム及びアルミニウム合金の継目無管
JISH　4090　アルミニウム及びアルミニウム合金の溶接管
JCS　　205　電気用半硬銅線

(6)　漏えい同軸ケーブル等は、中心導体と外部導体との間に50Hz又は60Hzの交流電圧1,000Vを連続して1分間加えた場合、これに耐えるものであること。
(7)　腐食によつて機能に異常をおよぼすおそれのある部分は、防食措置がなされていること。
(8)　その他有線電気通信設備令に定める規定に適合すること。
(9)　耐熱性を有する漏えい同軸ケーブル等は、前(1)から(8)によるほか、次により絶縁抵抗試験及び耐熱試験を行い、そのいずれの試験にも合格するものであること。
　ア　試験体は、亘長1.3mの供試漏えい同軸ケーブル等を別図第一に示すように太さ1.6mmの金属線（以下「固定線」という。）を用いて、パーライト又はこれと同等以上の耐熱性を有するものでつくられた縦300㎜、横300㎜、厚さ10㎜の板（以下「パーライト板等」という。）に取り付け、供試漏えい同軸ケーブル等の2倍の重さの荷重を当該供試漏えい同軸ケーブル等の中央部に取り付けたものであること。
　イ　絶縁抵抗試験は、内部導体と外部導体との相互間の絶縁抵抗を直流500Vの絶縁抵抗計で測定した値が100MΩ以上であること。
　ウ　耐熱試験は、次によること。
　　(ア)　加熱炉は次に適合するものを用いること。
　　　a　加熱炉の構造は、旧JISA1305（鉛直式小型加熱炉及び調整方法）に定める都市ガス加熱炉又はプロパンガス加熱炉に準じた構造であること。
　　　b　加熱炉は、試験体をそう入しないで加熱した場合、420度プラスマイナス10％の温度を30分間以上保つことができるものであること。
　　(イ)　耐熱試験の加熱方法は、試験体を別図第2に示す位置にそう入し、JISA1304（建築構造部分の耐火試験方法）に定める火災温度曲線の2分の1に相当する火災温度曲線に準じて30分間加熱すること。
　　(ウ)　炉内の温度は、JISC1602（熱電対）に規定する0.75級以上の性能を有する素線の線径が0.65㎜以上、1.0㎜以下のC－A熱電対及び自動記録計を用いて別図第三に示す位置（A点又はB点）において測定すること。
　　(エ)　加熱中、前イに掲げる箇所に50Hz又は60Hzの交流電圧600Vを加えた場合、短絡しないものであること。

（オ）　加熱終了直後、直流500Ｖの絶縁抵抗計で前イに掲げる箇所を測定した場合、その値が0.4MΩ以上であること。
　　　（カ）　加熱により、炉の内壁より突き出た供試漏えい同軸ケーブル等のシース部分が150mm以上燃焼していないこと。
　　　（キ）　加熱試験後の電圧定在波比は5.0以下であること。
　2　空中線
　　（1）　1の周波数で使用するものにあつては使用周波数において電圧定在波比は1.5以下であること。
　　（2）　不燃材料又は難燃性の材質のものを使用したものであること。
　　（3）　利得は標準ダイポールに比して－1db以上であること。
　　（4）　垂直偏波で水平面無指向性であること。
　　（5）　形状は平板型あるいは棒状型とし消防隊の活動上支障のない大きさのものであること。
　　（6）　入力端子はJISC5411高周波同軸CO1形コネクタ（コンタクト形状がめすものに限る。）に適合するものであること。
　　（7）　腐食によつて機能に異常をおよぼすおそれのある部分は、防食措置がなされていること。
　　（8）　耐熱性を有する空中線は次により耐熱試験を行い、その試験に合格するものであること。
　　　ア　試験体は別図第4に示すようにパーライト板等に取り付けること。
　　　イ　加熱試験は、次によること。
　　　（ア）　加熱炉は前1(9)、ウ(ア)によること。
　　　（イ）　耐熱試験の加熱方法は前1(9)、ウ(イ)によること。
　　　（ウ）　加熱炉内の温度測定は前1(9)、ウ(ウ)に準ずること。
　　　（エ）　加熱試験後の電圧定在波比は使用周波数において5.0以下であること。
　3　混合器（共用器）、分配器その他これらに類する器具
　　（1）　混合器（共用器）は感度抑圧、相互変調等による相互の妨害を生じないものであること。
　　（2）　分配器は結合ケーブルのインピーダンス整合が十分とれるものであること。
　　（3）　ほこり、湿気等によつて機能に異常を生じないこと。
　　（4）　腐食によつて機能に異常をおよぼすおそれのある部分は、防食措置がなされていること。
　4　増幅器
　　（1）　増幅器の外箱は、厚さ0.8mm以上の鋼板又はこれと同等以上の強度を有する金属で造られていること。
　　（2）　増幅器の内部に主電源回路を開閉できる開閉器及び過電流しや断器を設けること。ただし、遠隔操作で自動的に電源が入るものにあつては、開閉器を設けないことができる。
　　（3）　増幅器の前面には、主回路の電源が正常であるかどうかを表示する灯火又は電圧計を設けること。
　　（4）　双方向性を有するもので、送信及び受信に支障のないものであること。
　　（5）　増幅器の電源電圧が定格電圧の90％から110％までの範囲内で変動した場合、機能に異常を生じないものであること。
　　（6）　腐食によつて機能に異常をおよぼすおそれのある部分は、防食措置がなされていること。
　5　接続端子を収容する保護箱
　　（1）　保護箱の材質は、防せい加工を施した厚さ1.6mm以上の鋼板製又はこれと同等以上の強度

を有するものであること。ただし、屋内に設けるものにあつては、厚さ0.8mm以上とすることができる。
(2) 保護箱は、容易に開閉できる扉を有し、かつ、操作が容易に行える大きさのものであること。
(3) 地上に設けるものは、施錠できる構造であること。
(4) 地上に設ける保護箱のかぎ穴及び扉部には防滴及び防じん措置を講ずること。
(5) 保護箱内の見やすい箇所に最大許容入力電力、使用できる周波数帯域及び注意事項等を表示すること。

6 その他
　無線通信補助設備の耐熱性を有する漏えい同軸ケーブル等及び空中線は、次に掲げる事項をその見やすい箇所に容易に消えないように表示するものとする。なお、漏えい同軸ケーブル等の表示は概ね50mに1箇所以上とする。
(1) 製造者名又は商標
(2) 型　式
(3) 耐熱型漏えい同軸ケーブル等又は空中線である旨の表示

第3 無線通信補助設備の設置は次によること。
1 無線通信補助設備は次によること。
(1) 当該防火対象物以外の部分への電波の漏えいは、できる限り少なくし、他の無線局の運用に支障を与えないものであること。
(2) 放送受信設備に妨害を与えないものであること。
(3) 無線通信補助設備を他の用途と共用する場合には、次に掲げる用途以外のための接続端子を設けないこと。
　ア　警察用の無線通信
　イ　防災管理用の無線通信
　ウ　ア及びイ以外の用途に使用するもので、郵政大臣又は地方電波監理局長が認める無線通信又は有線通信
(4) 接続端子に無線機を接続し、当該防火対象物内を移動する無線機と通信を行つた場合、全区域にわたり無線連絡ができること。ただし、次に掲げる部分については、この限りでない。
　ア　耐火構造及び甲種防火戸で区画された床面積100㎡以下の倉庫、機械室、その他これらに類する部分
　イ　室内の各部分から1の出入口までの歩行距離が20m以下の室で、各出入口のシヤッター及び扉が閉じられた状態における当該室内の部分
　ウ　柱、壁、金属物等のある場所のうち電波が著しく遮へいされるきん少な部分

2 漏えい同軸ケーブル等は次によること。
(1) 接続部には防水措置を講ずること。ただし、防水措置を講じた箱内に収容する場合は、この限りでない。
(2) 接続部分には接せんが用いられ、かつ、接せん相互間の接続には可とう性のある同軸ケーブルを用い、適度な余裕をもつて接続すること。
(3) 漏えい同軸ケーブル等は、第2　1(9)に規定するものを使用するか又は当該ケーブル等に石綿、けいそう土等を巻くか、又は不燃材料で区画された天井裏に布設する等、これらと同

等以上の耐熱措置を講ずること。
　(4)　漏えい同軸ケーブル等は、火災により当該ケーブルの外装が焼失した場合、ケーブル本体が落下しないように金属又は不燃性の支持具で5m以内毎にケーブル本体部まで堅固に固定すること。ただし、不燃材料で区画された天井裏に設ける場合は、この限りではない。
　(5)　漏えい同軸ケーブル等の曲げ直径は当該ケーブル等の外径の30倍以上とすること。
　(6)　漏えい同軸ケーブル等は、特別高圧又は高圧の電路から1.5m以上離すこと。ただし、当該電路に静電的遮へいを有効に施している場合は、この限りでない。
　(7)　漏えい同軸ケーブルの終端末に接続する無反射終端抵抗器は堅固に取り付けること。
3　空中線は、前2(1)、(3)及び(6)の例によるほか、壁、天井及び柱等に金属又は不燃材料の支持具で堅固に固定すること。
4　混合器(共用器)、分配器その他これらに類する器具は前2(1)の例によるほか、次によること。
　(1)　厚さ0.8mm以上の金属の箱内に収容すること。
　(2)　設置位置は、保守点検及び取り扱いが容易にできる場所であるほか、次のいずれかの場所に設けること。
　　ア　防災センター、中央管理室、電気室等で壁、床、天井が不燃材料で造られており、かつ、開口部に甲種防火戸又は乙種防火戸を設けた室内
　　イ　不燃材料で区画された天井裏
　　ウ　耐火性能を有するパイプシヤフト(ピット等を含む。)内
　　エ　建築基準法施行令第123条に規定する特別避難階段又は避難階段の構造に適合する階段室内
　　オ　その他上記に類する場所で延焼のおそれのない場所又は耐熱効果のある箱内
5　増幅器は前2(1)及び4(2)の例によること。
6　接続端子は次によること。
　(1)　地上に設ける接続端子の数は地下街において、1の出入口から他のもっとも離れた出入口までの歩行距離が300m以上となる場合は2箇所以上とすること。ただし、地上において歩行距離が300m以下となる場合にあつては、この限りでない。
　(2)　接続端子には、電気的、機械的保護のために無反射終端抵抗器及びキヤツプを設けること。ただし、7(1)に規定する接続用の同軸ケーブルを常時接続しているものについては、この限りでない。
　(3)　地上に設ける接続端子は、前1(3)の用途に供する接続端子から5m以上の距離を有すること。
7　接続端子を収容する保護箱は、次によること。
　(1)　保護箱内には、可とう性のある接続用の同軸ケーブルを2m以上収容すること。
　(2)　前(1)の接続用の同軸ケーブルの両端には、JISC5411高周波同軸CO1形コネクタ及びJISC5412高周波同軸CO2形コネクタ(コネクタ形状が接せん、コンタクト形状がおすのものに限る。)に適合するものを設けてあること。
別図　〔省略〕

(昭53・1・5消防予1)

memo　無線通信補助設備は、地下街について設置を義務付けていますが、地下街と同様に電波の届きにくい道路・鉄道等のトンネルや地下鉄の駅舎や地下道などについても、あらかじめ電波の状況等を調査し、電波の届きにくい部分については当該防火対象物等の関係者と

協議し、整備しておくことが重要となります。

◆消防救急デジタル無線に係る無線通信補助設備の対策について〔解釈〕
　消防救急無線については、消防救急活動の高度化及び電波の有効利用の観点から、平成28年5月31日までに現行の150MHz帯アナログ方式から260MHz帯デジタル方式に移行することとされています。
　こうした中、無線通信補助設備についても260MHz帯デジタル方式への対応が求められますが、消防救急無線デジタル化後においても利用可能な周波数帯を活用し、消防救急無線の運用面での対応等により、現行の無線通信補助設備を継続的に活用していくことも可能です。
　つきましては、消防機関の運用に応じて、下記の手順で対応の確認をして頂き、必要に応じて円滑に無線通信補助設備の改修が行われるよう、関係各位に対して周知、指導をお願いします。
記
1　260MHz帯消防救急デジタル無線への対応確認
　　無線通信補助設備については、「無線通信補助設備の消防救急無線デジタル化対応に関する調査研究検討会」（事務局：財団法人日本消防設備安全センター）において、一定の条件下で260MHz帯への対応が検討されたところです。しかし、当該調査研究検討会での消防救急無線デジタル化への対応可否の判断は事前に得られた技術的仕様等を基に机上検討を行ったものであり、最終判断は無線機や測定器を用いた現地調査の上で行っていただくようお願いします。
2　消防救急無線の運用による対応
　　デジタル方式への移行期限までに260MHz帯への対応が難しい無線通信補助設備に対しては、当面の間、以下のいずれかにより対応することが可能です。ただし、効率的、効果的な消防活動のためには、260MHz帯消防救急デジタル無線を一体的に運用することが望ましいことから、建造物の設備改修等の機会を捉えて260MHz帯にも対応した無線通信補助設備への改修が行われるよう周知、指導をお願いします。
　(1)　400MHz帯（署活系）の活用
　　　　無線通信補助設備が400MHz帯に対応（簡易な改修による対応を含む）している場合には、当該無線通信補助設備が設置されている建造物に対して400MHz帯（署活系）を活用したアナログ方式による運用を行う。
　　　　※　既に400MHz帯（署活系）で運用している場合には、継続運用して差し支えない。
　(2)　150MHz帯（防災相互連絡波）の活用
　　　　無線通信補助設備が150MHz帯に対応（簡易な改修による対応を含む）している場合には、当該無線通信補助設備が設置されている建造物に対して150MHz帯（防災相互連絡波）を活用したアナログ方式による運用を行う。
3　参考資料
　　「無線通信補助設備の消防救急無線デジタル化対応に関する調査研究報告書」（財団法人日本消防設備安全センター（平成21年3月））〔省略〕

（平23・10・14消防庁予防課事務連絡）

memo　消防救急デジタル無線に係る無線通信補助設備の対策については、事前に調査等を行い、防火対象物の関係者と十分調整等を行っておくことが重要となります。

7　総合操作盤

(1)　設置基準

　大規模な防火対象物では、設置される消防用設備等の種類が増え、監視・制御盤や操作盤などが当該消防用設備等ごとに設置されたり、これらを取りまとめて総合監視制御などのシステムが複雑化したりします。総合操作盤は、これらの消防用設備等の監視や操作を防災センターで一括して総合的に行うために設けられます。

(2)　総合操作盤の定義

　総合操作盤についての設置の義務付けは、個々の消防用設備等の基準において規定されていますが、義務付けられる消防用設備等又は特殊消防用設備等の監視、操作等を行うために必要な機能を有する設備です。

　また、総合操作盤は、表示部、操作部、制御部、記録部及び附属設備で構成されるものとし、防火対象物の規模、利用形態、火災における人命安全の確保、防火管理体制及び消火活動の状況に応じて、円滑に運用できる機能を有します（平16・5・31消防庁告示7）。

　総合操作盤の設置が義務付けられる防火対象物は、高層の建築物、大規模な建築物その他の防火対象物のうち、表1に掲げるものです。また、表2に掲げる消防用設備等には、当該設備の監視、操作等を行うことができ、かつ、消防庁長官が定める基準に適合する総合操作盤を、消防庁長官が定めるところにより、当該設備を設置している防火対象物の防災センター（総合操作盤その他これに類する設備により、防火対象物の消防用設備等又は特殊消防用設備等その他これらに類する防災のための設備を管理する場所をいいます。）、中央管理室（建築基準法施行令20条の2第2号に規定する中央管理室をいいます。）、守衛室その他これらに類する場所（常時人がいる場所に限ります。）（防災センター等）に設けることとされています（規12八）。

表1　総合操作盤の設置が必要な防火対象物

防火対象物	義務付けが生じる規模
令別表1(1)項から(16)項までに掲げるもの	①　延べ面積50,000㎡以上 ②　地階を除く階数が15以上であり、かつ、延べ面積30,000㎡以上
令別表1(16の2)項に掲げるもの（地下街）	延べ面積1,000㎡以上
上2欄に該当しない防火対象物で、右欄のいずれかを満たすもののうち、消防長又は消防署長が防火対象物の利用形態、管理運営等の観点から火災予防上必要があると認めるもの※	①　地階を除く階数が11以上であり、かつ、延べ面積10,000㎡以上 ②　特定防火対象物で、地階を除く階数が5以上であり、かつ、延べ面積20,000㎡以上 ③　地階の部分の床面積の合計が5,000㎡以上

表2　総合操作盤の義務付けられる消防用設備等

消防用設備等の種別		関係条文
消火設備	屋内消火栓設備	規則12条1項8号
	スプリンクラー設備	規則14条1項12号
	水噴霧消火設備	規則16条3項6号
	泡消火設備	規則18条4項15号
	二酸化炭素消火設備	規則19条5項23号
	ハロゲン化物消火設備	規則20条4項17号
	粉末消火設備	規則21条4項19号
	屋外消火栓設備	規則22条11号
警報設備	自動火災報知設備	規則24条9号
	ガス漏れ火災警報設備	規則24条の2の3第1項10号
	非常警報設備（放送設備）	規則25条の2第2項6号
避難設備	誘導灯	規則28条の3第4項12号
消火活動上必要な施設	排煙設備	規則30条10号
	連結散水設備	規則30条の3第5号
	非常コンセント設備	規則31条の2第10号
	無線通信補助設備	規則31条の2の2第9号

※　東京都火災予防条例（55条の2の2）
　次に掲げる防火対象物の消防用設備等又は特殊消防用設備等の総合操作盤及び制御装置等は、防災センターにおいて集中して管理しなければなりません。

防火対象物	義務付けが生じる規模
令別表1(1)項から(4)項まで、(5)項イ、(6)項、(9)項イ及び(16)項イに掲げる防火対象物（小規模特定用途複合防火対象物を除きます。）	①　地階を除く階数が11以上であり、かつ、延べ面積10,000㎡以上 ②　地階を除く階数が5以上であり、かつ、延べ面積20,000㎡以上
令別表1 (16の2) 項（地下街）	延べ面積1,000㎡以上
令別表1(5)項ロ、(7)項、(8)項、(9)項ロ、(10)項	地階を除く階数が15以上であり、かつ、延べ

から(15)項まで及び(16)項に掲げる防火対象物 (同表(16)項イに掲げる防火対象物にあっては、小規模特定用途複合防火対象物に限ります。)	面積30,000㎡以上
上欄に掲げる防火対象物以外の令別表1に掲げる防火対象物	延べ面積50,000㎡以上

● 総合操作盤の基準を定める件（平16・5・31消防庁告示7）
● 総合操作盤の設置方法を定める件（平16・5・31消防庁告示8）

(3) 法令による緩和措置

　法令上、設置等に関する緩和措置は、規定されていません。

(4) 令32条特例

　総合操作盤は、大規模、高層等の防火対象物に設置される消防用設備等を総合的に監視、操作等を行うために設置するものです。したがって、総合操作盤と同様な機能を有し、かつ、消防用設備等を総合的に監視、操作等をすることができるものが設置されている場合には、消防法令で規定されている総合操作盤の設置が免除される場合があります。

　なお、消防法施行規則の改正（平成16年総務省令93号）前の総合操作盤は、個々の消防用設備等を監視、操作する操作盤の代替設備として位置付けられていましたが、改正後の総合操作盤は、大規模防火対象物に設置が必要となる全ての消防用設備等の監視、操作等を行うことができるものとして、位置付けられています。

令32条特例関係　通知・行政実例
総合操作盤技術基準
◆消防法施行規則の一部を改正する省令等の施行について【総合操作盤】（平16・5・31消防予86） ……………………………………………………………………… 425
◆総合操作盤の基準及び設置方法に係る運用について（平16・5・31消防予93） ………… 426

総合操作盤技術基準

総合操作盤は、自動火災報知設備の受信機の機能を中心にその他の消防用設備等の監視、操作等を行うことができるものであり、地図方式のものとデジタル表示等によるものなど、監視、操作する者が容易に状況を把握できるように工夫されています。

◆消防法施行規則の一部を改正する省令等の施行について【総合操作盤】

消防法施行規則の一部を改正する省令（平成16年総務省令第93号。以下「改正省令」という。）が平成16年5月31日に公布されました。

今回の改正は、消防組織法及び消防法の一部を改正する法律（平成15年法律第84号）において特殊消防用設備等が規定されたことに伴い、特殊消防用設備等の検査、点検等、設備等設置維持計画、特殊消防用設備等の性能評価の申請等について定めるとともに、一定の要件に該当する防火対象物における屋内消火栓設備、スプリンクラー設備等について、消防庁長官が定める基準に適合する総合操作盤を防災センター等に設けることその他所要の規定の整備を図ることを目的として行われたものであります。

貴職におかれましては、下記事項に留意のうえ、その運用に格段のご配慮をいただくとともに、貴都道府県内市町村に対してもこの旨周知されるようお願いします。

記

第1　消防法施行規則の一部改正（平成16年総務省令第93号）〔別添1－1及び1－2〕

1　総合操作盤の設置に関する事項

　　高層の建築物、大規模な建築物その他の防火対象物のうち、以下に掲げるものに設置される、屋内消火栓設備、スプリンクラー設備、水噴霧消火設備、泡消火設備、不活性ガス消火設備、ハロゲン化物消火設備、粉末消火設備、屋外消火栓設備、自動火災報知設備、ガス漏れ火災警報設備、非常警報設備、誘導灯、排煙設備、連結散水設備、連結送水管、非常コンセント設備及び無線通信補助設備（以下「屋内消火栓設備等」という。）については、当該設備の監視、操作等を行うことができ、かつ、消防庁長官が定める基準に適合する総合操作盤を、消防庁長官が定めるところにより、当該設備を設置している防火対象物の防災センター等に設けることとしたこと。（改正省令による改正後の消防法施行規則（以下「規則」という。）第12条第1項、第14条第1項、第16条第3項、第18条第4項、第19条第5項、第20条第4項、第21条第4項、第22条、第24条、第24条の2の3第1項、第25条の2第2項、第28条の3第4項、第30条、第30条の3、第31条、第31条の2及び第31条の2の2関係）

(1)　令別表第1(1)項から(16)項までに掲げる防火対象物で、次のいずれかに該当するもの

　① 延べ面積が50,000㎡以上の防火対象物

　② 地階を除く階数が15以上で、かつ、延べ面積が30,000㎡以上の防火対象物

(2)　延べ面積が1,000㎡以上の地下街

(3)　次に掲げる防火対象物（(1)又は(2)に該当するものを除く。）のうち、消防長又は消防署長が火災予防上必要があると認めて指定するもの

　① 地階を除く階数が11以上で、かつ、延べ面積が10,000㎡以上の防火対象物

　② 地階を除く階数が5以上で、かつ、延べ面積が20,000㎡以上の特定防火対象物

　③ 地階の床面積の合計が5,000㎡以上の防火対象物

第2　総合操作盤の基準を定める件（平成16年消防庁告示第7号）及び総合操作盤の設置方法を定める件（平成16年消防庁告示第8号）
　　改正省令により、一定の要件に該当する大規模な建築物その他の防火対象物に設置される屋内消火栓設備等については、消防庁長官が定める基準に適合する総合操作盤を、消防庁長官が定めるところにより、当該設備を設置している防火対象物の防災センター等に設けることとされたことに伴い、総合操作盤の基準及び設置方法を定めることとしたこと。
　1　総合操作盤の基準を定める件（以下「基準告示」という。）［別添2］
　　　総合操作盤の基準として、構造及び機能、維持管理機能、防災設備等又は一般設備に係る監視を行う設備との兼用、表示機能、警報機能、操作機能、防災設備等に係る表示及び警報、情報伝達機能、制御機能、記録機能、消防活動支援機能、運用管理支援機能並びに表示について定めたものであること。
　2　総合操作盤の設置方法を定める件（以下「設置方法告示」という。）［別添3］
　　　総合操作盤の設置方法に関して、消防用設備等に係る監視、操作等を行う場所、副防災監視場所で監視、操作等を行う場合の要件、監視場所において監視等を行う場合の要件、遠隔監視場所において監視等を行う場合の要件について定めたものであること。
　3　その他
　　　消防用設備等に係る操作盤を設ける防火対象物の要件を定める件（平成9年消防庁告示第1号）、操作盤の基準を定める件（平成9年消防庁告示第2号）及び操作盤の設置免除の要件を定める件（平成9年消防庁告示第3号）は、廃止することとしたこと。（基準告示附則第2項関係）
別添　〔省略〕

（平16・5・31消防予86）

◆総合操作盤の基準及び設置方法に係る運用について
　総合操作盤の基準を定める告示（平成16年5月31日消防庁告示第7号。以下「7号告示」という。）及び総合操作盤の設置方法を定める告示（平成16年5月31日消防庁告示第8号。以下「8号告示」という。）については、平成16年5月31日に公布され、「消防法施行規則の一部を改正する省令等の施行について」（平成16年5月31日付け消防予第86号）により通知しているところです。
　総合操作盤については、従来、操作盤の基準（平成9年消防庁告示第2号。以下「旧2号告示」という。）及び操作盤の設置免除の要件を定める件（平成9年消防庁告示第3号。以下「旧3号告示」という。）に基づき、操作盤に代えて設置されていたところですが、近年の操作盤及び総合操作盤の設置の状況を踏まえ、消防法施行規則（昭和36年自治省令第6号。以下「規則」という。）を改正し、一定の規模以上の防火対象物に設置される屋内消火栓設備等の消防用設備等に係る総合操作盤を当該設備を設置している防火対象物の防災センター等に設けることとしたものです。
　今後、総合操作盤については下記のとおり運用することとしたので通知します。
　貴職におかれましては、下記事項に留意のうえ、その運用に十分配慮されるとともに、貴都道府県内の市町村に対してもこの旨周知されますようお願いします。
記
1　7号告示について
　(1)　総合操作盤の構造及び機能に関する事項（第2関係）
　　　総合操作盤は、複数の消防用設備等に係る監視、操作等により、防火対象物全体における火

災の発生、火災の拡大等の状況を把握できる機能を有するもので、表示部、操作部、制御部、記録部及び附属設備で構成されるとともに、防火対象物の規模、利用形態、火災における人命安全の確保、防火管理体制及び消火活動の状況に応じて、円滑に運用できる機能を有するものであること。このことから、自動火災報知設備の受信機の機能が組み込まれていること又は受信機の機能を有していることが望ましいものであること。

(2) 予備電源又は非常電源に関する事項（第2、8関係）

総合操作盤に附置される予備電源又は非常電源の容量は、火災時等に所要の活動等を行うために必要な時間中、当該総合操作盤を有効に作動できるものであること。この場合、総合操作盤の設置の対象となる防火対象物の規模が大きく、消防活動の困難性が高いことにかんがみ、総合操作盤は停電時においても概ね2時間以上複数の消防用設備等の監視、制御等を行えることが望ましいこと。

なお、総合操作盤以外の部分（例えば、屋内消火栓設備のポンプ、自動火災報知設備の地区音響装置等）については、原則として、個々の消防用設備等の非常電源に係る規定において必要とされる容量以上の容量を有していれば足りるものであるが、火災の感知、避難誘導、消防用設備等の監視・制御等に係る部分については、火災時等に所要の活動等を行うために必要な時間有効に作動できるものとすることが望ましいこと。

(3) 表示機能に関する事項（第5関係）

本告示において規定されていない設備等のシンボルマーク等については、別表第1で規定されている設備項目ごとのシンボル等と紛らわしくないものであれば、使用して差し支えないが、シンボルの意味する内容が容易にわかるように措置すること。

なお、この場合において社団法人日本火災報知機工業会が「CRT等における防災設備等のシンボル運用基準」を定めているので、当該運用基準によるシンボルマーク等を用いることが望ましいこと。

(4) 警報機能に関する事項（第6、1関係）

警報音又は音声警報音は、システム異常を示す警報と各消防用設備等の作動等の警報との区分、消防用設備等ごとの区分が明確となるよう、音声、鳴動方法等を適切に設定すること。

(5) 操作機能に関する事項（第7関係）

操作スイッチについては、当該防火対象物に設置される消防用設備等の設置状況や使用頻度、操作パネルの構造等により、1対1対応の個別式、テンキーとスイッチの組合せ方式、CRTのライトペンやタッチパネル方式等の中から適切なものを選択すること。

(6) 制御機能（第10関係）

システムの大規模化及び情報通信技術の導入に伴い、システム構成要素の異常及び故障が全体機能の障害につながる可能性があるため、その対応策を講じる必要があること。この場合において、電源、CPU等の機能分散を図ったハード構成、フェイルセーフを考慮した機能設定、自己診断機能等による異常や故障の早期発見、システム判断、ユニット交換等の方法により設置されていること。

(7) 消防隊活動支援機能（第12関係）

消防隊への情報提供が円滑に行えるとともに、CRT等の表示が容易に理解できるよう設計されていること。

なお、消防隊到着後においても原則として、総合操作盤に係る操作については、消防隊の指

示により防災要員が行うこと。
2　8号告示について
(1)　消防用設備等に係る監視、操作等を行う場所に関する事項（第3から第6関係）
　　　防災監視場所以外の場所である副防災監視場所、監視場所及び遠隔監視場所において、監視、操作等を行う場合の留意事項については、以下のとおりであること。
　　ア　副防災監視場所において監視、操作等を行う場合（第4関係）
　　　（ア）　利用形態、管理区分、建築形態等から判断して、部分ごとに監視、操作等を行うことが適当と認められること。
　　　（イ）　副防災監視場所に当該部分に設置されている消防用設備等の総合操作盤が設置されている場合にあっては、防災監視場所の総合操作盤には当該副防災監視場所において監視操作等がされている部分の火災が発生した旨及び発生場所に係る情報が的確に把握できる機能（火災発生に係る代表表示）があればよいとされていること。
　　　（ウ）　防火対象物全体に係る火災発生時の必要な措置を含む所要の計画には、次に掲げる事項が含まれていることが必要であること。
　　　　　a　防災監視場所と副防災監視場所の役割分担、代表指揮権、管理体制等
　　　　　b　副防災監視場所が無人となった場合における管理体制
　　　　　c　副防災監視場所において監視している部分で火災が発生した場合の火災確認（駆けつけ方法）、初期対応（通報連絡、避難誘導等）
　　　（エ）　防災監視場所の防災要員及び副防災監視場所の要員等は、防災監視場所及び各副防災監視場所に設置される総合操作盤の監視、操作等に習熟していることが不可欠であり、規則第3条第8項に規定する防災センター要員の講習を受けた者を従事させることが必要であること。
　　　（オ）　副防災監視場所には、一定時間以内に防災監視場所にいる防災要員が到着できることが必要とされるが、この場合における防火管理体制等については、「高層複合用途防火対象物における防火管理体制指導マニュアルについて」（平成3年5月14日付け消防予第98号）に準じた実効ある体制が確保されていることが必要であること。
　　　（カ）　消防用設備等の操作が防災監視場所及び副防災監視場所の双方において行うことができる場合については、当該操作時点における操作の優先権を有する場所が明確に表示されること。
　　イ　監視場所において監視、操作等を行う場合（第5関係）
　　　（ア）　監視対象物は、消防法施行令（昭和36年政令第37号。以下「令」という。）第8条の規定による区画がなされている場合を除き、当該対象物全体を1の監視対象とすること。この場合において、1の監視対象物の監視等は、1の監視場所において行うこと。
　　　（イ）　監視対象物の位置、構造、設備等の状況から判断して、火災の発生及び延焼のおそれが著しく少なく、かつ、火災等の災害による被害を最小限に止めることができる場合には、当該監視対象物にスプリンクラー設備が設置されていなくてもよいとされているが、これには監視対象物が10階以下の非特定用途防火対象物であって、火気の使用がなく、多量の可燃物が存置されていない場合等が該当すること。
　　　　　なお、次の各号に掲げる部分については、スプリンクラー設備が設置されているものとして取り扱って差し支えないこと。

　　　　a　規則第13条第3項に掲げるスプリンクラーヘッドを設置することを要しない部分（規則第13条第3項第11号及び同第12号に掲げる部分を除く。）
　　　　b　令第12条に定める技術上の基準により、開放型スプリンクラーヘッドを用いるスプリンクラー設備が設置されている部分
　　　　c　令第12条に定める技術上の基準により、放水型ヘッド等を用いるスプリンクラー設備が設置されている部分
　　　　d　令第13条から令第18条までに定める技術上の基準により、水噴霧消火設備、泡消火設備、不活性ガス消火設備、ハロゲン化物消火設備又は粉末消火設備が設置されている部分
　　（ウ）　監視場所には、監視対象物に設置されている消防用設備等ごとに総合操作盤の基準に定める表示及び警報ができる機能を有する監視盤を設置することとされているが、例えば、監視対象物に設置されている総合操作盤から移報される火災が発生した旨及び発生場所に係る情報を受信することのできる機能を有するものなど、監視対象物における火災の発生が的確に把握できる場合にあっては、当該機器等による表示及び警報で足りるものであること。
　　（エ）　監視対象物の火災発生時の必要な措置を含む敷地全体に係る所要の計画には、次に掲げる事項が含まれていることが必要であること。
　　　　a　監視場所と監視対象物の防災監視場所の役割分担、代表指揮権、管理体制等
　　　　b　監視対象物の防災監視場所が無人となった場合における管理体制
　　　　c　監視対象物において火災が発生した場合の火災確認（駆けつけ方法）、初期対応（通報連絡、避難誘導等）
　　（オ）　監視場所の要員は、監視対象物に設置される総合操作盤における監視、操作等に習熟していることが必要であり、規則第3条第8項に規定する防災センター要員の講習を受けた者を従事させることが必要であること。
　　（カ）　監視対象物の防災監視場所には、一定時間以内に監視場所にいる防災要員が到着できることが必要とされるが、この場合における防火管理体制等については、「高層複合用途防火対象物における防火管理体制指導マニュアルについて」（平成3年5月14日付け消防予第98号）に準じた実効ある体制が確保されていることが必要であること。
　ウ　遠隔監視場所において監視、操作等を行う場合（第6関係）
　　（ア）　遠隔監視対象物は、令第8条の規定による区画がなされている場合を除き、当該対象物全体を1の監視対象とすること。この場合において、1の遠隔監視対象物の監視等は、1の遠隔監視場所において行うこと。
　　（イ）　監視対象物にはスプリンクラー設備が設置されていることとしているが、次の各号に掲げる部分については、スプリンクラー設備が設置されているものとして取り扱って差し支えないこと。
　　　　a　規則第13条第3項に掲げるスプリンクラーヘッドを設置することを要しない部分（規則第13条第3項第11号及び同第12号に掲げる部分を除く。）
　　　　b　令第12条に定める技術上の基準により、開放型スプリンクラーヘッドを用いるスプリンクラー設備が設置されている部分
　　　　c　令第12条に定める技術上の基準により、放水型ヘッド等を用いるスプリンクラー

設備が設置されている部分
    d 令第13条から令第18条までに定める技術上の基準により、水噴霧消火設備、泡消火設備、不活性ガス消火設備、ハロゲン化物消火設備又は粉末消火設備が設置されている部分
 (ウ) 遠隔監視場所には、監視対象物に設置されている消防用設備等ごとに総合操作盤の基準に定める表示及び警報ができる機能を有する監視盤を設置することとされているが、例えば、監視対象物に設置されている総合操作盤から移報される火災が発生した旨及び発生場所に係る情報を受信することのできる機能を有するものなど、監視対象物における火災の発生が的確に把握できる場合にあっては、当該機器等による表示及び警報で足りるものであること。
 (エ) 監視対象物の火災発生時の必要な措置を含む所要の計画には、次に掲げる事項が含まれていることが必要であること。
    a 遠隔監視場所と監視対象物の防災監視場所の役割分担、代表指揮権、管理体制等
    b 監視対象物の防災監視場所が無人となった場合における管理体制
    c 監視対象物において火災が発生した場合の火災確認(駆けつけ方法)、初期対応(通報連絡、避難誘導等)
 (オ) 遠隔監視場所の要員は、監視対象物に設置される総合操作盤における監視、操作等に習熟していることが必要であり、規則第3条第8項に規定する防災センター要員の講習を受けた者を従事させることが必要であること。
 (カ) 監視対象物の防災監視場所には、一定時間以内に遠隔監視場所の要員が到着できることが必要とされるが、この場合における防火管理体制等については、「遠隔移報システム等による火災通報の取扱い」(昭和62年8月10日付け消防予第134号)に準じて実効性ある体制が確保されている必要があること。
3 総合操作盤に係る工事、点検等について
 (1) 総合操作盤及び監視盤は消防用設備等として消防法第17条の3の2及び第17条の3の3が適用されるものであること。
 (2) 総合操作盤に係る点検については、消防設備士又は消防設備点検資格者のうち当該消防用設備等に係る資格を有する者が行うものであること。
    なお、複数の消防用設備等に係る監視、操作等を行う総合操作盤にあっては、第4類の消防設備士又は第2種消防設備点検資格者が中心になって点検を行うことが望ましいこと。
 (3) 消防用設備等に係る総合操作盤は、当該消防用設備等に含まれることから、総合操作盤に係る工事及び整備は、消防設備士のうち当該消防用設備等に係る資格を有する者が行うものであり、着工届についても、消防設備士のうち当該消防用設備等に係る資格を有する者が行うものであること。
    なお、複数の消防用設備等に係る監視、操作等を行う総合操作盤にあっては、第4類の消防設備士が中心になって工事及び整備を行うことが望ましいこと。
4 既存防火対象物の取扱い
   既存防火対象物のうち、旧2号告示及び旧3号告示の基準により既に設置されている総合操作盤等については、7号告示及び8号告示の基準に適合しているものとして取り扱って差し支えないこと。

なお、旧3号告示の規定により総合操作盤が設置されている場合と同等以上の効力を有するものとして令第32条の規定を適用されているものについては、引き続き、総合操作盤と同等以上の効力を有するものとして取り扱って差し支えないこと。

5　その他

　この通知の実施に伴い、「消防用設備等に係る操作盤を設ける防火対象物の要件、操作盤の基準及び操作盤の設置免除の要件を定める件を定める告示の制定について」（平成9年3月21日付け消防予第50号）は廃止するものであること。

（平16・5・31消防予93）

memo　総合操作盤は、個々の消防用設備等に係る技術上の基準において設置することが必要となりますが、一の総合操作盤において当該防火対象物に設置されている消防用設備等の監視・制御等を行うことができるものであり、その設置に当たっては、ハード的な基準のみでなく管理運営体制等をも考慮しておくことが重要となります。

第 5 章

防火対象物に係る特例

第5章　防火対象物に係る特例

「防火対象物に係る特例」は、防火対象物の用途に着目し、当該防火対象物に設置が必要となる消防用設備等についての取扱いを示したものであり、主として、設置基準の改正により、既存の防火対象物に対し遡及することとなった場合における既存防火対象物の状況等に応じて、定められています。

ここで紹介する特例通知は、防火対象物の用途、構造等に着目し、当該防火対象物に対し設置が義務付けられる消防用設備全体についての特例を示したものです。

特に、既存の防火対象物に係る遡及に係る特例は、既に経過期間が経過しているものも存在しますが、現に特例を適用されている防火対象物にとっては、重要な内容であり、理解しておくことが重要です。

また、既存防火対象物に係る特例要件は、次のような事項を考慮し、個々の防火対象物の状況に応じて、総合的に検討することとなります。

① 火災発生危険性
② 火災発生後の早期発見
③ 火災発生時の消火対策
④ 火災の延焼拡大危険性
⑤ 人命危険性（就寝施設、不特定多数の者の利用する施設など）
⑥ 避難の容易性

令32条特例関係　通知・行政実例
用途共通
◆消防法施行令第32条の特例基準等について（昭38・9・30自消丙予発59）……………438
◆既存防火対象物に対する消防用設備等の技術上の特例基準の適用について（昭50・7・10消防安77）………………………………………………………………………………440
◆消防法、同施行令及び同施行規則に関する執務資料について【双方の既存建築物が地下連絡路で接続されている場合の別棟としての取扱いについて】（昭52・1・27消防予12）………………………………………………………………………………………447
◆スケルトン状態の防火対象物に係る消防法令の運用について（平12・3・27消防予74）……447
◆引火点の高いものの危険物からの除外等に伴う消防用設備等に関する技術上の基準に係る消防法令の運用について（平13・11・19消防予402）……………………………453
令別表1(4)項　百貨店・店舗・物販店等
◆消防用設備等の設置に対する消防法施行令第32条の適用範囲等について（昭51・8・18消防予54）………………………………………………………………………………455
◆既存の卸売専業店舗に対する消防用設備等の技術上の基準の特例について（昭51・9・27消防予73）……………………………………………………………………………456
◆既存の物品販売店舗等に対する消防用設備等の技術上の基準の特例について（平2・8・1消防予106）…………………………………………………………………………456
令別表1(5)項　旅館・ホテル等
◆令8区画及び共住区画の構造並びに当該区画を貫通する配管等の取扱いについて（平

- ◆7・3・31消防予53) ……………………………………………………………… 456
- ◆令8区画及び共住区画の構造並びに当該区画を貫通する配管等の取扱いに係る執務資料について【令8区画及び共住区画を貫通する配管等に関する運用について】(平7・7・28消防予166) ……………………………………………………………… 458
- ◆令8区画及び共住区画を貫通する配管等に関する運用について(平19・10・5消防予344) ………………………………………………………………………………… 460
- ◆共同住宅の一部をグループホーム等として用いる場合の取扱いについて(平21・3・31消防庁予防課事務連絡) ………………………………………………………… 465
- ◆複合型居住施設における必要とされる防火安全性能を有する消防の用に供する設備等に関する省令等の参考資料の送付について(平22・2・5消防庁予防課事務連絡)…… 467
- ◆住宅部分が存する防火対象物におけるスプリンクラー設備の技術上の基準の特例の適用について(平27・9・4消防予349) ……………………………………………… 471
- ◆消防用設備等に係る執務資料の送付について【非常電源を非常電源専用受電設備とすることができる要件】(平30・3・15消防予83) ………………………………… 471
- ◆消防用設備等に係る執務資料の送付について【特定共同住宅等の共同住宅用スプリンクラー設備等の非常電源】(平30・6・15消防予426) ……………………………… 472

令別表1(6)項イ　病院・診療所等

- ◆精神病院の消防用設備等の設置について(昭50・7・12消防安84) ………………… 472
- ◆既存の病院、診療所等の病室等に対する消防用設備等の技術上の特例基準の適用について(昭52・1・10消防予5) …………………………………………………… 474
- ◆既存の病院、診療所等の特例基準に対する疑義について(昭52・7・15消防予138) …… 474
- ◆既存の病院に対する消防用設備等の設置について(昭52・11・16消防予217) ……… 475
- ◆精神薄弱者更生施設における消防用設備等の設置にかかる消防法施行令第32条の特例について(昭53・1・26消防予15) …………………………………………… 475
- ◆鉄格子がとりつけられているバルコニーを有する防火対象物のとりあつかいについて(昭53・5・23消防予95) ………………………………………………………… 477
- ◆既存の病院に対する消防用設備等の技術上の特例基準の適用について(昭62・10・27消防予188) ……………………………………………………………………… 479

令別表1(6)項ロ・ハ　特定社会福祉施設等

- ◆社会福祉施設等に係る防火安全対策に関する消防法令の運用について(昭62・10・26消防予187) ……………………………………………………………………… 479
- ◆消防法、同施行令及び同施行規則に関する執務資料について【既存の社会福祉施設に対する消防用設備等の技術上の特例基準の適用に係る質疑について】(平5・11・29消防予320) ……………………………………………………………………… 482
- ◆消防用設備等に係る執務資料の送付について【消防用設備等の技術上の基準に適合しない既存の病院等の取扱いについて】(平8・9・2消防予172) ………………… 483
- ◆既存の有料老人ホームに対する消防用設備等の技術上の特例基準の適用について(平11・5・28消防予123) ………………………………………………………… 483

- ◆小規模社会福祉施設に対する消防用設備等の技術上の基準の特例の適用について（平19・6・13消防予231） ……………………………………………… 484
- ◆執務資料の送付について【社会福祉施設等のスプリンクラー設備の消防法上の取扱い】（平20・12・2消防予314） ……………………………………… 489

令別表1(12)項　工場・作業場等

- ◆消防用設備等の設置について【酸性水処理施設に係る特例】（昭61・10・25消防予142）……… 489
- ◆LPガス充てん所に係る消防用設備等の技術上の基準の特例について（平10・12・3消防予209） ……………………………………………………………… 490
- ◆一般高圧ガス保安規則及びコンビナート等保安規則が適用される充てん所に係る消防用設備等の技術上の基準の特例について（平15・3・28消防予97）………… 491

令別表1(13)項　自動車車庫・駐車場等

- ◆1層2段の自走式自動車車庫に係る消防用設備等の設置について（平3・5・7消防予84）…… 492
- ◆2層3段の自走式自動車車庫に係る消防用設備等の設置について（平6・6・16消防予154） ……………………………………………………………………… 493
- ◆3層4段の自走式自動車車庫に係る消防用設備等の設置について（平12・1・7消防予3） ……………………………………………………………………………… 494
- ◆多段式の自走式自動車車庫に係る消防用設備等の設置について（平18・3・17消防予110） ……………………………………………………………………… 495

令別表1(15)項　その他の事業所

- ◆消防法施行令第32条の特例基準の適用について【射撃場における消防法施行令第32条の特例基準の適用について】（昭43・9・2消防予195） ……………… 498
- ◆消防法施行令第32条の特例基準等の取扱いについて【自動車検査場における消防法施行令第32条の特例基準等の取扱いについて】（昭44・10・20消防予234） ………… 499
- ◆消防法施行令第32条の特例基準の適用について【原子力発電所における固体廃棄物貯蔵庫の消防用設備等の設置について】（昭49・4・2消防安37） …………… 499

令別表1(16)項　複合用途防火対象物

- ◆消防法、同施行令及び施行規則に関する執務資料について【はしけを改装したサーカス・バージ船の消防法上の規制について】（昭62・6・2消防予83） ……… 500
- ◆住居利用型の児童福祉事業に係る消防法令上の取扱いについて（平22・3・31消防予158） ………………………………………………………………………… 506
- ◆一般住宅を宿泊施設や飲食店等に活用する場合における消防用設備等に係る消防法令の技術上の基準の特例の適用について（平29・3・23消防予71） ………… 507

用途共通

◆消防法施行令第32条の特例基準等について

　このたび、消防法施行令（昭和36年政令第37号。以下「令」という。）第32条の基準の特例を下記第1のとおり、また令第32条とは別個に消防用設備等の規制に関する暫定的な運用基準を下記第2のとおり定めたので、この運用に遺憾なきを期せられたい。

　なお、貴管内の市町村に対しても、この旨示達のうえ、よろしく御指導願いたい。

第1

1　不燃材料で造られている防火対象物又はその部分で出火の危険がないと認められるか、又は出火源となる設備、物件が原動機、電動機等にして出火のおそれが著しく少なく、延焼拡大のおそれがないと認められるもので、かつ、次の各号のいずれかに該当するものについては、消火器具、屋内消火栓設備、屋外消火栓設備、動力消防ポンプ設備、自動火災報知設備及び連結送水管を設置しないことができるものとする。ただし、消防法施行規則（昭和36年自治省令第6号）第6条第1項に掲げる防火対象物又はその部分に、変圧器、配電盤その他これらに類する電気設備があるときは、令別表第4において電気設備の消火に適応するものとされる消火器を、当該電気設備がある場所に床面積100㎡以下ごとに1個設けなければならない。

　(1)　倉庫、塔屋部分等にして、不燃性の物件のみを収納するもの

　(2)　浄水場、汚水処理場等の用途に供する建築物で、内部の設備が水管、貯水池又は貯水槽のみであるもの

　(3)　プール又はスケートリンク（滑走部分に限る。）

　(4)　抄紙工場、サイダー、ジュース工場

　(5)　不燃性の金属、石材等の加工工場で、可燃性のものを収納又は取り扱わないもの

2　火力発電所及び石炭ガス製造所の貯炭所の附属建物については、スプリンクラー設備並びに水噴霧消火設備、泡消火設備、不燃性ガス消火設備、蒸発性液体消火設備及び粉末消火設備（以下「水噴霧消火設備等」という。）を設置しないことができるものとする。

3　通信機器室のうち、電力室以外の部分で、次の各号に該当するものについては、屋内消火栓設備及び水噴霧消火設備等を設置しないことができるものとする。

　(1)　主要構造部を耐火構造とし、かつ、壁及び天井の室内に面する部分の仕上げを不燃材料、準不燃材料又は難燃材料でしてあること。

　(2)　通信機器室と通信機器室以外の部分とを耐火構造の壁及び床で区画し、かつ、当該壁及び床の開口部等（火焔の伝送を防ぐ構造又は設備をした部分で、束配線が壁又は床を貫通するものを除く。）には甲種防火戸、乙種防火戸又はこれと同等以上のものを設けてあること。

　(3)　室内に設け、又は収容する通信機器の配線の絶縁材料に自然性を有するものを使用していないこと。

4　耐火建築物で、令第11条の規定により屋内消火栓設備を設け、かつ、配置、能力等から判断して、有効な防火栓を設けたものについては、屋外消火栓設備を設置しないことができるものとする。

5　令第21条第1項各号に掲げる防火対象物に存する場所のうち、次の各号のいずれかに該当する場合には、自動火災報知設備の感知器を設けないことができるものとする。

　(1)　令別表第1(1)項イに掲げる防火対象物に存する場所のうち、次のア、イ、ウ及びエに該当

し、かつ、待合せ若しくは休憩の設備、売店又は火気使用設備器具若しくはその使用に際し火災発生のおそれのある設備器具を設けていない玄関、廊下、階段、便所、浴室又は洗濯場の用途に供する場所
 ア 主要構造部を耐火構造としてあること。
 イ 壁及び天井が不燃材料又は準不燃材料で造られていること。
 ウ 床に不燃材料又は準不燃材料以外のものを使用していないこと。
 エ 可燃性の物品を集積し、又は可燃性の装飾材料を使用していないこと。
(2) 金庫室でその開口部に甲種防火戸又はそれと同等以上のものを設けているもの
(3) 恒温室、冷蔵室等で、当該場所における火災を早期に感知することができる自動温度調節装置のあるもの
(4) 押入れ又は物置で、次のいずれかに該当するもの
 ア その場所で出火した場合でも延焼のおそれのない構造であること。
 イ その上部の天井裏に感知器を設けてあること。
(5) 耐火構造又は簡易耐火構造の建築物の天井裏、小屋裏等で、不燃材料の壁、天井及び床で区画されている部分
(6) 工場又は作業場で常時作業し、かつ、火災発生を容易に覚知し、報知できる部分
(7) パイプシャフト、エレベーターシャフト等で、主要構造部を耐火構造としたもの

6 事業用又は準事業用発電所若しくは変電所の発電機室又は変圧器室のうち、主要構造部を耐火構造とし、かつ、壁及び天井が不燃材料で造られているものについては、自動火災報知設備を設置しないことができるものとする。

7 電力の開閉所（電力の開閉に油入開閉器を設置する開閉所を除く。）で、主要構造部が耐火構造、かつ、屋内に面する天井（天井のない場合は、屋根）、壁及び床が不燃材料又は準不燃材料で造られているものについては、自動火災報知設備を設置しないことができるものとする。

第2

1 不燃材料で造られている構造の令第11条第1項各号に掲げる防火対象物又はその部分に存する場所で、発電設備、変電設備等の電気設備又は金属溶解設備等屋内消火栓設備による注水によつては消火不能又は消火困難と認められる設備のあるものについては、屋内消火栓設備を設置しないことができるものとする。

2 令第21条第1項の規定の適用を受ける防火対象物に存する場所のうち、次の各号のいずれかに該当する場所には、自動火災報知設備の感知器を設けないことができるものとする。
(1) 金属等の溶融、鋳造又は鍛造設備のある場所のうち、感知器により火災を有効に感知できない部分
(2) 振動が著しく感知器の機能の保持が困難な場所
(3) 狭あいな天井裏等で感知器の設置、維持を行なうことが困難な場所

3 令第21条第1項各号に掲げる防火対象物に存する場所のうち、自動火災報知設備の感知器の取付け面の高さが4mをこえ、かつ、差動式感知器の設備が不適当と認められる場所で、定温式感知器で有効に火災を感知することができる部分には、定温式感知器に代えることができる。

4 仮設建築物で、巡回監視装置を設け頻繁に巡視する等、容易に火災を感知できる措置をとるときは、自動火災報知設備を設置しないことができるものとする。

5 令第26条の規定の適用を受ける防火対象物又はその部分で避難口の位置が明らかに見通しで

き、かつ、容易に判別できる防火対象物については、誘導灯及び誘導標識を設置しないことができるものとする。
6 　地階を除く階数が7以上の建築物のうち、延べ面積が2,000㎡未満で、階数が7以上の階の部分を昇降機塔、装飾塔、物見塔その他これらに類するものに使用し、かつ、電動機等以外の可燃物を収容又は使用しないものについては、連結送水管を設置しないことができるものとする。

(昭38・9・30自消丙予発59)

memo　法令の設置基準は、一般的な用途を前提に、当該用途において想定される標準的な火災を想定し、それに対応する消防用設備等の設置を基本としています。この場合に同一の用途に包含されるものの、その使用状況から極めて出火の危険性や延焼拡大危険性が少ないと考えられるものがあります。これらの火災発生危険性や延焼拡大危険性が著しく低いと考えられる用途に着目し、限定的に特例が認められたものです。

◆既存防火対象物に対する消防用設備等の技術上の特例基準の適用について

　火災時における人命の安全を確保するため、昨年6月消防法の一部が改正され、続いて7月には消防法施行令が、12月には消防法施行規則がそれぞれ改正された。これら消防法令の一連の改正のうち、特に百貨店、地下街、複合用途防火対象物、旅館、病院等不特定多数の者が出入する防火対象物については、消防法第17条の2第2項第4号、第17条の3第2項第4号及び改正消防法附則第4項の規定に基づき、既存のものについてもスプリンクラー設備その他の消防用設備等の設置が義務づけられた。すなわち、これらの既存の特定防火対象物については、昭和52年3月又は昭和54年3月までに、現行の基準に従つて設置しなければならないこととなるが、これら既存の特定防火対象物のなかには、スプリンクラー設備等の現行の基準に従つて設置することが構造上困難であるものが見受けられること等特殊な状況があること等を勘案して、この際、既存防火対象物に対し、消防法施行令第32条の規定を適用する場合の特例基準を下記のとおり定めたので、この旨管下市町村に対しても示達され、よろしく御指導願いたい。

記

第1　防火対象物の用途別による特例措置
　1　旅館、ホテル等（消防法施行令（以下「令」という。）別表第1(5)項イに掲げる防火対象物）
　　(1)　主要構造部が耐火構造である旅館、ホテル等においてバルコニー等（異なる防火区画相互を連結しているもの又は避難階若しくは地上に通ずる階段若しくは避難器具が設けられているものに限る。）に直接面している居室（地階、無窓階及び11階以上の階に存するものを除く。）で、次のアからウまでに該当する場合、当該居室及びこれに面する廊下（壁及び天井（天井のない場合にあつては、屋根。以下同じ。）の仕上げが不燃材料又は準不燃材料でしたものに限る。）の部分については、スプリンクラー設備を設置しないことができるものであること。
　　　ア　400㎡以内ごとに耐火構造の壁、床又は防火戸で区画されていること。
　　　イ　壁及び天井の室内に面する部分の仕上げは、消防法施行規則（以下「規則」という。）第13条第1項第1号イの規定に適合するもの（防炎液、防炎壁紙等で表面処理する等の難燃措置を施したものを含む。以下(2)及び(3)において同じ。）であること。ただし、アの区画面積を100㎡以内とした場合の当該部分にあつては、この限りでない。

ウ　アの防火戸は、規則第13条第1項第1号ハの規定に適合するものであること。
(2)　旅館、ホテル等（主要構造部が耐火構造でないもの並びに地階、無窓階及び11階以上の階の部分を除く。）の宿泊室、会議室その他これらに類する室及びこれらに面した廊下の部分で、次のアからエまでに該当するものについては、スプリンクラー設備を設置しないことができるものであること。
　　ア　400㎡以内ごとに耐火構造の床、壁又は防火戸で区画されていること。
　　イ　壁及び天井の仕上げは、規則第13条第1項第1号イの規定に適合するものであること。
　　　　ただし、アの区画面積を100㎡以内とした場合の当該部分にあつては、この限りでない。
　　ウ　区画する壁及び床の開口部は、規則第13条第1項第1号ロに適合するものであり、当該開口部には、規則第13条第1項第1号ハの規定に適合する甲種防火戸又は乙種防火戸が設けられていること。ただし、廊下の避難経路となる部分の開口部にあつては、当該開口部に規則第13条第1項第1号ハに適合する甲種防火戸（防火シヤッターを除く。）が設けられる場合に限り、当該開口部の面積の合計を10㎡以下とし、かつ、1の開口部の面積を5㎡以下とすることができる。
　　エ　建築基準法施行令第112条第9項及び第15項の規定による区画がなされていること。
(3)　旅館、ホテル等（主要構造部が耐火構造でないもの並びに地階、無窓階及び11階以上の階の部分を除く。）の広間（宴会場、舞台等を含む。）、ロビー、食堂（厨房、配膳室等を除く。）及びこれらに面した廊下の部分（以下「広間等」という。）で、次のアからケまでに該当するものについては、スプリンクラー設備を設置しないことができるものであること。
　　ア　耐火構造の壁、床又は防火戸で区画されていること。
　　イ　壁及び天井の室内に面する部分の仕上げは、規則第13条第1項第1号イの規定に適合するものであること。
　　ウ　区画する壁及び床の開口部には、規則第13条第1項第1号ハの規定に適合する防火戸（廊下の避難経路となる部分の開口部に設けるものにあつては、防火シヤッターを除く。）が設けられていること。
　　エ　広間等から2以上の異つた経路により避難することができるものであること。
　　オ　広間等に設ける自動火災報知設備の感知器は、規則第23条第4項第1号ニに掲げる場所を除き、煙感知器であること。
　　カ　建築基準法施行令第112条第9項及び第15項の規定による区画がなされていること。
　　キ　露出配線は、不燃材料で被覆されていること等延焼防止上有効な措置が講じられていること。
　　ク　広間等に使用されているカーテン、幕等の防炎対象物品の防炎性能及び防炎表示は適正であること。
　　ケ　広間等には、プロパンガスボンベの持ち込みが禁止されていること、夜間の見回りが十分行われていること等防火管理体制が徹底していること。
(4)　旅館、ホテル等の居室で、当該居室の壁の一辺の長さが7.2m以下であるものにおいて、次のアからエまでに定めるところにより側壁型の閉鎖型スプリンクラーヘッド（以下「側壁型ヘッド」という。）を用いるスプリンクラー設備を設置したときは、当該側壁型ヘッドの有効範囲内の部分にあつては、令第12条の技術上の基準に従つてスプリンクラー設備を設

置したものとみなしてさしつかえないものであること。
　　ア　側壁型ヘッドは、その相互の設置間隔を、水平距離で3.6m以下とし、かつ、当該側壁型ヘッドを取り付ける壁と交わる両側の壁の接続部分から当該側壁型ヘッドまでの水平距離が1.8m以下となるように設けること。
　　イ　側壁型ヘッドは、当該側壁型ヘッドを取付ける壁面から15cm以内に設けること。
　　ウ　側壁型ヘッドのデフレクターは、天井面から15cm以内に設けること。
　　エ　その他規則第14条第1項の規定に準じて設けること。
2　病院、診療所等（令別表第1(6)項イに掲げる防火対象物）
　(1)　病院及びこれに準ずる室並びにこれらに面する廊下の部分（以下「病室等」という。）については、スプリンクラー設備等を設けないことができるものとすること。
　　　なお、スプリンクラー設備等を設けない場合における防火対策については、今後当庁と厚生省及び文部省とが協議するものとしていること。
　(2)　(1)の病室等以外の部分（主要構造部が耐火構造でないもの並びに地階、無窓階及び11階以上の階に存するものを除く。）については、1(1)又は(2)の例によるほか、1(4)アからエまでに定めるところにより側壁型ヘッドを用いるスプリンクラー設備を設置したときは、当該側壁型ヘッドの有効範囲内の部分にあつては、令第12条の技術上の基準に従つてスプリンクラー設備を設置したものとみなしてさしつかえないものであること。
　(3)　精神病院のうち重症患者を収容する病棟又は病室については(1)又は(2)の例によるほか、当該部分における消防用設備等に関する基準の特例について、別途通達する予定であること。
3　複合用途防火対象物（令別表第1(16)項イに掲げる防火対象物）
　(1)　複合用途防火対象物のうち、令第8条の規定により区画された部分で、当該部分に消防法（以下「法」という。）第17条の2第2項第4号に規定する特定防火対象物（以下「特定防火対象物」という。）の用途に供されているものが存しない場合、当該部分（地階、無窓階及び11階以上の階の部分を除く。）については、消防用設備等（法第17条の2第1項中かつこ内に定める消防用設備等を除く。）に関する基準を適用しないものとしてさしつかえないものであること。
　(2)　令第12条第1項第2号の複合用途防火対象物（非特定用途部分の床面積の合計（廊下等の共用部分は按分による。）が当該防火対象物の延べ面積の80％以上のものに限る。）で特定防火対象物の用途に供される部分が存しない階（地階、無窓階及び11階以上の階の部分を除く。）について、規則第13条第2項第11号の規定を適用する場合、同号中「400平方メートル」とあるのを次のアに該当するものにあつては「800平方メートル」と、ア及びイに該当するものにあつては「1,500平方メートル」と読み替えて適用してさしつかえないものであること。
　　ア
　　　(ア)　当該防火対象物には、避難階段又は特別避難階段が2以上存する等（1(1)のバルコニー等を含む。）各階から地上又は避難階への避難経路が2以上であること。
　　　(イ)　避難階から出火した場合に(ア)の避難階段等から屋外への出口までの経路が避難上著しく支障となる恐れのあるものについては、当該避難階にスプリンクラー設備

　　　　が設けられていること。
　　　（ウ）　建築基準法施行令第112条第9項及び第15項の規定による区画がなされていること。
　イ
　　　（ア）　当該防火対象物（床面積100㎡以内毎に耐火構造の床、壁、甲種防火戸又は乙種防火戸で区画されている部分を除く。）の壁及び天井の仕上げは、規則第13条第1項第1号イの規定に適合するものであること。
　　　（イ）　特定防火対象物の用途に供される部分が存する階と存しない階とは、耐火構造の床、壁又は規則第13条第1項第1号ハに規定する甲種防火戸で区画されていること。
4　地下街（令別表第1（16の2）項に掲げる防火対象物）等
　(1)　令第9条の2の規定により地下街と一体をなすものとみなされる防火対象物の地階に対して適用されるスプリンクラー設備、自動火災報知設備及び非常警報設備に関する基準のうち音響警報装置に係る部分については、当該地階及び地下街の受信部若しくは受信機又は増幅器及び操作部が設置されている場所に常時人がおり、相互に同時に通話することができる設備を設けた場合は、相互で音響警報装置を連動しないものでもさしつかえないものであること。
　(2)　壁及び天井の仕上げを不燃材料で造つている部分（厨房等火気を使用する設備又は器具を設置する部分にあつては、壁及び天井の仕上げを不燃材料で造つており、かつ、当該火気使用設備、器具の排気用ダクト（当該厨房等の専用とされ、他への影響の恐れのないものを除く。）部分に有効な自動消火装置を設けた部分）におけるスプリンクラーヘッドの間隔は、改正前の基準に適合している場合は、規則第14条第3項第2号の規定に適合しているものとみなしてさしつかえないものであること。
　(3)　地下道部分が建築基準法施行令第128条の3第1項各号に適合し、かつ、当該地下道部分に商品等を存置することがないよう管理されている場合は、当該部分にスプリンクラーヘッドを設置しないことができるものであること。
第2　消防用設備等の種類に応じた特例措置
1　屋内消火栓設備
　(1)　非常電源
　　ア　特定防火対象物で延べ面積3,000㎡以下のものにあつては、ループ方式配電、地中配電等信頼性の高い方式により受電されており、かつ、規則第12条第4号に規定する非常電源専用受電設備が設置されている場合は、当分の間、自家発電設備又は、蓄電池設備によらないことができるものであること。
　　イ　自家発電設備は、次の(ア)から(オ)までに該当する場合は、当分の間、自家発電設備の基準（昭和48年消防庁告示第1号）に適合するものとみなしてさしつかえないものであること。
　　　（ア）　同告示第2、1（(5)及び(6)を除く。）、2（(3)、(4)及び(6)ホを除く。）及び4（(2)ロ（自動停止装置に限る。）を除く。）並びに第3に適合するものであること。
　　　（イ）　常用電源が停電してから電圧確立までの所要時間が、1分以内であること。
　　　（ウ）　セルモーターに使用する蓄電池設備は、ウに掲げる蓄電池設備の基準に適合するものであること。
　　　（エ）　燃料タンクの容量は、消防用設備等を有効に1時間以上連続して運転できるもので

あること。
　　　　（オ）　起動試験を行つた場合、機能に異常を生じないものであること。
　　ウ　蓄電池設備は、次の（ア）から（オ）までに該当する場合は、当分の間、蓄電池設備の基準（昭和48年消防庁告示第2号）に適合するものとみなしてさしつかえないものであること。
　　　　（ア）　次に掲げる蓄電池以外の蓄電池であること。
　　　　　　　a　鉛蓄電池にあつては、自動車用のもの、可搬式のもの、ガラス電槽のもの又は液面が容易に視認できないエボナイト電槽のもの。
　　　　　　　b　アルカリ蓄電池にあつては、補液が必要な鉄製電槽のもの。
　　　　（イ）　自動的に充電するものであること。
　　　　（ウ）　出力電圧又は出力電流を監視できる電圧計又は電流計が設けられていること。
　　　　（エ）　補液が必要な蓄電池にあつては、減液警報装置が設けられていること。
　　　　（オ）　蓄電池設備の容量は、消防用設備等ごとに定められた時間以上放電できるものであること。
　　エ　非常電源回路の配線の耐熱保護については、当該配線を金属管工事又は合成樹脂管工事として耐火構造とした主要構造部に埋設している場合その他これと同等以上の耐熱措置を講じた場合は、規則第12条第4号ニに適合するものとみなしてさしつかえないものであること。
　　オ　加圧送水装置に自家発電設備の基準に適合する内燃機関が設けられている場合で、当該内燃機関が常用電源の停電時に自動的に起動するものであるか又は常時人がいて停電時において直ちに操作することができる場所に設けられているときは、当該内燃機関を加圧送水装置の非常電源とみなしてさしつかえないものであること。
(2)　加圧送水装置
　　加圧送水装置及び配管は、屋内消火栓のノズル先端における防水圧力及び防水量をそれぞれ1.7kg／cm²以上で、130ℓ／min以上とする性能を有するものであり、かつ、規則第12条第7号イ（ロ）、ロ（ハ）又はハ（ホ）の規定に適合する場合は、さしつかえないものであること。
(3)　呼水装置
　　ア　専用の呼水槽を設けない呼水装置であつても当該呼水槽が加圧送水装置を有効に作動することができる容量のものであればさしつかえないものであること。
　　イ　減水警報装置のない呼水装置であつても自動給水装置を有し、目視により水量を確認できる措置が講じられているものであればさしつかえないものであること。
(4)　操作回路の配線
　　ビニル絶縁電線又は、導電性、絶縁性等電気特性がこれと同等以上の性能を有する電線を使用した配線にあつては、耐火構造とした主要構造部に埋設している場合、下地を不燃材料で造り、かつ、仕上げを不燃材料とした天井の裏面に金属管工事により行つた場合その他これらと同等以上の耐熱措置を講じた場合は、規則第12条第5号の規定に適合しているものとみなしてさしつかえないものであること。
2　スプリンクラー設備
(1)　令第12条第1項各号に該当する防火対象物又はその部分で主要構造部が木造であるものは、屋内消火栓設備、自動火災報知設備、非常警報設備、避難器具及び誘導灯が令第11条、

第21条及び第24条から第26条までの基準に従つて設置され、当該防火対象物の居室の部分から2以上の異つた経路により有効に避難できると認められ、かつ、当該木造部分と木造以外の部分とが延焼防止上有効に区画されている場合は、当該木造部分にスプリンクラー設備を設置しないことができるものであること。
  (2) 加圧送水装置及び配管
    加圧送水装置及び配管は、スプリンクラーヘッドの先端における放水圧力及び放水量をそれぞれ1kg／c㎡以上で、80ℓ／min以上とする性能を有するものであり、かつ、規則第14条第1項第11号（規則第12条第7号イ(ロ)、ロ(ハ)又はハ(ホ)の規定の例による部分に限る。）に適合する場合は、規則14条第1項第10号及び第11号の規定に適合するものとみなしてさしつかえないものであること。
  (3) 水源水量
    水源水量は、昭和49年12月31日現在の規則第14条第3項第1号の規定に適合している場合で、消防ポンプ自動車が容易に接近することができる位置に双口形の送水口が附置されているときは、規則第14条第4項第1号の規定に適合しているものとみなしてさしつかえないものであること。
  (4) 流水検知装置
    流水検知装置は、末端試験弁を操作し試験用放水口より放水したときに、警報を発するか又は警報を発するとともに加圧送水装置を正常に起動させることができる場合は、規則第14条第1項第4号ロの規定にかかわらず流水検知装置の規格（昭和48年消防庁告示第5号）に適合するものとみなしてさしつかえないものであること。
  (5) 制御弁
    制御弁は、配管の系統ごとに設置されている場合は、規則第14条第1項第3号イの規定に適合しているとみなしてさしつかえないものであること。
  (6) 呼水装置、非常電源及び操作回路の配線
    スプリンクラー設備の呼水装置、非常電源及び操作回路の配線は、屋内消火栓設備における規定と同様に取り扱つてさしつかえないものであること。なお、水噴霧消火設備及び泡消火設備についても同様とする。
3 泡消火設備
  改正前の令第15条又は令第32条の規定により設置されている泡消火設備で、改正後の規則第18条の規定（第18条第4項第13号及び第15号を除く。）に適合しないものについては、作動試験を行い機能に異常を生じない場合は、当分の間、規則第18条の規定に適合しているものとみなしてさしつかえないものであること。
4 二酸化炭素消火設備、ハロゲン化物消火設備又は粉末消火設備
  (1) 改正前の令第16条、第17条若しくは第18条又は第32条の規定により設置されている二酸化炭素消火設備、ハロゲン化物消火設備又は粉末消火設備で改正後の規則第19条（第19条第4項第1号、第3号、第4号、第14号から第20号まで及び第23号を除く。）、第20条（第20条第4項第1号、第12号から第15号まで及び第17号を除く。）又は第21条（第21条第4項第1号、第14号から第17号まで及び第19号を除く。）の規定に適合しないものについては、作動試験を行い機能に異常を生じない場合は、当分の間、規則第19条、第20条又は第21条の規定に適合しているものとみなしてさしつかえないものであること。

(2)　非常電源は、屋内消火栓設備における非常電源の規定と同様に取り扱つてさしつかえないものであること。
 5　自動火災報知設備
　(1)　スプリンクラー設備等との併設
　　　特定防火対象物等にあつては、規則第23条第3項に定める閉鎖型スプリンクラーヘッドを用いるスプリンクラー設備、水噴霧消火設備又は泡消火設備を設置された場所であつても自動火災報知設備を設置することとされたが、規則第23条第5項に定める場所以外の場所で熱感知器又は煙感知器を設置しなければならない場所に煙感知器を設置する場合は、規則第23条第4項第7号ホに定める床面積を2倍の数値として取り扱つてさしつかえないものであること。
　(2)　非常電源
　　　特定防火対象物で延べ面積が3,000㎡以下のものにあつては、規則第12条第4号に規定する非常電源専用受電設備が設置されている場合は、当分の間、蓄電池設備によらないことができるものとするほか、蓄電池設備及び非常電源回路の配線は、屋内消火栓設備におけるこれらの規定と同様に取り扱つてさしつかえないものであること。
　　　なお、非常警報設備についても同様とする。
　(3)　地区音響装置の配線
　　　受信機から地区音響装置までの配線は、屋内消火栓設備における操作回路の配線の規定と同様に取り扱つてさしつかえないものであること。
　　　なお、非常警報設備の操作部又は起動装置からスピーカー又は音響装置までの配線についても同様とする。
 6　避難器具
　　令第25条第1項第5号に規定する防火対象物の階で次の(1)から(5)までに適合するものは、非難器具を設置しないことができるものであること。
　(1)　主要構造部が耐火構造であること。
　(2)　床面積が100㎡を超えるものは、床面積100㎡以内ごとに耐火構造の床、壁、甲種防火戸又は乙種防火戸で区画されていること。
　(3)　階段室は、窓、出入口等の開口部を除き耐火構造の壁で区画し、かつ、階段の出入口に設ける防火戸は随時開くことができる自動閉鎖装置付のもの又は随時閉鎖することができ、かつ、煙感知器の作動と連動して閉鎖できるものであること。
　(4)　自動火災報知設備、非常警報設備及び誘導灯が令第21条、令第24条及び令第26条の基準に従つて設けられていること。
　(5)　建築基準法施行令第112条第9項及び第15項の規定による区画がなされていること。
 7　排煙設備
　　排煙設備については、別途通達するまでの間、排煙設備に関する基準は適用しないものとすること。
第3　その他
　　第1及び第2の措置は、法第17条の2第2項第4号、第17条の3第2項第4号及び改正法附則第4項の規定による既存防火対象物における措置であるが、法第17条の2第2項第2号又は第17条の3第2項第2号の規定に基づき、防火対象物の既存の部分にも改正法令が適用されることになる場合の当該既

存の部分に限り同様の取り扱いをしてさしつかえないものであること。

(昭50・7・10消防安77)

memo 消防法令の改正により、既存防火対象物に消防用設備等に係る遡及適用が明確にされたことに伴い、特に特定防火対象物にあっては、設置負担の多いスプリンクラー設備等についても遡及されることとなり、これに対応する代替措置として示されているものです。
これ以降の改正等により遡及対象となった防火対象物の要件の基本となるものです。

◆消防法、同施行令及び同施行規則に関する執務資料について【双方の既存建築物が地下連絡路で接続されている場合の別棟としての取扱いについて】

問 ふたつの既存の建築物が地下連絡路で接続されている場合、接続される双方の建築物の接続階に、スプリンクラー設備が設置されているもの、又は一方の建築物の接続階及び接続部分にスプリンクラー設備が延焼防止上有効に設置されており、「設置単位通達」第2、2中(1)から(3)まで、(5)及び(7)に適合するもので、地下連絡路の両端の出入口の開口部が8㎡以下のものを別棟として取り扱いたいが、貴職の見解をうかがいたい。

答 認められない。ただし、地下連絡路により接続される双方の建築物及び地下連絡路が既存のものである場合に限り、令第32条の規定を適用し、別棟とみなした場合における消防用設備等に関する基準を適用してさしつかえない。

(昭52・1・27消防予12)

memo 地下連絡路により接続された防火対象物については、原則として、1棟として取り扱われることとなりますが、「消防用設備等の設置単位について」(昭50・3・5消防安26)に掲げる方法により接続部が措置された場合には、消防法令の適用については別棟として取り扱われることとなっています。

◆スケルトン状態の防火対象物に係る消防法令の運用について

近年、事務所ビル、店舗ビル等の賃貸を主とする防火対象物においては、利用者未定の空きスペースについても標準的な内装・設備工事を実施して竣工し、後日利用者が決定した段階で当該内装仕上げ等を施工しなおすという例が見られるとともに、建築の分野においては、耐久性や改修容易性の向上の観点から、骨組（skeleton）と内部建材（infilling）を分離した建築物（いわゆるＳＩ住宅等）の開発・普及が推進されているところである。

しかしながら、後日内装仕上げ等を施工しなおす場合には、コスト負担、不必要な産業廃棄物の創出などの問題があることから、未使用部分をスケルトン状態（内装仕上げや設備の一部について未施工部分が存する状態をいう。以下同じ。）のままで、防火対象物の他の部分の使用を開発することができるよう弾力的な運用を行うことが要望されており、当該項目は「規制緩和推進3か年計画（改定）」（平成11年3月30日閣議決定）にも計上されているところである。

こうしたことから、スケルトン状態の部分の火災危険性、管理状況、消防用設備等の設置状況や防火対象物全体としての防火安全性を勘案のうえ、スケルトン防火対象物（スケルトン状態の部分を有する防火対象物をいう。以下同じ。）についての消防用設備等の設置・維持や各種手続きに関する消防法令の運用を下記のとおり定めたので通知する。

貴職におかれては、貴都道府県内の市町村に対してもこの旨通知され、よろしく指導されるよう

お願いする。

記

1 スケルトン防火対象物に係る基本的考え方
 (1) 防火対象物の新築に伴うスケルトン状態の取扱い
  ア 消防法令における防火安全対策の義務づけは、防火対象物の用途に規模、構造、収容人員等を加味して定められているが、防火対象物の中には、予定していた竣工時期においても、その一部について具体的な利用形態を確定することができず、部分的な使用とならざるを得ないものも存する。この場合において、具体的な利用形態が確定していない部分についてスケルトン状態としたままで、それ以外の部分の使用を開始するというケースが想定されるところである。

   ＜想定される例＞
   ○ テナントビル：テナントが確定しない部分については、当分の間、空きスペース（継続的にテナント募集）とし、テナントが確定している部分だけで営業を開始するケース
   ○ 共同住宅：入居者が確定しない住戸については、当分の間、空き住戸（継続的に入居者募集）とし、入居者が確定している住戸だけで居住を開始するケース

  イ 消防法令においては、技術基準の遵守義務や各種手続は防火対象物全体に対し適用されることから、原則として、防火対象物全体について、技術基準への適合性が確保されていることを確認したうえで、消防用設備等の設置検査を行うこととなる。
   しかしながら、前記アのように、その一部をスケルトン状態にしたままで、それ以外の部分の使用を開始しようとする防火対象物については、スケルトン状態の部分の火災危険性、管理状況、消防用設備等の設置状況や、防火対象物全体としての防火安全性を勘案のうえ、消防法施行令（以下「令」という。）第32条の規定を適用し、火災予防上支障のないことが確認できる場合に限り、例外的に、防火対象物の一部に対して消防用設備等の設置検査を行い、使用を認めることとする。
  ウ 上記のとおりスケルトン防火対象物の使用を認める場合には、防火対象物の構造的な面での確認も必要であること、また、その後防火対象物全体を使用することとなる時点等において更に検査を行うことを担保することが必要と考えられることから、建築基準法に基づく仮使用の手続と並行して消防用設備等の一部の検査を行うこととする。
 (2) 使用開始後におけるスケルトン状態の変更の取扱い
   スケルトン防火対象物の使用開始後において、スケルトン状態の部分に係る具体的な利用形態が確定（＝具体的なテナント、入居者等が確定）することに伴い、当該部分の変更が行われ、防火対象物全体の使用が開始されることが想定される。このようなスケルトン状態の変更については、改めて消防用設備等の設置に係る手続及び提出書類の変更、更には防火対象物全体に対する設置検査等が必要となる。
2 スケルトン防火対象物の使用を認める場合の消防用設備等の設置・維持に係る運用
 (1) スケルトン状態の部分の用途等
  ア スケルトン状態の部分の用途、規模、構造、設備、収容人員、管理形態等については、原則として事前に計画されていた内容によること。
  イ スケルトン防火対象物の使用開始後において、スケルトン状態の部分に係る具体的な利用形態が確定することに伴い、従前のスケルトン状態から用途が変更される場合には、消防

法（以下「法」という。）第17条の3の規定が適用されること。
(2) スケルトン防火対象物における消防用設備等の設置・維持方法
　ア　基本的要件
　　　スケルトン防火対象物における消防用設備等の設置・維持方法については、次に掲げる基本的要件に基づき、個別の状況を勘案のうえ的確に運用すること。
　　(ア)　スケルトン状態の部分は、他の部分と防火上有効に区画されていること（直接外気に開放されているバルコニーその他これに類する部分を除く。）。この場合において、当該区画（以下「スケルトン区画」という。）は、建築基準法上の防火区画若しくは不燃材料による区画又はこれらと同等以上の強度、耐熱性等を有する区画であるとともに、当該区画の開口部には常時閉鎖の防火戸又は不燃材料で造った戸が設置されていること。
　　(イ)　スケルトン区画部分を含め、消防計画の作成、管理体制の整備等により、適切な防火管理が実施されていること。特に、スケルトン区画部分については、次の事項を遵守する必要があること。
　　　　a　火気使用制限
　　　　b　可燃物制限
　　　　c　人の入出管理
　　(ウ)　スケルトン防火対象物の部分又は消防用設備等のうち、次に掲げるものについては本則基準（令第8条から第30条までに規定する消防用設備等の設置・維持に係る技術基準をいう。以下同じ。）に適合していること。
　　　　a　スケルトン区画部分以外の部分
　　　　b　共用部分（廊下、階段、エントランスホール、エレベーターロビーその他の当該防火対象物の利用者が共用する部分をいう。以下同じ。）のうち、消防法施行規則第30条第2号イに掲げる消火活動拠点及び（いわゆる）第2次安全区画（階段、一時避難場所等）。
　　(エ)　スケルトン区画部分についても、具体的な利用形態が確定することに伴う変更の影響が少ない事項は、原則として本則基準に適合していること。また、本則基準に適合させることが困難な事項についても、本則基準に準ずる措置又は同趣旨の代替措置について優先的に検討すること。
　　　　＜具体例＞
　　　　○　屋内消火栓設備：共用部分が完成している場合、共用部分への屋内消火栓の設置により、スケルトン区画部分についても包含され、技術基準に適合
　　　　○　スプリンクラー設備：スケルトン区画部分におけるスプリンクラーヘッドの設置について、本則基準に準ずる形でスプリンクラーヘッドを仮設置、又は共用部分の補助散水栓により包合することで代替
　イ　留意事項
　　(ア)　共用部分に係るスケルトン区画の設定については、密閉、施錠管理等がなされることから、事前の建築計画、火災時の初期対応（消火、避難等）や消防活動との整合性について、十分留意する必要があること。
　　(イ)　スケルトン防火対象物の使用を認める際に確認した本則基準又は前記アに掲げる要

件に適合しなくなった場合においては、法第17条に不適合となることから、違反処理の対象となること。ただし、スケルトン状態の部分における工事に伴い、本則基準又は前記アに掲げる要件に適合しないこととなる事項については、（一般の防火対象物の場合と同様に）工事中の消防計画により対応することとしてさしつかえないこと。

　　　（ウ）　具体的な運用例については、別紙を参考とされたいこと。
３　スケルトン防火対象物の使用を認める場合の消防法令等の各種手続に係る運用
　(1)　共通事項
　　ア　スケルトン防火対象物に係る消防法令の円滑な運用のためには、設置者と消防機関の間で、事前の段階～最終的な工事完了において十分な連絡・調整を行うことが重要であること。
　　イ　防火対象物一般について必要となる事項のほか、次に掲げるスケルトン防火対象物特有の事項については、あらかじめ明確化のうえ、計画的かつ実効的な運用を図る必要があること。
　　　　○　スケルトン防火対象物として使用する理由
　　　　○　スケルトン防火対象物における施工計画（消防用設備等に係る工事の内容、スケジュール等）
　　　　○　スケルトン防火対象物の使用計画
　　ウ　防火対象物の新築のほか、使用開始後におけるスケルトン状態の変更に当たっても、法第8条、第17条の3の2及び第17条の14の規定等に基づき、防火管理者の選任・消防計画の作成（工事中の消防計画を含む。）、着工届、設置届、検査等の手続が必要となること。
　　エ　各種届出の単位、添付書類、既に消防機関において保有している種類の変更等については、「消防用設備等の着工届に係る運用について」（平成5年10月26日付け消防予第285号・消防危第81号）及び「消防用設備等に係る届出等に関する運用について」（平成9年12月5日付け消防予第192号。以下「192号通知」という。）第2によること。
　　　　また、工事中の消防計画については、「工事中の防火対象物に関する消防計画について」（昭和52年10月24日付け消防予第204号）等によること。
　　オ　使用開始後のスケルトン状態の変更に際し、前記2による運用内容の変更、既提出書類の変更、工事中の消防計画の提出等については、消防機関により事前に一括して確認された範囲内であれば、必ずしも個々に手続を行う必要はないこと。
　(2)　個別の手続に係る事項
　　ア　着工届
　　　（ア）　新築に当たって着工届が既に提出されている場合には、前記2による運用の内容に変更が必要であること。また、（当然のことながら）工事開始前のため着工届が行われていない場合には、前記2による運用の内容により作成、提出する必要があること。
　　　（イ）　使用開始後においてスケルトン防火対象物の消防用設備等に係る軽微な工事に関する着工届の運用については、192号通知第1、1によること。
　　イ　設置届・検査
　　　（ア）　設置届・検査は、原則として消防用設備等に係る工事がすべて完了した時点で防火対象物全体について行われるものであるが、スケルトン防火対象物については、前記1及び2に掲げるとおり、例外的にスケルトン状態の部分を除いた形での設置届・検査を認めることとしたこと。

（イ）　設置検査は、スケルトン状態の部分以外の部分について、設置届の内容に基づき実施すること。また、これと併せて、前記2による運用の内容についても確認すること。
　　　（ウ）　消防用設備等検査済証は、①スケルトン状態の部分が存する段階にあっては本則基準に従って設置され実際に検査を実施した消防用設備等の部分、②防火対象物全体の使用開始の段階（＝スケルトン状態の部分なし）にあっては当該防火対象物の消防用設備等全体が交付対象となること。また、①の段階で消防用設備等検査済証を交付するに当たっては、次に掲げる事項について、当該検査済証の余白、裏面等への追記や別紙として添付することにより明確にしておくこと。
　　　　　○　将来的に消防用設備等の設置が予定されているが、未だ設置検査を受けていないスケルトン状態の部分
　　　　　○　当該部分に設置予定の消防用設備等の種類
　　　　　○　当該部分に係る前記2による運用を認めるに当たっての要件等（検査時）
　　　（エ）　使用開始後においてスケルトン状態の消防用設備等に係る軽微な工事に関する設置検査の運用については、192号通知第1、2によること。
　　ウ　使用開始届
　　　　火災予防条例に基づく使用開始届は、実際に使用を開始する部分について行うこととし、これと併せて未使用となるスケルトン状態の部分について明確化すること。ただし、事前の手続に伴い既に消防機関において保有している図書により、当該状況が明らかな場合には、特段の添付書類を要しない。
　　エ　防火管理関係
　　　　スケルトン状態の部分を含め、防火対象物全体における防火管理者の選任や消防計画の内容が適切なものとなっていること。特に①ハード面との整合、②スケルトン状態の部分に係る防火管理責任の明確化、③前記2(2)イの点を含め工事中の消防計画による安全性・実効性の担保等については、十分留意することが必要であること。
　(3)　建築基準法による仮使用との整合的な運用
　　ア　建築基準法においては、同法第7条の6の規定に基づく仮使用承認制度により、スケルトン防火対象物を含め運用が図られているところであり、同制度の取扱いについては、「建築基準法の一部を改正する法律等の施行に伴う消防機関の協力について」（昭和52年11月29日付け消防予第228号）、「工事中の建築物の仮使用について」（昭和53年12月26日付け消防予第243号）、「仮使用承認制度の的確な運用について」（平成9年5月14日付け消防予第93号）等に通知しているとおりであること。
　　イ　建築基準法による仮使用については、これらの通知により引き続き整合的な運用を図る必要があるが、本通知による消防法令の運用に当たっては、特に次のような点に留意すること。
　　　（ア）　事前の段階から、建築部局及び設置者と十分な連絡・調整を行うことが重要であること。
　　　（イ）　スケルトン防火対象物に係る防火安全対策（消防用設備等、防火管理、工事中の消防計画等）については、仮使用と整合的な内容とすること。
　　　（ウ）　消防法令の各種手続は、手順、時期、回数等について、建築基準法令の手続（建築確認、仮使用承認、完了検査等）と並行的な運用を図ること。また、消防用設備等に係る

設置検査の実施、これに伴う消防用設備等検査済証の交付については、原則として次によること。
- ○ 仮使用承認と並行的に実施される場合→本則基準に従って設置され実際に検査を実施した消防用設備等の部分が対象（前記(2)イ(ウ)①）
- ○ 完了検査と並行的に実施される場合→当該防火対象物の消防用設備等全体が対象（前記(2)イ(ウ)②）

（別紙）
具体的な運用例

1　ケースＡ：階単位又は建築基準法上の防火区画単位で使用部分と未使用部分が明確に区分されるスケルトン

防火対象物
(1)　ハード面
- ○ スケルトン区画：建築基準法上の防火区画又はこれらと同等以上の強度、耐熱性等を有する区画であるとともに、当該区画の開口部には常時閉鎖の防火戸が設置
- ○ 内部建材：ほとんど未設置（コンクリート粗壁に近い状態）

(2)　ソフト面
- ○ 火気：使用禁止
- ○ 可燃物：一切持ち込み禁止
- ○ 人の入出管理：立入禁止（スケルトン区画の防火戸は施錠管理）

(3)　消防用設備等
スケルトン区画部分（消火活動拠点及び第2次安全区画を除く。）の消防用設備等について（すべて）免除可能

2　ケースＢ：使用部分と未使用部分（＝専有部分のみ）が混在しているが、これらの間は建築構造的に明確に区分されるスケルトン防火対象物

(1)　ハード面
- ○ スケルトン区画：建築基準法上の防火区画又はこれらと同等以上の強度、耐熱性等を有する区画であるとともに、当該区画の開口部には常時閉鎖の防火戸が設置
- ○ 内部建材：ほとんど未設置（コンクリート粗壁に近い状態）又は内装・建築設備の一部設置

(2)　ソフト面
- ○ 火気：使用禁止
- ○ 可燃物：原則として持ち込み禁止
- ○ 人の入出管理：原則として立入禁止（スケルトン区画の防火戸は施錠管理）

(3)　消防用設備等
- ○ スケルトン区画部分の消防用設備等のうち、消火器及び自動火災報知設備以外の消防用設備等について免除可能
- ○ 自動火災報知設備については、仮設置可能。また、スケルトン区画部分において厳密な出火防止対策（出火源や着火物となる物品の排除、電気設備・機器の通電停止等）が講じられている場合には免除可能

3　ケースＣ：使用部分と未使用部分（＝専有部分のみ）が混在しており、これらの間は簡易な形で

区分されるスケルトン防火対象物
(1) ハード面
　○ スケルトン区画：不燃材料による区画又はこれらと同等以上の強度、耐熱性等を有する区画であるとともに、当該区画の開口部には常時閉鎖の防火戸又は不燃材料で造った戸が設置
　○ 内部建材：内装・建築設備の一部又は全部設置
(2) ソフト面
　○ 火気：使用禁止
　○ 可燃物：不用の不燃物の持ち込み禁止。整理・清掃
　○ 人の入出管理：不用の立入禁止（スケルトン区画の防火戸等は施錠管理又は関係者による管理の徹底）
(3) 消防用設備等
　○ スケルトン区画部分について、①消火設備（消火器を除く。）の仮設置、②自動火災報知設備の仮設置及び自動火災報知設備以外の警報設備の免除、③避難設備の免除がそれぞれ可能
　○ スプリンクラー設備については、スケルトン区画部分において厳密な出火防止対策（出火源や着火物となる物品の排除、電気設備、機器の通電停止等）が講じられている場合には、共用部分への補助散水栓の設置によりスプリンクラーヘッドの免除可能
　○ 自動火災報知設備については、スケルトン区画部分において厳密な出火防止対策（出火源や着火物となる物品の排除、電気設備、機器の通電停止等）が講じられている場合には免除可能

（平12・3・27消防予74）

memo　貸しビルを前提とした防火対象物については、完成時に個々のテナントが決定していない場合でも仮に設定された用途に伴い消防用設備等の設置が求められていましたが、テナント等が決定していない場合については、当該部分については用途が決定した場合に当該用途に対応した消防用設備等を設置することを前提に、それまでの間は一部の消防用設備等の設置を免除するものです。

◆引火点の高いものの危険物からの除外等に伴う消防用設備等に関する技術上の基準に係る消防法令の運用について
　引火点の高いものの危険物からの除外等に伴う消防用設備等に関する技術上の基準に係る消防法施行令等の改正については、既に「危険物の規制に関する政令の一部を改正する政令等の施行について」（平成13年10月11日付け消防危第112号）により通知しているところですが、今般、これらの改正に係る運用上の留意事項について、下記のとおりとりまとめました。
　貴職におかれましては、その運用に十分配慮されるとともに、貴都道府県内市町村に対してもこの旨周知されるようお願いします。

記

1　引火点250度以上のものが危険物の品名から除外されたことに伴い、危険物施設でなくなる既存の防火対象物又はその部分について（「危険物の規制に関する政令の一部を改正する政令」（平成13年政令第300号。以下「改正政令」という。）附則第10条第1項関係）
　ア　平成14年5月31日において、消防法の一部を改正する法律（平成13年法律第98号。以下「平成

13年改正法」という。）による改正前の消防法（昭和23年法律第186号。以下「法」という。）により許可を受けている製造所、貯蔵所又は取扱所で、平成13年改正法による改正後の法第11条第1項の規定による許可を受けることを要しないこととなるものについては、防火対象物として、新たに法第17条の規定に基づく消防用設備等の設置が義務づけられることとなる。この場合において、危険物施設でなくなる防火対象物又はその部分に係る法第17条の規定に基づく規制の運用については、当該防火対象物又はその部分が平成14年6月1日において新たに設けられたものとして取り扱うものであり、従って、当該防火対象物が非特定防火対象物であっても、法第17条の規定に基づく消防用設備等の設置が義務づけられるものであること。

なお、経過措置については、次表のとおりである。

技術上の基準		適用されない期間
令第10条 令第22条 令第24条 令第25条 令第26条	消火器、簡易消火用具 漏電火災警報器 非常警報器具、非常警報設備 避難器具 誘導灯、誘導標識	平成15年5月31日までの期間
令第11条 令第12条 令第13条 令第19条 令第20条 令第21条 令第21条の2 令第23条 令第27条 令第28条 令第28条の2 令第29条 令第29条の2 令第29条の3	屋内消火栓設備 スプリンクラー設備 水噴霧消火設備等 屋外消火栓設備 動力消防ポンプ設備 自動火災報知設備 ガス漏れ火災警報設備 消防機関へ通報する火災報知設備 消防用水 排煙設備 連結散水設備 連結送水管 非常コンセント設備 無線通信補助設備	平成16年5月31日までの期間

（令：消防法施行令）

イ　平成14年6月1日において危険物施設でなくなる防火対象物又はその部分については、経過措置の期間中に消防用設備等を設置することとなるが、消防用設備等を設置するまでの間においては、これらが従来危険物施設として取り扱われてきた経緯等を踏まえ、改正前の危険物の規制に関する政令（昭和34年政令第306号。以下「危険物政令」という。）等に基づく危険物施設としての位置、構造及び設備に係る技術上の基準に適合し、かつ、当該技術上の基準に従った維持管理がなされるなど、適切な措置が行われるよう指導されることをお願いする。

また、当該適用されない期間が経過した時点以降においても、引き続き、改正前の危険物政令等に基づく危険物施設としての位置、構造及び設備に係る技術上の基準に適合し、かつ、当

該技術上の基準に従って適正に維持管理される場合においては、消防用設備等の設置に関し消防法施行令（以下「令」という。）第32条を適用するなど、実情に応じて適切な対処をお願いする。
2　ヒドロキシルアミン等が危険物の品名に追加されたことに伴い、新たに少量危険物を貯蔵し、又は取り扱うこととなる既存の防火対象物又はその部分について（改正政令附則第10条第2項関係）
　ア　新たに少量危険物（危険物のうち改正前の危険物政令第1条の11に規定する指定数量の5分の1以上で指定数量未満のものをいう。）を貯蔵し、又は取り扱うこととなる防火対象物又はその部分における消火器及び簡易消火用具に係る技術上の基準については、平成14年11月30日までの間は、改正前の規定が適用されるものであること。
　イ　新たに少量危険物を貯蔵し、又は取り扱うこととなる防火対象物又はその部分にあっては、令別表第2においてその消火に適応するものとされる消火器具を少量危険物の品名ごとに能力単位が1以上となるように設けることが必要であること。

（平13・11・19消防予402）

memo　消防法令の改正により、従来危険物として規制されていた主として高引火点（250℃以上）のものが指定可燃物とされ、これらを貯蔵又は取り扱う防火対象物又はその部分については、原則として消防法施行令等により消防用設備等の設置が必要となりますが、特例として従来の危険物に係る位置、構造及び設備に係る技術上の基準に適合していれば、従前の例によることができるとされています。

令別表1(4)項　百貨店・店舗・物販店等

◆消防用設備等の設置に対する消防法施行令第32条の適用範囲等について

問　このことについて、八幡浜市から下記のとおり照会がありましたので御教示願います。

記

1　自動火災報知設備
　本建築物は魚介類の売買取引きを行う卸売市場で建物の周囲は開放（一部は壁体あり）された上家形式で、取引されるものは魚介類が主で容易に出火するものでなく、建築物の構造も鉄骨造で天井材に12mm厚のベニヤ合板を使用している部分のみが可燃材で、その他は不燃性の材料を使用、電気設備も天井からつり下げる螢光燈があるだけで、著しく火災発生のおそれがない場所として自火報の感知器を免除してもよいか、また、2階駐車場部分は外部気流の流通する場所（消防法施行規則第23条第4項第1号ロ）と認め感知器を設置しないことができるか。
2　屋内消火栓設備及び屋外消火栓設備
　1階詰所附近及び2階事務所にのみ屋内消火栓設備を設置し、その他の部分は火災の発生が著しく少ない場所と認めて屋内消火栓及び屋外消火栓の設置を免除してよいか。
3　水噴霧消火設備等の設置について
　消防法施行令第13条により2階部分の駐車場は水噴霧消火設備等を設置しなければならないか。
　設置するとすればどの設備が適当であるか。
　なお、駐車するすべての車両が同時に屋外に出ることができる構造の階について、具体的に

（図解）御教示ください。

答 1　設問の防火対象物のように外壁が開放されている場合、開放された側の天井（天井のない場合にあつては、屋根）の先端から5m以内の部分を除き、自動火災報知設備の設置を免除することは適当でない。

2　設問の場合、消防法施行令（以下「令」という。）第32条の規定を適用し、屋内消火栓設備及び屋外消火栓設備の設置を省略してさしつかえない。

3　前段お見込みのとおり。設置する消防用設備は添付された資料から判断して令第13条第1項に掲げる消防用設備等のうち、水噴霧消火設備以外の消火設備で移動式のものとされたい。

　なお「駐車するすべての車両が同時に屋外に出ることができる構造」とは、自動車が横に1列に並んで収容されている車庫のように、それぞれの車が同時に屋外に出ることができるものをいうが2列に並んで収容されるものも同時に屋外に出ることができるものと解してさしつかえない。設問の駐車場の場合、前面の通路は屋外に該当しない。

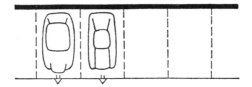

（昭51・8・18消防予54）

memo　魚介類の売買取引きを行う卸売市場で建物の構造や周囲の状況を考慮し、消防用設備等の設置の免除がされたものです。

◆既存の卸売専業店舗に対する消防用設備等の技術上の基準の特例について
　　本文：第1章　3（80頁）参照

（昭51・9・27消防予73）

◆既存の物品販売店舗等に対する消防用設備等の技術上の基準の特例について
　　本文：第1章　3（81頁）参照

（平2・8・1消防予106）

memo　消防法令の改正に伴う遡及の対象となった物品販売店舗等に対するスプリンクラー設備の設置に関するものであり、既存防火対象物に対する緩和措置として示されたものです。

令別表1(5)項　旅館・ホテル等

◆令8区画及び共住区画の構造並びに当該区画を貫通する配管等の取扱いについて
　消防法施行令第8条に規定する開口部のない耐火構造の床又は壁の区画（以下「令8区画」という。）及び共同住宅等の住戸等間の開口部のない耐火構造の床又は壁の区画（以下「共住区画」という。）を貫通する配管及び当該貫通部（以下「配管等」という。）の取り扱いについては、従来から行政実例等により運用願っているところである。

　今般、令8区画及び共住区画の構造要件を明確にするとともに、これらの区画を貫通する配管等の取り扱いについて、下記のとおり基本的な考え方を整理することとしたので通知する。

第5章　防火対象物に係る特例

ついては、貴管下市町村に対してもこの旨示達され、その運用に遺漏のないようよろしくご指導願いたい。

記

1 令8区画について
　(1) 令8区画の構造について
　　　令8区画については、「開口部のない耐火構造の床又は壁による区画」とされていることから、次に示す構造を有することが必要であること。
　　ア　鉄筋コンクリート造、鉄骨鉄筋コンクリート造又はこれらと同等に堅牢かつ容易に変更できない耐火構造であること。
　　イ　建築基準法施行令第107条第1号の通常の火災時の加熱に2時間以上耐える性能を有すること。
　　ウ　令8区画の耐火構造の床又は壁の両端又は上端は、当該防火対象物の外壁面又は屋根面から50cm以上突き出していること。
　　　ただし、令8区画を設けた部分の外壁又は屋根が、当該令8区画を含む幅3.6m以上にわたる耐火構造であり、当該耐火構造の部分が次のいずれかを満たす場合には、この限りでない。
　　　① 開口部が設けられていないこと。
　　　② 開口部を設ける場合には、甲種防火戸又は乙種防火戸が設けられており、かつ、当該開口部相互が令8区画を介して90cm以上離れていること。
　(2) 令8区画を貫通する配管及び貫通部について
　　　令8区画を配管が貫通することは、原則として認められないものである。しかしながら、必要不可欠な配管であって、当該区画を貫通する配管及び当該貫通部について、開口部のない耐火構造の床又は壁による区画と同等とみなすことができる場合にあっては、当該区画の貫通が認められるものである。この場合において、令8区画を貫通する配管及び当該貫通部について確認すべき事項は、次のとおりである。
　　ア　配管の用途は、原則として、給排水管であること。
　　イ　1の配管は、呼び径200mm以下のものであること。
　　ウ　配管を貫通させるために令8区画に設ける穴が直径300mm以下となる工法であること。
　　　なお、当該貫通部の形状が矩形となるものにあっては、直径が300mmの円に相当する面積以下であること。
　　エ　配管を貫通させるために令8区画に設ける穴相互の離隔距離は、当該貫通するために設ける穴の直径の大なる方の距離（当該直径が200mm以下の場合にあっては、200mm）以上であること。
　　オ　配管及び貫通部は、一体で、建築基準法施行令第107条第1号の通常の火災時の加熱に2時間以上耐える性能を有するものであること。
　　カ　貫通部は、モルタル等の不燃材料で完全に埋め戻す等、十分な気密性を有するように施工すること。
　　キ　熱伝導により、配管の表面に可燃物が接触した場合に発火するおそれのある場合には、当該可燃物が配管の表面に接触しないような措置を講ずること。

2 〔廃止〕

3　その他
　(1)　この通知による取扱いは、平成7年7月1日より実施するものとする。
　　　なお、実施日において、現に存する防火対象物又は現に新築、増築、改築、移転、修繕若しくは模様替えの工事中の防火対象物における令8区画及び共住区画の構造並びに当該区画を貫通する配管等については、従前の例によることとして差し支えないものであること。
　(2)～(4)　〔省略〕
別添　〔省略〕

(平7・3・31消防予53)

memo　令8区画は、開口部のない耐火構造の壁又は床で区画されている必要がありますが、一定の防火措置をした場合にあっては開口部と見なさないものとして取り扱うことができる要件を示したものです。また、13条区画についても同様に、開口部のない区画として見なすことができる要件として示されています。

◆令8区画及び共住区画の構造並びに当該区画を貫通する配管等の取扱いに係る執務資料について【令8区画及び共住区画を貫通する配管等に関する運用について】
　標記については、「令8区画及び共住区画の構造並びに当該区画を貫通する配管等の取扱いについて（通知）」（平成7年3月31日付け消防予第53号　各都道府県消防主管部長あて消防庁予防課長通知。以下「53号通知」という。）により、運用をお願いしているところであるが、これに係る質疑回答を別添のとおり示すので執務の参考にされたい。
　ついては、貴管下市町村に対してもこの旨示達され、その運用に遺漏のないようよろしくご指導願いたい。
別添
第1　区画の構造
1　令8区画
問1　53号通知1(1)ウのただし書きで、令8区画を設けた部分の外壁又は屋根については、3.6m以上の幅の耐火構造とすることが必要とされているが、令8区画に対してどの部分を耐火構造とするのか。
　答　外壁又は屋根は、令8区画を介して両側にそれぞれ1.8m以上耐火構造となっていることが適当である。
問2　53号通知1(1)ウのただし書きの、3.6m以上の幅の耐火構造の外壁又は屋根に求められる耐火性能は、どの程度か。
　答　建築基準法において、当該外壁又は屋根に要求される耐火性能時間以上の耐火性能を有すれば足りるものである。
問3　53号通知1(1)ウのただし書きで、耐火構造の床又は壁の両端又は上端が、防火対象物の外壁面又は屋根面から50cm以上突き出していない場合、外壁又は屋根に面積の小さい通気口、換気口を、令8区画を介して接する相互の距離が90cm未満となる位置に設けてよいか。
　答　面積の大小にかかわらず、当該範囲内に開口部を設けることはできない。
2　共住区画
問1　53号通知2(1)ウで、外壁面から50cm以上突き出した耐火構造のベランダ、ひさし等を設ける場

合、当該ベランダ、ひさし等の幅は当該区画を介して隣接する下側の開口部の幅と同じでよいか。

答　下側の開口部の両端より、それぞれ50cm以上の幅となっていることが必要である。

問2　53号通知2(1)ウで、外壁面から50cm以上突き出した耐火構造のベランダ、ひさし等を設ける場合、どの程度の耐火性能を有することが必要か。

答　建築基準法上に規定されている1時間以上の耐火性能を有する床と同等以上の性能を有する必要がある。

問3　53号通知2(1)ウのベランダ、ひさし等に、雨水管等を貫通させる場合、当該雨水管等の位置及び材質の制限はあるか。

答　開口部及び当該開放部の両端より幅50cm以内の部分の前面50cm以内の部分を貫通させる場合には、不燃材料とすることが必要である。

問4　53号通知2(1)ウで、外壁面から50cm以上突き出した耐火構造のベランダ、ひさし等を設けない場合、共住区画を介して上下の位置にある開口部には、甲種防火戸又は乙種防火戸を設けることとされているが、上下の開口部の端部がどの程度の水平距離を有すれば、その必要はないか。

答　水平距離で90cm以上離れている場合には、開口部に甲種防火戸又は乙種防火戸を設けなくてさしつかえない。

問5　53号通知2(1)ウで、外壁面から50cm以上突き出した耐火構造のベランダ、ひさし等を設けない場合、共住区画を介して隣接する開口部との距離が90cm未満となる部分に、開口面積の小さい通気口、換気口等の開口部を設けることができるか。

答　通気口、換気口等を設ける部分の前面が外気に開放されており、かつ、当該通気口、換気口等の直径が150mm以下の防火ダンパー（ＦＤ）付きのもの又は開口面積が100cm²以下のものについては、設けることができる。

問6　53号通知2(1)ウで、外壁面から50cm以上突き出した耐火構造のベランダ、ひさし等を設けない場合、共住区画を介して上下の位置にあり、かつ、90cm以上離れて設けられる通気口、換気口等には、甲種防火戸又は乙種防火戸を設ける必要があるか。

答　直径150mm以下の通気口、換気口等にあっては、甲種防火戸又は乙種防火戸を設けないことができる。

第2　区画を貫通する配管等

1　令8区画

問1　鋼管を給排水管として、令8区画を貫通させる場合であっても、配管の外径は200mm以下であること等、53号通知1(2)に適合していることを確認する必要があるか。

答　お見込みのとおり。

問2　排水管に付属する通気管については、令8区画を貫通させることができるか。

答　お見込みのとおり。

問3　電気配線及びガス配管が、令8区画を貫通することは、認められるか。

答　認められない。

問4　令8区画を貫通する穴の直径が300mm以下である場合、1つの穴に複数の配管を貫通させることができるか。

答　令8区画を貫通する当該複数の配管について、53号通知1(2)に適合していることが確認されている場合に限り、お見込みのとおり。

2　共住区画
問　給排水管、空調用冷温水管、ガス管以外の配管のうち、冷媒管、電気配線が共住区画を貫通することは認められるか。
　答　53号通知2(2)に適合していることが確認されている場合に限り、お見込みのとおり。
第3　その他
問1　平成7年5月17日付け消防予第94号において、耐火二層管は、衛生機器等との接続部分まで一体的に施工することとされているが、接続部分に不燃性でないゴム管等を用いてよいか。
　答　区画貫通部及びその両側1m以上の部分が耐火二層管で施工されている場合にあっては、必要最小限の部分に限りお見込みのとおり。
問2　平成7年5月17日付け消防予第94号において、耐火二層管が区画を貫通する場合、貫通部から1m以内の部分で衛生機器等と接続してよいか。
　答　当該衛生機器等（接続部を含む。）が不燃材料で造られている場合にあっては、さしつかえない。
問3　〔省略〕

(平7・7・28消防予166)

◆令8区画及び共住区画を貫通する配管等に関する運用について
　消防法施行令（昭和36年政令第37号）第8条に規定する開口部のない耐火構造の床又は壁の区画（以下「令8区画」という。）及び特定共同住宅等の位置、構造及び設備を定める件（平成17年消防庁告示第2号。以下「位置・構造告示」という。）に規定する特定共同住宅等の住戸等の床又は壁の区画（以下「共住区画」という。）を貫通する配管及び当該貫通部（以下「配管等」という。）について、下記のとおり運用を取りまとめましたので通知します。
　つきましては、貴管下市町村に対してもこの旨示達され、その運用に遺漏のないようよろしく御指導をお願いします。

記

1　令8区画及び共住区画を貫通する鋼管等の取扱いについて
　　令8区画及び共住区画を貫通する鋼管等のうち、別添により設置されているものにあっては、「令8区画及び共住区画の構造並びに当該区画を貫通する配管等の取扱いについて」（平成7年3月31日付け消防予第53号。以下「53号通知」という。）及び位置・構造告示に適合するものとして取り扱って差し支えないものであること。
2　共住区画を貫通する燃料供給配管の取扱いについて
　　共住区画を貫通する燃料供給配管のうち、次により設置されているものにあっては、位置・構造告示第3の第3号(4)に適合するものとして取り扱って差し支えないものであること。
　(1)　配管の用途は共同住宅の各住戸に設けられている燃焼機器に、灯油又は重油を供給するものであること。
　(2)　配管は日本工業規格（以下「JIS」という。）H3300（銅及び銅合金の継目無管）を含むものであること。
　(3)　当該配管を含む燃料供給施設は、「共同住宅等の燃料供給施設に関する運用上の指針について」（平成15年8月6日付け消防危第81号）に適合するものであること。
3　〔省略〕

別添
令8区画及び共住区画を貫通する鋼管等の取扱いについて

1 鋼管等を使用する範囲

　令8区画及び共住区画を貫通する配管等にあっては、貫通部及びその両側1m以上の範囲は鋼管等とすること。ただし、次に定める(1)及び(2)に適合する場合は、貫通部から1m以内となる部分の排水管に衛生機器を接続して差し支えないこと。

(1) 衛生機器の材質は、不燃材料であること。

(2) 排水管と衛生機器の接続部に、塩化ビニル製の排水ソケット、ゴムパッキン等が用いられている場合には、これらは不燃材料の衛生機器と床材で覆われていること。

2 鋼管等の種類

　令8区画及び共住区画を貫通する鋼管等は、次に掲げるものとすること。

(1) ＪＩＳG3442（水配管用亜鉛めっき鋼管）

(2) ＪＩＳG3448（一般配管用ステンレス鋼管）

(3) ＪＩＳG3452（配管用炭素鋼管）

(4) ＪＩＳG3454（圧力配管用炭素鋼鋼管）

(5) ＪＩＳG3459（配管用ステンレス鋼管）

(6) ＪＩＳG5525（排水用鋳鉄管）

(7) 日本水道協会規格（以下「ＪＷＷＡ」という。）K116（水道用硬質塩化ビニルライニング鋼管）

(8) ＪＷＷＡK132（水道用ポリエチレン粉体ライニング鋼管）

(9) ＪＷＷＡK140（水道用耐熱性硬質塩化ビニルライニング鋼管）

(10) 日本水道鋼管協会規格（以下「ＷＳＰ」という。）011（フランジ付硬質塩化ビニルライニング鋼管）

(11) ＷＳＰ032（排水用ノンタールエポキシ塗装鋼管）

(12) ＷＳＰ039（フランジ付ポリエチレン粉体ライニング鋼管）

(13) ＷＳＰ042（排水用硬質塩化ビニルライニング鋼管）

(14) ＷＳＰ054（フランジ付耐熱性樹脂ライニング鋼管）

3 貫通部の処理

(1) セメントモルタルによる方法

　ア 日本建築学会建築工事標準仕様書（ＪＡＳＳ）15「左官工事」によるセメントと砂を容積で1対3の割合で十分から練りし、これに最小限の水を加え、十分混練りすること。

　イ 貫通部の裏側の面から板等を用いて仮押さえし、セメントモルタルを他方の面と面一になるまで十分密に充填すること。

　ウ セメントモルタル硬化後は、仮押さえに用いた板等を取り除くこと。

(2) ロックウールによる方法

　ア ＪＩＳA9504（人造鉱物繊維保温材）に規定するロックウール保温材（充填密度150kg／㎥以上のものに限る。）又はロックウール繊維（充填密度150kg／㎥以上のものに限る。）を利用した乾式吹き付けロックウール又は湿式吹き付けロックウールで隙間を充填すること。

　イ ロックウール充填後、25㎜以上のケイ酸カルシウム板又は0.5㎜以上の鋼板を床又は壁と50㎜以上重なるように貫通部に蓋をし、アンカーボルト、コンクリート釘等で固定すること。

4 可燃物への着火防止措置
　　配管等の表面から150mmの範囲に可燃物が存する場合には、(1)又は(2)の措置を講ずること。
 (1) 可燃物への接触防止措置
　　アに掲げる被覆材をイに定める方法により被覆すること。
　ア　被覆材
　　　　ロックウール保温材（充填密度150kg／㎡以上のものに限る。）又はこれと同等以上の耐熱性を有する材料で造った厚さ25mm以上の保温筒、保温帯等とすること。
　イ　被覆方法
　　（ア）　床を貫通する場合

鋼管等の呼び径	被　覆　の　方　法
100以下	貫通部の床の上面から上方60cmの範囲に一重に被覆する。
100を超え200以下	貫通部の床の上面から上方60cmの範囲に一重に被覆し、さらに、床の上面から上方30cmの範囲には、もう一重被覆する。

　　（イ）　壁を貫通する場合

鋼管等の呼び径	被　覆　の　方　法
100以下	貫通部の壁の両面から左右30cmの範囲に一重に被覆する。
100を超え200以下	貫通部の壁の両面から左右60cmの範囲に一重に被覆し、さらに、壁の両面から左右30cmの範囲には、もう一重被覆する。

 (2) 給排水管の着火防止措置
　　次のア又はイに該当すること。
　ア　当該給排水管の内部が、常に充水されているものであること。
　イ　可燃物が直接接触しないこと。また、配管等の表面から150mmの範囲内に存在する可燃物にあっては、構造上必要最小限のものであり、給排水管からの熱伝導により容易に着火しないもの（木軸、合板等）であること。
5　配管等の保温
　　配管等を保温する場合にあっては、次の(1)又は(2)によること。
 (1)　保温材として4(1)アに掲げる材料を用いること。
 (2)　給排水管にあっては、ＪＩＳＡ9504（人造鉱物繊維保温材）に規定するグラスウール保温材又はこれと同等以上の耐熱性及び不燃性を有する保温材を用いてもさしつかえないこと。この場合において、3及び4の規定について、特に留意されたいこと。
6　配管等の接続
　　配管等を1の範囲において接続する場合には、次に定めるところによること。

(1) 配管等は、令8区画及び共住区画を貫通している部分において接続しないこと。
(2) 配管等の接続は、次に掲げる方法又はこれと同等以上の性能を有する方法により接続すること。なお、イに掲げる方法は、立管又は横枝管の接続に限り、用いることができること。
 ア メカニカル接続
  ① ゴム輪（ロックパッキン、クッションパッキン等を含む。以下同じ。）を挿入管の差し口にはめ込むこと。
  ② 挿入管の差し口端分を受け口の最奥部に突き当たるまで挿入すること。
  ③ 予め差し口にはめ込んだゴム輪を受け口と差し口との間にねじれがないように挿入すること。
  ④ 押し輪又はフランジで押さえること。
  ⑤ ボルト及びナットで周囲を均等に締め付け、ゴム輪を挿入管に密着させること。
 イ 差込み式ゴムリング接続
  ① 受け口管の受け口の内面にシール剤を塗布すること。
  ② ゴムリングを所定の位置に差し込むこと。
   ここで用いるゴムリングは、ＥＰＤＭ（エチレンプロピレンゴム）又はこれと同等の硬さ、引っ張り強さ、耐熱性、耐老化性及び圧縮永久歪みを有するゴムで造られたものとすること。
  ③ ゴムリングの内面にシール剤を塗布すること。
  ④ 挿入管の差し口にシール剤を塗布すること。
  ⑤ 受け口の最奥部に突き当たるまで差し込むこと。
 ウ 袋ナット接続
  ① 袋ナットを挿入管差し口にはめ込むこと。
  ② ゴム輪を挿入管の差し口にはめ込むこと。
  ③ 挿入管の差し口端部を受け口の最奥部に突き当たるまで挿入すること。
  ④ 袋ナットを受け口にねじ込むこと。
 エ ねじ込み式接続
  ① 挿入管の差し口端外面に管用テーパおネジを切ること。
  ② 接合剤をネジ部に塗布すること。
  ③ 継手を挿入管にねじ込むこと。
 オ フランジ接続
  ① 配管の芯出しを行い、ガスケットを挿入すること。
  ② 仮締めを行い、ガスケットが中央の位置に納まっていることを確認すること。
  ③ 上下、次に左右の順で、対称位置のボルトを数回に分けて少しずつ締めつけ、ガスケットに均一な圧力がかかるように締めつけること。
(3) 耐火2層管と耐火2層管以外の管との接続部には、耐火2層管の施工方法により必要とされる目地工法を行うこと。

7 支持
 鋼管等の接続部の近傍を支持するほか、必要に応じて支持すること。

（参考）

施工方法の例（鋼管等の表面の近くに可燃物がある場合）

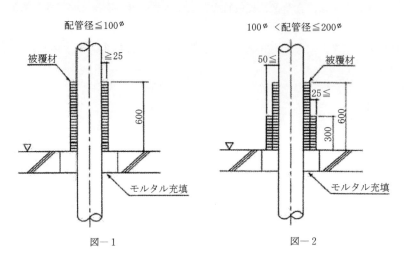

図－1　　　　　図－2

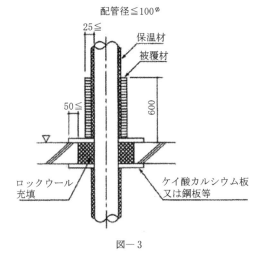

図－3

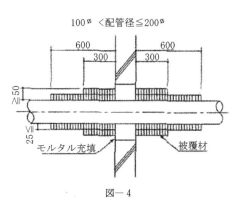

図－4

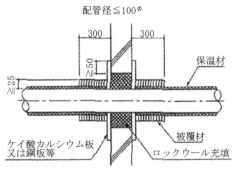

図－5

（平19・10・5消防予344）

memo 令8区画及び共住区画を開口部がないものとして取り扱うことのできる貫通配管についての一般的な要件を示したものです。

◆共同住宅の一部をグループホーム等として用いる場合の取扱いについて

認知症高齢者グループホーム等の小規模な社会福祉施設の防火安全対策に係る消防法施行令の一部を改正する政令等の運用については、消防法施行令の一部を改正する政令等の運用について（平成21年3月31日付け消防予第131号）により通知したところです。

今般、「小規模施設に対応した防火対策に関する検討会」において、中間報告がまとめられました。今後、当該報告を受け、共同住宅の一部をグループホーム等として用いる防火対象物を対象として、法的措置を講じる予定です。

また、中間報告の概要を別添のとおり送付いたしますので、当面における運用上の参考として下さい。

各都道府県消防防災主管部におかれては、貴都道府県内の市町村（消防の事務を処理する一部事務組合等を含む。）に対してもこの旨周知されるようお願いします。

別添

　　　　　　　　　小規模施設に対応した防火対策に関する検討会報告書（抄）
　　　　　　　　（平成20年度　小規模施設に対応した防火対策に関する検討会）

3．2　小規模施設の防火対策に関する主な課題と対応の考え方
3．2．2　小規模福祉施設等
（3）　施設形態に応じた防火安全対策の確保
　①　グループホーム等
　　ア　（略）
　　イ　共同住宅の一部をグループホーム等として用いる場合の取扱い

　　　共同住宅の一部を認知症高齢者グループホーム、有料老人ホーム、障害者ケアホーム・グループホーム等として用いる場合、消防法令上の用途区分が共同住宅（(5)項ロ）から特定複合用途防火対象物（(16)項イ）に変更となるケースがあり（資料「参考7」）、更に付随して自動火災報知設備やスプリンクラー設備の設置を新たに要するケースがある（資料「参考8」）。これら消防用設備等の設置は、他の一般住戸にも及ぶものであり、グループホーム等の円滑な普及に資する観点から、防火安全を確保しつつ、消防法令上の合理的な取扱いが求められている。

　　　現在想定される形態は、認知症高齢者や障害者の共同生活の場として、グループホーム等が住戸単位で組み込まれ、家具・調度等の可燃物、調理器具・暖房器具等の火気使用、入所者数等も他の一般住戸とほぼ同様の状況のものである。したがって、グループホーム等と共同住宅は生活の場としての性格は同様であり、用途の複合化によって雑居ビルのような危険性が生じるおそれは比較的低く、グループホーム等における入所者の避難安全が確保されれば、他の一般住戸についてはグループホーム等が入ることにより危険性が高まることがないと考えられるため、特段の変更を要しないものと考えられる。

　　　これらのことを踏まえ、消防用設備等の設置について、次のような取扱いとすることが適当と考えられる。

(ア) 自動火災報知設備

共同住宅の一部をグループホーム等として用いる特定複合用途防火対象物（(16)項イ）にあっては、自動火災報知設備が必要となる延べ面積300㎡以上のもの（令第21条第1項第3号）について、延べ面積500㎡未満のものであり、かつ、下記a～cに適合する場合には、グループホーム等以外の部分における感知器の設置を要しないこととする。

a グループホーム等とそれ以外の部分（他の住戸、共用部分）は、防火上有効に区画されていること。

b グループホーム等の出口（玄関）は、安全な避難経路（開放性を有する廊下・階段等）に直接通じていること。

c 従業者や世話人の居所が別区画に設けられている場合には、グループホーム等の自動火災報知設備と連動して当該場所にも警報が発せられること。

(イ) スプリンクラー設備

共同住宅の一部をグループホーム等として用いる特定複合用途防火対象物（(16)項イ）にあっては、スプリンクラー設備が必要となる地階を除く階数が11以上のもの（令第12条第1項第3号）について、下記a～dに適合する場合には、10階以下の階におけるスプリンクラー設備の設置を要しないこととする。

a 小規模社会福祉施設として用いられている部分の床面積が1区画当たり100㎡以下であること。

また、壁及び天井の室内に面する部分の仕上げが不燃材料、準不燃材料又は難燃材料でされているものであること。

b 小規模社会福祉施設として用いられている部分が3階以上の階に存する場合には、当該部分を区画する壁及び床が耐火構造となっており、その開口部（屋外に面する窓等を除く。）に常時閉鎖式又は自動閉鎖式の防火設備が設けられているものであること。

c 要保護者＊の数が1区画当たり4人以下であるものであること。

また、すべての要保護者が、自動火災報知設備の鳴動や周囲からの呼びかけにより火災を覚知することができ、介助者の誘導に従って自立的に歩行避難できるものであること。

＊ ここでの「要保護者」とは、老人（要介護3以上の者に限る。）、乳児、幼児、身体障害者等（障害程度区分4以上の者に限る。）、知的障害者等（障害程度区分4以上の者に限る。）をいう。

d 改正後の令別表第1(6)項ロにあっては、当該施設において従業者等が確保されているものであること。

(ウ) 誘導灯

共同住宅の一部をグループホーム等として用いる特定複合用途防火対象物（(16)項イ）にあっては、前記(ア) a～bに適合する場合には、ケアホーム等以外の部分における誘導灯の設置は共同住宅の例による。

(エ) 特定共同住宅等における消防用設備等

特定共同住宅等（火災の発生又は延焼のおそれが少ないものとして告示基準（平成17年消防庁告示第2号）に適合する共同住宅）の一部をグループホーム等として用いる特定複合用途防火対象物にあっては、グループホーム等以外の部分における消防用設備等は「特定共同住宅等における必要とされる防火安全性能を有する消防の用に供する設備等に関する省令」（平成17年総務省令第40号）の例によることとする。
　ウ　（略）

（平21・3・31消防庁予防課事務連絡）

◆複合型居住施設における必要とされる防火安全性能を有する消防の用に供する設備等に関する省令等の参考資料の送付について

　複合型居住施設における必要とされる防火安全性能を有する消防の用に供する設備等に関する省令等の公布については、「複合型居住施設における必要とされる防火安全性能を有する消防の用に供する設備等に関する省令等の公布について」（平成22年2月5日付け消防予第59号）により通知したところですが、その基本的な考え方や具体例等について、別紙のとおり参考資料を作成しましたので送付します。

　各都道府県消防防災主管課におかれては、貴都道府県内の市町村（消防の事務を処理する一部事務組合等を含む。）に対してもこの旨周知されるようお願いします。

別紙

> 複合型居住施設における必要とされる防火安全性能を有する消防の用に供する設備等に関する省令等について（参考資料）

1　改正理由
(1)　背景
　近年、共同住宅の一部を利用して小規模なグループホーム等の福祉施設を開設する例が増加しているところであるが、既存の共同住宅にこれらの施設が入居した場合、防火対象物全体として消防法施行令（昭和36年政令第37号。以下「令」という。）別表第一(16)項イとして判定され、新たに共同住宅部分についても消防用設備等の設置・改修が必要となるケースがある。このことから、福祉施設の新設時において入居を拒否される、あるいは、既存のものにあっても退去を求められるといった事態が発生している。

(2)　小規模施設に対応した防火対策に関する検討会における検討
　「小規模施設に対応した防火対策に関する検討会報告書（中間報告）」（平成21年2月・小規模施設に対応した防火対策に関する検討会）においても、小規模なグループホーム等の福祉施設は、「家具・調度等の可燃物、調理器具・暖房器具等の火気使用、入所者数等も他の一般住戸とほぼ同様の形状」であり、「グループホーム等における入所者の避難安全性が確保されれば、他の一般住戸については、グループホーム等の入居により危険性が高まることはない」とされ、対応策を講じるのが適当とされた。

<福祉施設の入居による消防用設備等の設置基準の強化>

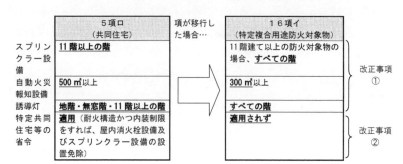

(3) 対象となる防火対象物の考え方

　対象となる防火対象物は、令別表第一(16)項イに掲げる防火対象物のうち、同表(5)項ロ(以下「共同住宅等」という。)並びに(6)項ロ及びハ(有料老人ホーム、福祉ホーム、認知症高齢者グループホーム、障害者グループホーム・ケアホームに限る。以下「居住型福祉施設」という。)に掲げる防火対象物の用途以外の用途に供する部分が存在しないもので、かつ、一定の防火区画を有するものとする。

* 「家具・調度等の可燃物、調理器具・暖房器具等の火気使用、入所者数等も他の一般住戸とほぼ同様の形状」であるものに限るため、令別表第一(6)項ロ及びハに掲げる防火対象物のうち、通所施設及び短期間で入所者が入れ替わる施設等を除いている。
* 現にごく小さい駐車場や物品販売店等が存する共同住宅で、令別表第一(5)項ロと判断している防火対象物の一部に居住型福祉施設が入居するものは、対象に含まれる。

2　改正事項①

　居住型福祉施設の部分について、一定の区画がされている場合には、共同住宅等の部分のスプリンクラー設備、自動火災報知設備の感知器及び誘導灯の設置を免除する。

(1) 免除部分
①スプリンクラー設備については、10階以下の部分(居住型福祉施設の部分を含む。)
②自動火災報知設備については、500㎡未満の防火対象物(特定一階段等防火対象物を除く。)における共同住宅等の部分の感知器
③誘導灯については、地階、無窓階及び11階以上の階以上の部分を除く共同住宅等の部分

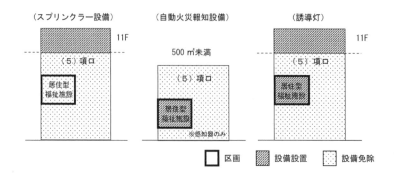

第5章　防火対象物に係る特例

* 自動火災報知設備については、上記による感知器免除のほか、居住型福祉施設の部分が300㎡未満である場合には、特定小規模施設用自動火災報知設備を設置することが可能（この場合において、受信機が設けられていないシステムにあっては、共同住宅等の部分の感知器免除は不可。）

(2) 一定の区画の要件

自動火災報知設備・誘導灯	スプリンクラー設備
① 居室を、準耐火構造（3階以上の場合は、耐火構造）の壁及び床で区画されていること。	① 居室を、準耐火構造（3階以上の場合は、耐火構造）の壁及び床で区画されていること。
② 壁及び天井の室内に面する部分の仕上げが難燃材料（地上に通ずる主たる廊下その他の通路にあっては準不燃材料）でされていること。	② 壁及び天井の室内に面する部分の仕上げが難燃材料（地上に通ずる主たる廊下その他の通路にあっては準不燃材料）でされていること。
③ 区画する壁及び床の開口部は、防火戸（3階以上の場合は、特定防火設備である防火戸。防火シャッターを除く。）で、一定の構造のものを設けていること。	③ 区画する壁及び床の開口部は、防火戸（3階以上の場合は、特定防火設備である防火戸。防火シャッターを除く。）で、一定の構造のものを設けていること。
④ ③の開口部の面積の合計が8平方メートル以下であり、かつ、一の開口部の面積が4平方メートル以下であること。	④ ③の開口部の面積の合計が8平方メートル以下であり、かつ、一の開口部の面積が4平方メートル以下であること。
⑤ 主たる出入口が、直接外気に開放され、かつ、当該部分における火災時に生ずる煙を有効に排出することができる廊下又は階段に面していること（＊）。	⑤ 区画された部分すべての床の面積が百平方メートル以下であること。

* これに該当する廊下又は階段としては、特定共同住宅等の構造類型を定める件（平成17年3月25日付け消防庁告示第3号）第4(4)又は(5)に定めるところによるもの、避難階において出入口が直接地上に通じている通路等が挙げられる。

（区画のイメージ）

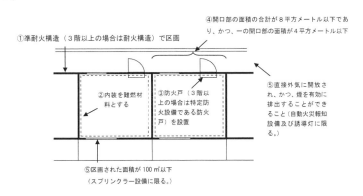

3 改正事項②

　特定共同住宅等の定義を拡大するとともに、居住型福祉施設について、通常用いられる消防用設備等に代えて用いることができる必要とされる防火安全性能を有する消防の用に供する設備等を定める。

(1) 特定共同住宅等の定義

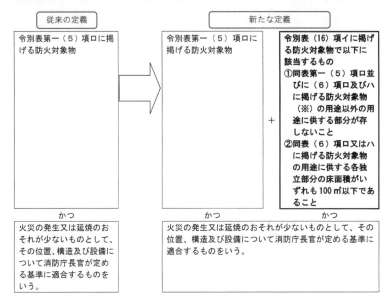

(※) 令別表第一(6)項ロ及びハに掲げる防火対象物にあっては、有料老人ホーム、福祉ホーム、認知症高齢者グループホーム及び障害者グループホーム及びケアホーム（いわゆる「居住型福祉施設」）に限る。

(2) 居住型福祉施設の消防用設備等の設置

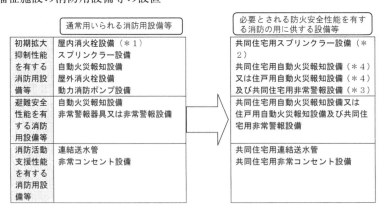

＊1　11階以上の階に限る。
＊2　11階以上の階のみに設置
＊3　二方向避難型特定共同住宅等及び開放型特定共同住宅等にあっては5階以下、二方向避難・開放型特定共同住宅等にあっては10階以下に限る。

＊4　居住型福祉施設に設ける共同住宅用自動火災報知設備及び住戸用自動火災報知設備にあっては、居住型福祉施設で発生した火災を、当該福祉施設の関係者等に、自動的に、かつ、有効に報知できる装置を設けることが必要。当該装置の具体的な例としては、次のようなものが想定される。

　　　①　住棟受信機が設置されている場合にあっては、居住型福祉施設において火災が発生した際、関係者等が存する階の音声警報装置等が鳴動するよう鳴動範囲の設定を行う。
　　　②　居住型福祉施設部分の感知器、住戸用受信機又は住棟受信機の作動と連動して起動する緊急通報装置等の通報先として、関係者等が常時いる場所を登録する。

（平22・2・5消防庁予防課事務連絡）

◆住宅部分が存する防火対象物におけるスプリンクラー設備の技術上の基準の特例の適用について

　　本文：第1章　3（131頁）参照

（平27・9・4消防予349）

◆消防用設備等に係る執務資料の送付について【非常電源を非常電源専用受電設備とすることができる要件】

問6　令別表第1(5)項ロに掲げる防火対象物の一部の住戸を同表(5)項イ並びに(6)項ロ及びハに掲げるいずれかの用途として使用することにより、延べ面積1,000㎡以上の同表(16)項イに掲げる防火対象物となる場合であっても、同表(5)項イ並びに(6)項ロ及びハに掲げる防火対象物の床面積の合計が1,000㎡未満であって、かつ、規則第13条第1項第1号の規定に適合するもの又は10階以下の階において次に掲げる要件を満たすものについては、令第32条の規定を適用し、スプリンクラー設備、連結送水管（令第29条第2項第4号ロの規定により加圧送水装置を設けたものに限る。）及び非常コンセント設備に附置する非常電源を非常電源専用受電設備としてよいか。

1　居室を耐火構造の壁及び床で区画したものであること。
2　壁及び天井（天井のない場合にあっては、屋根）の室内に面する部分（回り縁、窓台その他これらに類する部分を除く。）の仕上げを地上に通ずる主たる廊下その他の通路にあっては準不燃材料で、その他の部分にあっては難燃材料でしたものであること。
3　区画する壁及び床の開口部の面積の合計が8㎡以下であり、かつ、一の開口部の面積が4㎡以下であること。
4　3の開口部には、特定防火設備である防火戸（廊下と階段とを区画する部分以外の部分の開口部にあっては、防火シャッターを除く。）で、随時開くことができる自動閉鎖装置付きのもの若しくは次に定める構造のもの又は防火戸（防火シャッター以外のものであって、2以上の異なった経路により避難することができる部分の出入口以外の開口部で、直接外気に開放されている廊下、階段その他の通路に面し、かつ、その面積の合計が4㎡以内のものに設けるものに限る。）を設けたものであること。
　(1)　随時閉鎖することができ、かつ、煙感知器の作動と連動して閉鎖すること。
　(2)　居室から地上に通ずる主たる廊下、階段その他の通路に設けるものにあっては、直接手

で開くことができ、かつ、自動的に閉鎖する部分を有し、その部分の幅、高さ及び下端の床面からの高さが、それぞれ、75cm以上、1.8m以上及び15cm以下であること。
　5　令別表第1(5)項イ並びに(6)項ロ及びハに掲げる防火対象物の用途に供する各独立部分の床面積がいずれも100㎡以下であること。

答　差し支えない。

(平30・3・15消防予83)

memo　特定防火対象物に設置する消防用設備等の非常電源には、原則として非常電源専用受電設備を用いることはできませんが、一定の要件を満たす場合には、非常電源を非常電源専用受電設備として認めたものです。

◆消防用設備等に係る執務資料の送付について【特定共同住宅等の共同住宅用スプリンクラー設備等の非常電源】

問1　40号省令第2条第1号に規定する特定共同住宅等で、延べ面積が1,000㎡以上の令別表第1(16)項イとなるものであっても、同条第1号の2に規定する住戸利用施設の床面積の合計が1,000㎡未満であるものについては、令第32条の規定を適用し、共同住宅用スプリンクラー設備、連結送水管（共同住宅用連結送水管を含み、加圧送水装置を設けたものに限る。）及び非常コンセント設備（共同住宅用非常コンセント設備を含む。）に附置する非常電源を非常電源専用受電設備としてよいか。

答　差し支えない。

(平30・6・15消防予426)

memo　特定防火対象物の消防用設備等に設置する非常電源は、当該防火対象物の延べ面積が1,000㎡以上のものには非常電源専用受電設備を使用することができないとされています。この特定共同住宅のうち特定防火対象物に該当する住戸利用施設の床面積の合計が1,000㎡未満であるものにあっては、1,000㎡未満の特定防火対象物と同様に非常電源専用受電設備の使用を認めたものです。

令別表1(6)項イ　病院・診療所等

◆精神病院の消防用設備等の設置について

　精神病院においては、火災を早期に発見し、医師、看護婦等による安全かつ迅速な避難誘導を図ることが必要である。しかし、患者による初期消火活動が期待できないこと、患者が消防用設備等を取りはずしたり、破壊すること等通常の維持管理が困難であること等を考慮し、重疾患者を収容する病棟又は病室が存する階における消防用設備等の設置及び維持管理に関し、消防法施行令（以下「令」という。）第32条の運用基準を下記のとおり定めたので、その運用について格段の配慮をされるとともに貴管下市町村に対してもこの旨示達のうえ、よろしくご指導願いたい。

記

　精神障害者等のうち、重病患者を収容する病棟又は病室が存する階（精神障害者等の診療若しくはリハビリテーションを行っている病棟又は病室が存する階を除く。）に係る消防用設備等の技術上の基準については、令第32条の規定を適用し、次によりその特例を認めてさしつかえないもの

あること。

　なお、重病患者とは、非常時において自から避難することが困難な患者で、保護室に収容されたもの、老人性精神病のもの及び身障疾患合併症による歩行困難なもの（盲・聾者又は移動に担架を必要とするもの。）をいうものであること。

1　消火器具に関する事項

　　消火器具は、消防法施行規則（以下「規則」という。）第6条第6項の規定にかかわらず、規則第6条第1項及び第2項の規定により算定した能力単位のものを各階のナースステーション内に集中して設置することができるものであること。

2　屋内消火栓設備に関する事項

　(1)　屋内防火栓は、当該階の各部分までホースを延長した場合においても令第11条第3項第1号に規定する放水圧力及び放水量を維持できるものについては、令第11条第3項第1号の規定にかかわらずナースステーションの出入口附近に設置することができるものであること。

　(2)　屋内消火栓箱の上部に設ける赤色の灯火は、規則第12条第3号ロの規定にかかわらず設けないことができるものであること。

　(3)　スプリンクラー設備が令第12条に定める技術上の基準（令第12条の基準について令第32条の特例基準を含む。）又は当該技術上の基準の例により設置されている場合は、当該設備の有効範囲の部分については屋内消火栓設備を設置しないことができるものであること。

3　スプリンクラー設備に関する事項

　(1)　スプリンクラーヘッドは、規則第14条第1項第1号の規定にかかわらず、開放型のものとすることができるものであること。

　(2)　スプリンクラーヘッドには、規則第14条第1項第1号の2ロの規定にかかわらず、いたずら防止のための防護具（散水能力及び分布を著しく減ずるものを除く。）を設けることができるものであること。

　(3)　制御弁は、規則第14条第1項第3号イの規定にかかわらずナースステーション内（操作及び点検の容易な場所に限る。）に設けることができるものであること。

　(4)　スプリンクラー設備には、規則第14条第1項第4号の規定にかかわらず、自動警報装置を設置しないことができるものであること。

4　自動火災報知設備に関する事項

　(1)　感知器は、いたずら防止のため天井面に火災の感知に支障のないように埋設又は感知器の下方に防護具を設けることができるものであること。

　(2)　地区音響装置は、規則第24条第5号ロの規定にかかわらず、手動操作により鳴動させるものとすることができるものであること。

　(3)　放送設備が令第24条に定める技術上の基準に従い、又は当該技術上の基準の例により設置されている場合は、規則第24条第5号の規定にかかわらず、当該放送設備の有効範囲内について地区音響装置を設置しないことができるものであること。

5　避難器具に関する事項

　　次の(1)から(3)までに該当する場合には、令第25条第1項の規定にかかわらず、避難器具を設置しないことができるものであること。

　(1)　避難に際して2方向避難路が確保されていること。

(2) スプリンクラー設備及び自動火災報知設備が、令第12条及び令第21条に定める技術上の基準（この特例基準を含む。以下同じ。）に従い、又は当該技術上の基準の例により設置されていること。
   (3) 自動火災報知設備にあつては、規則第23条第4項第1号ニ（イ）から（ニ）までに掲げる場所を除き、規則第23条第5項各号に掲げる場所以外の場所にも煙感知器が設置されていること。
6 誘導灯に関する事項
   (1) 通路誘導灯は、規則第28条の3第1項第4号ロの規定にかかわらず天井面からつり下げて取り付けることができるものであること。
   (2) 通路誘導灯は、規則第28条の3第1項第4号ハの規定にかかわらず一の避難口に至る歩行距離が30メートル以下となる部分には設置しないことができるものであること。

(昭50・7・12消防安84)

◆既存の病院、診療所等の病室等に対する消防用設備等の技術上の特例基準の適用について
   本文：第1章　3（84頁）参照

(昭52・1・10消防予5)

◆既存の病院、診療所等の特例基準に対する疑義について
問　昭和52年1月10日付け消防予第5号消防庁予防救急課長通達「既存の病院、診療所等の病室等に対する消防用設備等の技術上の特例基準の適用について」の運用について下記のとおり疑義がありますので御教示ください。

記

1 特例基準に適合する防火対象物又はその部分については、スプリンクラー設備及び屋内消火栓設備を、又はスプリンクラー設備、屋内消火栓設備を「設置しないことができるものである」とあるが次の場合の運用はこれでよろしいですか。
   (1) 特例基準に適合する既存の病院、診療所等については、改正前の令、規則の規定に基づいて当該設備が設置されているものについても令第11条又は令第12条の規定に基づく当該設備の設置義務を免除するものである。
   (2) 特例基準に適合する既存の病院、診療所等で改正前の令、規則の規定に基づいて、当該設備が設置されているものについては、非常電源等の新しい技術基準のみの適用を緩和するものである。
   (3) 特例基準に適合する既存の病院、診療所等のうち、改正後の令第11条又は令第12条の規定により新たに当該設備の設置義務を生じた防火対象物又はその部分について、当該設備の設置を免除するものである。
2 同通達中「建築基準法施行令第120条及び第121条の規定に適合する避難階段等が設けられていること。」とあるが、この運用は次のどれで運用すべきですか。
   (1) 建築基準法施行令第120条及び第121条の規定に適合する直通階段が設けられていればよろしい。
   (2) 建築基準法施行令第120条及び第121条の規定に適合する直通階段であつて、それが、かつ、同法施行令第123条の規定に適合する避難階段でなければならない。

第5章　防火対象物に係る特例

答　1　(1)、(2)、(3)いずれもお見込みのとおりであるが、昭和50年7月10日付け消防安第77号「既存防火対象物に対する消防用設備等の技術上の特例基準の適用について」消防庁安全救急課長通達（以下「特例通達」という。）は、スプリンクラー設備等を現行の技術基準に従って設置することが困難であるものについての措置であり、現に消防用設備等を設置し当該設備の一部分が現行基準に適合しないものについては全体について特例基準を適用するのではなく、適合しない部分について特例通達を適用するよう指導されたい。
　2　(1)お見込みのとおり。

(昭52・7・15消防予138)

◆既存の病院に対する消防用設備等の設置について
　　本文：第1章　3　(86頁)　参照

(昭52・11・16消防予217)

◆精神薄弱者更生施設における消防用設備等の設置にかかる消防法施行令第32条の特例について
問　このことについて、峡西消防本部消防長より別添のとおり照会がありましたのでご教示願います。
　別添
　　このことについて、当消防本部管内にある精神薄弱者更生施設県立育精福祉センターの立入検査を行つたところ、当センター内の消防用設備については適法に設置されているにもかかわらず、精神薄弱者のいたずらによる使用、損壊、撤去等が著しく有効に機能を達しえない状況である。関係者の話しによると、自動火災報知設備の発信機のいたずらによる誤報の連発は日常茶飯事であり、発信機や感知器、誘導灯さえも修理してもすぐに破壊又は撤去されてしまうのが現状であり保守管理が出来ない状態にあります。
　　つきましては、当センター重度棟（別紙図面参照）に対する消防用設備について下記事項について特例を認めてよろしいか至急回答をお願いいたします。
記
1　消火器具に関する事項
　　消火器具は、消防法施行規則（以下「規則」という。）第6条第6項の規定にかかわらず規則第6条第1項及び第2項により算定した能力単位のものを各職員常駐の部屋に集中して設置することができるか。
2　自動火災報知設備に関する事項
　(1)　感知器はいたずら防止のため天井面に火災の感知に支障のないよう埋設又は防護具を設けることができるか。（ただし、いたずらが予想される箇所にかぎる）
　(2)　発信機は、いたずら防止のため消火器同様各棟の職員常駐の部屋に設置することができるか。
　(3)　放送設備が消防法施行令第24条に定める技術上の基準に従い設置されている場合は規則第24条第5号の規定にかかわらず当該放送設備の有効範囲内について、地区音響装置を設置しないことができる。

3 誘導灯に関する事項
　精神薄弱者が職員の手をかりないで有効に屋外へ出られる場所以外の出入口上部の誘導灯は撤去できるか。
資料
　建築物の概要
　　(1) 所在地
　　　　山梨県中巨摩郡白根町有野新田3337
　　(2) 対象物名
　　　　山梨県立育精福祉センター
　　(3) 用途
　　　　精神薄弱者更生施設
　　(4) 収容人員
　　　　精神薄弱者　　児童　133人
　　　　　　　　　　　成人　 89人
　　　　職　　員　　　　　　112人
　　　　　　　合　計　　　　334人
　　(5) 建築物の構造等
　　　　合計13棟（車庫等は含まず）
　　　　主要構造部　耐火造
　　(6) 該当建築物（4棟）
　　　　重度居住棟（2棟）
　　　　中軽度居住棟（1棟）
　　　　ホール（1棟）
　　　　　（別紙参照）
該当建築物（4棟）

用　　途	構造	階	延面積	消　防　用　設　備
重度居住棟	ＲＣ	1/0	949㎡	消火器　自火報　誘導灯
〃	〃	1/0	492㎡	〃　〃　〃
中軽度居住棟	〃	2/0	1,032㎡	〃　〃　〃
ホール	〃	1/0	415㎡	〃　〃　〃

第5章　防火対象物に係る特例　　　　　　　　　　　477

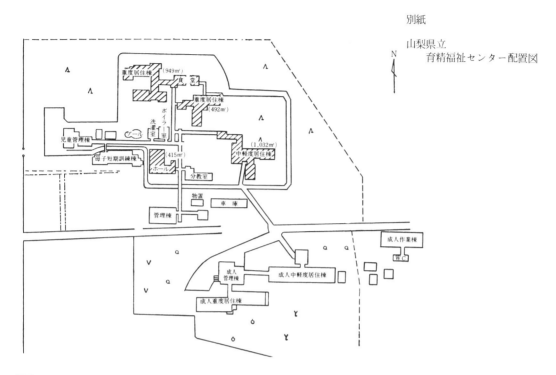

別紙
山梨県立
育精福祉センター配置図

答1　お見込みのとおり。
　2　(1)(2)(3)お見込みのとおり。
　3　撤去することは適当でない。
　　ただし、一の避難口に至る歩行距離が30m以下となる部分については令第32条の規定を適用し、設置を省略して差し支えない。

(昭53・1・26消防予15)

◆鉄格子がとりつけられているバルコニーを有する防火対象物のとりあつかいについて
問　精神病院の用に供する防火対象物で、別添図面のように鉄格子がとりつけられているバルコニーを有する階のとりあつかいについて、次の諸条件を満たす場合には、これを無窓階あつかいとしないこととしてよろしいか、御教示願います。
1　鉄格子内の外部に面した開口部は、消防法施行規則第5条の2第2項に適合していること。
2　バルコニーの幅員は、どの部分においても1m以上であること。
3　鉄格子部分の両端及び鉄格子部分10m以内ごとに高さ1.2m、幅75cm以上の開口部を設けること。
4　上記3の開口部の開放装置は、個々に手動により開放できるものとするほか、自動火災報知設備の作動を確認した場合、遠隔操作により一斉に開放できる装置を備えることとし、この開口部は外部からも容易に進入できる構造とすること。
5　また、上記3の開口部は幅1m以上の通路又は空地に面していること。
　　なお、設問の精神病院は、3階建てであり、設問の階はその2・3階部分である。

478　第5章　防火対象物に係る特例

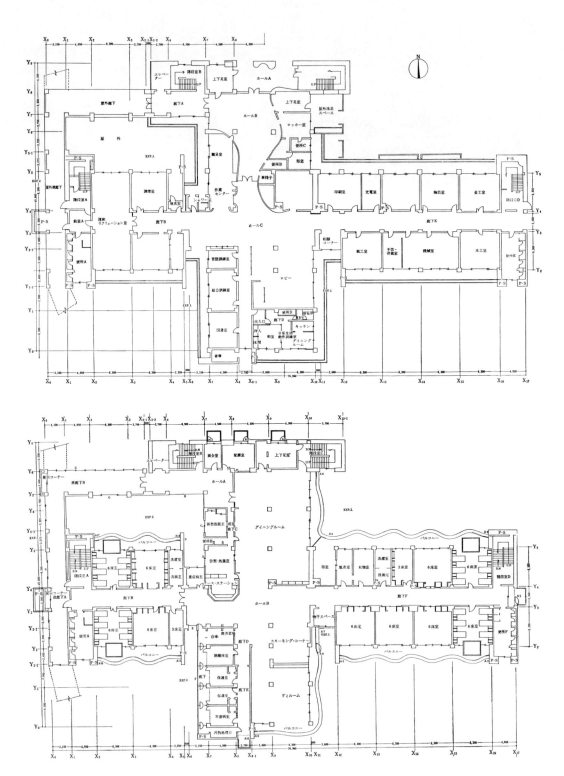

答　設問の場合無窓階に該当する。ただし、添付した資料から判断すれば貴見によるほか鉄格子の両端及び鉄格子10m以内ごとの位置に設ける開口部は、自動火災報知設備の作動と連動して解錠

するとともに、手動（遠隔）操作により解錠でき、外部からは容易に進入できるものである場合、消防法施行令第32条の規定を適用して消防用設備等の設置に関しては無窓階以外の階とした場合の技術上の基準を適用してさしつかえないものと解する。

(昭53・5・23消防予95)

◆既存の病院に対する消防用設備等の技術上の特例基準の適用について
　　本文：第1章　3（89頁）参照

(昭62・10・27消防予188)

令別表1(6)項ロ・ハ　特定社会福祉施設等

◆社会福祉施設等に係る防火安全対策に関する消防法令の運用について
　消防法施行令の一部を改正する政令（昭和62年政令第343号）が昭和62年10月2日に、消防法施行規則の一部を改正する省令（昭和62年省令第30号）が昭和62年10月23日にそれぞれ公布され、社会福祉施設等に係る防火安全対策に関し、所要の改正が行われたことについては、昭和62年10月26日付け消防予第186号により通知したところであるが、今般、これらの改正に関する運用基準を下記のとおり定めたので、貴職におかれては、その適正かつ円滑な運用により防火安全の確保に努められるとともに、貴管下市町村にもこの旨示達され、よろしく御指導願いたい。

記

第1　屋内消火栓設備に関する事項
1　屋内消火栓設備については、従来の屋内消火栓設備の基準によるもの(消防法施行令(以下「令」という。)第11条第3項第1号イからホに掲げる基準によるもの。以下「1号消火栓」という。)と今回の改正により操作の容易なものとして新たに設置及び維持に係る基準を定めたもの（令第11条第3項第2号イからホに掲げる基準によるもの。以下「2号消火栓」という。）の2種類のものが定められ、工場、倉庫及び準危険物、特殊可燃物を貯蔵し又は取り扱う建築物その他の工作物にあつては1号消火栓を、その他の防火対象物にあつては、1号消火栓又は2号消火栓のいずれかを設置すればよいこととされたこと。この場合において、1号消火栓又は2号消火栓のいずれかを設置すればよい防火対象物のうち、特に旅館、ホテル、社会福祉施設、病院等の就寝施設にあつては、今後、設置する場合夜間等においても初期消火対応が有効に図ることのできる2号消火栓を設置するよう指導されたいこと。
2　令第11条第3項第2号に規定する防火対象物に、屋内消火栓設備を設ける場合において、1号消火栓及び2号消火栓を同一防火対象物に設置することができるものであること。
　　　この場合において、1号消火栓及び2号消火栓の水源又は加圧送水装置を共用する場合にあつては、次によること。
(1)　水源の水量は、屋内消火栓を設置する階のうち隣接する二の屋内消火栓の水量の和が最大となる階の量以上の量とすること。この場合において、隣接する二の屋内消火栓の水量の算出に当たつては、1号消火栓にあつては、2.6㎥、2号消火栓にあつては1.2㎥がそれぞれ必要とされているので、たとえば、1号消火栓が相互に隣接する場合にあつては5.2㎥以上、1号消火栓と2号消火栓が相互に隣接する場合にあつては3.8㎥以上となること。
(2)　加圧送水装置は、いずれの階においても、当該階における隣接する二の屋内消火栓を同時

に使用した場合に、それぞれの屋内消火栓が令第11条第3項第1号ハ又は第2号ハに規定する性能を満足するよう設けること。この場合において、ポンプを用いる加圧送水装置のポンプの吐出量は、1号消火栓が相互に隣接する場合にあつては300ℓ/min以上、1号消火栓と2号消火栓が相互に隣接する場合にあつては220ℓ/min以上とすること。

3　2号消火栓は、防火対象物の階ごとに、その階の各部分から1のホース接続口までの水平距離が、15m以下となるように設置することとされているが、ロビー、ホール、ダンスフロア、リハビリ室、体育館、講堂、その他これらに類する部分であつて、可燃物の集積量が少なく、放水障害となるような間仕切、壁等がなく、かつ、ホースを直線的に延長することができるなど、消火活動上支障がないと認められる場合にあつては、その水平距離を令第32条を適用して最長25mまで緩和することとしても差し支えないものであること。

4　2号消火栓を令第11条第3項第2号イの規定により設置する場合において、設置階の一部に未警戒部分が生じる場合にあつては、原則として当該未警戒部分を生じないように屋内消火栓を設置するなどの措置が必要であるが、当該未警戒部分が直近の屋内消火栓からホースを延長して消火活動を行う場合に支障ないと認められる場合にあつては、その水平距離を令第32条を適用し、最長20mまで緩和することとしても差し支えないものであること。

5　今回の改正により新たに加えられた2号消火栓の設置及び維持に係る技術上の基準については、次の項目を除き、1号消火栓の基準に準ずるものであること。
　(1)　ノズルには、容易に開閉できる装置を設けること（消防法施行規則（以下「規則」という。）第12条第2項第1号）。
　(2)　消防用ホースは、延長及び格納の操作が容易にできるよう収納されていること（規則第12条第2項第2号）。
　(3)　加圧送水装置は、直接操作により起動できるものであり、かつ、開閉弁の開放、消防用ホースの延長操作等と連動して、起動することができるものであること（規則第12条第2項第7号）。
　　これらは、1人操作が可能となるように設けられた基準であり、できるだけ操作部分を少なくするとともに、屋内消火栓からホースを延長し、放水するという一連の動作を円滑に行えるように措置したものであること。
　　従つて、2号消火栓は、1人で操作することができ、かつ、消防用ホースを消火栓から延長していく過程の任意の位置において、正常に放水することができなければならないこと。
　　なお、この場合における2号消火栓に係る1人操作性の総合的評価の基準及び方法については、別途示す予定であること。

6　屋内消火栓に使用される消防用ホースについては、消防法第21条の2の規定に基づき、検定を受けなければならないこととされており、また、2号消火栓に使用される消防用ホースについては、放水量の低減化等を図つたことから、その口径が小さくなり、収納方式を従来の1号消火栓と異なつた方式（例えばホースリール方式など）とすることが考えられ消防用ホースの技術上の規格を定める省令（昭和43年自治省令第27号）に適合しないか、あるいは想定していない消防用ホースの出現が見込まれるが、これらについては、同省令第34条の基準の特例を活用し、省令の規定に適合するものと同等以上の性能を有しているものについては、認めることとしていること。

7　2号消火栓の加圧送水装置については、開閉弁の開放、消防用ホースの延長操作等と連動して

起動することとされているが、この場合において起動装置を屋内消火栓箱の内部又はその直近の部分に設ける場合の操作回路については、開閉弁の開放、消防用ホースの延長操作等による起動装置を自動火災報知設備の発信機と接続し、ポンプを起動させる方式とすることができるものであること。
　この場合における操作回路（発信機から受信機までの配線）にあつては、規則第12条第1項第5号の規定によるものであること。
　ただし、自動火災報知設備の受信機の作動と連動しても起動できるように措置されており、かつ、自動火災報知設備との連動機能が停止することのないよう、当該操作回路を独立させる等の措置が講じられているものにあつては、この限りでない。

第2　スプリンクラー設備に関する事項
1　今回の改正によりスプリンクラー設備の設置範囲が拡大されたところであるが、当該範囲については、従来通り平屋建を除外しているものであること。また、入所者又は入院患者が就寝する居室部分が全て避難階に存する場合であつて、全居室から容易に避難できる等、平屋建に準じた構造を有するものにあつては、施設の使用実態に応じ令第32条を適用し、スプリンクラー設備の設置を要さないこととしても差し支えないものであること。
2　スプリンクラーヘッドを設置しなくてもよい部分については、規則第13条第3項に規定されているところであり、特に同項第2号、第7号及び第8号に規定されている「その他これらに類する室」については、「消防法施行規則の一部を改正する省令の施行について」（昭和49年12月2日付け消防予第133号、消防安第129号）第4.2において具体的に示しているところであるが、今般、新たに①医療機器を備えた診察室、②医療機器を備えた理学療法室及び③霊安室をその他これらに類する室として取り扱うこととしたこと。
3　スプリンクラー設備には、スプリンクラーヘッドの未警戒となる部分を有効に補完するために補助散水栓を設けることができるとされているが、その設置に当たつては、次に掲げる事項に留意すること。
　(1)　補助散水栓を設けた場合におけるスプリンクラー設備の水源の水量については、令第12条第2項第4号の規定によるものとし、補助散水栓のための水量を別途加算しなくてもよいものであること。
　(2)　補助散水栓の配管は、流水検知装置又は圧力検知装置の2次側配管から分岐させること。
　(3)　補助散水栓箱には、その表面に「消火用散水栓」と表示することとされているが、「消火栓」と表示しても差し支えないものであること。
　(4)　補助散水栓は、スプリンクラーヘッドの未警戒となる部分を有効に包含することができ、かつ、消火活動が有効に行える位置に設けること。ただし、補助散水栓を設置する場合において、前記第1、3又は4に掲げる事項に該当する場合にあつては、2号消火栓に準じた取扱いをして差し支えないものであること。
4　ラック式倉庫に設置するスプリンクラー設備のスプリンクラーヘッドには、規則第14条第2項第3号の規定により、集熱板を設けることとされているが、集熱板を設けなければならないスプリンクラーヘッドは、棚又はこれに類するものを設けた部分に設けられるものである旨、その明確化を図つたこと。

第3　その他
1　今回の改正により、令別表第1（六）項ロに掲げる施設については、身体上又は精神上の理由

により自ら避難することが困難な者が入所する社会福祉施設（規則第13条第2項に規定する15施設。以下「特定施設」という。）と、それ以外の施設（以下「非特定施設」という。）に区分され、屋内消火栓設備及びスプリンクラー設備の設置範囲の義務付けが異なることとされたところである。

　この場合において、同一建築物に令別表第1(六)項ロとして特定施設と非特定施設が併設される場合における取扱いについては、次によること。
(1)　特定施設に供される部分（非特定施設との共用部分を含む。以下同じ。）の床面積の合計が1,000㎡以上となる場合にあつては、当該部分にスプリンクラー設備を設けるものであること。
(2)　特定施設に供される部分の床面積の合計が1,000㎡未満となる場合にあつては、当該部分にスプリンクラー設備の設置を要さないものであること。
(3)　特定施設と非特定施設は、耐火構造の壁及び床で区画するとともに、当該部分に設けられる開口部は、規則第13条第3項第12号イ及びロの規定に準じて設けるよう指導されたいこと。
2　学校教育法（昭和22年法律第26号）に定める盲学校、ろう学校及び養護学校の寄宿舎で自力避難困難な者が多数入所しているものについては、従来、令別表第1(五)項ロとして扱つていたところであるが、今回の改正の趣旨にかんがみ、今後、校舎内に併設される場合又は消防用設備等の設置単位について」（昭和50年3月5日付け消防安第26号）により1棟とされる場合にあつては令別表第1(六)項ハの用途に含めることとしたこと。さらに、寄宿舎が盲学校、ろう学校及び養護学校と同一敷地内、あるいは隣接する敷地等に設けられ、一体として運用されていると認められる場合にあつても、令別表第1(六)項ハとして取扱いをするものであること。従つて、今後、防火管理、カーテン等の防炎、消防用設備等の設置維持義務等について、見直すことが必要であること。

　この取扱いにより、新たに義務が生じる施設にあつては、施設の実態等に応じ当該関係者と連携を図り、その整備を図られたいこと。

　また、これらの施設におけるスプリンクラー設備については、今回の改正の趣旨にかんがみ、施設の実態に応じて指導されたいこと。

　なお、本件は文部省と協議済みであるので念のため申し添える。
3　可燃性物品の集積量が少なく、かつ、出火危険の少ないトイレ、浴室その他これらに類する部分については、スプリンクラー設備のスプリンクラーヘッド若しくは補助散水栓又は屋内消火栓設備の設置を要さないものであること。

　なお、この場合において当該部分は、令第10条の規定に基づく消火器が設置されていることが必要であること。

（昭62・10・26消防予187）

◆消防法、同施行令及び同施行規則に関する執務資料について【既存の社会福祉施設に対する消防用設備等の技術上の特例基準の適用に係る質疑について】

問　「既存の社会福祉施設に対する消防用設備等の技術上の特例基準の適用について（通知）」（昭和62年10月27日付け消防予第189号。以下「189号通知」という。）に基づき、必要なスプリンクラー設備を設置している社会福祉施設について、同施設において約200㎡の増築工事申請が行われることとなった場合、当該増築部分についても189号通知により特例を適用することができるか。

(施設の概要)
1 施 設 名　　老人ホーム
2 構　　　造　　鉄筋コンクリート2階建て
3 床 面 積　　1階　　799㎡
　　　　　　　2階　1,177㎡
　　　　　　　塔屋　　38㎡
　　　　　　　合計　2,013㎡
4 S P 設 置　　平成元年3月（SP：スプリンクラー設備）
5 建 築 年 月　　昭和62年3月
6 水　　　源　　5.6㎥

答 特例を適用して差し支えない。

　特例は、当該防火対象物の規模、用途等に変更があった場合、特例事項の見直しをするのが原則であり、本件のように、189号通知の適用を受けていた防火対象物の増築等をする場合、原則として当該増築部分には、189号通知を適用することはできないものと解する。しかしながら、本件の場合は、増築部分の床面積が既存部分の床面積に比較して200㎡と小規模であることから、既存部分に対する増築部分からの影響は最小限度に止められるものと解される。したがって、新たに増築する部分を含めて189号通知を準用し、特例を認めて差し支えないものと解する。

(平5・11・29消防予320)

◆消防用設備等に係る執務資料の送付について【消防用設備等の技術上の基準に適合しない既存の病院等の取扱いについて】

問4　スプリンクラー設備等の遡及対象となる既存の病院及び社会福祉施設については、昭和62年の消防法施行令の一部改正（昭和62年政令第343号）に伴い、所要の経過措置が設けられるとともに、「既存の病院に対する消防用設備等の技術上の特例基準の適用について（通知）」（昭和62年10月27日消防予第188号。以下「188号通知」という。）及び「既存の社会福祉施設に対する消防用設備等の技術上の特例基準の適用について（通知）」（昭和62年10月27日消防予第189号。以下「189号通知」という。）により特例基準が示されているところであるが、平成8年3月31日までに当該政令改正に係る所要の措置を講じていない防火対象物について、平成8年4月1日以降如何に取り扱うこととすべきか。

答4　当該防火対象物については、違反対象物となるため、早急に違反是正の措置を講ずる必要がある。

　当該防火対象物について、188号通知及び189号通知に準じた内容の特例の適用を検討する場合には、火災発生危険性、火災拡大危険性、避難困難性、消防活動困難性等、当該防火対象物の実情を十分勘案したうえで対処することとされたい。

(平8・9・2消防予172)

◆既存の有料老人ホームに対する消防用設備等の技術上の特例基準の適用について
　　本文：第1章　3（100頁）参照

(平11・5・28消防予123)

◆小規模社会福祉施設に対する消防用設備等の技術上の基準の特例の適用について

　消防法施行令の一部を改正する政令（平成19年政令第179号）及び消防法施行規則の一部を改正する省令（平成19年総務省令第66号）が平成19年6月13日に公布されました。

　今回の改正は、認知症高齢者グループホーム等の自力避難が困難な方々が利用する施設について、防火安全対策の強化の観点から、これらの施設に係る消防用設備等の設置基準等の見直しを行うためのものです。

　この改正により新たにスプリンクラー設備の設置が義務付けられる消防法施行令（昭和36年政令第37号）別表第1(6)項ロに掲げる防火対象物で延べ面積が275m²以上1,000m²未満のもの（以下「小規模社会福祉施設」という。）について、消防長（消防本部を置かない市町村においては、市町村長）又は消防署が消防法施行令第32条を適用し、スプリンクラー設備の設置を要しないものとする際の考え方について、下記のとおりとりまとめたので通知します。

　なお、貴職におかれましては、下記の事項に留意のうえ、その運用に十分配慮されるとともに、各都道府県消防防災主管部長にあっては、貴都道府県内の市町村に対しても、この旨を周知されるようお願いします。

記

　次の1から4までに掲げる要件のいずれかに該当する小規模社会福祉施設については、令第12条の規定にかかわらず、スプリンクラー設備の設置を要しないものとする。

1　夜間に要保護者の避難介助のため必要な介助者が確保されている小規模社会福祉施設として、次の(1)から(3)までに掲げる要件のすべてに該当するものであること。

　　なお、(2)の要件に該当するか否かを判断するに当たっては、新規のものについては、事業者が作成した事業計画等による入居者の見込み数により判断することとし、事業開始後に要保護者数が増加したものについては、その状態が継続的なものであることが認められたものについて、改めて(2)の要件に該当するか否かを判断するものとすること。

(1)　当該施設は、平屋建て又は地上2階建てのものであること。

　　　また、壁及び天井の室内に面する部分の仕上げが不燃材料、準不燃材料又は難燃材料でされているものであること。

(2)　夜間における介助者1人当たりの要保護者（当該施設に入所している老人（要介護3以上の者に限る。）、乳児、幼児、身体障害者等（障害程度区分4以上の者に限る。）、知的障害者等（障害程度区分4以上の者に限る。）をいう。以下同じ。）の数が、従業者等（夜勤職員、宿直職員、宿直ボランティア、住込みの管理者など当該施設において入所者とともに起居する者をいう。以下同じ。）にあっては4人以内、近隣協力者（当該施設に併設されている施設の職員、当該施設の近隣住民、当該施設と契約している警備会社の職員等で、火災発生時に駆けつけて避難介助を行う者をいう。以下同じ。）にあっては3人以内となるよう、介助者の数が確保されているものであること。

　　　この場合において、次のア及びイに掲げる要件のすべてに該当する複数ユニットの小規模社会福祉施設にあっては、要保護者の数が最大となるユニットにおいて、これに応じた介助者の数が確保されることで足りるものとすること。

ア　ユニット間に設けられる壁及び床が耐火構造又は準耐火構造であるものであること。

　　また、当該壁又は床に開口部がある場合には、当該開口部に常時閉鎖式又は自動閉鎖式の防火設備が設けられているものであること。

イ　各ユニットにおいて、他のユニットを経由することなく地上に至る避難経路を有しているものであること。
(3)　近隣協力者は、次のアからウまでに掲げる要件のすべてに該当するものであること。
　　　なお、近隣協力者は、一の事業所、世帯等から複数名を確保して差し支えないものであること（例えば、グループホームの隣にグループホーム職員が居住している場合、当該職員の代替者としてその妻と長男を登録しても差し支えない。）。
　　ア　居所から当該施設に2分以内で駆けつけることができるものであること。
　　イ　居所には、当該施設の自動火災報知設備と連動して火災の発生を覚知することができる装置が備えられているものであること。
　　ウ　近隣協力者本人の同意がある旨、火災発生時の活動範囲、夜間不在時における代替介助者の確保方策その他の必要な事項について、消防計画又は関連図書により明らかにされているものであること。
2　各居室から屋外等に容易に至ることができる小規模社会福祉施設として、次の(1)から(4)までに掲げる要件のすべてに該当するものであること。
(1)　当該施設は、平屋建て又は地上2階建てのものであること。
　　　また、壁及び天井の室内に面する部分の仕上げが不燃材料、準不燃材料又は難燃材料でされているものであること。
(2)　すべての居室において、地上又は一時避難場所（外気に開放された廊下、バルコニー、屋外階段等をいう。以下同じ。）への経路が、次のア又はイに掲げる要件のいずれかに該当することにより、構造上確保されているものであること。
　　ア　扉又は掃出し窓を介して、地上又は一時避難場所に直接出ることができるものであること。
　　イ　どの居室から出火しても、火災室又は火災室に設けられた開口部（防火設備を除く。）に面する部分を通らずに、地上又は一時避難場所に至ることができるものであること。
(3)　一時避難場所の位置及び構造は、外部からの救出を妨げるものでないこと（例えば、川や崖等に面していないものであること、建具や隣接建物等で進入経路がふさがれていないものであること。）。
(4)　夜間の体制が夜勤者1名となる2ユニットの小規模社会福祉施設にあっては、当該夜勤者のほかに1(3)アからウまでに掲げる要件のすべてに該当する近隣協力者が1人以上確保されているものであること。
3　共同住宅の複数の部屋を占有し、その総面積により小規模社会福祉施設に該当するもののうち、次の(1)から(4)までに掲げる要件のすべてに該当するものであること。
(1)　小規模社会福祉施設として用いられている部分部屋の床面積が一区画当たり100m²以下であるものであること。
　　　また、壁及び天井の室内に面する部分の仕上げが不燃材料、準不燃材料又は難燃材料でされているものであること。
(2)　小規模社会福祉施設として用いられている部分が3階以上の階に存する場合には、当該部分を区画する壁及び床が耐火構造となっており、その開口部（屋外に面する窓等を除く。）に常時閉鎖式又は自動閉鎖式の防火設備が設けられているものであること。

(3) 要保護者の数が一区画当たり4人以下であるものであること。
　　また、すべての要保護者が、自動火災報知設備の鳴動や周囲からの呼びかけにより火災を覚知することができ、介助者の誘導に従って自立的に歩行避難できるものであること。
(4) 当該施設において従業者等が確保されているものであること。
4 　上記1から3までに該当しない小規模社会福祉施設のうち、次により求めた避難所要時間が避難限界時間を超えないものであること。
(1) 避難所要時間
　　「避難所要時間」は、要保護者の避難に要する時間であり、「避難開始時間」と「移動時間」の和により算定するものとすること。
　ア　避難開始時間
　　(ア)　「避難開始時間」は要保護者が避難行動を開始するまでに要する算定上の時間であり、その起点として自動火災報知設備の作動時を想定するものとすること。
　　　また、避難前の状況として、夜間において、要保護者は各居室、従業者等は勤務室、近隣協力者は通常の居所（自宅等をいう。）にいることを想定するものとすること。
　　(イ)　避難開始時間の算定方法は、従業者等による火災確認や要保護者への呼びかけ等を勘案し、次のとおりとすること。
　　　　避難開始時間 $= \sqrt{延べ面積}/30$（分）
　イ　移動時間
　　(ア)　「移動時間」は要保護者の移動に要する算定上の時間であり、移動経路としては、それぞれの居室から、想定される避難の時点において避難限界時間に達していない部分を経由し、最終的に地上に至る最短の経路をとることを想定するものとすること。
　　　この場合において、避難経路及び介助者の進入経路として、火災室を経由するものは原則として認められないものであること。
　　(イ)　要保護者は、介助なしでの避難はできないものとして想定するものとすること。
　　　また、要保護者1人につき介助者1人の介助形態を原則とするが、手つなぎで歩行誘導すれば円滑に避難できる場合には要保護者2人につき介助者1人、ストレッチャーを用いて介助を行う場合には要保護者1人につき介助者2人の介助形態として算定上取り扱うものとすること。
　　(ウ)　介助者には、従業者等のほか、1(3)イ及びウに掲げる要件のすべてに該当する近隣協力者を含むものとすること。
　　(エ)　移動時間の算定方法は、介助者が要保護者の居室に到着するまでの時間、介助準備時間、要保護者の介助付き移動時間を勘案し、次のとおりとすること。
　　　　移動時間 $= T_1 + T_2 + T_3$
　　　　$T_1 = \{\sum_{i}^{Ne}(L_i/V_h)\}/N_h$
　　　　$T_2 = (T_{rw} \cdot N_{ew} + T_{rs} \cdot N_{es})/N_h$
　　　　$T_3 = \{\sum_{i}^{Ne}(L_i/V_e)\}/N_h$
　　　　T_1：介助者の施設内駆けつけ時間（分）
　　　　T_2：介助準備時間（分）
　　　　T_3：要保護者の介助付き移動時間（分）
　　　　L_i：要保護者 i に係る避難経路上の移動距離

○　居室から地上までの距離によることを原則とするが、直接地上に通ずる一時避難場所がある場合には、居室から当該場所までの距離により算定することができるものとすること。
　　また、竪穴区画（建築基準法施行令第112条第9項）が形成されている準耐火構造の防火対象物の場合には、出火階及びその直上階の範囲において、上記の例により地上又は出火階の下階に至ることができることを確認することで足りるものとすること。
○　要保護者 i について、（イ）後段を適用し、他の要保護者とともに手つなぎで歩行誘導する場合には当該L_iを算定上0.5倍読み、ストレッチャーを用いて介助を行う場合には当該L_iを算定上2倍読みとするものとすること。

V_h：介助者の移動速度＝2ν

$$\nu = \begin{cases} 階段・上り & 27\text{m}/分 \\ 下り & 36\text{m}/分 \\ 階段以外 & 60\text{m}/分 \end{cases}$$

V_e：要保護者の移動速度

$$V_e = \begin{cases} 0.5\nu & （要保護者 i を手つなぎ、腕組み、背負う等により介助する場合） \\ 1.5\nu & （要保護者 i を車椅子、ストレッチャー等の介助用具を用いて介助する場合。ただし、階段は不可） \end{cases}$$

N_h：介助者の数＝N_w（夜間の従業者等の数）＋N_c（算定上の近隣協力者数）

　$N_c = N_w \cdot n(1-p) / (N_w + pn)$

　　n：介助に来る近隣者の数
　　p：近隣者の施設までの駆けつけ時間／近隣協力者なしの移動時間（＜1）

N_e：要保護者の数
　　うち車椅子による介助対象：N_{ew}、ストレッチャーによる介助対象：N_{es}

T_r：介助用具を用いる場合に、要保護者の乗換え等の準備に要する時間
　　車椅子 T_{rw}＝30秒、ストレッチャー T_{rs}＝60秒

ウ　上記算定方法によることが適当でない場合には、避難訓練において実際に測定した所要時間を用いることができるものとすること。

(2)　避難限界時間
　「避難限界時間」は、火災により各居室や避難経路が危険な状況となるまでの時間であり、「基準時間」と「延長時間」の和により算定するものとすること。

ア　基準時間
(ア)　「基準時間」は火災室が盛期火災に至る算定上の時間であり、小規模社会福祉施設は、全体の規模が比較的小さく、防火上の構造や区画の一般的な状況等から、火災室の燃焼拡大に伴い、全体が急激に危険な状態となることを考慮し、その起点として自動火災報知設備の作動時を想定するものとすること。
(イ)　火災室は、階段・廊下については、火気・可燃物の管理を前提として、火災の発生のおそれの少ないものとして取り扱うものとし、居室のみを想定するものとすること。
(ウ)　基準時間の算定方法は、火災初期における着火及び拡大のしやすさを勘案し、各火災室の状況等に応じて次表のとおりとするものとすること。

算定項目		基準時間
共通		2分
加算条件	壁及び天井の室内に面する部分の仕上げ　不燃材料	3分
	壁及び天井の室内に面する部分の仕上げ　準不燃材料	2分
	壁及び天井の室内に面する部分の仕上げ　難燃材料	1分
	寝具・布張り家具の防炎性能の確保	1分
	初期消火（屋内消火栓設備によるもの）	1分

　イ　延長時間

　　「延長時間」は盛期火災に至った火災室からの煙・熱の影響によって、他の居室や避難経路が危険な状況となるまでの算定上の時間であり、その算定方法は各居室や避難経路の状況に応じて次表のとおりとすること。

算定項目		延長時間
火災室からの区画の形成	防火区画	3分
	不燃化区画[*1]	2分
	上記以外の区画[*2]	1分
当該室等の床面積×（床面から天井までの高さ－1.8m）≧200m^3		1分

　　＊1　不燃化区画を形成する部分の条件は次のとおりとすること。
　　　　○　壁・天井：室内に面する部分の仕上げが不燃材料又は準不燃材料でされているものであること。
　　　　○　開口部：防火設備又は不燃材料若しくは準不燃材料で作られた戸を設けたものであること。
　　＊2　襖、障子等による仕切りは区画に含まれないものであること。

　ウ　上記ア及びイにかかわらず、排煙設備が設置されている場合等については、建築基準法令の例等によることができるものとすること。

(3)　判断方法

　ア　各居室がそれぞれ火災室となった場合を想定し、そのすべてにおいて避難所要時間が避難限界時間を超えないものであること。

　イ　火災室からの避難については、当該基準時間内に当該区画外へ退出することができるものであること。

(注1)　この特例の適用対象となるか否かを判断するに当たり、新規のものを含む小規模社会福祉施設の構造等や人員の状況について確認する必要がある場合には、設計図書や事業計画等により確認するものとすること。

(注2) この特例の適用を含む社会福祉施設における防火管理に関する指導に当たっては、施設の関係者の意見も踏まえながら、これらの社会福祉施設（特に、認知症高齢者グループホーム等の家庭的な環境を重視してケアを行っている施設）の意義、ケアの趣旨・目的等を十分に尊重した指導内容となるよう留意すること。

(平19・6・13消防予231)

◆執務資料の送付について【社会福祉施設等のスプリンクラー設備の消防法上の取扱い】

社会福祉施設等のスプリンクラー設備の消防法上の取扱いに係る質疑応答について、別添のとおりとりまとめましたので、執務上の参考としてください。

別添

問　消防法施行令の一部を改正する政令（平成19年6月政令第179号）により、平成21年4月1日より、消防法施行令別表第1(6)項ロに掲げる防火対象物で延べ床面積が275㎡以上のものにスプリンクラー設備が義務づけられることとなったが、消防法施行令別表第1(6)項ロに掲げる既存の防火対象物で平屋建て延べ面積1,000㎡以上のもののうち、下記1及び2に適合する防火対象物について、消防法施行令第32条の規定を適用し、特定施設水道連結型スプリンクラー設備を設置することとしてよいか。また、下記3に適合する防火対象物について、消防法施行令第32条を適用し、スプリンクラー設備の設置を免除することとしてよいか。

記

1　次の(1)及び(2)に適合する防火対象物であること。
　(1)　延べ床面積1,000㎡ごとに防火区画されていること。
　(2)　延べ床面積1,000㎡ごとにされている区画ごとに直接屋外に通ずる避難口があること。
2　防火対象物の延べ床面積を1,000で除した数（1未満のはしたの数は切り捨てるものとする。）の介助者を確保していること。
3　上記1に適合する防火対象物のうち、次の(1)から(3)のいずれかに適合するものであること。
　(1)　小規模社会福祉施設に対する消防用設備等の技術上の基準の特例の適用について（平成19年6月13日付け消防予第231号。以下、「231号特例通知」という。）
　　　記1(2)及び(3)に該当するものであること。
　(2)　231号特例通知記2(2)、(3)及び(4)に該当するものであること。
　(3)　231号特例通知記4に該当するものであること。

答　認めて差し支えない。

(平20・12・2消防予314)

令別表1(12)項　工場・作業場等

◆消防用設備等の設置について【酸性水処理施設に係る特例】

問　今般、当広域管内に建設省玉川工事事務所の酸性水処理施設の建設計画があり、これに設置する消防用設備等の設置について教示願います。

記

酸性水処理施設は、別図（一部略）のとおり石灰石サイロ棟、中和処理棟、管理棟からなつており、これらの建築物と建築物は、すべて地下連絡路で接続されており、面積は、別図のとおり

である。
　当該対象物は、昭和50年3月5日、消防安第26号により1棟となり、別表第1、15項で規制する予定である。
　この対象物に設置義務の生じる、屋内消火栓設備、自動火災報知設備、誘導灯、連結散水設備について、地域の状況、出火危険、延焼拡大危険が極めて少ないので、消防法施行令第32条の特例を適用して差し支えないか。
別図　〔省略〕
　　建物概要　〔省略〕
　なお、管理棟の地下管廊は、土木構造物であり、また、建築面積の1/8以下であるため階数には含まない。

答　設問の場合、消防法施行令第32条の規定を適用し、屋内消火栓設備、自動火災報知設備、誘導灯及び連結散水設備の設置を免除して差し支えない。

(昭61・10・25消防予142)

memo　酸性水処理施設について、総合的に判断し、著しい出火・延焼危険性等が少ないことから、屋内消火栓設備等の設置免除が認められたものです。

◆ＬＰガス充てん所に係る消防用設備等の技術上の基準の特例について
　ＬＰガスの容器（車両に固定した燃料容器を含む。以下同じ。）への充てんを行う防火対象物（以下「充てん所」という。）については、消防法（昭和23年法律第186号。以下「法」という。）第17条の規定に基づき、その規模、構造等に応じて消防用設備等の設置が義務づけられている。
　一方、高圧ガス保安法（昭和26年法律第204号）の適用を受ける充てん所については、液化石油ガス保安規則（昭和41年通商産業省令第52号。以下「液石則」という。）に従って消火設備、警報設備等の設置が別途義務づけられている。
　このような状況を踏まえ、充てん所に係る消防用設備等の技術上の基準について、液石則により消火設備、警報設備等が設置されている等一定の要件を満たす場合にあっては、消防法施行令（昭和36年政令第37号。以下「令」という。）第32条の規定を適用し、下記により特例を認めてさしつかえないこととしたので通知する。
　貴職におかれては、その運用に遺漏のないよう格別の御配慮をお願いするとともに、貴都道府県内の市町村に対しても、この旨を示達し、万全を期されるようよろしくお願いする。

記

1　適用範囲
　　この特例は、充てん所の製造施設（ＬＰガスの製造設備、貯蔵設備、処理設備等を有する建築物その他の工作物をいう。以下同じ。）のうち、ＬＰガスの製造設備が液石則第2条第1項第21号の第1種製造設備、同項第22号の第2種製造設備及び同項第20号の液化石油ガススタンドであるものに適用する。
2　特例適用の要件
　　この特例を適用することのできる充てん所の製造施設の要件は、液石則第6条から第8条までの規定のほか、次のとおりとする。
　(1)　製造施設の主要構造部が不燃材料で造られていること。
　(2)　製造施設の壁及び天井の仕上げが不燃材料又は準不燃材料であること。

(3)　製造施設において、火気の使用がない等、火気管理が徹底していること。
　(4)　製造施設においては、整理・清掃、不必要な物品の除去、出入りする者の管理等、適正な維持管理が行われていること。
3　消防用設備等の技術上の基準の特例
　　前2に掲げる要件を満たす充てん所の製造施設については、令32条の規定を適用し、消防用設備等の技術上の基準について、次の特例を適用してさしつかえないものとする。
　(1)　消火設備
　　　令第11条、第12条、第19条及び第20条に規定する屋内消火栓設備、スプリンクラー設備、屋外消火栓設備及び動力消防ポンプ設備にあっては、設置を免除してさしつかえないこと。
　(2)　警報設備
　　　令第21条及び第24条に規定する自動火災報知設備並びに非常警報器具及び非常警報設備にあっては、設置を免除してさしつかえないこと。

（平10・12・3消防予209）

memo　ＬＰガス充てん所は、高圧ガス保安法の適用の対象となりますが、当然、防火対象物として令別表1(12)項作業所に該当し、消防用設備等の設置が義務付けられることとなりますが、高圧ガス保安法に基づく防消火設備が設置され、かつ、一定の要件をも満たしている場合には、特例として消防用設備等の設置免除ができることとしているものです。

◆一般高圧ガス保安規則及びコンビナート等保安規則が適用される充てん所に係る消防用設備等の技術上の基準の特例について

　高圧ガス保安法（昭和26年法律第204号）の適用を受ける充てん所に係る消防用設備等の技術上の基準については、液化石油ガス保安規則（昭和41年通商産業省令第52号）により消火設備、警報設備等の設置が義務付けられていることを踏まえ、「ＬＰガス充てん所に係る消防用設備等の技術上の基準の特例について」（平成10年12月3日消防予第209号）により一定の要件を満たす場合は、消防法施行令（昭和36年政令第37号。以下「令」という。）第32条の規定を適用し、消火設備及び警報設備を免除することができることとしているところです。
　今般高圧ガス保安法の適用を受ける充てん所の製造施設で、一般高圧ガス保安規則（昭和41年通商産業省令第53号。以下「一般則」という。）及びコンビナート等保安規則（昭和61年通商産業省令第88号。以下「コンビ則」という。）に従って消火設備、警報設備等の設置が義務付けられている消防用設備等の取り扱いについても令第32条の規定を適用し、下記により特例を認めて差し支えないこととしたので通知します。
　なお、貴都道府県への市町村に対してもこの旨周知されるようお願いします。

記

1　適用範囲
　　この特例は、充てん所（可燃性ガスの容器（車両に固定した燃料容器を含む。以下同じ。）への充てんを行う防火対象物。以下同じ。）の製造施設（可燃性ガスの製造設備、貯蔵設備、処理設備等を有する建築物その他の工作物をいう。以下同じ。）のうち、製造設備が一般則第2条第1項第13号の定置式製造設備、同項第23号の圧縮天然ガススタンド若しくは同項第24号の液化天然ガススタンド又はコンビ則第2条第1項第13号の製造設備、同項第14号の特定液化石油ガススタンド、同項第15号の圧縮天然ガススタンド若しくは同項第15号の2の液化天然ガススタンドであるものに

適用する。
2 特例適用の要件
　この特例を適用することができる充てん所の製造施設の要件は、一般則にあっては第6条から第7条の2まで、コンビ則にあっては第5条から第7条の2までの規定のほか、次のとおりとする。
(1) 製造施設の主要構造部が不燃材料で造られていること。
(2) 製造施設の壁及び天井の仕上げが準不燃材料であること。
(3) 製造施設において火気の使用がない等、火気管理が徹底していること。
(4) 製造施設においては、整理・清掃、不必要な物品の除去、可燃物の存置がなく、出入りする者の管理等、適正な維持管理が行われていること。
3 消防用設備等の技術上の基準の特例
　前2に掲げる要件を満たす充てん所の製造施設については、令第32条の規定を適用し消防用設備等の技術上の基準について、次の特例を適用して差し支えないものとする。
(1) 消火設備
　令第11条、令第12条、令第19条及び令第20条に規定する屋内消火栓設備、スプリンクラー設備、屋外消火栓設備及び動力消防ポンプ設備にあっては、設置を免除して差し支えないこと。
(2) 警報設備
　令第21条及び令第24条に規定する自動火災報知設備並びに非常警報器具及び非常警報設備にあっては、設置を免除して差し支えないこと。

(平15・3・28消防予97)

令別表1(13)項　自動車車庫・駐車場等

◆1層2段の自走式自動車車庫に係る消防用設備等の設置について

　1層2段の自走式自動車車庫（1階部分及び屋上部分を自動車の駐車の用に供し、屋上等に駐車する場合の移動を、自動車を運転して走行させることにより行う形式の自動車車庫をいう。）のうち、建築基準法の規定が予想しない建築材料、構造方法が用いられているものについては、建設省において、別添の「1層2段の自走式自動車車庫に関する安全性評価等指針について」（平成2年11月26日付け建設省住指発第738号）により建設大臣の認定を受けることとされたところであるが、本認定を受けた1層2段の自走式自動車車庫に係る消防用設備等の設置の取扱いを下記のとおりとすることとした。貴職におかれては、その運用に遺憾のないよう特段の配慮をされるとともに、管下市町村にその旨示達の上よろしく指導されるようお願いする。

記

1 消火設備の設置について
　消防法施行令（以下「令」という。）第13条第1項の規定により、1階が500㎡以上のもの、2階が200㎡以上のもの又は屋上部分が300㎡以上のものには、当該部分に水噴霧消火設備、泡消火設備、二酸化炭素消火設備、ハロゲン化物消火設備又は粉末消火設備を設置する必要があること。この場合において、自走式自動車車庫の階ごとに次の(1)若しくは(2)又はこれと同等以上の開放性が確保されている場合には、移動式の消火設備とすることができること。
(1) 壁面について、次のア又はイに該当すること。
　ア 長辺の1辺について常時外気に直接開放されており、かつ、他の1辺について当該壁面の面

積の2分の1以上が常時外気に直接開放されていること。
		イ　4辺の上部50cm以上の部分が常時外気に直接開放されていること。
	(2)　天井部分（上階の床を兼ねるものを含む。以下同じ。）の開口部（エキスパンドメタル、グレーチングメタル、パンチングメタル等の部分を含む。）の面積の合計が自走式自動車車庫の床面積の合計の15％以上確保されていること（開口部が著しく偏在する場合を除く。）。
2　自動火災報知設備の設置について
　　令第21条第1項第4号の規定により、延べ面積が500㎡以上のものには、自動火災報知設備を設置する必要があること。この場合において、常時外気に直接開放されている部分から5m未満の範囲の部分及び車路の部分（エキスパンドメタル、グレーチングメタル、パンチングメタル等を使用している部分に限る。）については、消防法施行規則第23条第4項第1号ロの「外部の気流が流通する場所」に該当するものであり、感知器の設置を免除することができるものであること。
　　また、自走式自動車車庫の階ごとに次の(1)若しくは(2)又はこれと同等以上の開放性が確保されている場合には、非常警報設備及び管理人等の常時人のいる場所又は入口等の利用者の目に触れやすい場所に火災通報装置又は電話を設置することを条件として、令第32条の規定を適用し、自動火災報知設備の設置を免除してさしつかえないものであること。
	(1)　エキスパンドメタル、グレーチングメタル、パンチングメタル等を使用することにより、天井部分について全面的に開放性が確保されていること。
	(2)　壁面について、前1(1)ア又はイに該当するものであり、かつ、天井部分の開口部の面積（エキスパンドメタル、グレーチングメタル、パンチングメタル等の部分については、有効開口面積とする。）の合計が床面積の20％以上確保されていること。〔注参照〕
〔注〕
		ア　長辺の一辺について常時外気に直接開放されており、かつ、他の一辺について当該壁面の面積の2分の1以上が常時外気に直接開放されていること。
		イ　4辺の上部50cm以上の部分が常時外気に直接開放されていること。
3　自走式自動車車庫のうち屋根付きのものに係る消火設備及び自動火災報知設備の設置について
　　自走式自動車車庫のうち屋根付きのものに係る消火設備及び自動火災報知設備の設置については、1及び2の例により取り扱うこととすること。
別添　〔省略〕

（平3・5・7消防予84）

◆2層3段の自走式自動車車庫に係る消防用設備等の設置について
　2層3段の自走式自動車車庫（1階部分、2階部分及び屋上部分を自動車の駐車の用に供し、屋上等に駐車する場合の移動を、自動車を運転して走行させることにより行う形式の自動車車庫をいう。）のうち、建築基準法の規定が予想しない建築材料、構造方法が用いられているもの（原則として外壁を設けず、屋上の床及び2階の床をエキスパンドメタル、グレーチングメタル、パンチングメタル等の鋼板製床板で造った開放性の高い鉄骨プレハブ構造のもの）にあっては、建設省において、建築基準法第38条及び第67条の2の規定に基づく建設大臣の認定を行うこととされたところであるが、当該認定を受けた2層3段の自走式自動車車庫に係る消防用設備等の設置の取扱いについて下記のとおり定めたので通知する。

ついては、貴職におかれては、管下市町村にその旨示達され、その運用に遺漏のないようよろしくご指導願いたい。

記

1　消火設備の設置について
　　消防法施行令（以下「令」という。）第13条第1項の規定により、1階が500㎡以上のもの、2階が200㎡以上のもの又は屋上部分が300㎡以上のものには、当該部分に水噴霧消火設備、泡消火設備、二酸化炭素消火設備、ハロゲン化物消火設備又は粉末消火設備を設置する必要があること。この場合において、自走式自動車車庫の階ごとに次の(1)若しくは(2)又はこれと同等以上の開放性が確保されている場合には、移動式の消火設備とすることができること。
(1)　壁面について、次のア又はイに該当すること。
　ア　長辺の一辺について常時外気に直接開放されており、かつ、他の一辺について当該壁面の面積の2分の1以上が常時外気に直接開放されていること。
　イ　四辺の上部50cm以上の部分が常時外気に直接開放されていること。
(2)　天井部分（上階の床を兼ねるものを含む。以下同じ。）の開口部（エキスパンドメタル、グレーチングメタル、パンチングメタル等の部分を含む。）の面積の合計が自走式自動車車庫の床面積の合計の15％以上確保されていること（開口部が著しく偏在する場合を除く。）。

2　自動火災報知設備の設置について
　　令第21条第1項第4号の規定により、延べ面積が500㎡以上のものには、自動火災報知設備を設置する必要があること。この場合において、常時外気に直接開放されている部分から5m未満の範囲の部分及び車路の部分（エキスパンドメタル、グレーチングメタル、パンチングメタル等を使用している部分に限る。）については、消防法施行規則第23条第4項第1号ロの「外部の気流が流通する場所」に該当するものであり、感知器の設置を免除することができるものであること。
　　また、自走式自動車車庫の階ごとに次の(1)若しくは(2)又はこれと同等以上の開放性が確保されている場合には、非常警報設備及び管理人等の常時人のいる場所又は入口等の利用者の目に触れやすい場所に火災通報装置又は電話を設置することを条件として、令第32条の規定を適用し、自動火災報知設備の設置を免除してさしつかえないものであること。
(1)　エキスパンドメタル、グレーチングメタル、パンチングメタル等を使用することにより、天井部分について全面的に開放性が確保されていること。
(2)　壁面について、前1(1)ア又はイに該当するものであり、かつ、天井部分の開口部の面積（エキスパンドメタル、グレーチングメタル、パンチングメタル等の部分については、有効開口面積とする。）の合計が床面積の20％以上確保されていること。

3　自走式自動車車庫のうち屋根付きのものに係る消火設備及び自動火災報知設備の設置について
　　自走式自動車車庫のうち屋根付きのものに係る消火設備及び自動火災報知設備の設置については、1及び2の例により取り扱うこととすること。

（平6・6・16消防予154）

◆3層4段の自走式自動車車庫に係る消防用設備等の設置について
　3層4段の自走式自動車車庫（1階部分、2階部分、3階部分及び屋上部分を自動車の駐車の用に供し、屋上等に駐車する場合の移動を、自動車を運転して走行させることにより行う形式の自動車車庫を

いう。）についても、開放性の高い鉄骨プレハブ構造のもの等の設置が見込まれるところであるが、当該車庫に係る消防用設備等の設置については、「1層2段の自走式自動車車庫に係る消防用設備等の設置について」（平成3年5月7日付け消防予第84号）及び「2層3段の自走式自動車車庫に係る消防用設備等の設置について」（平成6年6月16日付け消防予第154号）の例により取り扱うようお願いする。

　貴職におかれては、貴都道府県内の市町村に対してもこの旨を通知し、その運用に遺漏のないよう格別の御配慮をお願いする。

(平12・1・7消防予3)

◆多段式の自走式自動車車庫に係る消防用設備等の設置について

　1層2段、2層3段及び3層4段の自走式自動車車庫（自動車の駐車の用に供し、車室等に駐車する場合の移動を、自動車を運転させることにより行う形式の自動車車庫をいう。）にあっては、それぞれ「1層2段の自走式自動車車庫に係る消防用設備等の設置について」（平成3年5月7日付消防予第84号）、「2層3段の自走式自動車車庫に係る消防用設備等の設置について」（平成6年6月16日付消防予第154号）及び「3層4段の自走式自動車車庫に係る消防用設備等の設置について」（平成12年1月7日付消防予第3号）において既に通知（以下「84号通知等」という。）しているところですが、今般、4層5段以上の自走式自動車車庫が見受けられることから、それらを含め、多段式の自走式自動車車庫における消防用設備等の取扱いについて、下記のとおりとしたので通知します。

　貴職におかれましては、その運用について遺漏ないよう配意されるとともに、各都道府県消防防災主管部長におきましては、貴都道府県内の市町村に対してもこの旨周知されますようお願いします。なお、本通知は、消防組織法（昭和22年法律第226号）第37条の規定に基づく助言として発出するものであることを申し添えます。

記

1　消火設備の設置について

　　次の(1)から(4)の全ての基準に適合する多段式の自走式自動車車庫にあっては、消防法施行規則（昭和36年自治省令第6号。以下「規則」という。）第18条第4項第1号「火災のとき著しく煙が充満するおそれのある場所」以外の場所及び規則第19条第6項第5号「火災のとき著しく煙が充満するおそれのある場所以外の場所」に含まれるものであり、また、その他の規定にかかわらず、泡消火設備、不活性ガス消火設備、ハロゲン化物消火設備又は粉末消火設備を設置する場合にあっては、移動式の消火設備とすることができること。ただし、1層2段、2層3段及び3層4段の自走式自動車車庫については、次の(1)から(5)の基準にかかわらず、84号通知等の例によることができる。この場合、1層2段及び2層3段の自走式自動車車庫にあっては、「建設大臣の認定を受けた」を「独立した自走式自動車車庫の取扱いについて（平成14年11月14日付国土交通省住宅局建築指導課・日本建築行政会議。別紙参照。）により取り扱われている」とすること。

(1)　建築基準法（昭和25年法律第201号）第68条の26に基づき、建築基準法施行令（昭和25年政令第338号。以下「建基令」という。）第108条の3第1項第2号及び第4項に規定する国土交通大臣の認定を受けていること。

(2)　自走式自動車車庫部分の外周部の開口部の開放性は、次のアからウの全ての基準を満たしていること。ただし、この場合において外周部に面して設けられる付帯施設が面する部分の

開口部及び外周部に面して設けられているスロープ部（自動車が上階又は下階へ移動するための傾斜路の部分。以下同じ。）であって、当該スロープ部の段差部に空気の流通のない延焼防止壁などが設けられている場合、当該空気の流通のない延焼防止壁などを外周部に投影した当該部分の開口部は開口部とみなさないこと（別図1及び2参照）。

　ア　常時外気に直接開放されていること。
　イ　各階における外周部の開口部の面積の合計は、当該階の床面積の5％以上であるとともに、当該階の外周長さに0.5mを乗じて得た値を面積としたもの以上とすること。
　ウ　車室の各部分から水平距離30m以内の外周部において12㎡以上の有効開口部（床面からはり等の下端（はり等が複数ある場合は、最も下方に突き出したはり等の下端）までの高さ1／2以上の部分で、かつ、はり等の下端から50cm以上の高さを有する開口部に限る（別図3参照）。）が確保されていること（別図1参照）。

(3)　直通階段（建基令第120条に規定するものをいう。スロープ部を除く。）は、いずれの移動式の消火設備の設置場所からその一の直通階段の出入口に至る水平距離が65m以内に設けてあること。

(4)　隣地境界線又は同一敷地内の他の建築物と外周部の間に0.5m以上の距離を確保し、各階の外周部に準不燃材料で造られた防火壁（高さ1.5m以上）を設けること（1m以上の距離を確保した場合を除く。）。ただし、五層六段以上の自走式自動車車庫については、隣地境界線又は同一敷地内の他の建築物との距離は2m以上とし、各階の外周部に準不燃材料で造られた防火壁（高さ1.5m以上）を設けること（3m以上の距離を確保した場合を除く。）。

2　自動火災報知設備の設置について

　上記1に適合する多段式の自走式自動車車庫については、同(2)に示す開口部から5m未満の範囲の部分は、規則第23条第4項第1号ロの「外部の気流が流通する場所」に該当するものであり、感知器を設置しないことができること。

3　その他

　本通知発出日において、84号通知等による取扱いを受けている自走式自動車車庫については、なお従前の例によることとして差し支えないものであること。ただし、機会を捉え本通知に準じた取り扱いとなるよう指導することが望ましいこと。

（別図1）

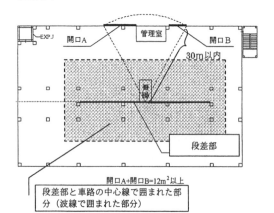
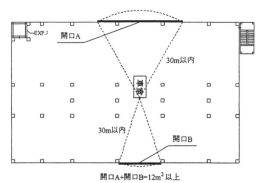

（別図2）

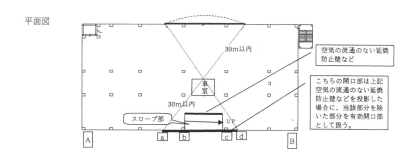

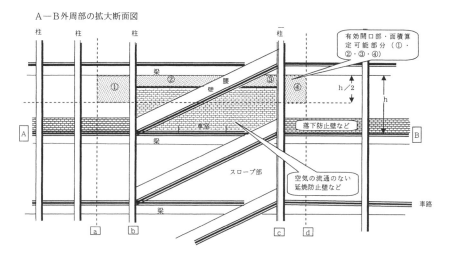

（別図3）

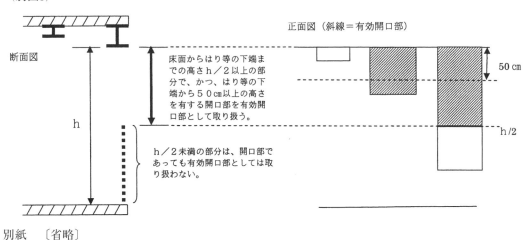

別紙　〔省略〕

（平18・3・17消防予110）

令別表1(15)項　その他の事業所

◆消防法施行令第32条の特例基準の適用について【射撃場における消防法施行令第32条の特例基準の適用について】

問 建物概要

敷地面積　　36,306.00㎡
建築面積　　11,030.5㎡
　主要構造　　鉄筋コンクリート
　屋　　根　　　〃
　天　　井　　木毛セメント板
　壁（内装仕上）　松丸太半割貼り
　　　　　　　　一部木毛セメント板（約35％）
　床　　　　　土及び砂
　標　的　　木製わく紙貼り
　建物設備
　　散水栓　　6ヶ所（射座附近）
　　吸気ダクト　12ヶ所（射座附近内自然換気6ヶ所）
　　排気ダクト　6ヶ所（射座附近）
　　電気照明　天井うめこみ
　　採　光　　ガラスブロック
使用状況

　　別添図面の通り巾33.7mの中間に鉄筋コンクリートの隔壁を有し、標的及び300m射座の所に開口部を設け、人の往来に使用する。各射座は12人用の射座であるが、6人用で区画されている。
　　標的より100m間隔に3ヶ所射座が有りその上部に吸、排気ダクトで射煙の排気をはかる。また、その附近の土埃防止のため散水栓を利用し散水する。
　　各々の射座に出入するための開口部を設けるのみでそれ以外は開口部は皆無である。
　　尚、散水栓については、令第11条及び19条の技術上の基準、能力以下のものと思料される。収容人員及び収容物については、射手、指導員、監的員合計で26人程度である。弾薬については、射手1人につき15～16発携帯する。以上の結果、次の諸点について御教示を願いたい。

1　現在計画中の内装材料では、消防法に定める消防用設備が必要であると思うがどうか。尚、消防設備を設置する場合下記の設備でよいか。
　(1)　消火器及び消火用具
　(2)　屋内消火栓
　(3)　屋外消火栓
　(4)　動力消防ポンプ
　(5)　自動火災報知設備
　(6)　消防機関に通報する火災報知設備
2　内装材料を制限し、難燃材料以上の材料以上の材料を使用しても用途が射撃場であり収容物

第5章　防火対象物に係る特例

　　が弾薬等、火薬類を収容するため消防法施行令第32条の特例基準を適用できないと思うがどうか。
　　　尚、この場合も上記1の消防用設備を設置する。
　3　上記1又は2において令第32条の特例基準を適用し、消防用設備を免除する場合はその見解を説明願いたい。

答　設問については、消防法施行令第32条の基準の特例の規定を適用して差し支えないと思料する。
（昭43・9・2消防予195）

memo　射撃場については、その用途から出火源となるものや延焼拡大となる可燃物などが少ないこと等を考慮し、設置が必要となる消防用設備等について、令32条を適用することができる旨を示したものです。

◆消防法施行令第32条の特例基準等の取扱いについて【自動車検査場における消防法施行令第32条の特例基準等の取扱いについて】

問　当省所管の自動車検査場は、標記の通達（昭和38年自発丙予発第5・9号）第1第1項各号列記の防火対象物と同等と認められるか否かについて至急御回答下さるようお願いします。
　なお、自動車検査場の概要は次のとおりで火災発生の恐れは殆んどないと考えられます。また、消火器については消火器具に関する基準に基づき設置いたします。

記

1　自動車検査場の建物は別添の写真に見られるように、骨組は軽量形鋼材であり、屋根及び側面は、スレート張りで、出入口は重量シャッタとなつています。（別添施設基準）
2　自動車検査場の業務は午前9時より午後4時30分まで行なわれるが、この間検査を受ける自動車は常に運転者が搭乗しています。
3　自動車検査業務終了後は、来場者はすべて退場するので、時間外は自動車は在留しません。
4　検査場は1コース、巾約6m長さ40mで中には検査機械が設置されています。

答　設問の場合、添付された資料から判断して、消防法施行令第32条の規定を適用し消火器及び屋内消火栓設備を除き、他の消防用設備等の設置を要しないものとすることができるものと解する。
（昭44・10・20消防予234）

◆消防法施行令第32条の特例基準の適用について【原子力発電所における固体廃棄物貯蔵庫の消防用設備等の設置について】

問　固体廃棄物貯蔵庫には消防法令の基準により消防用設備等（消火器、屋内消火栓設備、自動火災報知設備、避難口誘導灯）の設備が必要であるが、消防法施行令第32条の特例基準等について（昭和38年9月30日自消丙予発第59号各都道府県主管部長あて消防庁予防課長）第1.1(1)に該当すると思考されるので屋内消火栓設備及び自動火災報知設備の設置について特例基準を適用してよいか。御教示下さい。
　なお、固体廃棄物貯蔵庫の概要はつぎのとおりです。
1　固体廃棄物貯蔵庫の概要
　(1)　構造及び面積
　　　鉄骨造平屋建　延面積　2,000㎡

　　　　外壁及び床　　コンクリート
　　　　屋　　　根　　長尺鉄板（厚さ2.0㎜）
　　　　照明（屋内）　200V　40W　蛍光灯73本
　　　　無　窓　階
　(2)　貯蔵物
　　　放射能汚染物品（作業衣服等）をコンクリートとまぜドラムかんに詰め密栓したものを貯蔵するのみで可燃物はない。
　(3)　周囲の状況
　　　原子力発電所敷地内に設置し、周囲には空地（最小距離66m）を保有している。
　(4)　その他
　　ア　貯蔵庫は1～2名の常勤者が監視するほか中央制御室からテレビカメラで貯蔵庫内を監視している。
　　イ　貯蔵庫には消防署員でも出入できないため消防用設備等を設置しても維持、管理が困難である。

答　設問の場合は、防火対象物の実態から判断し、消防法施行令第32条の規定を適用し、屋内消火栓設備及び自動火災報知設備の設置を省略してさしつかえない。

（昭49・4・2消防安37）

令別表1(16)項　複合用途防火対象物

◆消防法、同施行令及び施行規則に関する執務資料について【はしけを改装したサーカス・バージ船の消防法上の規制について】

問　みだしのことについて、管下消防長より照会がありましたので下記の疑義事項に関して御教示願います。

記

1　施設概要
　(1)　運用形態
　　　当施設は、バージ船甲板上にサーカス施設等を設けて、日本国内の各港を周航し興行を行うものである。
　　ア　推進機関を有せず、他の船舶によりえい航される。
　　イ　ふ頭にけい留した状態で興行を行う。
　　ウ　興行期間は1カ所概ね1カ月程度である。
　(2)　用途及び面積
　　ア　観覧施設及びその付帯施設（デッキ中央部及びデッキ船尾部）
　　　　・4000人を収容可能の固定式観覧席と舞台部を有するテント幕構造の階段せり上り形状のもの
　　　　・延床面積　　　4,075㎡
　　　　・ホール、レストラン、多目的ホールを有する鋼構造三層形状のもの
　　　　・延床面積　　　2,641㎡

イ　寄宿施設（デッキ船首部）
　　　・サーカス関係者が寄宿する90室を有する鋼構造二層形状のもの
　　　・延床面積　　　1,704㎡
 2　防災計画書
　　別添のとおり（別添省略、概略については別紙参照）
 3　疑義事項
　(1)　当施設は、令別表第1に定める(1)項イ及び(5)項ロの複合用途防火対象物(16)項イとして取り扱ってよろしいか。
　(2)　上記(1)の防火対象物に該当するとすれば、消防法令にもとづく消防用設備等の設置が必要となるが、これらの消防用設備等の内、スプリンクラー設備及び避難器具について、法令に適合させることが困難であることから、つぎの条件を満足させることにより当該設備の設置免除を特例として、認めて支障ないか。
　　ア　舞台部については、当部分の上部に災害時、有効に解放される自然排煙口を設置する。
　　イ　全体の消火設備として、いずれの部分へも2線放水が可能で、且つ10個同時開放することができるポンプ性能を有する屋内及び屋外消火栓設備を有効に配置する。
　　ウ　観覧・宿泊の各施設は、それぞれ鋼構造で区画し、且つ内装材を不燃材料又は準不燃材料以上のもので行い、延焼拡大防止を図る。
　　エ　火気使用設備は、厨房等の場所（ガス設備がなく電子レンジ等による再加熱）に限定するとともに、施設内における可燃物についても制限することにより出火の危険性を小さくする。
　　オ　観覧施設は不特定多数の者を収容することから、会場内通路は条例で定める基準以上の避難経路を確保する。
　　カ　観覧・宿泊の各施設の周囲には、避難上有効な屋外バルコニーを設置し、当該バルコニーには直接避難階（甲板上）に通ずる避難上有効な外部階段（鉄骨）を複数適正に配置する。
　　キ　海側への避難については救命具を設置させるとともに、曳船を常時待機させ支援体制をとる。
　　ク　各地におけるサーカスの開催にあたつての、消火・通報及び避難などの自衛消防訓練等の実施方法、公演中における警備要員の配置等について、実効性のある消防計画を作成することとしている。
答1　お見込みのとおり。
 2　消防法第17条第1項の規定により必要とする消防用設備等の設置が必要となるが、防火対象物の特殊性を勘案し、設問のとおり消防法施行令第32条の規定を適用してさしつかえない。
　　なお、当該防火対象物は消防法第8条の規定に基づく防火管理が必要であるので念のため申し添える。
別紙
サーカスバージの使用形態
　名　　称　：　サーカスバージ
　係留場所　：　港湾の岸壁
　主要用途　：　サーカスの公演

バージの主要目 ：
　船　　名　　オーシャンシール
　船　　主　　深田サルベージ株式会社
　船　　籍　　日　本
　船級協会　　日本海事協会
　船　　型　　船首楼付平甲板型
　海上移動　　曳船による（非自航）
　寸　　法
　　長　さ（全長）　　　141.02m
　　　〃　（垂線間長）　138.00m
　　幅（型）　　　　　　36.00m
　　深　さ（型）　　　　8.70m
　　吃　水（型）　　　　6.50m
　建造年月　　1983年10月
配　　置：

1　階
(上甲板)
- 動物収容スペース（白熊用ワゴン、猛獣用ワゴン、犬用ワゴン、犬の散歩スペース、馬用スペース、象用スペース）
- 会　場（控室兼機材収容スペース、舞台、観客席、空調機室）
- 営業区画（ロビー、ゲート、応接室、事務室、防災センター、指定席券販売所、売店、倉庫、空調機室、便所、ボイラー室、工作室）

2　階
- 楽屋1階（居室、娯楽室、食堂、共同調理室、衣裳室、共同浴場、共同便所、洗濯室、乾燥室、会議室、ロッカー、薬品庫）
- 会　場（オーケストラフロア）
- 営業区画（レストラン、調理室、売店、倉庫、便所）

3　階
- 楽屋2階（居室、ロッカー）
- 営業区画（ホール、便所）

第5章 防火対象物に係る特例

概略計画図

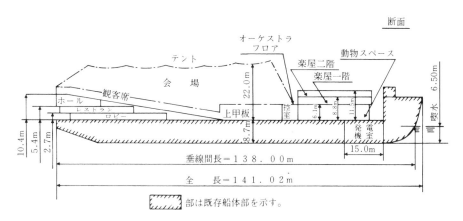

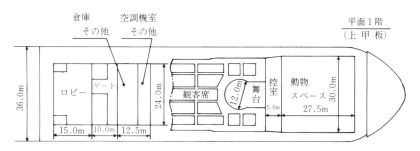

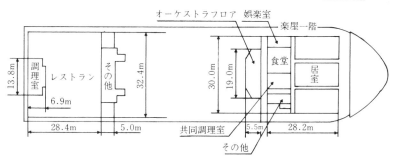

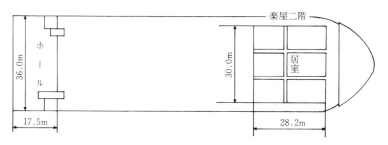

防災設備機器一覧表

区 画				楽 屋 区 画	
階（上甲板上）				1	2
高さ（上甲板上からの床高さ）(m)				6.1	8.8
用 途				居室、食堂、共同調理室、娯楽室、他、	居室、
防災設備機器等	予　　　　防		内装制限	○	○
	感知・通報		自動火災感知器	○	○
			火災警報用ボタン	○	○
			消防への通報（電話）	○	
			船内電話	○	○
			感知器連動防火戸		
	警　　　　報		火災警報ベル	○	○
			非常用放送	○	○
	消　　　　火		消火器	○	○
			屋内消火栓	○	○
			屋外消火栓	○	○
			送水口		
			ハロンガス消火装置		
			通風機停止ボタン		
	避　難　関　係		非常用照明設備	○	○
			避難口誘導灯	○	○
			通路誘導灯	○	○
			客席誘導灯		
			非常用放送	○	○
	管　　　　理		防災監視盤		
	排　　　　煙		排煙口		
	離　　　　岸		曳航設備		

営 業 区 画			会 場	暴露甲板(屋外)
1	2	3	1	——
0	2.7	5.4	0～10.4	——
ロビー、ゲート、指定席券販売室、防災センター、事務室、ボイラー室	レストラン、調理室、	ホール、	観客席、舞台、控室、	上甲板、船首楼甲板、動物区画、
○	○	○	○	
○	○	○	○	
○	○	○	○	
○	○	○	○	
○	○	○	○	
○				
○	○	○	○	
○	○	○	○	○
○	○	○	○	○
○	○	○	○	
				○
				○
○(ボイラー室)				
○(防災センター)				
○	○	○	○	
○	○	○	○	○
○	○	○	○	○
			○	
○	○	○	○	○
○(防災センター)				
	○		○	
				○

(昭62・6・2消防予83)

◆住居利用型の児童福祉事業に係る消防法令上の取扱いについて

　児童福祉法の一部を改正する法律（平成20年法律第85号）により新たに児童福祉法（昭和22年法律第164号）第6条の2第8項に小規模住居型児童養育事業、同条第9項に家庭的保育事業がそれぞれ規定されたことを踏まえ、消防庁では、「小規模施設に対応した防火対策に関する検討会」（座長：室﨑益輝　関西学院大学総合政策学部教授）において必要な対応について検討を行ってきたところです。この検討結果を受け、これらの事業が行われる住居利用型の施設に関する消防法令上の位置付け等については、下記のとおり取扱うことが適当であると考えられますので、お知らせします。
　つきましては、下記事項に御留意の上、その運用に十分配慮されるとともに、各都道府県消防防災主管部長におかれては、貴都道府県内の市町村（消防の事務を処理する一部事務組合等を含む。）に対してもこの旨周知されるようお願いします。
　なお、本通知は、消防組織法（昭和22年法律第226号）第37条の規定に基づく助言として発出するものであることを申し添えます。

記

1　小規模住居型児童養育事業に関する事項
　　小規模住居型児童養育事業は、養育する児童の年齢層が0歳から18歳までと幅広く、5～6名の定員の中で、一定の避難介助を要する乳幼児が利用する蓋然性は高いとは言えない。むしろ、養育者の居宅において、収入を得ながら一定の人員を居住させている点に着目すれば、その実態は下宿・共同住宅等と共通する面が多いと考えられる。
　　このため、通例、同事業が行われる施設は、消防法施行令（昭和36年政令第37号。以下「令」という。）別表第1(6)項ロ及びハに掲げる防火対象物には該当せず、別表第1(5)項ロに掲げる防火対象物に該当することが一般的と考えられる。
　　なお、専ら乳幼児の養育を常態とする場合については、その実態に鑑み、令別表第1(6)項ロ又はハに掲げる防火対象物として取り扱うことが適当と考えられる。
　　また、同事業を行う施設については、児童福祉法施行規則（昭和23年厚生労働省令第11号。以下「児童規則」という。）第1条の20において、「軽便消火器等の消火用具、非常口その他非常災害に必要な設備を設けるとともに、非常災害に対する具体的計画を立て、これに対する不断の注意と訓練をするように努めなければならない。」とされているところであり、関係行政機関との連携により、防火対策を徹底するとともに、避難誘導体制の確保を図られたい。
2　家庭的保育事業に関する事項
　　家庭的保育事業が行われる施設は、乳幼児を対象として保育を行う施設であり、業態としては保育所と同様であるため、消防法令上の用途区分としては、令別表第1(6)項ハの区分に該当すると考えられる。
　　ただし、家庭的保育者の居宅で保育が行われている場合には、同事業に供される部分の規模が極めて小さいことが一般的であり、「令別表第1に掲げる防火対象物の取り扱いについて」（昭和50年4月15日付け消防予第41号・消防安第41号）2(1)により、全体として一般住宅として取り扱われるケースが多いと考えられる。
　　なお、同事業を行う施設については、児童規則第36条の38第1項第4号ヘにおいて、「火災警報器及び消火器を設置するとともに、消火訓練及び避難訓練を定期的に実施すること。」とされているところであり、関係機関との連携により、防火対策を徹底するとともに、避難誘導体制の確保を図られたい。

（平22・3・31消防予158）

◆一般住宅を宿泊施設や飲食店等に活用する場合における消防用設備等に係る消防法令の技術上の基準の特例の適用について

　従来、民宿等における消防用設備等に係る消防法令の技術上の基準の特例の適用については「民宿等における消防用設備等に係る消防法令の技術上の基準の特例の適用について」（平成19年1月19日付け消防予第17号）に規定されていましたが、平成28年12月21日に開催された「歴史的資源を活用した観光まちづくりタスクフォース」において、「古民家を宿泊施設、レストラン等に活用する場合の消防用設備等の基準の適用について、今後地域から寄せられる相談・要望等を踏まえ防火安全性を確保した上で特例の考え方等の整理・公表を行う。」とされたことに伴い、上記タスクフォースに参画している有識者や関連する消防機関等と意見交換を行った結果、下記の要件を満たす防火対象物については、消防法施行令（昭和36年政令第37号。以下「令」という。）第32条の規定を適用し、その特例を認めて差し支えないこととしたので通知します。

　これに伴い、「民宿等における消防用設備等に係る消防法令の技術上の基準の特例の適用について」（平成19年1月19日付け消防予第17号）は廃止します。

　各都道府県消防防災主管部長におかれましては、貴都道府県内の市町村（消防の事務を処理する一部事務組合等を含む。）に対してもこの旨周知されますよう、お願いします。

　なお、この通知は消防組織法（昭和22年法律第226号）第37条の規定に基づく技術的助言であることを申し添えます。

記

第1　特例基準を適用できる防火対象物

　　従来、建物全体が一般住宅の用に供されていた戸建ての家屋で、令別表第1(1)項から(15)項までに掲げる防火対象物（以下「令別表対象物」という。）又は複合用途防火対象物に該当するもの。

第2　特例基準を適用できる消防用設備等

　　「誘導灯」及び「誘導標識」

第3　特例基準の要件及び内容

　　第1に適合する防火対象物において、以下の1から3に該当する部分には、令第26条の規定にかかわらず、当該各部分における誘導灯及び誘導標識の設置を要しないものとする。

1　次の(1)から(3)までのすべての要件に該当する避難階
　(1)　以下のいずれかの要件に該当すること。
　　ア　各居室から直接外部に容易に避難できること。
　　イ　防火対象物に不案内な者でも各居室から廊下に出れば、夜間であっても迷うことなく避難口に到達できること等簡明な経路により容易に避難口まで避難できること。
　(2)　防火対象物の外に避難した者が、当該防火対象物の開口部から3m以内の部分を通らずに安全な場所へ避難できること。
　(3)　防火対象物の従業者がその利用者に対して避難口等の案内を行う、利用者から見やすい位置に避難経路図を掲示する等により、防火対象物に不案内な利用者でも容易に避難口の位置を理解できる措置が講じられていること。

2　次の(1)から(3)までのすべての要件に該当する2階以上の階であって避難階以外のもの
　(1)　防火対象物に不案内な者でも各居室から廊下に出れば、夜間であっても迷うことなく避難階に通ずる階段に到達できること等簡明な経路により容易に避難できること。
　(2)　非常用の照明装置を廊下等の避難経路に設置すること又は利用者が常時容易に使用でき

　　　　るように携帯用照明器具を居室内に設置すること等により、夜間の停電時等においても避
　　　　難経路を視認できること。
　　(3)　1(3)の要件を満たしていること。
　3　一般住宅の用途に供される部分が存する防火対象物の部分のうち、当該一般住宅の用途に供
　　される部分（令別表対象物の用途に供される部分からの避難経路となる部分を除く。）
第4　特例基準の適用にあたっての留意事項等
　1　第3、1(1)アの要件である「直接外部に容易に避難できること」とは、すべての居室において、
　　他の室を経由することなくガラス戸等を開けることにより容易に外に避難できることをいう。
　　なお、ガラス戸部分に腰壁がある場合、雨戸等により当該防火対象物に不案内な者が外部であ
　　ることを判断できない可能性がある場合等の避難に支障がある場合は適用できないこと。
　2　第3、1(1)イ及び第3、2(1)の要件である「夜間であっても迷うことなく」とは、当該防火対象
　　物の利用者が各居室から廊下又は通路に出た際に、避難口や避難階に通ずる階段を容易に見と
　　おし、かつ、識別することができる必要があり、各居室から避難口に通ずる廊下又は通路に曲
　　り角等がないこと。
　3　消防機関へ通報する火災報知設備に係る技術上の基準の特例については、「消防機関へ通報す
　　る火災報知設備の取扱いについて」（平成8年2月16日付け消防予第22号）3(1)及び(2)によられ
　　たいこと。

　　　　　　　　　　　　　　　　　　　　　　　　　　　　　　　　（平29・3・23消防予71）

通知年次索引

通知年次索引

【昭和36年】

ページ

12.11 自消丙予発37　　　148

【昭和38年】

9.16 自消丙予発52　　　186
9.30 自消丙予発59　　　35,47,148
　　　　　　　　　　　438
12.28 自消乙予発19　　　266

【昭和39年】

8.10 自消丙予発82　　　267
8.17 自消丙予発87　　　212
9.30 自消丙予発108　　　357

【昭和40年】

1. 7 自消丙予発2　　　196
1.30 自消丙予発14　　　346
4.27 自消丙予発80　　　358
6.15 自消丙予発109　　　204
10.15 自消丙予発160　　　202
12.22 自消丙予発193　　　211

【昭和41年】

4.19 自消丙予発46　　　35
11.17 自消丙予発148　　　36

【昭和42年】

7. 6 自消丙予発49　　　268
8. 3 自消丙予発61　　　208

【昭和43年】

9. 2 消防予195　　　498

【昭和44年】

7.24 消防予200　　　269
10.20 消防予234　　　499
10.20 消防予237　　　209
11.20 消防予265　　　194,222,308

【昭和45年】

9. 9 消防予172　　　202
11.19 消防予226　　　300
11.21 消防予227　　　201

【昭和46年】

4.30 消防予70　　　300
5.17 消防予76　　　406
5.29 消防予87　　　311
5.31 消防予88　　　301

【昭和47年】

10.30 消防予159　　　347

【昭和48年】

2.23	消防予31	409
6.25	消防予99	38
6.25	消防予100	360
10.23	消防予140・消防安42	196,228,301
		360,361,402
		404

【昭和49年】

4. 2	消防安35	205
4. 2	消防安37	499

【昭和50年】

3. 6	消防安27	53
4.15	消防安43	196
6.16	消防安65	54,68,76,111
		132,133,161
		183,361,403
7.10	消防安77	48,347,440
7.12	消防安84	472

【昭和51年】

2.10	消防安21	149
3. 9	消防安32	83
3.26	消防安49	39
3.27	消防安51	112
6.24	消防予19	39
7.20	消防予37	151
8. 9	消防予55	312
8.18	消防予54	455
9.27	消防予73	80,456
12.13	消防予125	183

【昭和52年】

1.10	消防予5	84,474
1.27	消防予12	137,138,447
3.31	消防予59	69,186
5.18	消防予97	85
5.18	消防予99	55
6.28	消防予125	228
7.15	消防予138	474
8.23	消防予158	50,187
11.16	消防予217	86,475
11.16	消防予218	302

【昭和53年】

1. 5	消防予1	416
1.26	消防予15	37,199,475
2.21	消防予32	56,75,77
4. 3	消防予53	228
5.23	消防予95	477
6.28	消防予115	397
7.14	消防予133	56
9. 9	消防予179	178,410
11. 1	消防予202	61

【昭和54年】

4. 3	消防予61	83
6.15	消防予117	65
6.22	消防予118	57,113,138
		348,403
7.17	消防予138	157
9. 4	消防予166	201
9.11	消防予173	57
12.28	消防予258	39

通知年次索引

【昭和55年】

3.12	消防予37	58,361
3.27	消防予49	161
4. 7	消防予60	58,229,362
5.22	消防予102	130
6.10	消防予115	362
9. 1	消防予174	195

【昭和56年】

1. 6	消防予1	164
1.26	消防予24	404
6.20	消防予131	253
6.20	消防予133	246
9. 1	消防予198	181
10. 8	消防予241	166,393
12. 8	消防予285	367
12.18	消防予299	256

【昭和57年】

1. 5	消防予1	206
1.20	消防予18	181
5.10	消防予104	158
6. 2	消防予128	51
11.12	消防予228	247
11.13	消防予229	39
11.13	消防予230	39
12. 6	消防予249	39

【昭和58年】

| 10.25 | 消防予201 | 59 |
| 11. 9 | 消防予206 | 367 |

【昭和59年】

1.17	消防予5	39
7.14	消防予113	159
10.17	消防予146	48

【昭和60年】

2.18	消防予37	388
2.18	消防予39	110
7.29	消防予90	229

【昭和61年】

3.13	消防予30	270
10.25	消防予142	489
12.10	消防予173	414

【昭和62年】

4.10	消防予54	303
6. 2	消防予83	500
7.30	消防予132	52
8.10	消防予134	278
10.26	消防予187	63,479
10.27	消防予188	89,479
10.27	消防予189	46,93
12. 4	消防予205	95

【昭和63年】

| 2.16 | 消防予26 | 280 |

【平成元年】

| 10. 3 | 消防予110 | 64,143 |

通知年次索引

【平成2年】

| 8.1 | 消防予106 | 81,456 |

【平成3年】

5.7	消防予84	492
6.24	消防予128	230
8.12	消防予164	78
8.16	消防予161・消防危88	166
9.27	消防予194	113

【平成4年】

3.18	消防予64	62
5.22	消防予108	184
6.10	消防予120	50
12.17	消防予249	160

【平成5年】

6.25	消防予187	232
11.29	消防予296	160,179
11.29	消防予320	77,482

【平成6年】

| 2.1 | 消防予22 | 313 |
| 6.16 | 消防予154 | 493 |

【平成7年】

2.21	消防予26	60
3.31	消防予53	456
7.28	消防予166	458

【平成8年】

2.16	消防予22	283
6.11	消防予115	133
8.19	消防予164	287
9.2	消防予172	84,113,483
9.10	消防予175	139

【平成9年】

| 2.26 | 消防予36 | 289 |
| 3.6 | 消防予42 | 389 |

【平成10年】

5.1	消防予67	62,144,165
		318
7.24	消防予119	114
12.3	消防予209	490

【平成11年】

2.2	消防予25	319
2.17	消防予36	154
3.17	消防予53	394,411
5.28	消防予123	100,483
9.21	消防予245	371
9.21	消防予246	371
9.29	消防予254	395

【平成12年】

| 1.7 | 消防予3 | 494 |
| 3.27 | 消防予74 | 447 |

通知年次索引

【平成13年】

| 5.16 | 消防予155・消防危61 | 173 |
| 11.19 | 消防予402 | 453 |

【平成14年】

| 9.30 | 消防予281 | 154 |
| 12.17 | 消防予595 | 206 |

【平成15年】

3.28	消防予97	491
6.24	消防予170	348
9. 9	消防予232	233
10. 1	消防予248	350

【平成16年】

| 5.31 | 消防予86 | 425 |
| 5.31 | 消防予93 | 426 |

【平成18年】

| 3.17 | 消防予110 | 495 |

【平成19年】

6.13	消防予231	102,484
9. 3	消防予317	63,65,235
10. 5	消防予344	460

【平成20年】

7. 2	消防予168	248
8.28	消防予200	251
12. 2	消防予314	108,489

【平成21年】

3.23	消防予119	236
3.31	事務連絡	144
3.31	事務連絡	465

【平成22年】

2. 5	事務連絡	68,336
2. 5	事務連絡	467
3.31	消防予158	506
4. 9	消防予177	373

【平成23年】

4.28	事務連絡	211
10.14	事務連絡	421
12. 7	消防予450・消防危276	40
12.28	事務連絡	41,290

【平成25年】

| 3.18 | 事務連絡 | 145,382 |

【平成26年】

| 3.28 | 消防予105 | 108 |
| 11. 5 | 消防予458 | 382 |

【平成27年】

3.27	消防予129	131,208
9. 4	消防予349	131,471
10.20	消防予434	131

【平成28年】

| 5.16 | 消防予163 | 370 |
| 8. 3 | 消防予240 | 291 |

【平成29年】

| 3.23 | 消防予71 | 507 |
| 11.20 | 消防予355 | 39,75 |

【平成30年】

| 3.15 | 消防予83 | 197,198,289 370,471 |
| 6.15 | 消防予426 | 472 |

通知でわかる
消防用設備の設置免除・緩和措置
―消防法施行令第32条の特例―

平成30年10月9日　初版一刷発行
令和元年9月12日　　三刷発行

編　集　消防設備設置基準研究会

発行者　新日本法規出版株式会社
　　　　代表者　星　謙一郎

発行所	新日本法規出版株式会社	
本　社 総轄本部	（460-8455）	名古屋市中区栄1－23－20 電話　代表　052(211)1525
東京本社	（162-8407）	東京都新宿区市谷砂土原町2－6 電話　代表　03(3269)2220
支　社		札幌・仙台・東京・関東・名古屋・大阪・広島 高松・福岡
ホームページ		http://www.sn-hoki.co.jp/

※本書の無断転載・複製は、著作権法上の例外を除き禁じられています。**
※落丁・乱丁本はお取替えします。　　　　ISBN978-4-7882-8468-5
5100034　通知消防用設備
　　　　　　　　　　　　Ⓒ消防設備設置基準研究会 2018 Printed in Japan